Die Rechtsprechung

der

Oberlandesgerichte

auf dem Gebiete des Zivilrechts.

Herausgegeben von

B. Mugdan, und † R. Falkmann,
Kammergerichtsrat Senatspräsident am Kammergericht.

Vierundzwanzigster Band.
(Jahrgang 1912, erstes Halbjahr.)

Leipzig,
Verlag von Veit & Comp.
1912

Unter Mitwirkung der Herren

Dr. Bauer, Geheimer Justizrat, Berlin
Dr. Berchelmann, Oberlandesgerichtsrat, Darmstadt
Dr. Böthke, Kammergerichtsrat, Berlin
Dr. Eller, Landgerichtsdirektor, Karlsruhe
Engel, Oberlandesgerichtsrat, Posen
Engelmann, Senatspräsident, Breslau
Dr. v. Feilitsch, Oberlandesgerichtsrat, Dresden
Freudenthal, Geheimer Justizrat, Colmar
Fuchs, Reichsgerichtsrat, Leipzig
Grattenauer, Oberlandesgerichtsrat, Stettin
Dr. Haidlen, Oberlandesgerichtsrat, Stuttgart
Happich, Oberlandesgerichtsrat, Leipzig
Hertz, Geheimer Justizrat, Berlin
Jahn, Senatspräsident, Rostock
Keiner, Senatspräsident, Berlin
Koch, Kammergerichtsrat, Berlin
Lehmann, Kammergerichtsrat, Berlin
Lüders, Oberlandesgerichtsrat, Kiel
Marezoll, Oberlandesgerichtsrat, Dresden
Dr. Mittelstein, Oberlandesgerichtsrat, Hamburg
Mügge, Geheimer Justizrat, Stettin
Nehse, Geheimer Justizrat, Berlin
Niesert, Geheimer Justizrat, Hamm
Dr. Pape, Kammergerichtsrat, Berlin
Dr. Petzold, Kammergerichtsrat, Berlin
Pollwein, Oberlandesgerichtsrat, München
Dr. Raddatz, Oberlandesgerichtsrat, Posen
Dr. Riedel, Oberlandesgerichtsrat, Naumburg
Röser, Geheimer Justizrat, Berlin
Rosenstock, Oberlandesgerichtsrat, Breslau
Rukser, Oberlandesgerichtsrat, Posen
Schäfer, Oberlandesgerichtsrat, Bamberg
Schäffer, Oberlandesgerichtsrat, Breslau
Schmitt, Oberlandesgerichtsrat, Zweibrücken
Schneider, Oberlandesgerichtsrat, Stettin
Schultze-Görlitz, Geheimer Justizrat, Berlin
Siméon, Kammergerichtsrat, Berlin
Then, Oberstlandesgerichtsrat, München
Thiele, Oberlandesgerichtsrat, Königsberg
Dr. Vorbrodt, Kammergerichtsrat, Berlin
Wagner, Oberlandesgerichtsrat, Darmstadt
v. Wartenberg, Geheimer Justizrat, Berlin
Weizsäcker, Kammergerichtsrat, Berlin
Wienstein, Geheimer Justizrat, Berlin

und zahlreicher anderer Juristen.

Systematisches Inhaltsverzeichnis mit Gesetzesregister.

(Verfaßt vom Staatsanwaltschaftsrat Dr. Rindfleisch in Celle.)

Die Zahlen bedeuten die Seiten.

A. Verzeichnis der Gesetze.

I. Reichsgesetze.

II. Landesgesetze.

1. Bayern.

2. Elsaß-Lothringen.

3. Preußen.

III. Ausländische Gesetze.

Österreich.

B. Systematisches Inhaltsverzeichnis.

I. Zivilrecht.

Erster Abschnitt. Rechtsquellen.

Zweiter Abschnitt. Allgemeine Grundsätze von den Rechten und deren Verfolgung.

Dritter Abschnitt. Von den Personen.

BGB.

b) Juristische Personen.

1. Vereine.

§§ 21. 71. 1) Wirtschaftlicher Geschäftsbetrieb. Umwandlung eines Berufsvereins in ein Kartell. Satzungsänderung. Vertragliche Anerkennung unwirksamer Vereinsbeschlüsse 237.

§ 22. 2) Rechtspersönlichkeit einer Sparkasse. Hypotheneneintragung auf sie 242.

§ 26. 3) Vertretungsbefugnis des Vorstandes nach Ablauf seiner Wahlzeit. Gutgläubigkeit des Gegners 241.

§ 31. s. unten unter juristische Personen des öffentlichen Rechts Nr. 3.

§ 35. 4) Ausschließung eines Vereinsmitgliedes; Rechtsmittel 245.

2. Stiftungen.

§ 12. 1) Klagerecht einer Familienstiftung wegen unbefugten Gebrauchs des Familiennamens 237.

2) Rechtsverhältnisse einer künftigen Stiftung 246.

§ 85. 3) Klagerecht auf Bezüge aus einer Stiftung 247.

EG. z. BGB.

3. Juristische Personen des öffentlichen Rechts.

1) Vermächtnis eines Grundstückes an evangelische preußische Kirchengemeinde. Ist neben der Genehmigung des Landesherrn die des Oberkirchenrates erforderlich? 89.

Art. 84. 2) Erwerb von Korporationsrechten für eine Religionsgesellschaft durch Gründung einer Aktiengesellschaft ist unzulässig 133.

BGB.

§§ 89. 31. 3) Haftung einer Stadt für Verschulden ihres Vertreters 244.

Vierter Abschnitt. Von den Sachen.

§§ 93. 94. 1) Vgl. unten Nr. 4 e.

§ 96. 2) Rechtliche Natur des beim Gläubiger angesammelten Amortisationsfonds 247.

" 3) Apothekerprivilegium Bestandteil oder Zubehör? 247 Anm.

§§ 97. 98. 4) Zubehör: a) eines Schlachterladens 247; b) Automat und Klavier in Gastwirtschaft 249; c) verbrauchbare Sachen und Rohstoffe im Gewerbebetrieb 250; d) Fenster und Türen im Neubau 251 Anm.; e) Gasmotor zum Betriebe einer Mühle Bestandteil oder Zubehör? 251.

§ 99.
§ 101. } s. unten Gesetzliches Güterrecht unter 1.

Fünfter Abschnitt. Von den Handlungen.

a) Geschäftsfähigkeit.

§§ 106. 107. Bedarf der Minderjährige, dem ein Grundstück unter Vorbehalt des Nießbrauchs geschenkt wird, der Einwilligung des Gewalthabers? 29.

b) Willenserklärung.

§ 119. 1) Anfechtung wegen Irrtums. Begriff „eichene" Möbel 315.

§ 123. 2) Anfechtung der Anerkennung der unehelichen Vaterschaft wegen Täuschung durch die Mutter 55.

§ 125. 3) Nichtigkeit wegen Nichtbeachtung der Form des § 313 BGB. 286. 287. 314.

§ 134. 4) Keine Nichtigkeit eines Testamentes wegen Umgehung gesetzlicher Vorschriften 252.

" 5) Fallen Baupolizeivorschriften unter § 134 BGB.? 277.

§ 136. 6) Ist dem Schuldner, der entgegen dem Verbote des § 136 BGB. zahlt, die Aufrechnung aus § 392 BGB. versagt? 253.

Sechster Abschnitt. Recht der Schuldverhältnisse.

a) Inhalt der Schuldverhältnisse.

5. Werkvertrag.

6. Mäklervertrag.

7. Auslobung.

8. Auftrag.

BGB.	18. Anfechtung außerhalb des Konkurses. (Gesetz vom 21. Juli 1879 i. d. Fassung vom 20. Mai 1898.)
§ 3.	1) Anfechtung von Eheverträgen 8.
"	2) Anfechtung eines Vertrags zugunsten eines Dritten durch den Gläubiger des Versprechensempfängers 297.

Siebenter Abschnitt. Familienrecht.

a) Verlöbnis.

§ 1301.	Voraussetzungen des Verlöbnisses. Rückforderung von Geschenken aus nichtigem Verlöbnis 278.

b) Nichtigkeit und Anfechtbarkeit der Ehe.

§ 1333.	1) Wahl bei mehreren Anfechtungsgründen 1.
§ 1334.	2) Verhältnis der Scheidungs- zur Anfechtungsklage 1 Anm.
EG. z. BGB. Art. 13.	3) Nichtigkeit der Ehe eines katholischen Österreichers mit einer geschiedenen protestantischen Deutschen 18.
Art. 13. 17 u. 30.	4) Gültigkeit der Ehe einer Deutschen mit einem Italiener, dessen frühere Ehe durch deutsches Urteil rechtskräftig geschieden ist 19.

c) Wirkungen der Ehe im allgemeinen.

BGB. § 1353.	1) Verlangen nach Herstellung der Gemeinschaft bei Mangel einer eigenen Wohnung 1.
§ 1360.	2) Klage auf Eheherstellung, wenn vorher unberechtigte Bedingungen gestellt waren; Ernstlichkeit des Verlangens 34.
§ 1361.	3) Unterhaltspflicht des Mannes bei Getrenntleben 2.

d) Gesetzliches Güterrecht.

§§ 1363 u. 1383(1432. 99. 101.)	1) Nutznießung des Mannes an Forderungen der Frau gegen ihn bei Fehlen eines Ehevertrags. Eintragung einer Hypothek am Grundstück des Mannes für solche Forderung 2.
§§ 1387 u. 1400.	2) Haftet der Mann für die Gerichtskosten eines ohne seine Zustimmung von der Frau um eingebrachtes Gut geführten Rechtsstreites? 6.
§ 1395.	3) Wirkung der einstweiligen Verfügung, die das Verwaltungs- und Nutzungsrecht des Mannes einstweilen aufhebt 7.
§ 1400.	s. unter 2.
§ 1431.	4) Wirksamkeit der vor 1900 vereinbarten Gütertrennung 52.

e) Vertragsmäßiges Güterrecht.

§§ 1432. 1433.1435.	1) Ehevertrag: α) Anfechtung aus § 3 Nr. 2 AnfGes. 8; β) Abschluß für vorübergehende Zwecke. Verweisung auf nicht mehr geltendes Recht 9; γ) Zulässigkeit bedingter Vereinbarung eines ehelichen Güterstandes nach Code civ. 8 Anm.; δ) Gültigkeit eines vor 1900 geschlossenen; Anwendung des § 1435 BGB. darauf 52; ε) s. auch oben unter d) Nr. 1.
§§ 1443 u. 1445. (GrBO. §§ 19. 22.)	2) Vergleich des gütergem. Mannes in dem ohne Zustimmung der Frau über ein Gesamtgutsgrundstück geführten Rechtsstreit. Einwilligung zur Berichtigung des Grundbuchs bzgl. eines Gesamtgutsgrundstücks 10.
	3) Zustimmung der gütergem. Ehefrau zur Eintragung als Gesamteigentümerin im Grundbuch 10 Anm.

f) Scheidung der Ehe.

g) Verwandtschaft.

Achter Abschnitt. Erbrecht.

a) Erbfolge.

b) Rechtliche Stellung des Erben.

HGB.

2. Handelskauf.

3. Kommissionsgeschäft.

4. Speditionsgeschäft.

5. Lagergeschäft.

6. Frachtgeschäft der Eisenbahn.

Zehnter Abschnitt. Seehandel.

Elfter Abschnitt. Wechselrecht.

Wechselordnung. (Ges. vom 10. Juni 1869 i. d. Fassung vom 10. Oktober 1908 RGBl. S. 326.)

δ) Einbruchsversicherung.

Fünfzehnter Abschnitt. Arbeiterversicherungsrecht.

KrVG. a) Krankenversicherung.
(Ges. vom 10. April 1892 RGBl. S. 379.)

GewUVG. b) Unfallversicherung.
(Gesetze vom 30. Juni 1900 RGBl. S. 585. 641. 716.)

Ges. vom 18. Juni 1901. c) Unfallfürsorge für Beamte und Soldaten.
(Gesetz vom 18. Juni 1901 RGBl. S. 211.)

II. Freiwillige Gerichtsbarkeit.

GrBO. Erster Abschnitt. Grundbuchrecht.

Eintragung in das Grundbuch.

IV. Staatsrecht.

1) Ist zur Annahme des Vermächtnisses eines Grundstückes an eine preußische evangelische Kirchengemeinde außer der landesherrlichen Genehmigung eine ausdrückliche und urkundlich erklärte Genehmigung des Oberkirchenrats erforderlich? 89.

2) Erwerbung von Korporationsrechten für eine Religionsgesellschaft durch Gründung einer Aktiengesellschaft ist unzulässig 133.

1

a) **Wahl bei mehreren Eheanfechtungsgründen.**[1]

OLG. Hamburg, V. ZS. Urteil v. 10. Februar 1911.

... Nach alledem hat der Kläger mit Recht die Ehe aus § 1333 angefochten. Er hat jedoch außerdem die Ehe wegen Arglist nach § 1334 angefochten und gebeten, in erster Linie aus diesem Grunde die Ehe für nichtig zu erklären. Allein ähnlich wie bei verschiedenen Scheidungsgründen, so hat auch bei verschiedenen Anfechtungsgründen eine Partei nicht das Recht, zu bestimmen, über welchen Anfechtungsgrund in erster Linie zu entscheiden ist; vielmehr kann das Gericht, wenn ein Anfechtungsgrund festgestellt ist, die Ehe für nichtig erklären, ohne daß es auf den andern, von der Partei in Vordergrund gestellten Anfechtungsgrund ankommt. M. M.

b) **Wiederherstellung der ehelichen Gemeinschaft.**

OLG. Hamburg, V. ZS. Urteil v. 22. Februar 1911.

Der Beklagte verlangt nicht allgemein Wiederherstellung der ehelichen Gemeinschaft, sondern er verlangt, daß die Klägerin die Gemeinschaft mit ihm in der Weise wieder herstelle, daß sie in die von ihm mit seiner Mutter und seinen sechs Geschwistern gemeinsam bewohnte Wohnung zurückkehre. Dieses Verlangen stellt sich als ein Mißbrauch des ehemännlichen Rechts dar. Nach der in Deutschland herrschenden Auffassung gehört zur Eheschließung die Gründung eines eigenen Heims; nur wenn besondere Umstände vorliegen, kann der Mann bestimmen, daß von der Einrichtung eines eigenen Heims abgesehen wird und daß sich das Ehepaar zu den Eltern, Verwandten oder anderen Leuten begibt. Solche besonderen Umstände, die es rechtfertigen, daß die Parteien mit der Mutter und sechs Geschwistern zusammenwohnen, liegen hier nicht vor, im Gegenteil, die besonderen Umstände des Falls sind jetzt solche, daß sie es dem Manne zur Pflicht machen, die Wohnung seiner Mutter und Geschwister zu verlassen und für sich und seine Familie eine eigene Wohnung zu schaffen. Es kann einem jungen Ehepaare in kleinen Verhältnissen unmöglich zugemutet werden, in eine Wohnung zu ziehen, in der sich schon die Mutter des einen Teils nebst sechs Geschwistern, vier erwachsenen und zwei nicht erwachsenen befindet. In einem derartigen Hausstand sind Streitigkeiten kaum zu vermeiden, und es liegt in der Natur der Sache, daß bei diesen Streitigkeiten auf der einen Seite die Verwandten des einen Teils dem andern Ehegatten gegenüberstehen. So ist es auch hier gekommen; die

[1] Hat dagegen der Kläger ausdrücklich beantragt, zuerst über die Scheidungsklage zu erkennen und erst für den Fall ihrer Unbegründetheit die Anfechtungsklage zu prüfen, so haben die Gerichte demgemäß zu verfahren. Denn solange die Anfechtung nicht mit Erfolg durchgeführt ist, besteht die Ehe und kann geschieden werden, selbst wenn eine Anfechtungsklage tatsächlich voll begründet sein sollte (OLG. Hamburg, V. ZS. Urteil v. 22. Febr. 1911).

Klägerin konnte sich mit der Schwiegermutter nicht vertragen und hierauf auch ist das Zerwürfnis der Parteien selbst zurückzuführen. Mag sie auch das Zusammenwohnen ursprünglich selbst gewünscht haben, so nimmt ihr das doch nicht das Recht, wenn sich später dieser Zustand als unerträglich herausstellt, eine Änderung von dem Manne zu verlangen. Dem Beklagten fehlt es auch an jedem pekuniären Grunde, die Einrichtung einer eigenen Wohnung abzulehnen. Er selbst hat 170 Mark monatliches Einkommen, damit kann er in Hamburg eine bescheidene Wohnung mieten und mit Frau und Kind leben. Die Mutter hat 1720 Mark Pension und die vier erwachsenen Kinder verdienen ca. 1300 Mark jährlich; sie haben zusammen also 3000 Mark Einkommen; auch das genügt zum Unterhalt der sieben Personen in eigener Wohnung. M. M.

c) **Unterhaltspflicht des Mannes. BGB. § 1361².**

OLG. Hamburg, VI. ZS. Urteil v. 15. Dezember 1910.

Nach §§ 1360, 1361² kann der Beklagte sich nicht von seiner Unterhaltspflicht durch die Behauptung befreien, daß er gegenwärtig so gut wie gar nichts verdiene. Denn nach dem Gesetze kommt es nicht auf sein gegenwärtiges Einkommen, sondern wesentlich auf seine Erwerbs- und Leistungs*fähigkeit* an. Er hat seine Arbeitskraft derartig anzustrengen, daß er damit auch den Unterhalt seiner Frau verdient. Das Gericht hat nun keinen Zweifel daran, daß der Beklagte, der früher bei der Aktiengesellschaft eine Stellung mit 5—6000 Mark Einkommen hatte und die er nicht wegen mangelhafter Leistungen, sondern aus andern Gründen verloren hat, sehr wohl in der Lage ist, sich eine Stellung zu verschaffen, in der er der Klägerin einen Unterhaltsbeitrag, wenn auch nicht von 30 Mark, so doch von 20 Mark wöchentlich zu leisten vermag. Auch der Vertrag, den er gegenwärtig mit jener Gesellschaft hat, bietet ihm die Aussicht auf ein derartiges Einkommen. Daß er zurzeit noch auf den ihm vertragsmäßig gewährten Vorschuß angewiesen ist, ist ohne Bedeutung. Glaubt er übrigens nicht in der Lage zu sein, auf Grund seines gegenwärtigen Vertrags das zur Unterhaltsgewährung erforderliche Einkommen zu verdienen, so muß er sich bestreben, eine bessere Stellung zu erhalten.... Andrerseits sind aber auch die Erwerbsverhältnisse der Klägerin bei der Bemessung des Unterhaltsbeitrags mit zu berücksichtigen. Allerdings kann der Beklagte, der seine Frau verlassen hat, ohne dies dem Gericht gegenüber näher zu begründen, nicht verlangen, daß sie sich in eine dienende Stellung begibt, auch wenn sie vor der Ehe Verkäuferin in einem Ladengeschäft gewesen ist. Dagegen widerspricht ein Erwerb durch Zimmervermieten nicht den Anforderungen, welche billigerweise an sie zu stellen sind. M. M.

d) **Nutznießung des Mannes an Forderungen der Frau gegen ihn beim Fehlen eines Ehevertrags.**

Kammergericht, I. ZS. Beschluß v. 10. Oktober 1910.

Der Grundbuchrichter hat zwar, wenn der Eigentümer eine bestimmte

Forderung als die zu sichernde bezeichnet, keinen Nachweis dafür zu verlangen, daß diese Forderung in der Tat besteht oder (§ 1113 [2]) künftig entstehen kann. Er hat aber, wenn er weiß, daß sie nicht besteht und nicht entstehen kann, die Eintragung abzulehnen, weil sie in solchem Falle begriffswidrig wäre (Jahrbuch 40 S. 258). Die Forderung, die hier der Hypothek zugrunde liegen soll, ist auf einen zwischen dem Grundstückseigentümer und seiner Frau geschlossenen Darlehnsvertrag gegründet. Die Eheleute leben unter dem gesetzlichen Güterrecht und die Forderung gehört zu dem eingebrachten Vermögen der Frau; auch ist anzunehmen, daß ein Ehevertrag über die Forderung nicht geschlossen worden ist, da der Notar einen solchen Vertrag für entbehrlich erklärt hat.

Nach § 1383 erwirbt der Mann die Nutzungen des eingebrachten Gutes in derselben Weise wie ein Nießbraucher. Soweit dazu eine verzinsliche Forderung gehört, gebühren ihm demnach die Zinsen (§ 99 [2]). Ob eine zum eingebrachten Gute gehörende Forderung der Frau gegen den Mann ohne weiteres als eine verzinsliche begründet werden darf, hängt hiernach davon ab, ob dem Nießbraucher an einer Forderung nur die einzelnen fällig gewordenen Zinsbeträge, oder auch das Zinsrecht als solches zustehe. Denn im letzteren Falle würde der Mann hinsichtlich der Zinsen einer Forderung, die der Frau gegen ihn zusteht, gleichzeitig Schuldner (aus dem Darlehn) und Gläubiger (kraft Nutznießung) sein, d. h. die Zinsforderung würde nicht entstehen. Dem Manne gebührt aber wie jedem Nießbraucher das Zinsrecht als solches. Wenn der Nießbrauch nur einen Anspruch auf Zahlung der fällig gewordenen Zinsbeträge gewährte, so wäre der § 101 für Zinsen überflüssig, denn alsdann bestände das Nießbrauchrecht hinsichtlich der Zinsen aus einer Anzahl von einzelnen Forderungsrechten. Jedes von ihnen entstände dann erst mit der Fälligkeit des einzelnen Zinsbetrags, und es wäre hiernach selbstverständlich, daß, wenn das Nießbrauchrecht vor Eintritt der Fälligkeit eines Zinsbetrags endigte, der Nießbraucher keinen Anspruch auf diesen Zinsbetrag hätte. Demgegenüber setzt § 101 das Bestehen einer einheitlichen dauernden Berechtigung voraus („so gebührt dem Berechtigten ein der Dauer seiner Berechtigung entsprechender Teil"). Nur weil es sich nicht um eine Anzahl einzelner Ansprüche, sondern um eine dauernde Berechtigung handelt, ist eine Verteilung der Zinsen nötig, und auch da, wo, wie nach § 101 Nr. 2 Halbs. 1, die Fälligkeit entscheidet, sind nicht einzelne fällige Ansprüche, sondern ist nur eine Fälligkeit in Frage, die „während der Dauer der Berechtigung" eintritt. Kommt also § 101 auf den Nießbrauch und die diesem gleichstehenden Nutznießungsrechte zur Anwendung — und das ist ohne weiteres aus dem Wortlaut zu entnehmen —, so folgt daraus, daß dem Nießbraucher und demzufolge auch dem Ehemanne das Zinsrecht als Ganzes während der Dauer des Nutzungsrechts gebührt. Damit stimmt wohl die Ansicht des KG. (Rsp. 12 S. 286), wie auch des RG. (JW. 1910 S. 830 [62]) überein....

Die weitere Frage, ob ein Ehevertrag nötig ist, um das Nutznießungsrecht des Mannes an einer Forderung der Frau gegen ihn auszuschließen, oder ob, wie der Beschwerdeführer meint, hierzu ein formloser Verzicht des Mannes genügt, ist aus § 1432 zu entscheiden. Nicht zu jeder Regulierung der Verhältnisse der Ehegatten bedarf es danach eines Ehevertrags; er ist vielmehr nur nötig, wenn die Regelung die güterrechtlichen Verhältnisse betrifft. Die Ehegatten können daher nicht nur ihre persönlichen Verhältnisse, soweit dies überhaupt zulässig ist, durch einen formlosen Vertrag regeln, sondern sie können dies auch bezüglich ihrer vermögensrechtlichen Verhältnisse insoweit tun, als es sich nicht um güterrechtliche Verhältnisse im engeren Sinne handelt. Der Begriff der vermögensrechtlichen Verhältnisse ist demnach der weitere, der Begriff der güterrechtlichen Verhältnisse der engere. Gerade der vorliegende Fall läßt diesen Gegensatz scharf hervortreten. Soweit die Frau mit dem Manne einen Darlehnsvertrag schließt, handelt es sich um die Regelung vermögensrechtlicher Verhältnisse im weiteren Sinne. Denn die Frage, ob Schuldner der Frau ein Dritter oder der Mann ist, berührt zwar die vermögensrechtlichen, nicht aber die güterrechtlichen Verhältnisse der Ehegatten. Allerdings soll der Mann nach § 1377 Geld nach den für die Anlegung von Mündelgeld geltenden Vorschriften anlegen. Wenn aber die Frau die Anlegung durch Begründung einer Darlehnsforderung gegen den Mann für ausreichend erachtet, so äußert sich hierin nur die unbeschränkte Geschäftsfähigkeit der Frau, nicht aber eine Abweichung von den Grundsätzen des ehelichen Güterrechts.

Anders ist die Rechtslage insoweit, als die Ehegatten die Verpflichtung des Mannes zur Zahlung von Zinsen vereinbaren. Dadurch wird eine Änderung des ehelichen Güterrechts herbeigeführt. Das gesetzliche Güterrecht, um das es sich hier handelt, beruht im wesentlichen auf drei Grundsätzen: Trennung des Mannes- und des Frauenvermögens; Zerlegung des Frauenvermögens in Vorbehalts- und eingebrachtes Gut; Verwaltung und Nutznießung des Mannes am eingebrachten Gut. Jede Vereinbarung, die Abweichungen von einem dieser drei Grundsätze betrifft, stellt sich als eine Regelung güterrechtlicher Verhältnisse dar. Dies gilt deshalb nicht nur für eine Vereinbarung, die das Vermögen des Mannes und das der Frau zu einer Einheit verschmilzt (Gütergemeinschaft § 1437) oder eingebrachtes Gut für Vorbehaltsgut erklärt (§ 1368), sondern auch für eine Vereinbarung, die dem Manne nur eines der beiden Rechte (Verwaltung oder Nutznießung) entzieht. Denn da zum Wesen des gesetzlichen Güterrechts das Bestehen beider Rechte des Mannes gehört, so werden die güterrechtlichen Verhältnisse geändert, wenn der Mann eines dieser Rechte aufgibt (Baligang, Ehevertrag 4 ff.; Planck § 1432[1]; Staudinger 4b zu § 1432; aA. Dernburg 4 S. 176[7]). Auch dadurch wird die Notwendigkeit eines Ehevertrags nicht ausgeschlossen, daß die Regelung sich auf einen einzelnen Gegenstand beschränkt. Denn, abgesehen davon, daß dieser den einzigen oder Hauptbestandteil des Vermögens der Frau bilden kann, gibt das Gesetz keinen

Anhalt für die Annahme, daß der Begriff der Regelung güterrechtlicher Verhältnisse durch die Beschränkung der Vereinbarung auf einen einzelnen Gegenstand ausgeschlossen würde.

... Hiernach ist die Forderung der Frau gegen den Mann insoweit nicht entstanden, als sie sich auf die Verzinsung des Darlehns bezieht; eine gegenwärtige Forderung liegt mithin insoweit nicht vor. Die hypothekarische Sicherstellung der Zinsforderung ist daher nur dann zulässig, wenn die Zinsforderung als eine künftige Forderung (1113²) gelten kann. Dies ist jedoch nicht der Fall. Allerdings kann das der Entstehung der Zinsforderung hinderliche Nutznießungsrecht des Mannes aus mannigfachen Gründen, z. B. durch Tod (Todeserklärung) oder Scheidung oder infolge der Aufhebung der Nutznießung durch Ehevertrag, durch Urteil (§ 1418) oder durch Konkurs (§ 1419) wegfallen. Da aber ungewiß ist, ob die Darlehnsforderung zu der Zeit, zu der eines dieser Ereignisse eintritt, noch bestehen wird, so liegt zur Zeit eine künftige Forderung nicht vor. Denn der § 1113² bezieht sich nur auf solche Rechtslagen, die schon bei Eintragung der Hypothek eine gewisse Gewähr dafür bieten, daß aus ihnen in Zukunft eine Forderung entstehen würde, so z. B. beim Wechsel- oder Abrechnungsverkehr oder dann, wenn ein bindendes Angebot hinsichtlich eines schuldrechtlichen Anspruchs (Jahrbuch 37 S. 280) vorliegt.

Aber selbst bei Annahme eines künftigen Anspruchs würde das gleiche Ergebnis aus einem anderen Grunde zu gewinnen sein. Die Beteiligten haben eine Hypothek nicht für eine künftige, sondern für eine nach ihrer Ansicht schon bestehende Forderung einzutragen beantragt. Denn der Mann hat das Kapital vom 1. Oktober 1910 ab mit 4 v. H. vierteljährlich zu verzinsen; weiter darf die Gläubigerin, wenn die Zinsen pünktlich bezahlt würden, nicht zu einem früheren Zeitpunkt als für 1. Januar 1915 kündigen. Endlich hat der beschwerdeführende Notar stets den Standpunkt vertreten, daß durch den formlosen Verzicht des Mannes die Ausschließung des Nutznießungsrechts herbeigeführt, also die Zinsforderung zu einer gegenwärtig bestehenden Forderung gemacht werde. Der Antrag ist demnach dahin aufzufassen, daß die Eintragung der Hypothek auch insoweit zur Sicherung einer bereits bestehenden Forderung begehrt werde, als die Zinsforderung in Betracht kommt. Daraus folgt, daß, wenn die Hypothek zur Sicherung einer künftigen Zinsforderung eingetragen würde, dies dem in der Eintragungsbewilligung zutage tretenden Belastungswillen des Mannes widersprechen würde. Der Grundbuchrichter ist aber nicht berechtigt, eine von der Eintragungsbewilligung abweichende Eintragung vorzunehmen....

Da hiernach eine dingliche Sicherung des Zinsrechts nicht möglich ist, das Zinsrecht aber einen Teil des Hypothekenrechts bildet (RG. 72 S. 362), so kann die Hypothek in Höhe des Zinsrechts nicht eingetragen werden. Hieraus ergibt sich die Notwendigkeit der Zurückweisung des ganzen Eintragungsantrags, da dieser einheitlich gestellt worden ist. Gd.

e) **Haftet der Mann für die Gerichtskosten eines ohne seine Zustimmung von der Frau um eingebrachtes Gut geführten Rechtsstreits?**

OLG. München, I. ZS. Beschluß v. 30. Oktober 1911.

Die auf den Ehemann A. angesetzten Gerichtskosten stellen die Verhandlungs- und die Entscheidungsgebühr in einem Rechtsstreite dar, den seine Frau gegen ihre Verwandten wegen der Nichtigkeit des Testaments ihres Vaters erfolglos geführt hat. Da der gesetzliche Güterstand als maßgebend für die Ehe der Klägerin unterstellt werden muß, so handelt es sich um einen Rechtsstreit über eingebrachtes Gut, zu welchem die Klägerin ohne Zustimmung ihres Mannes nicht aktiv legitimiert war (§ 1400²). Diese Zustimmung ist allerdings in der Klageschrift behauptet und nicht bestritten worden, so daß die Abweisung aus sachlichen Gründen erfolgt ist. Der Ehemann bestreitet aber, zugestimmt zu haben, und dies ist deshalb hier wichtig, weil das Gericht im Anschluß besonders an Seuffert (ZPO. Vorbem. zu § 91) der Ansicht ist, daß nach §§ 1387, 1388, 1416 der Ehemann der Gerichtskasse gegenüber nur und erst dann als samtverbindlicher Kostenschuldner in Betracht kommt, wenn er nachgewiesenermaßen dem Prozeß zugestimmt hat (vgl. Staudinger § 1387). Es würde dem Zweck des § 1400² geradezu widersprechen, wollte man einen Ehemann für einen Prozeß über eingebrachtes Gut mit Dritten vorschuß- oder kostenpflichtig machen, dem er nicht zugestimmt hat. Die Sachlage ist hier wesentlich anders als im Scheidungsprozeß, wo die Frau selbständige persönliche Interessen verfolgt, die der Verfügungsmacht des Mannes entzogen sind. Hier aber will das Gesetz geradezu, daß der Mann darüber entscheidet, ob das Recht geltend gemacht werden soll oder nicht und bedarf es einer Unterstützung der Frau in ihren Rechten um so weniger, als der Mann selbst zur Klage nach § 1380 legitimiert ist und nach § 1402 nicht einmal eine richterliche Ergänzung möglich wäre, sondern die Frau bei erheblicher Verletzung ihres Interesses nur auf Aufhebung des Güterstandes klagen kann. Die gegenteilige Meinung würde darauf hinauslaufen, daß der zustimmende Mann wegen dieser seiner Zustimmung, der nichtzustimmende aber deswegen kostenpflichtig wäre, weil er möglicherweise trotz seines jetzigen Widerspruchs späterhin doch zustimmen könnte; es würde also, abgesehen etwa von der Entscheidungsgebühr für sofort rechtskräftige Urteile, die Kostenpflicht des Mannes ohne Rücksicht auf die Frage der Zustimmung in jedem Falle bestehen und die ganze verwickelte Fassung der §§ 1387, 1415, 1416 in Wirklichkeit überflüssig sein. Das kann dem Gesetzgeber nicht zugetraut werden.

Hier hat der Mann nie zugestimmt. . . . Deshalb ist es gleichgültig, ob die Zustimmung nach rechtskräftiger Erledigung des Prozesses überhaupt noch möglich ist. Billigkeitserwägungen hat schon das Gesetz selbst gegenüber den Prozeßgegnern reichlich Rechnung dadurch getragen, daß die Kosten eines solchen gegen den Willen des Mannes von der Frau durchgeführten Prozesses ohne Rücksicht auf das Nutznießungsrecht des Ehemannes aus dem eingebrachten Gut beigetrieben werden können. Hiernach war der Kostenerinnerung stattzugeben; Folge davon ist gerichtliche Gebührenfreiheit (§ 6 GKG.), während gegen die Staatskasse die Erstattung der Erinnerungskosten nicht auszusprechen ist (Rsp. 21 S. 126). Die Beseitigung der Vollzugsmaßregeln ist Sache der Beitreibungsbehörden (Bay. Ob. LG. 10 S. 348). P. n.

f) **Wirkung der einstw. Verfügung, die das Verwaltungs- und Nutzungsrecht des Mannes einstweilen aufhebt.**

Kammergericht, I. ZS. Beschluß v. 21. November 1910.

Der Beschluß (Rsp. 8 S. 150a) kann nicht aufrecht erhalten werden. Nach § 938[1] ZPO. kann allerdings eine einstw. Verfügung dahin ergehen, daß der Frau einstweilen gestattet wird, ohne die Einwilligung des Mannes über ihr Eingebrachtes insoweit zu verfügen, als die Verfügung in den Rahmen einer ordnungsmäßigen Verwaltung fällt; in solchem Falle wäre die Frau zu einer selbständigen Erteilung einer Löschungsbewilligung nur dann befugt, wenn die Löschung zum ordnungsmäßigen Geschäftsgange gehörte. Anders liegt jedoch der Fall, wenn das Prozeßgericht die Verwaltung und die Nutznießung des Mannes einstweilen aufhebt (einstellt). Eine solche Anordnung enthält zwar gleichfalls eine Beschränkung, aber nicht wie im ersten Fall eine inhaltliche, sondern lediglich eine zeitliche und bedeutet daher nur, daß dem Manne das Recht so lange nicht zustehen soll, als das Urteil in der Hauptsache nicht ergangen oder die Verfügung nicht aufgehoben ist. Die Folge ist, daß die Frau in der Verfügung über ihr Eingebrachtes eine Zeitlang unbeschränkt ist. Denn da die Frau Eigentümerin ihres eingebrachten Vermögens ist, so tritt das dem Eigentum an sich innewohnende unbeschränkte Verfügungsrecht (§ 903 BGB.) so lange wieder hervor, als die Beschränkungen des Güterrechts beseitigt sind. Es geht also nicht das Verwaltungsrecht des Mannes auf die Frau — dies ist die Auffassung des früheren Beschlusses —, sondern das im Eigentum liegende Verfügungsrecht der Frau wird wieder wirksam. Allerdings kann die Frau mit Hilfe eines zeitweiligen unbeschränkten Verfügungsrechts die später möglicherweise wieder in Kraft tretenden Rechte des Mannes beeinträchtigen. Allein darüber, welche Wirkungen die Anordnung hat und ob ihre Durchführung Gefahren mit sich bringt, hat nur der Prozeßrichter zu entscheiden; ihre Gefährlichkeit kann nicht dem Grundbuchrichter das Recht geben, in die Verfügung außer ihrer zeitlichen noch eine inhaltliche Beschränkung hineinzutragen. Ob die Wirkung einer solchen einstw. Verfügung als der Eintritt einer zeitweiligen Gütertrennung bezeichnet werden darf oder nicht, ist unerheblich. Hier genügt die Feststellung, daß der Mann einstweilen das ihm sonst kraft Güterrechts zustehende Recht nicht hat. Daß diese Wirkung nicht nur im Verhältnisse der Ehegatten zueinander (so Planck), sondern auch gegen Dritte eintritt, folgt ohne weiteres aus dem allgemeinen Inhalt der einstw. Verfügung und der Erwägung, daß sonst die letztere ohne praktischen Wert wäre (Gruchot 46 S. 953). Fällt hiernach das Recht des Mannes für eine bestimmte Zeit fort, so bedürfen während dieser Zeit die Verfügungen der Frau nicht der

Einwilligung des Mannes; denn der § 1395 dient lediglich dem Schutze der Rechte des Mannes. M.

g) **Eheverträge:**[1] *α*) **Anfechtung aus § 3 Nr. 2 AG.**

OLG. Stettin, V. ZS. Urteil v. 2. Dezember 1910.

Die Ansicht Jägers (Gläubigeranf. § 3[64]), daß Eheverträge, die das gesetzliche Verwaltungs- und Nutzungsrecht des Mannes aufheben, der Anfechtung schlechthin entzogen seien, kann keineswegs als allgemein anerkannt gelten (vgl. Gaupp-Stein, ZPO. § 861 II; Rsp. 13 S. 371, auch RG. 57 S. 87). Es wird eben auch hier darauf ankommen, ob und inwieweit im einzelnen Falle durch den Ehevertrag die Gläubiger benachteiligt werden. Dabei ist hier von Bedeutung, daß der Kläger mit der Anfechtung des Ehevertrags vom 1. Juli 1909 nur bezweckt, durch den Zugriff auf die Zinsen der Hypothek von 25000 Mark Befriedigung zu erlangen. Zu dem Ende bedarf es aber hinsichtlich der Zinsen eines Teilbetrages von 10000 Mark der Anfechtung des Ehevertrags überhaupt nicht, denn diese Zinsen sind seinem Zugriffe schon deshalb unterworfen, weil [wie dargelegt wird] schon die Verpfändung dieses Kapitalbetrags selbst der Anfechtung unterliegt. Hinsichtlich des Restes, der bereits am 1. Juli 1908 der beklagten Ehefrau unangefochten verpfändet ist, bleibt zu beachten, daß es sich um eine Verpfändung, nicht um eine Abtretung handelt, und nach § 1289 zwar das Pfandrecht an einer Forderung sich auf die Zinsen miterstreckt, das Zinsgenußrecht aber nach § 1273[2] Satz 2 dem Pfandgläubiger nicht zusteht, sondern dem Gläubiger der verpfändeten Forderung bleibt, sofern nichts anderes vereinbart ist. Dies trifft hier nicht zu. Zwar sind der beklagten Frau in der Urkunde vom 1. Juli 1908 auch die Zinsen der 10000 Mark mitverpfändet, das Recht die Zinsen einzuziehen hat sie nach § 1282 Satz 1 aber erst dann, wenn die Voraussetzungen des § 1228[2] vorliegen, also die Forderung auf Rückgewähr ihres eingebrachten Kapitalvermögens fällig geworden ist.

Diese Fälligkeit ist nun dadurch eingetreten, daß durch den Ehevertrag von 1909 das Verwaltungs- und Nutzungsrecht des Mannes aufgehoben ist. Indessen gelten nach § 1289 Satz 2 die in §§ 1123[2], 1124, 1125 für die Miet- und Pachtzinsen getroffenen Bestimmungen auch für die Zinsen einer verpfändeten Forderung, mit der Maßgabe, daß an die Stelle der Beschlagnahme die Anzeige des Pfandgläubigers an den Schuldner tritt, wonach er das Einziehungsrecht ausübe. Mithin kann, bis die beklagte Frau diese Anzeige an den Hypothekenschuldner gemacht hat, der beklagte Ehemann als Hypothekengläubiger über die Zinsen frei verfügen, so daß auch bis zu diesem Zeitpunkte dem Kläger der Zugriff auf die Zinsen freisteht. Er ist also durch den Ehevertrag nur insofern benachteiligt, als dadurch der beklagten Frau die Möglichkeit gegeben ist, durch jene Anzeige an den Hypothekenschuldner dem Kläger den Zugriff auf diese Zinsen nach Maßgabe der

[1] Die bedingte Vereinbarung eines ehelichen Güterstandes ist nach Art. 1391, 1395, 1399 C. c. unzulässig (OLG. Colmar, II. ZS. Beschluß v. 29. Dez. 1910).

§§ 1123^2, 1124 abzuschneiden. Insofern unterliegt der Ehevertrag allerdings der Anfechtung aus § 3 Nr. 2 AG., da diese benachteiligende Wirkung eine unmittelbare Folge des Ehevertrags ist. Mg.

β) **für vorübergehende Zwecke. Einfacher Hinweis auf das kraft Gesetzes schon bestehende Güterrecht. Verweisung auf nicht mehr geltendes Recht. Formzwang.**

OLG. Nürnberg, I. ZS. Urteil v. 20. Januar 1909.

Die Eheleute A., bayerische Staatsangehörige in Alexandrien, die gemäß dem Rechte ihres 1881 in Corfu genommenen ersten Ehewohnsitzes mangels Ehevertrags nach Dotalsystem in seiner reinen römischen Gestaltung lebten, schlossen 1900 vor einem bayerischen Notar einen „Auseinandersetzungsvertrag mit Ehevertrag"; hierdurch hoben sie die — nach ihrer irrigen Ansicht — bisher für ihre Ehe geltende Gütergemeinschaft (des Nürnberger Rechts, nach dem Heimatorte des Mannes) auf, setzten das als „Gesamtgut" aufgeführte Ehevermögen nach diesem Recht auseinander und vereinbarten Gütertrennung. Jetzt beansprucht die Frau vom Mann die Hälfte einer früher übersehenen Forderung des letzteren gegen X. Aus den Gründen:

Der Anspruch wird darauf gestützt, daß die Parteien 1900 ihre Güterrechtsverhältnisse nach den Grundsätzen der allgemeinen GG. haben regeln wollen. Mit einer solchen Regelung konnte vor allem keine besondere Art eines Gesamthandsverhältnisses, das nur in den drei gesetzlichen Fällen der Gesellschaft, der Güter- und der Erbengemeinschaft möglich ist (Planck 2 zu § 7471), geschaffen werden mit der etwaigen Folge des gesetzlichen Übergangs von — bekannten oder unbekannten — Vermögensstücken von dem seither Alleinberechtigten auf einen Mitberechtigten und mit der Folge der Fortdauer der Mitberechtigung an etwa ungeteilten Gegenständen der Gemeinschaft. Das Vorbringen der Klägerin kann rechtlich nur dahin verstanden werden, daß die Parteien die GG., wenn sie nicht schon kraft Gesetzes gegolten haben sollte, jedenfalls förmlich einführen wollten. Diese Einführung geschah freilich nur für die Zwecke und auf die Dauer der Auseinandersetzung des beiderseitigen Vermögens. Daß auch derartige Verträge und nicht bloß solche, welche die Begründung, Aufhebung oder Änderung eines Güterstands für eine längere Zeitdauer bezwecken, wirkliche Eheverträge sind, welche güterrechtliche, nicht bloß vermögensrechtliche Verhältnisse regeln sollen, ist nicht zu bezweifeln (§ 1432; Bay. Ob. LG. 5 S. 520).

In Nr. I des Vertrags, wo zunächst nur Feststellungen über Eheschließung, ersten Ehewohnsitz und Staatsangehörigkeit getroffen sind, erklärten die Parteien allerdings nur, daß hiernach unter der Annahme, es sei auch vor 1900 für das Güterrecht eines im Auslande heiratenden Deutschen die Staatsangehörigkeit des Mannes entscheidend gewesen — was für das gemeine Recht nicht zutrifft —, für ihre Ehe das nicht übergeleitete Güterrecht des Nürnberger Rechts, also GG. kraft Gesetzes gelte. In Nr. II fügten sie an, daß sie diese GG. aufheben und sich auseinandersetzen. In dieser

Darstellung allein wäre nur die zudem sehr unbestimmt ausgedrückte Feststellung zu erblicken, daß kraft Gesetzes für ihre Ehe der Güterstand des Nürnberger Rechts schon gelte; hierin allein läge aber nicht der Abschluß eines Ehevertrags, der die güterrechtlichen Verhältnisse erst selbst regeln will (Staudinger 2e zu § 1432). Die Würdigung des gesamten Vertragsinhalts führt jedoch zu der Überzeugung, daß die Parteien die Einführung der GG. für die Zwecke der Auseinandersetzung vereinbart haben. Gleichgültig ist hierbei ihre irrige Annahme, daß schon kraft Gesetzes dieses Güterrecht gelte; denn, abgesehen davon, ob dieser Irrtum im Beweggrunde hier einen Einfluß äußern könnte, ist der Vertrag deswegen nicht angefochten, also von diesem Gesichtspunkt aus nicht als richtig anzusehen.

Der Vertrag hat aber das Nürnberger Recht nicht dadurch zur maßgebenden Norm gemacht, daß er die einzelnen Sätze dieses früheren Rechts wiedergegeben hätte, sondern er hat den Güterstand nur durch die Verweisung auf das seit 1900 nicht mehr geltende Nürnberger Recht bestimmt. Dies ist nach § 1433 [1] ausgeschlossen (Baligand, Ehevertrag 97); die Ausnahme des § 1433 [2] liegt nicht vor. Der auf die Einführung der GG. des Nürnberger Rechts gerichtete Ehevertrag von 1900 ist daher nichtig. Eine Vereinbarung des von der Klägerin vorsorglich behaupteten Inhalts, überhaupt nur den Güterstand einer allgemeinen GG., wie sie gesetzlich zulässig sein könnte, also die des BGB., für die Zwecke der Auseinandersetzung einzuführen, war nicht beabsichtigt und ist jedenfalls nicht formgerecht beurkundet, wäre also nichtig (§§ 1434, 125). Bei der gleichzeitig vollzogenen Vermögensteilung handelte es sich nicht um eine auch formlos mögliche Auseinandersetzung auf Grund seither bestehender GG., sondern zunächst um die Einführung der letzteren zwecks Auseinandersetzung (Planck 1 zu § 1474). Soweit die Teilung nach Maßgabe der durch den Vertrag zugrunde gelegten altrechtlichen GG. vollzogen worden ist, hatte es hierbei mangels Anfechtung zu verbleiben. Auf nicht berücksichtigte Vermögensstücke eines Ehegatten konnte jedoch der Vertrag nicht dahin wirken, daß kraft Güterrechts der andere Ehegatte mitberechtigt daran wäre. Die strittige Forderung ist sohin nach dem gesetzlichen Güterstande der Gütertrennung alleiniges Vermögen des ursprünglich allein berechtigten Mannes geblieben. B—r.

b) Vergleich des gütergem. Mannes in dem ohne Zustimmung seiner Frau über ein Gesamtgutsgrundstück geführten Rechtsstreit. Grundbuchberichtigung zur Eintragung einer Grundgerechtigkeit.[1]

Kammergericht, I. ZS. Beschluß v. 12. Dezember 1910.

Die Vorinstanzen nehmen an, daß A. über das zum Gesamtgute gehörende Grundstück in dem von ihm 1910 abgeschlossenen Prozeßvergleiche verfügt habe, da er es mit einer Grundgerechtigkeit zugunsten des X. belastete.

[1] Die nach § 22² GrBO. erforderliche Zustimmung der gütergem. Frau zu ihrer Eintragung als Gesamteigentümerin kann nicht der Mann kraft seines Verwaltungsrechts erklären (Beschluß desselben ZS. v. 7. Nov. 1910, Jahrb. 40 S. 153).

Hätte er es wirklich mit einer zu den dinglichen Rechten gehörenden Wegegerechtigkeit belastet, so könnte es allerdings keinem Zweifel unterliegen, daß er damit eine Verfügung im Sinne des § 1445 vorgenommen hätte (Mot. 4 S. 354; Staudinger 2 B zu § 1445). Es könnte sich aber hier fragen, ob dann nicht A. lediglich eine bereits bestehende Grundgerechtigkeit seines Gegners anerkannt habe, ohne daß es in seiner Absicht gelegen hätte, sein Grundstück mit einer neuen Wegegerechtigkeit zu belasten. Die Entscheidung dieser Frage erübrigt sich jedoch, weil selbst dann, wenn lediglich eine Berichtigung des Grundbuchs in Frage käme, die Zustimmung der Frau nicht entbehrt werden könnte. Nach § 22[1] GrBO. kann nämlich das Grundbuch nur berichtigt werden, wenn entweder die Unrichtigkeit nachgewiesen wird oder die Bewilligung desjenigen vorliegt, dessen Recht von der Berichtigung betroffen wird. Die Unrichtigkeit des Grundbuchs wird durch den Vergleich nicht nachgewiesen; denn er stellt nicht etwa die objektive Sach- und Rechtslage fest, sondern beseitigt nur im Wege gegenseitigen Nachgebens den Streit oder die Ungewißheit der Beteiligten über die bestehende Wegegerechtigkeit. Zur Berichtigung des Grundbuchs würde hiernach gemäß § 19 GrBO. die Bewilligung dessen erforderlich sein, der durch die Eintragung der Grundgerechtigkeit in seinem Rechte betroffen wird. Es ist jedoch in Anlehnung an die Beschlüsse (Jahrbuch 37 S. 286, 289) davon auszugehen, daß auch für die Vornahme einer berichtigenden Eintragung die Bewilligung desjenigen genügt, dem das Verfügungsrecht über die betroffene materielle Berechtigung zusteht (Güthe 1 S. 481[31]). Es ist also nicht stets die Bewilligung dessen notwendig, der das Recht hat. Vielmehr kommt es nur auf die Verfügungsberechtigung an, da die Bewilligung ebenso wie die Einigung eine Erklärung ist, durch die über ein Recht verfügt wird. Daraus folgt, daß die Berichtigungsbewilligung eines materiell Berechtigten, dem das Verfügungsrecht nicht zusteht, nicht erforderlich ist. Wenn also hier A. befugt wäre, über das zum Gesamtgut gehörende Grundstück allein zu verfügen, so würde die Wegegerechtigkeit auf Grund des Prozeßvergleichs eingetragen werden können, obwohl neben dem Mann auch die Frau A. die materiellberechtigte Eigentümerin des Grundstücks ist. Insoweit aber nach § 1445 der Mann der Einwilligung der Frau bedarf, ist er nicht allein verfügungsberechtigt. Daraus folgt, daß auch die Berichtigungsbewilligung von beiden Eheleuten gemeinsam abgegeben werden muß, so daß die materielle Berechtigung und die Verfügungsberechtigung der Eheleute zusammenfallen.

Reicht hiernach die Bewilligung des A. allein nicht aus, so kann nur in Frage kommen, ob sie etwa deshalb genügt, weil er sie in einem ohne Zuziehung seiner Frau geführten Prozesse abgegeben hat. Nach § 1443[1] ist nämlich der Mann in Ausübung des Verwaltungsrechts befugt, Rechtsstreitigkeiten, die sich auf das Gesamtgut beziehen, im eigenen Namen zu führen. Er ist dadurch zur Prozeßführung ohne Zustimmung der Frau auch insoweit ermächtigt, als er zu Verfügungen gemäß §§ 1444—1446 ihrer Einwilligung bedarf; denn eine Einschränkung seines Prozeßführungsrechts hat das Gesetz nicht vorgesehen und auch nicht beabsichtigt (Mot. 4 S. 360; Rsp. 9 S. 113; Staudinger 5d zu § 1443). . . . Hier ist die Sachlage insofern anders gestaltet, als der Rechtsstreit durch Vergleich beendet worden ist. Ein solcher liegt aber nicht im Rahmen der Prozeßführungsbefugnisse des Mannes. Er kann zwar als eine Prozeßhandlung im weiteren Sinne insofern angesehen werden, als er in dem Rechtsstreit und zu dessen Beilegung geschlossen ist. Auch findet seine gerichtliche Verlautbarung, da sie von den Prozeßparteien in der Verhandlung bewirkt wird, im Prozeßbetriebe statt. Aber die Verbindung mit dem Prozesse ist nicht wesentlich und für eine gerichtliche Entscheidung im anhängigen Prozeß soll eine Grundlage nicht geschaffen werden. Der Umstand, daß der Vergleich, von seiner äußeren Gestalt aus betrachtet, die Kennzeichen einer Prozeßhandlung an sich tragen würde, nötigt nicht dazu, ihn ausschließlich als eine reine Prozeßhandlung aufzufassen. Seinem inneren Wesen nach stellt er sich als ein privatrechtlicher Verfügungsakt über das im Streit befangene Recht dar (RG. 48 S. 183, 56 S. 334). Unter Verfügung über ein Recht versteht man ein Rechtsgeschäft, dessen Rechtswirkung auf das Recht unmittelbar gerichtet ist (Staudinger 3a zu § 1375). Die Verfügung geht also weiter als die Prozeßführung, die nur die Wahrnehmung der Parteirechte in einem über ein Recht anhängigen Rechtsstreit umfaßt, das Recht selbst aber unangetastet läßt. Sobald eine Partei durch Vergleich über das im Streit befangene Recht verfügt, überschreitet sie die Grenzen der bloßen Prozeßführung und wirkt zerstörend oder abändernd oder bestätigend auf das Recht ein. Soweit daher der Mann auch sonst der Einwilligung der Frau zur Verfügung über eine Sache oder ein Recht bedarf, hat er sie auch dann nötig, wenn er diese Verfügung zur Beilegung eines von ihm geführten Rechtsstreites vorgenommen hat. Dies ist auch der Standpunkt des Gesetzgebers, der, wie die Mot. erkennen lassen, dem Manne mit dem Rechte der Prozeßführung nicht auch das Recht zubilligen wollte, einen Rechtsstreit einseitig durch prozessuale Rechtsgeschäfte, Vergleich, Verzicht und Anerkenntnis zu erledigen, soweit ein solches Rechtsgeschäft, außerhalb des Prozesses geschlossen, an die Einwilligung der Frau gebunden ist. Auch in der Literatur stimmt die herrschende Lehre hiermit überein (Staudinger 5d zu § 1443; Planck 2 zu § 1444; Fell, bürgArch. 29 S. 129). Die abweichende Ansicht Hellwigs (Anspruch 336[20]: „der Mann sei Partei, also auch in der Prozeßführung unbeschränkt"), übersieht, daß es eben zweifelhaft ist, ob und inwieweit der Abschluß eines Vergleichs zur eigentlichen Prozeßführung gehört, und daß keineswegs ohne weiteres feststeht, ob nicht gewisse Prozeßakte gleichzeitig das materielle Rechtsgebiet berühren und deshalb auch den für dieses geltenden Normen unterworfen sind. Auch die Beweisführung von Meikel (Bl. für RA. 67 S. 222) ist nicht überzeugend; zuzugeben ist ihm freilich, daß in den §§ 1444ff. die im § 1443 zwischen Verfügungen des Mannes und seiner Prozeßführungsbefugnis gemachte Unterscheidung aufrecht erhalten werden sollte. Daraus ergibt sich aber nur, daß es der Einwilligung der Frau nicht bedarf, zur Führung von Rechtsstreitigkeiten, die Sachen oder Rechte betreffen, hinsichtlich deren der Mann zur Verfügung der Zustimmung der Frau bedarf. Dagegen ist die Schlußfolgerung nicht gerechtfertigt, daß der Mann im Prozesse zur Verfügung über solche Sachen oder Rechte befugt wäre. Es ist auch Meikel insofern zuzustimmen, daß die ZPO. im allgemeinen eine Genehmigung Dritter zu einzelnen Prozeßhandlungen nicht verlangt und daher der Mann, da er die allgemeine Ermächtigung zur Prozeßführung bezüglich der in den §§ 1444ff. bezeichneten Gegenstände hat, nach der ZPO. auch zum Abschlusse des Vergleichs befugt ist. Dies schließt aber nicht aus, daß der Mann nach bürgerlichem Recht der Zustimmung eines Dritten bedarf, wenn er eine Prozeßhandlung vornehmen will, da gleichzeitig eine materiellrechtliche Verfügung über den Prozeßgegenstand in sich schließt. Richtig ist, wie Meikel hervorhebt, daß der Mann die Wirkung eines Anerkenntnisses dadurch herbeiführen kann, daß er Versäumnisurteil gegen sich ergehen und dieses rechtskräftig werden läßt. Dieser Rechtszustand ist nur bei der eigenartigen gesetzlichen Regelung des Versäumnisverfahrens möglich. Er ist aber lediglich eine Folge des prozessualen Verhaltens des Mannes, der soweit über die Grenze seiner Prozeßführungsrechte nicht hinausgeht, besonders auch keine Verfügung über das im Streit befangene Recht vornimmt. Dasselbe Ergebnis würde der Mann auch herbeiführen können, wenn er, ohne den Anspruch anzuerkennen, tatsächliche Erklärungen abgeben würde, aus denen ohne weiteres seine Verurteilung herzuleiten wäre. Auch bei Abgabe dieser Erklärungen würde er sich im Rahmen seiner eigentlichen Prozeßführungsbefugnisse halten, ohne rechtsgeschäftlich zu verfügen und deshalb müßte sein Verhalten auch der Frau gegenüber wirken, wenn es auch noch so sehr zu ihrem Nachteile sein sollte. Hieraus ergibt sich, daß der § 740 ZPO. auf gerichtliche Vergleiche nicht ohne weiteres anwendbar ist, nämlich dann nicht, wenn in dem Vergleiche der Mann über Sachen oder Rechte verfügt hat, die der Verfügungsgewalt des Mannes nach den §§ 1444ff. BGB. nur mit Zustimmung der Frau unterworfen sind. W.d.

i) **Pflicht des Mannes zur Auskunft über den Stand des Gesamtgutes nach Scheidung der Ehe. Klagerecht.**

OLG. Nürnberg, I. ZS. Urteil v. 23. Juni 1911.

Die gütergem. Ehe der Parteien ist rechtskräftig aus beiderseitigem Verschulden geschieden, ohne daß sie sich bisher über das Gesamtgut auseinandergesetzt haben. Die Klage der Frau auf Rechnungslegung über den Stand des Gesamtgutes zur Zeit der Rechtskraft des Scheidungsurteils und auf eine gesonderte Aufstellung über die vorhandenen Aktiven und Passiven ist begründet.

Daß die Frau während der Ehe keine Auskunft über die Verwaltung des Gesamtgutes verlangen darf, ist in § 1456 begründet. Diese Vorzugsstellung des Mannes endigt aber mit der Ehe selbst; nach der Beendigung der GG. steht die Verwaltung des Gesamtgutes bis zur Auseinandersetzung beiden Ehegatten gemeinschaftlich zu. Beide haben Sonderrechte, vermöge deren sie alle zur Feststellung der Teilungsmasse erforderlichen Maßregeln selbständig ergreifen dürfen. Das Recht auf Mitverwaltung schließt das Recht auf Mitbesitz in sich; hierwegen wie aus dem Gesichtspunkte, daß rechenschaftspflichtig ist, wer fremde Angelegenheiten oder solche, die zugleich eigene und fremde sind, besorgt, ist der Frau dem Manne gegenüber das Recht zuzuerkennen, Auskunft und Vorlage eines Bestandverzeichnisses des Gesamtgutes zu verlangen, gestellt auf den Zeitpunkt der Rechtskraft des Scheidungsurteils (§§ 260, 1472). Dieses Bestandsverzeichnis ist Rechnungslegung; indem er es vorlegt, legt er zugleich Rechnung hinsichtlich des Gesamtgutes. Der Beklagte ist daher durch das Ersturteil, soweit es von Rechnungslegung spricht, in keiner Weise beschwert. Deshalb besteht auch kein Anlaß, hierin eine Änderung eintreten zu lassen (Planck 5 zu § 1472). Der Beklagte wendet ein, er habe der Klägerin bereits die begehrte Auskunft erteilt. Als solche kann aber die heute abschriftlich übergebene undatierte Eingabe nicht betrachtet werden. Denn sie bezweckte im Scheidungsstreite dem Beklagten zum Armenrechte zu verhelfen und zeigt aus diesem Grunde das Bestreben, den Stand der Passiven gegenüber den Aktiven nach Möglichkeit in die Höhe zu schrauben. Sodann ist sie nicht der Klägerin, sondern dem mit der Prüfung des Armenrechtsgesuchs befaßten LG. erteilt worden, auch nicht auf den Tag der Rechtskraft des Scheidungsurteils gestellt. . . .

Nach § 1443 unterlag während der Ehe das Gesamtgut der Verwaltung des Beklagten. Die Klägerin überschreitet daher ihre Befugnisse nicht, wenn sie ein Verzeichnis über den Bestand dieses Vermögenskomplexes, gestellt auf den Zeitpunkt der Ehescheidung, begehrt. Denn auch diejenigen Teile des Gesamtgutes, die sich vorübergehend nicht im Besitze des Beklagten befanden, unterstanden dessen Verwaltung, und nur diese gibt Maß für den Umfang dessen, was der Beklagte in das Bestandsverzeichnis aufzunehmen hat.

Die in § 99 FrGG. für die Auseinandersetzung vorgesehene amtsgerichtliche Vermittlung erfordert Antrag und Einwilligung aller Beteiligten; durch die Beschreitung des Prozeßweges hat zum mindesten die Klägerin zu erkennen gegeben, daß sie nicht gewillt ist, das amtsgerichtliche Vermittlungsverfahren einzuleiten. Schm.

k) Zustimmung zum Ehebruch? Verzicht auf Klagrecht.

OLG. Dresden, II. ZS. Urteil v. 24. September 1910.

Die Erklärung der Klägerin, daß sie, falls der Beklagte die Klage auf Scheidung wegen böslicher Verlassung unverzüglich nach Ablauf eines Jahres von der Rechtskraft des Eheherstellungsurteils an erheben und durchführen werde, keine Einwendungen entgegensetzen werde, enthält weder nach dem Wortlaute noch nach den Begleitumständen eine Zustimmung zu dem Ehebruche des Mannes. Sollte sie den Sinn einer Zusage der Klägerin haben, daß sie überhaupt nicht mehr wegen künftigen ehewidrigen Verhaltens klagen werde, also auf ihr Klagrecht ganz allgemein verzichte, so würde sie schon an sich gegen die guten Sitten verstoßen. Der Beklagte mag angenommen haben, daß die Klägerin alle Beziehungen zu ihm als abgebrochen ansehe, daß es ihr gleichgültig sei, ob er nunmehr außerehelichen Geschlechtsverkehr pflege, daß sie ihm in dieser Richtung sogar geradezu einen Freibrief erteilt habe, der bloß von dem Prozeßbevollmächtigten seiner Anstößigkeit halber nicht ausdrücklich in die Urkunde aufgenommen worden sei, daß die Klägerin weiter entschlossen sei, nicht mehr angriffsweise gegen ihn vorzugehen, und daß sie, um sich künftige Aufregungen zu ersparen und ihre Gesundheit nicht zu gefährden, die Scheidung aus § 1567 Nr. 1 über sich ergehen lassen, zugleich aber auch die Gewißheit haben wolle, daß er ihr durch Erhebung der Verlassungsklage den Weg zur Freiheit eröffnen werde. Die Verletzung der ehelichen Treue durch den Beklagten mag auch deshalb in besonders mildem Lichte erscheinen, weil die Klägerin sich über Jahr und Tag dem ehelichen Verkehre mit ihm entzogen und nicht die Absicht hatte, jemals zu ihm zurückzukehren. Das alles ändert aber nichts daran, daß er seiner Frau durch den Ehebruch das Recht gegeben hat, die Scheidung deswegen zu verlangen. § 1565² ist nur dann anwendbar, wenn der andere Ehegatte dem Ehebruche tatsächlich zugestimmt hat, nicht aber dann, wenn der die Ehe brechende Gatte eine solche Zustimmung irrtümlich angenommen hat, mag auch der Irrtum nicht auf Fahrlässigkeit beruhen. Dr. v. F.

l) **Bösliche Verlassung i. S. des § 1567.**

OLG. Hamburg, IV. ZS. Urteil v. 25. Mai 1910.

1. Die Voraussetzungen für die öffentliche Zustellung bestehen gegen den Beklagten seit mehr als Jahresfrist, da mindestens seit Herbst 1907 sein Aufenthalt unbekannt ist (§ 203¹ ZPO.). Als der Dampfer M. im November 1907 im Hafen von Savannah lag, befand Beklagter sich als Seemann an Bord. Wo er sich seit dieser Zeit aufhält, ist auch mit Hilfe der Polizeiverwaltungen von Bremen und Hamburg sowie des Deutschen Konsulats in Savannah nicht zu erfahren gewesen.

2. Seit 1905 hält sich nach der glaubhaften Erklärung der Klägerin, die durch die Auskünfte der Polizeiverwaltungen Bremen und Hamburg sowie durch den Brief ... teilweise bestätigt ist, Beklagter von der häuslichen Gemeinschaft fern. Er tut dies wider Willen der Klägerin, denn es ist kein Anhalt dafür vorhanden, daß sie mit dem Beklagten, um auf dessen Fernbleiben die Scheidungsklage zu stützen, kolludiert. Etwas Weiteres aber, als daß der Richter die Überzeugung gewonnen hat, daß solche Kollusion nicht vorliege, ist nicht erforderlich, um das Fernbleiben wider Willen zu bejahen (vgl. Mot. 4 S. 590). Daß die Klägerin ihrer Angabe zufolge 1905 damit einverstanden gewesen ist, daß Beklagter sich nach Hamburg, um dort Schiffsdienste zu nehmen, begab, läßt keinen Rückschluß auf ihr Ein-

verständnis damit, daß er mehr als 5 Jahre ohne Unterbrechung fernbleibe, zu. Beklagter hält sich aber auch „in böslicher Absicht" fern. Solche ist dann zu unterstellen, wenn der Mann sich beharrlich vom klagenden Teile ferngehalten und beharrlich seiner Pflicht, für ihn zu sorgen, sich entzogen hat (vgl. Urteil des hiesigen V. ZS. vom 14. März 1910). Das trifft hier zu. Die bösliche Absicht wird auch dadurch nicht beseitigt, daß Beklagter im Frühling und Sommer 1907 an die Klägerin und deren Mutter Briefe gerichtet hat. Selbst wenn man, was nicht richtig wäre, der Absendung dieser Briefe Bedeutung für das Erfordernis der böslichen Absicht beimessen wollte, so sind doch seitdem wiederum nahezu 3 Jahre verflossen, während welcher Beklagter überhaupt kein Lebenszeichen der Klägerin gegenüber mehr von sich gegeben hat. Dem Beklagten gereicht auch nicht zur Entschuldigung, daß die Klägerin auf jene Briefe aus 1907 nicht geantwortet, den letzten Brief sogar uneröffnet hat zurückgehen lassen. Diese Handlungsweise erscheint erklärlich, wenn erwogen wird, daß bis dahin $2^1/_2$ Jahre verstrichen waren, während welcher Beklagter die Klägerin und seine Kinder trotz wiederholter Versprechungen, Geld schicken zu wollen, ohne jede Unterstützung gelassen hatte. Bösliche Absicht würde allerdings dann nicht vorliegen, wenn außerhalb der freien Willensbestimmung des Beklagten liegende Umstände dessen Rückkehr verhindert hätten oder verhinderten. Dafür liegt aber nichts vor. M. M.

m) **Übermäßige geschlechtliche Anforderungen als Scheidungsgrund.**

OLG. München, III. ZS. Urteil v. 28. März 1911.

Je nach Lage des Falles kann in übermäßigen geschlechtlichen Anforderungen des Mannes an seine Frau eine Verfehlung nach § 1568, ja sogar eine schwere Verfehlung gefunden werden, wenn der Mann hierdurch in dem Bewußtsein der Möglichkeit einer solchen Wirkung die Gesundheit der Frau schädigt; denn die Ehe, welche auf sittlicher Grundlage beruht, setzt ein naturgemäßes, innerhalb der Grenzen der Vernunft, des Anstandes und der Wahrung gegenseitiger Liebe und Achtung sich bewegendes Geschlechtsleben voraus, und das Gebot der Liebe und Achtung legt dem Ehegatten in gewissem Grade auch die Pflicht zur Schonung des anderen auf. Die Verletzung dieser Pflicht würde sich als Verletzung der durch die Ehe begründeten Pflichten überhaupt darstellen; Geschlechtsverkehr unter Schädigung der Gesundheit des anderen Ehegatten wäre ein Mißbrauch (JW. 1902 Beil. S. 205). P. n.

n) **§ 1568 bei gleichem beiderseitigen Verschulden.**

OLG. Hamburg, VI. ZS. Urteil v. 27. Mai 1911.

Das LG. meint, daß die Klage bei beiderseitigem Verschulden keinen Erfolg haben könne, wenn nicht der Beklagte in irgend einer Form Feststellung der Mitschuld des klagenden Teils verlange. Dann hinge also die Möglichkeit einer klagegemäßen Verurteilung bei beiderseitigem Verschulden auf Grund des § 1568 davon ab, daß der Beklagte auch seinerseits einen Anspruch auf Feststellung der Mitschuld des anderen Teils erhöbe. Das kann unmöglich die Meinung des Gesetzes sein, das aus § 1568 ein wenn auch relatives, doch unbedingtes Klagrecht auch bei beiderseitigem Verschulden gibt. Das LG. geht offenbar von der irrigen Auffassung aus, daß der Antrag auf Schuldigerklärung des anderen Ehegatten grundsätzlich einen Antrag auf Alleinschuldigerklärung enthalte. Aber der Antrag der Klägerin auf Scheidung wegen Schuld des Beklagten ist durchaus begründet, wenngleich sie selbst mitschuldig ist. Dafür, daß dies ausgedrückt und festgestellt wird, hat nicht sie zu sorgen, sondern ist Sache des Beklagten. Sie kann daher auch nicht, falls ihr die Ehe unerträglich geworden ist, darunter leiden, wenn der andere Teil sie trotzdem fortsetzen will. Mußte also das LG. auf Grund der Beweisaufnahme annehmen, daß die Fortsetzung der Ehe durch Mitschuld des Beklagten für die Klägerin unerträglich geworden sei, so mußte es der Scheidungsklage stattgeben, wenn auch der Beklagte widerklagend Wiederherstellung des ehelichen Lebens forderte. M. M.

o) **Verzeihung von Eheverfehlungen.**

α) OLG. Breslau, I. ZS. Urteil v. 15. Juni 1911.

Die Klägerin begehrt Scheidung, weil Beklagter wegen eines Verbrechens seit Jahren in Strafhaft sitzt. Er verteidigt sich damit, daß in den Briefen, die ihm die Klägerin in die Strafanstalt schrieb, eine Verzeihung liege. Allein die darin gebrauchten Anreden: „Lieber Richard" sowie die Schlußworte: „Es grüßen Dich Deine Frau und Kinder", und die Nachrichten über das Ergehen der Familie sind nicht ohne weiteres als Ausfluß einer versöhnlichen Stimmung zu deuten. Anrede und Schluß sind vielmehr als konventionelle Redewendungen zu erklären, die die Klägerin offenbar gewohnheitsmäßig und nur in dem Bewußtsein gebraucht, daß ihre Weglassung als Kränkung empfunden werden würde. Ein Zeichen von Zuneigung läßt keiner der Briefe erkennen. Die ausführlichen Berichte über das Ergehen der Familie sind damit zu erklären, daß die Klägerin, solange ihre Ehe besteht, sich zu solcher Auskunfterteilung im Interesse des Beklagten verpflichtet fühlt. Zwar hat sie überall vermieden, einen geradezu unfreundlichen Ton anzuschlagen. Es läßt sich aber nicht verkennen, daß sie dem Beklagten wegen seines verbrecherischen Verhaltens — zum Teil versteckte, in dem einen Briefe auch sehr deutliche — Vorwürfe macht und ihm überdies in allen Briefen zu verstehen gibt, daß sie in Zukunft aus eigener Kraft durch das Leben zu kommen gewillt ist. Die Betonung dieser Sinnesrichtung läßt die Annahme nicht aufkommen, daß die Klägerin daran denken könnte, mit dem Beklagten, wenn er seine Strafe verbüßt haben wird, das eheliche Zusammenleben wiederaufzunehmen. M. r.

β) OLG. Hamburg, IV. ZS. Urteil v. 8. März 1911.

... Beklagter ist damals (1907) davon ausgegangen, daß seine Frau die Ehe mit X. gebrochen hatte, und er hat gleichwohl bis zur endgültigen Trennung der Parteien (1909) mit seiner Frau geschlechtlich verkehrt. Allerdings hatte die Klägerin den Ehebruch damals so wenig zugegeben, wie sie es jetzt tut, und der Beklagte hält eine Verzeihung bei einem solchen Verhalten des schuldigen Teiles begrifflich für ausgeschlossen. Allein auch wenn der vermeintlich schuldige Ehegatte seine Verfehlung leugnet, kann der andere Teil, sei es ausdrücklich, sei es wie hier durch konkludente Handlungen erklären, er sei zwar vom Gegenteil überzeugt, wolle aber die Verfehlung gleichwohl verzeihen. M. M.

p) **Nichtigkeit einer Ehe eines katholischen Österreichers mit einer geschiedenen protestantischen Deutschen.**

OLG. Hamburg, VI. ZS. Urteil v. 6. April 1911.

Die Frage, ob die von den Parteien hier geschlossene Ehe rechtsgültig ist, muß gemäß Art. 13 EG. zum BGB., da damals der Kläger Österreicher, Beklagte Deutsche war, auch nach österr. Rechte beantwortet werden. Nun ist nach dem Hofdekret vom 17. Juli 1835 die Ehe zwischen einem Katholiken und einer Person, deren erste Ehe geschieden ist und deren geschiedener Ehegatte noch lebt, verboten und ungültig. Ferner bleiben nach § 4 des österr. BGB. „die Staatsbürger auch in Handlungen, die sie außer dem Staatsgebiete vornehmen, an diese Gesetze gebunden, insoweit als ihre persönliche Fähigkeit, sie zu unternehmen, dadurch eingeschränkt wird, und als diese Handlungen zugleich in diesen Ländern rechtliche Folgen hervorbringen sollen". Der Oberste Gerichtshof in Wien legt diese Bestimmung bezüglich des fr. Ehehindernisses dahin aus, daß zurzeit der Eheschließung der Gatte beabsichtigt haben müsse, daß aus der Eheeingehung in Österreich rechtliche Folgen hervorgingen; im übrigen komme es nicht auf die Kenntnis des Handelnden von der Rechtslage an, die Außerachtlassung des Gesetzes genüge (Spruchrepertorium Nr. 198). Diese Auslegung entspricht durchaus dem klaren Wortlaut des § 4. Da also das fr. Ehehindernis bei Eheschließungen im Auslande nur bedingungsweise Nichtigkeit der Ehe bewirkt, überdies auch nach § 99 des österr. BGB. die Vermutung immer für die Gültigkeit der Ehe spricht, so hat der Kläger zu beweisen, daß ihm bei Eingehung der Ehe die oben gekennzeichnete Absicht innegewohnt habe. Dieser Beweis ist nicht geführt. Die Beibehaltung der österr. Staatsangehörigkeit, der Schauspielerberuf, der die Rückkehr nach Österreich möglich macht oder gar nahe legt, sind Tatsachen, welche auf die Absicht des Klägers zur Zeit der Eheschließung gar keinen Schluß zulassen. Es sind lediglich Umstände, die dem Handelnden die Rückkehr und Hervorbringung rechtlicher Wirkungen im Heimatland ermöglichen. Das Gesetz verlangt aber nicht, daß der Handelnde diese Wirkungen vereitele, sondern es bestimmt nur, daß er nicht beabsichtige, sie hervorzubringen.

Nun gibt es zwar gewisse rechtliche Folgen, welche ohne weiteres mit einer derartigen Eheschließung eintreten, so z. B. der Erwerb der österr. Staatsangehörigkeit durch die ausländische Ehegattin, möglicherweise auch Familien- oder erbrechtliche Beziehungen zu den Verwandten des österr. Ehegatten. Allein auch hier ist dem Handelnden nachzuweisen, daß er diese

Rechtsfolgen beabsichtigt, d. h. daß er sie gekannt und trotz Kenntnis ihres Eintrittes gehandelt habe. Allerdings hat der Oberste Gerichtshof im Urteil v. 21. Februar 1906 die Nichtigkeit der Ehe ausgesprochen, weil die Frau Ausländerin gewesen und durch die Eheschließung österr. Staatsangehörige geworden sei. Diese Entscheidung entspricht aber nicht dem Wortlaut des angef. § 4 und muß als von den Darlegungen des oben in erster Stelle angezogenen Erkenntnisses überholt erachtet werden. Das Gesetz verlangt weder, daß die Handlung in Österreich Rechtsfolgen haben müsse, noch, daß sie solche Folgen haben könne. Nur dann hat die Ungültigkeit einzutreten, wenn die betr. Handlung Rechtsfolgen im Inlande haben sollte. Es kommt also lediglich auf die Absicht des Handelnden an. Dafür, daß dem Kläger eine solche Absicht innewohnte, ist nichts beigebracht. Sollte er später den Plan gefaßt haben, nach Österreich zurückzukehren, oder sonstwie der Gang der Ereignisse späterhin die Eheleute nach Österreich führen, so daß es zur Entstehung von Rechtsfolgen kommen würde, so könnte diese Tatsache niemals die Wirkung haben, die Ungültigkeit der Ehe, welche aus den Umständen zur Zeit ihrer Eingehung zu beurteilen ist, nachträglich herbeizuführen. M. M.

q) **Nichtigkeitsklage einer Deutschen, die hier einen Italiener heiratete, nachdem seine frühere Ehe durch ein deutsches Urteil rechtskräftig geschieden war.**

Kammergericht, XXIII. ZS. Urteil v. 13. März 1911.

Die Parteien haben hier 1900 die Ehe geschlossen. Der Beklagte besitzt die italienische Staatsangehörigkeit und hatte 1888 zu London mit X. eine Ehe geschlossen, die 1899 durch rechtskräftiges Urteil des hiesigen LG. geschieden worden war. Die Klägerin behauptet, daß diese Scheidung nach italienischem Recht unzulässig gewesen sei. Die Nichtigkeitsklage ist unbegründet.

Eine ausdrückliche Vorschrift darüber, nach welchem Recht über die Nichtigkeitsklage zu entscheiden ist, besteht nicht. Für die Gültigkeit der Ehe der Parteien ist Art. 13[1] EG. maßgebend. Ihrem Wortlaut nach richtet sich diese Vorschrift zunächst an den Standesbeamten, der die Voraussetzungen der Ehe zu prüfen hat; es ergibt sich aber ohne weiteres, daß auch die richterliche Prüfung darauf abzustellen hat, ob bei Eingehung der Ehe zwischen einem Ausländer und einer Deutschen die von Art. 13[1] geforderten Voraussetzungen der Eheschließung vorhanden gewesen sind. Das war hier nicht der Fall für den Beklagten, der nach Art. 56 des codice civile eine zweite Ehe nicht eingehen konnte, solange er durch seine erste Ehe gebunden war. Diese Ehe war, weil in der vom englischen Recht vorgeschriebenen Form geschlossen, auf Grund des Art. 100 C. C. nach italienischem Recht gültig. Die Ehe ist dann freilich 1899 hier rechtskräftig geschieden; das italienische Recht läßt aber eine Scheidung dem Bande nach nicht zu und erkennt ein ausländisches Scheidungsurteil nicht an (Art. 48). Dagegen lagen für die Klägerin die Voraussetzungen der Eheschließung vor; die frühere Ehe des Beklagten bildete nach ihrer Scheidung kein Ehehindernis (§ 1309 BGB.).

Es fragt sich, ob die nur nach italienischem Recht ungültige Ehe im Inland für nichtig erklärt werden kann.

Für das Recht der Scheidung ist nach Art. 17[1] EG. an sich ebenso wie für die Frage der Gültigkeit der Ehe das Personalstatut der Staatsangehörigkeit maßgebend. Wenn Art. 17[4] dem inländischen Richter verbietet, eine nach der Regel des Abs. 1 zulässige Scheidung dann auszusprechen, wenn das deutsche Recht den Scheidungsanspruch ausschließt, so geschieht das ersichtlich im Interesse der Aufrechterhaltung der Ehe, und es könnte sich fragen, ob nicht das gleiche Interesse einer Nichtigkeitsklage gegenüber dahin führen müsse, den Art. 17[4], der nur einen Anwendungsfall des Art. 30 EG. darstellt, auf Grund dieses Artikels auf die Nichtigkeitsklage entsprechend anzuwenden (Mariolle in Seuff. 63 S. 131). Die Frage kann indessen unerörtert bleiben, weil hier die Anwendung italienischen Rechts aus einem besonderen Grunde am Art. 30 scheitern muß. Jene Anwendung setzt voraus, daß dem Urteil von 1899 die Anerkennung versagt wird. Ein deutsches Urteil für wirkungslos zu erklären, kann aber einem deutschen Richter nicht zugemutet werden. Es verstößt das gegen den Zweck des deutschen Gesetzes, das den Richter an eine Entscheidung bindet, die über eine Streitfrage einmal rechtskräftig getroffen worden ist (§ 322 ZPO.). Diese materielle Rechtskraft erweitert sich für ein Urteil, das die Scheidung ausspricht, wegen seines rechtsgestaltenden Charakters über die Parteien hinaus; es wirkt für und gegen alle, es ist für jedermann bindend. Ob auch diesem Rechtssatz des deutschen Rechts eine Ausschließlichkeit im Sinne des Art. 30 EG. beizulegen ist, bedarf aber keiner weiteren Erörterung, weil der Hinweis auf § 322 ZPO. zur Anwendung des Art. 30 ausreicht. Die materielle Rechtskraft der Urteile ist von grundsätzlicher Bedeutung für die Rechtssicherheit und den Rechtsfrieden. Die Nichtbeachtung eines rechtskräftigen deutschen Urteils würde die Grundlagen des deutschen staatlichen und wirtschaftlichen Lebens berühren (RG. 60 S. 296, 63 S. 18).

Es könnte zweifelhaft erscheinen, ob nicht die Regel des Art. 13[1] EG. die Ausnahme, wie sie hier auf Grund des Art. 30 EG. angenommen wird, deshalb habe ausschließen wollen, weil es andernfalls nahe gelegen hätte, eine ausdrückliche Vorschrift in das Gesetz aufzunehmen. Art. 13[1] ermöglicht besonders auch die Berücksichtigung derjenigen Vorschriften ausländischen Eherechts, die ihre Grundlage in der Anerkennung der religiösen Natur des Ehebandes haben, und bei den Verhandlungen, die aus Anlaß des Haager Eheschließungsabkommens vom 12. Juni 1902 gepflogen worden sind, hat Deutschland Wert darauf gelegt, die Anerkennung ausländischer, auf der religiösen Natur der Ehe beruhender Ehehindernisse beizubehalten (Beer Z. f. intern. Pr.R. 19 S. 20). Die Verschiedenheit derartiger ausländischer Vorschriften von den inländischen erstreckte sich besonders auch auf die Möglichkeit der Lösung der Ehe dem Bande nach und auf die Zulassung der Wiederverehelichung.

Wollte man das für einen Ausländer bestehende Verbot der Wiederverehelichung für den Fall durchbrechen, daß seine Ehe im Inland geschieden sei, so hätte es, könnte man einwenden, nahegelegen, diese Ausnahme gesetzlich festzulegen, zumal Art. 13² eine solche Ausnahme enthält. Allein durch EG. 17¹ wird der Kollision eines inländischen Scheidungsurteils mit einem ausländischen Verbot der Wiederverheiratung für die Regel vorgebeugt, während die inländische Verschollenheitserklärung, die auf Grund des Art. 13² trotz Nichtanerkennung im Ausland die Wiederverheiratung ermöglicht, in Art. 9³ ausdrücklich im Widerspruch mit dem ausländischen Recht zugelassen worden ist. Zwar besteht nach § 606 ZPO. die Möglichkeit eines Widerstreits zwischen einem nach Art. 13¹ an sich zu beachtenden ausländischen Verbot der Wiederverheiratung und einem deutschen, die Nichtigkeit der Ehe aussprechenden Urteil. Nach § 606 ZPO. kann eine Deutsche, die einen Ausländer geheiratet hat, unter gewissen Umständen vor einem deutschen Gericht ein Urteil erlangen, das die Nichtigkeit der Ehe ausspricht, das aber in dem Heimatland des Mannes nicht anerkannt wird. Ihrer Wiederverheiratung im Inland würde dann, wenn jenes Heimatrecht diese verbietet, an sich der Art. 13¹ entgegenstehen. Daß dieser nicht sehr naheliegende Ausnahmefall bei der Fassung des Art. 13 nicht berücksichtigt ist, berechtigt aber noch nicht zu dem Schluß, daß das Gesetz vom deutschen Richter die Nichtbeachtung des deutschen Ungültigkeitsurteils verlange, da Art. 30 auch in diesem Falle die Möglichkeit bietet, der auch hier abzuweisenden Folgerichtigkeit der Regel auszuweichen. Für Fälle wie hier bestand jedenfalls kein Anlaß, eine besondere Ausnahme im Gesetz vorzusehen. Das Scheidungsurteil, das hier der Nichtigkeit der Ehe gegenübersteht, ist unter der Herrschaft des preuß. Rechts ergangen, das nicht, wie jetzt Art. 17¹ EG. das Personalstatut der Staatsangehörigkeit, sondern das des Wohnsitzes für die Scheidung der Ehe als maßgebend erachtete. Wäre die Ehe der Parteien vor 1900 geschlossen worden, so hätte ihre Gültigkeit überhaupt nicht bezweifelt werden können, da nach preuß. Recht auch die Eingehung der Ehe nach dem Personalstatut des Wohnsitzes beurteilt wurde. Für die hier vertretene Auffassung ist auf RG. 11 S. 34 und Fischer Z. 32 S. 305 Bezug zu nehmen.... K. r.

r) **Anfechtung der Ehelichkeit des von der Witwe geborenen Kindes. Bestellung eines Spezialpflegers.**

Kammergericht, I. ZS. Beschluß v. 10. November 1911.

Wenn eine Witwe nach dem Tode des Mannes innerhalb 302 Tagen ein Kind geboren hat, so ist nach § 1593 das Anfechtungsrecht des Mannes nicht entstanden, also auch nicht verloren gegangen. Mithin besteht noch jetzt die Möglichkeit, die Unehelichkeit des Kindes auf Grund des Nachweises, daß der Mann der Mutter innerhalb des in die Ehe fallenden Teiles der Empfängniszeit nicht beigewohnt habe, oder daß die Mutter das Kind unmöglich vom Mann empfangen haben könne (§§ 1591 ff.), geltend zu machen.

Hierzu ist zu jeder Zeit jedermann berechtigt, der an der Darlegung der Unehelichkeit des Kindes ein berechtigtes Interesse hat, besonders das Kind selbst. Die Unehelichkeit kann insbesondere zum Gegenstande der gerichtlichen Feststellung im Wege der Feststellungsklage geltend gemacht werden (§ 256 ZPO.) oder als klagebegründende Behauptung oder verteidigungsweise vorgebracht werden. In jedem dieser Fälle wirkt die gerichtliche Entscheidung nur zwischen den Parteien, so daß an sich die Möglichkeit besteht, daß über die Ehelichkeit des Kindes entgegengesetzt entschieden wird (Bay. Ob. LG. Rsp. 8 S. 345 a, vgl. ferner Rsp. 21 S. 244; Motive 4 S. 657, 664). Das VormGericht muß, wenn begründeter Anhalt dafür besteht, daß der Mann nicht der Mutter beigewohnt hat, oder daß das Kind nicht aus der Beiwohnung des Mannes herrühren kann, gemäß § 12 FrGG. die zur Feststellung der Tatsachen nötigen Ermittelungen veranstalten. Wird durch ihr Ergebnis die Vermutung der Ehelichkeit beseitigt, so muß das Gericht zu der Einleitung der Vormundschaft schreiten, da der unehelichen Mutter nicht, wie der ehelichen, die elterliche Gewalt über das Kind zusteht.

Hier kann das Kind mit der Klage, die es, vertreten durch seine Mutter, gegen einen niemals mit dieser verheiratet gewesenen Mann auf Anerkennung der Vaterschaft und Zahlung von Unterhaltsbeträgen erhebt, nur durchdringen, wenn es seine uneheliche Abstammung nachweist. Führt es diesen Nachweis, so folgt daraus ohne weiteres, daß die Mutter nicht seine gesetzliche Vertreterin ist. Es müßte demnach wegen mangelnder gesetzlicher Vertretung im Prozesse unterliegen, auch wenn es ihm gelänge, den Nachweis für sämtliche Klagebehauptungen zu erbringen. Unter diesen Umständen besteht zwischen der Vorbedingung für das Bestehen der elterlichen Gewalt und der gesetzlichen Vertretung des Kindes einerseits und dem Inhalte der Klagebehauptungen und des verfolgten Anspruchs anderseits ein Widerspruch, durch den die Mutter, selbst wenn ihr die elterliche Gewalt zustehen sollte, verhindert wird, das Kind in diesem Rechtsstreit zu vertreten. Es liegen deshalb jedenfalls die Voraussetzungen des § 1909 für die Bestellung eines Spezialpflegers zur Prüfung und Verfolgung des Anspruchs vor. Ob die Voraussetzungen für die Einleitung einer Vormundschaft bestehen, wird das Amtsgericht erst nach Anstellung weiterer Ermittelungen beurteilen können. Zn.

s) Mißbrauch des Personensorgerechts § 1666 BGB.

Kammergericht, Ia. ZS. Beschluß v. 24. November 1911.

Unter Umständen kann in dem Verlangen des Vaters, die Kinder zur eignen Erziehung von der abseits lebenden Mutter herauszubekommen, ein Mißbrauch seines Personensorgerechts liegen. Dabei ist aber zu beachten, daß der Vater nach den §§ 1627, 1631 an sich das Recht hat, die Kinder zu erziehen, ihren Aufenthalt zu bestimmen und sie von jedem, der sie ihm vorenthält, auch von der Mutter, herauszuverlangen. Dieses Verlangen kann sich als Mißbrauch des Rechts nur bei ganz besonderer Sachlage dann darstellen, wenn die Kinder beim Vater in Verhältnisse kommen würden, die ihr leibliches oder geistiges Wohl gefährden würden. Es genügt hiernach, um einen Mißbrauch des Sorgerechts anzunehmen, keineswegs, daß die Kinder es bei der Mutter besser hätten, als sie es voraussichtlich beim Vater haben werden. Auch der Umstand, daß sie der liebevollen mütterlichen Pflege entzogen werden, reicht selbst bei noch sehr jugendlichen Kindern im Alter von 3—5 Jahren nicht aus, um ohne weiteres das Herausgabeverlangen des Vaters als mißbräuchlich zu bezeichnen. Vielmehr kommt es auf die Feststellung an, ob die Kinder auch beim Vater die erforderliche liebevolle weibliche Pflege und Wartung finden werden. Schl.

t) **Kann der Vater als Gewalthaber Dritten den Verkehr mit seinem Sohne untersagen? Ist dieses Recht klagbar?**

α) Kammergericht, III. ZS. Urteil v. 6. Oktober 1911.

Der Kläger und sein 16jähriger Sohn lebt in B., während seine Frau in L. mit der Beklagten, ihrer Schwester, zusammenwohnt. Die Beklagte hat hinter dem Rücken des Klägers den Sohn zu sich eingeladen und mehrfach aufgesucht, ihm auch Briefe geschrieben. Der Kläger hat, um eine Beeinflussung seines Sohnes zugunsten seiner Frau durch die Beklagte zu verhindern, diese brieflich aufgefordert, sich jeden Verkehrs mit dem Sohne zu enthalten. Sie erwiderte, der Kläger habe ihr nichts zu verbieten, sie werde den Verkehr mit seinem Sohne so gestalten, wie es ihr Anstand und Zartgefühl vorschrieben. Eine weitere Aufforderung, ihm eine Erklärung dahin abzugeben, daß sie fernerhin mit seinem Sohne nicht mehr verkehren werde, ließ sie unbeantwortet. Auf die Klage wurde ihr bei Strafe untersagt, ohne Einwilligung des Klägers mit dessen Sohn in schriftlichen oder mündlichen Verkehr zu treten. Gründe:

Es ist für das Recht des BGB. anerkannt, daß jeder, sei es auch nur objektiv widerrechtliche Eingriff in ein vom Gesetz geschütztes Recht einen klagbaren Anspruch auf Unterlassung begründet, wenn für die Zukunft weitere Eingriffe zu besorgen sind (vgl. RG. 71 S. 85). Um ein solches Recht handelt es sich auch bei dem auf der elterlichen Gewalt beruhenden Erziehungsrechte, d. h. der Sorge für die Person des Kindes; denn seinem ganzen Wesen nach ist es ein zu den sonstigen Rechten des § 823[1] gehöriges absolutes Recht. Wie der Inhaber des Erziehungsrechts aus dessen schuldhafter Vernachlässigung jedermann haftbar werden kann, so muß andererseits jeder Dritte auch gehalten sein, dieses Recht zu beachten. Deshalb bedeutet auch der § 1632 nicht etwa eine Ausnahme, sondern betrifft vielmehr lediglich die ausdrückliche Anerkennung und Feststellung einer sich aus dem Erziehungsrecht ergebenden einzelnen Folge, wie denn auch die Motive von dem Herausgabeanspruch als von einem Ausflusse der Personensorge reden und dazu bemerken, daß zwar das ALR. ausdrückliche Bestimmungen hierüber nicht enthielte, jedoch die Rechtsprechung einen Anspruch auf Herausgabe des Kindes anerkenne. Das Erziehungsrecht begreift notwendig das Recht der Beaufsichtigung und Regelung des schriftlichen und persönlichen

Verkehrs des Kindes mit Dritten in sich, so daß jeder Verkehr, der von dritter Seite mit dem Kinde gegen den Willen des Erziehungsberechtigten, zumal gegen dessen begründeten Willen gepflogen wird, einen widerrechtlichen Eingriff in das Erziehungsrecht darstellt. Dieses steht grundsätzlich beiden Eltern gemeinschaftlich zu, jedoch wird dem Vater als dem Haupte der Familie eine überwiegende Stellung eingeräumt. Hier konnte der Kläger der Ansicht sein, daß die Beklagte sich in Ansehung der ehelichen Differenzen zwischen ihm und seiner Frau auf die Seite der letzteren stelle und daß sie einen etwaigen Verkehr mit dem Sohne dazu ausnutzen werde, ihn ebenfalls auf die Seite der Mutter zu ziehen und ihn so mehr oder weniger gegen den Vater einzunehmen. Es folgt daraus ohne weiteres und mußte der Beklagten auch bewußt sein, daß ihr Verkehr, der sich der Kontrolle des Klägers entzog, dessen Billigung nicht hatte, sondern seinem berechtigten Willen zuwiderlief. Dieser Verkehr greift daher widerrechtlich in das Erziehungsrecht des Klägers ein, selbst wenn er ihn vorher nicht verboten haben sollte. Auch die weitere Voraussetzung für den erhobenen quasinegatorischen Anspruch ist gegeben. Denn wenn die Beklagte auch das Schreiben des Klägers so erwiderte, wie es geschehen ist, und dann auf die weitere Aufforderung eine Antwort überhaupt nicht erteilte, so ist die Besorgnis begründet, daß es in Zukunft zu neuen Eingriffen in das Erziehungsrecht des Klägers kommen werde.... K. H.

β) Verkehr der getrennt lebenden Frau mit den beim Manne befindlichen Kindern.

Kammergericht, III. ZS. Urteil v. 7. April 1911.

Der Beklagte, der seine klagende Frau aus dem Haushalte hinausgewiesen hat, verweigert ihr jedes Zusammenkommen mit den Kindern, weil er aus bestimmten Tatsachen einen schlechten Einfluß der Klägerin auf die Kinder befürchte und auch ohnedies nach § 1634 Satz 2 zu dem Verbot berechtigt sei.... Allein dieser Satz 2 findet nach der Natur der Sache nur Anwendung auf Angelegenheiten, die den beiden Eltern gemeinschaftlich sind, über die sie also gemeinsam zu entscheiden haben, z. B. wenn es sich um den Aufenthalt oder die Erziehung der Kinder handelt. Hier tritt aber das Interesse der Kinder in den Hintergrund und handelt es sich, weil ein Recht der K l ä g e r i n in Frage steht, nicht um gemeinschaftliche Angelegenheiten der beiden Parteien, sondern gerade um entgegengesetzte Rechte, nämlich das selbständige Recht der Klägerin gegenüber dem Rechte des Beklagten. Insofern liegt dieser Fall anders, als der in RG. 55 S. 419 behandelte, in welchem in erster Linie das Interesse der Kinder, also eine an sich gemeinsame Angelegenheit der Eltern in Frage stand. Hiernach muß der Beklagte, der zunächst dadurch, daß er die Klägerin aus seinem Haushalt entfernt hat, deren Recht verletzt hat, nachweisen, daß er dazu berechtigt war, d. h. guten Grund hatte, so daß sich ihr jetziges Verlangen als Mißbrauch ihrerseits darstellt. Erst in zweiter Linie würde es auf den von der Klägerin angebotenen Gegenbeweis, daß sie sich keiner Pflichtverletzung schuldig gemacht habe, ankommen. Die Behauptungen des Beklagten reichen aber nicht aus... **K. ch.**

u) **Für die Zeit während der Scheidung gilt § 1636. Zuständigkeit des VormGerichts.**

Kammergericht, Ia. ZS. Beschluß v. 28. Januar 1911.

Das LG., das sich auf § 1635 Satz 2 stützt, beachtet nicht, daß § 1635 nur für geschiedene Ehen gilt,[1] während hier die Eltern des Kindes nur getrennt und im Scheidungsprozesse leben. Zwar ist im Jahrbuch 39 S. 3 ausgesprochen, daß die Verkehrsregelung des § 1636, wenn sie auch nach dessen Wortlaut ebenso wie die des § 1635 nur auf geschiedene Ehen zutreffe, auch auf die Regelung des Verkehrs der Ehegatten mit ihrem Kind anzuwenden sei, die erst im Scheidungsprozesse miteinander ständen. Aber das KG. hat andrerseits im Jahrbuch 37 S. 13 daran festgehalten, daß § 1635 nur bei geschiedenen Eheleuten angewendet werden dürfe. An letzterer Entscheidung ist festzuhalten, da es wohl angeht, einstweilen für die Dauer des Scheidungsprozesses zu regeln, wie die getrennt lebenden Eltern mit dem Kinde verkehren sollen, während es nicht angängig erscheint, die elterliche Gewalt vorübergehend dem einen Ehegatten zugunsten des andern für jene Dauer zu entziehen; hierüber trifft mit der rechtskräftigen Beendigung des Scheidungsprozesses § 1635 Satz 1 eine Vorschrift, die stets einzutreten hat, wenn nicht das VormGericht nach Erlaß dieses Urteils die ihm im Satz 2 gegebene Befugnis gebraucht. Trifft § 1635 bei den im Scheidungsprozesse stehenden Eheleuten nicht zu, so mußte das LG. entweder den Verkehr der Eltern gemäß § 1636 von dem Standpunkt aus regeln, daß dem Vater die elterliche Gewalt (§ 1627) und der Mutter nach § 1634 nur das Recht und die Pflicht zusteht, neben dem Vater für die Person des Kindes zu sorgen, daß aber bei Meinungsverschiedenheiten über die Ausübung dieses Sorgerechts die Meinung des Vaters vorgeht, oder aber, wie das das Amtsgericht getan hat, gegen den Vater aus § 1666 vorgehen und ihm die Sorge für die Person des Kindes nehmen oder beschränken. Zur Herbeiführung einer bezüglichen Entscheidung war daher die Sache an das LG. zurückzuverweisen.

Denn weder den Maßnahmen des VormGerichts aus § 1636 noch solchen aus § 1666 steht die einstw. Verfügung des Scheidungsrichters entgegen. RG. 69 S. 97 führt aus: „Zum mindesten wird der Eherichter schon mit Rücksicht auf § 940 ZPO. regelmäßig die nähere Regelung dieses Verkehrs abzulehnen haben, da das grundsätzlich hierum anzugehende VormGericht jederzeit und häufig sogar rascher als das Prozeßgericht zu erreichen ist." „Grund-

[1] Der Antrag des für schuldig erklärten Mannes, ihm die Sorge für die Person des Kindes zu übertragen, ist nur dann gerechtfertigt, wenn ohne diese Maßregel das geistige oder leibliche Wohl des Kindes gefährdet würde. Der § 1673 ist auf einen solchen Fall nicht anwendbar; vielmehr unterliegt es lediglich dem pflichtmäßigen Ermessen des Beschwerdegerichts, ob es auf die Beschwerde des einen Beteiligten dem andern Beteiligten Gelegenheit zur Erklärung geben will oder nicht (Bay. Ob. LG. I. ZS. Beschluß v. 28. April 1911, Samml. 12 S. 318).

sätzlich" ist also hiernach das VormGericht für die Regelung des Verkehrs aus § 1636 anzugehen. Hieraus ergibt sich, daß ihm die Entscheidung aus § 1636 nicht durch eine einstw. Verfügung des Ehegerichts entzogen werden kann, das „grundsätzlich" zu solcher Entscheidung nicht berufen ist, und daß jene Verfügung nur einstweilen und so lange maßgebend bleiben kann, bis das „grundsätzlich" berufene VormGericht die Entscheidung abgibt. Einer Anordnung dieses Gerichts aus § 1666 steht endlich die Verfügung des Prozeßgerichts nicht entgegen, weil über das Vorliegen der Anwendbarkeit des § 1666, das Verschulden[1] des einen Elternteils an der leiblichen und geistigen Gefährdung des Kindes, das Prozeßgericht überhaupt nicht zu entscheiden hat. Die Befugnis des VormGerichts hat aber auch das als Beschwerdeinstanz an dessen Stelle tretende Landgericht. J. g.

v) **Das Verkehrsrecht ist kein Teil des Personensorgerechts und kann dem geschiedenen, nicht sorgeberechtigten Ehegatten nie völlig entzogen werden.**

Kammergericht, Ia. ZS. Beschluß v. 6. Oktober 1911.

Mit Recht hat das LG. angenommen, daß der Mutter, der nach § 1635 das Recht der Sorge für die Person ihrer beiden Söhne nicht zusteht, das Recht zum persönlichen Verkehr mit ihren Kindern auch dann nicht vollständig genommen werden kann, wenn die Voraussetzungen des § 1666 vorliegen. Für diese Rechtsauffassung spricht zunächst der Wortlaut des § 1636. Danach behält der Ehegatte, dem nach § 1635 die Sorge für die Person des Kindes nicht zusteht, die Befugnis mit dem Kinde persönlich zu verkehren. Nach Satz 2 des § 1636 kann das VormGericht den „Verkehr" näher regeln; es kann also zwar die Art und Weise, in der der Verkehr stattfinden soll, bestimmen, ist aber nicht befugt, den nicht sorgeberechtigten Elternteil von dem Verkehr mit seinen Kindern ganz auszuschließen. Denn darin würde keine nähere Regelung, sondern die Beseitigung jedes Verkehrs liegen.

Ferner ergibt auch die Entstehung des § 1636 klar, daß die völlige Entziehung des Rechts auf den Verkehr dem Gesetzgeber nicht zulässig erschienen ist. Es war in einer gutachtlichen Äußerung (Zusammenstellung 4 S. 334) vorgeschlagen worden, im § 1457 (jetzt § 1636) Satz 1 hinter „zu verkehren" hinzuzufügen: „wenn er dessen würdig ist"; es sollte damit ausgedrückt werden, daß z. B. Prostituierten die Befugnis mit ihren Kindern zu verkehren, nicht zustehen könne. Später wurde dann beantragt, den Satz des § 1457 dahin zu fassen: „Das VormGericht kann diesen Verkehr näher regeln, ihn auch ganz ausschließen, wenn er zum offenbaren Nachteile der Kinder gereicht." Demgegenüber hatte sich der Entwurf auf die Bestimmung beschränkt, daß alle über den persönlichen Verkehr erforderlichen Anordnungen dem Vorm-

[1] Ein Verschulden des Vaters liegt vor, wenn er, obwohl er ein gutgehendes Geschäft führt, die Kinder gröblich dadurch vernachlässigt, daß er sich seiner Unterhaltspflicht fortgesetzt zu entziehen sucht und daß sein Verhalten auch für die Zukunft eine erhebliche Gefährdung des Unterhalts der Kinder besorgen läßt (Beschluß desselben ZS. v. 28. April 1911, aO. 323).

Gericht oblägen. In den Motiven hierzu ist anerkannt, daß der persönliche Verkehr nicht gänzlich versagt werden dürfe. Dabei wurde erwogen, daß zwar Fälle eintreten könnten, wo ein persönlicher Verkehr des Kindes mit dem von der Sorge für das Kind ausgeschlossenen Elternteil, z. B. wenn die Mutter eine Prostituierte sei, nicht wünschenswert sei. Allein in solchen Fällen werde das Gericht schon durch sachgemäße Anordnungen über Zeit, Ort und Bedingungen des Verkehrs jeder Gefahr für das geistige Wohl des Kindes vorbeugen. Eine Bestimmung, daß der Richter den Verkehr ganz ausschließen dürfe, könne zu großen Härten führen, setze das Ansehen des Elternteils in nicht zu billigendem Maße herunter und bringe dem Kinde eigentlich erst den Fehler seines Elternteils zum Bewußtsein (Prot. 4 S. 449). Daß es sich hierbei, wie der Beschwerdeführer meint, nicht um eine klare grundsätzliche Darlegung eines Standpunktes durch den Gesetzgeber, sondern um eine gelegentliche Erörterung eines Bedenkens gehandelt hat, ist unzutreffend. Vielmehr ist in den Beratungen des Gesetzes mit voller Klarheit und grundsätzlich zum Ausdruck gebracht, daß der nicht sorgeberechtigte Elternteil unter keinen Umständen vom Verkehr mit seinen Kindern völlig ausgeschlossen werden dürfe. Es hätte sonst nichts näher gelegen, als daß bei den Beratungen auf die Möglichkeit hingewiesen worden wäre, auf Grund des § 1666 auch den nicht sorgeberechtigten Elternteil vom Verkehr mit seinen Kindern ganz auszuschließen; dies muß um so mehr gelten, als gerade das Beispiel von einer der Prostitution verfallenen Mutter gewählt war, bei der wohl stets die Voraussetzungen des § 1666 vorliegen werden. Der Umstand, daß die Frage bei der Beratung des § 1666 nicht erörtert ist, ist nicht entscheidend. Denn § 1666 will nur die Fälle treffen, in denen gegen den Inhaber der elterlichen Gewalt, oder gegen den Elternteil eingeschritten werden soll, der das Personensorgerecht hat. Die geschiedene Mutter aber, der es nach § 1635 nicht zusteht, könnte unter § 1666 nur dann fallen, wenn man ihr Recht auf Verkehr mit ihrem Kinde als Ausfluß des Personensorgerechts ansieht. Der richtigen Ansicht nach ist aber das Verkehrsrecht nicht ein Teil des Personensorgerechts, sondern besteht als selbständige Befugnis neben ihm. Die Sorge für die Person umfaßt nach § 1631[1] das Recht und die Pflicht das Kind zu erziehen, zu beaufsichtigen und seinen Aufenthalt zu bestimmen. Gegenstand dieser Sorge ist nicht die Befugnis zum persönlichen Verkehr mit dem Kinde, sondern das Recht über den Verkehr des Kindes mit anderen Personen die geeignete Bestimmung zu treffen. Wenn deshalb im Falle der Scheidung der Ehe die Sorge für die Person des Kindes dem einen der beiden Ehegatten zugesprochen, zugleich jedoch angeordnet wird, daß der andere Ehegatte die Befugnis behalte, mit dem Kinde persönlich zu verkehren, so bedeutet das lediglich, daß das Recht des mit der Sorge für die Person ausschließlich betrauten Ehegatten, den Verkehr nach Gutdünken zu bestimmen, durch das Recht des andern Ehegatten zum Verkehre mit dem Kinde beschränkt ist (RJA. 4 S. 138). Hiernach stellt sich das Verkehrsrecht weder als Ausfluß der Sorge für die Person des Kindes noch überhaupt als Bestandteil der elterlichen Gewalt dar, sondern entspricht dem zwischen Eltern und Kindern bestehenden Verwandtschaftsverhältnis; dieses letztere bedingt, daß kein Elternteil von dem Verkehr mit seinen Kindern ganz ausgeschlossen werden kann. Hiermit stimmt auch die Ansicht von Staudinger 4 zu § 1636 überein; der abweichenden Auffassung, der das RG. 64 S. 49 und das KG. (Jahrbuch 39 S. 29) über die Natur des Verkehrsrechts Ausdruck gegeben hat, kann nicht gefolgt werden.

Ist aber hiernach das Verkehrsrecht kein Teil des Personensorgerechts, so kann es dem geschiedenen, nicht sorgeberechtigten Elternteil auch dann nicht entzogen werden, wenn die Voraussetzungen des § 1666 im übrigen vorliegen. Hiermit stimmen auch die Entscheidungen des KG. (Jahrb. 30 S. 38) und des OLG. Darmstadt (Rsp. 11 S. 297), sowie Staudinger 2a zu § 1636 überein. Ob der in den Beschlüssen vom 14. März 1904 (RJA. 4 S. 139) und vom 1. August 1908 (1a X 566/08) eingenommene Standpunkt, wonach beim Vorliegen des § 1666 dem sorgeberechtigten Elternteile zugleich mit dem Personensorgerecht auch das Verkehrsrecht solle genommen werden können, zutrifft und sich mit den vorstehenden Ausführungen vereinigen läßt, kann dahingestellt bleiben. Denn in den letzterwähnten Entscheidungen handelte es sich nicht um geschiedene Ehen und um ein Einschreiten gegen den nicht sorgeberechtigten geschiedenen Elternteil, sondern es war die Frage zu entscheiden, ob bei Unanwendbarkeit der §§ 1635, 1636 die Möglichkeit bestehe, dem sorgeberechtigten Elternteil auf Grund des § 1666 das Verkehrsrecht zu entziehen. Hiernach ist die gegenwärtig allein interessierende Frage, ob das Verkehrsrecht des § 1636 gemäß § 1666 beseitigt werden könne, in den beiden erwähnten Beschlüssen nicht entschieden. J.-g.

w) **Stellung des Vaters gegenüber dem Pfleger für das gemäß § 1638 dem Kinde zugefallene Vermögen.**

Kammergericht, Ia. ZS. Beschluß v. 12. April 1911.

Der § 1629, der dem für mehrere Vormünder geltenden § 1798 entspricht (Motive 4 S. 1095), betrifft ausschließlich den Fall, daß eine und dieselbe Angelegenheit des Kindes sowohl den Kreis der Personenfrage als auch das Gebiet der Vermögensverwaltung berührt und dann eine Meinungsverschiedenheit über die zwischen der das Sorgerecht für die Person des Kindes und der das Vermögen verwaltenden Person auftaucht. Auf die Vermögensverwaltung allein bezieht sich § 1629 überhaupt nicht. Ist dem Vater gemäß § 1638 die Verwaltung des dem Kinde zugefallenen Vermögens entzogen und wird sie daher nach § 1909 S. 2 durch einen Pfleger geführt, so hat der Vater bei der Verwaltung des Pflegers in keiner Weise mitzuwirken. Schon nach § 1628 erstreckt sich „das Recht und die Pflicht, für die Person und das Vermögen des Kindes zu sorgen, nicht auf Angelegenheiten des Kindes, für welche ein Pfleger bestellt ist". Diese Vorschrift braucht aber nicht einmal angewendet zu werden; denn der Pfleger ist hier nur bestellt für dasjenige Vermögen des Pfleglings, das ihm der Erblasser mit der Bestimmung zugewendet hat, daß es der Verwaltung des Vaters entzogen sein soll. Dieses Vermögen ist mithin niemals in die Verwaltung des Vaters gelangt. Die Pflegschaft beeinträchtigt also kein eigenes Recht des Vaters. Noch weniger geschieht das durch die Auswahl der Person des Pflegers, dem lediglich die Sorge für solches Vermögen des Kindes obliegt, an dem der Vater keine Rechte hat. Rechte des Vaters können daher durch Maßregeln dieses Pflegers nicht verletzt werden. Hiernach fehlt es dem Beschwerdeführer an einem Beschwerderecht, das aus § 20 FrGG. hergeleitet werden könnte. J.g.

x) **Bedarf der Minderjährige, dem ein Grundstück unter Vorbehalt des Nießbrauchs geschenkt wird, der Einwilligung seines Gewalthabers?**

OLG. Colmar, FerienZS. Beschluß v. 5. September 1911.

Laut Urkunde des Notars hat A. erklärt, sein Grundstück den vier anwesenden Kindern, darunter der 18jährigen Haustochter Anna, als einzigen künftigen Erben zu schenken. In derselben Urkunde hat er es „unter Vorbehalt des Nießbrauchs" an die Beschenkten „für sich zu je $^1/_4$ ungeteilt" aufgelassen; letztere haben die Auflassung „wie bewilligt" angenommen; die Anna hat in eigener Person diese Erklärung abgegeben. Die demgemäß beantragte Eigentumseintragung wurde abgelehnt. Die weitere Beschwerde des Notars ist begründet.

Die beurkundeten Erklärungen sind unbedenklich in dem Sinne aufzufassen, daß die Schenker sich die Bestellung des Nießbrauchs von den Beschenkten ausbedungen, daß diese sich durch Annahme der Schenkung zu der Nießbrauchsbestellung verpflichtet und daß im Vertrag Schenker und Beschenkte zugleich auch ihre Einigung über die Begründung des Nießbrauchs erklärt haben. Auch die Bewilligung der Eintragung des Nießbrauchs ist den Erklärungen der Beschenkten zu entnehmen. Ebenso ist der Eintragungsantrag nicht in buchstäblichem Sinne, sondern dahin aufzufassen, daß das Eigentum der Beschenkten und der Nießbrauch des Schenkers eingetragen werde. Es trifft demnach nicht zu, daß die Minderjährige, wie die Beschwerde aufstellt, in dem Vertrag einen Nießbrauch überhaupt nicht bestellt hätte. Richtig ist aber, daß die Minderjährige zum Abschluß des Vertrags der Einwilligung ihres gesetzlichen Vertreters nach §§ 106, 107 nicht bedurfte. Die der Entscheidung des OLG. vom 23. Januar 1911 zugrunde liegende entgegengesetzte Rechtsauffassung läßt sich bei nochmaliger Prüfung nicht aufrecht erhalten. Das Gesetz verlangt nicht zur Vornahme von Verfügungen oder zur Eingehung von Verpflichtungen durch einen beschränkt geschäftsfähigen Minderjährigen die Einwilligung des gesetzlichen Vertreters. Es fordert die Einwilligung nur zu einer solchen Willenserklärung, durch die der Minderjährige nicht lediglich einen rechtlichen Vorteil erlangt. Willenserklärung im Sinne dieser Vorschrift ist bei einem Vertrag, der nur als einheitliches Ganzes in Wirksamkeit treten soll, die auf den Abschluß des Vertrags, also auf Herbeiführung der Gesamtwirkung des Vertrags gerichtete Erklärung des Minderjährigen. Der gesamte Vertragsinhalt in seinem untrennbaren Zusammenhang ist Gegenstand dieser Erklärung. Ob der Minderjährige zu ihr der Einwilligung bedarf, hängt also ganz allein davon ab, ob er durch den Vertrag als Ganzes lediglich einen rechtlichen Vorteil erlangt. Im besonderen kommt es nicht darauf an, ob jede einzelne im Vertrag enthaltene Willenserklärung auch für sich allein abgegeben diese Wirkung haben würde.... Die gegenteilige Auffassung führt zu dem mit dem Zweck der Vorschrift unvereinbaren Ergebnis, daß einzelne Teile eines ohne die Einwilligung des gesetzlichen Vertreters vom Minderjährigen geschlossenen Vertrags unbedingt wirksam werden könnten, während andre Teile desselben Vertrags in ihrer Wirksamkeit von der Genehmigung des Vertreters abhängen würden, und gerade hieraus könnten für den Minderjährigen ohne Zweifel erhebliche rechtliche Nachteile entstehen.

Hier verpflichtet der Vertrag die Minderjährige nur zu einer unmittelbar aus dem Gegenstand der Schenkung zu gewährenden Leistung. Ihre auf Bewirkung dieser Leistung gerichtete Verfügung wird, weil sie als Nichtberechtigte über den Schenkungsgegenstand verfügt, gemäß § 185 erst wirksam, wenn sie auf Grund der Schenkung und Auflassung das Miteigentum durch Eintragung erwirkt. Gerade darauf ist der Vertragswille auch gerichtet, daß ohne den Eintritt des unentgeltlichen Eigentumserwerbs der Minderjährigen die von ihr getroffene Verfügung nicht wirksam werde und daß mit dem Eintritt dieses Erwerbs kraft der von ihr getroffenen Verfügung zugleich auch die ihr durch den Vertrag auferlegte Leistung zur Erfüllung und damit zum Erlöschen gelange. Dafür, daß die von der Minderjährigen abgegebene Willenserklärung in anderer Weise gar nicht wirksam werden kann, ist also durch den Vertrag selbst in den Grenzen der Möglichkeit gesorgt und der Eintritt eines andern als des durch den Vertrag gewollten rechtlichen Erfolgs für die Minderjährige ist auch sonst bei der Lage der Sache nach menschlicher Berechnung so gut wie ausgeschlossen. Bei dem Gesamteintritt der durch den Vertrag gewollten Rechtswirkungen wird aber die Minderjährige zu ihrem bisherigen Vermögen das Miteigentum an dem mit dem Nießbrauch ihres Vaters belasteten Grundstücke hierzu erworben haben, ohne von den Rechten, die ihr zur Zeit des Vertragsabschlusses zustanden, irgend etwas aufgegeben zu haben und ohne mit einer neuen Verpflichtung belastet zu sein. Im Erfolg hat also der Vertrag für die Minderjährige rechtlich dasselbe Ergebnis, als wenn das Miteigentum von vornherein nur mit der Belastung unentgeltlich übergegangen wäre. Der Vertrag hat seiner Gesamtwirkung nach lediglich eine Vermehrung der Rechte der Minderjährigen zur Folge und somit kann es nicht zweifelhaft sein, daß sie lediglich einen rechtlichen Vorteil erlangt. Demgemäß läßt sich der abweichende Beschluß vom 23. Januar 1911 (Rsp. 22 S. 160) nicht aufrecht erhalten. Schr.

γ) **Haftung des Vaters für die Kosten eines Rechtsstreits des minderjährigen Kindes.**

α) OLG. Celle, IV. ZS. Beschluß v. 1. November 1911.

Mit Rücksicht auf § 92 GKG. darf die Gerichtskasse den Beschwerdeführer, der als gesetzlicher Vertreter seines minderjährigen Sohnes für ihn als Beklagten den Rechtsstreit geführt hat, als Zweitschuldner der dadurch entstandenen Kosten in Anspruch nehmen, falls § 1654 dessen Haftung für die Kosten eines Rechtsstreits allgemein begründet. Allein dies trifft nicht zu. § 1654 legt dem Vater die Lasten des seiner Nutznießung unterworfenen Kindesvermögens auf und rechnet zu ihnen auch die Kosten eines für das Kind geführten Rechtsstreits. Von Lasten eines Vermögens kann selbstverständlich nur beim Vorhandensein eines solchen die Rede sein. Erst dieses vermag Lasten davon entstehen zu lassen. Damit ist klar der Standpunkt des Gesetzes bezeichnet. Der Träger der Nutzungen des Kindesvermögens soll auch Träger seiner Lasten sein. Die Pflicht des Vaters, für diese Lasten und ebenso für die ihnen gleichgestellten Kosten eines Rechtsstreits aufzukommen, ist lediglich die Folge der Nutznießung, beruht aber nicht auf seiner Unterhaltspflicht dem Kinde gegenüber. Freilich wird vielfach aus der Entstehungsgeschichte des § 1654 gefolgert, daß der Vater ohne Rücksicht auf die Erzielung eines Überschusses die Lasten jedenfalls, mithin auch bei einem nur geringfügigen Ertrage jener auf sich zu nehmen hat, daß er dann aber in Ermangelung jeglichen Vermögens ebenfalls für sie einstehen müsse. Die Richtigkeit des ersten Teils mag auf sich beruhen bleiben; die Unrichtigkeit des letzten Teils ist nicht zu bezweifeln. Jene Auffassung führt zu unannehmbaren Ergebnissen. So müßte der Vater danach die Kosten eines Rechtsstreits gegen das Kind tragen, wenn er sich daran auch nur durch Empfangnahme der Klage in der Eigenschaft als gesetzlicher Vertreter dieses beteiligt hätte und alsdann Versäumnisurteil ergehen ließe. Dasselbe hätte einzutreten, wenn er gegenüber zu weit gehenden Ansprüchen aus unerlaubten Handlungen des Kindes dessen Vertretung im Rechtsstreit pflichtmäßig übernähme, ohne dabei den begründeten Teil der Ansprüche abwehren zu können. Derartige unliebsame Wirkungen der obigen Auffassung wären hinzunehmen, wenn diese mit Sicherheit aus dem Gesetz hervorginge. Das trifft aber keineswegs zu. Hätte das Gesetz den Vater schlechthin für die Kosten von Rechtsstreitigkeiten seiner minderjährigen Kinder aufkommen lassen wollen, so hätte es das durch eine dem entsprechend allgemein gehaltene, selbständige Vorschrift getan, nicht aber in dem jetzt bestehenden Zusammenhange, wo die Haftung nur als Ausfluß der Nutzung des Kindesvermögens erscheinen muß. L.d.

β) OLG. Naumburg, II. ZS. Beschluß v. 12. Dezember 1911.

In der lebhaft umstrittenen Frage schließt sich der Senat der Ansicht an, welche die Haftung des Vaters nach dem Willen des Gesetzes stets dann als gegeben ansieht, wenn ihm die Nutznießung am Kindesvermögen — sei es auch nur grundsätzlich — zusteht, gleichviel ob und in welcher Höhe er im einzelnen Falle Nutzungen davon zieht. Zu dieser Stellungnahme bestimmt den Senat außer den Gründen, welche der Entstehungsgeschichte des Gesetzes und der Regelung der ehemännlichen Haftung zu entnehmen sind, die Erwägung, daß es nicht der Wille des Gesetzgebers gewesen sein kann, den Fall, wenn kein Kindesvermögen vorhanden, anders zu regeln, als den Fall, wenn unfreies Vermögen des Kindes zwar vorhanden ist, aber gar keine oder nur ganz geringe Einkünfte abwirft. Der grundsätzlichen Nutznießungsbefugnis muß vielmehr auch die grundsätzliche Haftung entsprechen, zumal das Gesetz das Mittel an die Hand gibt, sich der Inanspruchnahme durch Verzicht auf die Nutznießung gemäß § 1662 zu entziehen. Schl.

z) **Abwesenheit der Eltern als Grund für eine Pflegschaft. Wirkungskreis und Religion des Pflegers.**

Kammergericht, Ia. ZS. Beschluß v. 16. Dezember 1910.

Die Eheleute A., von denen der Mann katholisch und die Frau evangelisch ist, sind 1909 aus E. nach Amerika ausgewandert, haben aber in E ihre kurz zuvor geborene Tochter Anna zurückgelassen, die ebenso wie ihre älteren Geschwister evangelisch getauft worden ist. Auf Antrag des Waisenrats bestellte das Amtsgericht den kath. Landwirt D. zum Pfleger für die Anna, „um für die Person und das Vermögen der Minderjährigen zu sorgen, soweit die Eltern durch ihre Abwesenheit an der Besorgung dieser Angelegenheiten verhindert sind“. Der Pfleger zeigte dem Amtsgericht an, daß er das Kind, das bei den evang. Eheleuten X. gut untergebracht gewesen sei, bei gleichfalls ordentlichen Leuten, dem katholischen Ehepaar Y. unterbringen wolle, hieran aber durch den evang. Pfarrer B. gehindert worden sei, der das Kind durch unbekannte Personen von X. habe fortholen lassen. Anderseits berichtete der Pfarrer, daß die Eheleute A., die über die evang. Erziehung ihrer sämtlichen Kinder einig seien, ihm die Fürsorge und die Aufsicht über ihre Tochter übertragen hätten und, da er sich dieser Aufgabe unterziehe, kein Grund zur Bestellung eines Pflegers vorliege. Er bat deshalb um Aufhebung der Pflegschaft oder doch um die Bestellung eines evang. Pflegers. Das Amtsgericht lehnte dies ab und wies den Pfleger an, gegen den Pfarrer auf Herausgabe des Kindes zu klagen. Die Beschwerde des Pfarrers wurde zurückgewiesen. Seine weitere Beschwerde ist zulässig. Denn ihm ist von den Eltern die Fürsorge für das Kind aufgetragen und er hat sich diesem Auftrage bisher unterzogen. Er hat also ein berechtigtes Interesse daran, die Angelegenheiten des Kindes auf dem Gebiete der Personensorge wahrzunehmen. Da die für Einleitung der Pflegschaft hier auch das Gebiet der Personensorge berührt, so steht ihm nach § 57 Nr. 9 FrGG. gegen die Bestellung des Pflegers das Beschwerderecht zu. Überdies hat er auch eine schriftliche Vollmacht eingereicht, nach der er von den Eheleuten A. beauftragt ist, gegen die Anordnung der Pflegschaft ꝛc Beschwerde zu führen. Er ist demnach berechtigt, in dem jetzigen Verfahren auch den A. zu vertreten, der durch die Anordnung der Pflegschaft in seinen Rechten zweifellos betroffen ist.

Die Beschwerde ist auch begründet. Allerdings ist die Ansicht des Beschwerdeführers nicht zu billigen, daß die Pflegschaft deshalb entbehrlich sei, weil ihm die Eltern die Fürsorge für das Kind übertragen hätten. Nach § 1665 hat das VormGericht, wenn der Vater an der Ausübung der elterlichen Gewalt verhindert ist und diese auch nicht nach § 1685 von der Mutter ausgeübt wird, die im Interesse des Kindes erforderlichen Maßregeln zu treffen. Nach der Annahme des LG. ist die Pflegschaft notwendig, weil der Vater infolge seiner Abwesenheit an der Ausübung der elterlichen Gewalt über seine Tochter verhindert ist. Diese Annahme ist nicht rechtsirrtümlich. Eine Verhinderung des Vaters ist stets anzunehmen, wenn er außerstande ist, die mit der elterlichen Gewalt verbundenen Pflichten in ihrer Gesamtheit zu erfüllen; als Beispiele der Verhinderung werden in den Mot. 4 S. 819 längere Abwesenheit, Krankheit und Haft angeführt. Da der Vater sich seit mehr denn Jahresfrist in Amerika befindet und diese Abwesenheit nicht bloß vorübergehend ist, so vermag er dauernd seine Rechte und Pflichten als Gewalthaber, besonders die aus der Personensorge sich ergebenden Obliegenheiten, wie die Erziehung des Kindes und dessen Beaufsichtigung, nicht wahrzunehmen (Jahrbuch 31 S. 53). Hieran ändert auch der Umstand nichts, daß der Vater, wie das LG. festgestellt hat, das Kind der Fürsorge des Beschwerdeführers anvertraut hat. Denn der Vater ist nicht befugt, die aus der elterlichen Gewalt fließenden Rechte und Pflichten in ihrer Gesamtheit auf eine andere Person zu übertragen, wenn er auch selbstverständlich zur Besorgung einzelner Angelegenheiten, die ihrer Natur nach seine persönliche Entschließung nicht erfordern, sich der Unterstützung anderer Personen bedienen kann. Der Auftrag des Vaters an den Beschwerdeführer stellt sich deshalb nur als eine vereinzelte Maßregel dar, die nicht geeignet ist, die Wahnehmung der gesamten zur elterlichen Gewalt gehörigen Rechte und Pflichten zu ersetzen. In gleicher Weise wie der Vater ist die Mutter verhindert, da auch sie dauernd abwesend ist. Es ist also der § 1685 hier nicht anwendbar, vielmehr liegen die Voraussetzungen vor, unter denen das Gericht die im Interesse des Kindes erforderlichen Maßregeln zu treffen hat. Als solche kommt in erster Reihe die Pflegschaft in Betracht, da das Kind nach § 1909 für Angelegenheiten, an deren Besorgung der Gewalthaber verhindert ist, einen Pfleger erhalten soll.

Begegnet hiernach auch die Einleitung einer Pflegschaft an sich keinem rechtlichen Bedenken, so ist doch hier der Wirkungskreis des Pflegers nicht einwandfrei bestimmt worden. Die Pflegschaft hat sich stets nur auf solche Angelegenheiten zu erstrecken, zu deren Wahrnehmung ein begründeter Anlaß vorliegt. Ein Grund, einen Pfleger für das Vermögen zu bestellen, ist nicht ersichtlich; das Kind lebt anscheinend, ebenso wie seine Eltern, in ärmlichen Verhältnissen und besitzt kein Vermögen. Ist aber Vermögen weder vorhanden noch in absehbarer Zeit zu erwarten, so bedarf es auch keiner Vermögenspflegschaft. ... Weiter sind dem Pfleger die Angelegenheiten des Kindes nur zugewiesen, soweit die Eltern an deren Besorgung verhindert sind. Er ist hiernach nicht für einen festumgrenzten Geschäftskreis eingesetzt, vielmehr soll der Vater alle Angelegenheiten, die er von seinem jetzigen Wohnsitz wahrnehmen kann, auch ferner in seiner Hand behalten und der Pfleger nur eintreten, wenn im gegebenen Falle der Vater an der Besorgung der betr. Angelegenheit verhindert ist. Es müßte deshalb in jedem Einzelfall besonders erwogen werden, ob Verhinderung des Vaters besteht und deshalb die Kindesinteressen durch den Pfleger wahrzunehmen sind. Eine solche Regelung ist unvereinbar mit § 1628, welcher offenbar eine feste Begrenzung der Befugnisse des Pflegers und des Vaters bezweckt, um Ungewißheiten darüber zu verhüten, wer im Einzelfalle die Interessen des Kindes wahrzunehmen hat. Deshalb bedarf es bereits vor der Bestellung des Pflegers der festen Bestimmung der Angelegenheiten, an deren Besorgung der Vater verhindert ist. Ist dieser an der Wahrnehmung der zur Personensorge gehörigen Rechte und Pflichten in ihrer Gesamtheit behindert, so erscheint es gemäß §§ 1665, 1909 geboten, den Pfleger zur Wahrnehmung des Rechts und der Pflicht, für die Person des Kindes zu sorgen, ohne weitere Einschränkung zu bestellen.

Hiernach ist die bisherige Pflegschaft aufzuheben.... Das Amtsgericht wird zugleich die §§ 1779², 1915 zu beachten haben, wonach bei der Auswahl des Pflegers auf das religiöse Bekenntnis des Pflegebefohlenen Rücksicht zu nehmen ist. Als Bekenntnis des Kindes ist, wie sich aus einem Vergleiche des § 1779² mit § 1801 ergibt, stets dasjenige anzusehen, in dem das Kind nach den gesetzlichen Vorschriften zu erziehen ist. Von der Rücksichtnahme auf das Bekenntnis wird das Gericht nicht dadurch befreit, daß das Kind gegenwärtig noch in so jugendlichem Alter steht, daß es für religiöse Einwirkungen unempfänglich ist. Das Gesetz läßt eine Ausnahme von der Regel, daß der Pfleger und Pflegebefohlene demselben religiösen Bekenntnisse angehören sollen, auch bei ganz jugendlichen Kindern nicht zu. Das LG. hat nun festgestellt, daß beide Eltern über die evang. Erziehung des Kindes einig sind, und nimmt deshalb zufolge § 78 ALR. II 2 und der Dekl. v. 21. November 1803 mit Recht an, daß das Kind in der evang. Religion zu unterrichten sein werde. Denn das Recht der Eltern, vorzüglich des Vaters, zur Bestimmung der Religion, in der das Kind zu erziehen ist, dauert unverändert fort, auch wenn die Ausübung der Personensorge einem Pfleger übertragen wird (Jahrb. 39 S. 15.). W.d.

2

a) **Klage auf Eheherstellung, wenn vorher unberechtigte Bedingungen gestellt sind.**

OLG. Hamburg, VI. ZS. Urteil v. 2. November 1911.

Auf die Mitteilung des Beklagten, daß er eine geeignete Wohnung in der A.-Straße gefunden habe, wo er nach Wahl der Klägerin eine Etage oder in einem Pensionate zwei behagliche Zimmer zu nehmen bereit sei, hat die Klägerin am 29. Juni geantwortet, daß sie ihre Stellung als Hausdame auf leere Versprechungen hin nicht aufgeben werde; sie verlange ein Kapital, welches 6000 Mark Zinsen abwerfen und ihrem Bruder zur Verwaltung übergeben werden müsse, ferner völlige Gütertrennung. Beklagter hat dann einen neuen Annäherungsversuch machen lassen, die Klägerin hat aber geantwortet, daß sie eine Unterredung ablehne und den augenblicklichen Zustand der Trennung nicht wieder ändern werde; sie wisse sicher, daß in kurzer Zeit dieselben Kalamitäten wie früher wieder eintreten würden. Aus diesen Willenskundgebungen geht unzweideutig hervor, daß sie sich weigert, mit dem Beklagten unter den jetzigen Verhältnissen zusammenzuziehen, daß sie selbst also der Herstellung der ehelichen Gemeinschaft sich widersetzt. Ihr in der Klage ausgesprochener Wille, zum Beklagten zurückzukehren, ist daher nicht ernstlich gemeint. Die Klage soll ausschließlich der Vorbereitung der Ehescheidung dienen.

Ob die Klägerin nach ihrer Erklärung, daß sie den Zustand der Trennung nicht wieder ändern werde, noch heute gewillt ist, die Bedingungen vom 29. Juni aufrecht zu erhalten, kann dahingestellt bleiben. Denn sie ist nicht berechtigt, diese Bedingungen für ein Zusammenleben zu stellen. Sie muß die augenblicklichen Lebensverhältnisse ihres Mannes, wenn sie Herstellung der Gemeinschaft verlangt, annehmen. Da sie selbst in Zweifel zieht, daß sich seine Lage seit Mai 1911 gebessert habe, da also Beklagter ein Kapital mit 6000 Mark jährlichen Ertrages nicht zu beschaffen vermag, so kommt dies Verlangen einer glatten Absage gleich. Ob nicht wirklich die Gefahr besteht, daß Beklagter außerstande ist oder gerät, die Klägerin dauernd zu erhalten, und ob es daher nicht für sie unvorsichtig wäre, ihre sichere Stellung aufzugeben, bedarf keiner Erörterung. Wenn sie auf Herstellung der Gemeinschaft klagt, muß sie sich dieser Gefahr unterziehen. Da sie dazu nicht bereit ist, fehlt ihr der ernstliche Wille zur Wiederaufnahme der Gemeinschaft. Die Klage war daher abzuweisen. M. M.

b) Schenkung aus dem Gesamtgut. Einwilligung des Pflegers der geisteskranken Ehefrau trotz des Verbots des § 1804.

OLG. Colmar, I. ZS. Beschluß v. 22. März 1911.

Der LGPräsident hat die Gebühren des Notars für die Beurkundung der Schenkung und für zwei Anträge auf Bestellung eines Pflegers für die geisteskranke, aber nicht entmündigte Schenkgeberin Ehefrau A. und auf Genehmigung der Schenkung — welchen das VormGericht unbeanstandet stattgegeben hat — gestrichen, weil die durch diese Tätigkeit des Notars verursachten Kosten nutzlose gewesen seien, indem die durch den Pfleger erklärte Schenkung eines Grundstücks der Frau A. nach §§ 1804, 1915 nichtig sei. Diese Begründung geht offensichtlich von der Annahme aus, daß es sich um eine

Schenkung aus dem eingebrachten Gut der Frau A. handle. Es kann dahingestellt bleiben, ob bei dieser Annahme sich die Streichung rechtfertigen würde.

Denn das Grundstück, das hier den Kindern A. von ihren beiden Eltern geschenkt und aufgelassen wurde, gehörte zum Gesamtgut der in Fahrnisgemeinschaft lebenden Eheleute A.; es handelte sich also um eine Schenkung aus dem Gesamtgut. Nach § 1446 konnte diese Schenkung und Auflassung durch den A. allein erfolgen, sofern seine Frau nur einwilligt.... Die geisteskranke und ausweislich der Pflegschaftsakten geschäftsunfähige Frau A. konnte selbst die Einwilligung zur Schenkung und Auflassung nicht erteilen. Wohl aber konnte dies der ihr auf Antrag des Notars bestellte Pfleger, als dessen Wirkungskreis das VormGericht „gerade die Vertretung der Geisteskranken bei der Verbriefung einer an ihre Kinder gemachten Schenkung eines Grundstücks, sowie bei der Abgabe der Auflassungserklärung" bestimmt war. Mit Unrecht bestreitet das der Oberstaatsanwalt, weil das Verbot der §§ 1804, 1915 nach seinem inneren Grunde, der Verhinderung einer Verringerung des Vermögens der geschäftsunfähigen Ehefrau ohne Gegenleistung nicht nur eine eigentliche Schenkung aus deren Vermögen, sondern auch die Einwilligung in eine Schenkung gemäß § 1446 durch den Pfleger umfasse. Eine solche ausdehnende Auslegung des § 1804 ist nicht angängig, sie steht auch nicht im Einklang mit der herrschenden Rechtslehre (Staudinger 8 zu § 1446, 5 zu § 1444). Ob freilich der Pfleger zur Erklärung der Einwilligung der Genehmigung des VormGerichts bedarf, ist nicht unbestritten. Die Rechtslehre verneint es meist, weil die Einwilligung zu einer Verfügung über ein Grundstück nicht selbst eine Verfügung über das Grundstück sei (Staudinger § 1821), die Rechtsprechung dagegen vertritt überwiegend den entgegengesetzten Standpunkt (Bay. Ob. LG. Seuffert 59 S. 275; Stuttgart ZBl. für FrG. 7 S. 721). Wenn der Notar mit Rücksicht auf diese Streitfrage es für angemessen hielt, vorsichtshalber um die Genehmigung des VormGerichts nachzusuchen, so können auch die dadurch entstandenen Kosten nicht als nutzlose erachtet werden. Schr.

c) **Kein Anspruch der Anwälte einer gütergem. Frau auf Kostenbezahlung durch den Mann aus § 1460.**

OLG. Hamburg, IV. ZS. Urteil v. 16. Oktober 1911.

Den Klägern (Rechtsanwälten) steht gegen den Beklagten als den Verwalter des ehelichen Gesamtgutes kein Anspruch auf Bezahlung der Gebühren ꝛc für die Vertretung der Frau des Beklagten in den von dieser geführten Prozessen und bei den mit dem Beklagten bzw. dessen Anwälten geführten Verhandlungen zu. Der § 1460² kann hier keine Anwendung finden, weil Kosten eines Rechtsstreits, zu deren Zahlung an die Kläger die Frau des Beklagten durch gerichtliche Entscheidung verpflichtet ist, überhaupt nicht in Frage stehen, es sich vielmehr um Ansprüche der Kläger aus einem ihnen von der Ehefrau des Beklagten erteilten Auftrage zu ihrer Vertretung in den gegen den Beklagten anhängig gemachten Prozessen handelt. Aus der

Entstehung des § 1460² bzw. der §§ 1412, 1387 ergibt sich (Bürck, JW. 1900 S. 270) als unzweifelhaft, daß unter „Kosten des Rechtsstreits" hier nur die gerichtlichen und die dem Prozeßgegner zu erstattenden Kosten zu verstehen sind, nicht auch die von der Frau ihrem Anwalte geschuldeten Gebühren und Auslagen, welche aus dem zwischen der Frau und dem sie vertretenden Anwalt eingegangenen Vertragsverhältnisse entspringen und hinsichtlich welcher die Gründe, die für die Haftung des ehelichen Gesamtgutes für die Kosten eines von der Frau geführten Rechtsstreits als maßgebend erachtet sind, nicht zutreffen (vgl. auch Staudinger 2² zu § 1460², 1a zu § 1412², 3b zu § 1387). Die Meinung Plancks (zu §§ 1412, 1387), daß der Kostenbegriff der ZPO. hier nicht maßgebend sein könne und daß die Haftung des Gesamtgutes für die Kosten der Frau aus einem zwischen den Ehegatten geführten Rechtsstreite nicht nur hinsichtlich der Gerichtskosten, sondern auch hinsichtlich der Gebühren und Auslagen des Anwaltes und des Gerichtsvollziehers der Frau eintrete, ist gegenüber der Entstehung des § 1460 unhaltbar. Sie wird auch keineswegs vom RG. als richtig anerkannt: RG. 46 S. 354, 47 S. 72 betreffen die Verpflichtung des Mannes gegenüber der Frau zur Gewährung eines Kostenvorschusses zur Prozeßführung aus dem Gesamtgute, und können auf den Anspruch des Anwaltes der Frau auf Bezahlung der ihm gegen die Frau zustehenden Gebührenansprüche keine Anwendung finden; RG. 56 S. 74; Gruchot 49 S. 638 und 53 S. 1055 betreffen Fälle, in welchen die Verpflichtung der Frau zur Zahlung von Kosten bzw. zur Zahlung eines dem Prozeßgegner geschuldeten Betrags durch Urteil festgestellt war, kommen mithin hier nicht in Betracht. Die in Rsp. 1 S. 53, 271 vertretene Auffassung, daß die dem eigenen Anwalte der Frau zu zahlenden Kosten auch unter die Kosten eines Rechtsstreits der Frau fielen, weil die §§ 1387, 1412² von Kosten schlechthin sprächen, ohne hiervon die dem eigenen Anwalte der Frau zu zahlenden Kosten auszunehmen, muß aber gegenüber der Entstehungsgeschichte als nicht haltbar erachtet werden.

Auch auf § 1460¹ können sich die Kläger nicht stützen. Die Voraussetzung, daß das Rechtsgeschäft, aus dem die Verbindlichkeit entstanden ist, auch ohne Zustimmung des Mannes für das Gesamtgut wirksam wäre, liegt zweifellos nicht vor, es fehlt auch ferner an jedem Anhalte dafür, daß der Beklagte der Vornahme dieses Rechtsgeschäfts zugestimmt hat. Er hat außergerichtliche Kosten der Kläger für die Vertretung seiner Frau bei Verhandlungen, die den Rechtsstreitigkeiten vorausgingen und durch eine Aussöhnung des Beklagten mit seiner Frau ihren Abschluß fanden, den Klägern bezahlt. Wie die Kläger aus der Verteidigung des Beklagten gegen die von seiner Frau später angestellten Klagen auf Ehescheidung und auf Aufhebung der GG. und gegen die von ihr bei der Vormundschaftsbehörde gegen ihn beantragten Maßnahmen eine Genehmigung der Beauftragung der Kläger mit der Vornahme dieser gegen ihn gerichteten und von ihm auf das entschiedenste bekämpften Schritte glauben ableiten zu können, ist nicht erfindlich. M. M.

d) **Fahrnisgemeinschaft. Die Einführung der Gütertrennung ist vor Löschung der von den Ehegatten bezahlten Hypothek im Grundbuch zu vermerken.**

OLG. Colmar, II. ZS. Beschluß v. 5. November 1911.

Nach der herrschenden Auffassung ist zur Löschung einer Hypothek nach § 27 GrBO. die Zustimmung des wirklichen Eigentümers erforderlich und muß dessen Eigentum nach § 40 vor der Eintragung der Löschung, soweit nicht die Ausnahme des § 41 Platz greift, auch eingetragen sein mindestens dann, wenn durch die Löschung ein Recht des Eigentümers betroffen werden kann (Güthe 11, 19 zu § 29 GrBO.; Oberneck, RGrBR. 2 S. 348; Rsp. 3 S. 390, 8 S. 190; Jahrbuch 27 S. 145). Es bedarf nicht der Entscheidung, ob die vorherige Eintragung des Eigentümers hiernach dann nicht erforderlich ist, wenn feststeht, daß die Hypothek dem Eigentümer nicht zusteht, weil dann der Eigentümer durch die Eintragung der Löschung nur begünstigt würde (Oberneck aO.; Rsp. 4 S. 79). Denn hier steht dies nicht fest. Im Gegenteil gibt die Beschwerde an: „Die Forderungen, für welche die zu löschenden Sicherungshypotheken bestellt sind, seien ausbezahlt; die eingetragenen Eigentümer A. hätten ihre Gesamtgutsgrundstücke, die als ihnen in Gütergemeinschaft gehörig eingetragen sind, zufolge Beendigung der zwischen ihnen bestehenden Fahrnisgemeinschaft durch Vereinbarung der Gütertrennung behufs ihrer Auseinandersetzung in Ansehung des Gesamtguts verkauft; die Löschung bezwecke, die Grundstücke den Käufern frei von Hypotheken zu verschaffen." Wenn die Eigentümer, wie hiernach wahrscheinlich ist, selbst die Gläubiger befriedigt haben, stehen die Hypotheken ihnen zu (§§ 1163, 1164). Es wird also durch die Löschung möglicherweise ihr Recht betroffen. Nun ist allerdings ihr Eigentum auch eingetragen; nur insofern weicht die Eintragung von der wirklichen Rechtslage ab, als der Eintritt der Beendigung der Gütergemeinschaft daraus nicht ersichtlich ist.

Mit Recht haben aber die Vorinstanzen die Eintragung gerade dieser Rechtsänderung vor Eintragung der Löschung nach § 40 GrBO. für erforderlich erklärt. Denn erst aus ihr wird hervorgehen, daß die Verfügung hinsichtlich der Erteilung der zur Löschung der Hypotheken erforderlichen Zustimmung des Eigentümers den eingetragenen Eigentümern nur gemeinschaftlich zusteht (§§ 1549, 1472). Als Berechtigter soll aber nach § 40 GrBO. vor Vornahme einer Eintragung gerade derjenige eingetragen sein, dem über das Recht, das durch die Eintragung betroffen wird, die Verfügung zusteht. Dem Grundbuchamt soll hierdurch die Prüfung erspart werden, ob der eingetragene Berechtigte der wirklich Berechtigte, d. h. derjenige ist, welcher über das eingetragene Recht wirksam verfügen kann, im Gegensatz zu einem Nichtberechtigten (§ 185 BGB., § 19 GrBO.). Es mag daher allenfalls bei Miteigentum nach Bruchteilen die vorherige Angabe der Anteile der Miteigentümer nicht erforderlich erscheinen, wenn sämtliche eingetragenen Miteigentümer die Zustimmung zur Löschung einer das ganze Grundstück belastenden

Hypothek erklären, wie im Jahrbuch 27 S. 145 angenommen ist. Denn in diesem Falle ist die Verfügungsberechtigung der sämtlichen die Zustimmung zur Löschung erklärenden Miteigentümer, deren Recht durch die Löschung betroffen werden kann, hinsichtlich der Erteilung der Zustimmung immerhin aus der Eintragung noch ersichtlich. Hier trifft dies aber gerade nicht zu. Bei bestehender Fahrnisgemeinschaft würde der Mann kraft des ihm nach §§ 1549, 1443 am Gesamtgut zustehenden Verfügungsrechts über dasjenige zum Gesamtgut gehörende Recht, das durch die Löschung möglicherweise betroffen wird, allein verfügen können. Denn dies ist nicht das Grundstückseigentum, sondern die den Eigentümern möglicherweise zustehende oder anfallende Eigentümerhypothek. Nach der Eintragung im Eigentumsbuch würde also über die Erteilung der im § 27 GrBO. erforderten Zustimmung des Eigentümers zur Löschung der Hypotheken der Mann allein zu verfügen haben, während nach der wirklichen, aus dem Eigentumsbuch nicht ersichtlichen Rechtslage die Mitwirkung der Ehefrau hierzu erforderlich ist. Schr.

e) **Pfleger für Stellung eines Strafantrags. Vorläufige Unterbringung des Kindes.**

OLG. Hamburg, I. ZS. Beschluß v. 29. Dezember 1910.

Die Vorinstanzen haben dem Beschwerdeführer, dem Vater, die Vertretung des Kindes insoweit entzogen, als es sich um die Stellung des Strafantrags gegen die Mutter handelt; dementsprechend ist ein Pfleger bestellt worden. Zugleich ist angeordnet, daß das Kind vorläufig in der Kinderpflegeanstalt zu verbleiben hat. Die weitere Beschwerde ist unbegründet. Die erste Entscheidung rechtfertigt sich ohne weiteres durch §§ 1630, 1796, 1795[1], da das ohne Gesetzesverletzung festgestellte Interesse des Kindes an der Stellung des Strafantrags gegen seine Mutter in erheblichem Gegensatz steht zu dem Interesse der Frau des Beschwerdeführers. Auch die Begründung der angeordneten vorläufigen Unterbringung weist keine Gesetzesverletzung auf. Namentlich hat das Amtsgericht dargelegt, daß bis zur Beendigung des Strafverfahrens die Unterbringung des Kindes bei Verwandten des Vaters das Interesse des Kindes gefährden würde.

Auch in formeller Beziehung ist keine Gesetzesverletzung darin zu finden, daß die tatsächlichen Voraussetzungen des § 1666 nicht mit voller Gewißheit festgestellt, sondern nur als sehr wahrscheinlich erachtet werden. Die Anordnung ist eine bloß vorläufige und bedarf daher nach § 133 Lüb. AG. z. BGB. keines vollen Beweises. Dem steht auch nicht Art. 135 EG. entgegen; denn er bestimmt nur inhaltlich die materiellen Voraussetzungen der Zwangserziehung, bestimmt aber hinsichtlich des Verfahrens nichts darüber: ob für vorläufige Anordnungen voller oder nur annähernder Beweis erforderlich ist, läßt vielmehr, nach der allgemeinen Regel bei einstweiligen Verfügungen, für vorläufige Anordnungen den annähernden Beweis, die bloße Glaubhaftmachung zu. M. M.

f) **Regelung des Verkehrs des Kindes mit seiner getrennt lebenden Mutter.**

OLG. Colmar, I. ZS. Beschluß v. 11. Oktober 1911.

Zutreffend haben zwar die Vorinstanzen das VormGericht in entsprechender Anwendung des § 1636 Satz 2 zu der Regelung des Verkehrs der Eltern mit dem Kinde auch dann für zuständig erachtet, wenn die Ehegatten tatsächlich getrennt leben. Die Voraussetzung einer solchen Regelung ist aber, daß der Fall überhaupt zu einem Einschreiten des VormGerichts Anlaß geben kann, und dies trifft hier nicht zu. Nach §§ 1627, 1831 hat der Vater für die Person des Kindes zu sorgen, und es daher zu beaufsichtigen 2c. Nun hat in der vorliegenden Ehe die Mutter neben dem Vater das Recht und die Pflicht der Fürsorge für die Person des Kindes und also auch das Recht des persönlichen Verkehrs mit dem Kinde (§ 1634). Das Recht ist ihr aber nicht willkürlich vom Vater entzogen worden. Ihre Scheidungsklage ist als unbegründet abgewiesen; sie hat sonach kein Recht, die Herstellung der ehelichen Gemeinschaft zu verweigern. Der Mann ist auch bereit, sie aufzunehmen und ihr den Verkehr mit dem gemeinschaftlichen Kinde in der ehelichen Wohnung oder anderwärts in seiner Gegenwart zu gestatten. Leben die Ehegatten aber ohne rechtlich anerkannten Grund getrennt, also ohne daß einer von ihnen die Herstellung des ehelichen Lebens verweigern darf, oder verhindert ein Ehegatte widerrechtlich das Zusammenleben, so finden die gewöhnlichen Vorschriften des Eherechts Anwendung. Es ist nun dem Wesen der ehelichen Gemeinschaft und dem Gesetz entsprechend, daß das gemeinschaftliche Kind in der Wohnung des Vaters sich befindet und daß auch die Mutter mit dem Kinde dort oder in einem andern vom Vater bestimmten Orte verkehrt (§§ 1631, 1353, 1354). Das dahingehende Verlangen des Vaters stellt sich nicht als ein Mißbrauch seines Rechts dar. Es fehlt daher hier an der gesetzlichen Grundlage für ein Einschreiten des VormGerichts. Die Beschlüsse der Vorinstanzen sind daher aufzuheben. Eine Beschränkung der Fürsorge und Aufsicht des VormGerichts „zur Vermeidung des Eindringens vormundschaftlicher Organe in das Familienleben" auf ein möglichst geringes Maß, war auch vom Gesetz beabsichtigt. Es sollte die Tätigkeit jenes Gerichts nur als eine „in Veranlassung besonderer Umstände wirksam werdende" gestaltet werden (Motive 4 S. 754—802). Daß das VormGericht etwa im Interesse des Kindes einzuschreiten hätte, macht die Antragstellerin selbst nicht geltend. Der vom LG. angeführten Entscheidung des RG. vom 18. Juli 1908 liegt ein anderer Tatbestand zugrunde. Dort hatte der zur Herstellung der häuslichen Gemeinschaft verurteilte Mann dem Urteile nicht entsprochen und der Frau den Verkehr mit dem gemeinschaftlichen Kind in der von der Frau gewünschten Art verweigert. Frdthl.

g) **Genügt nach § 1635 eine „vorläufige" Anordnung?**

α) Kammergericht, III. ZS. Urteil v. 9. Mai 1911.

Der auf Herausgabe der Kinder verklagte Mann wendet ein, daß das

VormGericht gemäß § 1635 eine abweichende Anordnung getroffen habe. Es liegt auch eine vorläufige Anordnung vor, während eine endgültige Entscheidung noch nicht getroffen ist. Diese vorläufige Anordnung genügt. Der § 1635 Satz 2 unterscheidet nicht zwischen vorläufiger und endgültiger Anordnung des VormGerichts, kann auch nicht dazwischen unterscheiden, denn streng genommen sind alle derartigen Anordnungen niemals endgültige, sondern stets nur in gewissem Sinne vorläufige, weil das VormGericht selbstverständlich immer in der Lage ist, seine Anordnungen abzuändern. Es ist nur erforderlich, daß eine Entscheidung des VormGerichts vorliegt, und das ist hier der Fall. Daran wird auch nichts dadurch geändert, daß der Richter weitere Prüfung vorbehalten hat, was auch ohne diesen Vorbehalt selbstverständlich angängig war. Es liegt somit eine nach § 1635 Satz 2 getroffene Anordnung des VormGerichts vor und an diese ist der Prozeßrichter gebunden (JW. 1910 S. 113[17]). K. ch.

β) Bayer. Oberstes Landesgericht, I. ZS. Beschluß v. 10. November 1911.

Daß im Verfahren nach § 1635 eine vorläufige Anordnung getroffen werden kann, ist in der Wissenschaft und Rechtsprechung anerkannt (Staudinger § 1635c; RJA. 1 S. 92, 2 S. 3). Allerdings soll die vorläufige Regelung nur eintreten, wenn besondere Umstände vorliegen, die ein Abwarten bis nach der Beendigung der Sachuntersuchung nicht gestatten (Rsp. 16 S. 6). Solche Umstände können aber schon darin gefunden werden, daß die Mutter nunmehr den Anspruch erhebt, für die Person ihres noch nicht 6 Jahre alten, beim Vater befindlichen Sohnes selbst zu sorgen und zu diesem Zwecke die Herausgabe des Kindes verlangt, denn es wäre nicht im Interesse des Kindes gelegen, wenn ohne vorgängige Sachuntersuchung eine Änderung der bestehenden Verhältnisse eintreten würde.[1] Th.

h) **Die uneheliche Mutter hat kein Recht darauf, daß der Vormund die Alimente ihr auskehrt.**

OLG. Hamburg, I. ZS. Beschluß v. 1. Dezember 1911.

Den Antrag der Beschwerdeführerin, den Vormund zur Auszahlung gewisser Alimentenbeträge für das Kind an sie, die uneheliche Mutter, anzuweisen, hat die Vormundschaftsbehörde zurückgewiesen. Die Beschwerde ist als unzulässig verworfen nach § 20 FrGG. und da der Mutter, der die Sorge für das Kind entzogen sei, § 57 Nr. 9 FrGG. nicht zur Seite stehe. Die weitere Beschwerde der Mutter ist unbegründet. Ob § 57 Nr. 9 der Mutter zur Seite stehen würde, obgleich ihr das Sorgerecht entzogen ist, kann hier dahingestellt bleiben. Denn § 57 Nr. 9 kommt hier deshalb nicht in Betracht, weil es sich bei der Frage, ob der Vormund anzuweisen ist, die Alimenten-

[1] Wenn während der Ermittelungen zu der Feststellung, ob Anordnungen nach § 1666 erforderlich sind, der Vater einseitig in den Verhältnissen des Kindes eine Änderung vornehmen will, die das Kind schädigen können, so hat das VormGericht durch eine vorläufige Anordnung diese Schädigung zu hindern (Beschluß desselben ZS. v. 29. April 1910, Samml. 11 S. 312), wenn z. B. die Mutter das Kind, um es dem deutschen Wesen zu entfremden, ins Ausland bringen will (KG. Ia. ZS. Beschluß v. 31. März 1911, RJA. 11 S. 85).

beträge an die Mutter zu bezahlen, nicht um eine die Sorge für die Person des Kindes betreffende Angelegenheit handelt. — Auch § 20 ist nicht anwendbar. Ein Recht der Beschwerdeführerin ist nicht beeinträchtigt, auch nicht, wenn die Verfügung der Vormundschaftsbehörde ungerechtfertigt wäre. Der zurückgewiesene Antrag stützt sich nicht auf ein Recht der Antragstellerin, sondern stellt sich dar als Anrufung entsprechenden Eingreifens der Behörde im Interesse des Kindes. Die Behörde mochte es zweckmäßig oder billig erachten, die Gelder an die Mutter auszahlen zu lassen. Daß die Mutter ein eigenes Recht darauf habe, wird nicht einmal angedeutet. Erst in der weiteren Beschwerde findet sich der Hinweis auf den bei den Akten befindlichen Alimentationsvertrag, d. h. den Vertrag mit dem Erzeuger des Kindes. Auch dieser Vertrag aber enthält keine Spur von einem eigenen Recht der Mutter auf Erhebung von Alimenten für das Kind. Ebensowenig hat solches Recht begründet sein können durch die Tatsache, daß tatsächlich der Mutter, solange sie die Sorge für die Person des Kindes ausübte, die Alimente zugeflossen sind. M. M.

i) **Sicherung des Unterhalts einer Leibesfrucht.**

α) Bayer. Oberstes Landesgericht, FerienZS. Beschluß v. 10. August 1911.

Rosa A. hat unter der Versicherung, daß X. der Vater des von ihr zu erwartenden Kindes sei und nach Amerika gehe, einen Pfleger für das zu erwartende Kind beantragt, denn es bestehe die Gefahr, daß das Kind um seinen Unterhalt gebracht werde, wiewohl X. einige tausend Mark Vermögen besitze; der Pfleger solle daher einen Arrest zugunsten des Kindes erwirken. Der Antrag wurde zurückgewiesen. Die weitere Beschwerde ist unbegründet.

Der § 1912 hat mit den „künftigen Rechten der Leibesfrucht" nur bestimmte, an anderen Stellen des BGB. und sonstiger Gesetze ausdrücklich anerkannte Rechte im Auge; hierzu gehört der Unterhaltsanspruch des § 1708 deshalb nicht, weil er erst mit der Geburt des Kindes entsteht. Diese Ansicht stützt sich auf die einstimmige Lehre der Kommentatoren und auf den eingehend begründeten KG.Beschluß (Rsp. 3 S. 427, vgl. Bad. Rechtspr. 1907 S. 236). Keinen Widerspruch enthält es, wenn die Kommentare bei § 1714 die Möglichkeit einer Vereinbarung zwischen der Schwangeren und dem Erzeuger ihres demnächstigen Kindes über die Unterhaltspflicht und über eine Abfindung hierfür zugeben, denn in § 1714 handelt es sich regelmäßig um einen Vergleich, also um Beseitigung einer Rechtsungewißheit (RGKomm. 3 zu § 1714). Die Beschwerde will dem § 1912 solche künftige Rechte des Ungeborenen unterstellen, die nur von dessen Geburt abhängen, sie vermißt einen inneren Grund für eine engere Auslegung. Ein solcher innerer Grund liegt jedoch in der vom bisherigen Gemeinen Rechte verschiedenen Behandlung der Leibesfrucht. Das BGB. enthält nicht allgemein gefaßte Rechtsvorbehalte zugunsten des Ungeborenen; für den Ungeborenen können nur mehr die in Einzelbestimmungen des Gesetzes bedingungsweise gemachten Vorbehalte einen Rechtsschutzanspruch schon vor der Geburt begründen, das künftige, bloß mögliche Recht auf Unterhalt gegenüber dem außerehelichen Erzeuger ist aber einerseits für den Ungeborenen nur in der durch § 1716 gegebenen Begrenzung anerkannt, andrerseits der Wahrnehmung durch die Mutter selbst überlassen, womit die Notwendigkeit der Fürsorge durch einen Pfleger im Sinne des § 1912 von selbst ausgeschlossen ist. Mit dem KG. aO. ist aber auch zu verneinen, daß die Begünstigung des § 1716 erweiterungsfähig d. h. auf Sicherung des Unterhalts für mehr als drei Monate nach der Geburt erstreckbar wäre; es folgt dies schon aus dem singulären Charakter dieser erst nachträglich in das BGB. eingeführten Bestimmung. Th.

β) OLG. München, III. ZS. Beschluß v. 23. November 1911.

Der von der Klägerin in Aussicht genommene Schadenanspruch nach §§ 823, 826 erfordert die Verletzung des Rechts „eines Anderen". „Der Andere" kann nur eine natürliche oder juristische Person sein, nicht eine erst vielleicht zur Existenz gelangende solche (§ 1). Abgesehen von ganz bestimmten Fällen, wie zB. §§ 844², 1923, kommen der Leibesfrucht, auch nicht beschränkt für den Fall der späteren Geburt, irgendwelche Rechte zu und können deshalb solche auch nicht verletzt werden; die Leibesfrucht ist kein Rechtssubjekt. Die beabsichtigte Rechtsverfolgung ist deshalb aussichtslos. P.n.

k) **Beschwerde über die Auswahl des Vormunds. Interessengegensatz durch Stellung des Entmündigungsantrags.**

Kammergericht, Ia. ZS. Beschluß v. 16. Juni 1911.

Die Beschwerdebefugnis der Schwester des Mündels ist unbedenklich. Als solche ist sie befugt, eine die Sorge für seine Person betreffende Entscheidung zu dessen Gunsten anzufechten. Ihre nahe Verwandtschaft mit dem Mündel gibt ihr ein berechtigtes Interesse, diese Angelegenheit wahrzunehmen. Daß die Auswahl des Vormunds auch die Sorge für die Person des Mündels berührt, nimmt das KG. ständig an; RG. 64 S. 288 läßt diese Frage unentschieden und steht daher nicht entgegen. So ist erst kürzlich am 9. Juni 1911, 1a X. 379. 11 entschieden worden. Es handelt sich also hier nicht um die sofortige Beschwerde einer zur Vormundschaft berufenen, aber ohne ihre Zustimmung übergangenen Person (§ 60 Nr. 1 FrGG.), sondern lediglich um eine zugunsten des Mündels erhobene einfache Beschwerde, mit der geltend gemacht wird, es sei bei der Auswahl des Vormunds gegen das Gesetz verstoßen worden. Nach § 1779² sind Verwandte und Verschwägerte des Mündels zunächst zu berücksichtigen. Ferner soll das Gericht eine Person auswählen, die nach ihren persönlichen Verhältnissen und ihrer Vermögenslage, sowie nach den sonstigen Umständen zur Führung der Vormundschaft geeignet ist. Als Verschwägerter des Mündels wäre hiernach der Mann der Beschwerdeführerin H. zu berücksichtigen gewesen, sofern ihn nicht das VormGericht aus triftigen Gründen für ungeeignet hielt. Er hat bereits während der Minderjährigkeit des Mündels die Vormundschaft, und zwar völlig einwandsfrei, wie es den Anschein hat, geführt. Das Amtsgericht erachtet ihn jedoch für nicht unparteiisch, weil er selbst die Entmündigung beantragt habe und augenscheinlich interessiert sei. Mit Recht weist demgegenüber die weitere Beschwerde darauf hin, daß nach § 646 ZPO. der Schwager des Mündels nicht die Entmündigung beantragen kann. Vermutlich hat H. den Antrag nur als Bevollmächtigter der dazu berechtigten Frau H. gestellt. Abgesehen von dieser mehr formalen Frage würde aber der Umstand, daß H. den Antrag gestellt hat, noch nicht geeignet sein, ihn von der Vormundschaft auszuschließen. Es liegt keiner der im § 1795 bezeichneten Hinderungsgründe vor und auch ein erheblicher Interessengegensatz zwischen Vormund und Mündel (§ 1796) wird durch die Antragstellung nicht hervorgerufen. Der Antrag kann sich als ein notwendiger Akt der Fürsorge für das durch die Geistesschwäche in seiner Person und seinem Vermögen gefährdete Mündel darstellen. Insofern stimmt der gesetzgeberische Grund, aus dem den Verwandten durch § 646 ZPO. das Antragsrecht gewährt wurde, mit demjenigen überein, der in § 1779 BGB. zu der Anweisung an das Gericht führte, bei der Auswahl des Vormunds Verwandte und Verschwägerte zunächst zu berücksichtigen. Der Gesichtspunkt, daß in einem Prozesse niemand die Rollen beider Parteien zugleich wahrnehmen könne, greift hier auch nicht ein, da das Entmündigungsverfahren im Amtsbetriebe durchgeführt wird und darin dem Antragsteller eine förmliche Parteirolle nicht zufällt. Inwiefern etwa ein eigenes Vermögensinteresse des H. bei der Übernahme der Vormundschaft obwalten könnte, ist bisher nicht aufgeklärt. Der Wunsch, das Vermögen des Mündels etwa im Hinblick auf das künftige Erbrecht der Frau gegen Vergeudung zu sichern, würde solange einen Interessengegensatz noch nicht rechtfertigen, als nicht befürchtet zu werden braucht, daß dieser Wunsch den Vormund zu Maßnahmen veranlassen könnte, die dem eigenen Wohl des Mündels widerstreiten.

Sollten die noch anzustellenden Ermittelungen ergeben, daß H. oder ein sonst etwa noch vorhandener Verwandter oder Verschwägerter des Mündels als Vormund nicht geeignet ist, so wird es auch über die Persönlichkeit des vom Waisenrat vorgeschlagenen Besitzers B. näherer Feststellungen bedürfen. Mit der Erwägung des LG., der Waisenrat habe B. vorgeschlagen, also müsse er ihn doch wohl für tauglich gehalten haben, wird sich der Vormundschaftsrichter bei den besonderen Umständen des vorliegenden Falles nicht zufrieden geben dürfen. B. ist der Dienstherr des Mündels. Wenn schon dies ihn nicht ohne weiteres als Vormund ungeeignet macht, da im allgemeinen der Mündel durch die im § 113 BGB. bezeichnete Ermächtigung in den Stand gesetzt werden kann, seine Rechte hinsichtlich des Dienstverhältnisses selbst wahrzunehmen, so liegt dies bei einem geistig nicht normalen Mündel doch schon bedenklicher. Nun ist aber auch gegen die Persönlichkeit des B. noch vor seiner Verpflichtung eingewendet worden, daß er vielfach uneheliche Kinder erzeugt habe, die in seiner Behausung erzeugt worden seien. Dem Amtsgericht mußte aus den Akten bekannt sein, daß auch der Mündel geschwängert war. Wenn auch zunächst nicht der geringste Anhalt dafür vorlag, daß B. der Schwängerer sein könne, so war doch ernstlich zu prüfen, ob ein Mann, der selbst mehrfach uneheliche Kinder erzeugt haben soll, die geeignete Persönlichkeit sei, der die Vormundschaft über ein solches schon geschwängertes und angeblich schwachsinniges weibliches Mündel anvertraut werden könne. Wr.

l) **Verzeichnispflicht des Vormundes. § 1802 BGB.**

Kammergericht, I. FerienZS. Beschluß v. 11. August 1911.

Der Beschwerdeführer ist den Geschwistern W. zum Pfleger für die Verwaltung desjenigen Vermögens bestellt worden, das ihnen aus dem Testament ihrer väterlichen Großeltern zugefallen ist; dazu gehören Wertpapiere von zusammen 464000 Mark. In dem vom Pfleger eingereichten Vermögensverzeichnisse sind diese Wertpapiere lediglich in der Art bezeichnet, daß ihre Gattungen und je die Gesamtnennbeträge der von jeder Gattung vorhandenen Stücke angegeben sind. Das VormGericht verlangt die genaue Bezeichnung jedes einzelnen Wertpapieres nach Namen, Serie, Buchstabe, Nennbetrag. Die Beschwerde wurde zurückgewiesen. Die weitere Beschwerde ist unbegründet. Der § 1802 (1915) regelt die Inventarisationspflicht des Vormundes (Pflegers) dahin, daß er das Vermögen, das bei der Anordnung der Pflegschaft vorhanden ist oder später dem Mündel zufällt, zu verzeichnen hat. In welcher Weise er das zu tun hat, welchen Inhalt das Verzeichnis haben muß, ist nicht vorgeschrieben.. Die Einreichung des Verzeichnisses bezweckt aber, der Sicherung und Erhaltung des Mündelvermögens zu dienen, es soll die Grundlage der Vermögensverwaltung des Vormundes bilden und dem VormGericht die Aufsicht über diese ermöglichen. Dieser Zweck wird nur dann erreicht, wenn die Gegenstände so individualisiert sind, daß kein Zweifel an ihrer Identität bestehen kann. Wie weit dabei im einzelnen zu gehen ist, steht im Ermessen des VormGerichts. Diese Grundsätze hat schon der Beschluß (Jahrb. 36 S. 39) ausgesprochen, und es liegt kein Anlaß vor, von ihnen abzuweichen. Hier soll der Pfleger bei den einzelnen Wertpapieren den Nennwert rc angeben. Die Vorinstanzen wollen damit eine genaue Individualisierung der Wertpapiere herbeiführen. Ihr Verlangen findet danach im § 1802 die gesetzliche Grundlage. Darauf aber, daß sie von dem ihnen zustehenden Ermessen einen unrichtigen Gebrauch gemacht haben, kann die weitere Beschwerde nicht gegründet werden. Ihr Verlangen ist übrigens durchaus gerechtfertigt. Denn zur genauen Individualisierung eines Wertpapieres gehört die Angabe des Nennbetrags sowie die Angabe der Buchstaben und Nummern, sofern die Papiere damit versehen sind. Dieselben Grundsätze sind in der Geschäftsanw. für Gerichtsvollzieher vom 1. Dezember 1899 §§ 105^4, 103^4 wie in der AVf. über das Verfahren der Dorfgerichte vom 20. Dezember 1899 §§ 28, 13^3 ausgesprochen. Die Vorinstanzen konnten daher sehr wohl diese Grundsätze auf das vom Pfleger einzureichende Vermögensverzeichnis anwenden. Dr. L.m.

m) **Keine Beschwerde des Gläubigers eines Mündels über die nach § 1814 verhängte Sperre.**

OLG. Colmar, I. ZS. Beschluß v. 13. Oktober 1911.

Bei der Bank sind zum Nachlasse der A. gehörende Wertpapiere hinterlegt, der wegen Verschwendung entmündigte F. ist ihr Testamentserbe. Das VormGericht hat angeordnet, daß das Bankkonto gesperrt werde. Ein Gläubiger des F. hat für seine rechtskräftige Forderung den Herausgabeanspruch seines Schuldners gegen die Bank gepfändet. Vorher hat er beim VormGericht beantragt, die verhängte Sperre aufzuheben. Der Antrag ist unbegründet. Der Beschwerdeführer würde durch die Sperre nur dann in seinem Rechte beeinträchtigt sein, wenn sie geeignet wäre, sein Recht auf Herausgabe der Wertpapiere zu vereiteln. Die auf Grund der §§ 1812, 1814 getroffenen Anordnungen berühren aber nur die Verfügungsbefugnis des Vormunds, nicht aber das Recht des Pfandgläubigers, im Wege der Zwangsvollstreckung die Herausgabe der Wertpapiere zu verlangen. Hierzu bedarf es der Genehmigung des VormGerichts nicht. Die 2. Kommission hat vielmehr eine solche ausdrückliche Bestimmung des 1. Entwurfs als selbstverständlich beseitigt. Dem Gläubiger ist es also unbenommen, sich unmittelbar an die Drittschuldnerin zu halten (§ 20 Abs. 1 FrGG.). Frdthl.

n) **Zeitliche Grenze für die Bewilligung einer Vergütung an den Vormund und für ihre Zurücknahme.**

OLG. Colmar, I. ZS. Beschluß v. 1. März 1911.

Wie schon in der Begründung hervorgehoben ist, wird der Anspruch des Vormundes gegen den Mündel auf Zahlung der Vergütung durch die Verfügung des VormGerichts nach § 1836 erst geschaffen; er entsteht erst durch die Bewilligung (vgl. Bayer. OLG. Rsp. 12 S. 350). Dagegen ist der Vormund, wenn ihm eine Vergütung bewilligt wurde, in der Lage, solange er Mündelvermögen in Händen hat, sich daraus unmittelbar zu befriedigen. Andernfalls aber ist er genötigt, den Prozeßweg gegen den gewesenen Mündel zu beschreiten. Davon, ob der Vormund noch Vermögen des Mündels verwaltet, ist also die Festsetzung der Vergütung für ihn nicht abhängig (Rsp. 17 S. 266). Die weitere Frage, ob nach Beendigung der Vormundschaft die Vergütung nach § 1836 BGB. überhaupt noch festgesetzt werden könne, wird zwar von der Rechtslehre (im Gegensatz namentlich zu Dernburg) überwiegend verneint (Staudinger 3 zu § 1836). Dagegen führt zutreffend das Bay. Ob.LG. aO. mit dem RG. (Rsp. 2 S. 262, RJA. 3 S. 64) aus, daß nach Beendigung der Vormundschaft das VormGericht zwar nicht mehr in solchen Angelegenheiten verfügen kann, deren Ordnung jetzt Sache des bisherigen Mündels ist, daß es aber (abgesehen von den besonderen Vorschriften der §§ 1892, 1893) noch solche Angelegenheiten zu ordnen hat, die nur von ihm geordnet werden können. Dazu gehört auch die nachträgliche Festsetzung einer Vergütung, wenn sie während der Vormundschaft unterblieben ist. Das Gegenteil ist besonders auch nicht aus dem Satze des § 1836 zu entnehmen, daß das VormGericht die Vergütung jederzeit für die Zukunft ändern oder entziehen kann. Dieser Satz soll vielmehr nur klarstellen, daß das Gericht eine solche Änderung seiner Verfügung auch von Amts wegen vornehmen kann.

Hieraus ergibt sich bereits, daß die Befugnis des Gerichts nach beendigter Vormundschaft eine Vergütung zu bewilligen, keine unbegrenzte ist. Es handelt sich aber hier darum, diese Grenzen zu bestimmen. Nicht zweifelhaft ist zunächst, daß, wenn das VormGericht während der Vormundschaft die Vergütung zugebilligt hat, das Beschwerdegericht dies auch noch nach beendigter Vormundschaft ändern kann. Auf Beschwerde darf auch das VormGericht selbst seine Verfügung ändern, wenn es die Beschwerde für begründet erachtet (§ 18 FrGG.). Es kann dies auch ohne Beschwerde von Amtswegen tun und zwar selbst dann, wenn es die Vergütung zulässigerweise erst nach Beendigung der Vormundschaft bewilligt hatte. Die Wirksamkeit (§ 16 FrGG.) der hier den Beteiligten bekannt gemachten Verfügung vom 1. Juli, die die Vergütung auf 1000 Mark festsetzt, und der vom 1. August, die auf Beschwerde des Mündels den ersteren Beschluß gemäß § 18 FrGG. wieder aufhebt, eine Vergütung also ablehnt, ist sonach nicht zu bezweifeln. Fraglich dagegen ist, ob das VormGericht auch befugt war, auf den erneuten Antrag des gewesenen Vormunds ihm die früher abgelehnte Vergütung zu bewilligen. Hierzu wäre es dann nicht berechtigt gewesen, wenn auf die Beschwerde des Mündels nicht das Amtsgericht selbst, sondern die Beschwerdegerichte die angefochtene Entscheidung aufgehoben hätten; denn dann wäre die Verfügung rechtskräftig und für das VormGericht unabänderlich geworden. Da aber die Verfügung vom 1. August überhaupt noch nicht angefochten, und deshalb auch nicht der Rechtskraft im Sinne des FrGG. teilhaftig geworden ist, kann für sie nicht das gleiche gelten; sie ist vielmehr der nochmaligen späteren Änderung durch das VormGericht auf Grund des § 18 FrGG. an sich zugänglich, sofern es nur überhaupt noch zu einer Tätigkeit berufen ist, was insoweit — aber auch nur insoweit — anzunehmen ist, als trotz Beendigung der Vormundschaft seine Aufgabe noch nicht erledigt, seine Tätigkeit vielmehr zur Lösung des Rechtsverhältnisses zwischen dem gewesenen Vormund und Mündel noch erforderlich war. Letzteres kann aber nach den getroffenen tatsächlichen Feststellungen nicht angenommen werden. Eine endgültige rechtskräftige Entscheidung, ob und in welcher Höhe dem gewesenen Vormund eine Vergütung gebühre, konnte nicht durch eine neue Beschlußfassung des VormGerichts hierüber, wie sie in seiner, durch den erneuten Antrag des Vormundes veranlaßten Verfügung vorliegt, sondern nur dadurch herbeigeführt werden, daß die Parteien gegen den Beschluß vom 1. August Beschwerde einlegten. Nur für eine solche endgültige Entscheidung bestand noch ein praktisches Bedürfnis. Die nochmalige Beschlußfassung des Amtsgerichts war darum „zur Lösung des Rechtsverhältnisses nicht mehr erforderlich" (RJA. 6 S. 14), ja dazu nicht zweckdienlich; es handelte sich dabei um eine Angelegenheit, die durch die Beschwerdeinstanzen sachgemäß zu erledigen war. Der erneute Antrag des

Vormundes ist aber nicht nur als neuer selbständiger Antrag auf Gewährung einer Vergütung zu würdigen, sondern auch als Einlegung der Beschwerde gegen den Beschluß vom 1. August. Das LG. hat daher noch zu prüfen, ob überhaupt und in welcher Höhe dem Vormunde eine Vergütung zusteht. Frdthl.

o) **Zur Anwendung des § 1886 BGB.**

Kammergericht, Ia. ZS. Beschluß v. 21. Oktober 1910.

A. heiratete 1908 die Witwe L., welche die drei Kinder erster Ehe in den neuen Haushalt brachte. A. wurde zum Vormund der Kinder bestellt, 1910 aber aus diesem Amt entlassen, weil sein Lebenswandel und sein Verhalten in der Trunkenheit geeignet seien, auf die seiner Obhut anvertrauten Mündel einen ungünstigen erziehlichen Einfluß auszuüben. Die weitere Beschwerde des A. ist begründet. Denn wesentliche Voraussetzung des § 1886 ist nicht ein tadelnswertes Verhalten des Vormundes an sich, sondern eine Gefährdung des Interesses der Mündel durch Beibehaltung des bisherigen Vormundes. Sicherlich kann die festgestellte Trunk- und Streitsucht des A. ungünstig auf die Erziehung der Mündel einwirken. Aber A. ist nicht nur ihr Vormund, sondern auch ihr Stiefvater, und wenn sie in seinem Haushalt verbleiben, so sind sie solcher Einwirkung, falls sie fortdauert, in derselben Weise wie bisher ausgesetzt, mag A. auch ihr Vormund nicht mehr sein. Es ist also nach den bisherigen Feststellungen nicht die Belassung des A. in dem Amte des Vormunds, die das Interesse der Mündel gefährdet, sondern die häusliche Gemeinschaft mit dem Stiefvater. Daß hier die Bestellung eines anderen Vormundes Abhilfe schaffen könnte, hat das LG. nicht näher dargelegt. Die bisherigen Ermittelungen bieten zu solcher Annahme keinen Anhalt. Es liegt die Befürchtung nahe, daß A. im Ärger über seine Entlassung die Mündel völlig vernachlässigt und sein Verhalten zu ihnen sich also schlechter, statt besser gestaltet. Wenn andrerseits die Mündel anderweitig untergebracht werden, so wird ihnen — auch dies ist zu erwägen — die Fürsorge der Mutter entzogen. Die Entfernung von der Mutter könnte vielleicht auf das Wohl der Mündel ungünstiger einwirken als ihr Verbleib bei A., dem bisher nur Neigung zu Trunk und Schimpferei, nicht aber ein allgemein unsittlicher Lebenswandel oder Mißhandlung der Mündel nachgewiesen sind. Für die Anwendung des § 1886 ist aber stets auch zu erwägen, ob den Mündeln nicht aus der Entlassung des Vormundes ein größerer Schaden erwächst als aus seiner Beibehaltung (Jahrbuch 21 S. 198). Danach bedarf es ergänzender Feststellungen durch ein näheres Eingehen auf die voraussichtliche, künftige Gestaltung der Lebenslage der Mündel. Diese Feststellungen hat, um dem § 12 FrGG. zu genügen, das Gericht selbst zu treffen und sie nicht ausschließlich auf Auskünfte privater Ermittelungsstellen zu gründen (Beschluß v. 26. April 1906 Y 428 [u. Rsp. 23 S. 360c]). Gd.

p) **Anerkenntnis der Abrechnung des Vormunds. Haftung des Testamentsvollstreckers.**

OLG. Hamburg, VI. ZS. Urteil v. 20. Dezember 1910.

Mit Unrecht macht die Klägerin den Beklagten für den Verlust ihres in dem X.schen Geschäft steckenden Kapitals verantwortlich. Soweit sie ihn als Vormund belangt, scheitert ihr Anspruch an dem von ihr nach Beendigung ihrer Vormundschaft abgegebenen Anerkenntnis der vom Beklagten aufgestellten Schlußabrechnung. Dies Anerkenntnis ist gemäß § 1892 von der Vormundschaftsbehörde beurkundet worden. Es bezieht sich, wie auch allgemein anerkannt ist, nicht bloß auf die kalkulatorische Richtigkeit der Rechnung, sondern auch auf die sachliche Bedeutung der einzelnen Posten. Es bindet den volljährig Gewordenen wie ein anderes Anerkenntnis und kann nur durch eine zulässige Anfechtung weggeschafft werden. Solange es besteht, kann der frühere Mündel Ersatzansprüche gegen den Vormund aus der Führung der Vormundschaft nicht erheben.

Aber auch aus dem Gesichtspunkte des Testamentsvollstreckers haftet der Beklagte nicht. Denn als solchem lag ihm in erster Linie ob, das Testament auszuführen. Nach dem Testament sollte aber der Anteil der Klägerin im X.schen Geschäft verbleiben. Wenn nun auch der Beklagte sicherlich, sobald er eine Gefährdung des Kapitals bei dessen weiterem Verbleib erblickte, berechtigt und vielleicht auch verpflichtet war, für eine bessere Sicherstellung zu sorgen, so fehlt es doch an jedem Nachweis dafür, daß dem Beklagten das Bewußtsein einer solchen Gefährdung werden mußte. Daß er gerade mit Rücksicht auf die der Klägerin vermachte Rente aus dem X.schen Geschäft deren Beteiligung an dem Geschäft möglichst aufrecht zu erhalten suchte, gereicht ihm nicht zum Vorwurf.... Ebensowenig war er als Vollstrecker verpflichtet, im Widerspruch mit dem Testament etwa verletzte Pflichtteilsrechte einzelner Erben durchzusetzen. Demnach kann die Klägerin ihn nicht dafür in Anspruch nehmen, daß er als Vollstrecker unterlassen habe, für die Wahrung ihrer Pflichtteilsrechte einzutreten.

Mit der Klage auf Ergänzung ihres Pflichtteils kann die Klägerin den Beklagten nur als Miterben, nicht als Vollstrecker belangen. Denn nach §§ 2303, 2305 kann der Pflichtteil nur von den „Erben“ oder „Miterben“ verlangt werden. Nach dieser Richtung steht das Anerkenntnis vor der Vormundschaftsbehörde nicht entgegen. Denn dieses hat den Beklagten nur als Vormund entlastet, berührt sein Verhältnis als Miterbe der Klägerin indessen nicht.... M. M.

q) **Voraussetzungen der vorläufigen Vormundschaft.**

Bayer. Oberstes Landesgericht, I. ZS. Beschluß v. 5. Januar 1911.

Die vorläufige Vormundschaft bezweckt der Gefahr vorzubeugen, daß der Volljährige, dessen Entmündigung beantragt ist, während der Zeit, welche die Durchführung des Verfahrens erfordert, Rechtshandlungen vornimmt, die erhebliche Nachteile für seine Person oder sein Vermögen mit sich bringen. Der § 1906 macht deshalb die Anordnung der Maßregel nur davon abhängig, daß die Entmündigung beantragt ist und das VormGericht die vorläufige Vormundschaft zur Abwendung einer erheblichen Gefährdung der

Person oder des Vermögens für erforderlich erachtet. Des Nachweises eines Entmündigungsgrundes bedarf es nicht; die Anordnung der Maßregel darf daher nicht schon deswegen abgelehnt werden, weil ein Entmündigungsgrund nicht nachgewiesen ist. Es genügt, daß Grund zu der Besorgnis besteht, für den zu Entmündigenden werde ein erheblicher Nachteil entstehen, wenn er bis zur Beendigung des Verfahrens sich selbst überlassen bleibt. Die Frage nach dem Vorhandensein eines Grundes kann allerdings unter Umständen für die Annahme einer wesentlichen Gefährdung von Bedeutung sein, sofern es dafür an zureichendem Grunde fehlt, wenn von vorneherein nicht zu erwarten ist, daß es zur Entmündigung kommen werde. Th.

Dazu: Kammergericht, Ia. ZS. Beschluß v. 16. Juni 1911.

Ein „vorläufiger Vormund", von dem die Vorinstanzen sprechen, ist dem BGB. nicht bekannt. Auch bei der vorläufigen Vormundschaft ist der Träger des vormundschaftlichen Amtes ein „Vormund". Er ist als solcher endgültig und mit allen Rechten und Pflichten eines Vormunds bestellt. Nur die Vormundschaft selbst ist als eine vorläufige Maßregel gedacht; sie ist nicht für eine längere Dauer bestimmt und endet, wenn eine der im § 1908 bezeichneten Tatsachen eintritt. Wr.

r) **Aufhebung einer Nachlaßpflegschaft.**

Kammergericht, I. ZS. Beschluß v. 8. Mai 1911.

Die Frage, ob die Fortführung der Nachlaßpflegschaft durch den RA. H. zulässig erscheine, nachdem dieser in dem Erbschaftsstreite die Vertretung der klagenden Geschwister A. übernommen hat, bedarf keiner Entscheidung, da es an einer rechtlichen Grundlage für die Fortführung der Pflegschaft überhaupt fehlt. Streitig und zweifelhaft ist nur die Gültigkeit des zweiten Testaments von 1907, während keine Bedenken dagegen bestehen, daß das erste Testament 1902 — abgesehen von dem späteren Widerrufe — gültig ist. Hiernach sind entweder die im ersten Testament eingesetzten Geschwister A. oder die im zweiten Testament eingesetzte B. als Erben berufen, die Entscheidung darüber soll in dem anhängigen Rechtsstreit ergehen. Beide Teile haben dadurch, daß sie geklagt bzw. sich auf den Prozeß eingelassen, auch Anträge bei dem Nachlaßgerichte gestellt haben, stillschweigend die Erbschaft angenommen. Bei einer solchen Rechtslage aber sind, wie im Jahrbuch 33 S. 84 (vgl. 29 S. 206) näher dargelegt ist, die Voraussetzungen für die Fürsorgepflicht des Nachlaßgerichts, besonders die Anordnung einer Nachlaßpflegschaft nicht gegeben, der Erbe ist nicht im Sinne des § 1960 unbekannt. Soweit es jetzt noch einer Sicherung oder Verwaltung des fast ausschließlich in Wertpapieren bestehenden Nachlasses bedarf, ist dafür auf Betreiben der Parteien durch einstw. Verfügungen des Prozeßgerichts zu sorgen (Jahrbuch 33 S. 89). H.

s) **Vertretungsmacht des amerikanischen Vormundes. Auslieferung des hier befindlichen Vermögens seines Mündels.**

OLG. Darmstadt, I. ZS. Beschluß v. 14. Oktober 1910.

Dem minderjährigen A. in Brooklyn ist ein Erbteil zugefallen, das in einer Sparkasseneinlage besteht. Das AG. hat ihm einen Pfleger bestellt und ihm die Verwaltung übertragen. Der von dem Surrogates Court für New York County bestellte Vormund K. hat dem hiesigen Bankhaus Vollmacht erteilt und dieses hat beantragt, die Pflegschaft aufzuheben und den Pfleger anzuweisen, das Vermögen an K. auszuliefern. Der Antrag wurde zurückgewiesen, weil nach einer Auskunft des deutschen Generalkonsuls in New York ein amerikanischer Vormund nicht über das in Deutschland befindliche Vermögen des Mündels verfügen und nicht in rechtsverbindlicher Weise über den Empfang quittieren kann. Die weitere Beschwerde ist unbegründet.

Nach Art. 23 EG. kann eine Vormundschaft angeordnet werden, wenn der Ausländer nach den Gesetzen seines Staates der Fürsorge bedarf. Der Minderjährige bedarf nach amerikanischem Rechte der Fürsorge. Ob sein Heimatstaat die Fürsorge übernimmt, hängt davon ab, ob nach dem Recht des Staates New York ein dort bestellter Vormund verlangen kann, daß ihm in Deutschland das hier befindliche Vermögen seines Mündels ausgeliefert wird. Könnte er die Auslieferung verlangen, erstreckte sich die Fürsorge des Heimatstaats auch auf das in Deutschland befindliche Vermögen, so wäre für eine Fürsorge des deutschen Gerichts kein Raum. Kann dagegen der amerikanische Vormund über das in Deutschland befindliche Vermögen seines Mündels nicht verfügen, so besteht eine Fürsorge des Heimatstaates für dieses Vermögen nicht, und die Pflegschaft kann nicht ohne weiteres aufgehoben werden.

Der Beschwerdeführer meint, der amerikanische Vormund sei zur Verfügung über Mobiliarvermögen seines Mündels, das sich außerhalb Amerika befindet, befugt und nur zur Verfügung über im Auslande befindliche Liegenschaften nicht berechtigt. Er beruft sich dabei auf die Entscheidungen des KG. (Rsp. 5 S. 100; BöhmsZ. 13 S. 153) und des OLG. Karlsruhe v. 7. April 1909. Allein der in dieser Richtung gewiß sachkundige deutsche Generalkonsul in New York bezeugt: „daß sich die Vertretungsbefugnis eines hiesigen Vormundes auf den Umfang des hiesigen Staatsgebietes beschränkt. Ein hiesiger Vormund kann daher nicht über das in Deutschland befindliche Mündelvermögen verfügen und erscheint nicht aktiv legitimiert, die Herausgabe des dort befindlichen Mündelvermögens zu verlangen. Entsprechend kann der deutsche Schuldner auch nicht mit befreiender Wirkung an ihn leisten. Die Rechtslage ändert sich nur dann, wenn das im Auslande befindliche Mündelvermögen hierher gebracht wird. Mit dem Verbringen in das hiesige Staatsgebiet wird es der Verfügungsbefugnis des hiesigen Vormundes unterworfen. Auf dieser Rechtslage fußen, soweit ich unterrichtet bin, hiesige Gerichtsentscheidungen, wonach auch eine Zahlung in Deutschland den Schuldner befreien kann; Voraussetzung ist aber dabei, daß das Geld später tatsächlich hierher gelangt, also der bei der Auszahlung vorhanden gewesene Mangel in der Befugnis des Empfängers später geheilt wird."

Der Ansicht des Generalkonsuls treten bei: Niemeyer in BöhmsZ. 13

S. 154[1]. Neuestens formuliert Minor (Conflict of laws Boston 1901 § 116) die amerikanische Auffassung unter Mitteilung entsprechender Präjudizien wie folgt: „Es ist allgemein anerkannt, daß die Anordnung der Vormundschaft, mag sie an des Mündels Wohnsitz oder sonstwo eingeleitet sein, dem Vormund keine Befugnis verleiht, über das außerhalb des Staates befindliche bewegliche Vermögen des Mündels zu verfügen.“ Ebenso führt Delius (Rechtshilfeverf. § 39 S. 389) in Übereinstimmung mit dem Reskripte des Württ. Justizmin. vom 11. Juni 1901 aus: „Pflegschaft über einen im Ausland unter Vormundschaft stehenden Ausländer wird besonders dann vorkommen, wenn, wie zB. in Nordamerika, nach dem Rechte des Auslandes eine dortige Pflegschaft oder Vormundschaft sich nicht auf das in Deutschland befindliche Vermögen erstreckt und daher hinsichtlich eines solchen Vermögens auf die Bestellung einer ausländischen Vormundschaft oder Pflegschaft nicht zu rechnen ist“ (BöhmsZ. 11 S. 505). Vgl. auch HessRpr. 8, 110.

Die hier vertretene Auffassung schließt nicht aus, daß dem Vormund das Vermögen des Mündels auf anderem Wege zugeführt wird. Die Mängel der Vertretungsmacht des Vormundes würden sich dadurch umgehen lassen, daß der Pfleger das Mündelgeld an den deutschen Generalkonsul nach New York zur Auslieferung an den Vormund einsendet. Der Generalkonsul ist bereit, die Auszahlung unter Wahrung der Vorschriften des amerikanischen Rechts zu vermitteln. W.

t) **Keine Duldungsklage (§ 739 ZPO.) bei Gütertrennung. Gilt § 1435 BGB. für ältere Ehen?**

OLG. München, II. ZS. Urteil v. 21. Oktober 1911.

Der § 739 ZPO. ist notwendig, weil die Rechte des Mannes, dem die Verwaltung und Nutznießung am Eingebrachten der Frau zusteht, betroffen werden, wenn die Erfüllung einer Verbindlichkeit der Frau aus dem Eingebrachten erzwungen werden soll. Der Mann braucht die Vollstreckung nur zu dulden, wenn eine Verbindlichkeit der Frau vorliegt und für die Erfüllung das Eingebrachte haftet. Die ZPO. hat bei dem Güterstande der Gütertrennung Bestimmungen über die Art und Weise der Vollstreckung nicht für erforderlich erachtet, denn dabei bildet das gesamte Vermögen der Frau ein einheitliches Ganzes, das ihrer ausschließlichen Verwaltung und Nutznießung unterliegt und für den Mann eine fremde Sache ist. Deshalb hat ein Anspruch gegen den Mann auf Duldung der Vollstreckung in das Vermögen der Frau, an dem er kein Recht hat, keinen Sinn, es besteht hierfür kein Rechtsschutzbedürfnis und es mangelt in einem hierwegen anhängig gemachten Rechtsstreite dem Mann an der Passivlegitimation.

Beklagter und seine Frau haben in dem 1888 geschlossenen Ehevertrag bestimmt, daß das gesamte Vermögen, das die Frau damals besaß oder später erwerben wird, ihr Rezeptizgut bleibt. Dadurch ist dem Beklagten die Verwaltung und Nutznießung des gesamten Vermögens vollständig entzogen und der Frau die unbeschränkte Verfügung einschließlich der Errungenschaft übertragen worden. Das Wesen der Gütertrennung besteht aber gerade darin, daß das sonst dem Mann zustehende Verwaltungs- und Nutznießungsrecht am Eingebrachten wegfällt. Dieser durch den Vertrag geschaffene Güterstand dauert fort und seine Vorschriften sind insoweit entsprechend anwendbar, als sie in ihren Grundzügen mit den §§ 1426—1430 BGB. übereinstimmen, was hier der Fall ist. Die §§ 1431, 1435 finden jedoch hier keine Anwendung. Dem Bay. Landrecht waren Bestimmungen über das Güterrechtsregister, wie sie das BGB. enthält, fremd und war deshalb die Vereinbarung der Gütertrennung nach Maßgabe des Vertrags von 1888 ohne weiteres wirksam. Der § 1435 würde übrigens hier keinesfalls anwendbar sein können, weil der durch ihn gewährte Schutz nur dahin geht, daß dem Dritten gegenüber, der sich mit einem der Ehegatten in ein Rechtsgeschäft eingelassen hat, aus der nicht eingetragenen und dem Dritten nicht bekannten Änderung des Güterstandes Einwendungen gegen das Rechtsgeschäft nicht hergeleitet werden können. Der Beklagte aber will und kann Einwendungen solcher Art nicht erheben. Aber auch abgesehen hiervon ist die vom Beklagten mit seiner Frau vereinbarte Gütertrennung Dritten gegenüber wirksam auf Grund des Art. 25 Ges. v. 9. Juni 1899, wonach die bestehenden Güterstände nicht in das Güterrechtsregister eingetragen zu werden brauchen und daß nur die Änderung des Güterstandes eingetragen werden müsse. P.n.

u) **Unterhaltsgewährung durch den Vater.**

OLG. Naumburg, II. ZS. Urteil v. 5. Januar 1912.

Der Beklagte, als Vater des Klägers, hat nach § 1612[2] als Unterhaltspflichtiger zu bestimmen, in welcher Art er den Unterhalt gewähren will. Er darf indessen dieses Recht insoweit nicht ausüben, als das Kind außerstande ist, die bestimmte Art des Unterhalts entgegenzunehmen, es sei denn, daß es hieran nur durch eigene Schuld oder diejenige seines gesetzlichen Vertreters gehindert wird (vgl. RG. 57 S. 77, JW. 1901 S. 870).

Dem Kläger kann es aber mit Rücksicht auf sein Alter von 11 Jahren nicht als Schuld angerechnet werden, wenn er sich vom Beklagten fernhält und bei seiner Mutter verbleibt. Diese ist sowenig gesetzlicher Vertreter des Kindes, wie der ihm bestellte Pfleger, der ausweislich seiner Bestallung lediglich zur Wahrnehmung der Unterhaltsansprüche bestellt ist. Einem solchen Pfleger steht nicht die Vertretung des Kindes in allen für die Bestimmung der Art der Unterhaltsgewährung in Betracht kommenden Angelegenheiten zu. Der Beklagte muß also den Unterhalt in Form einer Rente gewähren. Es ist seine Sache, die Herausgabe des Klägers zu erwirken, wie er denn auch jetzt eine solche Klage gegen dessen Mutter angestrengt hat, woraus hervorgeht, daß er sich darüber klar ist, wer ihm den Kläger vorenthält. In dem Augenblick, wo er diesen aus dem künftigen Urteil in seine tatsächliche Gewalt bekommen wird, erlischt die Unterhaltsrente. Bis dahin ist sie zu zahlen, so daß der Rechtsstreit auf Herausgabe des Kindes für den gegenwärtigen Rechtsstreit nicht präjudiziell nach § 148 ZPO. ist. Schl.

v) **Einfluß des dem Kinde bewilligten Armenrechts auf die Kostenpflicht des Vaters.**

α) OLG. München, IV. ZS. Beschluß v. 14. November 1911.

Ob die Inanspruchnahme des Vaters aus § 1654 ein der väterlichen Nutznießung unterstehendes Kindesvermögen voraussetze, ist bestritten. Der Senat hat — mit der überwiegenden Meinung — bisher stets diese Voraussetzung verneint und hält daran fest. Hier ist aber der minderjährige Sohn als Berufungskläger zum Armenrechte zugelassen worden, ein Umstand, der in den bisherigen Beschlüssen noch nicht näher gewürdigt ist. Richtig ist, daß nach § 92 GKG. der Staatskasse diejenigen Dritten haften, die sonst dem Gegner nach bürgerlichem Rechte haften. Allein das Armenrecht muß auch zugunsten dieser Dritten wirken, die der Staatskasse neben der Partei haften. Dies wird schon aus allgemeinen Grundlagen des Armenrechts gefolgert (Stein I zu § 115, VI vor § 91 ZPO.; KG. KGBl. 15 S. 55, Breslau AK. 1910 S. 51).

Hierfür sprechen auch folgende Erwägungen: Nach § 125 ZPO. ist die arme Partei zur Nachzahlung der Beträge, von deren Berichtigung sie einstweilen befreit war, erst dann verpflichtet, wenn sie ohne Beeinträchtigung des notwendigen Unterhalts dazu imstande ist. Damit ist aber die Leistungspflicht der armen Partei der Staatskasse gegenüber im Rechtssinne als eine aufschiebend bedingte zu erachten. Es kann hier nicht etwa gesagt werden, daß der Armenpartei nur gestundet sei im Sinne einer bloßen Zeitbestimmung, denn es besteht im Hinblick auf § 125 ZPO. keinerlei Gewißheit des schließlichen Eintritts des entscheidenden künftigen Ereignisses, worin gerade der Unterschied der Bedingung von einer bloßen Zeitbestimmung liegt (vgl. Staudinger 2 zu § 163 BGB., Bamberg in Bay.Rpfl. 1 S. 226). Die Leistungspflicht als solche tritt demnach für die Armenpartei erst mit jenem künftigen Ereignis ein, falls nämlich diese in der Folge eine entsprechende Verbesserung ihrer Vermögensverhältnisse erfahren sollte (wobei weiter auch der Gesichtspunkt der Verjährung einschneidet). Nimmt man nun selbst an, daß im Hinblick auf § 92 GKG. die privatrechtlichen Grundsätze der §§ 420 ff. BGB. über die Leistung mehrerer Schuldner (vgl. Rittmann 1 zu § 92 GKG.) anzuwenden sind und daß daher nach § 1654 Satz 2 mit § 1388 BGB. der Vater des zum Armenrechte zugelassenen Kindes dessen Gläubigern als Gesamtschuldner hafte, soweit er gemäß § 1654 dem Kinde gegenüber dessen Verbindlichkeiten zu tragen hat (vgl. Staudinger IV zu § 1654), so kann die Staatskasse den Vater gleichwohl vor Eintritt jener Bedingung zur Bezahlung von Gebühren nicht heranziehen, so wenig wie das Kind selbst als Armenpartei; denn auf den Umstand, daß die Leistungspflicht des Grundverhältnisses nur eine bedingte ist, kann sich selbstverständlich bei einem Gesamtschuldverhältnisse jeder der Schuldner berufen, auch die Leistungspflicht des Mithaftenden kann in solchem Falle nur eine gleich bedingte sein. Es handelt sich hierbei keinesfalls um eine bloß persönlich wirkende Tatsache im

Sinne des § 425[1], vielmehr ist jene Bedingung für das ganze Schuldverhältnis wesentlich.

β) OLG. München, II. ZS. Beschluß v. 9. Dezember 1911.

... Bezüglich der Wirkung des Armenrechts zugunsten Dritter bestehen gegen die vorstehende, auch anderweit vertretene Anschauung nicht unerhebliche Bedenken, die sich aus dem Zweck des Armenrechts, dem Wortlaut der §§ 115[1], 123, 125 ZPO., besonders aber aus dem von Pfafferoth (Gerichtskosten 344) überzeugend dargelegten gegenseitigen Verhältnis der zivilprozessualen Armenrechtsbestimmungen zum GKG. ergeben. Ob trotz dieser schwerwiegenden Bedenken (die die Annahme nahelegen, daß es der Absicht des Gesetzes weit eher entspricht, die Wirkung des Armenrechts in einer nur die Partei berührenden Kostenstundung oder einem auf sie beschränkten bedingten Erlaß — vgl. §§ 423, 425 BGB. — zu erblicken) der gegenteiligen Rechtsanschauung beigetreten werden könnte, bedarf hier keiner näheren Untersuchung, weil schon der erste vom Beschwerdeführer geltend gemachte Grund zu seinen Gunsten durchschlägt. Da nämlich durch das (Anerkenntnis-)Urteil dem Kläger die Kosten auferlegt sind, fallen sie nach § 1660 mit § 1416 dem freien Vermögen zur Last (Planck § 1660[2]) und demnach bietet § 1654 hier keine Handhabe für die Inanspruchnahme der väterlichen Haftung. Daß das Urteil erst nach Erlassung des angefochtenen Beschlusses verkündet worden ist, steht um deshalb nicht entgegen, weil nach § 4 GKG. die Beschwerde nach Maßgabe des § 567[2] und der §§ 565—575 stattfindet, demnach auch § 570 ZPO. anzuwenden ist. Ebensowenig kann der Umstand, daß die Rechtskraft des Urteils nicht ersichtlich ist, hindern, daß sich der Vater auf das Urteil beruft (vgl. § 312[2] ZPO.) und dadurch seine Haftung und zwar nicht nur für die Kosten des beendigten Rechtsstreits, sondern auch für die etwa vom Kind vorzuschießenden Beträge beseitigt. Die Meinung Rittmanns S. 572, daß das Urteil, um diese Wirkung hervorzubringen, rechtskräftig sein müßte, entbehrt der zwingenden gesetzlichen Grundlage, außer, soweit es sich um endgültige Befreiung von der Haftung handelt. P.n.

w) **Anfechtung der Anerkennung der Vaterschaft.**

OLG. Stuttgart, II. ZS. Urteil v. 7. Dezember 1911.

Die Zulässigkeit der Anfechtung einer dem § 1718 entsprechenden Anerkennung der Vaterschaft dem Kinde gegenüber wegen arglistiger Täuschung der Kindsmutter ist an sich nicht zu beanstanden (Planck 4e zu § 1718; Josef bürg. Arch. 34 S. 288; RG. 58 S. 353). Hier könnte sich zwar, da die Täuschung der Mutter nicht auch dem Kind oder seinem Vormund bei Abgabe der angefochtenen Erklärung bekannt war oder bekannt sein mußte, fragen, ob die Anfechtung dem Kinde gegenüber deshalb unstatthaft ist, weil dieses oder sein Vormund an der Täuschung nicht beteiligt war (§ 123[2] Satz 2). Diese Frage ist aber zu verneinen, weil es sich nach Inhalt des § 1718 hier um ein nicht empfangbedürftiges Rechtsgeschäft handelt (aO.; a. A. nur Jakubetzky Recht 1903 S. 325).

Die weitere Frage, ob die auf Befragen des Klägers erklärte falsche Versicherung der Mutter, daß ein anderer als der Kläger ihr innerhalb der Empfängniszeit nicht beigewohnt habe, eine Täuschung nach § 123 enthält, ist entgegen RG. 58 S. 354 zu bejahen. Zwar kann der in den Prot. 4 S. 679 ausgesprochene Zweck des § 1718, die nachträgliche Vorschützung der Einrede mehrerer Zuhälter zu verhindern, durch die Zulassung der Anfechtung wegen der hier fr. Täuschung in den meisten Fällen vereitelt werden. Allein das Gesetz selbst bietet keinen Anhalt dafür, daß aus diesem Grunde gegenüber der Anerkennungserklärung gemäß § 1718 die Anfechtung auf Grund der allgemeinen Vorschriften über arglistige Täuschung des gedachten Inhalts ausgeschlossen werden wollte, oder daß hier über den Begriff der arglistigen Täuschung andere Grundsätze als die allgemeinen gelten sollten. Dies hätte ausdrücklich bestimmt werden müssen; eine solche Bestimmung fehlt aber im Gesetz. Deshalb kann es nur darauf ankommen, ob im gegebenen Falle die zur Begründung der Anfechtung vorgetragenen Tatsachen nach allgemeinen Grundsätzen die Anfechtung rechtfertigen. Nun kann darüber wohl kein Zweifel bestehen, daß eine Kindsmutter, die wie hier innerhalb der Empfängniszeit mit fünf Männern geschlechtlich verkehrt hat, trotzdem während ihrer Schwangerschaft dem sechsten Beiwohner auf dessen Frage unter Tränen versichert, er könne ruhig sein, sie habe es mit keinem anderen Manne gehabt, sich einer arglistigen Täuschung schuldig macht. Die Tatsache, daß sie nicht verpflichtet ist, „dem Zuhälter zur Ablehnung seiner Verpflichtung durch Angabe der Wahrheit behilflich zu sein“, kann nicht entgegengehalten werden; denn § 123 setzt eine Verpflichtung zur Auskunft an den Erklärenden nicht voraus. Auch kann die Annahme, jene Versicherung enthalte keine arglistige Täuschung, nicht darauf gegründet werden, daß in einem von der Kindsmutter geführten Alimentenprozesse ihre Ableugnung der mehreren Zuhälter nicht als arglistige Täuschung angesehen wird; denn derartige, im Prozesse dem Gerichte gegenüber abgegebene Erklärungen sind keine rechtsgeschäftlichen Erklärungen, und daraus, daß es nach dem Prozeßrecht den Parteien gestattet oder wenigstens ohne nachteilige Rechtsfolgen ermöglicht ist, die Unwahrheit zu sagen, folgt nicht, daß eine solche Unwahrheit, auch wenn sie außerhalb des Prozesses gesagt wird, keine nachteiligen Folgen für den Täuschenden haben darf. Die Ansicht des RG. wird denn auch in der Literatur vielfach als unrichtig oder als „beklagenswert“ bekämpft (z. B. Hellwig in JW 1908 S. 666; Josef aO.). In der Tat würde es auch der Gerechtigkeit nicht entsprechen, wenn in einem Falle wie hier dem getäuschten Kläger jede Möglichkeit genommen wäre, die schwer wiegenden Folgen seiner durch grobe Täuschung erschlichenen Erklärung wieder zu beseitigen. Dr. H.

x) **Genehmigung des VormGerichts. Wirksamwerden. Beifügung einer Bedingung.**

Kammergericht, IV. ZS. Urteil v. 11. Dezember 1911.

Das Grundstück, dessen Auflassung der Kläger beansprucht, hat ihm am 1. Juli 1908 vor dem Notar die Beklagte für sich und ihre minderjährige Tochter Grete als Erben ihres Mannes und Vaters für 6200 Mark verkauft. Davon wurden 3300 Mark gestundet; sie waren mit 4 % verzinslich 3 Monate nach der Kündigung, die für den Verkäufer bei pünktlicher Zinszahlung bis 1. August 1911 ausgeschlossen ist, zu zahlen und für die Verkäufer zu ungeteilter Erbengemeinschaft auf dem dem Käufer bereits gehörigen Grundstücke Nr. 88 einzutragen. Der der Tochter bestellte Pfleger B. ist dem Vertrage vor dem Notar am 1. Februar 1909 beigetreten. Als 1910 das VormGericht eine Taxe des Grundstücks 88 verlangte, erwiderte der Kläger, daß er von der Eintragung der Mündelgelder absehe und bei der Auflassung die 3300 Mark bar auszahlen werde.

Ohne weitere Verhandlungen des Klägers mit der Beklagten und dem Pfleger wurde der „Kaufvertrag vom 1. Juli 1908/1. Februar 1909“ durch die auf eine beglaubigte Abschrift der Verhandlung vom 1. Februar 1909 gesetzte Erklärung des Amtsgerichts namens der Grete „mit der Maßnahme genehmigt, daß das Restkaufgeld von 3300 Mark bei der Auflassung bar gezahlt wird“.

1. Diese Genehmigung wurde dem Pfleger gegenüber dadurch erklärt (§ 1828), daß das Amtsgericht die Urkunde dem Notar übersandte, den der Pfleger beauftragt hatte, die Ausfertigung der Verhandlung an das Gericht zur vormundschaftlichen Genehmigung gelangen zu lassen und eine beglaubigte Abschrift demnächst zu den Grundakten zu geben. Denn der Notar wurde dadurch bevollmächtigt, die Genehmigung im Namen des Pflegers zu empfangen (RG. 71 S. 771). Sie wurde aber, als sie dem Notar zuging, auch dem Kläger gegenüber im Sinne des § 1829 ¹ Satz 2 wirksam. Denn er hatte den Notar ermächtigt, die Mitteilung der Genehmigung für ihn entgegenzunehmen, die das Gericht dem Notar als Bevollmächtigten der Witwe zugehen lassen würde.... Bei dem Einverständnis beider Beteiligten ist diese Doppelstellung des Notars nach § 181 wirksam. Die Genehmigung wurde daher auch dem Kläger gegenüber wirksam, als der Notar die mit dem Genehmigungsvermerke versehene Verhandlung vom 1. Februar 1909 vom VormGericht empfing (Bay. Ob.LG., Samml. 3 S. 684).

Die Genehmigung wäre aber auch dann dem Kläger gegenüber wirksam geworden, wenn man der in der Wissenschaft überwiegend vertretenen strengeren Ansicht folgen wollte, daß die Wirkung des § 1829¹ Satz 2 in solchen Fällen erst dann eintrete, wenn der Notar nach außen zu erkennen gebe, daß er „in seiner Eigenschaft als Bevollmächtigter des anderen Vertragsteiles von der ihm als dem Bevollmächtigten des Vormundes zugegangenen vormundschaftsgerichtlichen Entscheidung Kenntnis genommen hat“ (Staudinger § 1829 N. 3b). Denn der Notar hat in einer an das Amtsgericht gerichteten Eingabe vom 1. Oktober 1910 namens und im Auftrage des Klägers den Standpunkt vertreten, daß der Verkauf des Grundstücks an den Kläger durch die Genehmigung wirksam geworden. Er hat also auch dem

Kläger die Genehmigung mitgeteilt. Die Beklagte ihrerseits hat darauf gegen diese Genehmigung Beschwerde erhoben, weil die Bedingung die Genehmigung unwirksam mache, in einem für sie, die Beklagte, wesentlichen Punkte den Vertrag abändere, der Verkauf auch für das Kind unvorteilhaft sei. Das LG. hat jedoch die Beschwerde zurückgewiesen, weil die Genehmigung trotz der übrigens erfüllten Bedingung wirksam, auch durch die Mitteilung an den Käufer unabänderlich sei.

2. Es ist nicht zu erörtern, ob die Beklagte diesen Beschluß noch anfechten kann. Selbst wenn er im Sinne des FrGG. rechtskräftig wäre, würde dadurch die rechtsgeschäftliche, die rechtserzeugende Wirkung der Genehmigung nicht berührt. Nach keinem Rechtssatze ist die vom Beschwerdegericht über die Wirksamkeit der Genehmigung ausgesprochene Meinung für das Prozeßgericht bindend, das im Streitfalle darüber entscheiden soll, ob die vom VormGericht erklärte, nach §§ 1828, 1829 wirksam gewordene Genehmigung auch die Wirksamkeit des genehmigten Vertrages zur Folge hat, dem Vertragswillen der Parteien rechtserzeugende Kraft verleiht. Es ist nicht zu entscheiden, ob die nach § 1821 Nr. 1, 3 erforderliche Genehmigung nur als ein „obrigkeitlicher Rechtsakt" anzusehen ist, „den der Staat in Ausübung des ihm zustehenden Hoheitsrechts vornimmt" (so Rausnitz 8 zu § 7 FrGG., 3 zu § 55, ebenso Staudinger 9 zu § 1828) oder ob man annimmt, sie habe deshalb einen rechtsgeschäftlichen Charakter, weil sie „ihrem Inhalte nach die Äußerung des Einverständnisses des VormRichters mit einem beabsichtigten oder bereits vorgenommenen Rechtsgeschäft ist und daher eine enge Verwandtschaft mit den rechtsgeschäftlichen Zustimmungserklärungen aufweist, die das BGB. in §§ 182ff. regelt und die sämtlich gleichfalls die Äußerung des Einverständnisses zum Inhalte haben" (so Breit, ZBl. FrG. 4 S. 401), oder „weil die Genehmigung mit der zu einem Rechtsgeschäft des Mündels erforderlichen Zustimmung des Vormunds insofern denselben Charakter hat, als sie die Vertretungsmacht des Vormunds zu beschränken bezweckt" (so Planck 2 vor §§ 1821—1832; Dernburg 4 § 118 V^2; so RG. 25 S. 281, 50 S. 284; Jahrbuch 23 S. 175). In beiden Fällen bildet bei einem bereits abgeschlossenen Rechtsgeschäft so wie hier die bedingungslose Genehmigung die Voraussetzung des zur Rechtswirksamkeit des Geschäfts erforderlichen Tatbestandes. Sie bildet, wie Dernburg aO. treffend sagt, „ein Stück des Rechtsgeschäfts". Eine nur bedingt nachträglich erteilte Zustimmung ist begrifflich keine die Rechtswirksamkeit erzeugende Genehmigung. Denn die Wirksamkeit wird von dem Eintreten eines ungewissen Ereignisses abhängig gemacht. Das BGB. läßt es auch an keiner Stelle zu, daß der Gerichtsakt der nachträglichen Zustimmung, der Genehmigung bei Hinzufügung einer Bedingung das genehmigte Geschäft wirksam mache. Es wird nur von der Genehmigung schlechthin, also der Erklärung vollen Einverständnisses gesprochen. Die obrigkeitliche nachträgliche Zustimmung, die Genehmigung kann daher zu dem Geschäft nur so erklärt werden, wie es vorliegt (so auch

Breit 596). Planck weist (aO. Note 9) mit Recht darauf hin, daß eine unter einer Bedingung erteilte Genehmigung keine Genehmigung, sondern eine Verweigerung der erbetenen verbunden mit der vorherigen Zustimmung für den Fall der Erfüllung der Bedingung enthält. Es müßte ein dem Inhalte der Bedingung entsprechendes neues Geschäft geschlossen werden (so auch Crome, System 4 § 629 N. 107). Zum gleichen Ergebnis führt die entsprechende Anwendung der rechtsgeschäftlichen Grundsätze des BGB. Die Genehmigung des VormGerichts ist zum Zustandekommen des Vertrags, zum Entstehen der rechtserzeugenden Willensbindung ebenso unentbehrlich, wie die bedingungslose Annahme eines Vertragsantrags. Nach § 150 gilt aber eine Annahme unter einer Bedingung als Ablehnung verbunden mit einem neuen Antrage. Nicht anders bei entsprechender Anwendung des § 108[1] oder der des § 184. Diese nachträglichen Genehmigungen wirken als solche nur, wenn sie sich inhaltlich mit dem zu genehmigenden Geschäfte decken. Die Genehmigung „die nachträgliche Gutheißung einer Rechtshandlung" (RG. 52 S. 163) ist also ein bedingungsfeindliches Rechtsgeschäft. Hier soll die Genehmigung nur gelten, wenn das nach dem Vertrage einzutragende Restkaufgeld bei der Auflassung bar gezahlt wird. Der Vertrag ist also nicht wirksam genehmigt. Er wäre nur wirksam geworden, wenn die Beteiligten mindestens in einem der Form des § 313 entsprechenden Nachtrage die die Kaufpreisbelegung betreffende Abrede gemäß der Verfügung des VormGerichts geändert hätten (Rsp. 16 S. 25). Durch die privatschriftliche Erklärung des Klägers, die 3300 Mark bei der Auflassung bar auszahlen zu wollen, wird die Rechtslage nicht geändert. Selbst wenn man sie als eine Kündigung ansehen wollte, die ihm nach dem Vertrage jederzeit mit dreimonatiger Frist zustand, würde das seinen Auflassungsanspruch nicht stützen. Das VormGericht war zur Entgegennahme der Kündigung für die Grete nicht berechtigt, noch viel weniger für die Beklagte selbst. Die 3300 Mark sollten für die Beklagte und ihre Tochter zu ungeteilter Erbengemeinschaft eingetragen werden. Daß die 3300 Mark zur Zeit der Erklärung des VormGerichts ganz der Grete durch einen Erbteilungsvertrag zugewiesen waren, ist nicht festzustellen. Bei der Einheitlichkeit des Vertragswillens und der ungeteilten Gemeinschaft der Beklagten mit ihrer Tochter ist der ganze Vertrag wegen der unwirksamen Genehmigung unwirksam (§ 139). R. I.

3

a) Haftung der Frau für die Kosten, wenn der beklagte Mann vor der Entscheidung stirbt. Zur Auslegung des Art. 24 EG.

OLG. Hamburg, V. ZS. Beschluß v. 8. März 1911.

Die Klägerin hat, weil ihr beklagter Mann schon zur Zeit der Eheschließung schwindsüchtig gewesen sei, auf Anfechtung der Ehe geklagt. Das LG. hat der Klage entsprochen. Der Beklagte hat Berufung eingelegt und ist, bevor über sie entschieden wurde, in Arosa, wohin er sich zur Kur begeben hatte, verstorben. Der Rechtsstreit ist gemäß § 628 ZPO. in der Hauptsache als erledigt anzusehen; hinsichtlich der Kosten ist der Rechtsstreit nicht aufgenommen. Der Klägerin ist nunmehr unter der Annahme, daß sie Intestaterbin ihres Mannes geworden sei, eine Rechnung über die bisherigen Berufungskosten zugegangen. Ihre Erinnerung hiergegen ist unbegründet.

Sie bestreitet, Erbin ihres Mannes geworden zu sein; denn dieser habe in Arosa in den letzten Jahren seinen Wohnsitz gehabt und auch die ärztliche Praxis ausgeübt, so daß er zur Zeit seines Todes nicht mehr die deutsche Staatsangehörigkeit besessen habe. Vielmehr sei anzunehmen, daß er in Arosa Schweizer Staatsangehöriger geworden sei. Der Art. 24[1] EG., wonach ein Deutscher, wenn er im Ausland sterbe, nach deutschen Gesetzen beerbt werde, komme daher nicht in Betracht, sondern es sei Schweizer Erbrecht anzuwenden; danach aber sei der Beklagte ausschließlich von seinen zwei Schwestern beerbt worden; der Klägerin stehe nur ein beschränktes Nutznießungsrecht am Nachlaß zu. Allein nichts liegt dafür vor, daß der Beklagte in Arosa die deutsche Staatsangehörigkeit aufgegeben hat und Schweizer Staatsangehöriger geworden ist.

Unbegründet ist auch der weitere Einwand, daß, wenn auf die Beerbung des Beklagten deutsches Recht angewendet werde, dies nur auf das etwaige, im Gebiet des deutschen Rechts befindliche Vermögen bezogen werden könne, solches aber nicht vorhanden sei. Eine derartige Beschränkung ist dem deutschen Erbrecht fremd. Ist jemand nach deutschem Recht Erbe geworden, so erstreckt sich diese Beerbung auf das gesamte Nachlaßvermögen, einerlei ob es sich im Inland oder im Ausland befindet. Daß daraus unter Umständen Konflikte mit ausländischen Rechten sich ergeben können, ist zuzugeben, vermag aber nichts daran zu ändern, daß die deutschen Gerichte in solchen Fällen lediglich die Bestimmungen des deutschen Rechts anzuwenden haben.

Endlich beruft sich die Klägerin auf Art. 24[2] EG., wonach die Erben eines zur Zeit seines Todes im Ausland wohnhaft gewesenen Deutschen berechtigt sind, „sich in Ansehung der Haftung für die Nachlaßverbindlichkeiten auch auf die am Wohnsitz des Erblassers geltenden Gesetze zu berufen". Denn die Schwestern des Verstorbenen hätten beim zuständigen Schweizer Gericht erklärt, die Erbschaft nur mit dem Vorbehalt des öffentlichen Inventars antreten zu wollen. Auf Grund dieser Erklärung habe dann das Schweizer Gericht das Inventar aufgenommen und den danach vorgeschriebenen „Rechnungsruf" erlassen, demzufolge die Gläubiger des Verstorbenen unter Androhung des Ausschlusses aufgefordert seien, ihre Forderungen binnen bestimmter Frist einzugeben. Da die hier fragliche Kostenrechnung nicht mit angemeldet sei, könne sie gegen den Nachlaß überall nicht mehr geltend gemacht werden. Auch diesen Ausführungen kann nicht beigetreten werden. Gegenüber der prinzipalen Begründung, daß die Klägerin nach Schweizer Recht überhaupt nicht Erbin ihres Mannes geworden sei, ist darauf hinzuweisen, daß es sich bei Art. 24[2] nicht um die Frage der Erbenqualität als solcher handelt, die im Abs. 1 geregelt ist, sondern um die näheren Modalitäten dieser an sich als bestehend vorausgesetzten Erbenhaftung. Aber auch aus der von den Schwestern des Verstorbenen als seinen nach Schweizer Recht alleinigen gesetzlichen Erben angeblich erklärten Benefizialantretung kann die Klägerin nichts für sich herleiten. Denn die Benefizialantretung hat nach dem in Arosa geltenden Recht nur die Bedeutung, daß dadurch diejenigen Erben, welche dieses Recht gebrauchen, die Frist zur Erklärung über die endgültige Annahme oder Ausschlagung der ihnen angefallenen Erbschaft bis zur Beendigung des öffentlichen „Rechnungsrufs" hinausgeschoben wird, und daß nach Erledigung dieses Rechnungsrufs die Benefizialerben für nicht angemeldete Forderungen nicht haftbar sind. Sie wirkt bei einer Mehrheit von Erben lediglich zugunsten derjenigen Erben, welche dieses Recht in der durch das Gesetz vorgeschriebenen Weise durch Erklärung dem Nachlaßgericht gegenüber gebraucht haben. Das aber hat die Klägerin nicht getan, und wenn es richtig sein sollte, daß das Schweizer Nachlaßgericht sie zu einer entsprechenden Erklärung nicht zugelassen haben würde, so vermag das nichts an der Tatsache zu ändern, daß es bisher an einer Benefizialantretung der Klägerin fehlt; es bedarf daher keiner Erörterung, ob sie nicht, wenn das Schweizer Nachlaßgericht die Entgegennahme ihrer Erklärung ablehnte, sich damit an das gemäß § 73² FrGG. zuständige hamburgische Nachlaßgericht hätte wenden können und müssen.

Nach alledem erscheint die Klägerin auf Grund der §§ 1931, 2058 BGB. als Erbin oder Miterbin ihres Mannes für die streitigen Kosten verantwortlich. Dadurch wird ihr Recht nicht berührt, die ihr nach deutschem Recht zustehenden Rechtsbehelfe geltend zu machen und so eventuell eine Beschränkung herbeizuführen. M. M.

b) **Anfechtung der Ausschlagungserklärung.**[1]

Kammergericht, I. ZS. Beschluß v. 28. Juni 1910.

Der Anfang 1910 verstorbene A. hinterließ als gesetzliche Erben seine Frau und seine beiden Söhne. Letztere schlugen durch die bei dem Nachlaßgericht am 1. Februar eingegangenen öffentlich beglaubigten Erklärungen die Erbschaft aus. Demnächst fochten sie in notariell beglaubigten Erklärungen diese Ausschlagung an und beantragten die Ausstellung eines gemeinschaftlichen Erbscheins. Aus den Gründen:

Das LG. stellte ohne Rechtsirrtum fest, daß die Ausschlagungserklärung der Brüder frist- und formgerecht gegenüber dem Nachlaßgericht abgegeben ist. Dies hat zur Folge, daß die Brüder, falls sie nicht vorher die Erbschaft bereits angenommen hatten, ihre Erbenstellung verloren haben, und daß nunmehr nach § 1953 an ihrer Stelle die Personen Erben werden, die als gesetzliche Erben berufen sein würden, wenn die Brüder den Erbanfall nicht

[1] Nach den Umständen ist es zu beurteilen, ob eine Handlung des als Erbe Berufenen dessen Willen bekundet, die Erbschaft als eigenes Vermögen zu behandeln (Bay. Ob. LG., I. ZS. Beschluß v. 26. Mai 1911, Samml. 12 S. 401).

erlebt hätten. Es sind daher gemäß §§ 1925, 1930, 1931 neben der Witwe die Erben zweiter Ordnung berufen. Die wirksame Anfechtung der Ausschlagungserklärung würde diesen Erfolg beseitigen, sie würde gemäß § 1957 als Annahme der Erbschaft gelten, so daß den Antragstellern der beantragte Erbschein zu erteilen wäre, wenn die Anfechtung als wirksam anzusehen wäre. Über die Voraussetzungen, unter welchen eine Anfechtung der Erbausschlagung zulässig ist, findet sich in den besonderen Vorschriften des Erbrechts keine Bestimmung, sie ist daher nach den allgemeinen Grundsätzen zu entscheiden. Nach § 119 ist zur Anfechtung berechtigt, wer bei der Abgabe einer Willenserklärung über deren Inhalt im Irrtum war oder eine Erklärung dieses Inhalts überhaupt nicht abgeben wollte. Die Beschwerdeführer behaupten, nach beiden Richtungen geirrt zu haben. Ein Irrtum derart, daß sie die Ausschlagung nicht erklären wollten, liegt aber unbedenklich nicht vor. Er würde voraussetzen, daß ihnen der Wortlaut der Erklärung bei der Unterschrift nicht bekannt war und daß sie geglaubt hatten, die Erklärung laute anders, als es in Wahrheit der Fall war. Dies ist indessen nicht anzunehmen, zumal die Beschwerdeführer selbst angeben, sie seien vom Notar dahin belehrt worden, daß die Ausschlagungserklärung hier die gleiche Wirkung habe wie eine Übertragung des Erbrechts, und demnach den Wortlaut der Urkunde gekannt haben müssen.

Zweifelhafter ist, ob ein Irrtum über den Inhalt der Erklärung angenommen werden kann. Über den Inhalt seiner Erklärung irrt, wer zwar ihren Wortlaut kennt, mit diesem Wortlaut aber einen anderen als den gewöhnlichen Sinn verbindet und sich dieses Zwiespalts zwischen Wille und Erklärung nicht bewußt ist. Inhalt der Ausschlagungserklärung war hier der in den gebrauchten Worten ausgedrückte Wille, die Erbenstellung nach dem Vater aufzugeben. Hieran knüpft sich nach § 1953 die rechtliche Folge, daß nunmehr an Stelle der Brüder die nächstberufenen gesetzlichen Erben — Geschwister des Erblassers — neben der Mutter zur Erbfolge gelangen. Haben sich die Ausschlagenden die Rechtsfolgen anders vorgestellt, haben sie besonders angenommen, ihr Erbteil gehe infolge ihrer Erklärung auf ihre Mutter über, so haben sie nicht über den Inhalt der Erklärung geirrt. Sie haben vielmehr den Sinn der abgegebenen Erklärung richtig erfaßt und nur über die Rechtsfolgen und damit im Beweggrunde geirrt. Ein solcher Irrtum aber fällt aus dem Rahmen des § 119 heraus und berechtigt nicht zur Anfechtuug (RG. 51 S. 281, 57 S. 273, 62 S. 201; Jahrbuch 35 S. 70; v. Staudinger § 119 V; Planck dort 2a). Über den Inhalt ihrer Erklärung würden die Brüder nur dann geirrt haben, wenn sie geglaubt hätten, ihre Erklärung besage nicht, daß sie nicht Erben sein wollten, sondern etwas anderes, sie sei beispielsweise die Form der Übertragung eines Erbteils. Nur wenn sie sich in einem solchen Irrtum befunden hätten, könnte ihre Anfechtung von Erfolg sein (Rsp. 8 S. 264, Jahrbuch 35 S. 70).

Bei der Beurteilung der Frage, worauf sich der Irrtum der Ausschlagenden bezog, waren die Vorinstanzen nicht an den Inhalt der Anfechtungserklärung gebunden, vielmehr war von Amts wegen unter Berücksichtigung aller Umstände zu prüfen, ob die Voraussetzungen für die Erteilung eines Erbscheins gegeben war, und ob die dazu erforderlichen Tatsachen, also auch die Wirksamkeit der Anfechtungserklärung für festgestellt erachtet werden konnten (§§ 2358, 2359). Das LG. hält auf Grund der Aussage des Notars einen Irrtum über den Inhalt der abgegebenen Erklärung nicht für erwiesen, sondern nimmt nur einen Irrtum im Beweggrunde an. Nach der Bekundung des Notars hat Max A. von ihm die Aufnahme einer Erklärung verlangt, daß er die Erbschaft ausschlage, hat dann mit seiner miterschienenen Mutter und dem Gesellschafter seines Vaters über den Zweck der Erklärung gesprochen und die Absicht erkennen lassen, einerseits als angehender Beamter Weitläufigkeiten und die Haftung für Nachlaßverbindlichkeiten zu vermeiden, anderseits aber im Geschäftsinteresse den Erfolg herbeizuführen, daß die Mutter allein die Erbschaft erhalte. Daß auch Arthur A. die Erbschaft aus eben diesen Gründen ausgeschlagen hat, ist unbedenklich anzunehmen. Die Brüder hatten also offenbar die Absicht, durch ihre Erklärung den gesamten Nachlaß der Mutter zukommen zu lassen, doch zwingt dies nicht zu der Annahme, daß sie auch geglaubt haben, ihre Erklärung enthalte die Übertragung ihres Erbteils auf die Mutter, vielmehr bleibt es ebensowohl möglich, daß sie lediglich ihre Erbenstellung aufgeben wollten in der irrigen Annahme, dies ziehe die Anwachsung ihres Erbrechts bei der Mutter nach sich. Wenn daher das LG. tatsächlich feststellt, daß sich die Brüder im Beweggrunde geirrt haben, so ist das Gericht hierbei weder willkürlich verfahren noch hat es wesentliche tatsächliche oder rechtliche Gesichtspunkte nicht berücksichtigt. . . .

Die Rechtslage würde sich auch nicht dadurch ändern, daß Max A. die Erbschaft etwa schon vorher angenommen hatte. Es kann dahingestellt bleiben, ob der von Max behaupteten Besorgung von Erbschaftsgeschäften der Wille zugrunde lag, als Erbe zu handeln, und ob mithin darin eine stillschweigende Annahme der Erbschaft zu erblicken sein würde. Denn wenn auch in diesem Falle die spätere Ausschlagung des Max unwirksam und dieser endgültig Erbe geworden sein würde (§ 1943), so könnte der beantragte Erbschein darum doch nicht ausgestellt werden, da ein auf beide Brüder und ihre Mutter lautender g e m e i n s c h a f t l i c h e r Erbschein beantragt ist. Bezüglich des Arthur aber ist eine vor der Ausschlagung erfolgte Annahme der Erbschaft nicht behauptet, so daß er infolge seiner Ausschlagung keinesfalls Erbe ist. Das Nachlaßgericht mußte daher den gestellten Antrag zurückweisen und durfte nicht etwa einen Erbschein dahin erteilen, daß die Witwe und Max A. Erben seien. Denn das Nachlaßgericht ist nicht befugt, einen anderen als den beantragten Erbschein zu erteilen; es kann nur den beantragten Erbschein erteilen oder den Antrag seinem ganzen Umfange nach ablehnen (Rsp. 8 S. 297). G.d.

c) **Standesmäßige Beerdigung.**

OLG. Stettin, V. ZS. Urteil v. 9. Juli 1909.

Da Beklagte das Begräbnis ihrer Mutter bei dem Kläger nicht bestellt hat, so ist sie nach § 1868 nur verpflichtet, ihm die Kosten einer **standesmäßigen** Beerdigung zu bezahlen. Die Frage, ob dazu auch diejenigen Kosten gehören, die durch die Überführung der Leiche nach einem entfernteren Orte (von Hamburg nach Stettin) gehören, läßt sich im allgemeinen nicht beantworten. Es hängt dies wesentlich von den Verhältnissen des einzelnen Falles ab. Hier lebte zwar die Verstorbene in einfachen Verhältnissen, sie hatte aber bereits bei ihren Lebzeiten in Gemeinschaft mit ihrem verstorbenen Mann auf einem der Stettiner Friedhöfe einen Familienbegräbnisplatz angekauft, auf dem ihr Mann beigesetzt worden ist. Sie hatte auch bei ihren Lebzeiten den Wunsch ausgesprochen, auf diesem Platze an der Seite ihres Mannes beerdigt zu werden, und in einem, wenn auch wegen Formmangels nicht rechtsverbindlichen Schriftstück angeordnet, daß zu ihrem Begräbnisse ein in den Händen der Beklagten befindliches Kapital von 1000 Mark verwandt werden sollte. Bei dieser Sachlage entsprach es auch den Standesverhältnissen der Verstorbenen, daß ihre Leiche zur Beisetzung nach Stettin geschafft wurde. Denn auch unter Leuten geringen Standes ist doch vielfach der Familiensinn so ausgeprägt, daß sie großen Wert darauf legen, auch nach dem Tode noch auf einem gemeinsamen Begräbnisplatze mit den Ihrigen vereint zu sein. In diesem Sinne war auch der Begräbnisplatz hier in Stettin von den Eltern der Beklagten angeschafft, und wenn diese auch rechtlich nicht gebunden war, die für das Begräbnis von ihrer Mutter ausgesetzte reichlich bemessene Summe dafür zu verwenden, so entsprach es doch einer Liebespflicht. Auch im Stande der Beklagten pflegen Kinder, soweit sie dazu in der Lage sind, solche Wünsche der Eltern zu achten und zu befolgen. Mg.

d) **Nichtanmeldung eines Teils der Nachlaßforderung.**

OLG. Hamburg, V. ZS. Urteil v. 21. März 1911.

In der Anmeldung eines Teils einer Forderung in dem Aufgebot der Nachlaßgläubiger liegt kein Verzicht auf den Rest. Die Nichtanmeldung eines Teils einer Forderung hat keine andere Wirkung, als die Nichtanmeldung der ganzen Forderung, d. h. der Gläubiger kann Befriedigung seiner Restforderung von dem Erben nur insoweit verlangen, als nach Befriedigung der Gläubiger, die ihre Forderung angemeldet haben, noch ein Überschuß verblieben ist. Letzteres ist hier in Höhe der eingeklagten Forderung der Fall. M. M.

e) **Nachlaßkonkurs. Aufrechnung des Erben mit Aufwendungen für den Nachlaß.**

OLG. Braunschweig, I. ZS. Urteil v. 1. Dezember 1911.

Über den Nachlaß des 1906 gestorbenen A. ist 1909 Konkurs eröffnet. Das Geschäft wurde damals und wird noch jetzt auf den Namen der Witwe geführt, vorher war die aus ihr und ihren Kindern bestehende Erbengemeinschaft als Inhaberin der Firma eingetragen gewesen. Die Witwe hat als Inhaberin der Firma vom Konkursverwalter Röhren gekauft. Sie rechnet dagegen mit einer Forderung auf, weil sie vor der Konkurseröffnung erhebliche Aufwendungen zur Erhaltung und Verwaltung des Nachlasses, sowie zur Berichtigung von Nachlaßverbindlichkeiten gemacht habe. Die Aufrechnung ist jedoch unzulässig.

Wenn über einen Nachlaß Konkurs eröffnet wird und der Erbe noch nicht unbeschränkt haftet, wird der Nachlaß von dem sonstigen Vermögen des Erben getrennt. Auch schon für die Vergangenheit wird der Nachlaß als ein dem Erben fremdes Vermögen angesehen. Der Erbe wird so behandelt, als habe er fremdes Vermögen für die Nachlaßgläubiger verwaltet, und zwar seit der Erbschaftsannahme als Beauftragter, vorher als Geschäftsführer (§ 1978[1], RG. 62 S. 42). Aus dieser Verwaltung entstehen für den Geschäftsherrn und für den Verwalter Rechte und Pflichten. Der Verwalter muß namentlich alles herausgeben, was er aus der Geschäftsbesorgung erlangt hat (§§ 667, 681). Dies ist eine Eigenverbindlichkeit des Erben, für die er mit seinem Vermögen unbeschränkt haftet, obwohl seine Haftung im übrigen beschränkt ist. Der den Nachlaßgläubigern zustehende Anspruch auf Erfüllung dieser Verbindlichkeit gilt als „zum Nachlaß gehörend" (§ 1978[2]). Anderseits sind dem Verwalter nach den Vorschriften über den Auftrag oder über die Geschäftsführung Aufwendungen, die er gemacht hat, „aus dem Nachlasse" zu ersetzen (§ 1978[3]). Er ist also Nachlaßgläubiger und zwar nach § 224 Nr. 1 KO. Massegläubiger.

Diese Grundsätze sind allgemein vorgeschrieben, sie gelten also ohne Rücksicht darauf, ob einer oder mehrere Erben vorhanden sind. Folglich gehört auch der Anspruch gegen mehrere Erben auf Herausgabe dessen, was sie aus der Geschäftsbesorgung erlangt haben, als Aktivum „zum Nachlasse". Die gesamtschuldnerische Haftung der mehreren Erben auf Herausgabe läßt sich mithin nicht auf § 2058, sondern nur auf § 427 stützen, soweit nicht unerlaubte Handlungen vorliegen (vgl. z. B. Planck 1, Frommhold 2 zu § 2058). Da umgekehrt die von mehreren Erben gemachten Aufwendungen „aus dem Nachlasse" zu ersetzen sind, mithin ein Passivum des Nachlasses bilden, ist es undenkbar, daß der Anspruch hierauf den mehreren Erben nach den Grundsätzen der Erbengemeinschaft zur gesamten Hand zustände. Der vom ersten Richter angeführte § 2041 bezieht sich nur auf Nachlaßaktiva. Der den mehreren Erben aus gemeinschaftlicher Geschäftsbesorgung erwachsene Erstattungsanspruch gegen den Nachlaß steht ihnen vielmehr, da es sich um eine teilbare Leistung handelt, anteilsweise zu (§ 420). Hat nur einer der mehreren Erben die Aufwendung gemacht, so hat er allein den Erstattungsanspruch. Hat er dagegen die Aufwendung ganz oder teilweise als Vertreter seiner Miterben gemacht, so kommt wieder § 420 zur Anwendung.

Die Aufrechnung ist aber vertragsmäßig ausgeschlossen. Ein solcher Ausschluß kann nach allgemeinen Grundsätzen auch stillschweigend erfolgen. Es ist als stillschweigend vereinbart anzusehen, wenn es dem Gläubiger bei dem Vertragsschluß erkennbar darauf angekommen ist, bares Geld zu erlangen (Dernburg 1 § 128 II 1[3]; Rsp. 3 S. 93; Recht 1910 Nr. 669; Seuffert 61 Nr. 4). Dies trifft bei Veräußerungen des Konkursverwalters mindestens in der Regel zu, obwohl für sie eine besondere Vorschrift, wie sie § 817 [2] für die Gerichtsvollzieherversteigerungen gibt, nicht erlassen ist. Der Verwalter hat alle verwertbaren Vermögensstücke zu verwerten (§§ 117 [1], 162 [1] KO.). Damit ist gesagt, daß er sie gegen bares Geld umzusetzen hat, um Mittel zur Berichtigung der Massekosten, sowie zur Befriedigung der Masse- und Konkursgläubiger zu erlangen. Dies ist allgemein bekannt. Auch wenn ein Massegläubiger eine Sache aus der Konkursmasse kauft, ein gesetzlicher (§ 55 KO.) Ausschluß der Aufrechnung also nicht besteht, kann sich der Verwalter auf eine Aufrechnung nicht einlassen; es müßte denn die Masse so erheblich sein, daß die volle Befriedigung des Massegläubigers unzweifelhaft wäre. Schon an dieser Voraussetzung fehlte es aber bei der Geringfügigkeit der Masse. Es kam noch hinzu, daß die Masseforderung der Beklagten noch nicht einmal feststand. Selbst wenn ihre Aufstellung richtig war, kam namentlich in Frage, ob die Beklagte bei der Berichtigung der Nachlaßverbindlichkeiten habe annehmen dürfen, daß der Nachlaß zur Berichtigung aller Nachlaßverbindlichkeiten ausreiche (§ 1979), oder ob die Beklagte nur als Konkursgläubigerin an Stelle der befriedigten Gläubiger trete (§ 225 [2] KO.) und deshalb nach § 55 Nr. 1 KO. nicht aufrechnen dürfe. Ferner kam ein Schadensanspruch aus § 1980 in Frage. Die Beklagte hat aber nur behauptet, daß ihre Rechnung vom Gläubigerausschusse abgenommen worden sei, dagegen hat sie nicht behauptet, daß der Kläger mit Genehmigung des Gläubigerausschusses ihren Massenanspruch als solchen anerkannt habe (§ 133 Nr. 2 OK.). Sie hatte deshalb keinen Grund zu der Annahme, daß der Konkursverwalter ihr ausnahmsweise gegen Aufrechnung des Kaufpreises verkaufe. Es war vielmehr klar, daß er pflichtgemäß und üblicherweise gegen Barzahlung verkaufte. Man kann sogar annehmen, daß die Beklagte dies wirklich erkannt hat; denn wenn sie angenommen hätte, daß der Verwalter mit der Aufrechnung einverstanden sein würde, hätte sie wohl offen mit ihm darüber gesprochen. H.g.

f) **Nachlaßverwaltung. Feststellung der Gefährdung der Nachlaßgläubiger.**

OLG. Colmar, I. ZS. Beschluß v. 15. Dezember 1911.

Nachlaßgläubiger des von seiner Witwe und seiner Tochter beerbten A. haben die Nachlaßverwaltung nach § 1981 [2] beantragt, weil 1. die Tochter freiwillig nicht die Nachlaßgläubiger zu befriedigen beabsichtige, so daß sie schon jahrelang mit Zahlung der Zinsen im Rückstande sei; 2. auch in Zukunft von den Erbinnen nach ihrem bisherigen Verhalten keine Befriedigung des Gläubigers zu erhoffen sei; 3. die Gläubiger um das zu ihrer Deckung dienende Aktivvermögen vor Verfall zu bewahren, die den Hauptbestandteil des Nachlasses bildenden Rebstücke selbst auf ihre Kosten zu bebauen genötigt seien. Das Amtsgericht hat diese Angaben für glaubhaft erachtet und die Nachlaßverwaltung angeordnet. Das LG. hat diesen Beschluß aufgehoben. Die weitere Beschwerde ist begründet. Das LG. hat die unter Nr. 1 wiedergegebene Behauptung der Antragsteller gewürdigt, ihre übrigen Behauptungen dagegen namentlich die Nr. 3 überhaupt nicht berücksichtigt. Hätte es aber das gesamte Vorbringen der Antragsteller in seinem Zusammenhange geprüft, so ist nicht ausgeschlossen, daß es zu einer andern Entscheidung gelangt wäre. Wie die gesetzgeberischen Vorarbeiten, besonders die Prot. erkennen lassen, sollte nämlich den Nachlaßgläubigern durch die Anordnung der Nachlaßverwaltung ein Absonderungsrecht am Nachlaß dann gewährt werden, wenn sie an der Absonderung ein berechtiges Interesse hatten. Ein solches sollte dann angenommen werden, wenn der Erbe sie durch die Privatliquidation des Nachlasses gefährdete. Eine Gefährdung aber sei nicht nur dann gegeben, wenn sie in der Vermögenslage des Erben ihren Grund habe, sondern auch dann, wenn sie auf dem Verhalten des Erben besonders seiner unwirtschaftlichen Vermögensverwaltung beruhe. Wenn daher auch die Nr. 1 des Antrags die Anordnung der Nachlaßverwaltung nicht zu rechtfertigen vermag, weil sie den Erben nur eine Säumigkeit in der Nachlaßliquidation, besonders bei Bezahlung der Nachlaßschulden zur Last legt, so geht doch die Nr. 2 schon andeutungsweise dahin, daß durch die Vermögenslage der Erben die Befriedigung der Nachlaßgläubiger gefährdet werde. Die Behauptung Nr. 3 endlich war deutlich darauf gerichtet, daß es die unwirtschaftliche Verwaltung des Nachlasses durch die Erben sei, auf der die Gefährdung der Gläubiger beruhe. Diese wesentlichen Behauptungen hätte das LG. auf ihre tatsächliche Richtigkeit prüfen und sich über das Ergebnis aussprechen müssen. Das Fehlen einer solchen Begründung führt darum zur Aufhebung der Entscheidung (§§ 25, 27 FrGG., 551 Nr. 7 ZPO.).

Das LG. hatte aber weiter noch gemäß § 12 FrGG. die Pflicht, von Amts wegen über die Behauptung der Beschwerdeführer, daß durch das Verhalten der Erben die Befriedigung der Gläubiger gefährdet werde, Feststellungen zu treffen und die geeignet erscheinenden Beweise aufzunehmen (Rsp. 12 S. 357 ff., bes. S. 358, 360 unten). Hätte es namentlich die Antragsteller behufs näherer Erläuterung ihres Antrags gehört, so würde es von ihnen die in der weiteren Beschwerde enthaltenen Behauptungen tatsächlicher Art erfahren und Veranlassung gehabt haben, über ihre Richtigkeit Erhebungen zu veranstalten. Das LG. hat also auch gegen § 12 FrGG. verstoßen, und auch auf diesem Verstoße beruht seine Entscheidung. Da das Gericht der weiteren Beschwerde nicht in der Lage ist, selbständige tatsächliche Feststellungen zu treffen, besteht Veranlassung, die Sache zu diesem Zweck an die Vorinstanz zurückzuverweisen (Rsp. 12 S. 361). Frdthl.

g) Verurteilung des Erben, wenn kein Nachlaß vorhanden ist?

OLG. München, II. ZS. Urteil v. 8. April 1911.

Nach dem Tode des Beklagten trat dessen Alleinerbe in den Rechtsstreit und wandte ein, daß die einzige Habe des Beklagten nicht einmal die Beerdigungskosten gedeckt habe. Das LG. verurteilte unter Beschränkung der Haftung auf den Nachlaß. Die Berufung des Erben ist begründet.

Der Berufungskläger gründet sein Begehren auf kostenfällige Klagabweisung. In Theorie und Praxis ist anerkannt, daß der Erbe, der dem Nachlaßgläubiger aus § 1990 den Einwand der Erschöpfung oder der Unzulänglichkeit des Nachlasses entgegenzusetzen vermag, Abweisung der Klage bewirken kann und sich eine kostenpflichtige Verurteilung unter Beschränkung der Haftung nach § 780 ZPO. nicht gefallen zu lassen braucht. Dies trifft nun zu, gleichviel ob Nachlaßgegenstände überhaupt nicht vorhanden sind, oder ob die vorhanden gewesenen Gegenstände schon zur Befriedigung von Nachlaßgläubigern verwendet wurden (Bay. Ob. LG. 8 S. 1222; Seuffert 62 Nr. 170, 195; Bl. f. R.A. 72 S. 309, 663; Gaupp, ZPO. S. 514; Staudinger, BGB. §§ 1990/2; Gruchot 51 S. 574). Hier ist ausweislich der Nachlaßakten das Nachlaßverfahren mangels Rücklasses für erledigt erachtet worden. Ferner hat das Amtsgericht die Eröffnung des Nachlaßkonkurses abgelehnt, weil eine den Kosten des Verfahrens entsprechende Masse nicht vorhanden sei. Daß nach Erlassung dieses Beschlusses, dessen Nachprüfung dem Prozeßgericht nicht zusteht (Planck § 1990), sich ergeben habe, daß Nachlaßbestandteile vorhanden seien, hat zwar der Kläger behauptet, aber nicht bewiesen.... Sein Bedenken, daß er bei Abweisung der Klage schutzlos sei, trifft nicht zu, da er sowohl im Prozesse die ihm zustehenden Befugnisse auf Beweis durch Eid in bezug auf das Vorhandensein von Nachlaß auszuüben vermag, als auch in dem Nachlaßverfahren nach § 2006 (Offenbarungseid) gegen den Erben weiter vorgehen konnte. Als im Rechtsstreit unterlegen hat der Kläger auch die Prozeßkosten zu tragen. Gleichgültig ist hierbei, daß Beklagter erst nachträglich in den Prozeß eingetreten ist, da die Aufhebung der geltend gemachten Klagansprüche durch Ereignisse nach der Klagestellung, welche Beklagter nicht zu vertreten hat, nicht zu seiner teilweisen Kostenbelastung führen kann (RG. 65 S. 36; Seuffert 47 S. 381). P. n.

h) **Auskunftspflicht der Miterben und Erbschaftsbesitzer.**

α) OLG. Naumburg, II. ZS. Urteil v. 29. September 1911.

Zu dem nach § 2027² auskunftspflichtigen Personen gehören auch Miterben, die nach dem Tode des Erblassers Nachlaßgegenstände an sich gebracht haben, bevor diese in den Besitz sämtlicher Erben gelangt sind (§ 857). Es liegt in solchem Falle die Möglichkeit nahe, daß der Miterbe in noch größerem Maße eingegriffen hat als ihm von den anderen Miterben direkt nachgewiesen werden kann, und aus diesem Grunde trifft ihn die volle Auskunftspflicht, nicht nur eine auf die nachweisbar weggenommenen Sachen beschränkte. Schl.

β) OLG. Celle, IV. ZS. Urteil v. 30. September 1911.

Die Beklagte war zunächst, auch als Miterbe (RG. 58 S. 89), nach § 2028 verpflichtet, den Erben auf Verlangen Auskunft zu erteilen, weil sie sich zur Zeit des Erbfalles mit dem Erblasser in häuslicher Gemeinschaft befunden hatte. Dahingestellt kann bleiben, ob der weitergehende Anspruch auf Erteilung von Auskunft über den Bestand der Erbschaft und den Verbleib der Erbschaftsgegenstände gegen die Beklagte als Miterbin auf § 2027² hier deshalb gestützt werden könnte, weil sie sich bei Ausübung des Besitzes an den Nachlaßgegenständen nicht auf die ihr als Miterbin zustehenden Befugnisse beschränkt hat, oder ob man einen solchen Anspruch gegen den Miterben aus allgemeinen Grundsätzen, besonders der Verpflichtung jedes Miterben, zu allen Maßregeln ordnungsmäßiger Verwaltung mitzuwirken, und aus der gegenseitigen Haftung der Miterben gemäß § 276 herleiten könnte (RGKomm. § 2038); hier folgt eine Auskunftspflicht der Beklagten im weitesten Umfange schon aus §§ 666, 681. Die Beklagte hat sich bei der von ihr allein, ohne Zuziehung der anderen Miterben ausgeübten Verwaltung des gesamten Nachlasses nicht auf die zu seiner Erhaltung notwendigen Maßregeln beschränkt, vielmehr während 2 Jahre seit Eintritt des Erbfalles alles getan, was die Verwaltung mit sich brachte, die sämtlichen Einkünfte eingezogen, die Verbindlichkeiten festgestellt, anerkannt und erfüllt und die Ausgaben der Verwaltung bestritten. Da ihr das Vorhandensein noch anderer Erben bekannt war, so hat sie durch ihr Verhalten gezeigt, daß sie nicht nur die ihr kraft Miterbenrechts zustehenden Rechte auszuüben, vielmehr die Verwaltung des Nachlasses für die Erbengemeinschaft zu führen beabsichtige. Aus dieser Geschäftsführung für die Miterbengemeinschaft, zu der sie an sich nicht berechtigt war, erwuchs ihr deshalb die durch §§ 681, 666 vorgesehene Pflicht, ihren Geschäftsherren die erforderlichen Nachrichten zu geben, über den Stand der Geschäfte Auskunft zu erteilen und nach der Ausführung der Geschäfte Rechenschaft abzulegen. Diese Pflichten umfaßten aber auch die Auskunfterteilung sowohl über den ursprünglichen Bestand der Erbschaft wie über den Verbleib der Erbschaftsgegenstände; denn die Kenntnis des Bestandes bildet für den Auskunftsberechtigten in solchem Fall erst die unbedingt erforderliche Grundlage zum Verständnis der weiteren Auskünfte und der übrigen Rechenschaftsablage; und ebenso gehört zur Erfüllung dieser Pflichten die Auskunft über den weiteren Verbleib der Erbschaftsgegenstände. Daraus folgt jedoch einmal, daß nach § 260 dem Auskunftsberechtigten ein Verzeichnis des Erbschaftsbestandes vorzulegen, ferner aber, da die Rechenschaftspflicht sich auf eine mit Einnahmen und Ausgaben verbundene Verwaltung bezieht, daß ihm nach § 250 eine die geordnete Zusammenstellung der Einnahmen und Ausgaben enthaltende Rechnung mitzuteilen und, soweit Belege erteilt zu werden pflegen, Belege vorzulegen sind.

Diesen Verpflichtungen hat die Beklagte durch die seither erteilte Auskunft nicht genügt. Es fehlen bei der Verzeichnung des Bestandes die Angaben darüber, bis zu welchen Zeitpunkten die Hypothekenzinsen zur Zeit des Erbfalls rückständig waren, sowie die genaue Verzeichnung der Nachlaßschulden und Beerdigungskosten; die seitherigen summarischen Angaben können als ausreichend nicht angesehen werden. Für die Rechenschaftsablegung bedurfte es außerdem einer erschöpfenden und verständlichen Darstellung aller Geschäfte, es waren die Art der Verwertung der Stelle Nr. 18 vom Zeitpunkt des Erbfalles an anzugeben und die tatsächlichen Einnahmen aus den

Nachlaßgegenständen, sowie die Ausgaben im einzelnen zu verzeichnen; auch waren Belege über die Ausgaben vorzulegen, soweit deren Erteilung im Verkehr üblich ist. Mit Recht fordert der Kläger demnach eine anderweite Bestandsverzeichnung und Rechenschaftsablage. Er kann indes, da sich die geltend gemachten Ansprüche als Nachlaßansprüche darstellen, nur die Leistung an die Erbengemeinschaft fordern. Es kann dahingestellt bleiben, ob nicht überall in dem uneingeschränkten Leistungsbegehren eines Miterben dieser beschränktere Anspruch ohne weiteres als ein Geringeres zu finden sein würde; hier berechtigt die Fassung des Antrages jedenfalls zu einer solchen Auslegung.

Das abweisende erste Urteil war demnach abzuändern und die Beklagte zur ordnungsmäßigen Erfüllung ihrer Verpflichtungen mit der aus § 2039 sich ergebenden Beschränkung zu verurteilen. Damit fällt aber gleichzeitig ihre Verurteilung zur Leistung des Offenbarungseides, weil diese Verurteilung ihren Inhalt aus der seither erteilten Auskunft empfängt und deshalb beseitigt werden kann, ohne daß die Beklagte sich der Berufung angeschlossen hat. Über die Leistung des Offenbarungseides wird das LG. von neuem zu entscheiden haben, wenn die Beklagte der jetzt ausgesprochenen Verpflichtung nachgekommen ist. O.

γ) OLG. Braunschweig, II. ZS. Urteil v. 25. Oktober 1910.

Der Beklagte 1 ist der Mann der beklagten Miterbin zu 2 und mehrere Wochen vor und dann auch gleich nach dem Tode der Erblasserin bei dieser gewesen. Bei letzterer Gelegenheit hat er ein auf den Namen dieser ausgestelltes Sparkassenbuch und das Mobiliar mitgenommen. Der Anspruch des klagenden Miterben auf Errichtung eines Nachlaßverzeichnisses und auf Rechnungslegung stützt sich auf § 2027. Da Beklagter 1 nicht Miterbe geworden ist, sondern die Sachen auf Grund eines behaupteten Singulartitels in Besitz genommen hat, so kann ihm gegenüber nur der Abs. 2 das. in Betracht kommen. Das LG. verneint dies jedoch, weil er schon zu Lebzeiten der Erblasserin Eigentümer der Sachen geworden sei. Aber darauf kommt es nicht an. „Aus dem Nachlaß“ nimmt jemand auch dann eine Sache in Besitz, wenn der Erblasser daran bis zu seinem Tode bloßen Besitz gehabt hat, so daß dieser sich gemäß § 857 auf den Erben vererbt hat. Daß zu den Nachlaßgegenständen auch diejenigen zu rechnen sind, die dem Erblasser nicht gehören, ergibt sich überdies aus der Entstehungsgeschichte der §§ 2018 ff. Obgleich dem röm. Rechte die Vererblichkeit des Besitzes fremd war, rechnet man doch nach der gemeinrechtlichen Lehre zu den Nachlaßsachen auch diejenigen Gegenstände, an denen der Erblasser lediglich den Besitz gehabt hatte (**Windscheid**, Pand. 3 § 612 Nr. 1). Der I. Entw. gab diesem Grundsatze in § 2081 Nr. 1 besonderen Ausdruck, indem bestimmt war: „Als Erbschaftsgegenstände ... gelten auch die Sachen, welche zur Zeit des Todes des Erblassers in dessen Besitz oder Innehabung sich befunden haben.“ Die Motive 5 S. 580 f. rechtfertigen dies noch besonders mit dem Hinweise, daß schon mit Rücksicht auf den Rückerstattungsanspruch des Eigentümers gegen den Erben dieser ein schutzwürdiges Interesse daran habe, daß selbst der fehlerhafte Besitz an Sachen zu den Nachlaßgegenständen gezählt werde. Diese besondere Bestimmung ist dann allerdings im II. Entw. gestrichen; aber nicht deshalb, weil man ihren Grundsatz mißbilligte, sondern weil man ihn, besonders im Hinblick auf § 857 für selbstverständlich und überflüssig hielt (Prot. 5 S. 701; Denkschrift 273). Diesen Standpunkt vertritt auch die Wissenschaft (vgl. Staudinger § 2018 III B 3). Der Beklagte trägt aber selbst vor, Gegenstände, die die Erblasserin bei ihrem Tode in Besitz und für ihn in Verwahrung gehabt habe, hingenommen zu haben, bevor die Erben sie hinnahmen. An sich hatte deshalb der Kläger zweifellos einen Anspruch gegen den Beklagten auf Auskunft sowohl über den Bestand, wie auch über den Verbleib der Erbschaftsgegenstände. Aber der Auskunftspflicht über den Bestand hat der Beklagte bereits in erster Instanz durch Angaben über das Sparkassenbuch, sowie über das Mobiliar und durch das überreichte Nachlaßverzeichnis genügt. Besteht Grund zu der Annahme, daß diese Auskunft unvollständig oder unrichtig sei, so gewährt die nach § 760² festgestellte Pflicht zur Leistung des Offenbarungseides die nötige Abhilfe. Einen Anspruch auf Vervollständigung der Auskunft, wie ihn das LG. annimmt, kennt aber das BGB. nicht. Der Senat hat dies am 18. Oktober 1910 (V 121) eingehend begründet. Anders verhält es sich mit dem Anspruch auf Auskunft über den Verbleib der Erbschaftsgegenstände, denn dieser schließt nach § 259 den Anspruch auf Rechnungslegung in sich, verpflichtet also auch zur Vorlegung von Belegen, soweit solche erteilt zu werden pflegen (Rsp. 2 S. 187). Fehlen solche, so kann auf Ergänzung geklagt werden (Oertmann, Schuldverh. § 259 Nr. 3) Hier ist nun allerdings eine Rechnungslegung erfolgt, aber Belege sind nicht beigebracht. Solche sind aber zweifellos üblich hinsichtlich der Auktions- und der Begräbniskosten, zu deren Deckung der Beklagte den Erlös des Mobiliars verwendet haben will. Insoweit ist deshalb die Klage auch jetzt noch begründet. — Der weitere Anspruch auf Herausgabe bezieht sich auf den Nachlaß als solchen; er ist also aus § 2018 geklagt. Diese Klage ist aber nur gegen denjenigen gegeben, der den Nachlaß oder Teile von ihm auf Grund eines ihm in Wirklichkeit nicht zustehenden Erbrechts in Besitz genommen hat. Der Beklagte 1 stützt seinen Besitz lediglich auf Singulartitel. Gegen ihn hätte deshalb nur die Eigentumsklage, die Besitzklage oder die condictio possessionis von Erfolg sein können (Jena in BuschZ. 39 S. 109). Eine solche Klage ist aber nicht erhoben. H.g.

d) Norm des Offenbarungseides, wenn der Erblasser vor 1900 verstorben ist.

Kammergericht, III. ZS. Urteil v. 26. Mai 1911.

Da der Erblasser 1897 verstarb, ist gemäß Art. 213 EG. auch die Frage, ob die Beklagte ein Nachlaßverzeichnis vorzulegen hat, nach ALR. zu beantworten, u. z. bejahend. Dagegen kann zweifelhaft sein, ob sich die Beeidigung des gelegten, von den Klägern als unrichtig bemängelten Verzeichnisses nach altem oder nach neuem Rechte richtet. Dies hängt davon ab, ob man darin eine selbständige Verpflichtung materiellen Inhalts neben der Verpflichtung zur Legung des Inventars oder lediglich einen Teil der Form des zu legenden Inventars erblickt. ... Hier braucht indessen diese Frage nicht entschieden zu werden, da selbst unter Anwendung der der Beklagten günstigeren Bestimmungen des BGB. ihre Beeidigungspflicht gegeben erscheint.... Fraglich ist endlich, ob hier noch die Norm des § 30 I 22 AGO., der nach allgemeiner Ansicht bis zum 1. Januar 1900 galt, für maßgebend zu erachten sei, die sich von der im § 260 BGB. enthaltenen Norm im wesentlichen durch das Versprechen nachträglicher Mitteilung unterscheidet. Allein, wenn man auch die Bedeutung und die Tragweite des Art. 213 EG. noch so weit faßt, kann die Norm des Offenbarungseides doch nicht davon getroffen werden. Denn hier handelt es sich zweifellos lediglich um die Form eines nach 1900 vorzunehmenden Geschäfts und um eine in gewissem Sinne prozeßrechtliche Vorschrift, und dafür sind die bei Vornahme des Geschäfts geltenden Bestimmungen, also die des BGB., maßgebend (RG. 56 S. 222). K.ch.

i) **Auslegung eines Überlassungsvertrags nach § 2070.**

Kammergericht, I. ZS. Beschluß v. 10. April 1911.

Für Wilhelm A. ist eine Hypothek von 25000 Mark mit der Maßgabe eingetragen, daß nach seinem Tode 22000 Mark auf seine Tochter und 3000 Mark auf seine Enkel, „die Kinder des Brauereidirektors Emil Schiller" übergehen. Letzterer hat nach dem Tode des Wilhelm A. notariell als gesetzlicher Vertreter seiner beiden minderjährigen Kinder Hans und Frieda über den Empfang von 3000 Mark löschungsfähig quittiert und eidesstattlich versichert, daß er nur diese beiden Kinder habe. Die Vorinstanzen legen die Grundbucheintragung dahin aus, daß als Gläubiger der Teilpost von 3000 Mark bei der allgemeinen Fassung des Vermerks nicht nur die zur Zeit der Eintragung lebenden Schillerschen Kinder, sondern auch diejenigen in Betracht kämen, welche etwa noch in Zukunft geboren würden. Hierbei ist jedoch die rechtliche Bedeutung und Tragweite der Eintragung nicht zutreffend gewürdigt. Das richtige Verständnis des Vermerks gewinnt man erst, wenn man zurückgeht auf die ihm zugrunde liegende Eintragungsbewilligung. Diese ist in dem Kaufvertrage von 1902 enthalten, den Wilhelm A. mit seinem Sohne Oswald abgeschlossen hat. Auf die Auslegung dieses Vertrags kommt es an. Insbesondere ist festzustellen, welchen Willen die beiden Vertragschließenden gehabt haben, als sie die hier fr. 3000 Mark des Kaufpreises für den Fall des Todes des Verkäufers den Kindern des Schiller zuwiesen. Hierbei ist davon auszugehen, daß sich der zwischen Vater und Sohn abgeschlossene Kaufvertrag als Gutsüberlassungsvertrag darstellt; durch ihn sollten die Kinder des Verkäufers und die Schillerschen Kinder schon bei Lebzeiten des Veräußerers wegen ihrer etwaigen künftigen Erbansprüche sichergestellt werden. Der Vertrag bezweckte hiernach nicht allein, dem Sohne das Grunstück zu übertragen, sondern auch die Erbfolge dieses Sohnes sowie seiner Geschwister und der Kinder des Schiller zu regeln; er diente mithin als

Ersatz einer besonderen testamentarischen Anordnung des Verkäufers. Bei dieser Rechtslage müssen die Auslegungsgrundsätze entsprechende Anwendung finden, die für die Errichtung von Testamenten gelten. Nach § 2070 ist aber, wenn der Erblasser die Abkömmlinge eines Dritten ohne nähere Bestimmung bedacht hat, im Zweifel anzunehmen, daß diejenigen Abkömmlinge nicht bedacht sind, die zur Zeit des Erbfalls oder wenn die Zuwendung unter einer aufschiebenden Bedingung oder unter Bestimmung eines Anfangstermins gemacht ist, und die Bedingung oder der Termin erst nach dem Erbfall eintritt, zur Zeit des Eintritts der Bedingung oder des Termins noch nicht erzeugt sind. Diese Auslegungsregel geht davon aus, daß die Absicht des Erblassers, wenn er Abkömmlinge eines Fremden bedenkt, nicht auf Begründung einer Nacherbfolge gerichtet ist, wenn solche Abkömmlinge zu den angegebenen Zeitpunkten nicht mindestens erzeugt waren. Dieselben Grundsätze müssen aber auch auf Zuwendungen an Abkömmlinge des Erblassers angewendet werden. Die Auslegungsregel des § 2070 spricht allerdings nur von Abkömmlingen eines Dritten. Hieraus darf aber nicht geschlossen werden, daß für die Abkömmlinge des Erblassers das Gegenteil von dem gilt, was § 2070 für die Abkömmlinge eines Dritten vorschreibt. Denn hat der Erblasser seine Abkömmlinge ohne nähere Bestimmung bedacht, so führt schon die Anwendung der §§ 2066, 2067 zu dem Ergebnisse, daß die erst nach den in den §§ 2066, 2067 bezeichneten Zeitpunkten erzeugten Abkömmlinge im Zweifel nicht als bedacht anzusehen sind (Planck 3 zu § 2070). Hiermit stimmt auch der im § 1923[1] enthaltene allgemeine Grundsatz überein, wonach Erbe nur werden kann, wer zur Zeit des Erbfalls lebt. Mithin findet hier die Auslegungsregel des § 2070 unter allen Umständen Anwendung, sei es, daß die Kinder des Schiller, wie es den Anschein hat, nicht Abkömmlinge des Wilhelm A. sind, sei es, daß sie, wie die Grundbucheintragung angibt, seine Enkel sind. Somit können nur diejenigen Kinder des Schiller als Gläubiger der 3000 Mark in Betracht kommen, die zu dem Zeitpunkt, mit dem die Teilhypothek auf sie übergehen sollte, d. h. am Todestage des Verkäufers lebten oder doch wenigstens erzeugt waren. Hiernach ist weder der Standpunkt des Beschwerdeführers, der den Tag der Eintragung entscheiden lassen will, noch der der Vorinstanzen, die auch alle nach dem Tode des A. etwa noch zur Welt kommenden Kinder des Schiller berücksichtigen wollen, richtig. Da Wilhelm A. am 26. Februar 1910 gestorben ist, so sind Gläubiger der 3000 Mark nur diejenigen Kinder des Schiller, welche an diesem Tage lebten oder doch bereits erzeugt waren. Der Vater Schiller hat bisher nur erklärt, daß er außer Hans und Frieda keine Kinder habe. Es ist aber nicht ausgeschlossen, daß am 27. Oktober 1910, zu der Zeit, als er diese Erklärung abgab, ein weiteres Kind bereits erzeugt war. . . . K. l.

k) **Gültigkeit eines späteren Testaments des überlebenden Ehegatten nach Anfechtung des wechselseitigen Testaments aus § 2079.**

OLG. Naumburg, I. ZS. Urteil v. 13. Januar 1912.

Das LG. zieht aus der Tatsache, daß das zweite [nach dem Tode der ersten Ehefrau und nach Annahme der Erbschaft aus dem mit ihr errichteten wechselseitigen Testament zugunsten der zweiten Ehefrau errichtete] Testament zu einer Zeit errichtet worden ist, als das wechselseitige Testament noch nicht von der zweiten Frau auf Grund des § 2079 angefochten war, den Schluß, daß das zweite Testament unter allen Umständen von Anfang an nichtig sei und auch nach dem Erlöschen der Gültigkeit des ersten Testaments nicht wirksam werden könne. Allein der § 2271² bestimmt nichts weiter, als daß der überlebende Ehegatte, welcher die Erbschaft aus einem wechselseitigen Testament angenommen hat, seine von den Verfügungen des andern Ehegatten abhängigen Testamentsbestimmungen (§ 2270) nicht mehr widerrufen kann. Er beschränkt sich also auf den Ausschluß der Wirksamkeit des Widerrufs. Von einer formellen Nichtigkeit späterer Verfügungen oder von einer Beschränkung der Testierfähigkeit des überlebenden Ehegatten ist nicht die Rede. Spätere letztwillige Verfügungen des Überlebenden sind vollgültig und wirksam, soweit sie zum wechselseitigen Testament nicht im Gegensatz stehen. Die Wirkung des letzteren beschränkt sich also darauf, daß die Bestimmungen des späteren Testaments die des wechselseitigen Testaments nicht aufheben können und deshalb trotz ihrer formellen Gültigkeit aus dem Grunde nicht zur Wirksamkeit gelangen können, weil ihnen die infolge des Fehlens der widerrufenden Kraft des späteren Testaments in Geltung bleibenden Bestimmungen des wechselseitigen Testaments entgegenstehen. Dies ist aber auch der einzige Grund der Unwirksamkeit der Bestimmungen des späteren Testaments. Daraus folgt, daß, wenn dieser Grund der Unwirksamkeit wegfällt, wenn also, wie hier, die die Wirksamkeit durch ihren Widerspruch hindernden Bestimmungen des wechselseitigen Testaments infolge der Anfechtung aus § 2079 als von Anfang an nichtig anzusehen sind, der Wirksamkeit der Bestimmungen des späteren Testaments nichts mehr im Wege steht (vgl. Strohal, Erbrecht § 43a II 4; Wilke, Erbrecht 4 a. E. zu § 2271; a. A. aber ohne Begründung Mantey, Gruchot 52 S. 385). K.S.

l) **Wirkung der Anfechtung eines vor 1900 errichteten wechselseitigen Testaments durch den späteren Ehegatten.**

Kammergericht, I. ZS. Beschluß v. 21. November 1910.

Der 1909 kinderlos verstorbene A. ist dreimal verheiratet gewesen: in zweiter Ehe mit der 1905 gestorbenen Anna, und in dritter Ehe mit Berta, die ihn überlebt hat. Mit seiner zweiten Frau hat er ein wechselseitiges Testament errichtet; darin haben sich die Ehegatten gegenseitig zu Erben eingesetzt und bestimmt, daß nach dem Tode des Letztlebenden der ganze Nachlaß zu $^2/_3$ an bestimmte Verwandte des Mannes und zu $^1/_3$ an Geschwisterkinder der Frau fallen sollte. Dieses Testament hat die überlebende Witwe als darin übergangene Pflichtteilsberechtigte gemäß den §§ 2079 ff. BGB. 1909 angefochten. Die von den Geschwisterkindern der Frau 1910 beantragte Erteilung eines Teilerbscheins wurde abgelehnt. Ihrer weiteren Beschwerde war der Erfolg zu versagen, wenn auch der Rechtsauffassung der Vorinstanzen nicht beigetreten werden konnte.

Da der Erblasser 1909 gestorben ist, so kommt nach Art. 213 EG. das BGB. für die erbrechtlichen Verhältnisse zur Anwendung. Dazu gehört auch die Frage, welche Rechtsbehelfe den nach Errichtung eines Testaments pflichtteilsberechtigt gewordenen Personen, wie einem späteren Ehegatten, zustehen, um sich von der ihnen nachteiligen Wirkung des Testaments zu befreien. Die von der Witwe bewirkte Anfechtung des Testaments von 1898 ist deshalb grundsätzlich nach den §§ 2079ff. BGB. zu beurteilen (RG. 62 S. 14, vgl. Jahrbuch 40 S. 47). Nach § 2079² würde aber dies Anfechtungsrecht beseitigt sein, wenn man annehmen könnte, daß der Erblasser auch bei Kenntnis der bei seinem Tode vorhandenen Sachlage die Verfügung getroffen haben würde. Es erscheint jedoch ausgeschlossen, daß er, wenn er damals gewußt hätte, daß er zu einer neuen Ehe schreiten und eine Witwe hinterlassen würde, trotzdem seine zweite Frau als Erbin eingesetzt und ihr seine und seiner zweiten Frau Verwandte substituiert haben würde. Demnach hätte die Anfechtung gemäß § 142 an sich die Nichtigkeit des ganzen Testaments von 1898 zur Folge, so daß die gesetzliche Erbfolge eröffnet werden würde, und zwar nicht nur für die anfechtende Pflichtteilsberechtigte, sondern auch für die neben ihr berufenen gesetzlichen Erben (Planck 3 zu § 2079, Jahrb. aO.). Die Wirkung der Anfechtung wird indessen begrenzt durch die gemäß Art. 214² EG. in Kraft gebliebene altrechtliche Bindung des Erblassers an das mit seiner zweiten Frau errichtete Testament. — Dasjenige Maß objektiver Gebundenheit, das nach früherem Recht auch durch die Wiederverheiratung des Erblassers nicht beseitigt wurde, kann auch mit Hilfe der durch das neue Recht gewährten Anfechtung nicht beseitigt werden (RG. 62 S. 14, KG. Beschl. Y 118/06, X 228/09, X 307/10).

Nach § 492 ALR. II 1 darf aber der überlebende Ehegatte, der die Erbschaft aus einem wechselseitigen Testament angenommen hat, von seinen eigenen Verordnungen nicht wieder abgehen, sofern der Erstverstorbene ihm seinen Nachlaß mit Rücksicht auf diese Verfügungen zugewendet habe. Dies wird nach § 493 bei solchen Verordnungen vermutet, die zum Besten der Verwandten des Erstverstorbenen getroffen sind. Der Erblasser war daher nur berechtigt, über die seinen eigenen Verwandten zugewendeten ²/₃ des Nachlasses anderweitig letztwillig zu verfügen; insoweit war er an das gemeinschaftliche Testament nicht gebunden. Bezüglich dieser ²/₃ hat also die Anfechtung der Witwe die Nichtigkeit der angefochtenen Verfügung nach sich gezogen und insoweit ist die gesetzliche Erbfolge eingetreten. Hingegen erstreckte sich die Wirkung der Anfechtung nicht auf das den Verwandten der zweiten Frau des Erblassers zugewendete Drittel. Denn von der Bindung an diese Bestimmungen ist der Erblasser auch nicht dadurch frei geworden, daß er sich wieder verheiratet hat und dadurch in der Person seiner dritten Frau nachträglich eine pflichtteilsberechtigte Erbin erhalten hat.

Allerdings wird durch den Hinzutritt eines späteren Ehegatten auch die objektive Gebundenheit des Erblassers beeinflußt. Denn der überlebende Ehegatte kann nach ALR. (Gruchot 50 S. 106, RG. 62 S. 13) einen Pflichtteil beanspruchen und dies Recht auch gegenüber einem wechselseitigen Testamente des Erblassers selbst insoweit geltend machen, als der letztere infolge seiner Gebundenheit nicht in der Lage war, seine korrespektiven Verfügungen wegen des nachträglichen Hinzutritts einer Ehefrau durch anderweite letztwillige Verfügungen abzuändern. Die objektive Gebundenheit des Erblassers wird somit durch seine Wiederverheiratung und Hinterlassung einer Ehefrau insoweit beeinflußt, als der überlebenden Witwe ihr Pflichtteil nicht gekürzt werden darf. Erhält sie hier durch die mit teilweisem Erfolg durchgeführte Anfechtung des Testaments infolge der sich insoweit eröffnenden gesetzlichen Erbfolge einen Erbteil, der mindestens ihrem Pflichtteil entspricht, so besteht die Bindung des Erblassers bezüglich des den Verwandten der zweiten Frau zufallenden Drittels der Erbschaft uneingeschränkt zu Recht. Denn das Erbrecht derjenigen Personen, die der Erblasser lediglich im Hinblick auf die Verfügungen seiner Frau auch seinerseits zu Erben eingesetzt hatte, kann nur insoweit berücksichtigt werden, als ihre Erbeinsetzung verhindern würde, der überlebenden Witwe den gesetzlichen Pflichtteil zu sichern. Da, wie bemerkt, die Witwe infolge ihrer Anfechtung des die Verwandten des Erblassers betreffenden Teils des Testaments als gesetzliche Erbin mindestens so viel erhält, als ihr Pflichtteil vom ganzen Nachlasse betragen würde, so besteht die Erbeinsetzung der Verwandten der zweiten Frau des Erblassers in vollem Umfange zu Recht.

Demnach sind die Beschwerdeführer trotz der Anfechtung der dritten Frau auf Grund des wechselseitigen Testaments Erben des Erblassers zu $1/3$ und nicht, wie sie in ihrem Antrage angegeben haben, zu $1/6$ geworden. Daher konnte der beantragte Erbschein nicht erteilt werden. Denn das Nachlaßgericht hat den die Erteilung eines Erbscheins Nachsuchenden nur nicht das im Antrage *behauptete* Erbrecht ein Zeugnis zu erteilen, erweisen sich wie hier die zur Begründung des Antrages vorgebrachten Anführungen als unrichtig, so hat das Gericht die Erteilung des beantragten Erbscheins abzulehnen, und nicht einen anderweiten Erbschein mit einem vom gestellten Antrag abweichenden Inhalt zu erteilen (Beschluß v. 8. Juni 1903 Y 525).

Übrigens könnte dem Antrage auch aus einem anderen Grunde nicht entsprochen werden. Denn im BGB. ist neben dem Erbschein für einen Alleinerben oder für alle Miterben gemeinschaftlich (§§ 2353, 2357) zwar ein besonderer Erbschein über das einem einzelnen Erben zustehende Erbrecht im § 2353 zugelassen, der letztere darf aber nicht für *mehrere* Miterben *gemeinschaftlich*, z. B. für die Erben eines Stammes ausgestellt werden (*Planck* § 2357 [1]). Es ist allerdings zulässig, einen einzigen Erbschein für mehrere zu einem einzelnen Erbstrange gehörende Erbteile zu erteilen, ein solcher Erbschein hat aber nicht die Natur eines gemeinschaftlichen Erbscheins sondern enthält nur die Zusammenfassung mehrerer Einzelerbscheine zu einem äußerlich einheitlichen Zeugnis (Beschluß v. 11. Januar 1909 X 437/08). Wollte man aber auch annehmen, daß von den Beschwerdeführern ein Erbschein der letztgedachten Art verlangt werde, so würde dem Antrage dennoch nicht entsprochen werden können, weil in diesem Falle der Antrag auf Erteilung des Erbscheins von sämtlichen Miterben, die in ihm genannt werden sollen, gestellt werden müßte. Diesem Erfordernisse würde hier, wo nur ein Teil der Miterben den Antrag gestellt hat, nicht genügt sein. K.l.

m) **Wirkung der Ausschlagung eines Testamentserben auf das Nachfolgerecht seiner Abkömmlinge.**

Kammergericht, III. ZS. Urteil v. 30. Mai 1911.

Der 1904 verstorbene Großvater der Beklagten war in kinderloser Ehe mit der Klägerin verheiratet. In ihrem gemeinschaftlichen, 1894 errichteten Testament hatten sich die Eheleute gegenseitig und ihre etwaigen gemeinschaftlichen Kinder, der Erblasser außerdem seinen Sohn aus früherer Ehe, den Vater der Beklagten, mit der Maßgabe zu Erben berufen, daß der überlebende Gatte die freie Verfügung und Verwaltung über den Nachlaß habe, bei einer Wiederverheiratung aber Teilung mit den anderen Erben nach gesetzlicher Erfolgeordnung halten sollte. Der Vater der Beklagten sollte, falls er nicht sein verschwenderisches Leben aufgebe, nur den Nießbrauch seines Erbteils erhalten, womit noch weitere Beschränkungen verknüpft waren. Weiter wurde jeder der Erben, der etwa das Testament anfechten würde, auf den gesetzlichen Pflichtteil gesetzt; falls der Vater der Beklagten hiernach nur den Pflichtteil erhalte, sollten die für ihn angeordneten Verfügungsbeschränkungen auch hinsichtlich seines Pflichtteils gelten. Der Vater der Beklagten hat seinen Erbteil nach dem Testament „als Erbe und Nacherbe" ausgeschlagen und seinen Pflichtteil erhalten. Nach ihrer Wiederverheiratung verlangt nun die Klägerin gegenüber den Beklagten die Feststellung dahin, daß sie keinerlei Ansprüche mehr auf den Nachlaß ihres Großvaters hätten, daß sie besonders weder als Nacherben noch als Miterben beteiligt seien. Die Klage ist unbegründet.

Die vorliegenden erbrechtlichen Verhältnisse sind, da der Erblasser 1904 verstorben ist, ausschließlich nach BGB. zu beurteilen. Nach §§ 2096, 2097 kann der Erblasser einen Ersatzerben bestimmen, der im Zweifel als Erbe gilt, wenn der zunächst berufene Erbe nicht Erbe sein kann oder will. Nach § 1953² besteht die Wirkung der Ausschlagung darin, daß die Erbschaft demjenigen zufällt, der berufen sein würde, wenn der Ausschlagende zur Zeit des Erbfalls nicht gelebt hätte, so daß bei testamentarischer Erbfolge der Ersatzerbe an die Stelle des ausschlagenden Erben tritt, und nach § 2099 geht das Recht des Ersatzerben dem Anwachsungsrechte der Miterben vor. Hat daher ein Nacherbe die Erbschaft ausgeschlagen, so fällt die Nacherbschaft an den Ersatzerben und verbleibt nicht dem Vorerben, denn letzteres gilt nach § 2142² nur, soweit nicht der Erblasser ein anderes bestimmt hat. Hier hat allerdings der Erblasser die Beklagten nicht ausdrücklich zu Ersatzerben ihres Vaters berufen; hier greift aber § 2069 ergänzend ein durch Aufstellung der Vermutung: Hat der Erblasser einen Abkömmling bedacht und fällt dieser nach Errichtung des Testaments weg, so ist im Zweifel anzunehmen, daß dessen Abkömmlinge insoweit bedacht sind, als sie bei der gesetzlichen Erbfolge an dessen Stelle treten würden. Letzteres trifft auf die Beklagten, die schon zur Zeit des Erbfalls am Leben waren, nach § 1924³ zu, sie sind also mit der rechtswirksamen Ausschlagung ihres Vaters in dessen Stelle als Nacherbe und Miterbe der Klägerin nach dem Testament des Großvaters eingetreten.

Es macht hierbei nichts aus, daß der Vater gleichzeitig mit der Ausschlagung seinen Pflichtteil gefordert hat, und daß jeder Erbe, der das Testament anfechten werde, auf den Pflichtteil gesetzt ist. Hierdurch ist keineswegs der gesetzliche Erbstamm des Pflichtteilsberechtigten nach dem Willen des Erblassers abgefunden. Denn dafür, daß der Pflichtteil vom Vater der Beklagten als Erbe gefordert ist und das Testament dem Erben die Wahl zwischen gewissen Zuwendungen und der Beerbung in Höhe der Pflichtteilsquote läßt, fehlt jeder Anhalt. Es spricht dagegen nicht nur die gesetzliche Vermutung des § 2304, sondern offensichtlich soll hier der anfechtende Erbe, d. h. jeder, der sich den sonstigen testamentarischen Anordnungen nicht unterwerfen sollte, zur Strafe, soweit es irgend zulässig, in seinen Rechten am Nachlaß beschränkt sein. Die Zuweisung des Pflichtteils im Testament unter solchen Umständen hat nur die Bedeutung einer Hinweisung auf die gesetzliche Befugnis des pflichtteilsberechtigten Erben, einen Geldanspruch gegen den Nachlaß zu erheben, oder die Bedeutung eines Vermächtnisses; in beiden Fällen ist damit die Entziehung des gesetzlichen Erbrechts ausgesprochen. Diese Entziehung wirkt aber mangels abweichender Bestimmung des Testaments nicht über die Person des Betroffenen hinaus und läßt also das gesetzliche Erbrecht seiner Abkömmlinge unberührt (RG. 61 S. 14). Die Pflichtteilsforderung des Vaters, die er gemäß § 2306 unter Ausschlagung seines Erbrechts erhoben hat, entzieht daher den Beklagten selbst kein Erbrecht, das sie als Ersatzerben ihres Vaters haben, und der Umstand, daß er seinen Pflichtteil aus dem Nachlaß erhalten hat, nimmt ihnen nur nach § 2309 ihr eigenes Pflichtteilsrecht und verpflichtet sie nach § 2320², den Pflichtteil des Vaters, an dessen Stelle sie Ersatzerben geworden sind, auf ihren Erbteil zu übernehmen (vgl. Jahrbuch 31 S. 128). Es bleibt hiernach nur zu prüfen, ob die Klägerin gegen die Vermutung des § 2069 begründete Einwendungen erheben kann, besonders ob etwa ein gegenteiliger Wille des Erblassers anzunehmen ist. Dies ist zu verneinen.... K.ch.

n) **Verschaffungsvermächtnis. Geltendmachung gegen die Vollstrecker.**
OLG. Hamburg, V. ZS. Urteil v. 23. Dezember 1910.

Der 1909 verstorbene A. hat der Klägerin ein auf seinen Namen stehendes Grundstück vermacht. Sie verlangt von den Vollstreckern, daß sie ihr bei der Auseinandersetzung hinsichtlich des Gesamtguts der allgemeinen Gütergemeinschaft, welche zwischen A. und seiner Frau bestanden hatte, das Eigentum an dem Grundstück mit den aus dem Testament ersichtlichen Beschränkungen verschaffen. Diese Klage ist mit Recht nur gegen die Vollstrecker und nicht auch zugleich gegen die Witwe A. gerichtet worden. Denn gegen diese hat die Klägerin hinsichtlich des Grundstücks keine Rechte. Sie stützt ihre Ansprüche lediglich auf das Testament: die Vollstrecker als die Verwalter des Nachlasses sollen ihr das ihr vermachte Grundstück verschaffen.

Unbegründet ist auch der Einwand, daß ein „Verschaffungsvermächtnis" überhaupt nicht vorliege. Allerdings gehörte das Grundstück zum Gesamtgut, so daß der Mann A. für sich allein nicht befugt war, darüber wie über ein zu seiner Erbmasse gehöriges und seiner freien Verfügung unterliegendes Vermögensobjekt von Todeswegen zu verfügen. Es ist jedoch nicht zu bezweifeln, daß es der Wille des Erblassers war, der Klägerin das Grundstück unter allen Umständen zu vermachen. Der Gesamtinhalt des Testaments zeigt, wie sehr der Erblasser darauf bedacht war, die Klägerin sicher zu stellen und sie vor seiner Frau und den beiden Töchtern zu bevorzugen. Schon aus diesem Grunde darf angenommen werden, daß er, falls er bei Errichtung des Testamentes über seine Verfügungsbefugnis geirrt haben sollte und man ihn dann über diesen Irrtum aufgeklärt hätte, sich ganz unzweideutig dahin ausgesprochen haben würde, das Legat sollte trotzdem aufrecht erhalten bleiben und der betreffende Satz des Testamentes dahin zu verstehen sein, daß die Vollstrecker bzw. die Erben bei der Auseinandersetzung mit seiner Frau sich das Grundstück verschaffen und es alsdann der Klägerin zur Verfügung stellen möchten....

Die Beklagten machen weiter geltend, daß bei dem Widerspruch der Witwe die Erben und die Vollstrecker außerstande seien, die ihnen durch das Legat auferlegte Verpflichtung zu erfüllen. Ob es hierauf zur Zeit überhaupt ankommt, kann dahingestellt bleiben. Denn Erben und Vollstrecker sind auf Grund des § 1477 ^{2} sehr wohl in der Lage, bei der Auseinandersetzung mit der Witwe über das Gesamtgut das Grundstück zu erwerben, um es dann der Klägerin zur Verfügung zu stellen. Die Beklagten meinen freilich, das Ubernahmerecht des § 1477 ^{2} sei höchst persönlich und gehe auf die Erben nicht über. Dem ist jedoch nicht beizutreten. Sachliche Erwägungen, die mit Notwendigkeit zu dieser Auffassung führen, bestehen nicht. Unter solchen Umständen aber hätte es eines ausdrücklichen Ausspruchs des Gesetzgebers bedurft, wenn die Vererblichkeit ausgeschlossen sein sollte. Ein derartiger Ausspruch ist bei den Beratungen des BGB. beantragt, aber als sachlich ungerechtfertigt ausdrücklich abgelehnt worden (Staudinger 2c zu § 1477). Es besteht denn auch in der Theorie anscheinend allseitiges Einverständnis darüber, daß die Vererblichkeit des im § 1477 ^{2} begründeten Übernahmerechts nicht zu bezweifeln sei. Es ist auch nicht richtig, daß dieses Recht zurückzutreten habe hinter dem Recht des anderen Ehegatten, eine durch

Versteigerung erfolgende Umsetzung des betr. Objekts in Geld zu verlangen. Die Berufung auf § 1502 versagt, da es sich dort um die nach Auflösung der fortgesetzten GG. eintretende Auseinandersetzung handelt, während der § 1477 den rechtlich und tatsächlich ganz anders liegenden Fall betrifft, daß ohne Eintritt der fortgesetzten GG. die Auseinandersetzung erfolgt.

Auch im übrigen ist nicht ersichtlich, weshalb das den Erben A. zustehende Übernahmerecht hinter dem Wunsch der Witwe, das Grundstück selbst zu übernehmen, sollte zurücktreten müssen. Ein Fall des § 1475 [3] liegt nicht vor. Ob das Grundstück das alte A.sche Familiengrundstück ist, kann um so weniger von Bedeutung sein, als es bei der Tatsache, daß A. nur zwei Töchter hinterlassen hat, der Familie A. ja auch dann nicht dauernd erhalten bliebe, wenn es jetzt der Witwe zugesprochen würde... M. M.

o) **Voraus im Sinne des § 1932, falls die Eheleute bei dem Tode des einen getrennt lebten.**

Kammergericht, III. ZS. Urteil v. 2. Dezember 1911.

Die vom Beklagten als ihrem Mann und von Geschwistern in gesetzlicher Erbfolge beerbte Erblasserin hatte in der letzten Zeit ihren eigenen Haushalt unter Verwendung von Sachen, die aus dem früheren gemeinschaftlichen Haushalte stammten, geführt. Die Ansicht des Beklagten, der diese Sachen als „Voraus" beansprucht, ist für zutreffend zu erachten. Die Kläger meinen zwar, daß ein „ehelicher Haushalt" nur dann bestehe, wenn die Ehegatten bei dem Tode des einen in häuslicher Gemeinschaft gelebt hätten. Allein es kann unmöglich die Absicht des Gesetzes sein, daß der hinterbliebene Ehegatte des Vorausanspruchs hinsichtlich der Haushaltungsgegenstände, der ihm zugestanden haben würde, falls er sich zur Zeit des Todes des verstorbenen Ehegatten mit diesem in häuslicher Gemeinschaft befunden hätte, verlustig gehen sollte, wenn letzterer seinerseits und zwar ohne jeden ihm vom andern Ehegatten gegebenen Grund, und sei es selbst erst unmittelbar vor seinem Ableben, die häusliche Gemeinschaft aufgehoben hätte. Andrerseits läßt sich, zumal im Hinblick auf § 1933, für eine Unterscheidung zwischen solchen und anderen Fällen des Getrenntlebens bei der Anwendbarkeit des § 1932 S. 1 kein Anhalt gewinnen. Der Ausdruck „ehelicher Haushalt" ist daher unbedenklich so weit aufzufassen, daß, falls die Ehegatten zwar nicht bei Eintritt des Erbfalls, wohl aber früher in häuslicher Gemeinschaft lebten, darunter der frühere eheliche Haushalt zu verstehen ist, daß also in diesem Falle mit den zum ehelichen Haushalt gehörigen Gegenständen jedenfalls die Gegenstände gemeint sind, die zu einem früheren gemeinsamen Haushalte gehörten, oder diejenigen, die im Wege der Surrogation an deren Stelle getreten sind. Diese Auslegung ist auch durchaus vereinbar mit der dem § 1932 S. 1 zugrunde liegenden Absicht billiger Rücksichtnahme. Ob noch eine Auslegung in ausgedehnterem Sinne sich rechtfertigeu ließe, kann dahingestellt bleiben. Die Eheleute haben früher in häuslicher Gemeinschaft gelebt; daß die von der Frau hinterlassenen Haushaltungsgegenstände ganz oder zum

Teil nicht schon zu dem früheren gemeinschaftlichen Haushalte gehört hätten, ist nicht behauptet und auch nach Lage der Sache nicht anzunehmen.[1] K.ch.

p) **Erstattung der Begräbniskosten.[2] Bösliche Schenkungen.**

Kammergericht, XIV. ZS. Urteil v. 6. April 1911.

Die Klage gegen den minderjährigen Beklagten, einen der 5 Testamentserben des A., auf Erstattung der für die Bestattung des A. verauslagten 1000 Mark ist begründet. Der § 1968 verpflichtet den Erben nicht zur Beerdigung des Erblassers; hierüber bestimmt das öffentliche Recht.... Nur die Kosten hat er zu tragen; diese Verpflichtung ist damit als Nachlaßverbindlichkeit anerkannt, und zwar demjenigen gegenüber, der das Begräbnis aus irgend einem Grunde besorgt. Die Erben haften ihm nach § 2058 als Gesamtschuldner, jedoch vor der Teilung des Nachlasses, die hier noch nicht erfolgt ist, nur mit der Beschränkung des § 2059. Diese kommt jedoch hier nicht in Betracht, denn aus Rechtsgeschäften, die der Erbe in den ihn als solchen betreffenden Angelegenheiten z. B. zur Beerdigung des Erblassers mit Dritten abschließt, ohne die Haftung auf den Nachlaß zu beschränken, bleibt der Erbe persönlich verpflichtet, doch erwirbt der Dritte daraus auch gegen den Nachlaß Ansprüche (RGKomm. II §§ 1967[3], 1968[1]). Der Beklagte selbst gibt an, daß sein gesetzlicher Vertreter, sein Vater, den Kläger beauftragt habe, die Begräbniskosten — aus dem Inhalt einer im Schreibtische des Erblassers gefundenen Brieftasche — zu bestreiten. Der Kläger hat sich diese Behauptung zu eigen gemacht, es liegt also ein gerichtliches Geständnis vor. Daß der Vater hierbei nur namens der Erben oder mindestens namens des Beklagten gehandelt hat, geht aus den Umständen hervor. Aus diesem von ihm abgeschlossenen Rechtsgeschäfte, dem Auftrage, haftet dann der Beklagte auch persönlich, also ohne Beschränkung auf den Nachlaß. Ist der Auftrag namens aller Erben abgegeben und auch für die großjährigen Erben verbindlich geworden (§ 177), so haften alle Erben als Gesamtschuldner nach § 427, sonst der Beklagte, zu dessen Vertretung sein Vater befugt war, allein. In beiden Fällen kann der Kläger die ganze Aufwendung vom Beklagten fordern (§ 670). Er muß aber nachweisen, daß er Aufwendungen gemacht, d. h. eigene Mittel im Interesse des Geschäftsherrn verwendet hat.... Er behauptet, daß der Erblasser ihm die in der Brieftasche befindlichen 1700 Mark bei Lebzeiten geschenkt, übergeben und auf Wunsch in Verwahrung genommen habe. Dies ist erwiesen. Es mag nicht dasselbe Geld in der Tasche gewesen sein, das der Erblasser dem Kläger übergeben hatte. Der Grundsatz der Surrogation (§ 281) gilt nicht allgemein (RG. 70 S. 233). Entnahm aber der Erblasser dem ihm in Verwahrung gegebenen Bestande Geld, so wurde

[1] Auf den Voraus des § 1932 erstreckt sich die Auskunftspflicht aus § 2027 (OLG. Kiel, I. ZS. Beschluß v. 14. November 1910).

[2] Dazu gehören auch die Kosten für die Errichtung und Instandsetzung eines Grabmals und für die üblichen Todesanzeigen, dagegen nicht für die Trauerkleider, Aufnahme eines Nachlaßverzeichnisses und Annahme eines Anwalts zur Regelung der Vormundschaft (OLG. Cöln, V. ZS. Urteil v. 26. Mai 1906; RhArch. 103 S. 159).

er Schuldner des Klägers. Legte er dann Geld in Höhe des entnommenen Betrags zu dem Verwahrten, so gab er das Darlehn — § 700 Satz 2. Die Verbrauchsgestattung kann auch stillschweigend geschehen — zurück, erfüllte also seine Verbindlichkeit und er konnte daher nach § 181 durch Rechtsgeschäft, das er zugleich im eigenen Namen und im Namen des Klägers schloß, diesem das Eigentum übertragen. Durch das Hineinlegen des Geldes in die Tasche und zu dem darin befindlichen Zettel ist dies Geschäft auch hinlänglich zum Ausdrucke gelangt. Übrigens ist ein nicht in Erfüllung einer Verbindlichkeit bestehendes Rechtsgeschäft des § 181 nicht nichtig, sondern nach § 177 genehmigungsfähig und der Kläger hat den Austausch der Geldstücke mindestens bei seinen Verhandlungen mit dem Vater des Beklagten, in deren Folge er die Tasche mit dem Gelde erhielt, genehmigt.

Ob den Erblasser das wechselseitige Testament an Schenkungen unter Lebenden verhinderte, ist gleichgültig. Allerdings ist auch hier der § 2287 entsprechend anzuwenden (RG. 58 S. 64) und es sind deshalb bösliche Schenkungen dem überlebenden Ehegatten untersagt. „Böslich" sind Schenkungen von derartigem Umfange, daß sie einem Widerruf der wechselseitigen Verfügung der Zuwendenden sachlich gleichstehen (Dernburg 5 § 93 VI 3). Da die Höhe des Nachlasses etwa 200000 Mark beträgt, ist klar, daß die Schenkung, um die es sich hier handelt, keinen solchen Umfang hat. Ob sie in Verbindung mit anderen zwischen den Parteien streitigen Schenkungen diesen Umfang erreicht, kann dahingestellt bleiben. Denn selbst wenn es der Fall wäre, würde doch das Geschenkte nur durch die Erben als ungerechtfertigte Bereicherung zurückgefordert werden können (§ 2287), es bestünde also nur ein persönlicher Anspruch der Erben auf Rückgabe einer dem Geschenke gleichen Summe, ein Anspruch, der allerdings kein Nachlaßgegenstand (§ 2040) ist und jedem der Erben daher nach § 741 zu einem seiner Erbteile entsprechenden Bruchteile zusteht. Der Beklagte hat aber seinen Bruchteil nicht zur Aufrechnung gestellt.

Fr.

q) **Antrag auf Bestimmung der Inventarfrist.**[1]

Kammergericht, I. ZS. Beschluß v. 23. Januar 1911.

... Aus dem Zusammenhange des § 1994[2] mit Abs. 1, der von dem Nachlaßgläubiger auf der einen und dem Erben auf der anderen Seite redet, und daraus, daß Abs. 2 nicht die Glaubhaftmachung der Antragsvoraussetzungen schlechthin vorschreibt, ergibt sich, daß das Erfordernis der Glaubhaftmachung nur auf die Gläubigereigenschaft im Gegensatze zur Schuldner- (Erben)eigenschaft zu beziehen ist. Somit genügt zur Begründung des Antrags neben der Behauptung, daß der Antragsgegner Erbe (Allein- oder Miterbe) eines Schuldners des Antragstellers geworden sei, die Glaubhaftmachung der dem Antragsteller gegen diesen Schuldner erwachsenen Forderung. Von

[1] Die Inventarfrist kann ohne Rücksicht darauf bestimmt werden, ob ein Aktivnachlaß vorhanden ist, ob also der Erblasser, der in GG. gelebt hatte, Vorbehaltsgut hinterlassen hat (Beschluß desselben ZS. v. 30. Mai 1910, SchlHAnz. 323).

der Glaubhaftmachung der Erbeneigenschaft konnte das Gesetz wegen der Unwahrscheinlichkeit des Falles, daß jemand die Bestimmung der Inventarfrist gegen einen Nichterben beantragen werde, absehen und dem Antragsgegner überlassen, mit der sofortigen Beschwerde (§ 77 [1] FrGG.) geltend zu machen, daß er nicht Erbe sei. Allerdings ist das Nachlaßgericht nicht gehindert, vor der Entscheidung den Gegner zu hören. Wenn er dabei bestreitet, Erbe zu sein, kann aber nicht, wie Planck und RGKomm. zu § 1994 annehmen, von dem Antragsteller die Glaubhaftmachung derjenigen Tatsachen gefordert werden, aus denen die Erbeneigenschaft des Gegners folgt; sondern es ist dann nach § 12 FrGG. Amtspflicht des Nachlaßgerichts, die erforderlichen Ermittelungen vorzunehmen. Der Anwendung des § 12 steht bei der nach der Denkschrift mit bewußter Absicht gewählten Fassung des Gesetzes der Umstand nicht entgegen, daß es sich hier um ein nur auf Antrag einzuleitendes Verfahren und um solche Tatsachen handelt, die zur Begründung des Antrags dienen (Jahrb. 33 S. 90). Gilt der § 12 nach § 1 FrGG. auch nur, soweit nichts anderes bestimmt ist, so ist doch für die Bestimmung der Inventarfrist eine Ausnahme von der Ermittelungspflicht eben nur mit Bezug auf die vom Antragsteller glaubhaft zu machende Forderung vorgesehen. . . . K.

r) **Bestimmung über die Anrechnung einer Schuld.**

OLG. Dresden, VII. ZS. Urteil v. 24. Oktober 1911.

Der 1901 verstorbene Heinrich A., Vater der Klägerin und Mann der Beklagten, hatte ein Darlehn von 40000 Mark von seiner Mutter erhalten. Diese, die 1910 verstarb, hat in ihrem Testamente bestimmt, daß auch die übrigen von ihr abstammenden Kindesstämme 40000 Mark aus ihrem Nachlasse vorweg bekommen sollten und erst der dann verbleibende Rest zu gleichen Teilen unter alle hinterlassenen Kindesstämme zu verteilen sei, daran aber den Satz geknüpft: „Natürlich haben die Erben meines Sohnes Heinrich obige 40000 Mark nicht in den Nachlaß zurückzuzahlen, sondern behalten sie in Anrechnung auf ihr Erbteil, wie die anderen Kindesstämme die gedachten 40000 Mark je auf ihr Erbteil anzurechnen haben.“ Die Klägerin ist der Ansicht, dadurch sei den drei von ihrem Vater hinterlassenen Kindern die Forderung der 40000 Mark überwiesen worden. An der Richtigkeit dieser Auffassung läßt der Wortlaut der Bestimmung und der aus ihm zu erkennende Zweck keinen begründeten Zweifel aufkommen. Die Großmutter wollte, da von ihren Kindern der Heinrich 40000 Mark bereits erhalten hatte, ebensoviel auch jedem der übrigen Kindesstämme zuwenden und auf diese Weise alle drei hinterlassenen Kindesstämme gleichstellen. Sie ordnete also an, daß zunächst jedem der beiden übrigen Kindesstämme von ihrem Nachlasse 40000 Mark zu gewähren seien, während die Erben des Heinrich die diesem dargeliehenen 40000 Mark zu erhalten hätten, worauf dann der übrige Nachlaß zu gleichen Teilen unter die drei Stämme zu verteilen sei. Somit erhellt mit vollster Deutlichkeit die Absicht der Erblasserin, die sie beerbenden drei Kindesstämme völlig gleichzustellen, jeder sollte 40000 Mark und $^1/_3$

des übrigen Nachlasses erhalten. Wenn sie die sachgemäße weitere Anordnung traf, daß die dem Stamme Heinrich zugewiesenen 40000 Mark in der Weise gewährt würden, daß die Erben Heinrichs diese Summe nicht herauszahlten, so läßt sich das nur als Teilungsanordnung i. S. des § 2048, nämlich dahin verstehen, daß die Schuld Heinrichs dem Stamme Heinrich überwiesen werde. Bei der von der Beklagten vertretenen Auslegung würde dieser Stamm nicht 40000 Mark, sondern nur $^3/_4$ von 40000 Mark erhalten haben. Das widersprach dem klar ausgedrückten Willen der Erblasserin. Dafür, daß diese beabsichtigt habe, der Beklagten etwas zuzuwenden, bieten die Worte der Anordnung keinen ausreichenden Anhalt. Hätte sie diese bedenken wollen, so würde sie voraussetzlich den Willen, ihr ein Vermächtnis zuzuwenden, deutlich ausgedrückt haben und nicht bloß versteckt in einer Bestimmung, die, wenn man den Willen einer solchen Zuwendung unterstellt, von der Erblasserin selbst als äußerst zweideutig empfunden werden mußte. Bei der hier vertretenen Auffassung dagegen liegt nur eine vom Standpunkte der Erblasserin durchaus erklärliche ungenaue Fassung vor. Sie wollte sagen, die 40000 Mark, die dem Stamm Heinrich ebenso wie jedem anderen Kindesstamme zugewendet würden, sollten dadurch gewährt werden, daß die dem Heinrich dargeliehenen 40000 Mark von den Erben Heinrichs nicht herausgezahlt zu werden brauchten, m. a. W., daß diese Schuld dem Stamme überwiesen werde. Die Zweideutigkeit des Ausdrucks beruht also darin, daß die Worte: „die Erben von Heinrich" von der Erblasserin, ohne daß sie sich darüber klar geworden ist, in zwei Bedeutungen gebraucht wurden, in der Bedeutung aller Erben Heinrichs, was die Bestimmung über Nichtrückzahlung der 40000 Mark betrifft, in der Bedeutung von „den an meinem Nachlaß erbberechtigten Erben Heinrichs", was die Bestimmung über die Anrechnung der 40000 Mark anlangt. M. z.

s) **Hypothekenbestellung des Vorerben, wenn der Nacherbe als Erbe des Vorerben haftet.**

α) OLG. Breslau, V. ZS. Urteil v. 27. November 1911.

Die Eheleute A. besaßen zwei Grundstücke, eins als Miteigentümer zur Hälfte, eins als Gesamthänder. Sie setzten sich im gemeinschaftlichen Testament gegenseitig zu Erben und die gemeinsamen Kinder zu Nacherben des Erstversterbenden, Erben des Letztversterbenden ein. Nach dem Tode der Frau bestellte der Mann für den Beklagten auf beiden Grundstücken eine Gesamthypothek, auf deren Beseitigung die Nacherben klagen. Der Beklagte hat den Anspruch, soweit die Hypothek auf der früheren Miteigentumshälfte der Frau an dem ersten Grundstück ruht, anerkannt. Im übrigen ist die Klage unbegründet.

A. war bei Eintragung der Gesamthypothek alleiniger Eigentümer beider Grundstücke. Allerdings war sein Eigentum an beiden Grundstücken belastet mit dem Nacherbenrecht der A.schen Kinder. Dadurch war er aber in der Belastung derjenigen Eigentumshälfte am ersten Grundstück, die ihm schon vor dem Tode der Frau aus eigenem Recht gehörte, nicht behindert. Nach dem Inhalt des gemeinschaftlichen Testaments war der Überlebende nur in der Verfügung über „die Substanz des Nachlasses", also des Nachlasses des Erstverstorbenen beschränkt. Mithin durfte der Mann über sein eigenes Vermögen unter Lebenden frei verfügen und die Nacherben müssen seine Verfügungen in diesen Grenzen gegen sich gelten lassen. Die Hypothekenbestellung auf dieser Grundstückshälfte war auch gemäß § 1114 rechtlich zulässig.

Anders stellt sich die Rechtslage bezüglich des zweiten Grundstücks. Dieses gehörte ursprünglich den Eheleuten als Miteigentümern zur gesamten Hand. Nach dem Tode der Frau wurde der Mann zwar Alleineigentümer, blieb jedoch in der Verfügung über dieses Grundstück beschränkt, da er nach dem Testament über die Substanz des Nachlasses seiner Frau, zu dem ihr Miteigentum am Grundstück gehörte, nicht verfügen durfte; seinen eigenen Miteigentumsanteil durfte er nicht belasten, weil dieser nicht einen Anteil nach Bruchteilen, sondern zur gesamten Hand darstellte. Wenn er dies trotzdem tat, so beeinträchtigte er dadurch das Recht der Nacherben. — Er hat damit über ein Recht an einem zur Nacherbschaft gehörenden Grundstück zu ungunsten der Nacherben verfügt. Die Verfügung war gemäß § 2113 nach Eintritt der Nacherbfolge an sich unwirksam. Sie ist jedoch gemäß § 185 dadurch wirksam geworden, daß die Nacherben, also „die Berechtigten", zugleich Erben des Mannes, des „Verfügenden" geworden sind und für die Nachlaßverbindlichkeiten „unbeschränkt" haften. Letzteres folgt daraus, daß die Haftung der Erben für die Nachlaßverbindlichkeiten nach dem BGB. — wenn dies auch sehr bestritten ist — zwar beschränkbar, aber grundsätzlich unbeschränkt ist. Das Gesetz hebt ausdrücklich gewisse Fälle hervor, in denen die Haftung der Erben sich auf den Nachlaß beschränkt; im übrigen haftet der Erbe, nicht der Nachlaß, für die Nachlaßverbindlichkeiten (§ 1967). Mithin war es Sache der Kläger darzulegen, daß ihre Haftung als Erben auf den Bestand des Nachlasses beschränkt ist. Sie haben hierfür nichts vorgebracht, und deshalb ist davon auszugehen, daß sie unbeschränkt haften. Der § 185 findet danach Anwendung. Die in der Literatur (Planck, Staudinger und Strohal) vertretene Auffassung, daß die Konvaleszenz des § 185 nur dann eintritt, wenn der Erbe schlechthin unbeschränkt haftet, also die Möglichkeit der Haftungsbeschränkung nicht mehr hat, findet im Gesetz selbst keine Stütze. Gegenüber der auf dem Gesetz beruhenden Behauptung des Gläubigers, daß der Erbe unbeschränkt hafte, mag der Erbe nachweisen, daß und wie er die beschränkte Haftung herbeigeführt, die unbeschränkte beseitigt hat, nicht aber ist es Aufgabe des Gläubigers darzutun, daß er das überhaupt nicht mehr kann. M.r.

β) Entgeltliche Verfügung des befreiten Vorerben unter Löschung des Nacherbenrechts.

Bayer. Oberstes Landesgericht, I. ZS. Urteil v. 1. Dezember 1911.

Als Eigentümerin des Grundstücks ist die A. und in der Abt. III das

Recht der M. und ihrer Abkömmlinge als Nacherben eingetragen und zugleich bemerkt, daß A. als Vorerbin frei verfügen könne. Sie hat das Grundstück an X. um 150 Mark verkauft und in der Notariatsurkunde den Empfang des Kaufpreises bestätigt; zugleich haben die Vertragschließenden die Auflassung erklärt, die Eintragung des Käufers bewilligt und die Berichtigung des Grundbuchs dahin beantragt, daß gleichzeitig beim Vollzuge der Auflassung das Recht der Nacherben gelöscht werde. Diese Löschung wurde jedoch abgelehnt. Gründe:

Der Grundbuchrichter hat auch im Falle der Verfügung eines befreiten Vorerben, wenn sie die Übertragung eines eingetragenen, zur Erbschaft gehörigen Rechts betrifft und nicht ihre Entgeltlichkeit feststeht, die Rechtsänderung nur dann einzutragen, wenn entweder vorher der Vorerbe und das Recht des Nacherben, sowie die Befreiung des Vorerben eingetragen ist oder der Nacherbe seine Zustimmung erklärt. Ist das Recht des Nacherben gemäß § 52 GrBO. eingetragen, dann ist er — abgesehen von der Löschung eines eingetragenen Rechts (RG. 65 S. 214) — gegen Verfügungen des Vorerben, die nach §§ 2136, 2113² unwirksam sein könnten und unter dem Glauben des Grundbuchs stehen, gegenüber jedem Rechtsnachfolger genügend geschützt, der Grundbuchrichter aber ist der Entscheidung darüber, ob nicht etwa Rechte des Nacherben durch die Verfügung geschädigt werden könnten, enthoben (RG. 61 S. 228, 65 S. 214; Oberneck 2 S. 613; Fuchs-Arnheim 2 S. 547). Die Verkäuferin ist als Vorerbin eingetragen, zugleich ist das Recht der Nacherben und die Befreiung der Vorerbin gehörig in Abt. 2 vermerkt. Wäre daher hier nur die Eintragung der Auflassung an den Käufer beantragt, so müßte das Grundbuchamt angewiesen werden, anderweit zu verfügen.

Die Verkäuferin und der Käufer haben aber auch die Löschung des Rechts der Nacherben beantragt. Diesen Antrag hat das Grundbuchamt mit Recht zurückgewiesen. Das Recht der Nacherben und die Befreiung der Vorerbin ist bei der Eintragung der Vorerbin zufolge der zwingenden Vorschrift des § 52 GrBO. eingetragen. Das Grundbuch würde unrichtig werden, wenn bei der Eintragung der Vorerbin die Vermerkung des Rechts der Nacherben unterbliebe, da dann das Grundbuch den Vorerben als unbeschränkt Berechtigten auswiese, während dieser in Wirklichkeit durch die Nacherbfolge in seiner Verfügung beschränkt ist (RG. 61 S. 232; Mot. 5 S. 112; Denkschr. 284). Es kann somit keine Rede davon sein, daß eine Berichtigung des Grundbuchs im Sinne des § 22 GrBO. durch die Löschung des Rechts der Nacherben herbeigeführt würde. Abgesehen von dem Falle der Berichtigung bedarf es aber nach § 19 GrBO. der Bewilligung desjenigen, dessen Recht betroffen wird. Die Nacherben haben die Löschung nicht bewilligt, das Grundbuchamt konnte daher die beantragte Löschung nicht vollziehen. Aus der Anordnung des „gleichzeitigen“ Vollzugs der Auflassung und der Löschung muß gefolgert werden, daß die Antragsteller damit bestimmen wollten und bestimmt haben, daß die eine der mehreren Eintragungen nicht ohne die andere erfolgen sollte. Da dem zweiten Antrage nicht stattgegeben werden konnte und der erste Antrag ohne den zweiten bestimmungsgemäß nicht vollzogen werden sollte, mußte der Vollzug der Urkunde in beiden Richtungen abgelehnt werden. Th.

γ) Kammergericht, I. ZS. Beschluß v. 30. Januar 1911.

Die Witwe A. hatte als befreite Vorerbin ihr Grundstück verkauft und aufgelassen. Die vom Erwerber beantragte Löschung des Nacherbenvermerks haben die Vorinstanzen abgelehnt. Die weitere Beschwerde ist begründet.

Die Löschung des eingetragenen Nacherbenvermerks ist dann zulässig, wenn die Unrichtigkeit des Grundbuchs nachgewiesen ist (§ 22[1] GrBO.). Ein solcher Nachweis ist als erbracht anzusehen, wenn die Auflassungserklärung der Witwe ein entgeltliches Geschäft ist. Denn da die Witwe befreite Vorerbin ihres Mannes ist und daher (§§ 2136, 2137, 2113[2]) zu allen Verfügungen über Erbschaftsgegenstände mit Ausnahme unentgeltlicher Verfügungen befugt ist, so würde durch die Übertragung des Eigentums an dem Nachlaßgrundstück auf den Antragsteller das Grundstück aus der Erbschaft ausgeschieden, der Nacherbenvermerk also gegenstandslos geworden sein, wenn die Übertragung nicht unentgeltlich vorgenommen ist. Das RG. (69 S. 257; ZBl. FrG. 8 S. 554) hat ausgesprochen, daß es eines in der Form des § 29 GrBO. zu führenden Beweises der Unentgeltlichkeit dann nicht bedürfe, wenn diese durch die Natur der Sache oder die Sachlage ausgeschlossen ist. Im Anschluß hieran hat das KG. (Jahrb. 38 S. 223; D. NotV. 10 S. 68; D. JZ. 10 S. 540) den zweiten Fall dann regelmäßig als vorliegend bezeichnet, wenn die Bewilligung der Vorerben Bestandteil eines zweiseitigen entgeltlichen Geschäfts ist. Ein solcher Fall ist auch hier gegeben. Die von der A. erklärte Eintragungsbewilligung ist allerdings zunächst nur ein Bestandteil der Auflassungsverhandlung. Da in dieser jedoch der Kaufvertrag als das der Auflassung zugrunde liegende Veräußerungsgeschäft bezeichnet ist, so ist dadurch die Beziehung der Eintragungsbewilligung zum Kaufvertrag deutlich erkennbar hergestellt. Die Eintragungsbewilligung und die Auflassungserklärung sind daher als entgeltliche Verfügungen anzusehen, wenn der ihnen zugrunde liegende Vertrag ein entgeltliches Geschäft ist. Dies ist aber als nachgewiesen anzusehen. Der Vertrag ist in der Form eines Kaufvertrages abgeschlossen worden. Der Kaufpreis ist auf 14000 Mark festgesetzt, also um 3500 Mark höher, als der 1900 vom Erblasser gezahlte. Der Käufer ist, dem Namen nach zu schließen, für die Verkäuferin ein Fremder, während die Nacherben die Kinder der Verkäuferin sind. Schließlich ist nicht der mindeste Anhalt für die Annahme vorhanden, daß der Vertrag zum Schein geschlossen worden sei. RG. 65 S. 214 bezieht sich ebenso wie RG. 61 S. 228 und 70 S. 332 nur auf einseitige Erklärungen des Vorerben selbst, nicht auf zweiseitige Geschäfte. Der Vertrag zwischen der Witwe und dem neuen Eigentümer ist demnach ein entgeltliches Geschäft. Infolgedessen ist auch als nachgewiesen anzusehen, daß die Auflassungserklärung und die Eintragungsbewilligung, die auf diesem Vertrage beruhen, entgeltliche Verfügungen sind. W. r.

t) **Der vom Erblasser für sich und seine Erben Bevollmächtigte muß im Grundbuchverkehr doch nachweisen, wer Erbe geworden ist.**

Kammergericht, I. ZS. Beschluß v. 3. Juli 1911.

Eine vom Vollmachtgeber für sich und seine Erben ausgestellte Vollmacht befähigt den Bevollmächtigten, nach dem Tode des Machtgebers im Namen der Erben zu handeln, ohne daß er nachzuweisen braucht, wie das der Erteilung der Vollmacht zugrunde liegende Rechtsverhältnis (§ 168) durch den Tod des Machtgebers nicht erloschen sei (Jahrbuch 32 S. 197, 36 S. 166, 37 S. 231). Anderseits ist, wenn ein Erblasser eine für seine Erben wirksame Auflassungsvollmacht erteilt hat, zur Eintragung des Eigentumsüberganges auf Grund der vom Bevollmächtigten erklärten Auflassung der Nachweis der Erbfolge durch Erbschein oder Verfügung von Todes wegen und, falls ein Miterbe minderjährig ist, auch die vormundschaftsgerichtliche Genehmigung erforderlich (Beschluß vom 10. Oktober 1910 X 365). An diesem Satze, der natürlich ebenso für jede andere Vollmacht solcher Art oder jede andere Grundbucheintragung gilt, hält der Senat auch bei erneuter Prüfung fest. Er beruht auf der Erwägung, daß der Bevollmächtigte nach dem Tode des Machtgebers nicht mehr in dessen Namen, sondern nur noch namens der Erben, die er nunmehr vertritt, handeln und nicht mehr Rechte ausüben kann als dem Vertretenen zustehen. Daraus, daß nach § 672 der Auftrag und demzufolge nach § 168 die Vollmacht durch den Eintritt der Geschäftsunfähigkeit des Auftrag(Macht)gebers selbst nicht erlischt, ist ein Gegengrund nicht zu entnehmen. Denn es handelt sich nicht um ein Erlöschen der Vollmacht, sondern um eine Beschränkung, die sich als Ausfluß einer in der Person des Vertretenen eingetretenen Veränderung darstellt. Wie der Bevollmächtigte der Genehmigung des VormGerichts bedarf, wenn er nach Eintritt der Geschäftsunfähigkeit des Machtgebers und Bestellung eines Vormundes ein gemäß §§ 1812, 1819 ff. genehmigungsbedürftiges Rechtsgeschäft namens der Machtgeber schließt, ebenso bedarf er jener Genehmigung, wenn er nach dem Tode des Machtgebers namens der Erben handelt und unter diesen sich Minderjährige oder sonst nicht voll Geschäftsfähige befinden. Schon die Möglichkeit, daß unter den Erben solche Personen vorhanden sein können, begründet die Notwendigkeit anzugeben, wer Erbe ist. Auch abgesehen hiervon aber muß Klarheit darüber bestehen, in wessen Namen der Bevollmächtigte auftritt. Anders liegt die Sache bei dem Testamentsvollstrecker, der dieser nicht als Vertreter der Erben, sondern kraft eigenen Rechts handelt (Jahrb. 40 S. 213, aber auch S. 202). Der Hinweis der Beschwerde darauf, daß die Verfügungsbeschränkung des Erben, die nach § 2211 durch die Ernennung eines Vollstreckers verursacht wird, der Wirksamkeit einer vom Erblasser für sich und die Erben erteilten Vollmacht keinen Abbruch tut (Jahrb. 37 S. 237), ist verfehlt. Denn einmal wird der Fortbestand der Vollmacht auch hier nicht in Abrede gestellt. Sodann aber ist die durch den Vollstrecker begründete Beschränkung des Erben von anderer Art als die auf Minderjährigkeit oder ähnlichen Gründen beruhende. In den letzten Fällen liegt der Grund der Beschränkung in der Person des vertretenen Erben, im ersteren Falle dagegen wird die Beschränkung von außen her durch die Anordnung der Vollstreckung herbeigeführt, die, ebenso wie die Vollmacht, auf dem Willen des Erblassers beruht. Die nach § 2211 eingetretene Verfügungsbeschränkung des Erben ist daher für sich allein nicht geeignet, die Befugnisse des Bevollmächtigten zu beeinträchtigen. Schl.

u) **Vermächtnis eines Grundstücks an Kirchengemeinden. Ist neben der landesherrlichen Genehmigung die des Oberkirchenrats entbehrlich?**

Kammergericht, I. ZS. Beschluß v. 13. November 1911.

Der verstorbene A. hatte sein Grundstück im Werte von 150000 Mark der Kirchengemeinde A. vermacht. Die Zuwendung ist durch den von dem Minister des Innern gegengezeichneten landesherrlichen Erlaß genehmigt worden. Der Testamentsvollstrecker hat das Grundstück an die Vermächtnisnehmerin aufgelassen. Die Vorinstanzen haben jedoch die Eintragung der Eigentumsänderung davon abhängig gemacht, daß die Genehmigung des Erwerbes durch den evang. Oberkirchenrat in urkundlicher Form beigebracht werde. Die weitere Beschwerde ist begründet.

Das Verlangen der Vorinstanzen gründet sich auf § 83 ALR. II 6, wonach Korporationen und Gemeinden ohne besondere Genehmigung der ihnen vorgesetzten Behörde unbewegliche Sachen nicht an sich bringen können, § 1 Nr. 1 des mit dem Staatsges. v. 8. März 1893 (GS. S. 21) verkündeten Kirchenges. v. 18. Juli 1892, wonach ein Beschluß der kirchlichen Gemeindeorgane über den Erwerb von Grundeigentum der Genehmigung der kirchlichen Aufsichtsbehörde bedarf, und Art. II Nr. 1 der AusfV. v. 8. März 1893 (Kirchl. G. und VBl. 12), wonach für die kirchenaufsichtliche Genehmigung der Oberkirchenrat zuständig ist, wenn der Wert des zu erwerbenden Grundstücks 100000 Mark übersteigt. Die Beschwerde verkennt nicht, daß hiernach das Erfordernis der Genehmigung des Oberkirchenrats an sich begründet ist, führt aber aus, daß diese Genehmigung sowohl bewiesen als auch ersetzt werde durch die gemäß Art. 6 § 1 AG. zum BGB. erteilte landesherrliche Genehmigung. Denn einerseits werde die letztere nur eingeholt, wenn die kirchliche Aufsichtsbehörde ihr Einverständnis mit dem Erwerb erklärt habe, so daß durch den landesherrlichen Erlaß auch das Einverständnis der Kirchenbehörde bezeugt werde. Andererseits stelle der Landesherr in derselben Person und in demselben Rechtsakt die Staats- und Kirchenhoheit zugleich dar, so daß mit seiner Genehmigung der Akt auch seine kirchliche Bestätigung durch die kirchliche Spitze gefunden habe, Ausführungen, die mit der Abhandlung von Nitze (KirchR. 3 F. 9 S. 94ff.) übereinstimmen.... Nach der Auskunft des Oberkirchenrats vom 23. Oktober 1911 ist es gemäß Vereinbarungen, die mit dem Minister der geistl. Ang. vor etwa 20 Jahren getroffen worden sind, feste Praxis, von der Erteilung kirchenaufsichtlicher Genehmigung abzusehen, wo die landesherrliche Genehmigung zu dem Erwerbe der Kirchengemeinde notwendig ist; denn das Nachsuchen der landesherrlichen Genehmigung durch die Genehmigungsbehörde bringe die eigene Genehmigung bereits zum Ausdruck. Der Oberkirchenrat und der Minister scheinen hiernach die Begründung der Beschwerde zwar in ihrem ersten, aber nicht in ihrem zweiten Teile zu billigen. Die Annahme eines Ersatzes der Genehmigung des Oberkirchenrats durch die landesherrliche Genehmigung ist in der Tat nicht ganz bedenkenfrei. Es ließe sich dagegen geltend machen, daß der König von Preußen allerdings als solcher Träger der Kirchengewalt für seine Landeskirche sei (vgl. die Erlasse v. 10. September 1873, GS. 417 und 20. Januar 1876, GS. 7, GenSynO. § 6) und in den beiden Eigenschaften als Träger des Staats- und des Kirchenregiments nur einheitlich handeln könne, daß darum, sofern zu einem Regierungsakte Staats- und Kirchenregiment in ihrer höchsten Spitze zusammenzuwirken haben, grundsätzlich ein Allerh. Erlaß genüge, daß aber für die Anwendung dieses Grundsatzes da kein Raum sei, wo für eine Handlung des Kirchenregiments gesetzlich eine Kirchen**behörde** zuständig sei, weil, seitdem die Behörden des Kirchenregiments eine kirchen- und staatsgesetzliche Garantie ihrer Existenz, Organisation und Zuständigkeit erhalten haben, die ihnen gesetzlich zugewiesenen Befugnisse der persönlichen Wahrnehmung durch den Landesherrn entzogen seien (vgl. § 7 Nr. 5 GenSynO., Art. 21³ preuß. KirchVerfG. v. 3. Juni 1876; **Friedberg**, Verfassungsrecht der evang. Landeskirche 132ff., bes. S. 136; Lehrb. des Kirchenr. S. 230ff.; **Schoen**, evang. Kirchenrecht in Preußen 1 S. 226ff.). Daraus könnte gefolgert werden, daß der vorliegende Erlaß von 1909, durch den eine den Wert von 5000 Mark übersteigende Zuwendung von Todes wegen an eine juristische Person gemäß Art. 6 § 1 AusfG. vom Könige genehmigt worden ist, nur auf dieses staatspolizeiliche, nicht auf das kirchliche Rechtsgebiet zu beziehen sei. Ob dieser Schluß zwingend ist oder ob etwa, wie nach Art. 7 § 3 AusfG., die im Art. 7 § 1 zum Grundstückserwerbe durch eine juristische Person vorgeschriebene Genehmigung der **staatlichen** Aufsichtsbehörde nicht zu einem Erwerb erforderlich ist, der auf Grund einer gemäß Art. 6 vom Könige genehmigten freigebigen Zuwendung erfolgt, — ein entsprechender Befreiungssatz aus dem Zusammenhange der Gesetze oder der Natur der Sache für die im Kirchenges. v. 18. Juli 1892 zum Grundstückserwerbe durch eine Kirchengemeinde vorgeschriebene Genehmigung der **kirchlichen** Aufsichtsbehörde gewonnen werden könnte, braucht hier nicht entschieden zu werden. Denn, die Notwendigkeit der kirchenbehördlichen Genehmigung vorausgesetzt, wird diese Genehmigung durch den von der Beschwerdeführerin vorgelegten landesherrlichen Erlaß bewiesen.

Nach § 17 der vom Oberkirchenrat aufgestellten VerwaltungsO. vom 15. Dez. 1886/17. Juni 1893 (Kirchl. G.- u. VBl. 1893 S. 23) hat, wenn einer Kirchengemeinde eine Schenkung oder Zuwendung von Todes wegen gemacht wird, die wegen ihres Wertes der landesherrlichen Genehmigung bedarf, der Gemeindekirchenrat an das Konsistorium zu berichten ... „durch das Konsistorium gelangt die Sache an den Oberkirchenrat, welcher mit der staatlichen Zentralbehörde in Verbindung tritt". Diese Bestimmung wird, wie Nitze 95 bezeugt, in der kirchlichen Praxis so gehandhabt, daß das Konsistorium die Sache dem Oberkirchenrat nur vorlegt, wenn es mit der Zuwendung einverstanden ist, und daß der Oberkirchenrat seinerseits behufs Herbeiführung der landesherrlichen Genehmigung mit der staatlichen Zentralinstanz nur in Verbindung tritt, wenn er die Zuwendung billigt.... Das letztere wird durch die erwähnte Auskunft des Oberkirchenrats bestätigt....

Nach diesen Verwaltungsgrundsätzen setzt schon der Antrag des von dem Minister der geistl. Ang. anzugehenden Ministers des Innern auf Erteilung der nach Art. 6 § 1 AusfG. erforderlichen kgl. Genehmigung des vom Oberkirchenrate mit dem Erwerbe der Kirchengemeinde erklärte Einverständnis voraus. Im Einklang hiermit hat auch das LG. zutreffend festgestellt, daß es zur landesherrlichen Genehmigung erst kommen kann, nachdem die berufene kirchliche Aufsichtsbehörde den Erwerb genehmigt hat. Daß das LG. trotzdem annimmt, die Genehmigung des Oberkirchenrats sei nicht in der für das Grundbuchverfahren durch § 29 Satz 2 GrBO. allein zugelassenen Form bewiesen, und mit dem Grundbuchamte den Nachweis jener Genehmigung durch eine besondere öffentliche Urkunde fordert, beruht auf einem Rechtsirrtum. Es ist dabei übersehen, daß nach § 29 Satz 2 diejenigen Tatsachen keines Nachweises durch öffentliche Urkunden bedürfen, die bei dem Grundbuchamt (Beschwerdegericht) offenkundig sind und daß nach einem wiederholt ausgesprochenen Grundsatze der Offenkundigkeit einer Tatsache die Fälle gleichzustellen sind, in denen das Nichtvorhandensein der Tatsache durch die Natur der Sache oder die Sachlage ausgeschlossen wird (RG. 69 S. 260; Jahrb. 38 S. 223, 40 S. 181). Um einen Fall der letztbezeichneten Art handelt es sich hier. Das Fehlen der Genehmigung des Oberkirchenrates wird nach der obigen Feststellung durch die vorliegende kgl. Genehmigung ausgeschlossen. Es fragt sich allerdings noch, ob die Genehmigung des Oberkirchenrats etwa ein empfangsbedürftiges Rechtsgeschäft ist, das wirksam nur gegenüber der durch den Gemeindekirchenrat vertretenen Kirchengemeinde oder gegenüber dem Testamentsvollstrecker als dem an der Auflassung beteiligten andern Teil vorgenommen werden könnte, und ob die Erklärung der Genehmigung gegenüber einem dieser beiden Teile grundbuchmäßig feststeht. Die erste Frage wäre zu bejahen, wenn aus dem vormundschaftlichen Charakter der kirchenaufsichtlichen Genehmigung zu schließen wäre, daß sie zwar eine obrigkeitliche Handlung sei, sich aber zugleich, wie die zu gewissen Rechtsgeschäften des Vormundes erforderliche Genehmigung des Gerichts, als eine bei bestimmten Rechtshandlungen eintretende Mitwirkung an der Verwaltung — dort des

Vormundes, hier der kirchlichen Gemeindeorgane — und somit als ein dem Privatrecht angehörendes Rechtsgeschäft darstelle (vgl. über die vorm.richterliche Genehmigung: RG. 71 S. 170 Nr. 43; RGKomm. BGB. § 1821[1]). Bei einer solchen privatrechtlichen Auffassung des Rechtsverhältnisses käme zwar nicht die entsprechende Anwendung der im Hinblick auf die eigenartige Stellung des Vormundes zum Vormundschaftsgericht (Mot. 4 S. 1153, 1154) und § 1828 BGB. gegebenen Sondervorschrift, wohl aber die Anwendung des in § 182 BGB. ausgesprochenen allgemeinen Grundsatzes in Betracht. Dürfte das Verhältnis der kirchlichen Gemeindeorgane zu ihren Aufsichtsbehörden dagegen lediglich unter öffentlich-rechtlichen Gesichtspunkten betrachtet werden, so würden privatrechtliche Bestimmungen mangels einer ausdrücklichen Vorschrift auf die im Wege der Ausübung des Kirchenregiments erfolgende Genehmigung nicht für anwendbar erachtet werden können. Einer Stellungnahme zu dieser Zweifelsfrage bedarf es hier nicht, da auf Grund der Vorlegung des kgl. Erlasses durch den Gemeindekirchenrat feststeht, daß diesem gegenüber die Genehmigung des Oberkirchenrates erklärt ist. Denn mag der Erlaß auch nicht in dem kirchlichen, sondern, wie es den Anschein hat, in dem staatlichen Instanzenzuge, nämlich durch den Minister des Innern, den Oberpräsidenten zc an den Gemeindekirchenrat gelangt sein, der Oberkirchenrat hat schon, als er bei Weitergabe des Berichts des Konsistoriums an die Ministerialinstanz sein Einverständnis mit dem Grundstückerwerbe durch die Kirchengemeinde erklärte, die Einverständniserklärung zugleich an den Gemeindekirchenrat gerichtet, indem er wußte, daß dieser der Empfänger des vom zuständigen Minister zu erwirkenden kgl. Erlasses sein werde und durch den Erlaß auch von jener Einverständniserklärung Kenntnis erhalten werde. Dies ist eine notwendige Folgeerscheinung der oben festgestellten Verwaltungspraxis und deshalb auch in dem dargelegten weitern Sinne offenkundig.

Ob das Verfahren des Oberkirchenrats, die von ihm anscheinend für erforderlich erachtete eigene Genehmigung nur durch das Nachsuchen der kgl. Genehmigung kundzugeben, zweckmäßig ist, es sich nicht vielmehr empfehlen würde, die Genehmigung in urkundlicher Form ausdrücklich der Kirchengemeinde gegenüber zu erklären, damit deren Erwerb auch bei einer immerhin denkbaren abweichenden Beurteilung der Rechtslage durch andere Instanzen nicht gefährdet werde, ist eine andere, hier nicht maßgebende Frage. H.ch.

v) **Nachtrag zum formungültigen Testament.**[1] **Bestätigung. Bedeutung des § 27 FGG. und des Art. 11 EG. zum BGB.**

OLG. Hamburg, V. ZS. Urteil v. 17. Mai 1911.

Da der in Salonik wohnhaft gewesene Erblasser Deutscher war, so gilt gemäß Art. 11, 24 EG. für die Form seiner letztwilligen Verfügungen das

[1] Eine hinter der Unterschrift eines eigenhändigen Testaments gesetzte besonders unterschriebene, aber nicht besonders datierte „Nachschrift" wird durch das am Kopfe des Testaments befindliche Datum nicht gedeckt und ist deshalb formungültig (KG. I. ZS. Beschluß v. 9. Mai 1910, Jahrbuch 40 S. 58).

deutsche Recht. Wegen Art. 11 Satz 2, wonach für die Form eines Rechtsgeschäfts die Beobachtung der Gesetze des Orts genügen soll, an dem das Rechtsgeschäft vorgenommen wird, hält das LG. daneben das türkische Recht für anwendbar. Allein Art. 11 ist durch das spätere KonsularGG. vom 7. April 1900 §§ 19, 27 dahin geändert, daß für die dieser Gerichtsbarkeit unterworfenen Personen, zu denen der Erblasser gehört hat, der angeführte Satz 2 außer Kraft gesetzt ist.

Nach dem Wortlaut des § 27 KGG. ist dies freilich nicht ohne Zweifel. Es heißt dort: Soweit die nach § 19 zur Anwendung kommenden Gesetze auf die an einem ausländischen Orte geltenden Vorschriften Bezug nehmen, sind hierunter ... die deutschen Gesetze zu verstehen. Der Art. 11 EG. gehört nicht zu den Gesetzen, die nach § 19 KGG. zur Anwendung kommen, er galt vielmehr für die letztwilligen Verfügungen Deutscher schon vorher, und zwar nach Art. 24 EG. gerade auch für die Deutschen im Auslande; es bedurfte also nicht des KGG., um ihn für Deutsche einzuführen, während für die Schutzgenossen allerdings diese Einführung durch das KGG. erfolgte. Nach dem Sinn des § 27 KGG. ist es aber sicher, daß diese Vorschrift den Art. 11 mit treffen sollte. Die Begründung zu § 27 führt gerade den Art. 11 als Beispiel dafür an, daß mehrfach in den deutschen Gesetzen hinsichtlich der Form der Rechtsgeschäfte auf die an einem ausländischen Orte geltenden Vorschriften Bezug genommen werde, und sagt, daß hier zur Beseitigung von Zweifeln ausdrücklich vorgeschrieben werde, daß in den in Frage kommenden Bezirken die deutschen Gesetze als die Gesetze des Ortes anzusehen seien. Wollte man das Gesetz anders verstehen, so wäre das Ergebnis, daß in den Konsulargerichtsbezirken für die Deutschen die im Art. 11 aufrecht erhaltene Regel locus regit actum Anwendung fände, nicht aber für die Schutzgenossen, so daß für diese, Ausländer, ausschließlich das deutsche Recht, für die Deutschen daneben ausländisches Recht gelten würde. Diese Regelung kann unmöglich gewollt sein und ist nach der Begründung nicht gewollt. Unter diesen Umständen ist der § 27 KGG. so auszulegen, als ob dort anstatt „die nach § 19 zur Anwendung kommenden Gesetze" gesagt wäre: „die im § 19 bezeichneten Gesetze"; diese Auslegung berührt also lediglich eine redaktionelle Unstimmigkeit des Gesetzes und ist daher auch bei dem entgegenstehenden Wortlaute zulässig. Es kommt also für die Formen der letztwilligen Verfügungen des Erblassers ausschließlich deutsches Recht in Anwendung.

Nach deutschem Rechte kann die Verfügung des Erblassers von 1907 als rechtsgültiges Testament nicht angesehen werden. Das LG. bemerkt zunächst zutreffend, der Umstand, daß die Verfügung auf zwei nur locker zusammengehefteten Briefbogen niedergeschrieben sei, würde der Gültigkeit nicht hinderlich sein, weil nach dem Inhalt klar ist, daß beide ein Ganzes bilden, und führt sodann aus, nach dem klaren Wortlaut des § 2231 müsse die Ortsangabe bei dem eigenhändigen Testament vom Erblasser eigenhändig geschrieben sein; da dies hier nicht zutreffe, weil der Ort, Salonik, auf den

Briefbogen vorgedruckt und nicht geschrieben sei, so habe dieser Formfehler die Nichtigkeit des Testaments zur Folge. Dem ist lediglich zuzustimmen (Rsp. 14 S. 302; JW. 1908 S. 336[21]). Das LG. hält aber die Verfügung deshalb für ein gültiges Testament, weil es in dem Nachtrag von 1908 bestätigt sei. Das ist unzutreffend. Zwar erfüllt der Nachtrag alle gesetzlichen Anforderungen an die Form des eigenhändigen Testaments; insbesondere steht der Gültigkeit nicht der Umstand entgegen, daß die Datierung unter die Namensunterschrift gesetzt ist (RG. 52 S. 278), aber daraus folgt nicht mehr, als daß dieser Nachtrag als Testament gültig sein würde, wenn er eine letztwillige Verfügung enthielte, was aber nicht der Fall ist. Der Satz: „Meine übrigen Angaben und Bestimmungen erhalte ich aufrecht", der, wie nach den Umständen keinem Zweifel unterliegen kann, sich auf die räumlich vorangehende Verfügung von 1907 beziehen soll, ist rechtlich ohne Bedeutung. Der Begriff der Bestätigung ist in Fällen wie hier überhaupt nicht verwendbar. Das Gesetz fordert, daß die Willenserklärung des Testaments in bestimmten Formen geschehen soll, um rechtliche Kraft zu haben. Diese Form kann nicht dadurch gewahrt werden, daß in gültiger Form erklärt wird, eine andere, nicht in gültiger Form abgegebene Erklärung solle gelten. Denn dann ist diejenige Erklärung, auf die es ankommt, immer noch nicht in der vorgeschriebenen Form in die Erscheinung getreten. Wollte man derartiges zulassen, so wäre, wie ohne weiteres klar ist, der Rechtsunsicherheit Tür und Tor geöffnet, da die Erklärungen, auf die dann verwiesen werden könnte, jeder Nachprüfung auf ihre Echtheit entzogen sein würden. Es müßten dann auch von fremder Hand geschriebene, ja mündliche Erklärungen auf diesem Umwege zum Testamentsinhalt gemacht werden können, was selbstverständlich auszuschließen ist (Rsp. 8 S. 281, 12 S. 381).

Anders läge die Sache, wenn, woran hier gedacht werden könnte, etwa die Unterschrift und Datierung des Nachtrags von 1908 zugleich auf die Niederschrift von 1907 bezogen werden könnte, m. a. W., wenn der Erblasser 1908 die Niederschrift von 1907 noch einmal mit unterschrieben hätte. Die herrschende Ansicht, besonders des RG. (JW. 1908 S. 366[15]; RG. 64 S. 423, 52 S. 280 ꝛc) verlangt zwar beim eigenhändigen Testament die Richtigkeit des Datums, aber sie geht nicht soweit, nicht zuzulassen, daß, wenn eine Testamentsabfassung sich über mehrere Tage hinzieht, nur eine Datierung stattfindet, nämlich diejenige des Tages, an dem das Testament abgeschlossen wird (so RG. 43 S. 380 für das franz. Recht; vgl. Rsp. 12 S. 379). Hier wäre z. B. zulässig gewesen, daß der Erblasser etwa in der Erkenntnis der Nichtigkeit der Verfügung von 1907 seine Unterschrift unter dieser Niederschrift gestrichen und auf diese Weise deutlich gemacht hätte, nicht diese, sondern die Unterschrift von 1908 solle für die ganze darüber und davor stehende Niederschrift gelten. Auch in anderer Weise hätte dieser Wille zum Ausdruck gelangen können. Aber nichts von dem liegt vor. Die Niederschriften von 1907 und 1908 sind in sich abgeschlossen, es spricht nichts dafür, daß ihre Unterschriften sich nicht lediglich auf die einzelnen darüber befindlichen Niederschriften beziehen sollen. Die Überschrift von 1908 deckt also nur den Nachtrag von diesem Datum, nicht mehr. Auf diese Frage aber kommt es an (RG. 61 S. 9). Die Sache liegt nicht anders, als wenn der Erblasser zur Niederschrift des Nachtrages einen weiteren Papierbogen verwendet hätte, daß er statt dessen die Rückseite des schon zur Niederschrift von 1907 benutzten Bogens wählte, ist nicht irgendwie entscheidend. Im ersteren Falle würde noch deutlicher sein, daß die Unterschrift des Nachtrags sich nur auf diesen selbst bezieht.

Ist danach das Testament von 1907 nichtig, so unterliegen die Klaganträge keinerlei Bedenken. ... Der Beklagten gebühren nach § 1932 außer dem Erbteile die zum ehelichen Haushalte gehörenden Gegenstände, soweit sie nicht Zubehör eines Grundstücks sind, und die Hochzeitsgeschenke als voraus. Auf ihn finden aber die für Vermächtnisse geltenden Vorschriften Anwendung, besonders auch § 2174, wonach ein Vindikationslegat nicht mehr errichtet werden kann, vielmehr zwischen Erben und Vermächtnisnehmer durch das Vermächtnis nur obligatorische Beziehungen begründet werden. Daraus folgt, daß der Erbe zunächst das Recht hat, die Herausgabe der Erbschaft als eines Ganzen, hier den Mitbesitz, von dem besitzenden Nichterben zu verlangen, auch wenn dieser Vermächtnisnehmer ist und ihm auf Grund dessen einzelne Erbschaftssachen gebühren. Es ist auch nur auf diese Weise dem Erben möglich, festzustellen, welche Erbschaftsgegenstände das von ihm herauszugebende Vermächtnis bilden. M. M.

w) **Nachträgliche Verbesserung eines Schreibfehlers im Datum eines eigenhändigen Privattestaments.**

OLG. Jena, I. ZS. Urteil v. 28. Januar 1911.

Bei den eigenhändigen Testamenten dürfen die gesetzlich vorgeschriebenen Förmlichkeiten nicht allzu leicht gehandhabt werden. Anderseits muß die Auslegung des Gesetzestextes so gestaltet werden, daß sie mit der Gedankenwelt des nicht juristisch geschulten Volkes in Fühlung bleibt. Unter diesem doppelten Gesichtspunkt ist allerdings grundsätzlich zu verlangen, daß das beigegebene Datum richtig ist, also seinen Zahlen und seiner Monatsbezeichnung nach wirklich den Tag wiedergibt, an dem das Testament errichtet worden ist. Doch darf dieser Grundsatz nicht ausnahmslos durchgeführt werden. Als eine erste Ausnahme ist anzusehen, wenn das Testament stückweise errichtet und nur das letzte Stück (vielleicht nur das Datum selbst) wirklich am Tage, den das Datum ausweist, zustande gekommen ist. Bei solcher Sachlage ist das Datum insofern nicht mehr richtig, als ein Teil des Testaments (vielleicht der bei weitem wichtigste) eben doch nicht an dem Datumstag geschrieben worden ist; doch aber erfordert die Billigkeit und die Rücksichtnahme auf die Volksanschauung, ein solches stückweise errichtetes Testament gelten zu lassen. — Eine zweite Ausnahme ist anzuerkennen, wenn das Datum aus Versehen falsch geschrieben worden ist und sich das Versehen als solches aus dem sonstigen Inhalt des Testaments sicher erkennen läßt. Der Senat glaubt, diesen Ausnahmen, die sich im Laufe der letzten Jahre Eingang in die Literatur und Judikatur verschafft haben, eine dritte hinzufügen zu müssen des Inhalts: Die nachträgliche Verbesserung eines Schreibfehlers im Datum ist statthaft, wenn sie gerade nur deshalb geschieht, um das wirkliche Datum herzustellen, d. h. das Datum des Tages, an dem der ganze Text geschrieben worden ist.

Hier hat die Erblasserin nach ihrer Behauptung das Testament am 17. Januar 1902 geschrieben, aber versehentlich mit einem früheren Tage (wahrscheinlich dem 15.) datiert. Sie hat den Irrtum am 18. bemerkt und an diesem Tage aus der falschen Zahl eine 17 gemacht. Würde sie dabei aus der falschen Zahl eine 18 gemacht haben, so würde das Testament aus dem Gesichtspunkte der stückweisen Errichtung gültig sein. Wenn nun die Erblasserin statt dessen die 17 gewählt hat, d. h. das Datum, an dem sie das Testament wirklich geschrieben hatte, so entspringt das gerade dem Bestreben, das bisher sicher falsche Datum zu einem richtigen zu gestalten. Dem juristisch nicht geschulten Laien wird jedenfalls in solchem Falle die 17, wenn nicht als das allein richtige Datum, so doch als richtiger wie die 18 erscheinen. Auf eine solche Verkehrsanschauung aber muß bei der Auslegung Rücksicht genommen werden.

Diese dritte Ausnahme kann übrigens mit der zweiten in Verbindung gebracht und derart als ebenso notwendig wie die zweite erwiesen werden. Die zweite hat das RG. (64 S. 423) aufgestellt, als eine Erblasserin ihr Testament mit der Jahresziffer 1804 statt 1904 versehen hatte, während aus den ganzen Umständen in Verbindung mit dem sonstigen Inhalt des Testaments ohne weiteres erhellte, daß ein reiner Schreibfehler vorlag. Hätte die Erblasserin später, etwa im Jahre 1911, ihr Versehen bemerkt und aus der 8 eine 9 gemacht, so wäre dies wie hier nur ein Ausfluß gewissenhafter Gesinnung gewesen. Es würde dann aber nicht angehen, das Testament mit der sicher falschen Zahl 1804 gültig sein zu lassen, ihm dagegen die Gültigkeit zu nehmen, sobald die Erblasserin die falsche Zahl in die Zahl verbessert, die ihr wie jedem Laien, oder doch der großen Masse der Laien, als die „richtige" erscheinen mußte. Das hat aber ganz entsprechend zu gelten, auch wenn nicht nebenher der Tatbestand zugleich der zweiten Ausnahme gegeben ist. G. l.

x) **Feststellung der Genehmigung des Erblassers oder seiner Erklärung, nicht schreiben zu können.**

α) OLG. Jena, I. ZS. Urteil v. 28. Oktober 1910.

Die Klägerin, die 1905 als Erblasserin mit den beklagten Eheleuten vor dem Amtsgericht einen Erbvertrag abgeschlossen hatte, begehrt die Feststellung, daß dieser richtig sei, weil sie das gerichtliche Protokoll nicht genehmigt habe, ihre Genehmigung darin auch nicht festgestellt worden sei. Der Antrag ist begründet.

Im Protokoll ist nur festgestellt, daß die Erblasserin (Klägerin), nachdem ihr die Beklagten den Inhalt des Protokolls bekannt gegeben hatten, versichert hat, sie habe diesen verstanden. Eine solche Äußerung enthält nicht notwendig eine Zustimmungserklärung. Es liegt vielmehr die Annahme nahe, daß die Urkundspersonen die besondere Bekanntgabe des Protokollinhalts an die Klägerin zur Ergänzung des an sich schon mit rechtlicher Wirkung vollendeten Aktes der Vorlesung für erforderlich gehalten haben. Hierfür spricht die vorangehende Anführung, nach der Vorlesung habe die Erblasserin erklärt, daß sie sehr schwerhörig sei, außerdem weder lesen noch schreiben könne, und der Umstand, daß der nächste Absatz fortfährt: „Der Inhalt vorstehenden Protokolls wurde ihr daher ... bekannt gegeben." Mag man auch als festgestellt ansehen, daß das Ziel, die Erblasserin von dem Protokollinhalt in Kenntnis zu setzen, erreicht wurde, so fehlt es doch an der Feststellung, daß sie ihren etwaigen Willen, diesem Inhalt zuzustimmen, geäußert habe. Diese kann auch nicht in dem Vorgange gefunden werden, daß die Erblasserin das Protokoll mit ihrem Handzeichen unterkreuzt hat. Der Akt war nach dem Gesetze nicht erforderlich, es ist aber sehr wohl denkbar, daß der § 2242[2] den Urkundspersonen nicht gegenwärtig war, und sie deshalb die Unterzeichnung durch eine Schreibensunkundige für notwendig gehalten haben; dafür spricht in gewisser Weise, daß vorher die Erklärung der Erblasserin, nicht schreiben zu können, nur beiläufig unter anderen, rechtlich unerheblichen Äußerungen vermerkt wurde. Ist dem aber so, dann kann die Feststellung der Unterzeichnung diejenige der Genehmigung nicht enthalten, weil das Gesetz verlangt, daß diese beiden Feststellungen nebeneinander getroffen werden. — Alle diese Erwägungen werden noch verstärkt durch die Tatsache, daß man es bei der Klägerin offenbar mit einer geistig hilflosen Person zu tun hat, die damals noch der Vertretung durch einen Pfleger entbehrte.

Sonach ist aus dem Protokolle nicht zu entnehmen, daß die Erblasserin es genehmigt habe. Eine anderweitige Beweisführung hierüber ist nach den bindenden Vorschriften des § 2242 ausgeschlossen (JW. 1904 S. 208[21]). G.I.

β) Kammergericht, III. ZS. Urteil v. 6. Januar 1911.

Der Schlußvermerk des dorfgerichtlichen Testaments enthält weder die Feststellung, daß die Erblasserin nicht schreiben könne, noch die Feststellung, daß sie erklärt habe, nicht schreiben zu können, besagt vielmehr, daß das Protokoll ihr vorgelesen, von ihr eigenhändig unterzeichnet und genehmigt und wie folgt unterschrieben worden sei; unter diesem Vermerke befinden sich die drei Kreuze mit den Worten: „Handzeichen der Auguste S." Bei dieser Sachlage ist dem Inhalte des Protokolles nicht zu entnehmen, daß die Erblasserin erklärt habe, sie könne nicht schreiben, und daß der Gemeindevorsteher diese Erklärung in den mitgeteilten Worten des Schlußvermerks hat feststellen wollen und festgestellt hat. Es ist vielmehr durchaus möglich, daß die Erblasserin eine Erklärung, sie könne nicht schreiben, nicht abgegeben, sondern das Protokoll, als es ihr zur Unterschrift vorgelegt wurde, einfach mit drei Kreuzen statt mit ihrer Namensunterschrift versehen und daß der Gemeindevorstand dieses Handzeichen entsprechend einer weitverbreiteten Auffassung als einen vollgültigen Ersatz der Namensunterschrift angesehen hat. Diese Möglichkeit ist um so weniger von der Hand zu weisen, als notorisch Leute, die zwar ihren Namen schreiben können, aber nur selten es tun, und deshalb im Schreiben ungewandt sind, lieber drei Kreuze anstatt ihres Namens unterzeichnen, wenn nicht darauf gedrungen wird, daß sie ihren Namen schreiben. Es bedarf daher hier keiner Entscheidung darüber, ob man in der Unterzeichnung eines gerichtlich oder notariell aufgenommenen Protokolls mit drei Kreuzen die Erklärung des Unterzeichnenden finden kann, daß er nicht schreiben könne (so Jahrb. 37 S. 124). Denn die Erwägung, daß der beurkundende Beamte das Handzeichen an Stelle der Namensunterschrift nicht zugelassen, sondern auf Beifügung der Namensunterschrift bestanden haben würde, wenn ihm nicht der Fertiger des Handzeichens erklärt hätte, zur Leistnng des Handzeichens außerstande zu sein, erscheint in dem Falle, wenn ein rechtsunkundiger Gemeindevorsteher das Protokoll aufgenommen hat, jedenfalls nicht durchgreifend, und zwar um so weniger, als hier die damals vorhanden gewesene Feststellung, daß der Erblasser seinen Namen nicht habe schreiben können, fehlt.[1] K. ch.

y) **Testamentseröffnung durch den Notar.**

OLG. München, III. ZS. Beschluß v. 23. Dezember 1910.

Auf Grund des Art. 147 EG. ist durch Art. 2 Ges. vom 9. August 1902 über das Nachlaßwesen die Eröffnung der Verfügung von Todes wegen dem Notar übertragen, wenn diese sich in dessen amtlichem Verwahre befindet und der Notar seinen Amtssitz an einem anderen Orte als das Nachlaßgericht hat. Der Notar tritt hierbei an die Stelle des „Nachlaßgerichts", nicht des „anderen Gerichts" nach § 2261. Seine hierbei entwickelte Tätigkeit, wozu auch die Behandlung der Verfügung nach deren Eröffnung gehört, erfolgt nicht im Wege des Ersuchens des Gerichtes, auch nicht nach § 2259², sondern auf Grund seiner selbständigen Amtsverpflichtung hierzu. Es erscheint deshalb der Beschwerdeweg nach § 160 GVG., § 194 FrGG. nicht gegeben; überdies hat das ersuchende Gericht eine solche Beschwerde nach § 160 GVG. bisher nicht eingelegt, wie überhaupt nicht die Verweigerung der Abschriftserteilung an sich zwischen dem Nachlaßgerichte und dem Notare strittig ist, sondern die Sachbehandlung der fraglichen letztwilligen Verfügung als solcher nach § 2273. Kommt der Notar seinen Amtspflichten nach Art. 2 Ges. vom 9. August 1902 im Zusammenhalte mit §§ 27, 37, 40 NachlaßO. vom 20. März 1903 und GeschO. für Notare vom 5. Juli 1903 §§ 243, 247, 249, 251 nicht nach, so steht die Entscheidung hierüber der Dienstaufsichtsbehörde zu. P. n.

[1] In der Genehmigung des Testamentstextes, der die objektive Feststellung der Schreibunfähigkeit des Erblassers enthält, kann die Feststellung gefunden werden, der Erblasser habe erklärt, nicht schreiben zu können (RG. 14. März 1911, Warn.Erg. Nr. 271 S. 312).

z) **Gemeinschaftliches Testament. Verzicht des Erben.**

Kammergericht, I. ZS. Beschluß v. 11. Januar 1909.

Die Eheleute A. haben in gemeinschaftlichem Testamente sich gegenseitig und ihren Sohn Gustav zu Erben eingesetzt. Der überlebende Mann hat 1902 die Erbschaft angetreten, aber kurz vor seinem Tode 1907 ein Testament errichtet, in welchem er die Frau seines Sohnes als Alleinerbin einsetzte. Der von dieser beantragte Erbschein wurde abgelehnt. Gründe:

Der Ehemann A. war nicht zum willkürlichen Widerrufe der Erbeinsetzung seines Sohnes befugt. Ob er die Befugnis zur anderweiten Verfügung über sein Vermögen durch einen gültigen Erbverzicht des Sohnes erlangt haben würde, kann dahingestellt bleiben, weil ein solcher nicht erklärt war. Der Verzicht kann nach den §§ 2352, 2347, 2348 nur durch einen vom Erben mit dem Erblasser persönlich abzuschließenden gerichtlichen oder notariellen Vertrag wirksam erfolgen. Hier liegt aber nur eine privatschriftliche Erklärung des Gustav vor.

Die Bindung des A. an die Einsetzung des Sohnes schloß allerdings die Befugnis nicht aus, den Sohn aus gesetzlichen Gründen zu enterben und zu diesem Zwecke dessen Einsetzung als Alleinerben zu widerrufen und abzuändern, soweit sonst die Enterbung nicht ausführbar war (RG. 22 S. 277; 63 S. 120). Die Beschwerde hat nun behauptet, daß der Erblasser 1907 das Testament lediglich zu dem Zwecke errichtet habe, den Nachlaß vor dem Zugriffe der Gläubiger seines in Konkurs geratenen Sohnes zu schützen und das Vermögen der Familie des Sohnes zu erhalten. Allein die Aufhebung der Einsetzung des Gustav war zur Erreichung dieses Zweckes (vgl. Jahrbuch 34 S. 97) nicht notwendig und daher auch nicht zulässig. Der Erblasser hätte vielmehr durch Anordnung einer Nacherbfolge und einer Testamentsvollstreckung auf Grund des § 2338 die Substanz des Nachlasses dem Zugriffe der Gläubiger des Gustav entziehen können und daher auch diesen Weg wählen müssen. Das Testament würde daher nur gültig sein, wenn sich die darin getroffenen Anordnungen in dem Sinne auslegen ließen, daß die im gemeinschaftlichen Testamente bestimmte Einsetzung des Gustav aufrecht erhalten, jedoch die Beschwerdeführerin zum Testamentsvollstrecker ernannt und die gesetzlichen Erben des Gustav als Nacherben eingesetzt werden sollten. Ob eine derartige Beschränkung des Gustav als vom Erblasser gewollt anzusehen wäre, kann dahingestellt bleiben. Denn abgesehen davon, daß die für diesen Fall im § 2338² Satz 1, § 2336³ vorgeschriebene Angabe des Grundes der Beschränkung im Testamente fehlt, würde auch bei einer solchen Auslegung kein Erbschein für die Beschwerdeführerin erteilt werden können, da sie alsdann nicht Erbin wäre. Der Erbschein könnte vielmehr nur unter Angabe der angeordneten Beschränkungen für Gustav als Alleinerben ausgestellt werden. Gustav hat die Erbschaft nicht ausgeschlagen. Die Ausschlagung hätte auch nur dem Anfall des Nachlasses an die nächst dem Gustav berufenen gesetzlichen Erben des Erblassers zur Folge gehabt. Eine

Ausschlagung zugunsten der Beschwerdeführerin würde als eine unter einer Bedingung erklärte Ausschlagung gemäß § 1947 ungültig gewesen sein (Jahrbuch 35 S. 63). Dr. H.g.

4

a) Auslegung eines Testaments. Befreiter Vorerbe oder Vollerbe?

α) Kammergericht, I. ZS. Beschluß v. 5. Dezember 1910.

Die Prüfung, ob die beschwerdeführende Witwe nicht als Vollerbin ihres Mannes angesehen werden könne, erledigte sich nicht im Hinblick darauf, daß sie sich in der Abtretungserklärung selbst als befreite Vorerbin bezeichnet hatte. Denn die Erklärungen der Beteiligten sind, soweit sie die rechtliche Beurteilung der Sachlage betreffen, für das Gericht nicht bindend; vielmehr hat der Richter unabhängig von der Rechtsauffassung der Beteiligten die wahre Rechtslage festzustellen. Nach dem wechselseitigen Testament von 1891 ist die Witwe nicht befreite Vorerbin, sondern Vollerbin ihres Mannes geworden. Da der Erblasser vor 1900 gestorben ist, so kommt das frühere Recht zur Anwendung. Die Auslegungsregel des § 2269[1] BGB. kann somit der Entscheidung nicht ohne weiteres zugrunde gelegt werden; sie findet aber entsprechende Anwendung auch auf Erbfälle, die nach preuß. Recht zu beurteilen sind. Daß die Ehegatten den Überlebenden von ihnen nicht nur als befreiten Vorerben, sondern als Vollerben behandelt wissen wollten, geht zunächst daraus hervor, daß sie ihm Rechte eingeräumt haben, die dem befreiten Vorerben (Fiduziar) nach den §§ 468ff. I 12 ALR. nicht zustehen. Denn der befreite Fiduziar durfte nach preuß. Recht über den Nachlaß zwar unter Lebenden, nicht aber von Todeswegen verfügen, und auch unter Lebenden konnte er Schenkungen, die auf bloßer Freigebigkeit beruhen, nicht vornehmen. Hier ist aber bestimmt, daß der Überlebende über die Substanz des Nachlasses nicht allein unter Lebenden, sondern sogar von Todes wegen frei verfügen dürfe.... Hierzu kommt, daß nach dem Testamente bei dem Tode des Erstversterbenden keine Sonderung der beiderseitigen Vermögensmassen eintreten soll; vielmehr wird der Nachlaß des Erstversterbenden und das Vermögen des Überlebenden als eine Einheit angesehen, die sich in der Hand des Überlebenden als eine ungetrennte Masse verkörpert. Deshalb wird auch im Testamente bei Erörterung der nach dem Tode des Erstversterbenden eintretenden Rechtslage das Vermögen des Überlebenden nicht besonders angeführt, sondern zusammen mit dem Nachlaß des Verstorbenen als der „beiderseitige Nachlaß" bezeichnet, und bestimmt, daß die Kinder nach dem Tode des Letztlebenden „den Nachlaß" erhalten solle. Die Kinder sollen also nach dem klaren Willen des Erblassers nur Erben der überlebenden Witwe sein, nicht aber schon beim Tode des Vaters betreffs dessen Nachlasses als Fideikommissare gelten.... Dr. K.

β) Kammergericht, I. ZS. Beschluß v. 31. Oktober 1910.

Auf Beschwerde hat das LG. die Erteilung eines Erbscheins dahin, daß die Witwe A. Alleinerbin ihres Mannes geworden ist, angeordnet. Die weitere Beschwerde des einzigen erbberechtigten Bruders des Erblassers ist zwar zulässig (Rsp. 9 S. 436, RG. 61 S. 278), aber unbegründet. Wenn, wie hier, Ehegatten in gemeinschaftlichem Testamente sich gegenseitig als Erben einsetzen und bestimmen, daß nach dem Tode des Überlebenden der beiderseitige Nachlaß an andere Personen fallen solle, so ist nach § 2269 [1] im Zweifel anzunehmen, daß letztere für den gesamten Nachlaß als Erben des Letztversterbenden eingesetzt seien. Die Beschwerde entnimmt die Erklärung eines von der gesetzlichen Regel abweichenden Willens, nämlich die Anordnung einer Nacherbfolge in den Nachlaß des Erstverstorbenen zu Unrecht aus dem Nachtragstestament von 1910. Diesem ist das wechselseitige Testament von 1882 vorausgegangen. Dort haben sich die Ehegatten gegenseitig eingesetzt und darüber, was aus dem beiderseitigen Vermögen nach dem Tode des Überlebenden werden solle, nichts bestimmt. Die Witwe würde also, wenn sich die Erbfolge nur nach jenem Testamente richten würde, unzweifelhaft alleinige Vollerbin des Erblassers geworden sein. Nun erklären aber die Eheleute am Beginn ihres späteren Testaments ausdrücklich, daß sie das frühere aufrechterhalten und durch die neuen Anordnungen nur ergänzen wollen; auf dieser Grundlage verordnen sie, was aus ihrem Vermögen nach dem Tode des Überlebenden werden solle. Enthielten die neuen Bestimmungen wirklich die Anordnung einer Nacherbfolge, so würde hierin nicht nur ein nach § 2258 [1] zu beurteilender Widerspruch zu dem früheren Testamente, sondern auch zu dem am Eingange des späteren erklärten Willen liegen, die Erbeinsetzung in dem früheren Testamente durch das spätere Testament nicht abzuändern. Schon diese Erwägung spricht für eine Auslegung der beiden nebeneinander geltenden Testamente in dem Sinne, daß durch das Nachtragstestament lediglich die im ersten Testamente nicht geordnete Erbfolge nach dem Überlebenden geregelt werden sollte.

Diese Auslegung entspricht auch dem Inhalte der neuen Bestimmungen. Gemäß diesen soll nach dem Tode des Überlebenden der ganze hinterbliebene Nachlaß in zwei gleiche Teile geteilt werden und je eine Hälfte an die alsdann vorhandenen gesetzlich erbberechtigten Verwandten des Mannes und der Frau fallen. Die Ehegatten betrachten danach das in der Hand des Überlebenden befindliche Vermögen als eine Einheit, was begrifflich mit der Einsetzung von Nacherben nach dem Überlebenden als Vorerben nicht vereinbar wäre. Eine solche Nacherbfolge könnte nur in das Vermögen des zuerst versterbenden Ehegatten angeordnet werden. Der Überlebende würde hinsichtlich dieses Vermögens den Beschränkungen und Verpflichtungen eines Vorerben aus §§ 2112ff. BGB. oder, bei der Annahme einer befreiten Vorerbschaft nach §§ 2136f., wenigstens den Beschränkungen und Verpflichtungen aus §§ 2113 [2], 2115, 2121, 2122 unterliegen, während hinsichtlich seines eigenen Vermögens seine Stellung eines unbeschränkten Eigentümers durch den Erbfall nicht verändert worden ist. Die Anordnung einer Nacherbfolge würde also dazu führen, daß beide Vermögensmassen auch nach dem Tode des einen Ehegatten in der Hand des andern dauernd getrennt blieben Wechselseitige Testamente, in denen irgend eine solche Trennung des beiderseitigen Vermögens festgesetzt ist, werden regelmäßig nicht im Sinne des § 2262, sondern dahin auszulegen sein, daß durch sie eine Nacherbfolge angeordnet ist. Dies trifft z. B. bei der Bestimmung zu, daß nach dem Tode des Überlebenden das Vermögen wieder in seine früheren Bestandteile auseinanderfallen und so den beiderseitigen Verwandten getrennt vererbt werden solle. Derart ist der Fall, in welchem Eichhorn (Testament[5] S. 166) mit Planck (BGB. 2d zu § 2289) eine Nacherbeinsetzung annimmt. In dem Testamente von 1910 ist aber nicht über das Vermögen des Mannes und das der Frau getrennt verfügt, sondern über das beim Tode des Überlebenden vorhandene Gesamtvermögen ohne Unterscheidung der Vermögensanteile, die von dem einen und von dem anderen der in getrennten Gütern verheirateten Ehegatten herrühren. Es hat auch nicht, wie es die Beschwerde darstellt, jeder Ehegatte nur über die eine Hälfte dieses Gesamtvermögens zugunsten seiner eigenen Verwandten verfügt, sondern jeder Ehegatte hat auf die eine Hälfte seine eigenen Verwandten, auf die andere Hälfte die Verwandten des anderen Teiles als Erben eingesetzt. Die Teilung des Gesamtnachlasses in zwei Hälften dient lediglich zur Bestimmung der Erbteile der beiden Teile der an Stelle des Letztlebenden eintretenden Erben. H. g.

γ) OLG. Braunschweig, I. ZS. Beschluß v. 2. Juni 1911.

Die 1907 verstorbene Frau A. hat durch Testament ihren Mann zum alleinigen Erben bzw. Vorerben ihres Nachlasses mit der Maßgabe eingesetzt, daß nach seinem Tode als Nacherben erhalten sollen: ihre Pflegetochter Marie 5000 Mark und B. und C. je 300 Mark. In einem Nachtrage bestimmte sie ferner: „Mein Mann soll zur freien Verfügung über die Erbschaft berechtigt sein.“ Der Antrag, einen Erbschein dahin zu erteilen, daß der Mann seine Frau allein beerbt habe, wurde zurückgewiesen. Die weitere Beschwerde rügt, daß sich das LG. der Aufgabe entzogen habe, das Testament positiv auszulegen. Allerdings darf ein erbetener Erbschein nicht deswegen abgelehnt werden, weil Zweifel über den Sinn einer Verfügung bestehen. Vielmehr hat das Nachlaßgericht das Testament insoweit bestimmt auszulegen, als es erforderlich ist, um über den Antrag auf Erbschein entscheiden zu können (RG. 16. Juni 1902; RJA. 3 S. 117). Gegen diesen Grundsatz hat indessen das LG. nicht verstoßen. Es hat das Testament dahin ausgelegt, daß der Mann nur als befreiter Vorerbe und die Marie als Nacherbin berufen sei und nur offen gelassen die Frage, ob auch die ferner bedachten B. und C. als Nacherben oder nur als Vermächtnisnehmer anzusehen seien. Die letztere Frage brauchte nicht entschieden zu werden. Denn aus der Feststellung, daß der Mann nur befreiter Vorerbe und Marie Nacherbin geworden sei, folgt mit Notwendigkeit, daß der beantragte Erbschein abgelehnt werden mußte. Das LG. hat auch den Nachtrag des Testaments richtig gewürdigt. Es hat sich genau an den Wortlaut des § 2137[2] angeschlossen; die Beschwerde hat aber nichts zur Entkräftung dieser gesetzlichen Auslegungsregel vorgebracht....

Nach § 2358 hat das Nachlaßgericht mit Recht von Amts wegen Ermittelungen angestellt. Es konnte und mußte ihr Ergebnis bei Auslegung des Testaments berücksichtigen, wenn auch die festgestellten Umstände außerhalb des Testaments lagen. Unzulässig würde die Zuhilfenahme der äußeren Tatsachen nur dann sein, wenn die dadurch gewonnene Bestimmung der Willensmeinung der Erblasserin im Testamente überhaupt keinen Ausdruck gefunden hätte (Staudinger I, II vor §§ 2066—2076). Das läßt sich hier bei dem Gebrauch der Worte Vorerbe und Nacherbe aber nicht sagen. In Summenzuwendungen kann, wie das LG. mit Recht annimmt, die Einsetzung von Erben unter Umständen erblickt werden. Die nur im Zweifel geltende Auslegungsregel des § 2087² ist deshalb nicht verletzt. Ebensowenig liegt ein Verstoß gegen die Auslegungsregeln der §§ 133, 2084 vor. H.g.

b) **Wird die Einleitung der gerichtlichen Erbauseinandersetzung durch den Widerspruch eines Beteiligten oder sonstige Hindernisse aufgehalten?**

Kammergericht, I. ZS. Beschluß v. 23. Oktober 1911.

Das OLG. Jena (Rsp. 2 S. 36) hat die Einleitung des Verfahrens für unzulässig erklärt, wenn ein Beteiligter das Erbrecht des Antragstellers schon im voraus bestreitet. Das KG. (Beschluß v. 28. April 1902, Rsp. 6 S. 484) hat ausgesprochen, wenn ein Beteiligter schon gegen den Antrag auf Auseinandersetzung Widerspruch erhebe, so könne das Nachlaßgericht die Einleitung des Verfahrens von der Beibringung des Nachweises abhängig machen, daß die Gründe des Widerspruchs im Prozeßwege beseitigt seien. Nicht in unmittelbarem Widerspruch, aber doch in einem gewissen Gegensatze zu diesen Entscheidungen steht der Beschluß des ObLG. vom 25. Juni 1903 (Rsp. 8 S. 327), in welchem — unter Ausscheidung des der Jenaer Entscheidung zugrunde liegenden Falles — ausgeführt wird, daß ein Beteiligter nicht das Recht habe, durch einen außerhalb des gesetzlich geregelten Verfahrens, insbesondere schriftlich, erklärten Widerspruch die Eröffnung oder Fortsetzung des Verfahrens zu hindern, daß vielmehr die Einleitung des Verfahrens auch dann zulässig sei, wenn ein Beteiligter dem Vermittelungsbeamten gegenüber im voraus erklärt habe, er werde sich auf eine gütliche Auseinandersetzung nicht einlassen. Demgegenüber hat das KG. am 5. Juni 1905 (Jahrb. 30 S. 160, 108) erneut ausgeführt, es dürfe auf dem Gebiete der freiwilligen Gerichtsbarkeit niemand als Beteiligter wider seinen Willen in ein aus gewissen Pflichten und mit Versäumnisfolgen verbundenes Verfahren hineingezogen werden, der geltend machen könne, daß die Voraussetzungen dieses Verfahrens (§ 86 FrGG.) nicht vorlägen. Später ist es jedoch von diesem Standpunkt etwas abgegangen. Der Beschluß (Jahrb. 31 S. 135) führt aus, die Ablehnung des Antrags sei zulässig wegen eines Hindernisses, das durch Einigkeit der Beteiligten nicht beseitigt werden könne; solche

Hindernisse dagegen, die durch Vermittelung beseitigt werden können, begründeten nicht die sofortige Ablehnung, könnten vielmehr nur den Erlaß einer Zwischenverfügung nach § 87² FrGG. rechtfertigen. Der Beschluß vom 13. Dezember 1906 (Jahrb. 33 S. 104) spricht sodann aus, der Antrag dürfe wegen Verneinung des Antragrechts oder wegen Vorhandenseins eines Vollstreckers (§§ 2204, 2208 BGB., § 86¹ FrGG.) erst abgelehnt werden, nachdem das Nachlaßgericht das Vorliegen dieser Hinderungsgründe, eventuell auf Grund einer Beweisaufnahme, festgestellt habe; das Nachlaßgericht könne sich aber auch der Feststellung enthalten und das Verfahren einleiten oder die Erbringung des Nachweises verlangen, daß die Hinderungsgründe beseitigt seien. Auf diesem Standpunkt steht auch der Beschluß des OLG. Colmar vom 10. Dezember 1909 (Rsp. 21 S. 49).

Hier hat das Nachlaßgericht auf den schriftlichen Antrag der Beschwerdeführerin einen „Termin zur Auseinandersetzung" anberaumt und zu diesem die Antragstellerin und die Antragsgegner gemäß § 89 FrGG. geladen. In dem Termin hat der Vertreter der Antragsgegner die Zulässigkeit des Verfahrens mit der Begründung bestritten, die Teilung des Nachlasses sei bereits außergerichtlich vereinbart und erfolgt. Das Nachlaßgericht hat darauf nach Einsicht der Akten über die zwischen den Beteiligten anhängig gewesenen beiden Prozesse durch Beschluß den Antrag auf Vermittelung der Erbauseinandersetzung abgelehnt. Das LG. hat die Beschwerde mit der Begründung zurückgewiesen, es sei weder eine ungeteilte Nachlaßmasse noch eine Erbengemeinschaft mehr vorhanden. Nach den eigenen Angaben der Beschwerdeführerin sei der Hauptbestandteil des Nachlasses, ein Bankguthaben, zur Bezahlung einer Schuld ihres Angehörigen verwendet worden. Wenn sie daher behaupte, daß sich der Nachlaß „zum größten Teil im Besitze des Miterben" X. befinde, so sei anzunehmen, daß sie unter dem Drucke der gegen sie angestrengten Klage die in den beiden Scheinen vom 11. Mai und 6. Juli 1909 übernommene „Erbabfindung" an X. geleistet habe. Ob sie sich zu der Erbabfindung, wie sie behaupte, nur unter irrigen Voraussetzungen bereit gefunden habe und ob jene Teilung daher anfechtbar sei, müsse im ordentlichen Rechtswege entschieden werden.

Diese Rechtsausführungen und das Verfahren des Nachlaßgerichts beruhen mehrfach auf Gesetzesverletzung. Zunächst durfte das Nachlaßgericht nicht den Auseinandersetzungsantrag abweisen, nachdem es die Beteiligten unter Beobachtung des § 89 FrGG. zu einem Termin geladen und in diesem über die Erbberechtigung und die Höhe des Nachlasses verhandelt hatte. Damit war das Verfahren bereits eingeleitet und jetzt kam nur noch eine Aufhebung des Verfahrens in Frage, soweit diese zulässig und nicht eine bloße Aussetzung geboten war.

Die tatsächlichen Feststellungen, daß unter den Beteiligten bereits früher eine Erbteilung vereinbart und auch durchgeführt sei, daß es also tatsächlich an einer ungeteilten Nachlaßmasse fehle, geben an sich zu Bedenken keinen

Anlaß. Verfehlt ist jedoch die Behandlung des Einwandes der Beschwerdeführerin, die beiden Schuldscheine beruhten auf einem Scheingeschäfte oder — wie sie später gesagt hat — sie seien wegen Irrtums rc anfechtbar. Würden sich die damit geltend gemachten Tatsachen als richtig erweisen, so würden die Erbteilungsverhandlungen in mehr oder minder weitem Umfang entweder — im Falle des Scheingeschäfts oder der Unwirksamkeit des Vergleichs (§§ 117, 779) — von vornherein oder doch gemäß §§ 119, 123, 142 infolge der Anfechtung nichtig sein. Es würden daher im Rechtssinne noch jetzt ungeteilter Nachlaß und eine Erbengemeinschaft vorhanden sein. Nach den obigen, neueren Rechtsgrundsätzen aber mußte das Nachlaßgericht die darauf bezüglichen Feststellungen entweder selbst treffen oder nach Einleitung des Verfahrens den Beteiligten aufgeben, eine Entscheidung des Prozeßgerichts herbeizuführen, und bis zur Erledigung der Streitpunkte das Verfahren aussetzen (§ 95 FrGG.). Eine Ablehnung der Einleitung oder eine Aufhebung des eingeleiteten Verfahrens durfte wegen dieser Schwierigkeiten nicht erfolgen.

Hieran kann das unter den Beteiligten ergangene rechtskräftige Urteil nichts ändern. Denn die Rechtskraft reicht nach § 322 ZPO. nur soweit, als über den die Klage — hier Feststellung der Rechtswirksamkeit der beiden Schuldscheine — erhobenen Anspruch entschieden ist; die der prozeßgerichtlichen Entscheidung zugrunde liegenden Feststellungen sind nicht in Rechtskraft übergegangen. Auch die Erwägung, daß eine einmal aufgehobene Erbengemeinschaft nicht durch Vertrag oder dadurch, daß auf Grund eines Urteils früher Geleistetes zurückgewährt wird, wiederhergestellt werden kann (Jahrb. 31 S. 138), steht nicht entgegen. Denn soweit ein Scheingeschäft oder Unwirksamkeit des Vergleichs geltend gemacht wird, würde die Gemeinschaft überhaupt nicht aufgehoben worden sein; auch betreffs der Anfechtbarkeit aber neigt die neuere Rechtslehre zu der Annahme, daß die durch Anfechtung herbeigeführte Nichtigkeit nicht nur das obligatorische Kausalgeschäft, sondern auch die zu dessen Ausführung getroffene dingliche Verfügung ergreift, daß also nicht nur ein kondiktionsartiger Anspruch auf Wiederherstellung der früheren Rechtslage besteht. E. r.

c) **Schenkungen nach Abschluß eines Erbvertrags.**

OLG. Hamburg, IV. ZS. Urteil v. 26. Mai 1911.

... Die Beeinträchtigungsabsicht fehlt, wenn der Erblasser die 600 Mark zu einer Erholungsreise für seine leidende Tochter, die Beklagte, und deren kranke Kinder verwandt hat. Durch den Erbvertrag wird das Recht des Erblassers, unter Lebenden frei über sein Vermögen zu verfügen, grundsätzlich in keiner Weise beschränkt (§ 2286). Wie er, um sich sein Leben angenehmer zu gestalten, sein Vermögen nach und nach aufzuzehren befugt war, so durfte er auch weitgehende Freigebigkeitshandlungen gegen andere vornehmen. Er war besonders keineswegs auf diejenigen Schenkungen beschränkt, welche sich als seine sittliche Pflicht darstellten, sondern seine einzige Schranke bildete, daß er nicht schenken durfte, damit der Vertragserbe nichts mehr vorfand.

Das trifft sicher dann nicht zu, wenn er einen Teil seines Vermögens, auf dessen Revenuen und Substanz er gerade wegen seiner Aufnahme in das klägerische Hospital nicht mehr mit Notwendigkeit angewiesen war, dazu verwandte, seiner Tochter und seinen Enkelkindern ihre gefährdete Gesundheit zu erhalten oder ihre geschwächte Gesundheit zu kräftigen. M. M.

d) **Im Falle des § 2306 S. 1 fällt die Beschränkung ohne weiteres fort.**

Kammergericht, III. ZS. Urteil v. 20. Dezember 1910.

Der Erblasser, der 3 Töchter hinterließ, hat die Beklagte, eine dieser Töchter, auf $^1/_6$ seines Nachlasses eingesetzt und zugleich ihre Kinder zu Nacherben berufen. Diese machten aus der Nacherbfolge Rechte geltend, weil die Beklagte die Erbschaft nach ihrem Vater nicht ausgeschlagen habe. Allein nach § 2306 Satz 1 gilt, wenn ein als Erbe berufener Pflichtteilsberechtigter durch die Einsetzung eines Nacherben beschränkt ist, die Beschränkung als nicht angeordnet, wenn der ihm hinterlassene Erbteil die Hälfte des gesetzlichen Erbteils nicht übersteigt. Damit ist grundsätzlich, wie auch der Zusammenhang mit Satz 2 und die Entstehungsgeschichte zweifelsfrei bestätigen, der Pflichtteilsberechtigte von dem Umwege der Ausschlagung des Erbteils, um zu seinem Pflichtteil zu gelangen, befreit; er behält das ihm Zugewiesene frei von Beschränkungen, während unter gleicher Voraussetzung der Pflichtteilsberechtigte, der mehr als seinen Pflichtteil (die Hälfte des Wertes des gesetzlichen Erbteils, § 2303 Satz 2) als Erbteil erhält, erst nach Ausschlagung dieses Erbteils den Anspruch auf den Pflichtteil im technischen Sinne erheben kann (Prot. 5 S. 507, abweichend von den Mot. 5 S. 394; Planck § 2306[1]). Diese gesetzliche Regelung schließt allerdings eine abweichende Anordnung des Erblassers nicht aus, daß der zum Erben unter gewissen Beschränkungen berufene Pflichtteilsberechtigte zu wählen hat, ob er die Erbeinsetzung mit den Beschränkungen oder den, nur auf eine Geldforderung gerichteten Pflichtteilsanspruch vorzieht. In solchem Falle muß der Erbe, der zugleich Pflichtteilsberechtigter ist, sein Wahlrecht innerhalb der Frist des § 1944 ausüben. Hier bestimmt zwar das Testament, daß der Erbe, der das Testament anfechten sollte, auf den Pflichtteil gesetzt werde. In dieser lediglich zur Strafe eines unzufriedenen Erben angeordneten Maßregel liegt aber nicht die Anordnung, daß der Erbe sich binnen der gesetzlichen Ausschlagungsfrist zu entscheiden habe, welche Ansprüche er an den Nachlaß stellen wolle, sondern offenbar sollte der dem Willen des Erblassers zuwiderhandelnde Erbe noch schlechter gestellt werden, als nach dem Testamente. Die Bestimmung ist daher nur auf diejenigen Erben zu beziehen, die mehr als ihren Pflichtteil erhalten hatten, nicht aber auf die Beklagte, die nur ihren Pflichtteil mit der Beschränkung des Nacherbenrechts ihrer Kinder erhalten hatte und für die also die Verweisung auf den unbeschränkten Pflichtteil keine Strafe mehr sein konnte. Diese Beschränkung fällt also nach § 2306, ohne daß es einer Ausschlagungserklärung der Beklagten nach dem Testamente bedurfte. An dieser Rechtsfolge, die ohne ihr Zutun eintritt, wird auch dadurch nichts geändert, daß sie bisher nur die beschränkten Rechte einer Vorerbin ihren Kindern gegenüber beansprucht hat. K.ch.

e) **Pflichtteil. Auskunftspflicht des Erben. Verfahren.**

OLG. Braunschweig, II. ZS. Urteil v. 31. Januar 1911.

Der Kläger beansprucht Auskunft (Inventar), Offenbarungseid und Herausgabe des Pflichtteils. Das LG. hat zur Zahlung eines Geldbetrags verurteilt und im übrigen abgewiesen. Daß sich diese Abweisung nur auf die Berechnung des Pflichtteils bezieht, ergibt der Eingang der Gründe. Hier führt das LG. aus, daß die Ansprüche auf Auskunft und Offenbarungseid durch die im Laufe des Verfahrens geleisteten Eide über die Vollständigkeit des Inventars und über die Ausstattungen der Beklagten erledigt seien. Es wollte über diese Ansprüche demnach nicht mehr entscheiden und hat nicht darüber entschieden. Dieses Verfahren leidet jedoch an einem wesentlichen Mangel.

Nach § 254 ZPO. können die Ansprüche auf Auskunft (Inventar), Offenbarungseid und Herausgabe des Pflichtteils in einer Klage verbunden werden. Die Entscheidung kann indes nur schrittweise erfolgen. Zunächst ist der Anspruch auf Auskunft zu erledigen. Diese umfaßt den gesamten Bestand des Nachlasses (§ 2314), dem sämtliche auszugleichende Zuwendungen hinzugerechnet werden (§§ 2055 [1], 2316). Die Auskunft muß sich daher auch auf diese Zuwendungen erstrecken, zumal der Pflichtteilsberechtigte nicht schutzlos gelassen werden kann. Der Ergänzungsanspruch des § 2325 ist grundsätzlich nichts anderes als der Pflichtteilsanspruch, und hinsichtlich der Auskunftserteilung gleich zu behandeln (RG. 73 S. 369, 372). Diese Auskunftspflicht des Erben erschöpft sich zunächst in der Vorlegung eines Verzeichnisses, das die Auskunft über alle Vermögensbestandteile enthält. Liegt ein solches vor, so ist der Anspruch erfüllt; eine Klage auf Vervollständigung ist nicht zulässig. Dazu dient der Offenbarungseid. Dieser ist indes nur unter den besonderen Voraussetzungen des § 260 [2] zulässig (RG. 73 S. 243, 372). Die Voraussetzungen müssen festgestellt werden, und dies setzt wieder voraus, daß das Verzeichnis vorliegt. Es ist also der erste Anspruch in der Regel erst durch Teilurteil zu erledigen, ehe über die Klage auf Leistung des Offenbarungseides entschieden wird (Recht 1910 Nr. 3714). Erst nachdem so die Grundlage gewonnen ist, können die zum Nachlasse gehörigen Sachen und ihr Wert bestimmt angegeben werden. § 254 ZPO. behält die bestimmte Angabe der hiernach zu berechnenden Leistungen, die der Kläger fordert, nur vor, erläßt sie aber nicht. Daraus folgt, daß über die Grundlage (Auskunft, Offenbarungseid) zuvor durch Teilurteil entschieden werden muß, ehe über den Herausgabeanspruch erkannt werden kann. Gegen diese Grundsätze hat das LG. verstoßen. Dadurch ist es veranlaßt, über die Ansprüche auf Auskunft nicht zu entscheiden.... H.g.

f) **Nacherbfolge im Erbschein.**

α) Kammergericht, I. ZS. Beschluß v. 30. Dezember 1911.

Wenn der Erbschein auch grundsätzlich nur über die Person der Erben zur Zeit des Todes des Erblassers in dem Sinne Auskunft zu geben hat, daß ein späterer Übergang eines Erbteils auf einen Rechtsnachfolger des Erben außer Betracht bleibt, so liegt die Sache doch anders bei dem Eintritt einer Nacherbfolge. Der Nacherbe ist nicht Rechtsnachfolger des Vorerben, sondern leitet sein Recht unmittelbar vom Erblasser ab. Von dem Eintritte der Nacherbfolge an ist nur der Nacherbe Erbe des Erblassers und Eigentümer des Nachlasses. Das Erbrecht kann daher jetzt nur in der Weise bescheinigt werden, daß der Erbe als Nacherbe angegeben und der Erbschein nur auf den Namen des Nacherben ausgestellt wird. Es kann in dieser Beziehung auch keinen Unterschied machen, ob nur eine einmalige oder eine mehrfache Nacherbeinsetzung angeordnet ist. Im ersten Fall erlangt bei dem Eintritte der ersten Nacherbfolge der damit berufene erste Nacherbe die Stellung des Vorerben. Mit dem Eintritte der zweiten Nacherbfolge hört sein Recht auf und wird der zweite Nacherbe alleiniger Erbe des Erblassers. Von diesem Zeitpunkt an ist daher auch der Erbschein nur dem zweiten Nacherben zu erteilen. Schl.

β) Verletzung des Nacherbenrechts. Testamentsauslegung.

OLG. Colmar, I. ZS. Beschluß v. 5. Juli 1911.

Durch die auf Beschwerde der Erben A. angeordnete Ausstellung des Erbscheins wird das Recht des Nacherben N. beeinträchtigt. Das LG. folgert aus dem Wortlaute des Testaments, besonders aus den Worten: „la quotité que la loi nous autorise à lui retenir“, daß die Erbrechtsbeschränkung entweder die disponible Quote des alten Rechts oder die Quote in Höhe des Pflichtteils des neuen Rechts umfassen soll. Es unterläßt jedoch, den wirklichen Willen der beiden Erblasser unter Berücksichtigung der sämtlichen von ihnen getroffenen Bestimmungen zu erforschen. Dieser Wille ergibt sich aus der Verordnung, daß die Frau A. als Vorerbin die Zinsen der auf einer Bank hinterlegten Wertpapiere ohne Mitwirkung oder Ermächtigung ihres Mannes beziehen soll und daß bei Lebzeiten des Mannes diese Wertpapiere weder verkauft noch verpfändet werden dürfen. Der Zweck dieser Maßregeln war der, den der Frau A. zufallenden Erbteil soweit als möglich dem Zugriff ihres Mannes zu entziehen und ihr sowie ihren Nachkommen zu sichern. Die Erblasser waren jedoch bei Errichtung des Testaments nicht vollkommen klar darüber, ob sie der pflichtteilsberechtigten Frau A. die Verfügung über ihren ganzen Erbteil durch Einsetzung eines Nacherben und Ernennung eines Vollstreckers entziehen durften. Infolgedessen wählten sie die unbestimmte Formel „la quotité etc.“. Der Annahme des LG., daß damit die disponible Quote des alten Rechts gemeint sein könne, steht der Zeitpunkt der Testamentserrichtung (1904) sowie der Umstand entgegen, daß die Erblasser nicht, wie in der bezüglichen Bestimmung des Code civil, den Ausdruck „disposer“ sondern „retenir“ gewählt haben. Die weitere Annahme des LG., daß die Erblasser auch an den Pflichtteil des neuen Rechts gedacht haben können, verstößt gegen §§ 2303, 1967², nach welchen der Pflichtteil nicht in einer Quote des Erbteils, sondern in einer Nachlaßforderung besteht. Der Beschluß (Rsp. 3 S. 115) betrifft einen anderen Fall, in welchem den Vorerben ausdrücklich $^1/_3$ ihres Erbteils zur freien Verfügung überlassen war. Frdthl.

g) **Erbschaftskauf, Erbanteilskauf, Erbauseinandersetzung unter Miterben.**

Kammergericht, III. ZS. Urteil v. 13. Januar 1911.

Die Parteien haben als einzige Erben ihres Erblassers am 10. April 1907 einen notariellen Vertrag dahin geschlossen: „Wir setzen uns in der Weise auseinander, daß Kläger den gesamten Nachlaß übernimmt und an die Beklagte 10000 Mark zahlt.... Die Beklagte bevollmächtigt den Kläger, das Nachlaßgrundstück an sich aufzulassen." Da der Grundbuchrichter die vom Kläger beantragte Löschung einer Nachlaßhypothek von der Zustimmung der Beklagten abhängig gemacht hat, wird auf diese Einwilligung geklagt. Die Beklagte hat den Vertrag wegen Irrtums und Betrugs angefochten, da ihr das Vorhandensein der Hypothek verheimlicht worden. Die Klage ist abgewiesen worden. Gründe:

Der Vertrag kann entweder als Erbanteilskauf des § 2033 oder als Erbauseinandersetzung unter Miterben angesehen werden. Im ersteren Falle würde er, da es sich nicht um den Verkauf der ganzen Erbschaft an einen Dritten (Erbschaftskauf, § 2371), sondern um den Verkauf des Anteils eines Miterben handelt, dingliche Wirkung haben, so daß es der Mitwirkung der Beklagten bei Löschung der Hypothek nicht bedürfte und die Klage gegenstandslos wäre. Fraglich könnte dann allerdings sein, ob nicht doch das Verlangen des Grundbuchrichters ein hinreichendes Interesse dem Kläger gäbe, den Übergang des Erbteils durch Urteil noch ausdrücklich feststellen zu lassen. In diesem Falle wäre wohl der Übergang zur Feststellungsklage kaum bedenklich, und es würde dann weiter auf die Anfechtung des Vertrags einzugehen sein. Auf diese Fragen kommt es aber nicht an, weil der Vertrag lediglich als eine Auseinandersetzung unter Miterben aufzufassen ist. Während darin Ausdrücke wie „Kauf", „verkaufen", „Erbanteil" 2c überhaupt nicht vorkommen, wird mehrmals von „auseinandersetzen", „Auseinandersetzung", „gesamter Nachlaß" gesprochen, nachdem vorher erwähnt war, daß die beiden Vertragsteile die einzigen Erben seien. Weiter ist gesagt, daß der Kläger den gesamten Nachlaß übernehme; Gegenstand der Verhandlung ist also dieser, nicht bloß der Anteil der Beklagten gewesen. Endlich wäre die Auflassungsvollmacht für den Fall des Erbanteilskaufes wegen dessen dinglicher Natur überflüssig und rechtlich unnötig gewesen. Unstreitig hat der Auseinandersetzung ein Nachlaßverzeichnis nicht zugrunde gelegen und deshalb müßte wohl angenommen werden, daß auch solche Bestandteile, deren Zugehörigkeit zum Nachlasse den Beteiligten damals unbekannt gewesen, von der Auseinandersetzung mitumfaßt seien, und dann würde es wiederum auf die Anfechtung ankommen. Der Kläger behauptet jedoch selbst, daß bei Abschluß des Vertrags beide Teile davon ausgegangen seien, die Hypothek gehöre nicht zum Nachlasse. Daraus ergibt sich, daß sie nicht, auch nicht etwa möglicherweise Gegenstand des Vertrags war und sein sollte; daher kann der Kläger aus dem Vertrage keine Rechte auf sie herleiten. K. ch.

5

a) **Bauhandwerker kein Kaufmann.**

Bayer. Oberstes Landesgericht, I. ZS. Beschluß v. 12. Mai 1911.

Die Ansicht, daß die Anschaffung von beweglichen Sachen dann, wenn sie deren Einfügung in ein Grundstück bezweckt, kein Grundhandelsgeschäft bildet, der Bauhandwerker daher regelmäßig nicht Kaufmann ist, hat das RG. von jeher und auch in neuerer Zeit gebilligt (RGStr. 28 S. 60, 33 S. 421; RG. 14 S. 233; Bolze 3 Nr. 461, 9 Nr. 711a; JW. 1900 S. 755[22], 1901 S. 844[27]; Bl. RA. 69 S. 159) und wird in der Literatur nicht nur von Staub (§ 1[46]), sondern auch von Goldmann 1 S. 13, III 1; Lehmann-Ring S. 20[51] vertreten. Auch die Schriftsteller, die wie Makower 1 S. 23, den größeren Bauunternehmer zu den kaufmännischen Pflichten heranziehen, belassen dem Bauhandwerker vorbehaltlich der Fälle in den §§ 2, 4 die durch die Natur des Handwerks bedingte Sonderstellung. Der Umstand, daß in dem Betriebe des Bauhandwerkers nicht Lehrlinge beschäftigt werden, ändert nicht dessen Charakter. Denn es ist nicht erforderlich, daß alle Merkmale, die bei dem Handwerke vorzukommen pflegen, in jedem einzelnen Falle vorhanden sind. Auch daraus, daß bei der Art des mit kostspieligem Material arbeitenden Unternehmers die Zahlungen für größere Wareneinkäufe durch Wechsel beglichen wurden, und daß die Ehefrau, die früher Buchhalterin war, für eine ordnungsmäßige Buchführung bisher gesorgt hat, läßt sich nicht entnehmen, daß der Betrieb in kaufmännischer Hinsicht über die Grenzen des Handwerks hinausgegangen ist. F. Th.

b) **Grundstücksspekulant als Kaufmann.**

OLG. Hamburg, IV. ZS. Urteil v. 7. Oktober 1910.

Streitig ist nur, ob der Kläger 1909 Steuer gemäß seinem Einkommen im Jahre 1908 oder gemäß seinem durchschnittlichen Einkommen in den drei letzten Geschäftsjahren zu entrichten hatte. Diese letzte Art der Veranlagung findet statt, wenn er 1908 Inhaber eines kaufmännischen Geschäftes gewesen ist, für das gesetzlich die Führung von Handelsbüchern vorgeschrieben ist. Er hat sich 1905 hier niedergelassen und September 1906 die Firma B. in das Handelsregister eintragen lassen, auch gleichzeitig einen Gewerbeschein als Kaufmann gelöst. Er hat sich ausschließlich mit dem An- und Verkauf von Grundstücken befaßt, in denen er laut seiner Erklärung vor der Steuerdeputation sein gesamtes Vermögen angelegt hat. Er hat 1905 und 1906 zwei aneinander grenzende Grundstücke für im ganzen 132000 Mark gekauft und in 8 Parzellen einzeln wieder verkauft. Ferner hat er 1907 und 1908 zwei Grundstücke für 135000 Mark gekauft, die er zusammen weiterverkauft hat. 1908 hat er außerdem eine Koppel zur „Verteidigung einer Hypothek" im Zwangsverkauf erworben, und sich am spekulativen Ankaufe einer Koppel in V. beteiligt. Endlich hat er 1907 einen Park in D. für 120000 Mark gekauft, von dem bisher eine Parzelle wieder verkauft ist.

Diese regelmäßig wiederholten Ankäufe zum Wiederverkaufe, der bald im ganzen, bald in Parzellen erfolgt, stellen außer Zweifel, daß der Kläger den Handel mit Grundstücken in der Absicht, durch solche Geschäfte fortgesetzt Gewinne zu erzielen, also gewerbsmäßig betreibt. Daß die Zahl der Käufe und der Realisationsgeschäfte keine große ist, ändert daran nichts. Es ist in der Natur des Grundstückshandels begründet und kommt häufig auch bei Grundspekulanten größten Maßstabes vor. Der Betrieb dieses seines gewerblichen Unternehmens bringt für den Kläger Geschäfte und Bemühungen mannigfacher Art mit sich, wie das Aussuchen und den Ankauf passender Grundstücke, deren einstweilige Verwertung durch Verpachten und Vermieten, das erforderliche Hypothekengeschäft, die Parzellierungen und Aptierungen, die fortgesetzten Bemühungen um den Verkauf. Mit Rücksicht auf die erheblichen Kapitalien, die der Kläger ausweislich der von ihm gezahlten Kaufpreise und gemachten Gewinne in seinem Geschäfte umsetzt, kann dieser Betrieb zweckmäßig nur in kaufmännischer Weise geführt werden, und Kläger führt ihn auch tatsächlich so, da er, wie das Landgericht einwandfrei festgestellt hat, in kaufmännischer Weise Buch führt, ein Bankkonto benutzt, seine Briefe kopiert und empfangene Dokumente systematisch aufbewahrt. Sein gewerbliches Unternehmen ist daher ein solches, das nach Art und Umfang einen in kaufmännischer Weise eingerichteten Geschäftsbetrieb erfordert und auch hat. Es gilt demzufolge, da Kläger Inhaber einer in das Handelsregister eingetragenen Firma ist, gemäß § 2 als Handelsgewerbe. Daß der Kläger die An- und Verkäufe von Grundstücken nicht unter seiner Firma, sondern unter seinem bürgerlichen Namen abschließt und sich die Grundstücke unter diesem zuschreiben läßt, ist hierfür unerheblich. Dies begründet überhaupt für die Art und den Gang des Geschäftsbetriebes keinerlei Unterschied, da die Firma eines Einzelkaufmanns nur der kaufmännische Name des Inhabers ist.

Daß das Geschäft des Klägers über den Umfang des Kleingewerbes im Sinne des § 4 des HGB. hinausgeht, bedarf nach den früher genannten Zahlen keines näheren Nachweises. M. M.

c) **Zusätze zur Täuschung über Art (Umfang) des Geschäfts.**

α) Bayer. Oberstes Landesgericht, I. ZS. Beschluß v. 23. Juni 1911.

Der Kaufmann Max Müller meldete zum Handelsregister an, daß er in Nürnberg unter der Firma „Nürnberger Möbelhaus Max Müller" ein Möbelgeschäft betreibe, indem er nähere Angaben über die Art und den Umfang seines Geschäftsbetriebes beifügte. Die Eintragung wurde jedoch abgelehnt. Die weitere Beschwerde ist unbegründet.

Die Vorinstanzen haben tatsächlich festgestellt, daß das Geschäft nach der Größe und dem Umfange des Lagers und der hierdurch bedingten Möglichkeit einer Auswahl, nach der Anzahl des beschäftigten Personals und nach der Größe des Umsatzes, wenn auch nicht zu den ganz kleinen Möbelgeschäften, so doch nicht zu den bedeutenderen Unternehmen dieser Art gehört. Hierbei haben sie mit Recht den gegenwärtigen Zustand und Umfang des Geschäfts für maßgebend erachtet; die Bezeichnung muß zur Zeit der Eintragung der Sachlage entsprechen.... Nach § 2 FrGG., dessen allgemeine Vorschriften auch auf die dort in den §§ 125—158 erwähnten Handelssachen Anwendung finden (Rausnitz, FrGG. § 125[2]; Rsp. 21 S. 53), hatte das Gericht zur Feststellung der in Betracht kommenden Tatsachen von Amts wegen die geeignet erscheinenden Beweise aufzunehmen. Dabei war es nicht an die Anträge der Beteiligten gebunden und nicht verpflichtet, jedem Beweisantrage stattzugeben. Es durfte sich mit dem Ergebnisse der veranstalteten Ermittelungen begnügen, wenn ihm der Sachverhalt so vollständig aufgeklärt erschien, daß von weiteren Ermittelungen ein die Entscheidung beeinflussendes Ergebnis nicht zu erwarten war (Samml. 8 S. 199, 372, 10 S. 278; Rausnitz § 12 Nr. 17, 18). Über das Ergebnis der Ermittelungen hatte es nach freier Überzeugung zu entscheiden.

Das LG. hat die Bezeichnung „Nürnberger Möbelhaus" dahin ausgelegt, daß darunter nach der Auffassung des Durchschnittspublikums ein Unternehmen bezeichnet werde, das nach der ganzen Ausgestaltung seines Geschäftsbetriebes einen Umfang erreicht, der den der gewöhnlichen Ladengeschäfte dieses Zweiges übertrifft und zu den großen Möbelgeschäften in Nürnberg zu rechnen ist. Gegen diese Auslegung besteht kein Bedenken. Da das Unternehmen nach seinem jetzigen Umfange nicht der Vorstellung entspricht, die sich das Publikum von einem „Nürnberger Möbelhaus" macht, der beabsichtigte Zusatz also den tatsächlichen Verhältnissen widerspricht, ist auch die Annahme des LG., daß der Zusatz geeignet ist, eine Täuschung über den Umfang des Geschäfts herbeizuführen, nicht zu beanstanden. Daß eine Täuschung beabsichtigt wird, ist nicht erforderlich; es genügt, daß der Zusatz geeignet ist, sie herbeizuführen (Makower S. 104; Kaufmann, Handelsrechtliche Rechtspr. 8 S. 22). F. Th.

β) Kammergericht, Ia. ZS. Beschluß v. 26. Oktober 1910.

Die Gesellschafter zweier Gesellschaften m. b. H. haben als wesentlichen Firmenausdruck bei der Firmenbildung die Worte „Bergwerksgesellschaft" bz. „Bergbaugesellschaft" gewählt. Die Vorinstanzen wollen die Firmen nicht zulassen, da diese geeignet seien, eine Täuschung über die Art und den Umfang des Geschäftes herbeizuführen. Diese Täuschungsgefahr wird damit begründet, daß das Stammkapital von 20000 Mark zu einem bergbaulichen Betriebe nicht ausreiche und das Publikum durch den Gebrauch jener Firmenbezeichnungen in den Glauben versetzt werden könne, es bei den Gesellschaften mit kapitalkräftigen Unternehmungen zu tun zu haben.

Zwar ist die Annahme, daß der § 18² HGB. auch auf die Firmen von Gesellschaften m. b. H. zu beziehen sei und die Firmen dieser Gesellschaft in ihrem Gesamtbilde nicht geeignet sein dürften, über die Art und den Umfang des Geschäftes zu täuschen, nicht zu bemängeln (Rsp. 9 S. 241, 12 S. 407; Recht 1906 S. 255, 526). Die Anführungen der Vorinstanzen reichen jedoch nicht aus, um eine Täuschungsgefahr zu begründen. Bei der Frage nach der Zulässigkeit der Sachfirma einer Gesellschaft m. b. H. ist entscheidendes Gewicht darauf zu legen, ob die Angaben in den Gesellschaftsverträgen über den Gegenstand des Unternehmens der wirklichen Absicht der Vertragschließenden entspricht und ob die Firmenworte den Gegenstand der Unternehmungen richtig wiedergeben. Ist dies der Fall, so ist eine Täuschung des Publikums über die Art des Geschäftes ausgeschlossen, denn die Firma gibt alsdann die Art des Unternehmens richtig wieder. Auch die Gefahr einer Täuschung über den Umfang des Geschäftes ist in einem solchen Falle nicht zu besorgen. Das Gesetz läßt Gesellschaften m. b. H. für jede Art von Unternehmungen zu und läßt ohne Rücksicht auf die Art des Unternehmens ein Stammkapital von 20000 Mark genügen (§§ 1, 5 Ges. m. b. H.). Deshalb kann eine Firma, die ohne jeden prahlerischen Zusatz lediglich den Gegenstand des Unternehmens andeutet, nicht eine Täuschung über dessen Umfang, besonders über das Stammkapital hervorrufen, denn jedermann muß mit der Möglichkeit rechnen, daß die Gesellschaft mit dem geringsten zulässigen Kapital gegründet ist. In Wirklichkeit wird sich vielleicht eine zum Betrieb des Bergbaus gegründete Gesellschaft, die nur über ein Grundkapital von 20000 Mark verfügt, als nicht existenzfähig erweisen, wenn auch die Möglichkeit, daß eine mit so schwachen Mitteln gegründete Gesellschaft schließlich doch mit ihrem Unternehmen Erfolge erzielt, sich nicht ausschließen läßt. Keinesfalls kann aber einer Gesellschaft, deren Zweck wirklich auf den Betrieb des Bergbaus oder die Ausnutzung von Bergwerken gerichtet ist, das Recht, sich in der Firma als Bergbaugesellschaft oder Bergwerksgesellschaft zu bezeichnen, allein deshalb versagt werden, weil die nur mit einem Stammkapital von 20000 Mark gegründete Gesellschaft zur Erfüllung des Gesellschaftszweckes für unvermögend erachtet wird. Dr.

γ) OLG. Braunschweig, I. ZS. Beschluß v. 17. November 1911.

1910 ist in das Handelsregister die Firma „Braunschweigische Landbank, G. m. b. H." eingetragen. Als Gegenstand des Unternehmens ist „der An- und Verkauf von Grundstücken sowie die Beleihung von Grundstücken" und als Stammkapital 30000 Mark vermerkt. Auf Antrag der Handelskammer hat das Amtsgericht der Gesellschaft eröffnet, daß ihre Firma gelöscht werden solle, und den rechtzeitig erhobenen Widerspruch zurückgewiesen. Das LG. hat dagegen den Löschungsantrag abgewiesen. Die Handelskammer verlangt mit der weiteren Beschwerde die Löschung der Firma, soweit sie sich als „Bank" bezeichnet. Zunächst ist dem LG. darin beizupflichten, daß der Löschungsantrag nicht auf § 18² gestützt werden kann, wiewohl diese

Bestimmung an sich auch für Gesellschaften m. b. H. gilt. Denn § 18² handelt von Zusätzen, die eine Firma haben kann, aber nicht haben muß. Auf wesentliche Bestandteile einer Firma findet er keine Anwendung (vgl. Ritter 2 zu § 18 HGB.; Staub-Hachenburg 7 zu § 4 G. m. b. H.). Nun ist aber das Wort „Landbank" gerade der Hauptbestandteil der Firma. Als ein dem § 18² unterfallender Zusatz könnte nur das Wort „Braunschweigische" in Betracht kommen. Das LG. hat jedoch zutreffend dargelegt, daß dieser Zusatz zu Täuschungen keinen Anlaß gibt, und in der weiteren Beschwerde ist auf diesen kein Wert gelegt.

Es bleibt daher nur zu untersuchen, ob die Firma nach § 4 G. m. b. H. unzulässig ist. Da eine Sachfirma gewählt ist, so muß sie, wie es im § 4 wörtlich heißt, „von dem Gegenstande des Unternehmens entlehnt sein", also einen Hinweis auf den Gegenstand des Unternehmens enthalten, durch den dieser für das Publikum im wesentlichen erkennbar ist, während es selbstverständlich nicht möglich ist, daß in der Firma alle einzelnen Arten der von der Gesellschaft betriebenen Geschäfte genau gekennzeichnet werden (RJA. 8 S. 114). Sieht man davon ab, daß die Firma im Laufe des Beschwerdeverfahrens durch notariellen Vertrag und Anmeldung alle Arten von Bankgeschäften mit Personen des Landwirtsstandes zum Gegenstand ihres Unternehmens gemacht hat, so ist nach dem Gesellschaftsvertrage von 1910 Gegenstand des Unternehmens „der An- und Verkauf von Grundstücken". Die Beschwerde bestreitet der Gesellschaft das Recht, sich Landbank zu nennen, weil sie keine Bankiergeschäfte betreibe und keinesfalls ein Großunternehmen mit einem erheblichen Kapital betreibe. Die dem Bankiergewerbe charakteristischen Geschäfte sind diejenigen Geschäfte, welche die Bedürfnisse des Verkehrs nach Anschaffung und Veräußerung von Geld und Wertpapieren befriedigen (Staub-Hachenburg 38 zu § 41; Ritter 7 zu § 1 HGB.). Nach Lehmann (Lehrbuch des Handelsr.² § 177) heißen Bankiers solche Personen, die gewerbsmäßig Geschäfte betreiben, die den Kredit- und Zahlungsverkehr fördern sollen (vgl. auch Conrad Handw. der Staatsw. 2 S. 12f., wonach alle Arten kreditvermittelnder Geschäftsanstalten Banken genannt werden). Der Vermittlung des Geldumlaufs dient ohne Zweifel auch die Gewährung oder Vermittlung von Gelddarlehn gegen Immobiliarpfand, wie z. B. Lehmann-Ring 56 zu § 1 HGB. ausdrücklich hervorhebt. Hiernach betreibt die Gesellschaft, insofern sie sich gewerbsmäßig mit der Beleihung von Grundstücken befaßt, dem Bankiergewerbe eigentümliche Geschäfte. Sie könnte sich daher „Bankier" nennen. Denn als Bankier darf sich auch bezeichnen, wer nur einzelne Zweige aus dem großen Kreise verschiedenartiger Bankgeschäfte sich zur Aufgabe gesetzt hat. Auch verliert ein Geschäftsinhaber, der neben seinen Bankgeschäften noch andersartige Geschäfte unternimmt, dadurch nicht das Recht, sich Bankier zu nennen. Der Begriff des Bankiers setzt weder voraus, daß der Unternehmer sämtliche Arten von Bankgeschäften, noch daß er ausschließlich Bankgeschäfte betreibt.

Von „Banken" pflegt man zu sprechen, wenn eine juristische Person Bankgeschäfte betreibt (Lehmann a. a. O.). Im wesentlichen denselben Standpunkt vertritt auch die Rechtsprechung, besonders das KG. (Rsp. 14 S. 339, 16 S. 81). Dort heißt es: der Handelsverkehr habe bei einer Bank ein Unternehmen mit einem bedeutenden Kapital im Sinne, wie es regelmäßig nur in den Rechtsformen der Aktien-, Kommanditaktien-, auch der Gesellschaft m. b. H. zusammengebracht werde, zu denen noch die Kolonialgesellschaft und die Genossenschaft hinzukommen. In den weiteren Ausführungen wird jedoch ausdrücklich hervorgehoben, daß es auf die Beträchtlichkeit der kapitalistischen Grundlage nicht ausnahmslos ankomme, vielmehr auch Banken mit kleinerem Kapital, wie z. B. Genossenschaftsbanken, Vorschußvereine vorkommen. In der Tat wird man auf das ganz unbestimmte Merkmal eines „bedeutenden" Kapitals in der Regel kein entscheidendes Gewicht legen können. Die G. m. b. H. ist eine juristische Person. Wenn sie Bankgeschäfte betreibt, so darf sie sich in ihrer Firma als „Bank" bezeichnen, auch wenn sie kein großes Stammkapital hat. Eine Täuschung über die Höhe des letzteren ist — anders wie bei offenen Handelsgesellschaften — kaum möglich, weil die Höhe des Stammkapitals in das jedermann zur Einsicht offenstehende Handelsregister (§§ 9, 15^2 HGB.) einzutragen und außerdem öffentlich bekannt zu machen ist und dasselbe auch für jede Änderung der Höhe des Stammkapitals gilt. Die Höhe des Stammkapitals ist hauptsächlich für die Gläubiger der Gesellschaft von Bedeutung. Von diesen darf man aber erwarten, daß sie sich rechtzeitig über die Größe des Stammkapitals erkundigen. H. g.

d) **Ist der Erwerber eines Handelsgeschäfts mit Firma unbeschränkt zur Vervielfältigung der Firma berechtigt?**

α) OLG. Darmstadt, I. ZS. Beschluß v. 24. November 1911.

A. und Z. hatten zu M. ein Handelsgeschäft unter der Firma A. & Co. gegründet und es demnächst in eine Kommanditgesellschaft umgewandelt, in welcher A. persönlich haftender Gesellschafter, Z. Kommanditist wurde. Dabei hatte Z. dem A. das Geschäft mit allen Aktiven und Passiven und dem Rechte der Fortführung der Firma überlassen. Bei Auflösung der Kommanditgesellschaft wurde festgestellt, daß die Firma A. & Co. mit allen Aktiven und Passiven zu alleinigem Eigentum an A. in M. übergegangen sei. Als Alleininhaber hatte A. eine Zweigniederlassung in F. errichtet und diese nach Erhebung zur Hauptniederlassung an M. zu F. veräußert, der von A. demnächst zusammen mit B. auch die frühere Hauptniederlassung in M. erwarb. M. hatte als Inhaber der Hauptniederlassung zu F. unter der Firma A. & Co. eine Zweigniederlassung in D. errichtet und diese unter Erhebung zur Hauptniederlassung mit Firma an L. zu D. veräußert. Dieser meldete zum Firmenregister die Firma A. & Co. Nachfolger an. Die Eintragung wurde jedoch abgelehnt, obwohl die Zustimmung des A., des B. und des Z. beigebracht wurde. Die weitere Beschwerde ist begründet.

Theorie und Praxis haben sich mit der Frage, inwieweit der Erwerb eines Geschäfts mit Firma zu deren Vervielfältigung befugt erscheint, schon häufig befaßt; vgl. Staub § 22[13]; Düringer-Hachenburg § 22[5]; Ritter § 22[6]. Auch in Rsp. 4 S. 462, 7 S. 147 wird erwogen, daß nicht ohne weiteres als der Wille des früheren Geschäftsinhabers angenommen werden könne, durch die Veräußerung des Geschäfts mit der seinen Namen enthaltenden Firma, diesen Namen zur beliebigen Ausnutzung, ohne jede Einschränkung, zu überlassen, als regelmäßige Willensmeinung sei vielmehr anzusehen, die Firma dürfe nur für das einheitlich übertragene Geschäft gebraucht werden und ihre Vervielfältigung durch Abzweigung von Teilen des Geschäfts unter Übertragung der Teile mit der erworbenen Firma sollen unzulässig sein. Auf dem gleichen Standpunkt stehen RG. 56 S. 157, 67 S. 94. Alle diese Erwägungen haben jedoch Tatbestände im Auge, in welchen der Name des Veräußerers einen Bestandteil der Firma bildete. Hier ist dies nicht der Fall. Wird davon ausgegangen, daß der Vorgang der Zustimmung zur Firmenfortführung nicht als Veräußerung eines Vermögensobjekts zu denken ist, als welches die Firma nicht betrachtet werden kann, sondern als Bewilligung einer Namensführung (JW. 94 S. 317[17]), so daß auch in einem Konkurse des Kaufmanns nicht der Verwalter, sondern der Gemeinschuldner die Bewilligung erteilen kann, und nur, wenn mit der Firma nicht ein Namensrecht verbunden ist, auch der Liquidator und der Konkursverwalter diese Einwilligung erteilen können, und daß es sich dann lediglich um den Vorteil handelt, daß das an die Firma sich knüpfende Vertrauen und der gute Ruf, den das Geschäft genießt, dem Erwerbe zugute kommt (JW. aO.), so liegt zu der oben wiedergegebenen einschränkenden Willensauslegung dann kein Anlaß vor, wenn der Name des Veräußerers, wie hier, in der Firma nicht enthalten ist. Sein Namensrecht wird nicht verletzt, ein wirtschaftliches Rechtsschutzbedürfnis steht seiner vorbehaltlosen Einwilligung gegenüber nicht in Frage, und da rechtsgeschäftliche Einwilligung einen Anspruch auf Firmenfortführung gibt, wird auch der Grundsatz der Firmenwahrheit nicht durchbrochen. Wg.

β) Bayer. Oberstes Landesgericht, I. ZS. Beschluß v. 22. September 1911.

Schild hat 1907 von Th. Schwarz in M., der unter dieser Firma in der Nr. 225 ein Hutgeschäft betrieb und zu diesem Geschäft eine Filiale im Hause Nr. 4 errichtet hatte, diese Filiale käuflich erworben und dabei die Bewilligung erhalten, die bisherige Firma mit einem das Nachfolgeverhältnis andeutenden Zusatze fortzuführen. Schild betrieb seitdem das Geschäft unter der Firma „Theodor Schwarz Neffe", die von ihm und Schwarz angemeldet und in das Handelsregister eingetragen wurde. 1910 erwarb M. Anton von Schwarz das Hauptgeschäft mit dem Rechte der Führung der Firma „Theodor Schwarz". Unter der Behauptung, daß zwei Hutgeschäfte in M. unter der nämlichen Firma betrieben würden und daß die Firmenführung des Schild unberechtigt sei, beantragt Anton 1911 bei dem Registergericht, gemäß § 37 den Schild zur Unterlassung der ungerechtfertigten Firmenführung zu veranlassen; nachträglich beantragte er auch die Löschung der Firma. Das Amtsgericht lehnte ab, worauf Anton Beschwerde einlegte. Schild erklärte sich bereit künftig die Firma „Theodor Schwarz Neffe Hans Schild" zu führen. Anton bestand jedoch auf Verbescheidung seiner Beschwerde. Demnächst zeigte er an, daß Schild inzwischen auf Klagestellung hin die Firma „Theodor Schwarz Neffe" löschen ließ und daß dadurch die Hauptsache erledigt sei. Er beantragte zugleich, die Kosten der Beschwerde dem Schild oder der Staatskasse zu überbürden. Das LG. hat die Kosten dem Beschwerdeführer auferlegt. Die weitere Beschwerde ist unbegründet.

Anton war zur Beschwerde gegen die Verfügung des Registergerichts berechtigt, da sein Recht, die Firma Schwarz zu gebrauchen, durch den unbefugten Firmengebrauch eines Dritten und durch die Verweigerung des Einschreitens nach § 37 beeinträchtigt ist; auch die Löschung der Firma kann im Wege der Beschwerde verlangt werden, wenn die Eintragung infolge des Mangels wesentlicher Voraussetzungen unzulässig war; dem Beschwerderecht steht auch nicht entgegen, daß das Registergericht in den Fällen des § 37[1] von dem Standpunkte der öffentlichen Ordnung von Amts wegen vorzugehen hatte (Goldmann, HGB. § 37 1, III 3; Düringer-Hachenburg 1 § 37 II; Jahrb. 37 S. 199; Schneider, FrGG. § 142[4]). Die weitere Beschwerde ist nach Erledigung der Hauptsache auch in der Beschränkung auf die Entscheidung über die Kosten zulässig (Samml. 5 S. 511, 8 S. 405, 9 S. 482). In der Haupsache müßte die Beschwerde für begründet erachtet werden. Das Registergericht hat verkannt, daß es im Falle des § 37 verpflichtet ist, einzuschreiten; der Umstand, daß die unzulässige Firma im Handelsregister eingetragen ist, hindert das Einschreiten des Gerichts nicht (Staub § 37[2]). Das LG. hat die Beschwerde zurückgewiesen, weil der Gebrauch der Firma „Theodor Schwarz Neffe" mit dem Zusatze „Hans Schild" nach den §§ 22, 30 nicht unbefugt gewesen sei. Diese Ansicht geht fehl. Die Firma Theodor Schwarz war nicht neu, zu ihrer Führung war Hans Schild nach § 18 an sich nicht berechtigt, auch wenn er einen Zusatz beifügte, denn sie entsprach nicht dem Grundsatze der Firmenwahrheit. Die Führung der Firma stand dem Schwarz als Inhaber des Hutgeschäftes in Nr. 225 zu. Nur wer ein bestehendes Handelsgeschäft erwirbt, darf die bisherige Firma fortführen, wenn der bisherige Geschäftsinhaber darein ausdrücklich willigt. Die Firma kann nicht ohne das Handelsgeschäft, für das sie geführt wird, veräußert werden. Schild hat nicht das Hutgeschäft des Schwarz in seinem wesentlichen Bestande, sondern nur einen Teil, eine Filiale dieses Geschäfts, erworben. Die Erwerbung eines Teils genügt aber nicht, um den Erwerber zur Fortführung der Firma zu berechtigen, selbst wenn der Veräußerer zugestimmt hat (Staub § 22[4]; Ritter § 22[2]; RG. 9 S. 1, 56 S. 187; Samml. 9 S. 480).

Wenn hiernach auch die weitere Beschwerde in der Hauptsache begründet wäre, so kann sie doch in Ansehung der Entscheidung über die Tragung der Kosten Erfolg nicht haben. Eine Vorschrift, nach der die Kosten der Staatskasse auferlegt werden könnten, besteht für die freiwillige Gerichtsbarkeit nicht (Samml. 3 S. 712). Die Kosten treffen, soweit sie nicht nach Art. 131 AusfG. zum BGB. einem anderen Beteiligten aufzuerlegen sind, den Antragsteller. Der Antrag, nach § 37[1] einzuschreiten, betraf nur eine Angelegenheit des Antragstellers, der den ihm nach § 37[2] eingeräumten Weg der Klagerhebung nicht beschreiten wollte. Schild hat an dem Verfahren nicht teilgenommen, es können daher ihm die Kosten der Beschwerde nicht auferlegt werden (Samml. 5 S. 60, 8 S. 344, 10 S. 2222, 11 S. 31). F. Th.

e) **Voraussetzungen für die Fortführung unter bisheriger Firma.**

Kammergericht, Ia. ZS. Beschluß v. 28. April 1911.

Nach dem Tode des M. A., der unter der eingetragenen Firma M. A. ein Buchdruckereigeschäft betrieben hatte, hatten seine gesetzlichen Erben (Witwe und 5 Kinder) zum Handelsregister angemeldet, daß die Witwe und die beiden Söhne als alleinige Gesellschafter die bisherige Firma unverändert fortführen. Die Eintragung wurde jedoch abgelehnt. Die weitere Beschwerde ist unbegründet.

Allerdings haben die durch die Erbbescheinigung legitimierten Antragsteller in der Verhandlung, worin sie anmelden, daß die Witwe und 2 Söhne die bisherige Firma unverändert fortführen, ausdrücklich darein gewilligt, daß die 3 Erben das unter der Firma M. A. bestehende Handelsgeschäft unter dieser Firma unverändert als alleinige Gesellschafter fortführen; damit ist die eine Voraussetzung des § 22 für die Fortführung eines eingetragenen Handelsgeschäfts unter der bisherigen Firma gegeben. Als weitere Voraussetzung dafür bedarf es aber noch des Nachweises, daß diejenigen, welche das Geschäft fortführen wollen, es unter Lebenden oder von Todes wegen erworben haben. Dieser Nachweis ist von den 3 Erben nicht geführt. Von Todes wegen haben sie das Handelsgeschäft nicht erworben, weil ein ihnen das Geschäft vermachendes Testament des von seinen 6 gesetzlichen Erben beerbten Geschäftsinhabers nicht vorhanden ist. Sie können es daher nur unter Lebenden, sei es durch Kauf, sei es durch Erbauseinandersetzung von den Erben des bisherigen Geschäftsinhabers erworben haben. Allein die in der Verhandlung abgegebenen Erklärungen beschränken sich auf die Zustimmung der Erben zur Fortführung der Firma. Der Erwerb eines Geschäfts wird aber nicht durch die Zustimmung der Erben des Geschäftsinhabers zur Fortführung der Firma herbeigeführt. Eine solche Zustimmung kann erklärt werden, selbst wenn das bestehende Handelsgeschäft nicht von denjenigen erworben ist, die ein Geschäft unter der seitherigen Firma weiter betreiben wollen. Nü.

f) **Verletzung einer Vertragspflicht, die Firma des Geschäftsverkäufers mit Nachfolgezusatz zu führen.**

OLG. Hamburg, I. ZS. Urteil v. 14. Juli 1911.

... Der hiernach in § 1 des Kaufvertrages übernommenen Verpflichtung „A. B. Nachfolger“ zu firmieren, haben die Beklagten zuwidergehandelt, indem sie 1910 diese Firma löschen ließen und statt ihrer die Firma „Gebrüder F.“ annahmen und eintragen ließen. Der Kläger verlangt deshalb die Verurteilung der Beklagten zur Betreibung ihres Geschäfts unter der Firma „A. B. Nachfolger“. An sich ist es zwar nicht ausgeschlossen, daß jemand, der, wie die Beklagten, bei dem Erwerb eines bestehenden Handelsgeschäftes die Verpflichtung zur Fortführung der bisherigen Firma übernommen hat, zu ihrer Erfüllung verurteilt wird. Anerkannt wird dies von Behrend (Handelsr. 1 S. 257[30]) und von Staub (9 zu § 22), nicht geleugnet von Düringer-Hachenburg 8 zu § 22, bestritten nur von Opet, GoldschmidtZ. 49 S. 121 unter irrtümlicher Berufung auf Behrend. Aber dieser Anspruch ist dann nicht durchführbar, wenn, wie hier, der Erwerber bereits eine andre Firma für sich hat eintragen lassen.

Nur seine eingetragene Firma darf der Kaufmann führen: das ergibt § 17[1]. Voraussetzung für die Beklagten, dem klägerischen Anspruch zu genügen, wäre also die Löschung der Firma „Gebrüder F.“ und die Wiedereintragung der alten Firma. Letztere aber ist unzulässig, weil dem das Firmenrecht beherrschenden Grundsatz der Firmenmehrheit widersprechend. Die Ausnahme, die der § 22 macht, kommt dort nicht mehr in Frage, wo infolge der Eintragung einer neuen Firma die Kontinuität des Gewerbebetriebes unter der bisherigen Firma nicht gewahrt ist; alsdann kann von einer „Fortführung“ der letzteren nicht mehr gesprochen werden (Düringer-Hachenburg, 8[2] zu § 22; Opet 121; vgl. auch RG. bei Holdheim 1908 S. 256). Anders ohne Angabe von Gründen Staub (9 zu § 22) unter Berufung auf zwei Erkenntnisse, welche abweichende Fälle betreffen. Die Meinung von Lehmann-Ring (Nr. 86 zu § 22) und von Ritter S. 43, welche eine kurze Unterbrechung für zulässig hält, entbehrt der Bestimmtheit und verdient deshalb keine Zustimmung. Einen Antrag der Beklagten auf Wiedereintragung der alten Firma würde deshalb der Registerrichter aus Gründen des öffentlichen Rechts ablehnen müssen. Zu rechtlich unmöglichen Leistungen können aber die Beklagten nicht verurteilt werden.

Dagegen ist das weitere Verlangen des Klägers auf Unterlassung der Bezeichnung „Gebrüder F. vorm. A. B. Nachfolger“ begründet, da die Beklagten weder ein vertragliches noch ein gesetzliches Recht haben, ihrer Firma „Gebrüder F.“ den Zusatz „A. B. Nachfolger“ beizufügen (Bay. ObLG., LeipzigZ. 1907 S. 517; Düringer-Hachenburg, 4[2] zu § 17). Die Legitimation des Klägers, Unterlassung zu verlangen, ergibt § 37[2]. M. M.

g) **Keine Kundgebung des Wechsels der Inhaberschaft nach außen.**

α) OLG. Naumburg, II. ZS. Urteil v. 19. Dezember 1911.

Die Frage, ob zur Erfüllung des Tatbestandes des § 25 und des Begriffs Fortführung im besonderen noch etwas Weiteres gehöre, nämlich die Kundgebung des Wechsels der Inhaberschaft nach außen, und zwar nicht bloß einzelnen, sondern der Allgemeinheit gegenüber, ist zu verneinen. Die gegenteilige Ansicht würde zu dem unannehmbaren Ergebnisse führen, daß sich, wie es z. B. in einer Großstadt denkbar wäre, ein Kaufmann trotz langdauernder Weiterführung des Geschäfts der Haftung aus § 25 entziehen könnte, wenn er nur dafür sorgte, daß die Übernahme durch ihn nach außen nicht in die Erscheinung trete. Das aber würde dem mit § 25 verfolgten Zwecke der Verkehrssicherung durch die Anknüpfung der Schuldenhaftung an die Geschäfts- und Firmenidentität geradezu zuwiderlaufen. Für das Gegenteil läßt sich auch das Urteil des RG. VI. ZS. v. 26. Mai 1911 nicht verwerten, denn sie behandelt den ganz verschiedenen Fall, daß die alte Firma nicht fortgeführt werden sollte. Wenn dort bei Untersuchung der Frage, wann eine Fortführung des Geschäfts unter der bisherigen Firma vorliege, ausgesprochen ist, daß eine solche in vereinzelten, gelegentlichen Fällen des Gebrauchs noch nicht gefunden werden könne, daß darunter vielmehr nur die dem Publikum gegenüber zu erkennen gegebene Willensmeinung zu verstehen sei, es solle die alte Firma auch jetzt noch die Firma des auf den neuen Inhaber übergegangenen Handelsgeschäfts sein, so ist damit nichts als die Notwendigkeit der — auch nach außen hin kundgegebenen — Firmenkontinuität betont, die auch hier vorliegt; nicht aber wird eine Publizität des Wechsels der Inhaberschaft gefordert, die im Gesetze selbst nicht zur Bedingung der Haftung gemacht ist. Schl.

β) **Bedeutung des Forderungsübergangs nach § 25.**

OLG. Naumburg, II. ZS. Urteil v. 9. Dezember 1911.

Nachdem sich der Kläger als Inhaber der Firma A. Anfang 1909 mit seinen Gläubigern verglichen hatte, übernahmen seine Frau und sein Schwager das Geschäft, führten es unter der bisherigen Firma fort und gründeten unter dieser Firma im März 1909 eine Gesellschaft m. b. H., zu deren Geschäftsführer der Kläger bestellt wurde. Im Handelsregister ist als Gegenstand des Unternehmens bezeichnet: „Der Großhandel mit Röhren 2c, besonders der Fortbetrieb des unter der Firma A. bestehenden, bisher dem Kläger gehörigen Handelsgeschäfts." Der Beklagte hat 1908 der Firma A. tausend Mark unterschlagen, deren Rückzahlung der Kläger verlangt. Die Klage ist unbegründet.

Die Voraussetzungen des § 25¹ liegen hier vor. Ein unter Lebenden erworbenes Handelsgeschäft ist von der neu begründeten Gesellschaft m. b. H. unter der bisherigen Firma A. mit einem die nunmehrige Gesellschaftsnatur ergebenden i. S. des § 25 zulässigen Zusatz fortgeführt. Daß der bisherige Inhaber, nämlich der Kläger, in die Fortführung der Firma gewilligt hat, ergibt sich ohne weiteres aus seiner Bestellung zum Geschäftsführer der neuen Gesellschaft. Es ist auch anerkannt, daß Ansprüche gegen einen Angestellten, sei es vertraglicher Natur oder aus unerlaubter Handlung zu den im Geschäftsbetriebe begründeten Forderungen im Sinne des § 25 gehören. Dem Beklagten als Schuldner gilt demnach der Klaganspruch als auf die Gesellschaft übergegangen; eine Abweichung i. S. des § 25² hat der dafür beweispflichtige Kläger nicht behauptet. Schl.

h) **Begriff des Vollkaufmanns. Fortbestand des geschäftlichen Unternehmens im Sinne des HGB. § 28.**

Kammergericht, VII. ZS. Urteil v. 19. November 1910.

Der Kläger hat auf Bestellung des beklagten Mannes Otto K. 1908 für dessen Fuhrgeschäft Futter geliefert. Frau Frieda K. ist 1909 als Gesellschafterin in das Geschäft eingetreten, das dann unter der Firma K. & Co. betrieben wurde. Die Frau K. wurde zur Zahlung des Kaufpreises für das Futter verurteilt. Gründe:

Das alte Geschäft des K. ist als das eines Vollkaufmanns anzusehen. Ein Fuhrgeschäft, das nach der Aussage des Zeugen S. mit 17 Pferden und den entsprechenden Wagen betrieben wird, geht über den Umfang des Kleinbetriebes hinaus (§ 4), und wenn die Beklagten selbst später ihr angeblich in kleinerem Umfange betriebenes Geschäft als offene Handelsgesellschaft in das Handelsregister haben eintragen lassen, dann spricht auch dieser Umstand deutlich dafür, daß der beklagte Mann in seinem früheren alleinigen Betriebe erst recht als Kaufmann anzusehen war.

Im übrigen setzt der § 28 nur den Fortbestand (Kontinuität) des geschäftlichen Unternehmens voraus, abgesehen von der Eigenschaft des neuen Unternehmens als Vollhandelsgewerbe, die hier dem Kläger als Dritten gegenüber ohne weiteres durch die Eintragung in das Handelsregister gewährleistet ist (§§ 5, 6). Es kommt hierbei nicht darauf an, ob der Betrieb mit eigenen Pferden eingeschränkt wurde; dies würde den Bestand des Fuhrgeschäfts als solchen nicht berühren. Entscheidend kann für die Fortsetzung des Betriebes allein der Ort und die Art der Leitung des Geschäfts sein. Tritt hierin keine Änderung ein, so daß die Kundschaft ohne weiteres in den Glauben versetzt wird, sie habe es noch mit dem alten Unternehmen zu tun, so kann die neue Firma nur als Fortsetzung des letzteren angesehen werden. Hier vollzog sich dieser Übergang derart unmerklich, daß selbst der in demselben Hause wohnende Zeuge S. nichts hiervon, auch nicht im Betriebe merkte und die Änderung der Firma erst später auf einer Rechnung wahrnahm. Die Behauptung der Beklagten, im neuen Betriebe seien keine eigenen, sondern nur Mietspferde verwendet, ist widerlegt. Der Zeuge P. hat bekundet, daß die 8 Pferde, die jetzt in dem Geschäft vorhanden sind, ebenso wie die Wagen aus dem Bestande des beklagten Mannes herrührten. Damit ist die Fortsetzung des Geschäfts hinsichtlich eines nicht unerheblichen Teils der Betriebsmittel dargetan. L. n.

i) **Häusliche Gemeinschaft des Wandergewerbetreibenden mit seinen Angestellten. HGB. § 62. BGB. § 618.**

Kammergericht, XII. ZS. Urteil v. 2. November 1910.

Der Beklagte treibt Handel im Umherziehen und beschäftigt in seinem Gewerbe mehrere Gehilfen. Auch die Klägerin hatte er zur Hilfeleistung angenommen und unstreitig für ihre Unterkunft und Verpflegung zu sorgen. Man kann unbedenklich annehmen, daß sie hiernach im Sinne des § 618² BGB. und des § 62² HGB. in die häusliche Gemeinschaft des Beklagten aufgenommen war. Denn von einer solchen kann man nicht nur dann sprechen, wenn der Dienstberechtigte einen festen Wohnsitz mit seinen Angestellten teilt; ausschlaggebend ist vielmehr, ob der Dienstberechtigte übernommen hat, für Unterkunft und Verpflegung der Angestellten zu sorgen und ob er dieser Verpflichtung in Räumen zu genügen hat, die mit den seinigen zusammengehören und seiner Verfügung unterliegen. Kehrt also ein Wandergewerbetreibender mit seinen Angestellten in Gasthöfen ein und liegt ihm die Unterbringung der Angestellten ob, so sind die Voraussetzungen für eine häusliche Gemeinschaft gegeben. Die verschiedenen Unterkunftsräume im Gasthofe sind wie eine einzige Wohnung anzusehen, und dem Dienstberechtigten steht die Verfügung über die einzelnen Räume insofern zu, als er sie gemietet und über sie den Angestellten gegenüber zu verfügen hat. Hiernach war der Beklagte verpflichtet, in Ansehung des Schlafraumes der Klägerin diejenigen Einrichtungen und Anordnungen zu treffen, die mit Rücksicht auf ihre Gesundheit erforderlich waren. Er hatte besonders dafür zu sorgen, daß sie in einem Raum untergebracht wurde, der für sie keine Lebensgefahr mit sich brachte. Dies gilt auch dann, wenn sie nicht Handlungs-, sondern Gewerbegehilfin gewesen wäre, weil § 618² auch für Gewerbegehilfen anwendbar ist, obwohl die GewO. keine entsprechende Bestimmung enthält (vgl. Landmann GewO. Vorbem. zu Tit. VII; ferner 3 zu § 120a.) B.k.

k) **Fristlose Entlassung des Angestellten wegen Mitnahme seiner Frau nach Afrika.**

OLG. Hamburg, VI. ZS. Urteil v. 16. Mai 1911.

Die Klägerin hat den Beklagten, weil er seine Frau nach Afrika mitgenommen, fristlos entlassen und fordert die Kosten seiner Aus- und Rückreise. Allein will sie nicht, daß ihre Angestellten in Afrika, wenn sie verheiratet sind, ihre Frau bei sich haben, so muß sie sich das ausbedingen; im Wege des einseitigen Verbots kann sie diese Maßnahme, die grundsätzlich durchaus richtig sein mag, nicht erzwingen, denn an sich betrifft sie nicht das Dienst-, sondern das persönliche Verhältnis des betr. Angestellten. Hier hat sie einen dahingehenden Vertrag nicht geschlossen. Da sie bei der ersten Vorstellung des Beklagten vor dessen Anstellung von ihm selbst erfahren hatte, daß er verlobt sei, hätte es für sie um so näher gelegen, sich auszubedingen, daß der Beklagte im Fall seiner Verheiratung seine Frau nicht mitnehmen oder bei sich haben dürfe. Ebensowenig enthält das Abschiedsgespräch der Parteien eine dahingehende Vereinbarung. Denn dabei hat die Klägerin dem Beklagten nach Kenntnisnahme von seiner Verheiratung zwar erklärt, er dürfe seine Frau nicht mit hinausnehmen und Beklagter dem nicht widersprochen, sondern nur etwas von späterer wohlwollender Entscheidung gesagt. Aber hierin ist kein Vertrag, sondern nur eine einseitige Willensäußerung der Klägerin zu erblicken, welche der Beklagte als für ihn bindend nicht anzuerkennen brauchte. M. M.

l) **Inhalt des schriftlichen Dienstzeugnisses.**

α) OLG. Königsberg, I. ZS. Beschluß v. 3. Januar 1911.

Das vom Dienstberechtigten nach § 630 BGB. auszustellende Zeugnis ist auf Verlangen des Verpflichteten auf die Leistungen und die Führung im Dienste zu erstrecken. Es muß sich in diesem Falle über das Verhalten des Verpflichteten im Dienste (Führung) und die Ergebnisse seiner dienstlichen Tätigkeit (Leistungen) auslassen. Dabei steht an sich nichts im Wege, daß auch solche für die Führung und Leistungen des Verpflichteten erheblichen Tatsachen, die zu seiner Entlassung geführt haben, unter Hervorhebung dieses Umstandes angegeben werden. Es darf aber dann der Entlassungsgrund nicht derartig in den Vordergrund gerückt werden, daß das Zeugnis auf den Entlassungsgrund direkt abgestellt erscheint. Der Beklagte wird bei der Ausstellung des neuen Zeugnisses zu erwägen haben, daß unter „Führung" das Verhalten im Dienstverhältnis, abgesehen von den Leistungen, und unter „Leistungen" die Ergebnisse der behufs der mittel- und unmittelbaren Ausführung der aufgetragenen Dienste entwickelten körperlichen und geistigen Tätigkeit (Fähigkeiten, Fleiß, Erfolge) zu verstehen sind (vgl. Rsp. 17 S. 415). Eine Erwähnung des Entlassungsgrundes darf durch Anführung der ihm zugrunde liegenden Tatsachen und nur insoweit geschehen, als dies für die Beurteilung der Führung und der Leistung von Bedeutung ist. Lbr.

β) OLG. Marienwerder, II. ZS. Urteil v. 7. Januar 1910.

Gemäß § 113 GewO. und § 11 Nr. 2 seiner ArbeitsO. hat der Beklagte — Reichsmarinefiskus, vertreten durch die Werft — dem Kläger auf Verlangen ein Zeugnis über seine Führung und zwar in und außer dem Dienste auszustellen. Bei Bewertung der Führung ist der Arbeitgeber zwar grundsätzlich gehalten, das Tun und Lassen des Arbeiters nur insoweit zu berücksichtigen, als es nach allgemeiner Lebensanschauung unter den Begriff „Führung" einbezogen werden kann; nichtsdestoweniger muß aber seinem subjektiven Ermessen ein gewisser Spielraum gelassen und ihm gestattet werden, einen Maßstab anzulegen, wie ihn der Arbeiter nach der ihm bekannten sozialen Stellung des Arbeitgebers oder nach der aus dessen Aufgaben und Zielen sich ergebenden persönlichen Anschauung erwarten durfte und insbesondere nach dem Inhalt der ArbeitsO. erwarten mußte, die der Arbeitgeber als Norm für die Pflichten der Arbeiter aufgestellt, und welcher der Arbeiter sich unterworfen hatte. Die Werft ist nun ein Institut, recht eigentlich der Sicherung und Erhaltung des Staates in seiner jetzigen Gestalt gewidmet, während das sozialdem. Programm den Umsturz der bestehenden Staatsordnung anstrebt. Steht hiernach schon die Zugehörigkeit eines Arbeiters der Werft zu jener Partei mit den Zwecken und Zielen der Werft in gewissem Widerspruch, so soll doch nach der ArbeitsO. diese Zugehörigkeit so lange nicht als ein Verstoß gegen die Pflichten der Arbeiter angesehen werden, als der Arbeiter nicht selbsttätig den Aufgaben und Interessen der Werft entgegenarbeitet. Dagegen hält die Werft darauf, daß ihre Arbeiter wenigstens nicht im Interesse der Sozialdemokratie agitatorisch tätig werden und dadurch den öffentlichen Frieden und den Frieden im eigenen Hause der Werft gefährden. Deshalb verlangt die ArbeitsO. von den Arbeitern neben dem achtbaren und ehrenwerten Lebenswandel, daß sie nicht sozialdemokratische Agitatoren oder sonstige Personen seien, von denen vorausgesetzt werden darf, daß sie den Frieden zwischen der Behörde und den Arbeitern, oder den Arbeitern untereinander stören wollen. Diese Bestimmungen lassen erkennen, daß die Werft von ihren Arbeitern nicht nur eine tadellose dienstliche Führung und einen achtbaren und ehrenwerten Lebenswandel außer dem Dienste im Privatleben fordert, sondern auch an ihr Auftreten im öffentlichen Leben bestimmte Anforderungen stellt, besonders zu einer tadellosen Führung auch die Fernhaltung von jeder sozialdem. Agitation oder sonstigen, ihren Hausfrieden gefährdenden Tätigkeit rechnet. Ein Arbeiter, der diesen Erfordernissen nicht entspricht, muß sich daher gefallen lassen, daß die Werft in dem auszustellenden Zeugnisse kund gibt, die Führung sei in dieser Beziehung nicht tadelfrei gewesen.

Der Kläger hat nun zugegeben, daß er kurz vor seiner Entlassung einer Versammlung der sozialdem. Vertrauensmänner beigewohnt und dem Presseausschuß für Begründung einer Zeitung angehört habe, die den Interessen der sozialdem. Partei dienen soll. Die Zulassung zu jener Versammlung bezeugt ein Vertrauen seiner Partei, das sich der Kläger nur erworben haben kann durch rege und erfolgreiche Tätigkeit im Interesse der Sozialdemokratie, eine Tätigkeit, die man eben als „Agitation“ bezeichnet, mag sie offen oder heimlich betrieben werden. Die Begründung einer Zeitung aber ist ein Mittel zur Erregung der Massen, und ein Mann, der in den Presseausschuß für diese Zeitung gewählt wird, ist unbedenklich eine Person, von der vorausgesetzt werden darf, daß sie den Frieden zwischen der Behörde und den Arbeitern oder den Arbeitern untereinander stören will. Hiernach ist das Verlangen des Klägers, der Beklagte solle ihm bescheinigen, daß seine Führung zu Tadel keinen Anlaß gegeben habe, jedenfalls nicht in vollem Maße gerechtfertigt, da er in der letzten Zeit tatsächlich der Werft von ihrem Standpunkt aus zu Tadel Anlaß gegeben hat. Andererseits ... darf der Beklagte, um Mißverständnisse zu vermeiden, seinen Tadel nur auf das Wirken des Klägers im Interesse der Sozialdemokratie, also auf seine Führung im öffentlichen Leben erstrecken. H. g.

m) **Verpflichtungen des Prinzipals gegenüber Laufburschen, besonders zur Firmeneintragung.**

OLG. Hamburg, I. ZS. Urteil v. 10. November 1911.

Zunächst hat der Beklagte nicht die Unfälle des Klägers verschuldet. Seinen 17 jährigen Laufburschen durfte er mit der Abholung einer schottischen Karre beauftragen; wenn der Kläger an deren Standplatz erst einen anderen

Wagen beiseite zu schieben suchte und dabei von dessen Deichsel gestoßen wurde, so ist nicht abzusehen, wie dies den Beklagten belasten könnte. Ebenso ist es lediglich auf die Unvorsichtigkeit des Klägers selbst zurückzuführen, wenn er im Speicher, mit der Lampe auf dem Boden herumleuchtend, gestolpert ist. Den im Neubau befindlichen Speicher dauernd beleuchtet zu erhalten, war der Beklagte nicht verpflichtet.

Der Kläger gründet aber seinen Ersatzanspruch in Höhe der ihm bisher nicht zugeflossenen Unfallrente auch darauf, daß der Beklagte sich nicht habe ins Handelsregister eintragen lassen; wäre dies geschehen, so würde Kläger nach GewUVG. § 1 Nr. 7 gegen die Folgen von Betriebsunfällen versichert gewesen sein. Diese Ausführung trifft nicht zu, selbst wenn der damalige Gewerbebetrieb des Beklagten sowohl über den Umfang des Kleingewerbes hinausging, als auch einen Lagerungsbetrieb im Sinne des angeführten § 1 Nr. 7 darstellte. Denn auch dann steht dem Kläger weder ein Ersatzanspruch aus dem Dienstvertrage zu, weil ihm gegenüber eine Vertragspflicht, sich eintragen zu lassen, dem Beklagten nicht oblag, noch ein Anspruch aus § 823 BGB., weil das rechtliche Interesse, durch die Eintragung ein bedingtes Forderungsrecht auf die Unfallrente zu erlangen, kein durch § 823[1] geschütztes Recht und § 29 HGB. kein den Schutz des Angestellten bezweckendes Gesetz im Sinne von § 823[2] ist (RG. 72 S. 409). M. M.

n) **Ist der Generalagent einer Lebensversicherungsbank Agent oder Handlungsgehilfe?**

OLG. München, II. ZS. Urteil v. 16. April 1911.

Der Vertrag ist überschrieben „Generalagenturvertrag" und in dessen einzelnen Bestimmungen wird der Kläger wiederholt und gleichmäßig als „Generalagent" bezeichnet und in Gegensatz gestellt zu Akquisitions- und Organisationsbeamten, sowie Bureauhilfskräften. Wenn nun auch diese Bezeichnung für sich allein nicht maßgebend sein kann, so bietet sie doch einen Anhalt dafür, daß die Beklagte, der der Begriff Handlungsgehilfe auch sicher geläufig ist, den Kläger nicht als Gehilfen in Dienst nehmen wollte, wenn sie ihn als Generalagenten bezeichnete, sondern daß er das sein sollte, was nach der kaufmännischen Anschauung Generalagent ist und was das Gesetz selbst darunter versteht. Nach §§ 84, 59 unterscheiden sich beide Begriffe dadurch, daß der Gehilfe ein unselbständiges Glied im Geschäftsorganismus des Prinzipals bildet, der Agent als selbständiger Gewerbetreibender tätig wird. Dies trifft bei dem Kläger zu. Die Beklagte ist zur erfolgreichen Durchführung ihrer Aufgabe darauf angewiesen, ihren Geschäftsbetrieb möglichst weit auszudehnen und räumlich auf Gebiete zu erstrecken, die von ihrem Geschäftssitze mehr oder minder weit entfernt sind. Die Vermittelung dieser Geschäfte setzt eine genaue Kenntnis der einzelnen Bezirke und deren verschiedenen Gesellschaftsklassen voraus und erfordert eine gewisse Selbständigkeit in Prüfung und Würdigung der maßgebenden Verhältnisse, wie sie bei den Dienstleistungen des gewöhnlichen Gehilfen im Geschäfte selbst nicht und nur in gewisser Beziehung annähernd vielleicht bei dem Gehilfen als Handlungsreisenden erfordert wird. Aber auch dessen Stellung, wenn er über den Kreis der bereits zum Geschäfte in Beziehung stehenden Kunden nur aufsucht und erwirbt, ist eine andere und untergeordnetere als die des Agenten. Auch der Handlungsreisende erachtet sich nicht als selbständiger Gewerbetreibender, sondern als in engerem Unterordnungsverhältnis zum Dienstherrn stehend und dessen einzelnen Anweisungen unterworfen, abgesehen davon, daß der Reisende, wenn er nicht als solcher besonders angestellt ist, vom Geschäftsherrn beliebig zu anderem Dienste verwendet werden kann. Dem Reisenden wird Zeit und Ort seiner Tätigkeit im einzelnen Falle bestimmt oder kann wenigstens bestimmt werden und er kann dieser Anweisung ohne Pflichtverletzung nicht zuwider handeln. Der Agent dagegen wird zu seiner Tätigkeit nur durch die allgemeine Verpflichtung, das Interesse dessen, der ihn betraut hat, zu wahren und durch das eigene Interesse wegen der Provision veranlaßt. Die Anweisung, nach der der Kläger vertragsgemäß die Agentur zu verwalten hatte, weist nur im allgemeinen die Richtlinien seiner Tätigkeit auf, kann aber naturgemäß nicht die Vornahme gerade dieses oder jenes einzelnen Geschäftes auflegen. Die Vorschriften über Verwahrung der eingehenden Geschäftsgelder, Buch- und Aktenführung betreffen nur Förmlichkeiten der Geschäftsführung, nicht aber deren Wesen. In diesem ist der Agent selbständig wie ein anderer für sich allein handelnder Gewerbetreibender.

Diese Selbständigkeit kommt wenigstens zum Teile darin zum Ausdrucke, daß er die Akquisitions- und Organisationsbeamten vorzuschlagen hat, was bei den Handlungsgehilfen von vornherein fortfällt, und zeigt sich ganz besonders darin, daß er für sein Bureau und die sämtlichen Unteragenten seines Bezirkes der Beklagten gegenüber das unbeschränkte Delkredere übernommen hatte. Ebenso lag ihm nach § 3 des Vertrages die Organisation seines Geschäftsbezirkes ob, desgl. die Anstellung neuer und die Entlassung bereits vorhandener Agenten, wenn auch der Direktion die Genehmigung und Versagung vorbehalten blieb. Der Umstand, daß er auch festes Gehalt bezog, wie dies bei den Handlungsgehilfen regelmäßig der Fall, steht seiner Eigenschaft als Agent im Sinne des Gesetzes nicht entgegen. Daß der Beklagte ein gewisses Recht der Kenntnisnahme von der Geschäftstätigkeit des Klägers, der Revision der Kasse- und Buchführung sowie der Genehmigung der vermittelten Versicherungsgeschäfte vorbehalten war, folgt notwendig daraus, daß Kläger nicht für sich, sondern für Beklagte tätig war, ist aber dem Wesen des Agenturvertrages nicht fremd, sondern in den §§ 84 und 85 des HGB. ausdrücklich vorgesehen. P. n.

o) **Einfluß einer Stundung auf die Provision.**

OLG. Hamburg, V. ZS. Urteil v. 10. März 1911.

Der Kläger, der als Agent des Beklagten ein Geschäft mit X. vermittelt hat, verlangt Provision, weil mit X. ein Ziel von nur 6 Monaten vereinbart war, Beklagter aber erheblich darüber hinaus auf $1^1/_2$ Jahre Stundung gewährt und dadurch den schließlichen Ausfall des Kaufpreises herbeigeführt habe. Dieser Einwand ist rechtlich unzweifelhaft zulässig, da nach § 88² der Handlungsagent die Provision zu beanspruchen hat, wenn die Ausführung eines Geschäfts infolge des Verhaltens des Geschäftsherrn unterbleibt, und weil unter dieser Ausführung die Zahlung des Käufers mit zu verstehen ist. Der nächstliegende Gedanke des Gesetzes ist der, daß der Agent nicht durch Willkür des Geschäftsherrn um den Lohn seiner Bemühungen soll gebracht werden können; das erhellt aus dem weiteren Satze des § 88², daß, wenn wichtige Gründe in der Person desjenigen, mit dem das Geschäft abgeschlossen ist, vorliegen, der Geschäftsherr die Ausführung des Geschäfts unterlassen darf, wobei dann der Provisionsanspruch wegfällt. Für den Fall der Bezahlung gekaufter Waren auf Geschäfte, die der Agent vermittelt oder abgeschlossen hat, kommt die Willkür des Geschäftsherrn gleichfalls in Frage, man wird aber hier von dem Geschäftsherrn nicht nur verlangen können, daß er nicht willkürlich, sondern daß er auch mit Sorgfalt verfährt, da er neben seinen eigenen auch die Interessen seines Agenten wahrzunehmen hat, dessen Rechte von seinem Verhalten abhängen. Der Agent muß erwarten dürfen, daß der Geschäftsherr mit der Sorgfalt eines ordentlichen Kaufmanns verfährt, um neben seinen eigenen die Rechte des Agenten zu wahren; aber hier liegt zugleich auch die Grenze dessen, was der Agent beanspruchen darf; verfährt also der Geschäftsherr mit dieser Sorgfalt, kann ihm in dieser Beziehung kein Vorwurf gemacht werden, so kann auch nicht gesagt werden, daß eine Willkür, eine Fahrlässigkeit vorliege. Dann ist aber der Geschäftsherr auch nicht derjenige, welcher durch sein Verhalten den Eintritt der Bedingung für den Provisionsanspruch, nämlich den Eingang der Zahlung, vereitelt. Es ist nun nicht zu verkennen, daß längere Stundung des Kaufpreises über das gewährte Ziel hinaus häufig als Willkür und Fahrlässigkeit erscheinen kann, nämlich überall da, wo sie nur aus Gutmütigkeit, Vertrauens- oder Saumseligkeit geschieht. Führt sie schließlich zum Ausfall der Forderung, so wird der Geschäftsherr auch dem Agenten gegenüber die Folgen solchen Verhaltens tragen müssen. Die längere Stundung darf aber nicht ohne weiteres (so Düringer-Hachenburg bei § 88) als Umstand hingestellt werden, der dem Geschäftsherrn zur Last fällt, sondern es sind die Umstände des Falles zu berücksichtigen. Die Sache kann so liegen, daß eine Stundung in wohlerwogener Absicht geschah, um eine Forderung zu retten, und es sich erst später herausstellt, daß es richtiger gewesen wäre, sie nicht zu bewilligen, sondern gegen den Schuldner vorzugehen, was aber zunächst nicht zu übersehen war.... M. M.

Dazu: OLG. Colmar, III. ZS. Urteil v. 13. Dezember 1910.

Mit RG. 63 S. 71 ist davon auszugehen, daß der Geschäftsherr das Vorliegen eines wichtigen Grundes i. S. des § 88² zu beweisen hat. Hier ist festgestellt, daß die Beklagte es an einer nachhaltigen Geltendmachung ihrer

Rechte auf Erfüllung der vom Kläger vermittelten Lieferungsverträge fehlen ließ, schließlich sogar auf Lieferung der bestellten Waren verzichtete. Dies geschah aber nicht aus wichtigen in der Person der Abnehmer liegenden Gründen. In einer Reihe von Fällen wollte die Beklagte durch den Verzicht ihre Kunden wegen Beanstandungen früherer Lieferungen entschädigen oder zufrieden stellen, indem sie von der Ausführung der hier fraglichen, den Bestellern lästigen Abschlüsse absah. In anderen Fällen hatten die Abnehmer angeblich die Waren nicht verkaufen können und erhielten als Ersatz für die rückgängig gemachten Aufträge neue Bestellungen. Bei den übrigen Kunden bestand die Beklagte deshalb nicht auf der Ausführung der Bestellung, weil sie für diesen Fall mit Abbruch der Geschäftsbeziehungen drohten und die Beklagte sie nicht verlieren wollte. In den ersten Fällen war also der Beweggrund der Beklagten lediglich das Bestreben, sich von den ihr obliegenden oder drohenden Verbindlichkeiten zu befreien oder etwa hieraus drohende Streitigkeiten zu vermeiden. In allen übrigen Fällen wurde sie zu ihrem Verhalten dadurch veranlaßt, daß sie sich die Kundschaft der Besteller für die Folgezeit erhalten wollte. Diese Gründe standen also mit den von der Klägerin vermittelten Geschäften in keinem rechtserheblichen Zusammenhang und wurzelten in rein einseitigen geschäftlichen Interessen und Erwägungen der Beklagten. Sie sind also überhaupt nicht in der Person der Abnehmer, sondern in Geschäftsrücksichten der Beklagten zu finden. Frdthl.

p) **Eidliche Erhärtung des dem Agenten erteilten Buchauszuges.** OLG. Hamm, VI. ZS. Urteil v. 1. Juli 1911.

Eine derartige Verpflichtung des Geschäftsherrn gegenüber dem Agenten ist allerdings im HGB. nicht ausgesprochen. Die eidliche Erhärtung des Auszuges durch den Geschäftsherrn wird aber durch das Bedürfnis der Praxis erfordert, wenn ohne sie der Agent nicht zu seinem Rechte kommen würde. Daß diese Besorgnis hier vorliegt, ergibt die Aussage des Zeugen über die Verfassung der Bücher des Beklagten, ferner sein Verhalten gegenüber den Ansprüchen des Klägers im jetzigen und im früheren Prozesse, und besonders seine Auslassung, der Kläger brauche das Geld nicht, denn die Aufträge wären auch ohne Zutun des Klägers eingegangen. Seine rechtliche Stütze findet der Antrag des Klägers in § 260 BGB. Die Gesamtheit der dem Agenten gegen den Geschäftsherrn zustehenden Provisionsansprüche stellt einen Inbegriff im Sinne des § 260[1] dar. Denn sie charakterisieren sich als eine Mehrheit von Vermögensgegenständen, die in demselben Rechtsgrunde, dem Agenturvertrag, ihren einheitlichen Ursprung haben, ohne daß der Berechtigte imstande wäre, sie einzeln zu bezeichnen (vgl. Breit in Holdheims MSchr. 14 S. 25; Gruchot 47 S. 910). Über den Bestand dieses Inbegriffs hat der Geschäftsherr nach § 91 Auskunft zu geben durch das dem Agenten mitzuteilende Verzeichnis, nämlich den Buchauszug. N.t.

q) **Offene Handelsgesellschaft:** *α*) **Berechnung von Zinsen der Einlage.** OLG. Hamburg, VI. ZS. Urteil v. 9. März 1911.

Nach dem Vertrage darf sich der Kläger bei Aufmachung der Gewinn- und Verlustrechnung 5 % jährlicher Zinsen auf sein Geschäftskapital berechnen. Beklagter erachtet diese Berechnung hier für unberechtigt, weil das Geschäft Verlust gebracht habe. Allein die dem Kläger zugestandene Verzinsung ist keine Bevorschussung seines Gewinnanteiles, sondern die endgültige Vergütung für die Einschießung von Kapital. Sie ist zu den Unkosten des Geschäfts zu rechnen, geradeso als wenn einem dritten Darlehnsgeber Zinsen zu vergüten wären. Wenn die Parteien eine dem § 121 entsprechende Abmachung hätten treffen wollen, so hätten sie sich um so mehr einer anderen Ausdrucksweise bedient, als der Art. 106 des alten HGB. die Gutschrift von 4 % schlechtweg, ohne Rücksicht des Geschäftsergebnisses gestattete, und dieser frühere Grundsatz noch häufig in Verträgen angewendet wird. M. M.

β) **Minderkaufleute. Forthaftung trotz Austritts.**

OLG. Hamm, VI. ZS. Urteil v. 18. Juni 1910.

Der Kläger verlangt den Kaufpreis von Waren, die er im Mai 1907 der Firma A. & B. geliefert hat. Als Inhaber dieser Anfang 1907 ins Leben getretenen, zum Handelsregister nicht eingetragenen Firma wurden bei dem Gewerbesteueramte A. und der Beklagte B. angemeldet. B. ist schon im März 1907 aus dem Geschäft ausgetreten; sein Austritt wurde indes erst am 1. Juni 1907 bei dem Gewerbesteueramt angemeldet. A. hat sodann das Geschäft unter der alten Firma weitergeführt, er behielt das Schild am Geschäftslokale bei, benutzte auch bei den Bestellungen Briefbogen mit der bisherigen Firmenaufschrift A. & B. Nach der Beweisaufnahme haben allerdings die Geschäftsinhaber als Minderkaufleute zu gelten. Der Kläger stützt aber seinen Anspruch darauf, daß die Gesellschaft durch die Firmenführung nach außen hin als offene Handelsgesellschaft aufgetreten sei, und daß nach dem Ausscheiden des Beklagten, der Teilhaber A. die alte Firma weiter geführt habe. Aus diesem Umstande würde die Haftbarkeit des Beklagten für die Klageforderung in dem Falle zu folgern sein, wenn der Beklagte es gewußt und geduldet hat, daß nach seinem Ausscheiden aus dem Geschäfte A. die Firma weiter führte. Denn diese seine Kenntnis und Duldung würde als die Kundgebung seines Willens zu betrachten sein, im Verkehr auch fernerhin als Teilhaber einer offenen Handelsgesellschaft A. & B. zu gelten. Für den Handelsverkehr gilt im allgemeinen der Grundsatz, daß, wer zu einem andern in Rechtsbeziehungen tritt, diesem gegenüber es sich gefallen lassen muß, als das betrachtet zu werden, wofür er sich ausgibt. Wer sich als Kaufmann geriert, hat als Kaufmann, wer sich als Vollkaufmann einführt, als Vollkaufmann zu gelten. Wer nach außen hin als Gesellschafter unter Umständen auftritt, welche die Annahme erwecken, daß er Teilhaber einer offenen Handelsgesellschaft sei, ist dem Dritten, der im Vertrauen hierauf mit der Gesellschaft in Verbindung tritt, gleich dem Teilhaber einer offenen Handelsgesellschaft haftbar, und zwar auch dann, wenn er nur Kleingewerbetreibender ist oder ein Handelsgewerbe überhaupt nicht betreibt (Rsp. 8 S. 96g, JW. 1898

S. 163[30]). Wollte der Beklagte diesen Rechtsfolgen begegnen, so mußte er dem fortdauernden äußeren Schein seiner Teilhaberschaft durch öffentliche Bekanntmachung oder durch Mitteilung an die mit der Firma in Verbindung getretenen Geschäfte entgegen treten. N. L.

Dazu: OLG. Hamburg, IV. ZS. Urteil v. 10. April 1911.

Aufgenommen hat das Darlehn der Schlosser A., mit dem der Beklagte Schlosser B. 1907 zum gemeinschaftlichen Betrieb einer Reparaturwerkstätte für Motore in ein Gesellschaftsverhältnis trat. Die Haftung des Beklagten für dies Darlehn leitet das LG. daraus ab, daß A. und B. als Schlosser „Kaufleute" gewesen seien, daß sie zwar für ihr Geschäft keine Firma zum Handelsregister angemeldet gehabt, aber im Rechtsverkehr nach außen hin sich als Teilhaber einer offenen Handelsgesellschaft deshalb geriert hätten, weil auf dem Türschild der Werkstätte „A. & B." gestanden habe, auch Zirkulare umhergeschickt seien, worin das Geschäft unter jener Firma angezeigt wurde. Die rechtliche Folge hiervon sei, daß A. und der Beklagte Dritten gegenüber als Gesellschafter hafteten. Da nun A. die Schuldurkunde mit der Firma unterzeichnet habe, so müsse für das Darlehn auch der Beklagte aufkommen. Dieser Begründung kann nicht beigepflichtet werden. Die handelsrechtlichen Grundsätze über die Haftung der Gesellschafter (§ 128) und der § 123 sind hier deshalb unanwendbar, weil zwischen dem Beklagten und A. niemals eine offene Handelsgesellschaft, sondern nur eine Gesellschaft des BGB. bestanden hat, und sowohl der § 128 wie der § 123 HGB. das Bestehen einer offenen Handelsgesellschaft im Sinne des § 105 voraussetzt. Daß nie eine offene Handelsgesellschaft bestand, folgt erstens daraus, daß der Betrieb einer Reparaturwerkstätte als solcher kein Handelsgewerbe im Sinne des § 105 darstellt. Denn der Schlosser als **solcher** ist kein Kaufmann im Sinne des § 1 Nr. 1, wenngleich er Kaufmannseigenschaft dadurch erlangen kann, daß er sich nicht auf die Tätigkeit eines Schlossers beschränkt, sondern auch mit angeschafftem Rohmaterial Arbeitsprodukte zum Weitervertrieb herstellt, in welcher Richtung aber hier nichts vorgetragen ist. Sodann aber trifft der § 4[2] zu; A. und B. waren einfache Schlosser, die 1907 sich selbständig machten, zu diesem Zweck ein kleines Lokal für nur 200 Mark jährlich in einem Hinterhause mieteten, einen Motor und eine Drehbank sich für einige hundert Mark anschafften, und sich polizeilich als „Schlosser" anmeldeten. Damit fallen zugleich die Ausführungen, daß A. und B. sich durch Anbringung der Firma A. & B. als Teilhaber einer offenen Handelsgesellschaft geriert hätten. Denn dem Namenszug „A. & B." ist stets das Wort „Reparaturwerkstätte" hinzugefügt gewesen, und eben hierdurch wurde klargestellt, daß es sich um ein Handelsgewerbe hier nicht handeln konnte. Wäre aber dies auch zu unterstellen, so kann bei einer Gesellschaft ohne eingetragene Firma eine Solidarhaftung aus § 123[2] mit § 128 nur für solche Vorgänge entnommen werden, die dem Geschäftsbeginn nachfolgen, und anderseits kann ein Geschäftsbeginn nur in solchen Akten erblickt werden, die mit

Willen aller Gesellschafter erfolgen. Es könnte also nicht genügen, daß zu irgend einer Zeit das Hausschild mit dem Namenszug A. & B. angebracht gewesen ist und Empfehlungskarten mit diesem Namenszug verwendet sind, sondern es hätte dies der Darlehnsaufnahme voraus gehen müssen. Daß A. die Schuldurkunde mit dem Namenszug A. & B. unterzeichnete, ist ohne Belang. Allerdings kann ein Geschäftsbeginn im Sinne § 123 auch schon darin gefunden werden, daß mit Zustimmung aller Gesellschafter einer von ihnen eine verpflichtende Urkunde namens der Gesellschaft ausstellt, z. B. ein Akzept abgibt (RG. 12 S. 413), aber doch eben nur dann, wenn dies dem Willen aller Gesellschafter entspricht (Staub 136 zu § 123 HGB.), und daß der Beklagte der Ausstellung der Schuldurkunde zugestimmt oder auch nur davon gewußt habe, ist ja gerade bestritten und noch unbewiesen. Hiernach könnte eine Haftung des Beklagten nicht aus handelsrechtlichen Normen, sondern nur aus dem Grundsatze des BGB. hergeleitet werden. Der bloße Umstand nun, daß das von A. angeliehene Geld tatsächlich im gemeinschaftlichen Geschäft oder für es verwendet worden ist, oder daß der Beklagte noch jetzt sich im Besitz von Objekten befindet, welche mit dem angeliehenen Gelde bezahlt sind, sind Umstände, die für sich allein eine Verpflichtung des Beklagten zur Rückzahlung des Darlehns nicht begründen können. Ebenso belanglos ist hierfür die Behauptung, es habe in der Zeit nach der Darlehnsaufnahme A. den Darlehnsgeber dem Beklagten vorgestellt mit dem Bemerken, dies ist der Mann, der „uns das Geld gegeben hat", und daß hiergegen der Beklagte nichts erinnerte. Denn mit jener Bemerkung brauchte kein anderweiter Sinn verbunden werden, als daß A. zum gemeinsamen Betrieb das Geld erhalten hätte. M. M.

γ) **Abtretung des Auseinandersetzungsguthabens.**

OLG. Braunschweig, II. ZS. Urteil v. 14. März 1911.

Daß ein ausgeschlossener Gesellschafter sein Auseinandersetzungsguthaben auf einen anderen übertragen kann, ist nicht zweifelhaft (RG. 18 S. 43). Streit herrscht jedoch, ob auch der Anspruch auf Rechnungslegung abgetreten werden kann. Nach der Regel des § 717 Satz 1 BGB. ist dies zu verneinen. Allerdings ist für die Vorbereitung des nach § 717 Satz 2 übertragbaren Anspruchs auf das Auseinandersetzungsguthaben die Mitübertragbarkeit des Anspruchs auf Rechnungslegung unerläßliche und daher selbstverständliche Voraussetzung (Oertmann, Schuldverhältnisse § 717 N. 3²). Allein die Aufdeckung solcher Rechnung durch die Gesellschaft dritten Personen gegenüber widerstreitet ihren Interessen regelmäßig, so daß der Anspruch auf Rechnungslegung nach dem im Gesellschaftsvertrage ausgedrückten oder mutmaßlichen Willen der Gesellschafter immer nur diesen persönlich zustehen soll; überdies sind die Rechte der Erwerber von Gewinnanteilen oder Auseinandersetzungsguthaben genügend dadurch gewahrt, daß sie sich, wenn ihnen die Unterlagen zur Berechnung fehlen, an denjenigen Gesellschafter halten können, von dem sie ihre Rechte herleiten (Staudinger, Planck,

RGKomm. zu § 717 BGB., RG. 52 S. 36, Gruchot 48 S. 914). Allenfalls stehe, so wird in RG. 52 S. 37 unter Hinweis auf ROHG. 23 S. 41 ausgeführt, dem Erwerber des Guthabens ein Recht auf Mitteilung des zahlenmäßigen Ergebnisses der Auseinandersetzung zu. Ob die Übertragbarkeit eines solchen beschränkten Rechts anerkannt und letzteres in dem erhobenen Anspruche auf Bilanzvorlegung als das Mindere gefunden werden müßte, kann auf sich beruhen. Denn jedenfalls widerspricht es dem Grundsatz des § 717 und ist daher unzulässig, einen derartigen Mitteilungsanspruch des ausscheidenden Gesellschafters auf mehrere Personen zu übertragen dergestalt, daß er nunmehr von einzelnen von ihnen geltend gemacht werden könnte, obwohl ihnen das Auseinandersetzungsguthaben nur bruchteilsweise zusteht (LeipzZ. 1909 S. 686). H. g.

r) **Verjährung der Pflichten aus Aktienzeichnung.**

OLG. Hamm, VI. ZS. Urteil v. 8. Juli 1911.

Die Beklagte beschloß 1904 die Ausgabe neuer Vorzugsaktien. Zur Unterbringung eines Restes derselben wurde ein Konsortium nach Maßgabe der „Konsortialbestimmungen" gebildet, dessen Rechnungsführung die Beklagte besorgte; die übernommenen Aktien sollten nicht unter dem Übernahmepreis verkauft werden; das Konsortium sollte dauern bis zum 1. Juli 1906; die bei der Auflösung unverkauften Aktien sollten von den Konsorten nach Maßgabe ihrer Beteiligung gegen Erlangung des anteilig geschuldeten Betrages abgenommen werden. Der Kläger trat durch schriftliche Erklärung mit 4000 Mark dem Konsortium bei. 1905 teilte die Beklagte dem Kläger mit, daß ihm 2 Aktien zu 1000 Mark und 10 Stück zu 200 Mark zugeteilt und für ihn in Verwahrung genommen seien. Als die Parteien 1909 ihre Geschäftsbeziehungen abbrachen, verweigerte die Beklagte die Herausgabe der ihr vom Kläger bestellten Sicherheiten bis zur Zahlung der von ihm auf die neuen Vorzugsaktien gezeichneten 4000 Mark. Der Kläger hält diesen Anspruch für verjährt. Allein er hat mit der Beklagten keinen Kaufvertrag abgeschlossen. Indem er dem Konsortium beitrat, wurde er neben anderen nicht bezeichneten Personen Mitglied einer Gesellschaft (§ 705 BGB.), die den Vorteil der Begebung der neuen Aktien über den Nennbetrag hinaus erstrebte. Gegenüber der Beklagten übernahm er zugleich die Verpflichtung, die von ihm in der gleichzeitigen zweiten Urkunde gezeichneten Aktien abzunehmen, wenn diese binnen bestimmter Frist noch nicht verkauft sein sollten. Daraus ergibt sich, daß kein Aktienkauf, sondern eine Aktienzeichnung vorliegt, — kein den Umsatz von Sachen gegen Geld bezweckendes Rechtsgeschäft, bei welchem der Kläger als Dritter der Beklagten gegenüber getreten wäre, sondern ein dem Gesellschaftsrecht angehörender Vertrag eigener Art, welcher unter keine der in Abschn. 7 Buch 2 BGB. behandelten Vertragstypen fällt und jedenfalls keinen Kauf im Sinne des § 433 BGB. darstellt.

Aber auch wenn ein Kauf anzunehmen wäre, ist sein Gegenstand doch nicht eine Ware im Sinne des § 196 Nr. 1 BGB. Ware ist im Sprachgebrauche des BGB. ein beweglicher körperlicher Gegenstand des Handelsverkehrs; Wertpapiere, wie Aktien und Kuxe, fallen nicht darunter. Auch das HGB. (§ 1 Nr. 1, § 381) stellt ausdrücklich Waren und Wertpapiere einander gegenüber (vgl. auch RG. 74 S. 161). N.t.

s) **Aktiengesellschaft zur Bildung einer außerhalb der Landeskirche stehenden Religionsgemeinschaft.**

Kammergericht, Ia. ZS. Beschluß v. 13. Oktober 1911.

1901 ist im Handelsregister die „Aktiengesellschaft der evang. Gemeinschaft in Preußen" eingetragen worden. 1911 nahm das Amtsgericht die Löschung der Gesellschaft gemäß §§ 142ff. FrGG. in Aussicht, da der Gesellschaftsvertrag wegen Umgehung des Art. 13 der preuß. Verfassung nichtig sei. Der Widerspruch der Gesellschaft wurde verworfen. Ihre weitere Beschwerde ist unbegründet.

Die Nichtigkeitserklärung einer Aktiengesellschaft ist nach § 309 dann zulässig, wenn eine der nach § 182² wesentlichen Bestimmungen des Statuts nichtig ist. Zu ihnen gehört auch der Gegenstand des Unternehmens, so daß, wenn dieser nichtig ist, die Nichtigkeitsklage begründet erscheint (vgl. Brand, HGB. S. 769). Deshalb sind nichtig Aktiengesellschaften, die gegen Art. 13 preuß. Verf. verstoßen und nur die Schaffung von Religions- oder geistlichen Gesellschaften bezwecken oder doch zu dem Zwecke gegründet sind, um einer solchen Gesellschaft mittelbar Korporationsrechte zu verschaffen und ihr auf diese Weise die Teilnahme am Vermögensverkehr zu erleichtern. Nach Art. 13, der gemäß Art. 84 EG. zum BGB. unter dem neuen Recht weitergilt, können auch gegenwärtig Religions- und geistliche Gesellschaften nur durch besonderes Gesetz den Genuß der Korporationsrechte erlangen. In die Form einer Aktiengesellschaft, die nach § 210 mit Korporationsrechten ausgestattet ist, können jene Gesellschaften nicht gekleidet werden, da auf diese Weise das Gesetz, das die Verleihung der Körperschaftsrechte durch besonderen gesetzgeberischen Akt verlangt, umgangen werden würde.

Die Vorinstanzen haben nun angenommen, daß hier die Aktiengesellschaft als eine außerhalb der Landeskirche stehende religiöse Gemeinschaft oder Kirchengesellschaft anzusehen sei, und daß das gelten müsse, gleichviel ob man Identität zwischen ihr und der „Evang. Gemeinschaft" oder aber das Nebeneinanderbestehen der Aktiengesellschaft und der „Evang. Gemeinschaft" annehmen wollte. Dieser Standpunkt läßt keinen Rechtsirrtum erkennen, entspricht vielmehr dem Inhalte des Gesellschaftsvertrags, besonders dem dort angegebenen Zwecke des Unternehmens wie auch der Bestätigung der Gesellschaft während der Dauer ihres Bestehens. Nach Art. 2 jenes Vertrags ist Gegenstand des Unternehmens der Erwerb von Grundstücken und die Errichtung von Gotteshäusern. Als ihr Zweck ist bezeichnet, lebendiges Christentum und wahre Sittlichkeit nach Maßgabe der Heiligen Schrift zu verbreiten und allen Mitmenschen, die unter ihren Einfluß kommen, einen passenden Ort der Zusammenkunft zu gemeinsamem Gottesdienste zu bieten.

Ferner aber befaßt sich die Gesellschaft nach dem Vertrage mit Sonntagsschul-, Jünglingsvereins- und Diakonissensachen, mit der Verbreitung christlicher Literatur sowie mit der Ausbildung von Predigtamtskandidaten für den Missionsdienst und sucht überhaupt an der Hebung des geistlichen und materiellen Wohlstandes des deutschen Volkes nach Kräften mitzuwirken. Bezeichnend ist, daß die wirtschaftliche Seite des Unternehmens, nämlich der Erwerb von Grundstücken und die Errichtung von Gotteshäusern in dem zuerst dem Registerrichter eingereichten Gesellschaftsvertrage von 1900 überhaupt keinen Ausdruck gefunden hatte; hier waren vielmehr als Gegenstand und Zweck lediglich die auf rein religiösem und sittlichem Gebiet liegenden Maßnahmen bezeichnet worden, die in dem jetzt geltenden Vertrage von 1901 unter Sonderung von dem „Gegenstande des Unternehmens" lediglich als ihr „Zweck" bezeichnet sind. Die Änderung des Vertrags ist auf Beanstandungen des Registerrichters zurückzuführen, dem der Gegenstand des Unternehmens nicht bestimmt genug bezeichnet war. Diese Entstehungsgeschichte des Vertrags zeigt aber, daß das wirtschaftliche Moment, nämlich der Erwerb von Grundstücken und die Errichtung von Gotteshäusern auf ihnen der Gesellschaft keineswegs als das Wesentlichste des Unternehmens erschienen ist; vielmehr sollten diese wirtschaftlichen Akte nur die Mittel zur Erreichung der religiösen Zwecke sein, denen das Unternehmen zu dienen bestimmt war.

Auch später, während der Zeit ihres Bestehens, hat die Aktiengesellschaft und zwar besonders in den anläßlich der ordentlichen Generalversammlungen erstatteten Rechenschaftsberichten ihres Vorstandes wiederholt ausgedrückt, daß ihre Zwecke und Ziele lediglich auf rein religiösem Gebiete lägen und in der Ausbreitung der Lehre der „Evang. Gemeinschaft" gipfelten....

Hiernach handelt es sich um ein von rein religiösen Grundsätzen beherrschtes Unternehmen, das lediglich zu dem Zwecke ins Leben gerufen ist, die Glaubenslehre der „Evang. Gemeinschaft" zu fördern und zu verbreiten. Die Grundstücke werden nur zu dem Zwecke erworben, um dort Gotteshäuser und Betsäle zu errichten, also Stätten zwecks Abhaltung eines gemeinsamen Gottesdienstes unter Zugrundelegung der Glaubenssätze der „Evang. Gemeinschaft" zu schaffen und auf diese Weise zur Ausbreitung und Stärkung dieser religiösen Gesellschaft beizutragen. Der Umstand, daß die auf den erworbenen Grundstücken errichteten Gebäude, soweit sie für die kirchlichen Zwecke der Gesellschaft nicht gebraucht werden, anderweit vermietet werden, ist nicht geeignet, den Charakter des Unternehmens in einem anderen Licht erscheinen zu lassen. Denn die Errichtung der Gebäude erfolgt keineswegs zu dem Zwecke, durch Vermieten von Räumlichkeiten an Dritte Gewinn zu erzielen; vielmehr hat sie ihren Grund wesentlich in dem Bestreben, gemeinsame Versammlungsstätten zu gottesdienstlichen Akten zu schaffen. Die anderweite Verwertung dieser Gebäude ist nebensächlich und lediglich deshalb geboten, um dem Unternehmen für seine eigentlichen Zwecke neue Mittel zuzuführen.

Mag man also auch die Identität zwischen der Aktiengesellschaft und der „Evang. Gemeinschaft“ verneinen, so verstößt dennoch die Gesellschaft gegen den Art. 13 zit., weil sie selbst sich als eine Religionsgesellschaft darstellt, die nur durch besonderes Gesetz Korporationsrechte erlangen kann. Da sich aber ferner die Zwecke und Ziele dieser Religionsgesellschaft vollkommen mit denen der „Evang. Gemeinschaft“ decken, die letztere aber nach ihrer Glaubenslehre und Verfassung zweifellos nicht eine im Rahmen der evang. Landeskirche sich bewegende Gemeinschaft, sondern eine außerhalb dieser stehende religiöse Sekte ist, so muß die Aktiengesellschaft als eine selbständige außerhalb der Landeskirche stehende Kirchengesellschaft angesehen werden. Der Fall liegt somit anders, als der vom FerienZS. des KG. am 1. August 1908 (Seuffert 64 S. 113) entschiedene. Denn damals stand eine Religionsgesellschaft in Frage, welche lediglich die von der Landeskirche gelehrten religiösen Grundsätze zu verbreiten bestimmt war. Hier aber handelt es sich um eine neue Kirchengesellschaft mit eigenen Dogmen und mit eigenen Gebethäusern, die nicht die landeskirchliche Gemeinschaft, sondern eine außerhalb dieser stehende, besonders organisierte Gemeinschaft als maßgebende anerkennt. G. M.

t) **Haftung für die von Dritten während der Gründung bestellten Aktiendrucke.**

OLG. München, I. ZS. Urteil v. 25. Oktober 1911.

Die hier streitigen Aktiendrucke wurden längst vor der rechtlichen Existenz der Aktiengesellschaft bestellt und geliefert; die erste Verhandlung lag sogar noch vor Beurkundung des Gründungsvertrags. Ausgegangen ist die Bestellung auch nicht etwa von einem der Gründer, sondern von einem Dritten, dem Beklagten, der später zum gesetzlichen Vertreter der Gesellschaft bestellt wurde, tatsächlich wohl auch deren eigentliche Seele war, für den aber für die Zeit vor der Existenz der Gesellschaft nicht einmal eine Vollmacht der Gründer vorliegt. Für derartige Tatbestände ist eine doppelte Beurteilung möglich. An sich haftet nach § 200 Satz 2 der Besteller persönlich, und zwar gleichviel, ob die Gesellschaft später noch zustande gekommen ist oder nicht; auch wenn sie später zustande kommt, tritt nicht etwa ihre Haftung von selbst neben oder an Stelle des Bestellers ein, sondern es bedarf dazu besonderer Willenserklärung (befreiende Schuldübernahme). Ob der Vertragsgegner wußte, daß der Registereintrag noch mangelte, ist gleichgültig, weil es sich um eine rechtspolizeiliche Vorschrift handelt, die das Auftreten der nicht registrierten Gesellschaft im Verkehr tunlichst hindern will. Eine Ausnahme wird nur in solchen Fällen gemacht, in denen nach der Art des Geschäftes und seiner Umstände angenommen werden muß, es habe von der Haftung des § 200 abgesehen und zunächst die Zwischengesellschaft der Gründer als Sozietät verpflichtet werden sollen, welche Verpflichtung mit der Entstehung der Aktiengesellschaft von selbst auf diese als Alleinschuldnerin mit der Wirkung übergeht, daß auch die Gründer frei werden, während eine unbeschränkte persönliche Haftung des Bestellers nicht angenommen wird. Der wesentliche Unterschied für den Vertragsgegner besteht hier gegenüber der ersteren Ansicht darin, daß, wenn die Aktiengesellschaft entsteht, der Vertragsgegner keinen außerhalb des Gesellschaftsvermögens persönlich haftenden Gegner hat. Da es sich hierbei im wesentlichen um ein Wegbedingen der gesetzlichen persönlichen Haftung handelt, so ist dieser Fall als nachzuweisende Ausnahme zu behandeln; im wesentlichen fallen darunter die Verträge, die notwendig der Gründung und Eintragung vorausgehen müssen, also besonders bindende Abmachungen der Gründer mit dem künftigen Vorstand, Aufsichtsrat, Saalmiete zur Gründung, Beauftragung des Notars; Geschäfte und Anschaffungen, die in den künftigen Gesellschaftsbetrieb fallen, können nicht in dieser Weise haftungsfrei vor Existenz der Gesellschaft vorgenommen werden.

Hier ist der Ausschluß der Haftung nicht nachgewiesen. Zunächst ist der Druck von Aktien für die Entstehung und Registrierung der Aktiengesellschaft kein notwendiges Erfordernis; sie kann sogar ohne Aktien und Urkunden bestehen. Vollends kann unter die Gründungsgeschäfte nicht die Bestellung einer so großen Anzahl überschießender Aktien für den Fall einer etwaigen späteren Kapitalserhöhung rechnen. Sodann ist nirgends irgend ein Anhaltshaltspunkt dafür ersichtlich, daß die Parteien die Gründer, deren Namen der Kläger gar nicht wußte, als Vertragsgegner im Auge gehabt hätten; das Verhalten des Klägers sowohl (besonders seine Rechnungsstellung) als des Beklagten deuten darauf hin, daß beide, die Aktiengesellschaft, und nur diese, als vermeintliche Vertragsgegnerin, vertreten durch den, auch abgesehen von dieser Gründung als „Direktor" bezeichneten Beklagten, im Auge hatten. Das ist aber dann gerade der Fall des § 200 Satz 2, daß namens und für eine in Wirklichkeit nicht bestehende Aktiengesellschaft abgeschlossen wird; hier entspricht die persönliche Haftung des Bestellers auch der Billigkeit, weil wohl der letztere, nicht aber der Vertragsgegner in die inneren Beziehungen des Bestellers zur Gesellschaft eindringen kann. Ein Vertragsschluß namens der Gründer kann auch schon deshalb nicht angenommen werden, weil von einer Bevollmächtigung des Beklagten durch die Gründer in diesem Stadium nirgends die Rede ist. Die Tatsache allein aber, daß der Beklagte nachträglich tatsächlich als Direktor aufgestellt worden ist, kann eine Haftung der Aktiengesellschaft und ein Erlöschen der früheren persönlichen Haftung um so weniger begründen, als er sich seitdem gegen die Zahlungspflicht fortwährend gewehrt hat. P.n.

u) **Grund zur Abberufung eines Liquidators.**

OLG. Braunschweig, I. ZS. Beschluß v. 11. Oktober 1910.

Auf Antrag des Kommanditisten Meyer, dessen Legitimation sich aus seiner Eigenschaft als eines Gesellschafters (§ 161[1] HGB.) und daher als eines „Beteiligten" im Sinne der §§ 146—147 FrGG. ergibt, hat das Amtsgericht den A. als Liquidator der Kommanditgesellschaft abberufen und statt seiner den X. ernannt. Die Beschwerde hierüber wurde verworfen. Auch die weitere Beschwerde ist unbegründet.

Der Liquidator, zugleich persönlich haftender Gesellschafter, hat im Verlauf der Liquidation Hypothekzinsen unbezahlt gelassen, welche ursprünglich Schulden des Antragstellers darstellen, deren Berichtigung aber nach den Gesellschaftsverträgen die Gesellschaft übernommen hat. Der Liquidator rechtfertigt sich dahin, daß der Antragsteller seinerseits die ihm gegen die Gesellschaft obliegenden Verpflichtungen nicht erfüllt habe. Allein nach dem Gesetz hat der Liquidator sämtliche Angelegenheiten der Gesellschaft zu erledigen, die Gläubiger zu befriedigen und das nach Berichtigung der Schulden verbleibende Vermögen der Gesellschaft unter die Gesellschafter zu verteilen (§§ 149, 155). Zur Entscheidung von Streitigkeiten zwischen den Gesellschaftern ist er nicht berufen und darf daher, wenn er dabei als Gesellschafter beteiligt ist, seine Amtsführung nicht von der Beurteilung abhängig sein lassen, die er als Gesellschafter bei dem Streit ausdrückt. Diesen Fehler hat aber hier A. begangen. Er hätte die Hypothekenzinsen, weil sie Gesellschaftsschulden und dieses Charakters durch den Prozeßvergleich keineswegs verlustig gegangen waren, aus den Eingängen wie andere Ansprüche gegen die Gesellschaft begleichen müssen. Er durfte die Erfüllung dieser Pflicht nicht aus dem mitgeteilten Grunde unterlassen. War er der Überzeugung, daß der Antragsteller als Kommanditist noch ihm obliegende Verpflichtungen gegen die Gesellschaft unerfüllt gelassen habe, so hatte er die nötigen Schritte, eventuell im Wege der Klage, zu tun, um die Erfüllung dieser Gesellschaftsforderungen herbeizuführen. Das dagegen von ihm beliebte Verfahren bedeutet eine Verschleppung der Liquidation und das Gegenteil von einer glatten Abwickelung der Gesellschaftsangelegenheiten. Inwieweit dadurch auch sonstige berechtigte Interessen des Antragstellers verletzt sind, er in seinem Vermögen geschädigt ist, mag dahingestellt bleiben.

Wie ferner unangefochten festgestellt ist, hat der Liquidator, während die Verhandlungen über seine Abberufung wegen mangelhafter Amtsführung noch vor dem Amtsgerichte schwebten, ein Gesellschaftsgrundstück an seine Frau, als Kommanditistin an der Gesellschaft beteiligt, verkauft und aufgelassen, und den Kaufpreis nicht in die Liquidationsmasse eingeworfen, sondern gegen Vorschüsse, die er angeblich der Gesellschaft gewährt habe, aufgerechnet. Er hat also mit Gesellschaftsgeldern einen angeblich ihm als Gesellschaftsgläubiger zustehenden Anspruch berichtigt. Damals war aber die Liquidation noch nicht beendet, eine Schlußbilanz (§ 154) noch nicht gezogen, und noch nicht zu übersehen, ob alle Geschäftsschulden zum vollen Betrage aus den Gesellschaftsaktiven gedeckt werden könnten. Unter diesen Umständen durfte er seine Forderung gegen die Gesellschaft nicht begleichen, denn bei Unzulänglichkeit der Liquidationsmasse haftet er als Gesellschafter zu seinem Anteile für die Deckung der Gesellschaftsschulden, also auch seiner etwaigen Gläubigerforderung, und muß in jenem Falle eine entsprechende Minderung derselben daher sich gefallen lassen (RG. 29 S. 15). Er hat kein Recht auf Bevorzugung vor anderen Gesellschaftsgläubigern. Danach erscheint sein Verfahren als keine sachlich gerechtfertigte Liquidationsmaßregel, sondern als eine unberechtigte Wahrnehmung eigenen Vorteils. H.g.

v) **Aktien mit verschiedener Berechtigung.**

OLG. Posen, IV. ZS. Urteil v. 26. Oktober 1911.

... Der bisherige Art. 219 HGB. hat alle Gestaltungen ausgeschlossen, bei denen der Aktionär in seiner Eigenschaft als Gesellschafter vermögensrechtliche Verpflichtungen übernahm, die nicht in dem anteiligen Grundkapitalbetrag aufgingen. Wurden trotzdem nichtvermögensrechliche Verpflichtungen auferlegt, so haben sie nur als Verpflichtungen aus einem neben dem Gesellschaftsvertrage zwischen der Gesellschaft und jedem einzelnen Aktionär als einem Dritten abgeschlossenen besonderen Vertrage zu gelten (RG. 17 S. 5). Eine rein logische Folge dieser Auffassung ist aber die, daß die etwaige Gegenleistung der einzelnen Aktionäre für die Erfüllung solcher Verpflichtungen nicht mit der Klage aus dem Gesellschaftsvertrage, nicht von ihnen in ihrer Eigenschaft als Gesellschafter gefordert werden konnte, sondern mit der Klage aus dem besonderen mit der Gesellschaft neben dem Gesellschaftsvertrage abgeschlossenen Vertrage, in ihrer Eigenschaft als dritte Personen gegenüber der Gesellschaft. Eine weitere Folge ist aber auch die, daß eine Aktie weder Trägerin von Verpflichtungen sein konnte, die ein Aktionär außer vermögensrechtlichen, in dem anteiligen Grundkapitalbetrage aufgehenden Verpflichtungen übernommen hatte, noch Trägerin der diesen Verpflichtungen gegenüberstehenden, sich aus deren Erfüllung nach den Satzungen ergebende Rechte. Deshalb hat das RG. (Bolze 5 Nr. 757) zutreffend ausgesprochen, daß die mit einer Rübenlieferungspflicht verbundenen Aktien A und B und die mit einer solchen Pflicht nicht verbundenen Aktien C keine Aktien verschiedener Gattungen im Sinne des — mit § 275³ übereinstimmenden — Art. 215⁶ sind.

Das HGB. von 1897 hat den Art. 219 geändert. Es begrenzt zwar im § 211 die Verpflichtung des Aktionärs zur Leistung von Kapitaleinlagen durch den Nennbetrag der Aktie, stellt aber in dem durch das Bedürfnis der Rübenzuckeraktiengesellschaften veranlaßten § 212 den Aktiengesellschaften frei, gewisse Leistungen neben den Kapitaleinlagen den Aktionären als gesellschaftliche Leistungen aufzuerlegen. Hiervon hat die Beklagte durch Schaffung der Aktien B Gebrauch gemacht. Die Übertragung dieser Aktien ist an die Zustimmung der Beklagten gebunden; auch ist die Verpflichtung und der Umfang der den Inhabern auferlegten Rübenbaulieferungspflicht aus den Aktien zu ersehen. Ist jetzt sonach die Statuierung anderer als vermögensrechtlicher Verpflichtungen derart möglich, daß den Aktionären in ihrer Eigenschaft als Gesellschaftern wiederkehrende, nicht in Geld bestehende Leistungen auferlegt werden, zu denen die Verpflichtung zum Rübenanbau schlechthin zu zählen ist (Staub § 212), so stellt sich auch das den Aktionären aus der Erfüllung dieser Verpflichtung gemäß den Satzungen gewährte Recht auf die Gegenleistung als ein aus dem Gesellschaftsvertrage zustehendes Recht dar. Da hier nach § 24 der Satzung den zum Rübenbau verpflichteten Aktionären B ein Entgelt für die von ihnen gelieferten Rüben gewährt ist, das die Aktionäre A, die zum Rübenbau nicht verpflichtet sind, nicht zu beanspruchen haben, so ist die Berechtigung der Aktionäre beider Aktiengattungen eine verschiedene, und mithin sind die Aktiengattungen A und B solche mit verschiedener Berechtigung. Die entgegengesetzte von Staub (5 zu § 275) unter Hinweis auf Bolze aO. ausgesprochene, aber sonst nicht begründete Ansicht trifft daher nicht zu.

Der angefochtene Generalversammlungsbeschluß hat aber das bisherige Verhältnis der beiden Aktiengattungen A und B zum Nachteile der ersteren Gattung geändert. Mit einer solchen Änderung sind nämlich die Fälle gemeint, in denen die Art oder das Maß der gesellschaftlichen Rechte und Pflichten einer Gattung von Aktien für die Zukunft abgeändert werden soll (Staub 4 zu § 275). Hier hat die Generalversammlung das bisher den Aktionären B durch § 24[4] der Satzung gewährleistete gesellschaftliche Recht auf einen Pfg. Nachzahlung für den Zentner gelieferter reiner Rüben für die Zukunft in das gesellschaftliche Recht der Aktionäre abgeändert, zwei Pfg. Nachzahlung beanspruchen zu können. Diese Änderung benachteiligt zweifellos die Aktionäre A; denn der zweite Pfg. soll gleichwie der erste Pfg. aus dem von der Beklagten erzielten jährlichen Reingewinn nachgezahlt werden, der andernfalls den Aktionären A und B gleichmäßig als Dividende zugeflossen wäre. D.r.

w) **Steht das Bezugsrecht auf neue Aktien dem Eigentümer oder dem Nießbraucher zu?**

Kammergericht, II. ZS. Urteil v. 12. Mai 1911.

Der Kläger, der mehrere Aktien dem Beklagten übereignet und sich das Dividenden- und Nießbrauchsrecht an ihnen vorbehalten hat, verlangt den Kaufpreis, den der Beklagte für das auf jene Aktien entfallene Bezugsrecht auf Übernahme neu ausgegebener Aktien erhalten hat. Das LG. hat die Klage abgewiesen, da das Bezugsrecht nicht dem Nießbraucher, sondern dem Eigentümer der alten Aktien zustehe. Mit der Berufung fordert der Kläger nur noch 4% Zinsen des. erzielten Kaufpreises. Auch dieser Anspruch ist unbegründet. Der Kläger meint, daß ihm die Nutzungen des durch die Verwertung des Bezugsrechts erlösten Betrages schon auf Grund des ihm eingeräumten Dividendenrechts an den alten Aktien zustehe. Allein dieses beschränkt sich auf den Bezug der Dividenden aus den alten Aktien, gewährt ihm aber keinerlei Recht auf das auf die alten Aktien entfallende Bezugsrecht, das etwas wesentlich anderes ist, als die auf die Aktien entfallende Dividende. Nur dann aber, wenn der Kläger ein Recht auf Ausübung des Bezugsrechts für sich beanspruchen könnte, könnte er ein Recht auf den Erlös des nicht ausgeübten, sondern verkauften Bezugsrechts, sei es ein Recht auf den Erlös selbst oder dessen Nutzungen, geltend machen, da das im Falle der Nichtausübung des Bezugsrechts sich ergebende Recht auf anderweite Verwertung und Verkauf des Bezugsrechts und auf den aus dem Verkauf erzielten Erlös nur demjenigen zustehen kann, dem das Recht auf Ausübung des Bezugsrechts gebührt.

Ebensowenig stellt das Bezugsrecht sich als Nutzung der Aktien im Sinne des Gesetzes dar. Es ist weder ein Vorteil, den der Gebrauch der Aktien gewährt (§ 100 BGB.), noch, da es kein bestimmungsgemäßer, regelmäßig wiederkehrender Ertrag der Aktien ist, eine Frucht im Sinne des § 99². Es entsteht auch nicht aus der Aktie selbst; zu seiner Entstehung haben andere Momente (Erhöhung des Grundkapitals, Beschluß der Generalversammlung) mitzuwirken. Es bildet vielmehr ein neu erworbenes, selbständiges Vermögensrecht, das das Stammrecht des Eigentümers der Aktie vermehren soll. Es gebührt daher dem Eigentümer, nicht dem Nießbraucher der Aktie. Dr. W.t.

x) **Die Vereinigung von Aktiengesellschaften als Anlaß zur Aufhebung des Dienstverhältnisses.**

OLG. Hamburg, III. ZS. Urteil v. 1. Juli 1911.

Der Beklagte hat ohne Kündigung seinen Dienstvertrag mit der Aktiengesellschaft K. aufgehoben, weil sie sich mit der Klägerin vereinigt hatte, oder doch solche Vereinigung unmittelbar bevorstand. Das LG. billigt dies auf Grund des § 613 Satz 2 BGB., wonach der Anspruch auf die Dienste im Zweifel nicht übertragbar ist. Damit ist aber nach richtiger Ansicht der Übergang der Rechte des Dienstherrn im Wege der Univeralsukzession nicht ausgeschlossen (Staudinger § 613 Nr. 2a; Windscheid-Kipp 2 S. 714; Hachenburg, Dienstvertrag S. 25). Stirbt der Dienstherr, so gehen seine Rechte und Pflichten aus dem Dienstvertrage regelmäßig auf den Erben über. Wird hier das Vermögen einer Aktiengesellschaft als Ganzes an eine andere veräußert, so ist dieser Rechtsvorgang auf seiten der übernommenen Gesellschaft dem Tode einer natürlichen Person gleichzuachten; ihre Rechtspersönlichkeit hört auf. Einer Abtretung ihrer Forderungen auf die übernehmende Gesellschaft bedarf es nicht. Ihr Übergang ist mit der Fusion ohne weiteres erfolgt (Wiener in Goldschmidts Z. 27 S. 349; Staub 11 zu § 306; RG. 28 S. 363). Selbstverständlich kann durch die Fusion für den Dienstverpflichteten ein wichtiger Grund zur unbefristeten Kündigung (§§ 626 BGB., 103 b GewO.) gegeben sein. Das wird regelmäßig dann der Fall sein, wenn seine dienstliche Stellung durch die Fusion eine Änderung erfährt, wenn z. B. der bisherige selbständige Betriebsleiter den Weisungen des Leiters der übernehmenden Gesellschaft fortan folgen müßte. Daß aber hier solche Änderung in seiner Dienststellung eingetreten wäre, hat Beklagter nicht vorgetragen. Als einzigen Grund, weshalb er bei der Klägerin nicht in dienstlicher Stellung bleiben wollte, hat er angegeben, daß er bereits früher bei ihr beschäftigt gewesen wäre. Er hat aber nicht etwa hinzugefügt, daß ihm seine vormaligen Erfahrungen begründete Veranlassung gäben, mit ihr nicht wieder in dienstvertragliche Beziehungen zu treten, so daß nicht abzusehen ist, weshalb allein die Tatsache des früheren Engagements einen wichtigen Grund im Sinne des § 626 BGB. abgeben sollte. M. M.

y) **Vergütung des während des Geschäftsjahrs ausgeschiedenen Aufsichtsratsmitglieds.**[1]

OLG. Dresden, VIII. ZS. Urteil v. 22. Februar 1911.

Die Satzung § 10², wonach die Tantieme unter die Mitglieder nach einer vom Aufsichtsrate zu beschließenden Anweisung verteilt wird, bestimmt nur, daß die Beklagte die Tantieme gemäß der Anweisung ihres Aufsichtsrats an die einzelnen Mitglieder auszuzahlen hat; es wird aber das einzelne Mitglied nicht an den Aufsichtsrat als den Schuldner seines Tantiemeanteils verwiesen. Deshalb kann sich das bei der Verteilung benachteiligte Mitglied nur an die Gesellschaft halten, nicht an diejenigen Mitglieder des Aufsichtsrats, denen der ihm gebührende Anteil zugewiesen worden ist. Erhält ein Mitglied mehr als ihm satzungsgemäß gebührt, so ist es zum Nachteile der Gesellschaft, nicht des verkürzten Mitglieds, grundlos bereichert, weil dieses seine Forderung an die Gesellschaft behält.

Der Kläger ist zwar im Laufe des Jahres 1909 durch Niederlegung seines Amtes ausgeschieden; es kann aber nicht zweifelhaft sein, daß ihm gleichwohl ein der Zeitdauer seines Amtes entsprechender Anteil an der Tantieme dieses Jahres zukommt. Denn die Satzung hat sie allen im Laufe des Geschäftsjahres tätig gewesenen Mitgliedern für den eingetretenen Fall der Erzielung eines Reingewinns zugesagt und enthält keine Bestimmung, wonach ein im Laufe eines Jahres ausgeschiedenes Mitglied seines Anteils verlustig geht. Es entspricht das auch der Billigkeit, weil die Tantieme sich als Vergütung für die im Laufe des Jahres entwickelte Tätigkeit im Amte kennzeichnet und daher nach der Zeitdauer verdient wird. Hieraus folgt aber auch, daß der Beschluß des Aufsichtsrats, der den Kläger von der Tantieme dieses Jahres ausschließt, satzungswidrig ist. Die Anteile der Mitglieder an der Tantieme sind, da die Satzungen nichts Abweichendes bestimmen, gleich (§ 420 BGB.); nur der Vorsitzende erhält bei einer bestimmten Höhe des Reingewinns neben seinem Anteile nach einen bestimmten Mehrbetrag. Dadurch, daß dem Aufsichtsrate die Verteilung der Tantieme überlassen ist, wird ihm nicht die Befugnis beigelegt, durch Mehrheitsbeschluß die Anteile anders zu bestimmen oder gar einem Mitgliede seinen satzungsmäßigen Anteil an der Tantieme zu entziehen. Auf diesen Anteil hat das Mitglied ein Recht, das ihm nicht ohne seine Zustimmung entzogen werden kann. Die Satzung betrachtet die Bestimmung der Tantiemeanteile als eine innere Angelegenheit des Aufsichtsrats in der Annahme, daß seine Mitglieder die Verdienste der einzelnen am besten kennen und würdigen und demgemäß sich auch über eine etwaige besondere Entlohnung einigen werden. Es ist daher unzutreffend, daß der Aufsichtsrat bei Bestimmung der Anteile als ein Organ

[1] Vgl. hierzu RG. Rsp. 22 S. 2d; RG. JW. 1911 S. 400 Nr. 10.

der Gesellschaft gleich einem Dritten fungiert, der diese Bestimmung nach billigem Ermessen zu treffen hat. Eine solche Einrichtung würde dem Interesse der Gesellschaft zuwider den Keim zu Zerwürfnissen innerhalb des Aufsichtsrats legen. Vielmehr ist jene Bestimmung nach § 157 BGB. dahin auszulegen, daß eine andere Verteilung als die nach Kopfteilen, die im Mangel einer Einigung einzutreten hat, lediglich der Einigung der Beteiligten selbst überlassen ist. Eine abweichende Verteilung kann nur durch einen übereinstimmenden Beschluß aller Berechtigten verfügt werden. Sind Mitglieder des Aufsichtsrats im Laufe des Jahres infolge Ausscheidens gleichviel aus welchem Grunde oder Ablebens weggefallen und daher von der Beschlußfassung des zur Zeit der Tantiemeverteilung vorhandenen Aufsichtsrats ausgeschlossen, so ist ein ohne ihre Zustimmung gefaßter Beschluß über eine andere Verteilung als die nach Kopfteilen für sie und die Beklagte unverbindlich. Das LG. nimmt deshalb zutreffend an, daß die zur Zeit der Beschlußfassung vorhandenen Aufsichtsratsmitglieder über Anteile ausgeschiedener Mitglieder nicht willkürlich verfügen können. Ann.

z) **Versprechen besonderer Vorteile für eine Abstimmung in der Generalversammlung. Rückforderung.**

Kammergericht, XXI. ZS. Urteil v. 13. Oktober 1911.

Der Vertrag besteht aus zwei Teilen: einerseits verpflichtete sich der Beklagte „in seiner Eigenschaft als Aktionär mit der Mehrheit der Stimmen" dafür, daß die Wahl des Klägers zum Vorstande der Aktiengesellschaft auf drei Jahre mit bestimmten hohen Gehalts- und Tantiemebezügen von der Generalversammlung genehmigt wurde; andererseits kaufte der Kläger 10000 Mark Aktien des Beklagten zum Nennwerte mit der Verpflichtung, sofort 2000 Mark und den Rest von 7500 Mark „beim Eintritt", d. h. beim Antritt des Vorstandamtes zu zahlen, und mit der Abrede, daß Beklagter — falls nicht der Nachfolger des Klägers dessen Aktien für 9500 Mark übernähme — selbst die Aktien zu diesem Preise zurückkaufen und eine „Kursdifferenz und Provision" tragen solle. Diese beiden Teile des Vertrages stehen unverkennbar im Verhältnis von Leistung und Gegenleistung. Dafür, daß der Kläger die 10000 Mark Aktien zum Nennwerte kaufte und den Kaufpreis teils sofort, teils bei „seinem Eintritt" bar zu zahlen hatte, sollte er mit Benutzung der dem Beklagten kraft seiner großen Aktienbesitzes zustehenden Stimmenmehrheit in der Generalversammlung ein hochbesoldetes Amt für ganz geringfügige Dienstleistungen erlangen. Der Beklagte hätte sich zu diesen außerordentlichen Gegenleistungen nicht verpflichtet, wenn er sich nicht bewußt gewesen wäre, daß die 10000 Mark Aktien minderwertig und fast unverkäuflich waren. Hiernach kann nicht zweifelhaft sein, daß der Beklagte durch den Vertrag nicht bloß besondere durch den Wert der Aktien nicht gerechtfertigte Vorteile erlangt hat, sondern auch, daß er dieser besonderen Vorteile wegen seine ausschlaggebende Stimme zugunsten der Wahl des Klägers verkauft hat. Dabei ist unerheblich, daß er sich verpflichtete, die Aktien zum selben Preise vom Kläger „nach dessen Austritt aus der Gesellschaft“ zurückzukaufen. Worauf es ihm zunächst ankam, war offensichtlich der Vorteil, sofort bares Geld zu erhalten.

Eine solche Handlungsweise erfüllt den Tatbestand des § 317, der auf der Erwägung beruht, daß es dem Wesen der Aktiengesellschaft widerspricht, wenn ein Aktionär sich besondere Vorteile dafür gewähren läßt, daß er in der Generalversammlung in gewissem Sinne stimme. Auch das trifft hier zweifellos zu, was die Motive zu Art. 249e als „Präsumtion“ hervorheben, daß sich ein solcher Aktionär bei seiner Abstimmung nicht durch das Interesse der Gesellschaft, sondern lediglich durch den gewährten Vorteil leiten läßt. Wird aber wie hier eine wirtschaftliche Leistung in eine Beziehung zu einer Handlung gesetzt, die von Moralwegen nicht in einer solchen Beziehung zu Geld oder Geldeswert stehen soll (Lotmar, unmoralischer Vertrag S. 73), so liegt ein Verstoß gegen die guten Sitten vor.

Die daraus folgende Nichtigkeit desjenigen Teiles des Vertrages, welcher die Verpflichtung des Beklagten bezüglich der Wahl des Klägers betrifft, bewirkt die Nichtigkeit des ganzen Vertrages, auch des Kaufvertrages über die Aktien; denn es unterliegt keinem Bedenken, daß der Kläger sich auf diesen Aktienkauf ohne die ihm versprochene Anstellung nicht eingelassen hätte (§ 139 BGB.). Daraus folgt weiter, daß der vom Kläger erhobene Anspruch auf Schadensersatz wegen Nichterfüllung (§ 326 BGB.) hinfällig ist. — Dagegen bleibt der Anspruch auf Rückzahlung der geleisteten Anzahlung von 1874 Mark bestehen. Denn auch bei Nichtigkeit des Vertrages kann der Kläger das Geleistete aus der Bereicherung zurückfordern, soweit nicht auch ihm als dem Leistenden ein Verstoß gegen ein gesetzliches Verbot oder gegen die guten Sitten zur Last fällt (§ 817 BGB.). Dabei ist gleichgültig ob der Leistende sich bewußt war, durch die Leistung gegen Gesetz und Moral zu verstoßen! Ein solcher Verstoß des Klägers ist aber deshalb zu verneinen, weil nicht ersichtlich ist, daß seine Anzahlung einen Teil der Vergütung des unmoralischen Stimmkaufes darstellt und nicht vielmehr als Kaufpreis der Aktien geleistet ist. Auch bei Unterstellung der erheblichen Minderwertigkeit der Aktien ist zugunsten des Klägers anzunehmen, daß er mit den 1874 Mark einen Teil des Kaufpreises belegen wollte. Ist dies aber der Fall, so ist § 817 Satz 2 gegen ihn nicht anzuwenden. Dr. P.

6

a) Anfechtbarkeit der Eintragung ins Genossenschaftsregister wegen materiellrechtlicher Ungültigkeit der Beitrittserklärung.

α) OLG. Dresden, II. ZS. Urteil v. 10. Februar 1911.

Da das Genossenschaftsstatut von dritter Seite fälschlich und unter rechtswidriger Benutzung der vom Kläger unter eine andere Urkunde gesetzten Unterschrift angefertigt worden ist, hat er die Willenserklärung, die das dem Gericht eingereichte Statut vortäuscht, überhaupt nicht abgegeben. Die Ersetzung des ersten Blattes, das Dresden als Sitz des zu gründenden Unternehmens auswies, durch ein anderes Blatt, worin Leipzig als Sitz bezeichnet war, vernichtete die alte Urkunde in ihrem Wesen und entzog damit zugleich der Unterschrift des Klägers die Rechtswirksamkeit. Er braucht also die neue in keiner Weise gegen sich gelten zu lassen. Die Eintragung in die Genossenliste für sich allein aber vermag ihn nicht zum Genossen zu machen. Sie hat nicht die Wirkung, daß dadurch Recht geschaffen wird, sie heilt weder formelle noch materielle Mängel, insoweit sie auf den Erwerb der Mitgliedschaft von Einfluß sind. Dem Gericht ist bloß eine beurkundende Tätigkeit vorbehalten. Nicht durch die Eintragung als solche wird die Mitgliedschaft begründet, sondern durch die Eintragung auf Grund der Erklärung der Genossen und deren Einreichung. Die Anfechtung der Eintragung kann daher darauf gegründet werden, daß die Beitrittserklärung materiellrechtlich ungültig sei, wie das hier geschieht (Crüger, GenossG. 6 zu § 15). Mit Unrecht bezieht sich das LG. auf RG. 69 S. 366, wo der Kläger in die Liste mit seinem Willen eingetragen worden war. Nicht nachteilig ist dem Kläger, daß er, nachdem ihm die rechtswidrige Eintragung zur Kenntnis gekommen, zunächst nur gegenüber der Genossenschaft schriftlich widersprochen und sich mit der Erklärung des Vorstandes, er sei nicht als Genosse zu betrachten, begnügt hat. War die Urkunde in Wahrheit keine geeignete Eintragsgrundlage, so konnte die Bestätigung nach § 141 BGB. lediglich in der für das Rechtsgeschäft vorgeschriebenen Form, also im Wege des § 11 oder 15 GenossG. erfolgen. Dr. v. F.

β) OLG. Braunschweig, II. ZS. Urteil v. 31. Januar 1911.

Allein der Beklagte behauptet, er habe geglaubt, gar keine Beitrittserklärung abzugeben, sondern angenommen, es handle sich nur darum, durch die Unterschrift das Interesse an einer vielleicht später zu begründenden Genossenschaft und den Wunsch zu erkennen zu geben, auch für die weiteren Vorbesprechungen wieder eingeladen zu werden. Der Nachweis eines solchen Irrtums genügt zwar nicht, die von ihm abgegebene Erklärung ohne weiteres des Charakters einer Beitrittserklärung zu entkleiden, wohl aber ist dieser Irrtum geeignet, die Grundlage für eine nach §§ 119, 123 BGB. wirksame Anfechtungserklärung abzugeben (RG. 45 S. 142, 57 S. 300). Der Beklagte hat auch den behaupteten Irrtum nachgewiesen. Ob er rechtzeitig angefochten hat, kann hier dahingestellt bleiben, da der Irrtum durch die Täuschung des X. herbeigeführt ist... X. war allerdings nicht Vertreter der damals noch gar nicht bestehenden Genossenschaft, vielmehr im Verhältnis zu dieser Dritter im Sinne des § 123² BGB. (RG. Leipz. Z. 1909 S. 309⁸). Die Anfechtbarkeit gegenüber der Klägerin hängt also davon ab, ob diese die Täuschung kannte oder kennen mußte. Nun wurde sie bis zur Liquidation nach der Satzung durch einen Vorstand vertreten, der sich aus dem Vorsitzenden und dem Geschäftsführer zusammensetzte. Geschäftsführer unmittelbar nach der Gründung war X. Die Kenntnis dieses einen Vertreters genügt aber, die Kenntnis der

Klägerin selbst anzunehmen (RG. 57 S. 94; Seuffert 56 S. 31; JW. 1900 S. 624 [10]). Die innerhalb Jahresfrist erklärte Anfechtung war daher wirksam. H.g.

γ) OLG. Breslau, VIII. ZS. Urteil v. 28. Oktober 1910.

Der Beklagte unterschrieb folgenden „Vertrag": „Wir erklären unseren Beitritt zur Molkerei E.G. m. u. H., wenn sie uns eine Entrahmungsstelle baut." Die Klage auf Beitrittserklärung ist unbegründet. Durch die Unterschrift des Beklagten unter dieser Erklärung und deren Aushändigung an der Klägerin, ist ein rechtsverbindlicher Vertrag nicht zustande gekommen. Der Vorvertrag auf Abschluß eines formalisierten Konsensualvertrags erfordert jedenfalls dann dieselbe Form wie der endgültig abzuschließende Vertrag, wenn das Gesetz ohne Erfüllung des Formerfordernisses eine Gebundenheit des Willens überhaupt nicht will. Hier erfordert das Gesetz über die Aufnahme des Beitretenden die Abgabe einer Beitrittserklärung und deren Annahme durch den Vorstand. Über den Inhalt jener Erklärung stellt das Gesetz neben der durch § 15 geforderten Schriftform in § 120 für Genossenschaften m. u. H. als weitere zwingende Formvorschrift: die ausdrückliche Bemerkung, daß die einzelnen Genossen für die Verbindlichkeiten der Genossenschaft mit dem ganzen Vermögen haften. Das Gesetz will verhindern, daß der Beitretende die mit der Mitgliedschaft verbundenen schwerwiegenden Verbindlichkeiten übernimmt, bevor er diese Folgen seiner Beitrittserklärung erkannt hat. Vor Abgabe der formgerechten Erklärung soll sein Wille nicht gebunden sein. Diese Erwägung führt dazu, daß die gleichen Formerfordernisse auch für den Vorvertrag aufgestellt werden müssen. D.

δ) **Wie hat die „Unterschrift" des Beitretenden zu lauten?**

Kammergericht, Ia. ZS. Beschluß v. 31. März 1911.

Die Vorinstanzen haben die Eintragung in die Genossenliste abgelehnt, weil jeder Beitretende in seiner Erklärung Beruf und Wohnort selbst angeben müsse und Ehefrauen die Erklärungen auch mit ihrem Geburtsnamen unterzeichnen müßten. Allein in welcher Weise die Unterzeichnung zu bewirken ist, ist im Gesetze selbst nicht gesagt. Auch aus § 29³ Bek. vom 1. Juli 1899 geht nur hervor, daß die Beitrittserklärung die „Unterschrift" des Genossen tragen muß; denn nach § 15¹ GenG. hat das Gericht bei der Eintragung eines Genossen, der nach der Anmeldung des Statuts der Genossenschaft beitritt, unter anderem zu prüfen, ob die Beitrittserklärung die „Unterschrift" des Genossen trägt. Wie aber die „Unterschrift" zu lauten habe, ist auch in der „Bekanntmachung" nicht angegeben. Man wird daher auf die allgemeinen Vorschriften des BGB. über die Errichtung schriftlicher Urkunden zurückgreifen müssen. Von diesen kommt der § 126 BGB. in Frage, wonach die Aussteller ihre Beitrittserklärung lediglich durch „Namensunterschrift" zu vollziehen hatten. Sie durften ihre Erklärung allerdings nicht mit anderen Worten als ihrem Namen unterschreiben; erforderlich und genügend war aber der Gebrauch des bürgerlichen Namens. Darunter versteht man den Namen, dessen sich der Unterschreibende im bürgerlichen Geschäftsverkehr zu bedienen pflegt. Im geschäftlichen Verkehr herrscht aber die Gewohnheit, daß jeder sich bei der Vornahme von Rechtsakten mit seinem Familiennamen (Nachnamen) bezeichnet; von den Ausnahmefällen, in denen sich gewisse erlauchte Personen bei der Unterschrift herkömmlich nur ihres Vornamens bedienen und andere Persönlichkeiten (wie Schauspieler und Schriftsteller) mitunter einen angenommenen Namen dauernd als Bezeichnung im Verkehre führen (Jahrb. 31 S. 109, 39 S. 37), kann hier abgesehen werden. Hiernach muß es für die Rechtswirksamkeit der schriftlichen Beitrittserklärungen genügen, wenn sie mit dem Familiennamen der Unterzeichnenden unterschrieben sind. Ob es hiernach erforderlich ist, die Beitrittserklärungen auch mit dem Vornamen zu unterschreiben, kann dahingestellt bleiben, weil alle Erklärungen auch mit ihm unterzeichnet sind. Jedenfalls aber erweist sich das Verlangen, daß die Unterzeichner ihren Unterschriften auch Stand und Wohnort beizufügen hätten, als unbegründet. Wenn auch nach § 29[1] Bek. vom 1. Juli 1899 in den Spalten 1 bis 4 der Liste die Mitglieder nach Familiennamen, Vornamen, Beruf und Wohnort einzutragen sind, so folgt daraus keineswegs, daß alle diese Angaben bereits in der Beitrittserklärung von den Beitretenden selbst angegeben werden müßten; ein solches Verlangen würde für die Beitrittserklärungen neue Erfordernisse schaffen, die weder das Gesetz noch die „Bekanntmachung" vorgeschrieben haben. Es muß daher dem Registerrichter genügen, daß ihm die zur Vervollständigung der Eintragungen nötigen Angaben über den Beruf und Wohnort der beitretenden Genossen vom Vorstande der Genossenschaft bei der Anmeldung gemacht werden.

Ebensowenig gerechtfertigt ist das weitere Verlangen der Vorinstanzen, daß die beitretenden Frauen ihrem Familiennamen noch ihren Geburtsnamen beizufügen hätten. Nach § 1355 BGB. erhält die Frau den Familiennamen des Mannes und hat nicht nur das Recht, sondern auch die Pflicht, fortan sich im bürgerlichen Verkehr an Stelle ihres Geburtsnamens des Familiennamens ihres Mannes zu bedienen; diese Pflicht folgt aus der Verpflichtung der Frau zur ehelichen Lebensgemeinschaft (§ 1353[1] BGB.; Staudinger 6 zu § 1355). Allerdings ist die Frau durch § 1355 nicht gehindert, dem Familiennamen des Mannes ihren früheren Familiennamen mit einem entsprechenden Zusatze, wie „geborene N.", „verwitwete N.", „geschiedene N." beizufügen. Eine Verpflichtung aber, durch einen derartigen Zusatz zu dem Familiennamen des Mannes auf ihren eigenen früheren Familiennamen hinzudeuten, besteht nicht. Wenn daher das Gesetz die Unterzeichnung einer Urkunde mit dem Familiennamen vorschreibt, so genügen die Frauen dieser Vorschrift dadurch, daß sie als Unterschrift den Namen ihres Mannes, der nunmehr auch ihr Familienname geworden ist, verwenden. Der Geburtsname der der Genossenschaft beitretenden Frauen braucht übrigens auch nicht einmal vom Vorstande bei der Anmeldung des Beitritts angegeben zu werden.

Denn nach § 29[1] Bek. sind nur die Familiennamen und Vornamen in die Liste der Genossen einzutragen; daß bei Frauen auch der Geburtsname miteingetragen werden müsse, ist nicht vorgeschrieben.

In der einschlägigen Literatur (Parisius-Crüger zu § 15; Cohn, Handels- und Genossenschaftsregister 612; Brand, Registersachen 350) wird allerdings durchweg ein anderer Rechtsstandpunkt vertreten und verlangt, daß die Beitrittserklärungen den Beruf und Wohnort der Beitretenden enthalten und von Frauen auch mit ihrem Geburtsnamen unterzeichnet werden müßten. Diese Ansicht, die übrigens nicht näher begründet wird, ist auch wohl nur durch das Bestreben zu erklären, aus Gründen praktischer Zweckmäßigkeit dem Registerrichter schon in den Beitrittserklärungen allein Unterlagen zu verschaffen, die zur Vornahme der erforderlichen Eintragungen ausreichen und alle Angaben enthalten, die in die Liste der Genossen zu übernehmen sind.[1] M.

b) **Zum Begriff des „Geschäftsguthabens".**

OLG. Colmar, III. ZS. Urteil v. 30. Januar 1912.

Das LG. versteht unter dem „Geschäftsguthaben" die Summe der Ansprüche, die der einzelne Genosse durch Einzahlungen oder durch Gutschreiben der auf ihn fallenden Gewinnanteile gegen die Genossenschaft erworben hat. Diese Auffassung trifft jedoch nur in den Fällen zu, in welchen die Summe der Zahlungen und Gutschreibungen die Höhe des von dem Genossen übernommenen Geschäftsanteils (oder der Geschäftsanteile: § 134) nicht überschritten hat. Das Gesetz kennt eine Beteiligung der Genossen nur mit bestimmten Geschäftsanteilen, und zwar muß der Geschäftsanteil für alle Genossen gleich sein. Dies ist zwar nicht ausdrücklich vorgeschrieben, wird aber mit Recht schon aus § 7 Nr. 2 gefolgert, wonach die Satzung „den" Betrag zu bestimmen hat, bis zu welchem sich der Genosse mit Einlagen beteiligen kann (RG. 64 S. 187; Crüger [6] S. 161; Maurer S. 65). Aus dieser Fassung ergibt sich weiter, daß der Geschäftsanteil oder die Summe der übernommenen Geschäftsanteile (§ 134) den Höchstbetrag darstellt, mit dem ein Genosse sich an der Genossenschaft beteiligen kann. Ist aber dies der Fall, so kann nicht angenommen werden, daß der Gesetzgeber da, wo er von „Geschäftsguthaben" spricht, unter diesem Begriff Ansprüche aus Leistungen verstanden wissen wollte, die die Genossen über den von ihm in seinem § 7 Nr. 2 festgelegten Rahmen hinaus an die Genossenschaft gemacht haben. Mit Recht wird daher von Crüger (S. 98) der Geschäftsanteil als die Höchstgrenze des „Geschäftsguthabens" im Sinne des Gesetzes bezeichnet

[1] Vorstehende Entscheidung erscheint bedenklich. Schon die Heranziehung des § 126 BGB. versagt, denn dort handelt es sich nur um das Rechtsgeschäft und dessen Form, während hier die schwerwiegende Eintragung in ein öffentliches Buch in Frage steht. Die Unterschrift muß daher so lauten, daß über die Person des Beitretenden kein Zweifel besteht. Bei Unterschriften, die nur „Müller", „Schulze", „Meyer" lauten, ist eine solche Feststellung nicht möglich. Eine Ergänzung durch den Vorstand dürfte kaum zulässig sein: denn nach § 15 Ges. ist „die" Erklärung einzureichen und „auf Grund der Erklärung und deren Einreichung" die Eintragung vorzunehmen. D. H.

(vgl. auch Maurer S. 64). Die über dieses gesetzliche Höchstmaß des Guthabens hinaus gemachten Leistungen fallen nicht in den Wirkungskreis des Gesetzes, sondern sind nichts anderes als Darlehen oder Spareinlagen der Genossen, gleichgültig, ob sie durch bare Zahlungen oder dadurch geschehen sind, daß die Genossen die auf sie fallenden Gewinnanteile zur Verwendung im Geschäftsbetriebe stehen ließen. Auf sie ist daher der § 22², der eine Auszahlung des Geschäftsguthabens während der Dauer der Mitgliedschaft untersagt, nicht anwendbar, vielmehr ist die Genossenschaft berechtigt und auf Verlangen der Genossen sogar verpflichtet, die über den Geschäftsanteil hinaus gemachten Leistungen auch während der Mitgliedschaft zurückzuerstatten, soweit dem nicht besondere Vereinbarungen zwischen den einzelnen Genossen und der Genossenschaft (Stundung oder dergl.) entgegenstehen. Von dieser Verpflichtung könnte die Genossenschaft nicht einmal durch eine Bestimmung der Satzung oder einen Beschluß der Generalversammlung befreit werden (Crüger S. 88). Frdthl.

c) **Gültigkeit mündlicher Willenserklärungen.**

Kammergericht, VII. ZS. Urteil v. 22. April 1911.

Das LG. hat den Kläger abgewiesen, weil ihm der Vorstand der Beklagten den Mäklerauftrag nur mündlich erteilt hat. Allerdings hat nach § 25 Ges. der Vorstand in der durch die Satzungen bestimmten Form seine Willenserklärung kundzugeben, während § 5 des Gesellschaftsvertrags vorschreibt, daß die Zeichnenden zu der Firma der Genossenschaft ihre Namensunterschrift hinzufügen und daß Rechtsverbindlichkeit für die Genossenschaft Dritten gegenüber die Zeichnung nur dann habe, wenn sie mindestens von zwei Vorstandsmitgliedern vorgenommen sei. Indessen sind diese Bestimmungen nur dahin zu verstehen, daß, wenn der Vorstand der Genossenschaft für diese schriftliche Verpflichtungserklärungen abgibt, er hierbei die Form des § 5 beobachten muß. Daß der Vorstand die Beklagte nicht auch formlos und mündlich verpflichte, ist nicht zum Ausdruck gebracht. Überdies hat § 25² Ges., wie aus §§ 26 u. 28² folgt, nur die Bedeutung einer Ordnungsvorschrift, zu deren Einhaltung der Vorstand nach § 27 der Genossenschaft gegenüber verpflichtet ist (RG. 45 S. 150). L.n.

d) **Unwirksamkeit der Klagezustellung an den Bevollmächtigten der Genossenschaft. Bedeutung des § 42³ GenG.**

OLG. Colmar, IV. ZS. Urteil v. 5. Januar 1911.

Die Klage ist an X., „Agent in A., als Vertreter des Kreditvereins für Lothringen in Metz“ zugestellt. Zustellungen an Vereine, die als solche klagen und verklagt werden können, haben aber nach § 171 ZPO. an einen ihrer gesetzlichen Vertreter oder an einen ihrer Vorsteher zu erfolgen; die Zustellung an den Generalbevollmächtigten hat gemäß § 173 ZPO. die gleiche Wirkung wie die Zustellung an die Partei selbst. Die vom Beklagten dem Agenten X. erteilte notarielle Vollmacht stellt allerdings ihrem Wortlaut und Umfang nach eine Generalvollmacht dar. Sie ist aber nicht gültig.

Denn nach § 42¹ GenG. kann zwar der Betrieb von Geschäften der Genossenschaft sowie deren Vertretung in bezug auf diese Geschäftsführung Bevollmächtigten oder Beamten der Genossenschaft zugewiesen werden; dagegen findet nach Abs. 2 die Bestellung von Prokuristen oder von Handlungsbevollmächtigten zum gesamten Geschäftsbetrieb nicht statt. Wenn der Abs. 2, wie das LG. annimmt, lediglich eine „rechtspolizeiliche", d. h. eine Ordnungsvorschrift wäre, die in ihrer Wirkung nach innen das Verhältnis des Vorstandes zu den Genossen regelt, Dritten gegenüber aber keine Wirkung übt, so wäre die dem X. erteilte Generalvollmacht den Klägern gegenüber rechtsgültig und die Zustellung an X. ordnungsmäßig erfolgt. Der Abs. 2 ist jedoch eine zwingende Rechtsnorm; daher kann die Generalvollmacht auch Dritten gegenüber keine Rechtswirksamkeit erlangen. Dies erhellt aus der Entstehungsgeschichte. Der § 42¹ stimmt wörtlich überein mit § 30 des Ges. vom 4. Juli 1868, der wiederum wörtlich aus dem Art. 234 HGB. ältester Fassung übernommen ist. Dagegen enthielt das Gesetz von 1868 nichts darüber, ob die Bestellung von Prokuristen 2c zum gesamten Geschäftsbetrieb zulässig sei. Durch das Aktiengeſ. vom 18. Juli 1884 erhielt der bisherige Art. 234 eine Fassung, die ihn ausdrücklich als nicht zwingende Vorschrift charakterisiert. Diese ging jedoch nicht in das GenG. über; für die Genossenschaften blieb vielmehr die Frage nach der Zulässigkeit der Bestellung von Prokuristen 2c zum gesamten Geschäftsbetrieb streitig. In der Literatur erlangte allmählich diejenige Richtung die Oberhand, die es gerade für zweckmäßig hielt, die für die Aktiengesellschaften in dieser Hinsicht geltenden Bestimmungen nicht auch auf die Genossenschaften zu übertragen, für die letzteren im Gegenteil Prokura und Handlungsvollmacht zum gesamten Geschäftsbetrieb auszuschließen, „da die allzu schneidigen Grundsätze des Handelsrechts sich für die Genossenschaften wenig eigneten". Auf diese besonders von Schulze-Delitzsch aufgestellte Forderung der Einschränkung wurde in das Ges. vom 1. Mai 1889 als § 40² die in der Fassung vom 20. Mai 1898 den § 42² bildende Vorschrift aufgenommen. Hierzu äußern sich die Motive (S. 121):

„Für die Genossenschaften ist schon bei dem geringeren Umfang ihres Geschäftsbetriebs kein Bedürfnis vorhanden, neben dem Vorstand noch Bevollmächtigte mit so umfassenden Vertretungsbefugnissen zu bestellen. Die Zulassung derselben wäre aber auch mit der Vorschrift des § 25 über die Mindestzahl der zu Erklärungen für die Genossenschaft notwendigen Vorstandsmitglieder nicht verträglich, denn nach Art. 42, 47 HGB. steht die Vollmacht des einzelnen Prokuristen derjenigen des Vorstands an Umfang wenig nach. Außerdem würde der Schutz hinfällig werden, den das Gesetz durch die Vorschrift zu schaffen bezweckt, daß die Mitglieder des Vorstands notwendig Mitglieder der Genossenschaft sein, also durch die Haftverbindlichkeit als Genossen zugleich die Folgen ihrer sämtlichen Handlungen persönlich tragen sollen." Die Auffassung spiegelt sich auch in seiner prägnanten Fassung wieder: „Die Bestellung . . findet nicht statt", eine Ausdrucksweise, die sich mit dem nachgiebigen Charakter einer Ordnungsvorschrift kaum vertragen würde. Demgemäß erloschen auch am 30. September 1889 die unter dem Gesetz von 1868 erteilten Prokuren, und die Vermerke im Genossenschaftsregister mußten von Amts wegen gelöscht werden. Schließlich läßt sich zur Auslegung des § 42² auch noch der wesensverwandte § 47 Nr. 7 GmbHG. heranziehen. Unstreitig ist diese Vorschrift insofern rein dispositiv, als sie nur gilt, wenn der Gesellschaftsvertrag nichts anderes bestimmt. Trotzdem ist nach der herrschenden Ansicht eine beim Fehlen einer abändernden Bestimmung des Gesellschaftsvertrags erteilte Prokura oder Handlungsvollmacht zum gesamten Geschäftsbetrieb auch Dritten gegenüber schlechthin rechtsunwirksam. Ist nun schon eine in Zuwiderhandlung gegen den Gesellschaftsvertrag oder gegen die Benennung der Gesellschafter erteilte Prokura ꝛc auch Dritten gegenüber schlechthin rechtsunwirksam, so muß es eine in Zuwiderhandlung gegen ein ausdrückliches gesetzliches Verbot erfolgte derartige Bestellung in noch weit höherem Maße sein....

Nicht stichhaltig ist auch die weitere Ausführung des Klägers selbst, bei Ungültigkeit der Generalvollmacht sei die Zustellung an X. darum gültig, weil in jener Urkunde zum mindesten eine nach § 42¹ GenG. gültige Spezialvollmacht zu erblicken sei, durch die dem X. die gerichtliche Vertretung der Genossenschaft zugewiesen werde. Denn es ist nicht angängig, die ungültige Generalvollmacht in der Weise aufrecht zu erhalten, daß man sie in eine Reihe von Spezialvollmachten für einzelne Geschäftszweige zerlegt und so das gesetzliche Verbot umgeht. Sodann aber würde selbst eine gültige dem X. zur gerichtlichen Vertretung der Genossenschaft erteilte Spezialvollmacht die Zustellung an X. nicht ordnungsmäßig und gültig machen, weil der § 171 ZPO. wegen seines formellen Charakters eng auszulegen ist. Frdthl.

e) **Handeln für eine zu gründende Gesellschaft m. b. H.**

OLG. Braunschweig, I. ZS. Urteil v. 3. Februar 1911.

Die Kläger hatten die unter der Firma H. Beck betriebene Brauerei durch den notariellen Vertrag von 1900 wegen finanzieller Schwierigkeiten auf die Fabrikanten A., B. und C. übertragen und bewilligt, daß die Firma auf diese drei Personen „oder eine von ihnen zu begründende Gesellschaft, für welche die Form einer Kommandit- oder einer G. m. b. H. gewählt werden kann," im Handelsregister umgeschrieben werde. 1900 haben die Erwerber eine G. m. b. H. H. Beck gegründet. Nachdem der notarielle Vertrag 1905 für nichtig erklärt worden war, hat die Gesellschaft den Namen eines ihr gerade beigetretenen H. C. F. Beck dazu benutzt, die Firma ... Brauerei H. C. F. Beck G. m. b. H. (Beklagte) anzunehmen. Die Kläger wollen mit A., B. und C. vereinbart haben, das Konsortium bzw. eine von ihm zu bildende G. m. b. H. solle das Geschäft im eigenen Namen, jedoch für Rechnung der Familie Beck solange fortführen, bis deren finanzielle Hindernisse behoben sind. Sie verlangen jetzt Rechnungslegung, weil der behauptete fiduziarische Vertrag infolge der Erreichung seines Zweckes oder infolge der

Nichtigkeitserklärung sein Ende erreicht habe und die Beklagte darum das Geschäft mit Nutzungen herauszugeben habe. Auf ein Vertragsverhältnis läßt sich dieser Anspruch jedoch nicht stützen. Nach den Grundsätzen, welche sich schon für die Aktiengesellschaften entwickelt hatten, können freilich Gesellschaften m. b. H. in gewissen Grenzen auch durch Geschäfte berechtigt und verpflichtet werden, die schon vor ihrer Entstehung in ihrem Namen geschlossen werden (RG. 58 S. 55). Es mag auch sein, daß die Wirksamkeit solcher Geschäfte zunächst auf die Gründer beschränkt werden kann und erst später sich auf die Gesellschaft zu erstrecken braucht (RG. 39 S. 29 für die Eingetr. Gen.). Für die künftige Gesellschaft können aber die Gründer erst dann handeln, wenn deren Errichtung bis zum Abschlusse des Gesellschaftsvertrages gediehen ist (RG. 36 S. 111, 58 S. 55). Hier stand aber selbst bei dem Abschlusse des notariellen Vertrages, der dem behaupteten fiduziarischen Grundgeschäfte nachgefolgt sein muß, noch nicht einmal fest, daß eine G. m. b. H. gegründet werden solle. Das Konsortium hatte deshalb nicht die rechtliche Möglichkeit, für die Beklagte zu handeln. Es hat das auch gar nicht versucht. Wenn es sich die Umschreibung der Firma auf eine erst noch zu gründende rechtsfähige oder nicht rechtsfähige Gesellschaft hat bewilligen lassen, so hat es weiter nichts getan, als der Grundstückskäufer tut, der sich die Auflassung an seinen noch nicht vorhandenen Abkäufer versprechen läßt. Berechtigt und verpflichtet wurden deshalb durch den Vertrag von 1900 und seinen angeblichen Grundvertrag nur A., B. und C. Die Beklagte hat dagegen alles, was sie an früheren Vermögensstücken der Kläger etwa erlangt hat, erst dadurch erworben, daß jene Personen es ihr eingebracht oder sonst übertragen haben. Dieser Erwerb wäre mit obligatorischen Verpflichtungen den Klägern gegenüber nur dann verknüpft, wenn die Beklagte mit ihnen einen neuen Vertrag geschlossen oder die angebliche Schuld der drei Personen gemäß den §§ 414, 415 BGB. übernommen hätte; das ist aber nicht behauptet. Haben die drei Personen versäumt, die von ihnen übernommenen Pflichten der Beklagten aufzuerlegen, können die Kläger höchstens einen Schadensanspruch gegen sie haben (JW. 1910 S. 832[66]). H. g.

f) Pfändung des Anspruchs eines Gesellschafters auf Leistung der Einlage. Geltendmachung ohne einen Beschluß gemäß § 46².

Kammergericht, XI. ZS. Urteil v. 14. Oktober 1910.

Der Anspruch einer G. m. b. H. gegen ein Mitglied auf Leistung der Einlage ist pfändbar. Es handelt sich um ein Forderungsrecht, das abgetreten, verpfändet und gepfändet werden kann; weder § 850 noch der § 851 ZPO. entzieht es der Pfändung. Auch RG. 36 S. 108 geht von der Pfändbarkeit als etwas Selbstverständlichem aus. Nach § 46 Nr. 2 unterliegt aber die Einforderung von Einzahlungen auf die Stammeinlagen der Bestimmung der Gesellschafter. Staub und Crüger zu § 13 nehmen an, daß auch ein Gesellschaftsgläubiger, der den Anspruch der Gesellschaft gegen ein Mitglied auf Leistung der Einlage gepfändet hat, ihn nur geltend machen könne, wenn ein Beschluß der Gesellschafter gemäß § 46 Nr. 2 ergangen sei. Dagegen führt Förtsch (§ 47[4]) aus, daß Gesellschaftsgläubigern, welche sich den Anspruch hätten überweisen lassen, der „Einwand des mangelnden Einforderungsbeschlusses" so wenig entgegengesetzt werden könne, wie dem Konkursverwalter. Dieser letzteren Auffassung war beizutreten.

In § 46 ist eine Reihe von Angelegenheiten aufgeführt, welche der Beschlußfassung der Gesellschafter unterliegen. Wie Staub (Nr. 4 und 5 zu § 45) selbst anerkennt, beschließen die Gesellschafter über die ihrer Bestimmung vorbehaltenen Angelegenheiten als Organ der Gesellschaft. Sie üben im Falle des § 46 Nr. 2 ein Recht der Gesellschaft aus, wenn sie die Einziehung der Einlage verordnen. Desgleichen nach § 46 Nr. 8, wenn sie die Erhebung eines Ersatzanspruchs gegen Geschäftsführer oder Gründer beschließen. Hat aber den Anspruch der Gesellschaft gegen Mitglieder, Geschäftsführer oder Gründer ein Gesellschaftsgläubiger gepfändet, so kann er nunmehr alle Rechte, die bis dahin der Gesellschaft und ihren Organen in bezug auf den gepfändeten und überwiesenen Anspruch zustanden, ausüben. Der Schuldnerin (der Gesellschaft) und ihren Organen steht eine Bestimmung darüber, ob der Anspruch erhoben werden soll oder nicht, nach der Pfändung nicht mehr zu.

Wollte man trotz der Pfändung und Überweisung die Einziehungsbefugnis des Gesellschaftsgläubigers noch von der Beschlußfassung der Gesellschafter abhängig machen, so würde dies zu einer schweren Schädigung der Gesellschaftsgläubiger führen. Die Gesellschafter würden nur von der Fassung eines Beschlusses über Einziehung der Einlagen abzusehen brauchen, um die Befriedigung der Gesellschaftsgläubiger zu vereiteln. Gerade der vorliegende Fall, der eine in vollständigen Vermögensverfall geratene G. m. b. H. betrifft, zeigt deutlich, zu welchem unannehmbaren Ergebnis die Ansicht Staubs führen würde. Wäre wirklich die Einzahlungspflicht schlechthin von der Bedingung abhängig, daß ein Gesellschafterbeschluß ergangen wäre, so müßte die Nichterfüllung dieser Bedingung auch dem Konkursverwalter im Konkurse der Gesellschaft entgegenstehen. Diesen Schluß will aber auch Staub nicht ziehen.

Das LG. hatte noch ausgeführt, daß die Pfändung und Überweisung des Anspruchs der Gesellschaft nicht genüge, sondern daß auch das Recht der Gesellschafter, die Einziehung der Einlage gemäß § 46 Nr. 2 zu bestimmen, sowie das Wahlrecht der Gesellschaft zwischen der zwangsweisen Einziehung der Einlage und der Ausschließung des Mitglieds mitgepfändet und mitüberwiesen sein müßten, wenn der Pfändungsgläubiger die Einlage einziehen wollte. Indessen hat die Gesellschaft und haben demgemäß auch ihre Organe bereits durch die Pfändung und Überweisung des Anspruchs auf Leistung der Einlage die Befugnis verloren, später zu beschließen, ob die Einlage eingezogen werden solle oder nicht, und die Gesellschaft kann auch nicht dem Pfändungsgläubiger den gepfändeten Anspruch dadurch entziehen, daß sie etwa nachträglich beschließt, von der Einziehung der Einlage Abstand zu nehmen und das Mitglied auszuschließen. F.

g) **Mündliche Abreden der Gesellschafter über Gewinnverteilung.**[1]

Kammergericht, VII. ZS. Urteil v. 4. Mai 1910.

Der Klaganspruch ist auf eine neben dem Gesellschaftsvertrage zwischen den beiden Gesellschaftern mündlich getroffene Vereinbarung gestützt, wonach Gewinn und Verlust unter den Gesellschaftern je zur Hälfte verteilt werden sollten. Eine solche Vereinbarung ist im Verhältnisse der Gesellschafter untereinander ungeachtet der §§ 2, 29, 53 GmbHG. formlos gültig. Denn sie soll kein Recht gegenüber der Gesellschaft begründen, sondern nur ein Rechtsverhältnis der Gesellschafter untereinander regeln (vgl. Staub §§ 3[42], 53[30]). Sie würde also den Kläger zu dem Verlangen berechtigen, daß der Beklagte ihm abweichend von der nach dem Gesellschaftsvertrage gemäß § 29 des Ges. bestehenden Gewinnbeteiligung von $^1/_4$ zu $^3/_4$ die Hälfte des Gesellschaftsgewinnes überläßt. .. L.n.

h) **Vertretung der Gesellschaft m. b. H. im Prozesse.**

OLG. München, I. ZS. Urteil v. 7. Juni 1911.

Gegen den Willen einiger Gesellschafter der Beklagten wurde in der Generalversammlung die Einlegung der Berufung in dem Anfechtungsstreit des A. gegen die Gesellschaft beschlossen und mit der Weiterführung des Rechtsstreits S. als Spezialbevollmächtigter betraut. Die Berufung ist unzulässig. Die Gesellschaft wird vor Gericht durch die Geschäftsführer vertreten. Die Gesellschafter können auch dann, wenn sie vollzählig sind und einstimmig vor Gericht handeln, die Gesellschaft nicht vertreten. Eine Beschränkung der gesetzlichen Vertretungsbefugnis des Geschäftsführers vor Gericht ist nach außen wirkungslos. Die Ausnahme des § 46 Nr. 8 liegt nicht vor. Ist die Zahl der Geschäftsführer durch die Satzung bestimmt, so bedarf eine Änderung dieser Zahl der Form der Satzungsänderung (JW. 1908 S. 601). Eine solche Bestimmung liegt hier zweifellos in § 6 der Satzung, der nach Wortlaut und Sinn nicht dahin ausgelegt werden kann, daß die Anzahl der Geschäftsführer trotz des Wortes „einen" gleichwohl unbestimmt gelassen sei. Alsdann hätte es doch wohl näher gelegen, einfach den Wortlaut des Gesetzes selbst wiederzugeben. Auch spricht die ganze Art des Geschäftsbetriebs für die Notwendigkeit der Zusammenfassung in einer einzigen sachverständigen und gewandten Hand. Ob nun S. ein Geschäftsführer oder etwa ein Handelsbevollmächtigter im Sinne des § 46 sein soll, darüber scheint sich die Beklagte selbst nicht klar zu sein. Auf keinen Fall ist er zur Vertretung der Gesellschaft im Prozesse befugt. Die Formen einer Statutenänderung (§ 53) sind unbestritten hierfür nicht eingehalten, also kann er kein zweiter Geschäftsführer sein. Außerdem würde er auch als solcher der Mitwirkung des anderen Geschäftsführers bedürfen (§ 35). Ein Fall der Stell-

[1] Ebenso können die Gesellschafter den Gewinn eines Jahres durch Generalversammlungsbeschluß einem von ihnen zuwenden (RG. 25 Okt. 1905 I. 167).

vertretung ist nicht gegeben; denn der ordnungsmäßige Geschäftsführer G. ist nicht an der Geschäftsführung verhindert. Allgemeiner Handelsbevollmächtigter oder gar Prokurist im Sinne des § 46 Nr. 7 ist S. ebenfalls nicht und soll es nicht sein; Spezialvollmachten über den Kopf des Geschäftsführers hinweg kann aber weder der Aufsichtsrat noch die Gesellschafterversammlung aufstellen. Diese Vollmachtserteilung ist vielmehr Aufgabe des Geschäftsführers zumal, wenn es sich wie hier eigentlich nur und ausschließlich um eine Prozeßvertretung handelt. In jedem Falle dreht es sich nicht sowohl um Anwendung des § 89, sondern des § 56 ZPO.; denn auch wenn S. sich nur als Spezialbevollmächtigter bezeichnen will, muß er seine Legitimation schließlich doch wieder auf eine gesetzliche Vertretung der Gesellschaft zurückführen, und da G. ihn nicht aufgestellt hat, die Generalversammlung und der Aufsichtsrat aber eine gerichtliche gesetzliche Vertretungsbefugnis nicht haben, so stößt man in jedem Fall auf eine Vertretungslücke (JW. 1899 S. 223, 1903 S. 3), die ebenso wie im Falle RG. 66 S. 37 zur Verwerfung der Berufung als unzulässig und zwar auf Kosten des Unlegitimierten führen muß. Eine Fristsetzung nach § 56 ZPO. war bei der klaren Sachlage, wonach eine Genehmigung völlig ausgeschlossen erscheint, nicht veranlaßt. Eine Kostenauflage auf die Partei selbst hielt das zitierte Urteil mit Recht für ausgeschlossen, da sie durch den Unlegitimierten schlechterdings nicht verpflichtet werden kann (vgl. auch Seuffert ZPO. zu § 56, Skonietzki-Gelpcke zu § 89); die gegenteilige formalistische Ansicht Gaupps hätte ein Seitenstück in der Gesetzgebung überhaupt nicht. Ein Vertreter, der sich auf derartige zweifelhafte Rechtshandlungen einläßt, handelt ebenso auf eigene Gefahr, wie ihn die eigenen Reisekosten treffen, wenn er vor Gericht mangels Legitimation zurückgewiesen wird. Es ist seine Sache, sich von seinen tatsächlichen, mit der Partei selbst keineswegs identischen und sie jedenfalls nicht vertretenden Auftraggebern schadlos halten zu lassen. P.n.

i) Entziehung der Geschäftsführung durch einstw. Verfügung?

Kammergericht, XXIV. ZS. Beschluß v. 22. Oktober 1910.

Die Antragsteller als Mitgesellschafter einer G. m. b. H. behaupten, daß der Beklagte als Geschäftsführer seine Pflichten gröblich verletze und zur ordnungsmäßigen Geschäftsführung unfähig sei. Ihrem Verlangen, eine Gesellschafterversammlung einzuberufen, damit in dieser seine Enthebung vom Amte beschlossen werden könne, hat er nicht entsprochen. Sie haben nunmehr mit der Begründung, daß eine durch sie einzuberufende Versammlung frühestens am 8. Oktober tagen könne, während bereits am 1. Oktober erhebliche Geldeingänge zu erwarten seien, an denen er sich vergreifen würde, eine einstw. Verfügung dahin beantragt: daß ihm die Geschäftsführung bis zum 8. Oktober untersagt werde. Der Antrag ist unbegründet.

Nach §§ 6^2, 46 Nr. 5 unterliegt die Bestellung und Abberufung von Geschäftsführern der Bestimmung der Gesellschaft durch Beschluß, und zwar in der Regel in der Mitgliederversammlung. Den einzelnen Gesellschaftern ist in der Satzung ein Recht der Abberufung nicht eingeräumt. Auch gesetzlich steht ihnen ein solches Recht nicht zu, vielmehr sind die einem einzelnen Gesellschafter gesetzlich zustehenden Rechte in den §§ 46—51 Ges. erschöpfend geregelt, und darunter ist keine Bestimmung, daß bei dem Vorliegen eines wichtigen Grundes, insbesondere grober Pflichtverletzung oder Unfähigkeit auf Antrag eines einzelnen Gesellschafters die Geschäftsführung durch gerichtliche Entscheidung entzogen werden könnte, während z. B. eine solche Entziehung nach § 117 HGB. gegenüber dem Gesellschafter einer offenen HG. auf Antrag aller übrigen Gesellschafter ausgesprochen werden kann. Bei der freien Widerruflichkeit der Bestellung zum Geschäftsführer mag eine entsprechende Bestimmung als entbehrlich angesehen worden sein. Wenn unter besonderen Umständen einem einzelnen Gesellschafter ein Recht auf Einsicht und Prüfung der Bücher, auch ohne daß dies im Gesetz Ausdruck gefunden hat, einzuräumen sein mag (RG. 49 S. 149), so handelt es sich dabei doch nur um Maßnahmen, die der Durchführung einer Kontrolle der Geschäftsführung durch die einzelnen Mitglieder dienen und die nicht dahin ausgedehnt werden können, daß einzelnen Gesellschaftern ein unmittelbarer Eingriff in die Geschäftsführung gestattet werde. Ein solcher liegt aber in der beantragten Verfügung, die um so bedenklicher ist, als nicht gesagt ist, wer denn an Stelle des Beklagten die Geschäfte führen soll, so daß bei Erlaß der Verfügung jede Geschäftsführung zeitweilig völlig unterbleiben würde und die größten Nachteile für die Gesellschaft sich ergeben könnten.

Ist aber eine gerichtliche Anordnung des beantragten Inhalts auf Antrag nur einzelner Gesellschafter überhaupt nicht zulässig, so kann etwas Abweichendes auch nicht daraus hergeleitet werden, daß die Anordnung im Wege der einstw. Verfügung zur Abwendung einer Gefahr geschehen soll, die in zu befürchtenden Pflichtwidrigkeiten des Geschäftsführers liege. Soweit die Abwendung solcher Gefahr durch sofortige Abberufung des Geschäftsführers oder durch Untersagung seiner Geschäftsführung erreicht werden soll, kann dies nur von der Gesamtheit aller Mitglieder ausgehen. Dafür, daß bis zu der Zeit, wo ein Beschluß der Mitglieder ergehen kann, auf Antrag einzelner eine die Geschäftsführung regelnde Verfügung erlassen werden könne, bietet das Gesetz keinen Anhalt. Die Zulässigkeit einer derartigen Verfügung kann auch nicht aus § 938 ZPO. hergeleitet werden, der voraussetzt, daß die in das Ermessen des Gerichts gestellte Anordnung ihrem Inhalte nach zulässig ist. B. n.

k) **Streit zwischen den Gesellschaftern über die Beibehaltung des Geschäftsführers.**

Kammergericht, XVI. ZS. Urteil v. 23. Februar 1911.

Gesellschafter der Beklagten G. m. b. H. sind die Klägerin A. mit 10000 Mark, C. desgl, D. desgl. und der Zweitbeklagte B. mit 70000 Mark. Geschäftsführer war D., von dem der Gesellschafter B. behauptete, daß er die Interessen der Gesellschaft verletze. Er beantragte daher dessen Amtsenthebung im Aufsichtsrat, der damals nur aus den beiden Mitgliedern A. und B. bestand.

Da erstere widersprach und statutenmäßig als an Lebensjahren ältestes Mitglied und deshalb Vorsitzende bei Stimmengleichheit entschied, so wurde der Antrag abgelehnt.

Nunmehr berief B. eine Versammlung der Gesellschafter ein und in dieser wurde mit seinen Stimmen am 1. Dezember beschlossen, den Geschäftsführer abzusetzen und zwei neue Geschäftsführer, M. und N., zu bestellen. Beides wurde am 2. Dezember ins Handelsregister eingetragen. Unterm 7. Dezember erwirkte die Klägerin gegen Gesellschaft und den B. eine einstweilige Verfügung dahin, daß der Geschäftsführer D. die Geschäfte bis zur Entscheidung über die Wirksamkeit des Beschlusses vom 1. Dezember fortzuführen habe und dies im Handelsregister zu vermerken sei.

Gegen diese Verfügung erhob der Beklagte B. Widerspruch und lud zur Verhandlung nicht nur die Klägerin, sondern auch die Gesellschaft zu Händen ihres Geschäftsführers D. Das LG. hielt jedoch die Verfügung auf Kosten des B. aufrecht. Nachdem B. Berufung eingelegt, wurde satzungsgemäß ein drittes Aufsichtsratsmitglied gewählt und demnächst in der Sitzung des Aufsichtsrats der Geschäftsführer D. seines Amtes enthoben und an seiner Stelle M. und N. nochmals zu Geschäftsführern bestellt. Die Klägerin hat schließlich auf die Rechte aus der einstweiligen Verfügung vom 7. Dezember, soweit sie sich gegen B. richtet, ausdrücklich verzichtet. Aus den Gründen:

Durch diesen Verzicht ist die Wirksamkeit der Verfügung gegen B. beseitigt und damit dessen Widerspruch gegenstandslos geworden. Es mag indes darauf hingewiesen werden, daß B., da ein Gesellschafterbeschluß angefochten werden sollte, für die beantragte Verfügung passiv überhaupt nicht legitimiert war, sondern daß der Antrag insoweit hätte zurückgewiesen und daß die trotzdem gegen ihn erlassene Verfügung ohne weiteres wegen mangelnder Passivlegitimation hätte aufgehoben werden müssen. Die durch das Verfahren gegen B. entstandenen Kosten wären hiernach an sich der Klägerin aufzuerlegen gewesen. Nun hat sich aber B. nicht darauf beschränkt, die Aufhebung der Verfügung, soweit sie gegen ihn gerichtet war, zu verlangen, er hat auch die Aufhebung gegen die Gesellschaft verlangt. Dazu war er aber nicht berechtigt und daher treffen die Prozeßkosten jeden Teil zur Hälfte.

Im übrigen aber konnte auf dem von den Parteien eingeschlagenen Wege der materielle Streit zwischen ihnen überhaupt nicht ausgetragen werden; denn der Beklagte B. ist zur Sache überhaupt nicht legitimiert und die beklagte Gesellschaft, vertreten durch den Geschäftsführer D., steht in keinem Streit mit der Klägerin; sie, d. h. der Geschäftsführer D., ist vielmehr mit der Klägerin darüber einig, daß er nach wie vor alleiniger Geschäftsführer sei, und er hat deshalb namens der Gesellschaft weder Widerspruch erhoben, noch Berufung eingelegt. Dies negative Ergebnis des ganzen bisher geführten Prozesses beruht darauf, daß von vornherein unrichtig verfahren worden ist.

Gleich zuerst erhebt sich die Frage, ob der Registerrichter auf Grund des Beschlusses vom 1. Dezember die Absetzung des D. als Geschäftsführer und die Bestellung von zwei anderen Geschäftsführern im Handelsregister eintragen durfte, obwohl nach § 10 der Satzung Bestellung und Abberufung der Geschäftsführer durch den Aufsichtsrat zu erfolgen hat. Diese Frage ist zu verneinen. Nachdem aber die Eintragung erfolgt war, hätte die Klägerin, um ihren Zweck zu erreichen, eine einstweilige Verfügung gegen die Gesellschaft, vertreten durch die Geschäftsführer M. und N., nachsuchen müssen, und zwischen diesen Parteien wäre dann, wenn, wie zu erwarten, diese Geschäftsführer gegen die Verfügung Widerspruch erhoben und Berufung eingelegt hätten, der Streit der Parteien durch Urteil materiell entschieden worden. Zu diesem Zwecke steht es der Gesellschaft, vertreten durch M. und N., noch immer frei, gegen die Verfügung vom 7. Dezember Widerspruch zu erheben. Dies um so mehr, als inzwischen der ergänzte Aufsichtsrat den D. wiederum entlassen und M. und N. wiederum zu Geschäftsführern bestellt hat, so daß von da ab allein diese beiden die Geschäftsführer sind, solange eine Anfechtung dieses Aufsichtsratsbeschlusses nicht wirksam durchgeführt ist.

Ob gegenüber diesen völlig veränderten Umständen, d. h. der Entlassung des D. und der Bestellung der M. und N. als Geschäftsführer durch den dazu berufenen Aufsichtsrat, die auf einer ganz andern tatsächlichen Grundlage beruhende einstweilige Verfügung vom 1. Dezember überhaupt noch wirksam ist, ist hier nicht zu entscheiden. Jedenfalls sind seitdem jetzt allein M. und N. als Geschäftsführer die gesetzlichen Vertreter der G. m. b. H. und nur sie hätten vor dem Berufungsgerichte namens der Gesellschaft durch einen Anwalt auftreten dürfen. Der RA. Z., der seine Prozeßvollmacht nur von D. herleitete, konnte also vor dem Berufungsgerichte nur D., nicht aber die Gesellschaft vertreten. Da D. aber für seine Person in dem Prozesse nicht Partei oder Nebenintervenient war, so mußten die durch seine Beteiligung entstandenen Kosten ihm auferlegt werden. Dr. R.

l) **Der abberufene, aber noch eingetragene Geschäftsführer darf nicht mehr den Offenbarungseid leisten.**

OLG. Rostock, II. ZS. Beschluß v. 27. Mai 1911.

Mit Unrecht begehrt die Beschwerde, daß X., der durch Beschluß der Gesellschafter vom 18. Januar 1911 aus der bis dahin von ihm bekleideten Stellung als Geschäftsführer der Schuldnerin abberufen ist, durch Anordnung der Haft zum Offenbarungseid angehalten werde. Die Vertretungsmacht des Geschäftsführers wird begründet und erlischt durch den Beschluß der Gesellschafter; die Eintragung zum Handelsregister hat keine konstitutive Bedeutung dafür. Den Offenbarungseid hat aber derjenige zu leisten, der zur Zeit der Eidesleistung gesetzlicher Vertreter der G. m. b. H. ist (Gaupp-Stein, ZPO. § 807 IV 31; Seuffert 58 Nr. 25), hier also nicht von X., sondern von dem durch denselben Beschluß zum Geschäftsführer bestellten M.

Diese Grundsätze sind nicht deshalb unanwendbar, weil das Erlöschen der Vertretungsbefugnis des X. und die Bestellung des M. bisher zum

Handelsregister nicht eingetragen ist. Nach § 15 HGB. kann eine einzutragende Tatsache, solange sie nicht eingetragen und bekannt gemacht ist, von demjenigen, in dessen Angelegenheiten sie einzutragen war, einem Dritten nicht entgegengesetzt werden, es sei denn, daß sie diesem bekannt war. Diese Wirkung betrifft nur das Verhältnis zwischen dem Dritten und demjenigen, in dessen Angelegenheiten die Tatsache einzutragen war. Die Erteilung der Vertretungsmacht ist aber eine Angelegenheit der Gesellschaft, nicht eine solche des Geschäftsführers. Jene, nicht aber dieser kann danach von gutgläubigen Dritten so behandelt werden, als ob die erloschene Vertretungsbefugnis noch fortbestände, denn auch bei bestehender Vertretungsmacht ist diese Tatsache nicht geeignet, eine persönliche Verhaftung des Geschäftsführers zu erzeugen. Der Haftbefehl und die Eidesleistungspflicht richtet sich dagegen gegen die Person des letzteren. Nicht als Vertreter der Gesellschaft, die er nicht mehr vertreten kann, sondern als Person hat X. gegen den Haftbefehl des Amtsgerichts Beschwerde eingelegt und dessen Aufhebung durch den angefochtenen Beschluß erwirkt. Ein Zwangsrecht gegen ihn, der auch gar nicht imstande ist, die gegenwärtigen Vermögensverhältnisse der Schuldnerin zu offenbaren, läßt sich daher aus der Unterlassung der Eintragung seiner Abberufung nicht herleiten.

Der Grundsatz des § 15¹ ist hier aber auch aus dem Grunde nicht anwendbar, weil die Frage, wer eine Gesellschaft in der Leistung des Offenbarungseides gesetzlich zu vertreten hat, nicht der Parteidisposition unterliegt, sondern von Amts wegen vom Richter zu prüfen ist. Wenn man auch davon ausgeht, daß durch § 15 die Berufung auf nicht eingetragene Tatsachen nicht nur bei Rechtsgeschäften, sondern auch deliktischen Obligationen gegenüber gutgläubigen Dritten versagt wird, so will das Gesetz doch nur Privatrechte schützen. Die richterliche Kognition ist dagegen durch die Unterlassung der Eintragung nicht beschränkt. Sollte also auch der Gläubiger ein Recht darauf haben, den Geschäftsführer, dessen Vertretungsmacht erloschen ist, noch als Vertreter zu behandeln, so wird dadurch doch der Richter bei seiner Amtsprüfung im Prozeß nicht gebunden. Da er nur den, der zur maßgebenden Zeit wirklich gesetzlicher Vertreter des Schuldners ist, verhaften und beeidigen darf, so ist der Haftbefehl gegen X. zu Unrecht erlassen. J.n.

m) **Einberufung von Mitgliederversammlungen durch Prokuristen oder Gesellschafter.**

Kammergericht, XI. ZS. Urteil v. 6. Oktober 1911.

1. Die Prokuristen, welche die Versammlung einberufen haben, waren dazu nicht berechtigt. Das Gesetz nennt ausdrücklich die Organe der Gesellschaft, die zu der Einberufung befugt sind, nämlich die Geschäftsführer (§ 49¹), den Aufsichtsrat, falls ein solcher vorhanden ist (§ 52 mit § 246 HGB.), sowie die Gesellschafter, die über $^1/_{10}$ des Gesellschaftsvermögens verfügen (§ 49). Zu diesen Organen gehören die Prokuristen nicht. Allerdings ermächtigt die Prokura nach § 49 HGB. zu allen Arten von Geschäften und

Rechtshandlungen, die der Betrieb eines Handelsgewerbes mit sich bringt. Die Einberufung der Gesellschafter einer G. m. b. H. oder der Generalversammlung einer Aktiengesellschaft fällt aber nicht in den Rahmen des Gewerbebetriebs der Gesellschaft, sondern liegt auf dem Gebiete der inneren korporativen Organisation dieser mit Rechtsfähigkeit ausgestatteten Gesellschaften (Staub-Hachenburg, G. m. b. H. Nr. 36 zu § 46; Staub-Könige, HGB. Nr. 6 zu § 238). Wollte man den Prokuristen jene Befugnis zugestehen, so würden sie sogar ohne Wissen und Willen des etwa vorhandenen Geschäftsführers oder Aufsichtsrats die Einberufung ausführen können. RG. 75 S. 164 führt nur aus, daß die Bestellung von Prokuristen durch den Geschäftsführer auch ohne Zustimmung der Gesellschafter (§ 46 Nr. 7) Dritten gegenüber wirksam ist; sie spricht sich aber nicht darüber aus, ob der Prokurist die Versammlung der Gesellschafter berufen darf.

Der hiernach bestehende Mangel der Legitimation der Einberufer ist nicht dadurch geheilt worden, daß der Aufsichtsrat in der Versammlung die Einberufung durch die Prokuristen nachträglich genehmigt hat. Die Legitimation der Einberufer muß schon zur Zeit der Einberufung bestehen, damit die Gesellschafter wissen können, ob die Einberufung von Berechtigten ausgeht.

2. Der § 50³, wonach der Gesellschafter bei der Einberufung „das Sachverhältnis mitteilen" soll, ist dahin zu verstehen, daß er den anderen Gesellschaftern die zu ihrer Aufklärung über sein Einberufungsrecht nötige Kenntnis verschaffen soll. Tatsachen, die den anderen Gesellschaftern ohnehin bekannt sind, bedürfen nicht der Mitteilung. Wollte man auch die Mitteilung von Umständen, die ohnehin schon im Kreise der Gesellschafter allgemein bekannt sind, in dem Einberufungsschreiben des Gesellschafters fordern, so würde die Gültigkeit der Versammlungsbeschlüsse von einem rein formalistischen und durch den Zweck des § 50³ keineswegs bedingten Erfordernis abhängen. S.n

n) **Haftung des Aufsichtsrats einer G. m. b. H.**[1]

Kammergericht, XVIII. ZS. Urteil vom 21. Dezember 1910.

Die Beklagten, Mitglieder des Aufsichtsrats, haben den Kläger angestellt, der sich verpflichtete, sich mit 10000 Mark am Kapital der Gesellschaft zu beteiligen. Die Geschäftslage war schon damals ungünstig; zurzeit ist die Gesellschaft im Konkurse. Der Kläger verlangt daher Ersatz seiner verlorenen Einlage, wurde aber abgewiesen. Gründe:

Die Beklagten haben den Kläger im Namen der Gesellschaft angestellt, ohne selbst in ein Vertragsverhältnis mit ihm überhaupt einzutreten. Ihnen gegenüber kann der Ersatzanspruch nur gemäß §§ 826, 823² BGB. mit § 263

[1] Wählt der Aufsichtsrat einen Vorsitzenden, so überträgt er ihm durch die Wahl diejenigen Befugnisse, deren Ausübung dem Vorsitzenden eines Kollegiums gewöhnlich zusteht. Hat der Vorstand Schriftstücke dem Aufsichtsrate vorzulegen, so genügt, daß er sie dem Vorsitzenden zur weiteren geschäftlichen Behandlung einreicht. KG. Ia. ZS. Beschluß v. 18. Nov. 1910. Jahrb. 40 S. 84.

StrGB. gestützt werden. Beide setzen ein vorsätzliches Handeln der Beklagten voraus. Daß sie aber dem Kläger unrichtige Angaben über die Lage der Gesellschaft gemacht haben, ist nicht erwiesen. Ihr Schweigen hierüber enthält keine arglistige Täuschung. Denn dieser Begriff setzt eine wider besseres Wissen geschehende Unterdrückung mehrerer Tatsachen zum Zwecke der Irrtumserregung voraus; es muß ferner eine Pflicht zum Nichtverschweigen bestanden haben. Eine solche Pflicht besteht nicht nur dann, wenn sie im Gesetz oder Vertrag ihre Begründung findet, sondern auch dann, wenn die Verkehrssitte sie als bestehend ansieht. Hier war es Sache des Klägers, sich bei unparteiischen Dritten über die Lage der Gesellschaft zu erkundigen. Außerdem hatten die Beklagten einen Geschäftsführer und ein inzwischen verstorbenes, nicht mit verklagtes Aufsichtsratsmitglied damit beauftragt, mit dem Kläger zu verhandeln und ihm die erforderlichen Informationen zu erteilen. Die Beklagten hatten keine Veranlassung zu der Annahme, daß diese beiden Personen dem Kläger etwas Unwahres vorspiegelten oder etwas Wahres verschwiegen. Aus dem Auftrag zur Informationserteilung folgt auch keine Haftung der Beklagten aus § 831 StrGB., da sie den Auftrag namens der Gesellschaft erteilt haben, als deren Organe die beiden Beauftragten zu betrachten sind. Ferner ist es unerheblich, ob die Beklagten schon längst den Konkurs über die Gesellschaft hätten beantragen müssen. Denn selbst wenn dies ihre Pflicht gewesen wäre, so hätte sie nur der Gesellschaft gegenüber bestanden. Also würden sie für eine Verletzung dieser Obliegenheit nur der Gesellschaft haften, nicht aber Dritten, mit denen sie in keiner direkten Geschäftsbeziehung stehen und die nur mittelbar geschädigt sind. Endlich kommt auch eine Haftung aus ungerechtfertigter Bereicherung der Beklagten nicht in Frage. Zwar wird die Konkursdividende, die die Beklagten für ihre eigenen Forderungen erhalten, dadurch erhöht, daß die 10000 Mark des Klägers zur Konkursmasse geflossen sind. Aber dieser Zuwachs ist nicht ohne rechtlichen Grund, sondern vermöge des Anstellungsvertrages geschehen. W. th.

o) **Nichtigkeit oder Anfechtbarkeit eines Vergleichs über Auflösung.**

OLG. Celle, IV. ZS. Urteil v. 27. September 1911.

Der Vergleich ist nicht unwirksam, weil der nach seinem Inhalt als feststehend zugrunde gelegte Sachverhalt nicht der Wirklichkeit entsprochen hätte (§ 779 BGB.). Das im Vergleich vorgesehene, aber dann nicht eingetretene sofortige Ausscheiden des Beklagten war nicht tatsächliche Voraussetzung, sondern beabsichtigte Rechtsfolge der Vereinbarung. Wenn wirklich die Vertragschließenden das vom Beklagten eingebrachte Patent als dem T. zustehend angesehen haben sollten, während es ihm tatsächlich nicht zukam, so kann doch nicht angenommen werden, daß sie bei Kenntnis des wahren Sachverhalts den Vergleich nicht geschlossen hätten. Denn das Patent wurde dem Beklagten, so wie er es eingebracht hatte, durch den Vertrag zurückgegeben und wurde nur als nebensächlicher Punkt der vereinbarten Auseinandersetzung behandelt. Daß es von irgendwelcher wesentlichen Bedeutung für den Vergleichsschluß gewesen sei, behaupten die Kläger selbst nicht, heben im Gegenteil immer wieder hervor, daß das Ziel der Abmachung lediglich die Auflösung der Gesellschaft und das Ausscheiden des Beklagten gewesen sei.

Mit Unrecht machen sie ferner geltend, daß der Vergleich, soweit er das Gesellschaftsvermögen verteilt, nach § 134 BGB. nichtig sei und diese Nichtigkeit nach § 139 den ganzen Vertrag ergreife. Abgesehen davon, daß die pekuniäre Auseinandersetzung nach dem vorher Ausgeführten keineswegs der Hauptzweck oder auch nur ein wesentlicher Zweck des Vergleichs war, liegt auch in der Verteilung kein Verstoß gegen ein gesetzliches Verbot. Nach § 73 GmbHG. „darf" allerdings die Verteilung erst nach Erfüllung gewisser Voraussetzungen vorgenommen werden, welche hier noch nicht gegeben waren. Wie aber schon die im § 73³ geregelte Haftpflicht der Liquidation erkennen läßt, führt die Zuwiderhandlung nur Schadensersatzpflichten, aber keine Ungültigkeit der Verteilung herbei (Staub-Hachenburg § 73²⁰).

Auch aus § 306 BGB. ist die Nichtigkeit des Vergleichs nicht herzuleiten. Die Auflösung der Gesellschaft ist nach §§ 51³, 60² Ges. durch sämtliche anwesende Gesellschafter in gültiger Form beschlossen. Die Nichteintragung der Auflösung durch den Registerrichter kann auf die Wirksamkeit des Beschlusses keinen Einfluß haben... Endlich konnte auch die Anfechtung des Vergleichs wegen Irrtums nicht von Erfolg sein. Geirrt wollen sich die Kläger insofern haben, als sie annahmen, daß die Vereinbarung der Auflösung der Gesellschaft diese Auflösung sowohl als auch das Ausscheiden des Beklagten herbeiführen werde. Es ist aber die Gesellschaftsauflösung durchaus gültig beschlossen. Wenn die Kläger ferner geglaubt haben, durch die Auflösung ohne weiteres die Mitgliedschaft des Beklagten zu beenden, so betraf dieser Irrtum nicht den Inhalt, sondern die Rechtsfolgen des Geschäfts und berechtigt nicht zur Anfechtung nach § 119 BGB. L. t.

Dazu OLG. Hamburg, VI. ZS. Urteil v. 6. April 1911.

Dem LG. ist darin beizutreten, daß zur Vorbereitung der im § 61 zugelassenen Klage auf Auflösung der Gesellschaft einstweilige Verfügungen gegeben werden können, sofern die Voraussetzungen der §§ 935 ff. oder 940 ZPO. vorliegen; auf diese Weise können alle zur Sicherung und wirksamen Durchführung dieses Anspruchs erforderlichen Maßregeln angeordnet werden (Staub-Hachenburg § 61³). M. M.

p) **Kein Beschwerderecht eines Gesellschafters wegen gerichtlicher Abberufung eines Liquidators.**

Kammergericht, Ia. ZS. Beschluß v. 30. September 1910.

In Registersachen steht dem einzelnen Gesellschafter regelmäßig kein Beschwerderecht zu; er ist vielmehr darauf angewiesen, die ihm in den Angelegenheiten der Gesellschaft zustehenden Rechte mittelst Stimmabgabe in der Generalversammlung auszuüben, hat aber nach dem Gesetze kein Sonderrecht auf Beibehaltung des von der Generalversammlung gewählten Liquidators und Rückgängigmachung der von zuständiger Stelle vorgenommenen Ersatzbestellung eines Liquidators. Ein Anlaß, von diesem für die Aktiengesellschaft aufgestellten Grundsatze (Rsp. 8 S. 235) für die G. m. b. H. abzuweichen, liegt nicht vor, da auch diese den einzelnen Gesellschaftern als selbständige Person gegenübersteht und die rechtliche Struktur beider Gesellschaftsformen im wesentlichen die gleiche ist, so daß es nicht gerechtfertigt ist, die dem Aktionär versagte Beschwerdebefugnis dem Gesellschafter zu geben (a. A. Staub-Hachenburg 5 zu § 66). Auch aus §§ 136[1], 148 FrGG. läßt sich ein Beschwerderecht der einzelnen Gesellschafter, die sich dem Antrag aus § 66 GmbHG. fernhielten, nicht herleiten, da sie nicht als „Gegner" anzusehen sind, Gegner vielmehr nur die Gesellschaft selbst und der abzuberufende Liquidator sind. L.

q) **Amtslöschung der Gesellschaft, wenngleich die Widerspruchsfrist nicht drei Monate (FrGG. § 144) betrug.**

Kammergericht, Ia. ZS. Beschluß v. 7. Oktober 1910.

Das LG. hat hier den Beteiligten nur eine einmonatige Frist gesetzt und nach deren Ablauf den von der Gesellschaft erhobenen Widerspruch zurückgewiesen. Die dreimonatige Frist ist also nicht eingehalten; es fragt sich zunächst, ob das ohne deren Einhaltung weitergeführte Verfahren zulässig war. Dies ist zu bejahen. Nach § 142[2] FrGG. ist den Beteiligten eine angemessene Frist zu setzen; nach § 144[3] soll sie als angemessene Frist mindestens drei Monate, muß aber nicht notwendig mindestens drei Monate betragen. Die dreimonatige Frist ist also nicht wesentliches Erfordernis der Zulässigkeit jeden weiteren Verfahrens; vielmehr hat nur der zum Widerspruch aufgeforderte Beteiligte ein Recht auf ihre Einhaltung. Er kann ihre Einhaltung fordern und dadurch, daß er vorher keinen Widerspruch erhebt, erreichen, daß das Gericht die angedrohte Löschung nicht vor dem Ablaufe von drei Monaten verfügen darf und seinen Widerspruch beachten und über ihn entscheiden muß, wenn er innerhalb von drei Monaten seit der Benachrichtigung von dem Bestehen der Löschungsabsicht erhoben wird. Dies gilt auch, wenn ihm das Gericht eine kürzere Frist gesetzt hatte. Hier hat aber die G. m. b. H. durch ihren Geschäftsführer innerhalb der ihr gesetzten einmonatigen Frist Widerspruch erhoben und begründet, ohne zu erklären, daß sie eine dreimonatige Frist begehre. Dadurch hat sie ausgesprochen, daß sie Entscheidung über ihren Widerspruch begehre und damit durch die Tat auf die dreimonatige Frist verzichtet. Das Gericht war hiernach in der Lage, auch vor dem Ablauf von drei Monaten über den Widerspruch zu entscheiden.

Nach §§ 144[3], 142[2] FrGG. hat das Gericht die Beteiligten von der beabsichtigten Löschung zu benachrichtigen und ihnen zugleich die Frist zu setzen; sämtliche Beteiligte sind also zu benachrichtigen. Das Gericht hat seine Verfügung nur der G. m. b. H., vertreten durch ihren alleinigen Geschäftsführer, zugestellt. Es fragt sich, wer die „Beteiligten" sind. Schultze-Görlitz (4 zu § 144) und ebenso Dorner und Birkenbihl verlangen die Benachrichtigung aller Gesellschafter und nicht bloß der Geschäftsführer, weil alle Gesellschafter die Nichtigkeitsklage erheben können.... Allein beteiligt ist an dem Verfahren nur die Gesellschaft, die durch ihren gesetzlichen Vertreter, den Vorstand der Aktien- oder den Geschäftsführer der G. m. b. H., vertreten wird; beteiligt sind nicht die Gesellschafter, wenn einem jeden von ihnen auch der § 309 HGB. (§ 75 GmbHG.) ein Klagerecht auf Nichtigkeit der Gesellschaft gibt, das zu dem gleichen Ergebnisse wie das Löschungsverfahren von Amts wegen führt. Denn auch im Falle des § 309 (§ 75) stehen sich nicht jeder Gesellschafter und die Gesellschaft, sondern nur der klagende Gesellschafter und die Gesellschaft als Beteiligte gegenüber. Das ergibt die in beiden Bestimmungen vorkommende Bezugnahme auf die §§ 272, 273 HGB., bei denen auch nur der klagende Gesellschafter und die Gesellschaft als Beteiligte sich gegenüberstehen, wenn auch das von dem einzelnen klagenden Gesellschafter gegen die Gesellschaft erwirkte obsiegende Urteil gegen die sämtlichen am Prozesse nicht beteiligten Gesellschafter wirkt. An die Stelle des einzelnen Gesellschafters, der die Feststellung der Nichtigkeit der Gesellschaft im Klagewege betreibt, tritt im Verfahren von Amts wegen der Staat, der an diesem Verfahren ebensowenig, wie der einzelne klagende Gesellschafter die übrigen Gesellschafter an dem Verfahren gegen die Gesellschaft beteiligen kann, sämtliche Gesellschafter an dem von ihm eingeleiteten Verfahren zu beteiligen in der Lage ist, mag auch das Verfahren in seinem Ergebnisse der Löschung der Gesellschaft gegen sämtliche Gesellschafter Rechtswirkungen ausüben. Nicht beteiligt sind also die Gesellschafter; sie werden ebenso wie im Falle der §§ 272, 273 HGB. nur von dem Ergebnisse des Verfahrens mitbetroffen. M.

r) **Generalvertretungsvertrag als Sacheinlage.**

Kammergericht, Ia. ZS. Beschluß v. 17. März 1911.

Nach dem Gesellschaftsvertrage bringt A. als Sacheinlage ein: sämtliche Rechte aus dem mit X. geschlossenen Vertrage, nach welchem A. die Generalvertretung dieser Firma für das Deutsche Reich für 6 Jahre hat, aber ohne Gewähr für eine bestimmte Dauer dieser Vertretung. Nach § 5 des Ges. sind alle vorhandenen, selbständigen Wertgegenstände, die dem Rechtsverkehr nicht vom Gesetz entzogen sind, als Sacheinlagen geeignet. Diesen Anforderungen ist hier genügt, da ein bestehendes, vertraglich festgelegtes Recht gegenüber der Firma X. eingebracht ist. Wie hoch sein wirklicher Wert ist, braucht nicht festgestellt zu werden; im Gesellschaftsvertrage bedarf es lediglich der Angabe, wie hoch die Sacheinlage „festgesetzt", d. h. von den vertragschließenden Gesellschaftern bewirkt ist und welcher Geschäftsanteil für sie gewährt wird. — Aber auch die Fixierung der Sacheinlage entspricht dem § 5⁴, der verhüten will, daß bei anscheinender Bargründung durch Hingabe von Gegenständen an Zahlungsstatt eine Täuschung über die Fundierung der Gesellschaft entstehe. Deshalb muß eine Vereinbarung, daß nicht Geld, sondern andere Gegenstände zu leisten sind, im Gesellschaftsvertrag ihrem wesentlichen Inhalte nach, d. h. nach Sache, Person und Wertfestsetzung niedergelegt sein. Der

Angabe der Person und der Wertfestsetzung ist hier zweifellos genügt. Auch der Gegenstand ist so bezeichnet, daß über seine Identität kein Zweifel besteht. Der Gesellschaftsvertrag bezeichnet als Gegenstand der Sacheinlage des A. dessen Rechte aus einer Generalvertretung für eine genau bezeichnete Firma und ein bestimmtes Gebiet, wie sie in dem Alleinvertretungsvertrage festgelegt ist. A.

s) **Firma einer Zweigniederlassung einer G. m. b. H.**

Kammergericht, Ia. ZS. Beschluß v. 1. Juli 1910.

Die Geschäftsführer der Firma „Eigenheim-Baugesellschaft für Deutschland G. m. b. H." in A. meldeten zum Handelsregister des Amtsgerichts W. an, daß dort eine Zweigniederlassung unter der Firma „Eigenheim & Villenbau-Gesellschaft m. b. H., Zweigniederlassung W." errichtet sei. Die Eintragung ist mit Recht abgelehnt worden. Die Firma der Zweigniederlassung einer G. m. b. H. muß nach den allgemeinen Vorschriften gebildet werden, die das HGB. §§ 17ff. gibt; auch die sonstigen Vorschriften, besonders der § 13 sind entsprechend anzuwenden. Hiernach darf jene Firma von der der Hauptniederlassung nicht wesentlich verschieden sein. Der § 13 bringt zum Ausdrucke, daß die Firma für beide Niederlassungen gleich sein muß, denn er spricht von dem Inhaber der Firma und verlangt, daß dieser die Anmeldungen ꝛc bei dem Registergerichte der Zweigniederlassung in gleicher Weise zu bewirken hat wie bei dem der Hauptniederlassung. Hinzu kommt, daß die Firma eines Kaufmanns nach § 17^1 HGB. der Name ist, unter dem er im Handel seine Geschäfte betreibt; der Kaufmann darf daher im Interesse der Verkehrssicherheit und zur Vermeidung von Irreführungen des Publikums für dasselbe Geschäft nicht mehrere Firmen führen; nur für mehrere getrennt betriebene selbständige Geschäfte kann ein Kaufmann verschiedene Firmen verwenden (Jahrb. 17 S. 6; Rsp. 16 S. 79; RJA. 9 S. 23; RG. 43 S. 8; RGSt. 5 S. 408, 23 S. 349). Die Zweigniederlassung eines kaufmännischen Unternehmens ist nun aber, wenn sie auch gegenüber dem Hauptgeschäft eine gewisse Selbständigkeit hat, keineswegs eine selbständige Handelsniederlassung; vielmehr bildet sie nur einen Teil eines wirtschaftlich und rechtlich einheitlichen Unternehmens und steht stets in einem wirtschaftlichen Abhängigkeitsverhältnis zur Hauptniederlassung, so daß die kaufmännische Leitung des Gesamtbetriebs von der Hauptniederlassung aus erfolgt. Ist aber hiernach die Zweigniederlassung kein selbständiges kaufmännisches Unternehmen, so kann sie auch nicht unter einer eigenen Firma betrieben werden....

Die Firma der Zweigniederlassung kann nur solche Zusätze annehmen, die sie als Zweiggeschäft des Unternehmens kennzeichnen (§ 30^3, § 50^3 HGB.). Nur insofern, als diese Zusätze in Frage kommen, kann sie anders lauten als die Hauptniederlassung. Mehr ist auch in den von den Gegnern angeführten Entscheidungen des OLG. Dresden (Holdheims MSchr. 13 S. 22) und des KG. (Rsp. 2 S. 199) nicht ausgesprochen; wenn dort von verschiedenen

Firmen der Haupt- und Zweigniederlassung die Rede ist, so wird dabei nur der durch die Beifügung der erwähnten Zusätze entstandene Unterschied der Firma berücksichtigt. Auch RG. 62 S. 8 nimmt nicht an, daß die Firma der Zweigniederlassung von der der Hauptniederlassung völlig verschieden sein könne; es geht nur davon aus, daß die Zweigniederlassung eine andere Firma haben könne als die Hauptniederlassung, erörtert aber nicht, worin die Unterschiede beider Firmen bestehen dürfen, insbesondere, ob es zulässig ist, die Firma der Hauptniederlassung außer durch Anfügung von Zusätzen noch sonst zu ändern. Endlich schließt sich auch das Bay. Ob. LG. (Rsp. 12 S. 409) der herrschenden Lehre dahin an, daß beide Firmen nicht völlig verschieden sein dürfen; sie gestattet aber Zusätze verschiedener Art zu der Firma einer Zweigniederlassung, sofern sie nur die letztere als Zweiggeschäft des Unternehmens kennzeichnen, so daß unter Umständen auch andere Zusätze als die im § 30³ HGB. hervorgehobenen als statthaft bezeichnet werden. Hier weicht die Firma der Zweigniederlassung nach zwei Richtungen hin von der des Hauptgeschäfts erheblich ab; zunächst fehlen die Worte „und Villen" in der Hauptniederlassung und zum anderen enthält das Hauptgeschäft noch die Worte „für Deutschland", die in der Firma der Zweigniederlassung fehlen.

Übrigens würde die für die Zweigniederlassung gewählte Firma, wenn sie auch an sich zulässig wäre, doch nicht eingetragen werden können, da sie im Gesellschaftsvertrage nicht zugelassen ist (§ 3 G. m. b. H.). Dieser Mangel müßte den Registerrichter, der zur Prüfung des Gesellschaftsvertrags verpflichtet ist, zur Ablehnung der beantragten Eintragung bestimmen. Wenn auch im § 2 des Gesellschaftsvertrags die Genehmigung zur Errichtung von Zweigniederlassungen gegeben ist, so ist damit doch nicht ausgesprochen, daß eine beliebige Firma für sie gewählt werden dürfe. Übrigens würde dafür auch eine allgemeine Ermächtigung dem Registergerichte nicht genügen können, da die Firma, die die Gesellschaft führen soll, bereits im Gesellschaftsvertrage selbst angegeben sein muß. RJA.

t) **Kommunalverband als Mitglied einer Genossenschaft.**

Kammergericht, Ia. ZS. Beschluß v. 30. September 1910.

Die Hauptversammlung hat den Stadtrat A. und den Stadtverordneten B. einstimmig in den Vorstand der Genossenschaft als Beisitzer gewählt; das Registergericht hat jedoch ihre Eintragung abgelehnt, weil sie nicht Mitglieder der Genossenschaft seien. Die weitere Beschwerde ist unbegründet.

Nach § 9² Satz 1 GenossGes. müssen die Mitglieder des Vorstandes der Genossenschaft Genossen sein. Dementsprechend bestimmt die Satzung: „Die Vorstandsmitglieder werden in der Hauptversammlung aus den Mitgliedern der Genossenschaft durch Stimmzettel gewählt. Dem Magistrat der Stadt S. als Genossen steht das Recht zu, drei Mitglieder zum Vorstande zu bestimmen, und zwar aus der Liste der Genossen." Gesetz und Satzung lassen also keinen Zweifel darüber frei, daß die Mitglieder des Vorstandes Genossen sein müssen. Nur eine Ausnahme macht der § 9² Satz 2 dahin, daß Mitglieder einer Genossenschaft, die ihrerseits Mitglied einer anderen Genossenschaft ist, in deren Vorstand kommen können, ohne daß sie auch ihr Mitglied zu werden brauchen. Diese ausdrücklich nur zugunsten von Mitgliedern einer Genossenschaft gegebene Ausnahme kann nicht auf andere Organisationen des öffentlichen Rechts ausgedehnt werden, die Mitglieder einer Genossenschaft werden können und die als Mitglieder dieser Genossenschaft, weil für sie keine Ausnahme im Gesetze gegeben ist, den allgemeinen Rechtssätzen unterliegen, die für alle nicht durch das Gesetz bevorzugten Genossen gelten. Können aber nur Genossen als Mitglieder des Vorstandes eingetragen werden, so ist die Eintragung des A. und des B. als Vorstandsmitglieder unmöglich, da beide nicht Genossen sind. Genosse ist der Magistrat zu S., Genosse ist aber nicht ein beliebiges derzeitiges Magistratsmitglied, also auch nicht A. Der Magistrat ist eine dem öffentlichen Recht angehörende Korporation, deren Befugnisse und Zusammensetzung die §§ 56ff., 29ff. StädteO. für Westfalen regeln. Keine der dort enthaltenen Bestimmungen gibt einem beliebigen Mitgliede des Magistrats das Recht, dessen Rechte als Genosse einer Genossenschaft wahrzunehmen oder den Magistrat rechtlich nach außen hin zu vertreten. Das Magistratsmitglied ist lediglich Mitglied des die Stadt vertretenden Magistratskollegiums, innerhalb dessen er bestimmte Rechte hat. W.

u) **Eintragung der Ausschließung eines Genossen.**

Kammergericht, Ia. ZS. Beschluß v. 11. November 1910.

Die Frage, ob die Eintragung der Ausschließung in die Genossenschaftsliste wegen Mangels einer wesentlichen Voraussetzung unzulässig war (§ 142 FrGG.), ist im Hinblick auf § 31 Nr. 4 der Bek. v. 1. Juli 1899 zu verneinen. Danach ist das Ausscheiden des Genossen im Falle seiner Ausschließung auf Grund der vom Vorstand einzureichenden Abschrift des Ausschließungsbeschlusses einzutragen. Deshalb brauchte das Registergericht, nachdem ihm diese Abschrift mit dem vorschriftsmäßigen Eintragungsantrage des Vorstandes (§§ 6, 7 der Bek.) überreicht war, nicht weiter die formellen Voraussetzungen des Ausschließungsverfahrens zu prüfen, sofern das zuständige Genossenschaftsorgan den Beschluß gefaßt hatte. Ebenso hatte es auch keine Veranlassung, für die Eintragung der Ausschließung andere Erfordernisse als die Einreichung dieser Abschrift aufzustellen; insbesondere hatte es nicht von der Nachprüfung der Behändigung des Beschlusses an den Beschwerdeführer die Eintragung abhängig zu machen. . . . RJA.

v) **Erwerb des Geschäftsguthabens eines aus der Genossenschaft ausscheidenden Genossen durch den eintretenden Genossen. Prüfungspflicht des Registerrichters.**

Kammergericht, Ia. ZS. Beschluß v. 3. März 1911.

Der Genosse A. hat durch schriftliche Vereinbarung sein Geschäftsguthaben an seine Frau übertragen, nachdem diese vorher schriftlich ihren Beitritt zu der Genossenschaft erklärt hatte. Die Vereinbarung nebst Beitrittserklärung hat der Vorstand mit dem Antrag eingereicht, das Ausscheiden des Genossen und den

Beitritt seiner Frau einzutragen. Die Vorinstanzen haben abgelehnt, weil die nach § 39 der Satzung zur Übertragung des Geschäftsguthabens erforderliche Genehmigung des Aufsichtsrats nicht beigebracht sei... Allein nach den in ständiger Rechtsprechung entwickelten Rechtssätzen (Jahrb. 23 S. 112, 27 S. 67, 32 S. 163, 34 S. 189) hatte der Registerrichter lediglich zu prüfen, ob die eingereichte Vereinbarung über die Übertragung des Geschäftsguthabens und die Beitrittserklärung der Frau A. den gesetzlichen Vorschriften genügen, also namentlich ob sie von den A.schen Eheleuten unterschrieben sind und nicht Bedingungen oder Einschränkungen enthalten, die sie zur Eintragung ungeeignet machen; ferner hatte der Richter festzustellen, ob die Einreichung der Urkunden durch den Vorstand ordnungsmäßig bewirkt war, besonders ob die beiden Vorstandsmitglieder, die die Erklärung unterzeichnet haben, zur Vertretung der Genossenschaft befugt waren. Dagegen durfte der Registerrichter nicht die Frage prüfen, ob der Aufsichtsrat seine Zustimmung zur Übertragung des Guthabens gegeben habe; denn wenn auch das Statut diese Mitwirkung des Aufsichtsrats vorschreibt, so handelt es sich hierbei nur um eine innere Angelegenheit der Genossenschaft, die zwar für das Verhältnis der Beteiligten untereinander und zur Genossenschaft von Bedeutung ist, der Nachprüfung des Registerrichters aber entzogen ist (Parisius-Crüger 5^3 zu § 76); die abweichende Rechtsauffassung von Cohn (Handelsreg. S. 665) kann nicht gebilligt werden. Der Registerrichter könnte nur dann den Antrag wegen Fehlens des Nachweises der Zustimmung des Aufsichtsrats zurückweisen, wenn er ohne Anstellung weiterer Ermittelungen aus den ihm bekannten Tatsachen mit Sicherheit entnehmen könnte, daß der Aufsichtsrat der Übertragung des Geschäftsguthabens nicht zugestimmt hat. Daß der Richter Kenntnis von der Nichtmitwirkung des Aufsichtsrats gehabt habe, erhellt in keiner Weise. Nur dann wäre eine Ablehnung auch ohne weitere Ermittelungen geboten gewesen, wenn etwa die Satzung die Übertragung des Geschäftsguthabens überhaupt verbieten würde. Denn in diesem Falle würde der Registerrichter lediglich aus der Einsichtnahme der ihm vorliegenden Satzung die Unwirksamkeit der Übertragung des Geschäftsguthabens feststellen können. Eine solche Feststellung ist aber ohne weiteres nicht möglich, wenn die Übertragung des Guthabens nicht überhaupt verboten, sondern von der Zustimmung von Organen der Genossenschaft abhängig gemacht ist. Der von den Vorinstanzen herangezogene Beschluß (Jahrbuch 22 S. 111) kann hier keine Anwendung finden; denn er hat zur Grundlage den § 238 HGB., während es sich vorliegend um die Auslegung des GenG. und der dazu ergangenen Bek. des Reichskanzlers handelt. M.

7

a) Firma oder Etablissementsname?

Kammergericht, Ia. ZS. Beschluß v. 17. November 1911.

A., der Malerutensilien, Farben, Lacke und Tapeten vertreibt, bezeichnet sein Geschäft auf dem Ladenschild und auf Briefumschlägen mit „Palette“.

Das LG. sieht in der Bezeichnung keinen bloßen Etablissementsnamen, sondern eine Firma, deren Führung Minderkaufleuten nicht zusteht. Die weitere Beschwerde ist begründet.

Während die Firma nach § 17 der Name des Kaufmanns ist, unter dem er im Handel seine Geschäfte betreibt und die Unterschrift abgibt, dient der Etablissementsname dazu, das Geschäft durch ein Merkwort aus der Menge gleichartiger Unternehmungen herauszuheben. Es werden hierbei Bezeichnungen gewählt, die sich dem Gedächtnis des kaufenden Publikums leicht einprägen und dessen Aufmerksamkeit auf das gekennzeichnete Geschäft hinlenken. Die Geschäftsbezeichnung dient im Gegensatze zur Firma nicht dazu, den Geschäftsinhaber auch im rechtsgeschäftlichen Verkehr, insbesondere bei der Abgabe seiner Unterschrift zu bezeichnen, sondern sie besteht meist neben der Firma oder neben dem Namen des Inhabers. Sie unterscheidet sich regelmäßig auch von den Firmen ihrem Inhalte nach dadurch, daß sie keinen Namen gegenwärtiger oder früherer Inhaber enthält. Insofern gleicht sie den Zusätzen zur Firma; nur wird sie nicht, wie jene Zusätze, ein Teil der Firma. Wird sie aber, was nicht selten vorkommt, als Zusatz zur Firma verwertet, z. B. in Verbindung mit dem Namen des Inhabers, so verliert sie ihren Charakter als bloße Geschäftsbezeichnung und folgt nunmehr als Firmenbestandteil allen über die Firma bestehenden Vorschriften.

In welcher Weise der Etablissementsname zu bilden sei, ist in das Belieben des Geschäftsinhabers gestellt; eine Schranke ist ihm nur insofern gezogen, als er durch die Einführung einer Geschäftsbezeichnung nicht die Firmenvorschriften verletzen darf. Wollen also Minderkaufleute — denen an sich die Führung eines Etablissementsnamens nicht verboten ist (vgl. Jahrbuch 35 S. 149; Brand, HGB. S. 130) — ihr Geschäft unter einem bestimmten Kennwort im Verkehre bezeichnen, so können sie dies, wenn sie dadurch nicht den Anschein erwecken, als handle es sich bei dieser Bezeichnung um eine Firma. Abgesehen hiervon sind sie aber bei der Auswahl der Geschäftsbezeichnung völlig frei. Rechtsirrtümlich ist daher die Annahme des LG., daß der Etablissementsname mit dem geschäftlichen Unternehmen nicht zusammenhängen dürfe. Es entspricht vielmehr einer weitverbreiteten und nicht zu beanstandenden Geschäftsgepflogenheit, daß sich besonders Gasthäuser, Restaurationen, Apotheken, Drogerien und sonstige Kaufhäuser der verschiedensten Art Etablissementsnamen beilegen, die dem Gegenstande des Betriebs entlehnt sind, wie z. B. „Gasthaus zum goldenen Löwen", „Belle-Alliance-Apotheke zum weißen Hirsch", „Hohenzollern-Drogerie", „zum Austermeyer", „zum Weinschmidt" und dgl. Gerade die Bezugnahme auf den Geschäftszweig in dem Etablissementsnamen ist besonders geeignet, das Publikum heranzuziehen und dauernd auf das Unternehmen aufmerksam zu machen. Wenn also hier als Geschäftsbezeichnung das Wort „Palette" gewählt ist, so läßt sich dies rechtlich nicht beanstanden; vielmehr ist gerade dieses Kennwort gewählt, um das Publikum sofort auf die Art des Geschäfts und die in ihm vertriebenen Waren hinzuweisen.

Aus dem Umstand endlich, daß das Wort „Palette" für sich und nicht als Zusatz zum Namen der Geschäftsinhaberin gebraucht wird, ist nicht zu entnehmen, es handle sich um die Firma eines vollkaufmännischen Geschäfts. Denn das Charakteristische des Etablissementsnamens im Gegensatze zur Firma beruht gerade darin, daß jener regelmäßig ohne den Namen des Inhabers gebraucht wird (vgl. Conrades im Recht 1902 S. 10). Nur bei Verbindung mit dem Namen des Inhabers liegt nicht selten die begründete Annahme vor, daß es sich um keine bloße Geschäftsbezeichnung, sondern um einen Bestandteil der Firma handelt. Wird aber das Kennwort für sich allein gebraucht, so wird man nicht leicht auf die Vermutung kommen können, es handle sich um eine Firma; denn eine Firma, die lediglich ein solches Kennwort enthielte, würde weder als Firma eines Einzelkaufmanns noch als Gesellschaftsfirma zulässig sein (vgl. §§ 18, 19, 20 HGB., § 4 GmbHG.). PosMSchr.

b) **Veräußerung der Firma ohne das Geschäft.**

OLG. Dresden, II. ZS. Urteil v. 16. Dezember 1910.

Der Kläger, der 1897 das unter der Firma „Essigfabrik A. M." betriebene Fabrikationsgeschäft des Beklagten gekauft hatte, hält den Vertrag für nichtig, weil darin lediglich die Firma ohne die Fabrik veräußert worden, mithin sei der Beklagte durch den Empfang des Kaufpreises ungerechtfertigt bereichert. Allein veräußert waren nach § 1 nicht bloß die Firma, ihre Medaillen und sonstigen Auszeichnungen, sondern der Vermögensbereich des gesamten Essigfabrikationsgeschäfts mit seinen materiellen Grundlagen, der Kundschaft, den bestehenden Lieferungsverträgen einschließlich des wichtigsten mit dem Hauptabnehmer des Essigs und die vorhandenen Vorräte an fertigen und halbfertigen Fabrikaten sowie an Rohstoffen, rücksichtlich deren der den § 1³ ergänzende § 7¹ eine besondere Kaufsumme auswarf. Im Verhältnisse dazu waren die dem Kläger lediglich vermieteten Sachen — Fabrikeinrichtung, Kontorutensilien, Fastagen 2c — offenbar sehr nebensächlich. Schon der geringe Jahresmietzins von 360 Mark deutet darauf hin. Mit Recht betont das LG., daß der Vertrag, um seine wahre Bedeutung zu erkennen, nach Inhalt und Zweck im ganzen betrachtet werden müsse, und daß eine derartige Betrachtung zu der Annahme führe, die der Veräußerung eingeschaltete Mietvereinbarung — wie sie übrigens gleich Vorbehalten der Aktiven und Passiven, des Eigentums an den Geschäftsbüchern 2c erfahrungsgemäß bei solchen Geschäftsübertragungen häufig nebenhergehen — beeinträchtige nicht die Richtigkeit der Schlußfolgerung, daß das auf Herstellung und Vertrieb von Essig abzielende Handelsgewerbe, das Geschäft in seinen wesentlichen Bestandteilen verkauft worden sei. Vor allem der Eintritt in die bestehenden Lieferungsverträge und das Verfügungsrecht über die beim Vertragsbeginn im Geschäfte vorhandenen Waren und Stoffe setzte den Kläger erst in den Stand, den laufenden Betrieb aufrechtzuerhalten und zehn

Jahre lang fortzusetzen, während er sich Gebrauchsgegenstände, wie die ihm vom Beklagten bloß vermieteten, besonders Kontorutensilien u. dgl., anderswo am Orte selbst oder von auswärts ohne jede Schwierigkeit und ohne erhöhten Aufwand, auch mietweise, hätte verschaffen können. F.

c) **Offene Handelsgesellschaft als Mitglied einer anderen.**

OLG. Stuttgart, I. ZS. Beschluß v. 19. Februar 1912.

Die Inhaber der offenen Handelsgesellschaft M. & Co. und der Kaufmann A. haben die Eintragung der von ihnen unter der Firma „Elektrizitätswerk M. & A." errichteten offenen Handelsgesellschaft beantragt. Der Antrag ist unbegründet. Daß eine o. HG. nicht selbst Mitglied einer o. HG. sein kann, hat RG. 36 S. 139 auf Grund des alten HGB. ausgesprochen. Soweit diese Ansicht auf den Wortlaut des Art. 85 gestützt ist, kann dies jetzt angesichts des Wortlauts des § 105 allerdings nicht mehr geschehen. Allein das RG. hat seine Ansicht auch auf sachliche Erwägungen gestützt, und diese treffen unter der Herrschaft des neuen HGB. gerade so zu, wie früher. Das Wesen der o. HG. besteht nach wie vor darin, daß eine Gesellschaft, also eine Mehrheit von Personen unter gemeinschaftlicher Firma ein Handelsgeschäft betreibt. Damit ist unvereinbar, daß die o. HG. ihre Geschäfte teilweise unter einer anderen Firma macht; dies wäre aber der Fall, wenn sie als solche Mitglied einer anderen o. HG. wäre, weil diese andere Gesellschaft wiederum unter ihrer besonderen Firma aufzutreten hätte. Denn die o. HG. ist keine von den Gesellschaftern verschiedene juristische Person, sondern die Gesellschafter sind in ihrer Zusammenfassung die Träger der unter der gemeinschaftlichen Firma erworbenen Rechte, und sie sind es, die unter dieser Firma handelnd auftreten. Deshalb ist die hier zu entscheidende Frage wesentlich verschieden von der Frage, ob eine o. HG. an einer G. m. b. H. beteiligt sein kann oder ob eine G. m. b. H. Mitglied einer o. HG. sein kann. Auch die Frage, ob die gleichen Personen unter sich mehrere o. HG. bilden können, ist eine wesentlich andere. Die ganze Struktur der o. HG. läßt es nicht zu, daß sie sich als solche an einer anderen o. HG. beteiligt. Der bisherige Art. 98, wonach ein Gesellschafter ohne die Einwilligung der übrigen Gesellschafter keinen Dritten in die Gesellschaft aufnehmen könne, ist zwar in das neue HGB. nicht aufgenommen, aber nur deshalb, weil sie als selbstverständlich überflüssig ist, nicht weil sie nicht mehr gelten sollte (RG. 51 S. 162). Das Gesetz setzt eine Mitwirkung sämtlicher Gesellschafter im Falle des Beitritts eines neuen Gesellschafters voraus; dies ergibt sich schon aus dem persönlichen Element, das im Gesellschaftsvertrage liegt. Wäre aber eine o. HG. als solche Mitglied einer anderen o. HG., so würde jeder Wechsel in ihrem Mitgliederstand auch auf den Bestand der anderen o. HG. wirken, ohne daß die übrigen Gesellschafter dieser letzteren dabei mitzusprechen hätten. Daß die in eine andere o. HG. aufgenommene Gesellschaft durch den Gesellschaftsvertrag mit der aufnehmenden Gesellschaft die Verpflichtung eingehe, über die Aufnahme eigener neuer Mitglieder sich mit den Gesellschaftern der aufnehmenden Gesellschaft zu verständigen, ist nicht richtig; von selbst ergibt sich diese Verpflichtung aus dem Gesellschaftsvertrage nicht. Übrigens würde eine solche Abmachung die Eintragung nicht zulässig machen.

Auch der Einwand, daß durch die Zulassung des Eintritts einer o. HG. in eine andere die vom Gesetz gewollte Übersichtlichkeit des Mitgliederbestandes beeinträchtigt werde, ist nicht von der Hand zu weisen. Wenn die o. HG. als solche unter ihrer Firma Mitglied einer anderen o. HG. sein kann, so kann das Registergericht nicht verlangen, daß die Mitglieder der eintretenden Gesellschaft auch zum Handelsregister der aufnehmenden Gesellschaft angemeldet werden, und es ist dann nur durch Einsichtnahme mehrerer Handelsregister zu ermitteln, welche Einzelpersonen die Träger der Rechte der neuen o. HG. sind. Dr. H.

d) **Weiterführung der Gesellschaftsfirma, auch wenn der Betrieb auf den Umfang des Kleingewerbes herabsinkt.**

Kammergericht, Ia. ZS. Beschluß v. 4. November 1910.

... Allerdings ist der Einzelkaufmann zur Weiterführung seiner bisherigen Firma nicht mehr berechtigt und demgemäß zur Anmeldung des Erlöschens der Firma verpflichtet, wenn er aufhört, Vollkaufmann zu sein und sein Geschäft dauernd die Gestalt eines kleingewerblichen Betriebes angenommen hat (1a X 943/10). Für Kommandit- und ebenso für offene Handelsgesellschaften hat aber das Gesetz das Erlöschen der Firma anders als bei Einzelkaufleuten geregelt. Nach §§ 131, 161² und den §§ 156, 157 geht die Gesellschaft selbst mit ihrer Auflösung noch nicht unter. Die Auflösung beendet nur ihre produktive Tätigkeit, der Personenverband hingegen und die Selbständigkeit des Gesellschaftsvermögens bleiben, wie bisher, bestehen. Die Gesellschaft gilt also bis zur gänzlichen Abwicklung der Geschäfte und Aufteilung des gemeinschaftlichen Vermögens als fortbestehend und behält bis zur Lösung sämtlicher gesellschaftlicher Rechtsbeziehungen, die der Regel nach im Wege der Liquidation zu erfolgen hat (§ 145), ihre bisherige Firma. Erst nach der Abwicklung sämtlicher Geschäfte, besonders nach der Liquidation, ist das Erlöschen der Firma zum Handelsregister anzumelden (§ 157¹; Jahrb. 22 S. 6). Daraus folgt, daß die Gesellschaft zur Beibehaltung ihrer Firma berechtigt und verpflichtet ist, so lange noch ungeteiltes Vermögen der Gesellschaft vorhanden ist. Die Firma kann deshalb nicht gelöscht werden, auch wenn sie nach allgemeinen Grundsätzen, z. B. wegen Aufgabe des Geschäfts, wegen dauernden Herabsinkens des Betriebes auf den Umfang des Kleingewerbes, wegen dauernden Nichtgebrauchs, als erloschen im Sinne des § 31² angesehen werden müßte (Ritter 1 zu § 157). L.

e) **Prüfung des Gründungsherganges durch besondere Revisoren. Antrags- und Beschwerderecht der Handelskammer.**

Kammergericht, Ia. ZS. Beschluß v. 21. Oktober 1910.

Die Handelskammer hat beim Registergerichte beantragt, es möge nachträglich anordnen, daß ein Prüfungsbericht der von ihr zu bestellenden besonderen Revisoren eingereicht werde. Das LG. hat dies auf Beschwerde angeordnet, die weitere Beschwerde der Aktiengesellschaft ist begründet. Der § 126 FrGG. ist hier nicht anwendbar, weil die von der Handelskammer verlangte Einreichung des Prüfungsberichts auf den Bestand der Eintragung der Beschwerdeführerin und den Inhalt des Handelsregisters keinen Einfluß ausübt. Hier handelt es sich vielmehr nur um die Vervollständigung der Registerakten, wobei gesetzlich die Mitwirkung der Organe des Handelsstandes nicht vorgesehen ist. Denn der § 126 regelt die Mitwirkung dieser Organe bei der Bearbeitung der in den §§ 125 ff. FrGG. behandelten Handelssachen umfassend und ausschließlich (Jahrbuch 34 S. 134), so daß über den Rahmen dieser Bestimmung hinaus den Organen des Handelsstandes ein Antrags- oder Beschwerderecht nicht zuzubilligen ist. Auch das allgemeine Beschwerderecht aus § 20 FrGG. steht der Handelskammer nicht zu. Es könnte nur in Frage kommen, ob aus §§ 192³, 193³ HGB., nach denen das zuständige Organ des Handelsstandes die Revisoren zu ernennen hat und bei ihm ein Exemplar des Revisionsberichts einzureichen ist, ein selbständiges Recht der Handelskammer auf Vornahme der Prüfung durch besondere Revisoren herzuleiten ist. Dabei wird aber die Handelskammer lediglich als Hilfsorgan des Registergerichts tätig, da sie einmal besser als dieses in der Lage ist, geeignete Personen zur Erstattung des Prüfungsberichts ausfindig zu machen, und da die Niederlegung des Berichts bei ihr nur bezweckt, den Inhalt des Berichts den daran interessierten Handelskreisen in breiterer Öffentlichkeit, als dies bei dem Registergerichte möglich ist, zugänglich zu machen. Die Handelskammer hat demnach lediglich durch Maßregeln tatsächlicher Art die Tätigkeit des Registergerichts zu unterstützen. Ein Recht auf Erstattung des Prüfungsberichts ist ihr aber nicht eingeräumt.

Das Registergericht wird aber von Amts wegen erneut zu prüfen haben, ob nicht die nachträgliche Einreichung des Prüfungsberichts durch besondere Revisoren zu fordern und nötigenfalls im Ordnungsstrafverfahren zu erzwingen sein wird. Denn wenn auch als Gründer im Sinne des § 187 HGB. nur die 17 öffentlich-rechtlichen Verbände und der Amtmann F. anzusehen sind, so bleibt doch zu erwägen, ob die Voraussetzungen des § 192² HGB. nicht deshalb gegeben sind, weil Personen, die zu den gesetzlichen Vertretern der an der Gründung beteiligten und nur durch Vertreter handlungsfähigen Korporationen gehören, Mitglieder des Vorstandes und des Aufsichtsrats sind (Denkschrift S. 292; Goldschmidts Z. 40 S. 471; Ritter 2a zu § 192). Wollte man diese Ausdehnung des § 192² verneinen, so würde die Bestimmung bei einem Falle, in welchem bei der Gründung der Aktiengesellschaft nur juristische Personen beteiligt sind, illusorisch werden. M.

f) **Kann die Satzung für die Beschlußfassung des Aufsichtsrats eine Mindestzahl von zwei Mitgliedern vorschreiben?**

Kammergericht, Ia. ZS. Beschluß v. 16. Februar 1912.

Die beschwerdeführende Aktiengesellschaft beschloß in der Generalversammlung eine Neufassung des § 19 der Satzung. Danach soll der Aufsichtsrat durch den Vorsitzenden unter Mitteilung der Tagesordnung, des Orts und der Zeit der Versammlung berufen werden und beschlußfähig sein, wenn mindestens zwei Mitglieder anwesend sind; in schleunigen Fällen sollen Beschlüsse auch durch schriftliche Abstimmung gefaßt werden können. Zu Unrecht nimmt das LG. an, daß der § 243 der angemeldeten Statutenänderung entgegenstehe. Denn die Vorschrift, daß der Aufsichtsrat aus drei Mitgliedern bestehen müsse, sofern nicht die Satzung eine höhere Zahl festsetze, hat lediglich die Art der Zusammensetzung dieses Organs näher bestimmt, nicht aber auch darüber bestimmt, in welcher Weise jenes Organ seine Beschlüsse fassen solle. Über die Art des Zustandekommens der Aufsichtsratsbeschlüsse enthält das HGB. keine Vorschriften. Es müssen deshalb die allgemeinen Bestimmungen des BGB. über die Vereine (§§ 21—54) Anwendung finden. Denn auch die Aktiengesellschaft ist ein Verein im Sinne des BGB. Dies folgt aus § 6[2] HGB., wo unter dem „Verein" auch die Aktiengesellschaft verstanden ist, da weder im HGB. noch im EG. z. HGB. der Ausschluß der Bestimmungen des BGB. angeordnet ist, kommen dessen §§ 21—54 gemäß Art. 2[1] EG. z. HGB. auch für die Aktiengesellschaften in Betracht. Dies haben sowohl das Reichsgericht wie auch das Kammergericht in ständiger Rechtsprechung angenommen (RG. 53 S. 231, 57 S. 95; JW. 1903 Beil. S. 39, 81; 1904 S. 45, 167; D.JZ. 1902 S. 53; Jahrb. 23 S. 105; Rsp. 4 S. 256). Hiernach richtet sich die Beschlußfassung der Organe der Aktiengesellschaft (Vorstand und Aufsichtsrat) nach den §§ 28[1], 32, 34 BGB. Da der Aufsichtsrat nach § 243[1] HGB. stets aus mehreren, d. h. mindestens drei Personen besteht, so erfolgt die Beschlußfassung gemäß § 28[1] BGB. nach den für die Beschlüsse der Mitglieder des Vereins geltenden §§ 32, 34. Hiernach ist gemäß dem — allgemeine Grundsätze enthaltenden — § 32[1] BGB. zur Gültigkeit eines Beschlusses erforderlich, daß der Gegenstand bei der Berufung bezeichnet wird, und bei der Beschlußfassung entscheidet die Mehrheit der erschienenen Mitglieder. Für einen gültigen Beschluß wird also absolute Mehrheit verlangt. Nach § 40 BGB. sind nun aber die §§ 28[1], 32 nur insoweit anwendbar, als nicht die Satzung etwas anderes bestimmt. Es herrscht also auf diesem Gebiete für die Vereinsmitglieder vollkommene Freiheit. Sie können durch Satzungsvorschriften die Art der Beschlußfassung ihrer Organe nach freiem Ermessen regeln. Die Satzung kann daher auch relative Mehrheit als genügend erklären, oder, wie es hier geschehen ist, eine bestimmte Mitgliederzahl als Erfordernis einer gültigen Beschlußfassung vorschreiben (Staudinger 1 S. 182 VI; Dernburg 1 § 77 S. 235[3]; Cosack, Lehrbuch 1 S. 101 II 2a). Die beanstandete Satzungsänderung ist also voll rechtswirksam. Die Satzung hat damit zu erkennen gegeben, daß sie einerseits die Anwesenheit aller Aufsichtsratsmitglieder zur Fassung eines gültigen Beschlusses nicht für erforderlich halte, anderseits aber sich auch nicht damit begnügen wolle, daß ein einziges Mitglied des Aufsichtsrats in der einberufenen Versammlung erscheine. Ohne diese Satzungsbestimmung würde aber schon die Anwesenheit nur eines Mitgliedes zur gültigen Beschlußfassung genügen (Hölder 2b zu § 32 BGB.; Goldmann-Lilienthal, BGB. 1 S. 83). Die Satzungsvorschrift stellt also an das Zustandekommen eines nach innen wirksamen Aufsichtsratsbeschlusses höhere Anforderungen an das Gesetz.

Zu Unrecht meint das Amtsgericht, daß der Satzungsänderung der Beschluß v. 11. Juli 1902 (Jahrb. 24 S. 198) entgegenstehe. Denn damals handelte es sich nicht um die Frage, in welcher Weise die innere Geschäftstätigkeit des Aufsichtsrats gestaltet und die Beschlußfassung bei den Versammlungen seiner Mitglieder geregelt werden könne, sondern es kam lediglich in Betracht, ob bei Anmeldung zum Handelsregister, die von sämtlichen Mitgliedern des Aufsichtsrats kraft Gesetzes zu bewirken sind, die Mitwirkung der vorhandenen Mitglieder bei unvollständiger Besetzung des Aufsichtsrats genüge. Dies ist damals mit Recht verneint worden. Denn wenn der Aufsichtsrat nach außen hin Rechtsakte vornehmen will, so muß er so organisiert sein, wie es das Gesetz oder die Satzung verlangt. Handelt es sich aber wie hier lediglich um seine innere Geschäftsführung und die Art des Zustandekommens der in seinem Schoße gefaßten Beschlüsse, so können an die Mitwirkung der einzelnen Aufsichtsratsmitglieder bei der Beschlußfassung geringere Anforderungen gestellt werden und die Aktiengesellschaft ist nicht gehindert, schon die Anwesenheit zweier Mitglieder als genügende Voraussetzung seiner gültigen Beschlußfassung zu erklären (Jahrb. 31 S. 197). Ein Beschluß kann in solchen Fällen, in denen bloß zwei Aufsichtsratsmitglieder erscheinen, natürlich nur zustande kommen, wenn die beiden Mitglieder einig sind; sind sie verschiedener Ansicht, so ist infolge Stimmengleichheit eine Beschlußfassung nicht möglich. Die Gefahr des Zustandekommens von Beschlüssen, die der Mehrheit der tatsächlich vorhandenen (nicht bloß der erschienenen) Aufsichtsratsmitglieder nicht genehm sind, ist daher hier bei der Satzungsbestimmung nicht größer, als wenn für eine Beschlußfassung die Anwesenheit dreier Mitglieder, von denen ebenfalls zwei die Mehrheit bilden, vorgesehen ist.

Daß die Vorschrift der Satzung gegen das Kollegialprinzip verstoße, ist unrichtig. Dieser Grundsatz ist bei der Beschlußfassung von Behörden und Gerichten, die unter Teilnahme einer bestimmten Zahl von Mitgliedern vorzunehmen ist, zu beachten; kann aber keine Anwendung finden auf die Beschlüsse der Organe eines Aktienvereins oder einer sonstigen privatrechtlichen Körperschaft. G. M.

g) **Was heißt: „Guter Kundenwechsel?"**

OLG. Marienwerder, II. ZS. Urteil v. 1. November 1910.

Als Gesichtspunkt kann entweder nur in Betracht kommen, ob es ausreicht, daß die Wechselunterschriften von Personen herrühren, welche nach ihren Verhältnissen objektiv kreditwürdig sind, oder ob weiter erforderlich ist, daß die Geschäftsstelle, bei der der Empfänger des Wechsels seine Wechsel zu diskontieren pflegt, den fr. Wechsel zum Diskont annimmt, d. h. ihn für gut hält. Der letztere Gesichtspunkt muß entscheiden. Wird vereinbart, daß die Bezahlung einer zu liefernden Ware nicht in bar, sondern in guten Kundenwechseln erfolgen soll, so muß als die Meinung der Parteien ohne weiteres angenommen werden, daß an die Stelle des baren Geldes der Wechsel als Zahlungsmittel treten soll. Die nähere Charakterisierung als guter Kundenwechsel kann dabei nur den Sinn haben, daß die Wechsel nicht lediglich im Schranke des Empfängers bis zur Fälligkeit liegen sollen, sondern dieser in die Lage versetzt sein soll, sie alsbald und jederzeit zu Gelde zu machen. Dies geschieht durch Diskontieren. Für diese Art der Verwertung genügt nicht, daß die Personen, deren Namen auf dem Wechsel stehen, schlechthin gut und kreditwürdig sind, sondern daß die Stelle, bei der der Empfänger die Wechsel diskontiert, sie auch für kreditwürdig hält und deshalb den Wechsel ankauft. Weiter muß als Willensmeinung der Parteien unterstellt werden, daß der Empfänger nicht bei Zurückweisung des Wechsels an einer Bank versuchen muß, an einer weiteren größeren Anzahl von Bankgeschäften den Wechsel unterzubringen, sondern daß er sich lediglich damit begnügen kann, ihn an der Bank, bei der er gewöhnlich solche Geschäfte macht, zur Diskontierung anzubieten. Er hat damit alles getan, was Treu und Glauben im Handelsverkehr von ihm erfordern kann. Eine Ausnahme hiervon ist nur dann anzunehmen, wenn durch besondere Vereinbarung oder auf Grund besonderer Umstände eine bestimmte andere Geschäftsstelle für die Diskontierung ausgewählt ist oder als vereinbart angesehen werden muß. H. u. W.

h) **Stillschweigen auf Bestätigungsschreiben: α) wenn Gegenbestätigung erbeten ist. Ablehnung eines Schiedsspruchs.**

OLG. Hamburg, V. ZS. Urteil v. 6. März 1911.

Das LG. geht davon aus, daß das Bestätigungsschreiben des Klägers durch Nichtbeantwortung der Beklagten Vertragsinhalt geworden sei und zwar einschließlich der Bedingungen des Schlußscheins II, wie der Schiedsgerichtsbestimmung des Vereins der Futtermittelhändler, obwohl weder der Schlußschein II noch die Schiedsgerichtsbestimmungen dem Bestätigungsschreiben beigegeben waren. Diesem Ausgangspunkt kann nicht beigetreten werden. Allerdings wird in vielen Fällen, wo Treu und Glauben eine Antwort erfordern, die Nichtbeantwortung eines Bestätigungsschreibens als Annahme zu gelten haben. Das gilt auch dann, wenn der Vertrag schon vorher mündlich endgültig abgeschlossen war. Denn es entspricht kaufmännischer Übung, mündlich geschlossene Verträge durch schriftliche Bestätigungen festzulegen und in diese auch Bedingungen aufzunehmen, die nicht ausdrücklich besprochen sind. Es entspricht weiter Treu und Glauben, wie der Verkehrssitte, derartige Schreiben umgehend zu beantworten, widrigenfalls aus dem Stillschweigen auf Annahme geschlossen wird. Aber es erscheint schon bedenklich, diesen Schluß auch dann zu ziehen, wenn im Bestätigungsschreiben auf Bedingungen Bezug genommen wird, die nicht Gegenstand der Verhandlungen gewesen sind und auch aus dem Bestätigungsschreiben selbst nicht erkennbar sind. Man kann nicht von dem Empfänger verlangen, daß er sich darum bemüht, diese Bedingungen herbeizuschaffen, vielmehr ist es Sache desjenigen, der die Bestätigung erklärt und ihre Annahme wünscht, daß er seinerseits die Gegenseite von den Bedingungen unterrichtet. Anders würde allerdings die Sache liegen, wenn diese Bedingungen dem Gegner bekannt sind. Es bedarf jedoch hierüber keiner Beweiserhebung. Denn das Bestätigungsschreiben des Klägers enthält den Satz: „Wir erbitten konforme Gegenbestätigung". Mit diesen Worten hat der Kläger ausgedrückt, daß er ausdrückliche schriftliche Bestätigung verlangte und sich mit einem Stillschweigen der Beklagten nicht begnügen werde. Demgemäß war aber der Kläger auch nicht berechtigt, aus der Nichtbeantwortung zu schließen, daß die Beklagte alle Punkte bestätige. Weiter will die Beklagte dem auf den Schlußschein II verweisenden Zusatz ausdrücklich widersprochen haben. In dieser Behauptung liegt ein Leugnen der klagbegründenden Behauptung, daß der Vertrag gemäß dem Bestätigungsschreiben zustande gekommen sei. Der Kläger ist daher beweispflichtig.... Solange aber nicht dieser Beweis geführt ist, muß zugunsten der Beklagten angenommen werden, daß sie widersprochen hat. Damit ist aber gleichzeitig die Vermutung beseitigt, daß sie sich stillschweigend dem Schlußschein II unterworfen habe. Deshalb genügt der Umstand, daß sie sich später auf das schiedsgerichtliche Verfahren eingelassen hat, allein nicht zu der Annahme, daß sie sich nachträglich allen Bedingungen des Schlußscheins II unterworfen habe. Es ist durchaus denkbar, daß sich eine Partei dem Verein der Futtermittelhändler als Schiedsgericht unterwirft, ohne die Usancen oder Bedingungen, die dieser Verein für seine Geschäfte aufgestellt hat, anzunehmen....

Legt man aber auch den Schlußschein II dem Kaufvertrage zugrunde, dann hat das Berufungsgericht die Fällung eines Schiedsspruchs abgelehnt. Zwar meint der Kläger, diese Entscheidung sei zu Unrecht ergangen, da der Schiedsspruch erster Instanz nach § 8 der Schiedsgerichtsbestimmungen unanfechtbar gewesen sei. Aber abgesehen davon, daß die Auslegung des LG. gegenüber der des Klägers die richtigere sein dürfte, ist die Zulässigkeit der Berufung nicht mehr nachzuprüfen. Der allerdings sehr kurzgefaßte Spruch des Berufungsschiedsgerichts läßt doch so viel erkennen, daß dieses nicht etwa die Berufung, sondern das ganze Schiedsgerichtsverfahren für unzulässig hielt (aus welchen Gründen, ist nicht erkennbar, aber auch gleichgültig) und deshalb ein Eingehen auf die Berufung und eine Entscheidung in der Sache selbst ablehnte. Es liegt also der im § 10 aO. vorgesehene Fall vor, daß das Berufungsgericht die Fällung eines Schiedsspruchs abgelehnt hat, und damit ist nach § 10 der ordentliche Rechtsweg eröffnet. Das Gericht hat danach, ohne Rücksicht auf die in erster Instanz ergangenen Schiedssprüche, die durch die Entscheidung des Oberschiedsgerichts beseitigt sind, in der Sache selbst zu erkennen. Dabei müssen aber alle diejenigen Bestimmungen des Schlußsteins II ausscheiden, die sich auf die Vereinbarung eines Schiedsgerichts beziehen. Das gilt gerade von dem § 5, auf den sich der Kläger beruft. § 5 hängt eng mit der Zulässigkeit des Schiedsverfahrens zusammen. Er bestimmt darüber, welche Rechte der Käufer bei Mängeln der Ware hat; sie sind verschieden je nach dem Umfang der Mängel. Letzterer ist aber durch das Schiedsgericht zu ermitteln; die Entscheidung des Schiedsgerichts ist daher nach § 5 maßgebend für die Rechte des Käufers wegen Mängel. Daraus folgt nicht etwa, daß bei Unzulässigkeit des Schiedsverfahrens der Käufer keine Rechte wegen Mängel hat, sondern der Schluß kann nur der sein, daß in solchem Falle die allgemeinen Bestimmungen des HGB. und BGB. zur Anwendung kommen. M. M.

β) **Unterwerfung unter unbekannte Geschäftsbedingungen.**

OLG. Frankfurt, IV. ZS. Urteil v. 5. Januar 1910.

Nach dem Bestätigungsschreiben des Klägers erfolgt die Lieferung und Verrechnung auf Grund der allgemeinen Lieferungsbedingungen des Klägers, die dem Beklagten bekannt seien. Auf diese Mitteilung hat Beklagter geschwiegen und damit sich nach den im Handelsverkehre geltenden Gewohnheiten den allgemeinen Lieferungsbedingungen des Klägers unterworfen. Er kann sich auch nicht darauf berufen, daß sie ihm nicht bekannt gewesen seien. Denn daß der Kläger dies gewußt und arglistig die Unkenntnis des Beklagten auszubeuten versucht habe, ist nicht behauptet. Beklagter mußte sich also sagen, daß der Kläger irrtümlich die Kenntnis seiner allgemeinen Lieferungsbedingungen voraussetze. Bei dieser Sachlage war Beklagter, der selbst ein bedeutendes kaufmännisches Unternehmen betreibt und für seinen Geschäftsbetrieb gleichfalls allgemeine Geschäftsbedingungen aufgestellt hat, verpflichtet, dem Kläger mitzuteilen, daß dessen Geschäftsbedingungen nicht bekannt seien und daß er die Unterwerfung unter diese Bedingungen von deren vorheriger Prüfung und Billigung abhängig machte. Sein Schweigen läßt daher nur die Deutung zu, daß er sich den Bedingungen, auch ohne sie zu kennen, unterwerfen wollte. Er kann auch nicht vorbringen, daß die hier fr. Geschäftsbedingung ganz ungewöhnlich sei; denn sie befindet sich, wie gerichtsbekannt, in den Geschäftsbedingungen mancher Maschinenfabriken. Dr. H. l.

i) **Bedingung der „Auskunftskonvenienz".**

OLG. Naumburg, II. ZS. Urteil v. 25. April 1911.

Nachdem die Beklagte am 6. September den von ihrem Agenten vermittelten Verkauf von Zwiebeln dem Kläger „vorbehaltlich Auskunftskonvenienz" angenommen hatte, teilte sie ihm am 13. September mit, daß sie die Zwiebeln nicht liefere, weil die Auskunft über den Kläger nicht nach ihrem Wunsche ausgefallen sei. Der Kläger verlangt Schadensersatz. Gründe:

Bei Beurteilung der Auskunft hatte Beklagte nach Treu und Glauben zu verfahren, sie durfte nicht willkürlich die Verwirklichung des Vertrages vereiteln. Waren immerhin ihre persönlichen Anschauungen maßgebend, so durfte eine Ablehnung sich doch nur auf mitgeteilte Tatsachen über die geschäftlichen Verhältnisse oder die Moral des Klägers gründen. Dies entspricht auch der Anschauung der Handelskreise, wie die Handelskammer in Magdeburg in ihrem Gutachten vom 6. Februar 1911 ausführt. Ferner ist (vgl. RG. 33 S. 131, 35 S. 105) davon auszugehen, daß der Kläger von der Beklagten die Angabe und Darlegung eines vernünftigen „plausiblen" (einleuchtenden) Grundes für die Ablehnung verlangen kann, da nur auf diese Weise — wenigstens in der Regel — ermittelt werden kann, ob sie nicht etwa aus reiner Willkür und Schikane, oder aus Gründen, die nach Treu und Glauben nicht ausreichen, die Lieferung verweigert. . . . Dem Antrage, der Beklagten aufzugeben, die Auskunft vorzulegen oder ihren Inhalt mitzuteilen, sowie dem weiteren Antrage, den Zeugen X. nochmals über die Auskunft zu vernehmen, nachdem er sich über ihren Inhalt unterrichtet habe, konnte bei der Weigerung der Beklagten, etwas über die Auskunft verlauten zu lassen, nicht stattgegeben werden. Denn es kann sich sehr wohl nur um eine Mitteilung handeln, die in dem Vertrauen gegeben ist, es werde über sie Stillschweigen bewahrt werden. Nach der angef. Auskunft der Handelskammer geht die Anschauung des kaufmännischen Verkehrs dahin, daß außer über die Auskunftsperson auch über den Inhalt der Auskunft insoweit Stillschweigen zu beobachten sei, als der Gegner aus dem Inhalte der Auskunft auf die Auskunftsperson schließen könnte: diese Auffassung erscheint berechtigt.

Die an sich nicht unwahrscheinliche Behauptung der Beklagten, die Auskunftsperson könne erkannt werden, wenn Beklagte nur die mitgeteilten Tatsachen angebe, läßt sich auch nicht widerlegen. Das Anerbieten des Klägers, daß er sich verpflichten wolle, nichts gegen die Auskunftsperson zu unternehmen, ist schon deshalb ohne Belang, weil dadurch die Auskunftsperson gegen eine Verfolgung wegen Beleidigung nicht rechtswirksam geschützt sein würde. Hat nun der Kläger nicht bewiesen, daß die Beklagte grundlos abgelehnt habe, so hat andererseits die Beklagte über den Inhalt der Auskunft gar nichts angegeben, was eine Prüfung des Ablehnungsgrundes selbst ermöglichte. Mag in der Regel ein solches Verhalten derartig vertragswidrig sein, daß es eine Berufung auf die Bedingung ausschließt, so hat hier doch die Beklagte genügende Umstände dafür dargetan, daß ihre Ablehnung aus triftigen Gründen geschehen ist. Dadurch wird es aber auch wahrscheinlich, daß die Beklagte jede Mitteilung über die Auskunft mit Recht verweigert und nicht etwa deshalb, weil eine solche Mitteilung die Grundlosigkeit ihrer Ablehnung dartun würde. Daher erschien es angemessen, der Beklagten den richterlichen Eid dahin aufzuerlegen, daß nicht eine Preissteigerung, sondern eine schlechte Auskunft über die geschäftlichen Verhältnisse des Klägers sie zu der Ablehnung veranlaßt hat. Schl.

k) **Forderungen im Geschäftsbetrieb entstanden.**

OLG. Hamburg, VI. ZS. Urteil v. 25. März 1911.

Nach § 28 ist die klägerische Forderung eine Schuld der beklagten

Konkursmasse, wenn sie im Betriebe des Geschäfts von X. entstand. Dies ist aber nach § 344 zu vermuten. Daß formell das Grundstück auf den vollen Namen von X. und nicht auf seine angebliche Firma eingetragen gewesen ist, wäre ohne jede Bedeutung, auch wenn X., was tatsächlich nicht der Fall war, eine von seinem Namen abweichende Firma geführt hätte. Denn nach der zwar bestrittenen, aber herrschenden Ansicht (Ritter, HGB. § 17 Nr. 2; Rsp. 6 S. 504) sind Grundbucheintragungen unter der Firma eines Einzelkaufmanns überhaupt unstatthaft, vielmehr haben die Eintragungen auf dessen Namen zu erfolgen.

Aber auch auf die Frage, ob das Grundstück als solches bei der Errichtung der offenen Handelsgesellschaft Eigentum dieser Gesellschaft geworden ist, kommt es gar nicht an, sondern lediglich darauf, ob die Darlehnsforderung seinerzeit im Geschäftsbetrieb aufgenommen worden ist. Der Beklagte gibt aber selbst zu, daß bei dem Umbau, für dessen Zweck das Darlehn aufgenommen worden ist, der im Grundstücke befindliche Laden umgebaut und vergrößert worden ist. Dieser Laden stellt einen sehr großen Teil des Wertes des Grundstücks dar, da mindestens die Hälfte der Einkünfte auf die Benutzung des Ladens entfällt. Schon hierdurch wird die Vermutung des § 344 wesentlich unterstützt. Hinzu kommt, daß die Gesellschaft X. & Co. nach einer besonderen Vereinbarung zwischen den Gesellschaftern alle Lasten des Grundstücks, darunter auch die Darlehnszinsen, zu zahlen hatte und gezahlt hat. M. M.

l) **Klausel: α) „Kasse gegen Dokumente". Aufrechnung.**

OLG. Hamburg, III. ZS. Urteil v. 28. September 1911.

Beklagter hatte „Kasse gegen Dokumente" gekauft. Ob Fälle denkbar sind, in denen der Käufer dieser Klausel gegenüber noch zur Aufrechnung gegen den Kaufpreis befugt sein könnte, mag dahingestellt bleiben. Hier war es der Beklagte sicherlich nicht. Er kam mit seiner Gegenforderung erst heraus, als die Bank ihm die Dokumente andiente. Das war unzulässig. Die Bank war nicht in der Lage, sich in angemessener Zeit über den Gegenanspruch zu erkundigen, und dazu auch unzweifelhaft weder bereit noch verpflichtet. Wer aber „Kasse gegen Dokumente" kauft, kennt als Kaufmann den Weg, den dann die Dokumente gehen, und weiß, daß Schnelligkeit und Sicherheit des Verkehrs im Warenhandel nicht erst weitläufige Ermittlungen und Rückfragen gestatten, ob der Käufer berechtigt ist, von dem Kaufpreise bestimmte Beträge abzusetzen. Er muß daher als damit einverstanden angesehen werden, daß er seinen Anspruch auf dergleichen Beträge in anderer Weise geltend macht, aber nicht durch Aufrechnung gegen den Betrag der ihm angedienten Papiere. Daraus ergibt sich, daß Beklagter zur Einlösung der Papiere verpflichtet war und den öffentlichen Verkauf der Ware nicht bemängeln kann. Die Aufrechnung jetzt im Prozeß war an sich zulässig. M. M.

β) „Frühjahr 1911 mit mindestens 14 tägigem Abruf."

OLG. Naumburg, VI. ZS. Urteil v. 3. November 1911.

Nach der Klausel: „Abladetermin: Frühjahr 1911 in Waggonladungen mit mindestens 14tägigem Abruf" hatte der Verkäufer jeweils vom Empfange des Abrufs bis zur „Abladung", d. h. nach gerichtsbekannter Auffassung der Handelskreise bis zur vollendeten Verladung in die Eisenbahn, wenigstens 14 Tage Zeit. Der Käufer konnte ihm eigens die Einhaltung dieser Mindestfrist aufgeben. Da das hier nicht geschah, so war der Verkäufer befugt, das Maß von 14 Tagen seit dem Abrufe zu überschreiten; jedoch so, daß der Zeitraum noch in billigen Grenzen und die bei Abwicklung derartiger Lieferungen grundsätzlich erwünschte Schleunigkeit geschäftlichen Verkehrs gewahrt blieb. Schl.

γ) **„Nach drei Monaten Dreimonatsakzept."**

OLG. Hamburg, II. ZS. Urteil v. 13. Juli 1911.

Das LG. legt die Klausel dahin aus, daß der Verkäufer den Kaufpreis für die ersten drei Monate zwar unbedingt, für die letzten drei Monate aber nur unter der Bedingung der Einsendung eines Wechsels in Höhe des Kaufpreises stunden wolle, so daß Beklagter, der keine Wechsel gegeben hat, Zinsen vom Ablauf der ersten drei Monate nach Lieferung der Waren entrichten muß. Diese Auslegung ist mit der im Handelsverkehr herrschenden Auffassung (vgl. Staub 64 vor § 373; Ritter 2 zu § 374; RG. bei Holdheim 1905 S. 80; Seuffert 63 Nr. 220; LeipzZ. 1908 S. 374) trotz der entgegenstehenden Ansicht Zanders (Gruchot 49 S. 780) für richtig zu erachten. M. M.

δ) **Bedeutung eines Zirka-Geschäfts.**

OLG. Hamburg, VI. ZS. Urteil v. 4. Mai 1911.

Nach dem Vertrage war der Kläger berechtigt, dem Beklagten bis zu 10 Tonnen zu liefern, wenn von der [zu Schiff] erwarteten Ware nach Abzug vorverkaufter 500 kg diese Menge übrig blieb. Wenn der Kläger zirka 10 Tonnen angedient hat, woraus Beklagter sein Recht, nur zirka 10 Tonnen abnehmen zu dürfen, ableiten will, so findet dies seine natürliche Erklärung darin, daß damals der Kläger überhaupt noch nicht wußte, ob noch volle 10 Tonnen zur Lieferung an den Beklagten übrig blieben. Der Beklagte war also verpflichtet, volle 10 Tonnen abzunehmen, das sind, wie nach dem Gutachten nicht zweifelhaft sein kann, 10000 und nicht etwa 10160 kg. Beklagter hat sich geweigert, diese Menge abzunehmen. Der Kläger war demnach befugt, ihn zur Abnahme des Rückstandes aufzufordern und bei seiner Weigerung zum Selbsthilfeverkauf zu schreiten. Nun hat er allerdings in der Annahme, daß 10160 kg abzunehmen seien, zur Abnahme von 417 statt 257 kg aufgefordert. Aber hierdurch ist der Beklagte auch trotz der Andienung einer zu großen Menge in Verzug gesetzt worden. Denn er vertrat den Standpunkt, daß er überhaupt nichts mehr abzunehmen habe; er rügte nicht bloß die Zuvielandienung von 160 kg. Hätte er das letztere getan und der Kläger sich dann geweigert, bloß 257 kg zu liefern, dann würde er den Selbsthilfeverkauf überhaupt nicht als für seine Rechnung geschehen anzuerkennen brauchen. Da er aber jede weitere Abnahme verweigert hat, muß er den Verkauf von 257 kg gegen sich gelten lassen. M. M.

ε) „Verschiffung im Oktober".

OLG. Hamburg, V. ZS. Urteil v. 22. März 1911.

Die Beklagte hatte 1500 Kisten ausgewählte kalifornische Pflaumen der Ernte von 1909 gekauft; die Verschiffung sollte zu irgend einer Zeit während des Oktober stattfinden. Schon diese Anordnung ergibt, daß die Vereinbarung einer Verschiffungszeit hier nicht die Zusicherung einer Eigenschaft der zu liefernden Ware bedeutet. Als eine Eigenschaft der Ware kann die Abladungszeit (vgl. HansGZ. 68 Nr. 136, LeipzZ. 1909 S. 854) nur dann gelten, wenn die Abladung in einer bestimmten Zeit von einem bestimmten Lande als Kennzeichen einer bestimmten Ware, z. B. als Ware einer bestimmten Ernte, angesehen wird. Daß hier aber Oktoberabladung nicht gleichbedeutend mit Ernte des Jahres 1909 ist, ergibt sich daraus, daß über die Ernte eine besondere Bestimmung aufgenommen worden ist. Die Vereinbarung bedeutet daher nur eine Zeitbestimmung für die Abladung und bezweckt regelmäßig, dem Käufer die Möglichkeit zu gewähren, sich über die Ankunft der Ware wenigstens einigermaßen ein Bild zu machen und danach seine geschäftlichen Maßnahmen zu treffen. Die Nichtinnehaltung der vereinbarten Frist gibt nach Handelsgebrauch regelmäßig dem Käufer das Recht, vom Vertrage zurückzutreten, mindestens aber die Annahme der Ware abzulehnen (HansGZ. 68 Nr. 114). Ob dieser Handelsgebrauch nur die Versäumung der Frist betrifft oder auch gilt, wenn eine frühere Abladung oder Verschiffung angedient ist, und ob dieser Gebrauch so streng ist, daß auch die um einen Tag verfrühte Verschiffung zur Verweigerung der Annahme berechtigt, kann dahingestellt bleiben. Hier durfte der Käufer sich nicht darauf berufen, daß das Konnossement auf 30. September lautete. Nach dem Vertrage war nicht Abladung, sondern Verschiffung, d. i. Übernahme in das Schiff zugesichert. Wenn auch das Datum des Konnossements zunächst eine Vermutung begründet, daß die Verschiffung an dem angegebenen Tage stattgefunden habe, so hatte der Kläger doch brieflich mitgeteilt und Beweis dafür angeboten, daß dies Dokument das Datum des Abgangs vom Gute, die Ware aber erst am 11. Oktober von Francisco verladen sei. Unter diesen Umständen durfte die Beklagte die Annahme der Ware nicht, wie sie es getan, endgültig ablehnen, zumal sie sich leicht überzeugen konnte, wann der Dampfer von Francisco abgegangen war. Aus dieser Abgangszeit folgte mit großer Wahrscheinlichkeit, daß die Angabe des Klägers richtig sei. Daß die Konnossemente häufig vor der Übernahme der Ware an Bord ausgestellt werden, mußte die Beklagte wissen. Sie war demnach im Annahmeverzuge und die Versteigerung der Ware berechtigt. M. M.

ζ) Gummi August/September-Abladung von Australien.

OLG. Hamburg, V. ZS. Urteil v. 28. April 1911.

Die Abladeklausel ist sehr häufig zur Beurteilung der Gerichte gelangt; in der HansGZ. finden sich zahlreiche Entscheidungen, auch das RG. hat sich mehrfach damit beschäftigt (vgl. Ritter § 376 S. 555; Heuer, HansGZ.

1910 S. 265). Unrichtig ist aber, wenn das LG. meint, in der früheren Zeit, d. h. vor 19. Oktober 1908, an welchem Tage der hiesige I. ZS. unter Billigung des RG. abweichend entschied (HansGZ. 1908 Nr. 139, 1909 S. 248), habe die Rechtsprechung ständig die Klausel als Zusicherung einer Eigenschaft aufgefaßt. Nur in den wenigsten Fällen ist das geschehen (vgl. dazu aO. 1900 S. 278); in den meisten Fällen ist die Klausel lediglich als Zeitbestimmung aufgefaßt, als solche allerdings vielfach in ihren Wirkungen den Fixgeschäften gleichgestellt. Mitunter wird sie auch als Bedingung der Erfüllungspflicht des Käufers bezeichnet (aO. 1897 S. 296). In allen Fällen handelte es sich aber nicht um Gummi, wie hier, sondern um Waren anderer Art.

Prüft man hier lediglich aus der Schlußnote die Bedeutung der Klausel, so wollte der Kläger 25 Tonnen roten Gummi acroides, gute reelle Qualität, August/September-Dampferabladung von Australien haben. Erfüllungsort war die Handelsniederlassung der Beklagten, Hamburg. In der Schlußnote weisen zwar einzelne Bestimmungen darauf hin, daß die Beklagte die Ware aus Australien kommen lassen wollte, aber sie sind nicht zum Inhalt der Leistung gemacht. Ob Beklagte selbst die Ware in Australien abladen ließ, oder ob sie in der Erwartung, daß zur richtigen Zeit hier genügend Ware Abladung August/September von Australien eintreffen werde, sich um weiter nichts kümmerte, ging den Kläger nichts an. Die Beklagte hatte, wie auch der Sachverständige nicht verkennt, ihre Pflicht erfüllt, wenn sie Anfang Dezember — dann konnte unstreitig die Ware hier sein — dem Kläger die 25 Tonnen sei es in Natur oder durch Dokumente anbot. Es ist daher unrichtig, zu sagen: Beklagte sei verpflichtet gewesen, im August/September die Ware in Australien abladen zu lassen, sie war nur verpflichtet, solche Ware Anfang Dezember in Hamburg zu liefern.

Hiernach liegt kein Fixgeschäft (§ 361 BGB., § 376 HGB.) vor. Mag auch die Abladezeit genügend bestimmt gewesen sein, so bestand doch keine Pflicht der Beklagten, bis Ende September in Australien den Gummi abzuladen. Haben die Parteien mit dieser Abladefrist bezweckt, festzustellen, daß die Beklagte innerhalb derjenigen Frist hier zu liefern habe, in welcher ein im August/September von Australien abgehender Dampfer hier eintreffen konnte, dann liegt zwar auch eine Fristbestimmung vor, aber keine genau bestimmte. Allerdings wird man dieser ungenauen Fristbestimmung nicht jede Bedeutung absprechen können. Es liegt kein Bedenken vor, sie dahin auszulegen, daß die Beklagte für ihre Einhaltung die Gewähr übernommen hat, daß sie demnach schadenspflichtig wird, wenn die Frist, ohne daß sie sich entschuldigen kann, nicht innegehalten ist. Aber dieser Schaden ist lediglich ein Verzögerungsschaden; er beruht darauf, daß Beklagte die Leistung schuldhaft verzögert hat, nicht darauf, daß sie überhaupt nicht geliefert hat. Ein solcher Zögerungsschaden ist nicht geltend gemacht.

Allerdings kann durch Vereinbarung der Klausel eine weitergehende

Bedeutung beigelegt, besonders dem Käufer das Recht eingeräumt werden, vom Vertrage zurückzutreten oder Schadensersatz wegen Nichterfüllung zu verlangen, wenn die Ware nicht zu der Zeit eintrifft, wo sie hier unter normalen Verhältnissen erwartet werden kann. Es handelt sich hier um dispositive Rechtsnormen, bei denen den Parteien der weiteste Spielraum gelassen ist. Freilich würde durch eine solche Bedeutung der Klausel das Geschäft einem Fixgeschäft im wesentlichen gleichgestellt sein, das ändert jedoch an ihrer Zulässigkeit nichts. Es ist nicht zu verkennen, daß der Handelsverkehr (vgl. Jürgens Börsenhandbuch 1910 S. 268) zu einer derartigen Auslegung der Klausel drängt (vgl. Staub zu § 376[38]; Heuer aO.) und die Gerichte, auch das RG., sind vielfach dieser Auslegung gefolgt. Diese läßt sich aber, worauf Heuer mit Recht hinweist, nicht aus gesetzlichen Vorschriften, sondern lediglich aus einer ausdrücklichen oder stillschweigenden Abmachung herleiten. Der Kläger hat eine solche Abmachung behauptet, auch vorgebracht, daß im Gummihandel eine entsprechende Usance bestehe. Dieser Beweis ist aber mißlungen.

Der Kläger meint jedoch weiter, die Klausel verleihe dem australischen Gummi eine besondere Eigenschaft; unter dieser Bezeichnung werde er auch nach Empfang weiter gehandelt, besonders nach Rußland hin. Für australischen Gummi hat aber der Sachverständige dies verneint; dem entspricht auch die Schlußnote, wie die sonstigen Erklärungen der Parteien. Aber selbst wenn die Klausel eine besondere Eigenschaft verleiht, so hat bei Nichtlieferung der Käufer zunächst nur den Anspruch auf Lieferung der Ware mit den zugesagten Eigenschaften, und erst wenn eine Nachfrist nach § 326 BGB. gesetzt und diese verstrichen ist, steht ihm ein Anspruch auf Schadensersatz zu. Der III. ZS. hier meint allerdings (HansGZ. 1910 S. 262), bei der Klausel Abladung innerhalb 2 Monaten von China sei der § 326 BGB. nicht anwendbar; der Käufer stehe in solchem Falle vor dem Rätsel, wann er eigentlich mahnen oder Frist setzen solle. Hier treffen aber diese Erwägungen nicht zu, da Anfang Dezember die Ankunft der Ware hier zu erwarten war. Es stand daher nichts im Wege, daß der Kläger Anfang Dezember mahnte und eine Nachfrist setzte; allerdings nicht dahin, im August/September die Ware abzuladen, sondern dahin, ihm die vertragliche Ware: „Gummi August/September-Abladung von Australien“, zu liefern. Daß eine solche Aufforderung unmöglich oder auch untunlich gewesen, kann der Kläger nicht behaupten. Im Gegenteil, er schreibt selbst am 23. September, daß August/September-Abladungen von Australien genügend gemacht seien; auch hat er noch in der Schlußverhandlung betont, daß Australischer Gummi Anfang Dezember hier zu haben gewesen sei. Wenn er aus dieser Tatsache schließt, daß Beklagte keine Dokumente mehr über die vertragliche Ware habe liefern können, so mag der Schluß an sich richtig sein; aber er beweist nicht, daß die Nachfrist überflüssig gewesen wäre. Denn nach der Schlußnote war die Beklagte befugt, die Lieferung statt in Natur durch Dokumente zu bewirken; aber nichts hinderte sie die Ware auch in Natur zu liefern. Es ist durchaus nicht ausgeschlossen, daß sie, wenn ihr damals nach § 326 BGB. eine Nachfrist gesetzt worden wäre, doch noch die Ware geliefert hätte. M. M.

m) **Selbsthilfeverkauf. Einwendungen des Vertragsgegners.**

OLG. Darmstadt, I. ZS. Urteil v. 8. November 1911.

Die Beklagte hatte nicht abgerufen und dem Selbsthilfeverkauf gegenüber eingewendet, Kläger habe jede Gewährleistung ausgeschlossen, obgleich der ursprüngliche Verkauf nach Probe und unter Haftung für Frostfreiheit geschlossen worden. Sie wurde zur Zahlung verurteilt. Gründe:

Es kann zweifelhaft sein, welchen Anspruch der Kläger mit dem Verkauf begründen will. Nach seinen Behauptungen hat Beklagte die ihr verkauften Eicheln nicht rechtzeitig abgenommen und nicht bezahlt; auch Fristsetzungen nach beiden Richtungen seien erfolglos gewesen. Es kann bei dieser Sachlage dahingestellt bleiben, ob ein Verzug in der Annahme nach Inhalt des Vertrags als Vertragshauptpflicht gegeben ist, jedenfalls konnte der Kläger auf Grund des Zahlungsverzugs die Rechtsbehelfe des § 326 BGB. ausüben und vom Vertrag zurücktreten oder Schadensersatz wegen Nichterfüllung verlangen. An Stelle der Vertragspflicht beider Teile wäre im letzteren Falle der Anspruch des Klägers auf Ersatz des Schadens daraus, daß der Vertrag so wie vereinbart nicht erfüllt wurde, getreten; der Kläger war zur Begründung dieses Schadens befugt, die Ware zu verkaufen, aber keineswegs zur Vornahme des Selbsthilfeverkaufs in den Formen des § 373 HGB. genötigt (RG. 53 S. 13). Hier ist jedoch nicht Schadensersatz auf Grund eines derartigen Realisationsverkaufs begehrt, sondern auf Zahlung des Restkaufpreises geklagt. Der Kläger hat nicht zur Begründung seines Schadens für eigene Rechnung verkauft, sondern für Rechnung der Käuferin mit Aufrechnung des Nettoerlöses auf deren Kaufpreisschuld und legt sonach seinem Anspruch einen Selbsthilfeverkauf zugrunde. Dieser ist eine Art der Erfüllung des Verkäufers. Die Klage ist die Vertragsklage auf Erfüllung. Gerade dadurch, daß der ursprüngliche Anspruch bestehen bleibt, unterscheidet sich der Anspruch aus § 373³ vom Anspruch auf Schadensersatz wegen Nichterfüllung. Der Übergang von einem Anspruch zum andern würde Klageänderung bedeuten. Nach § 373 bestehen für den Selbsthilfeverkauf eine Reihe besonderer Vorschriften, deren Nichtbeachtung zur Folge hat, daß er nicht als für Rechnung des Käufers erfolgt anzusehen ist. Über den Inhalt des Kaufvertrags sind Bestimmungen nicht getroffen, und es ist insoweit wiederholt angenommen worden, daß in Anwendung von § 459 BGB. und § 360 HGB. der Selbsthilfeverkauf unter den Bedingungen des ursprünglichen Kaufs zu stehen habe, und daß besonders unzulässig sei, die Gewährleistung völlig auszuschließen, es sei denn, daß auch der Hauptvertrag Gewährfreiheit enthalten habe (RG. 19 S. 200, Hess. Rsp. 3 S. 73, JW. 1902 S. 545¹¹). Diese Auffassung trägt jedoch der Rechtslage nicht genügend Rechnung. Nach § 374 werden durch § 373 HGB. die Befugnisse nicht berührt, die dem Verkäufer nach dem BGB. zustehen; wenn der Käufer in Verzug der Annahme ist, hat der Verkäufer nur Vorsatz und Fahrlässigkeit zu vertreten (Ritter, HGB. S. 551) gemäß § 300 BGB. Selbst wenn man davon ausgeht, daß bei Ausführung des Selbsthilfeverkaufs die Sorgfalt des ordentlichen Kaufmanns anzuwenden ist (JW. 1895 S. 540), so bleibt doch ausschlaggebend, daß § 459 BGB. und § 360 HGB. nur bezüglich des aus dem Begriffe und Zwecke des Selbsthilfeverkaufs und aus allgemeinen Rechtsgrundsätzen für ihn sich ergebenden Erfordernisses in Frage kommen, nach den die zu verkaufende Ware regelmäßig in vertragsmäßiger Beschaffenheit unter Berücksichtigung des Interesses beider Vertragsparteien, namentlich des als überwiegend anzusehenden Interesses des säumigen Käufers zum höchstmöglichen Preise zu verwerten ist, so daß die Ware in geschäftsüblicher Weise und an sich auch zu den Bedingungen des Hauptvertrags zu verkaufen, eine Abweichung aber dann zuzulassen ist, falls dadurch der Käufer nicht in einer durch die Umstände nicht gerechtfertigten Weise verletzt wird (JW. 1904 S. 561, Ritter 550, Staub § 373[38]). Hier ist erwiesen, daß die Bedingung der Gewährfreiheit auf das Verkaufsergebnis ohne jeden Einfluß war. W.

n) **Wahlschuldverhältnis oder Spezifikationskauf?**

OLG. Stettin, II ZS. Urteil v. 14. Februar 1912.

Die beklagte Weinhandlung hatte von dem Kläger (Weinhändler) Flaschenweine käuflich bezogen. Aus dieser Lieferung hatte der Kläger einen Teil des Kaufpreises eingeklagt. Der Prozeß wurde durch einen Vergleich beendet, der nach Behauptung des Klägers dahin ging, daß die Beklagte die Flaschenweine, die ihr nicht gefielen, zurücksenden und dafür Faßweine zum gleichen Betrag abfordern solle. Als die Beklagte nicht abrief, setzte der Kläger ihr eine Frist und wählte nach deren Ablauf selbst Faßweine aus. Beklagte verweigerte die Annahme. Die Klage auf den Kaufpreis ist unbegründet.

Die Klägerin beruft sich dafür, daß der von ihr behauptete Vertrag kein Spezifikationskauf nach § 375 HGB., sondern ein nach §§ 262 ff. BGB. zu beurteilender Wahlkauf sei, auf RG. 35 S. 2. Hier ist allerdings gesagt, das Kennzeichen des Spezifikationskaufes bilde das Vorhandensein eines „Grundstoffes", dessen Maße oder sonstige „Individualisierung" der Bestimmung des Käufers vorbehalten seien. Das Erfordernis der Einheitlichkeit des Grundstoffes kehrt dann in den Entscheidungen der OLG. Marienwerder und Oldenburg (Recht 1904 Nr. 1023, 1907 Nr. 140) wieder und hat in den Kommentaren Aufnahme gefunden. Allein Grundstoff ist nichts anderes als Gattung und es ist klar, daß der Gattungsbegriff nach Belieben enger oder weiter gezogen werden kann. Für die praktische Anwendung ist deshalb jene Kennzeichnung nicht brauchbar. Ein anderer Senat des RG. hat denn auch einen Spezifikationskauf für gegeben erachtet, wo der Käufer aus mehreren Warensorten zu wählen hatte (RG. 30 S. 97, bes. 100). Ferner ist der Fall des Spezifikationskaufes erst durch § 375 geregelt worden; dieser sagt aber über Einheitlichkeit des Grundstoffes nichts, vielmehr zeigt seine Fassung: „ähnliche Verhältnisse“, daß der Gesetzgeber den Rahmen der Bestimmungsmöglichkeit gerade weit spannen wollte. Damit sollte einem wirtschaftlichen Bedürfnisse Rechnung getragen werden (Denkschrift 217). Es tritt häufig ein, daß der Käufer einer später abzurufenden Ware zur Zeit des Vertragsschlusses noch nicht weiß, in welcher Art oder Form er sie brauchen wird. Unter dem früheren Rechte war zweifelhaft, ob derartige Verträge einen zu ihrer Gültigkeit genügend bestimmten Leistungsinhalt hätten.

Nach § 262 BGB. liegt dagegen ein Wahlschuldverhältnis dann vor, wenn mehrere Leistungen in der Weise geschuldet werden, daß nur die eine oder die andere zu bewirken ist. Es liegt auf der Hand, daß beide Rechtsverhältnisse manches miteinander gemein haben. Der Unterschied beider liegt nicht etwa darin, daß es sich beim Spezifikationskauf um eine Gattungssache handelt. Denn auch die Wahlschuld kann sich auf Gattungssachen beziehen; der Wortlaut des § 262 schließt dies nicht aus. Ebensowenig läßt sich aus § 375 HGB. herleiten, daß dort die Kaufsache erst, nach näherer Weisung des Käufers, herzustellen sei (Werklieferung), also noch nicht fertig am Lager sein dürfe. Diese Erwägungen können nur zu dem Ergebnisse führen, daß sich die Frage, wann ein Spezifikationskauf und wann nur ein Wahlkauf vorliegt, nicht nach einer abstrakten Formel im voraus beantworten läßt, daß vielmehr stets im einzelnen Falle geprüft werden muß, ob der Käufer lediglich zwischen mehreren Leistungen des Verkäufers wählen sollte oder ob ihm innerhalb der im § 375 HGB. zugelassenen Grenzen vorbehalten sein sollte, die Leistung des Verkäufers näher zu gestalten. Die Abgrenzung beruht demnach im einzelnen Falle weniger auf objektiven Kennzeichen als vielmehr auf der subjektiven, durch wirtschaftliche Gründe geleiteten Auffassung der Parteien, ob sie die verschiedenen Leistungen des Verkäufers als von vornherein gegebene, bestimmt geartete angesehen haben, unter denen der Käufer zu wählen habe, oder ob sie den Inhalt der Leistung des Verkäufers als vorerst unbestimmt und erst nach näherer Weisung des Käufers gemäß § 375 HGB. bestimmbar angesehen haben. Hier hat es sich nach dem Vergleiche, wie ihn der Kläger behauptet, nicht um ein Wahlschuldverhältnis, sondern um einen Spezifikationskauf gehandelt. Die Gattungssache, innerhalb deren der Beklagten die nähere Bestimmung überlassen war, war Faßwein des Klägers. Die nähere Bestimmung der Weinsorten fällt bei der allgemeinen Fassung des § 375 HGB. unbedenklich in den vom Gesetze zugelassenen Rahmen. Nicht unwesentlich mag auch erscheinen, daß der Lagerbestand des Klägers naturgemäß wechselte und daß schon aus diesem Grunde die Vorstellung der Parteien von einer Gestaltung der Leistung des Verkäufers durch den Käufer im Sinne des § 375 HGB. nahelag. Die gesetzlichen Merkmale des Spezifikationskaufes sind also gegeben. Dr. Kr.

o) **Untersuchung: α) der unter Nachnahme geschickten Waren.**[1]

OLG. Breslau, II. ZS. Urteil v. 31. Januar 1911.

Der Klaganspruch ist auf die Weigerung des Beklagten gestützt, dem Kläger die Untersuchung des ihm verkauften und unter Nachnahme geschickten Getreides vor Einlösung der Nachnahme zu gestatten. Zur Übersendung gegen Nachnahme ist in der Regel der Verkäufer nicht befugt, weil abgesehen von der aus den Nachnahmekosten sich ergebenden Verteuerung der Sendung dem Käufer die Möglichkeit erschwert wird, die Ware ordnungsmäßig zu besichtigen. Diese Möglichkeit muß dem Käufer gewährt werden, und es hat sich daher der Handelsgebrauch gebildet, daß bei Übersendungskäufen der Preis nicht schon bei der Absendung der Ware, sondern erst dann zu bezahlen ist, nachdem der Käufer in der Lage war, am Bestimmungsort die Ware zu untersuchen (Staub, Exkurs zu § 372[46]). Hier ist aber dieser Handelsgebrauch dadurch ausgeschlossen worden, daß der Kläger sich schließlich mit der Übersendung der Ware unter Nachnahme einverstanden erklärt hatte. Nachdem dies geschehen war, durfte der Beklagte verlangen, daß der Kläger zunächst die Nachnahme einlöste und dann seine eventuellen Rechte geltend machte. M.r.

β) **Beim Kauf gebrauchter Maschinen.**

Kammergericht, VII. ZS. Urteil v. 4. März 1911.

Die Maschinen sind am 27. eingetroffen und nicht vor 29. März auf die Fabrik angefahren worden. Ist die Beklagte sofort vom Eintreffen durch die Bahnverwaltung benachrichtigt worden, so wäre sie in der Lage gewesen, die Maschinen statt am 29. bereits am 28. abfahren zu lassen. Das RG. hat allerdings (Gruchot 43 S. 703) die Ablieferung als den für die Untersuchungs- und Rügepflicht maßgebenden Zeitpunkt schon in der Mitteilung von dem Eintreffen der Ware gesehen. Indessen handelte es sich damals um Bretter, deren alsbaldige Untersuchung auf dem Bahnhof augenscheinlich keine Schwierigkeiten bereiten konnte und daher vom Empfänger vorgenommen werden mußte. Hier handelt es sich dagegen um Maschinen, die auf dem Bahnhofe um so weniger geprüft werden konnten, als für die maßgebliche Frage, ob sie noch betriebsfähig waren, ihre Aufstellung erforderlich war; wenn selbst die Maschinen erst 1—2 Tage nach ihrem Eintreffen abgefahren sind, so konnte Beklagte den genauen Tag der Ankunft der Maschinen nicht vorher wissen und nicht die für das Anfahren erforderlichen Maßregeln treffen.

Allerdings haben die Maschinenteile nach ihrem Eintreffen auf dem Fabrikhofe noch 1—2 Tage gelegen, bevor sie aufgestellt worden sind. Der

[1] Durch den auf den Rechnungen befindlichen Vermerk „Reklamationen können nur innerhalb 14 Tagen nach Empfang der Ware berücksichtigt werden", will sich der Verkäufer nicht verpflichten, eine nach dem Gesetze kürzere Rügepflicht des Beklagten auf 14 Tage zu verlängern und so auf Einhaltung der gesetzlichen Rügefrist zu verzichten (OLG. Naumburg, II. ZS., Urteil v. 19. September 1911). Schl.

Grund dafür war, daß erst Platz für sie geschafft werden mußte. Nun wußte die Beklagte, daß das Eintreffen der Maschinen bevorstand, sie hätte also für die Möglichkeit ihrer Aufstellung sorgen können, zumal persönliche Verhinderungen (dazu gehört Platzmangel) im allgemeinen für die Rechtzeitigkeit der Mängelrüge nicht zu berücksichtigen sind (**Staub** 18 zu § 377). Allein es handelte sich um gebrauchte Maschinen, die nicht von einem Maschinenhändler, sondern von einer Fabrik, die sie selbst gebrauchen wollte, gekauft sind. Bei einer solchen Maschine ist das Vorhandensein gewisser Mängel fast immer zu erwarten und beide Parteien müssen damit rechnen. Der Verkäufer hat daher kein besonderes lebhaftes Interesse an einer sofortigen Ingebrauchnahme der Maschine, ohne die Mängel und ihr Einfluß auf die Betriebsfähigkeit der Maschine nicht erkannt werden können. Auch kommt es nicht sowohl auf das Vorhandensein gewisser Mängel als vielmehr auf die Frage an, ob trotz gewisser etwa vorhandener Mängel die Maschine dennoch noch betriebsfähig ist. Demgemäß kommt hier der Gesichtspunkt, daß durch möglichst schleunige Untersuchung und Mängelrüge das Nachschieben anderer Mängel unmöglich gemacht werden soll (JW. 1905 S. 646[16]), in geringerem Maße, wie bei einer neuen Ware, zur Geltung. Überdies würde die etwaige Verzögerung, die dem Beklagten zur Last fällt, über wenige Tage keinesfalls hinausgehen und kann daher bei der besonderen Natur des Kaufgegenstandes nicht als erheblich angesehen werden. L. n.

γ) **bei Lieferung von Konserven.**

OLG. Braunschweig, II. ZS. Urteil v. 17. Januar 1911.

Am 2. September hat der Kläger der Beklagten und zwar auf ihre Anweisung unmittelbar an X. 2500 kg Schnittbohnen in Kisten zu je 50 kg zum Preise von $23^1/_2$ Pfg. für 1 kg geliefert. Erst am 20. November haben X. und die Beklagte die Bohnen als strohig und fleischlos beanstandet. Diese Bemängelung ist an sich verspätet. Unerheblich ist, wenn in dem Schlußschein über den Kauf keine Frist für die Rüge gesetzt ist. Derartige Unterlassungen sind nicht geeignet, die gesetzlichen Vorschriften abzuändern. Die gesetzliche Frist kann durch Parteivereinbarung verlängert werden. Wenn dies nicht ausdrücklich verabredet ist, müssen aber besondere Umstände vorliegen, aus denen auf die Vereinbarung geschlossen werden kann; lediglich das Stillschweigen im Schlußscheine reicht dazu nicht aus.

Die Behauptung der Beklagten, daß bei Postenkäufen im Großverkehre des Konservenhandels nach Handelsgebrauch noch innerhalb sechs Monaten gerügt werden darf, hat das LG. widerlegt, indem es mit Bezug auf RG. 57 S. 8 und die Zeitschrift für die Konservenindustrie 1905 Nr. 11 S. 7 ausführt, daß, wie der Kammer für HS. bekannt sei, ein Rügerecht innerhalb längerer Zeit nur im Kleinverkehr zulässig sei, wo Stichproben im Vergleich zu der Gesamtlieferung unverhältnismäßige Kosten verursachen würden. Dem ist beizutreten (GVG. § 118; RG. 2 S. 384, 59 S. 125; Seuffert 44 S. 124).

Wie die Aussage des X. ergibt, sind die Schnittbohnen am 5. September 1908 eingetroffen und sofort am nächsten Werktage durch Stichproben untersucht. Die Zeit der Untersuchung genügte daher den Anforderungen des § 377; die Beklagte selbst hätte nicht eher prüfen können. Die Stichproben sind so genommen, daß von den streitigen 2500 kg und den gleichzeitig damit gelieferten 2500 kg Brechbohnen, also von 100 Kisten zu je 50 kg 4 Kisten Schnitt- und 4 Kisten Brechbohnen geöffnet und aus jeder Kiste je eine Dose geöffnet und geprüft worden sind; die Proben sind gut und nicht zu beanstanden gewesen. Die Zahl der Probedosen ist nach dem Gutachter M. ausreichend gewählt. Die Sendung betraf eine einheitliche Bestellung gleichmäßiger Waren. Die Beklagte konnte deshalb damit rechnen, daß die gelieferte Ware gleichmäßig ausfallen würde, so daß die Stichproben genügten. Daran ändert auch nichts, daß die Dosen drei verschiedene Deckelzeichen eingestanzt trugen; bei der Einheitlichkeit der Sendung, die eine ganz billige Ware betraf, waren die Stanzen nach dem Gutachter für den Käufer belanglos. Stichproben können ihrer Natur nach völlige Sicherheit nicht geben, wenn sie auch wie hier ausreichend und nicht oberflächlich genommen sind. Die Konserven sind in Büchsen verpackt, die nicht geöffnet werden können, ohne daß die unverbrauchten Waren der geöffneten Dose verderben. Der Käufer darf sich daher mit dem Schlusse begnügen, daß bei einheitlicher Lieferung die übrigen Teile ebenfalls die Beschaffenheit der durch Stichproben untersuchten Teile zeigen. Stellt sich hinterher heraus, daß andere Teile mangelhaft sind, daß der Schluß also getrogen hat, so kann dem Käufer der Einwand der versäumten Untersuchungspflicht nicht gemacht werden. Es handelt sich vielmehr um nicht sofort erkennbare Mängel, die erst nachträglich aufgedeckt werden. Ein derartiger Nachweis steht dem Käufer frei (Staub § 377 A. 15, 31); er ist aber hier widerlegt. H.-g.

δ) **der zum überseeischen Transport bestimmten Waren.**

OLG. Hamburg, I. ZS. Urteil v. 7. April 1911.

In Fällen, wo wie hier Waren an einen in Deutschland wohnenden Käufer zur Verschickung nach einem überseeischen Platze verkauft sind und am Verschiffungsplatze geliefert werden, muß in Ermangelung abweichender Vereinbarungen als äußerster Termin für die Mängeluntersuchung die Ankunft am überseeischen Bestimmungsort angesehen werden. Hier würde die Untersuchung auch in Chile erfolgt sein, wenn nicht infolge eines Versehens des Klägers (Käufers) für den hier fraglichen Teil der Eisenbleche falsche Maße aufgegeben gewesen wären, dieserhalb der Käufer in Chile die Ware abgelehnt und man infolgedessen die Bleche, ohne sie weiter zu untersuchen, zur Rückbeförderung nach Bremen im Schiffe belassen hätte. Die Untersuchung unterblieb also auf Grund eines Umstandes, der die Beklagte nichts angeht. Sie konnte aber verlangen, daß spätestens in Chile untersucht wurde. Sie kann nicht darunter leiden, daß infolge eines Versehens des Klägers die Untersuchung in Chile unterblieben und erst erheblich später bei Rückkunft der

Ware in Bremen vorgenommen ist. Der Kläger hätte zur Wahrung seines Rügerechts die Ware in Chile ausladen und auf ihre vertragliche Beschaffenheit untersuchen lassen müssen, insoweit eine Untersuchung im Schiffe nicht ausführbar war. M. M.

ε) **Geschäftsgang im Gerbstoff-, Geflügelhandel.**

OLG. Hamburg, V. ZS. Urteil v. 10. April 1911.

Die 88 Fässer Kastanienextrakt sind am 12. März angekommen; die Abladung dauerte 1—2 Tage. Während der Abladung sie zu untersuchen, erfordert ein ordnungsmäßiger Geschäftsgang nicht, ganz abgesehen davon, ob nicht die Ablieferung erst mit der vollendeten Abladung als erfolgt anzusehen ist. Der 14. März war ein Sonntag, an dem eine Untersuchung auch nicht tunlich war. In den Tagen 15., 16., 17. März standen die Fässer auf dem Hofe; sie konnten wegen der Ausbesserung des Aufzuges nicht früher im Lagerhaus untergebracht werden; eine Untersuchung ist in diesen Tagen deshalb unterblieben, weil auf dem Hofe viel Fuhrwerke verkehrten und die Gefahr bestand, daß ein zur Probeziehung geöffnetes Faß von einem Fuhrwerk umgefahren werden konnte. Berücksichtigt man, daß nach der Aussage des Sachverständigen im Gerbstoffhandel bezüglich der Zeit der Probenziehung nicht peinlich verfahren wird und es auf einige Tage mehr oder weniger nicht ankommt, daß nach den gedruckten Bedingungen des Vereins Deutscher Farbstofffabrikanten sogar noch Zeugnisse anerkannt werden, die 14 Tage nach Empfang der Ware eingehen, so wird man unter den geschilderten Verhältnissen darin, daß in den drei Tagen (15. bis 17.) Beklagte keine Proben gezogen hat, weder eine schuldhafte Verzögerung der Untersuchung noch einen Verstoß gegen einen ordnungsmäßigen Geschäftsgang erblicken. Am 18. ist dann die Probe gezogen und sofort zum Gerben benutzt, das unbestritten mehrere Tage beansprucht. Am 22. hat sich dann herausgestellt, daß das Leder von dem gelieferten Extrakt schwarz wurde, und das ist dann sofort mitgeteilt. M. M.

Dazu: OLG. Hamburg, V. ZS. Urteil v. 6. Dezember 1911.

Der Beklagte hat die aus Frankreich zum Export bezogenen und unter Zollverschluß hier am 17. August mit der Bahn eingetroffenen 120 Poularden sofort ins Kühlhaus gebracht, am 22. bei Vorführung der Sendung im Zollamt untersucht und alsbald den schlechten Befund dem Kläger angezeigt. Nach dem Gutachten hätte ein ordnungsmäßiger Geschäftsgang eine sofortige Auspackung der Poularden erfordert, in welchem Falle die Rüge bereits am Ankunftstage hätte erfolgen können; der Einwand, daß vor Vorführung der Sendung bei dem Zollamt ohne unzulässige Beschädigung der Zollplombe eine Öffnung der Verpackung nicht möglich gewesen, treffe deshalb nicht zu, weil die Möglichkeit bestehe, entweder sich einen Kühlraum unter Zollverschluß zu beschaffen und darin die Verpackung zu entfernen, oder so zu verfügen, daß die Ware erst am Tage vor ihrer weiteren Verwendung anlangt. Der Beklagte läßt dies Gutachten deshalb nicht gelten, weil sein Exportbetrieb relativ unerheblich sei und einem kleineren Geschäftsmann nicht angesonnen werden dürfe, daß er die Kosten eines unter Zollverschluß stehenden Kühlraums aufwende. Allein die Frage, was „ordnungsmäßig" ist, richtet sich nach objektiven Regeln, d. h. nach der Übung, wie sie allgemein in dem Geschäftszweige besteht, mag ihre Befolgung im Einzelfall Schwierigkeit oder unverhältnismäßig unnütze Kosten verursachen. Die gegenteilige Auffassung des Käufers würde zu unhaltbaren Folgen führen. Je nachdem es sich handelt um eine zur Ausfuhr oder zum Platzkonsum bestimmte Ware, würde die Rügefrist ganz verschieden sein. Genau derselbe Grund, aus dem der Beklagte die Hinausschiebung der Frist um 4—5 Tage rechtfertigen will, würde auch eine Hinausschiebung um einen viel längeren Zeitraum rechtfertigen, wenn etwa zwischen Ankunft der Ware am hiesigen Platz und dem Abgang des Dampfers Wochen liegen sollten. Es ist klar, daß diese Folge für den Verkäufer, der über die Verhältnisse des Käufers und die von diesem beabsichtigte Maßnahme nicht unterrichtet sein kann, völlig unleidlich wäre. Der Verkäufer soll nach dem Zwecke des § 377 annehmen dürfen, daß das Geschäft sich glatt erledigt, wenn nicht in geschäftsüblicher Zeit gerügt wird, und demgemäß verfügen können. Dies würde unmöglich gemacht, wenn er nicht bloß den allgemein üblichen Geschäftsgang, sondern auch ihm unbekannte Verhältnisse des Käufers in Betracht ziehen müßte. M. M.

o) **Handelsbrauch gegen die unverzügliche Mängelanzeige.**

Kammergericht, VII. ZS. Urteil v. 31. Januar 1912.

Eine sofortige Untersuchung der dem Beklagten gelieferten Stempel war sowohl auf die Härte wie auf den verwendeten Stoff durch die einfache Feilprobe ohne Verwendung einer Stanzmaschine mühe- und kostenlos möglich. Der Beklagte behauptet aber einen Handelsbrauch dahin, daß der Käufer, welcher Waren von einer Werkzeugfabrik beziehe, die Rügen seines Abnehmers abwarten dürfe, falls sie binnen 2 bis 4 Wochen vorgenommen würden. Ein solcher Brauch würde jedoch nicht geeignet sein, hier den § 377 zu beseitigen. Denn da die sofortige Untersuchung der Ware leicht möglich ist, so würde er, zumal auch den weiteren Abnehmern noch eine wenig bestimmte Frist zur Untersuchung freistände, die durch § 377 bezweckte Rechtssicherheit vereiteln und sich daher in Wirklichkeit als ein Mißbrauch darstellen, dem sich ohne besondere Vereinbarung zu fügen niemand gezwungen werden kann (JW. 1900 S. 857, 1907 S. 60). L.n.

p) **Fehlerhafte oder andere Ware?**

α) OLG. Hamburg, II. ZS. Urteil v. 25. Februar 1911.

Daß nach ordnungsmäßigem Geschäftsgange der hierfür beweispflichtige Kläger (vgl. Ritter § 377 zu g) nicht selbst die Ware unverzüglich nach der Ablieferung untersuchen konnte, ist nicht dargetan. Auszugehen ist davon, daß, wer mit gewissen Waren handelt, vermöge seiner fachmännischen Erfahrung regelmäßig von sich selbst aus imstande ist zu beurteilen, ob die ihm gelieferte Ware mit Mängeln behaftet ist. Daß der Kläger hierzu nicht in der Lage gewesen sei, hat er nicht einmal behauptet; im Gegenteil ausdrücklich unter das Gutachten Sachverständiger gestellt, daß weder nach dem für Hamburg noch für New York geltenden Recht dem Käufer obliege, die Ware chemisch untersuchen zu lassen. Das beweist, daß man für eine Untersuchung jedenfalls, wenn es sich darum handelt, das Wachs auf die Beimischung fremder Substanzen zu untersuchen, nicht erst einen Chemiker heranzuziehen braucht. Es könnte sich fragen, ob der Händler sich bereits durch die äußere Besichtigung, namentlich durch Prüfung der Farbe, des Geruchs, der Durchsichtigkeit und durch Erwärmung ein Urteil über die Reinheit des Wachses bilden kann, und ob nicht hierzu es eines Verarbeitungsprozesses bedarf. Daß es eines solchen bedarf, ist wenig wahrscheinlich, andernfalls hätte der Kläger eine solche Verarbeitung probeweise vornehmen müssen. Daß sich die Beimischung fremder Stoffe trotz ordnungsmäßiger Untersuchung also weder durch äußere Besichtigung, noch durch eine Probeverarbeitung bemerkbar gemacht hätte (nur insofern kann von einem heimlichen, verborgenen Mangel gesprochen werden), ist ebensowenig dargetan....

Auch der Gesichtspunkt, daß die gelieferte Ware eine andere als die bedungene war, greift nicht durch. Denn der Kläger ist für die Ausnahme des § 378: „sofern nicht die gelieferte Ware offensichtlich von der Bestellung so erheblich abweicht" beweispflichtig geblieben. War vertragswidrig geliefert, so handelte es sich um die vertragswidrige Beimischung fremder Stoffe. Wenn dadurch das Ganze zu einer Sache anderer Gattung gemacht wird, so kommt es doch nicht auf den Umfang der Beimischung, auch nicht auf die dadurch bewirkte Wertminderung der gelieferten Ware im Verhältnis zur vertragsmäßigen an. Es ist vielmehr nur entscheidend, ob die Verwendung der Ware zu ihrem vertraglichen Zweck unmöglich gemacht wird (Staub 4 zu § 378). Dafür aber, daß der Vertragszweck vereitelt wurde, bietet sich kein Anhalt. Der Kläger hatte nach Hummelwachs gefragt, also, wenn man dies überhaupt noch als tierisches Produkt bezeichnen kann, nach einem gegenüber reinem Bienenwachs unter allen Umständen minderwertigen Produkt. Wo aber Hummelwachs verwendet werden konnte, da läßt sich, wie anzunehmen ist, auch die von der Beklagten gelieferte Ware verwenden. Der Kläger selbst hat auch in dieser Beziehung keinerlei Anhalte dafür vorgetragen, daß die Ware nicht als Ersatz für Hummelwachs verwendet werden kann. Unter diesen Umständen läßt sich nicht sagen, daß die Beklagte die Genehmigung der Klägerin als ausgeschlossen betrachten mußte. M.M.

β) OLG. Naumburg, II. ZS. Urteil v. 19. September 1911.

Die dem Beklagten gelieferten Drahtgeflechte hatten eine Stärke von nur 1,9 und 2,3 mm, während sie nach der Vereinbarung 2 und 2,5 mm stark sein sollten und solche in Rechnung gestellt sind. Gleichwohl ist bei der unterbliebenen Mängelrüge der Minderungsanspruch des Beklagten unbegründet. Denn da die in der Preisliste verzeichneten nächstschwächeren Drahtstärken 1,8 und 2,2 mm betragen, ist dem Beklagten nicht diese schwächere Sorte geliefert worden, sondern Draht, dessen Stärken zwischen den bestellten und den nächst niedrigen Stärken ungefähr die Mitte halten. Berücksichtigt man, daß sich die Preise der Geflechte nach den in der Preisliste enthaltenen Drahtstärken richten, so ist in der Lieferung von Stärken, die zwischen den in der Preisliste enthaltenen Nummern stehen, die Lieferung mangelhafter Ware (§ 377) zu erblicken. Die Lieferung einer anderen Sache als der bedungenen könnte nur in Frage kommen, wenn in der Preisliste enthaltene entsprechend billigere, schwächere Sorten geliefert worden wären. Schl.

γ) **§ 378 HGB. gilt nicht für Spezieskäufe.**

OLG. Hamburg, IV. ZS. Urteil v. 13. Februar 1911.

Beklagter hat unstreitig nach Besicht gekauft, so daß es sich um den Kauf individuell bestimmter Sachen, nicht um einen Gattungskauf handelt. Er rügt, daß ein Teil der ihm gesandten Bretter nicht die guten und gesunden Stücke seien, die er sich ausgesucht habe, sondern Holz von so schlechter Beschaffenheit, daß seine Verwendung für Bauten ausgeschlossen erscheine, daß er also teilweise andere als die gekauften Gegenstände erhalten habe. Mit dieser Verteidigung ist er trotz unterlassener Mängelanzeige nicht ausgeschlossen. Denn der hier allein in Betracht kommende § 378 ist auf Spezieskäufe begrifflich überhaupt unanwendbar, wie auch die Ausdrücke des Gesetzes „bedungene Ware", „gelieferte Ware" und „Bestellung" nur auf den Gattungs-, nicht aber auf den Spezieskauf passen. Selbst wenn man mit Düringer-Hachenburg und Lehmann-Ring solche Anwendung grundsätzlich nicht ausschließen will, würde es sich nach der Schutzbehauptung des Beklagten um Abweichungen handeln, deren Genehmigung der Kläger als ausgeschlossen hätte betrachten müssen. Andererseits ist aber der Beklagte nicht befugt, Herabsetzung des Kaufpreises, wie er es bislang getan hat, zu verlangen; vielmehr vermag er allein die Rechtsbehelfe zu erheben, die ihm wegen nicht vollständiger und nicht rechtzeitiger Erfüllung der Vertragsleistung zustehen. Ihn zu veranlassen, nach dieser Richtung hin seine Verteidigung zu substantiieren, war nicht erforderlich, denn ihre Unwahrheit ergibt sich aus der Beweisaufnahme. M. M.

δ) **Verzögerte Anzeige von Qualitätsmängeln.**

OLG. Dresden, V. ZS. Urteil v. 7. Juli 1910.

Der Preis der in verpackten Ballen gelieferten Waren hat der Kläger unter Zugrundelegung eines Preises für eine Gewichtseinheit nach dem gelieferten Gesamtgewicht berechnet und in den mit den Waren zugesandten Rechnungen angegeben. Daß der Preis nach dem Gesamtgewicht einschließlich der Verpackung berechnet worden, war aus den Rechnungen und Frachtbriefen für die Beklagte deutlich erkennbar. Wollte sie die Lieferungen als nicht vollständig geschehen bemängeln, so hatte sie dies dem Kläger unverzüglich anzuzeigen. Da eine solche Anzeige unterblieb, gelten die gelieferten Waren auch bezüglich des berechneten Gewichts als genehmigt (§ 377²), d. h. die Beklagte muß gegen sich gelten lassen, daß sie jene Mengen erhalten habe. Infolge dieser Genehmigung fällt, wie nach § 377 jeder Anspruch wegen gesetz- oder vertragswidriger Beschaffenheit der Ware, so hier nach § 378 jeder Anspruch wegen fehlenden Gewichts, also auch wegen Bereicherung (§ 812 BGB.), da die Genehmigung den rechtlichen Grund für die Erlangung des Anspruchs auf die Bezahlung der vollen berechneten Warenmenge enthält. Diese Folge ergibt sich aus dem Zweck und Sinn des § 378 HGB. Ohne solche Auslegung wäre die Gegenleistung des Verkäufers wieder in Frage gestellt und müßte trotz des Verlustes des Rügerechts durch Nachweis dessen, was der Verkäufer in Wahrheit der Menge nach geliefert hat, ermittelt werden. Die gleiche Ansicht vertreten Lehmann-Ring 2 S. 174, Makower, Staub zu § 378, OLG. Breslau (Recht 1905 S. 229), Stettin (GoldschmZ. 54 S. 90), Hamm (Rsp. 13 S. 30), Hamburg (das. 14 S. 380) und KG. (das. S. 378). Die abweichende Ansicht des V. Senats des OLG. Hamburg (aO. S. 381), sowie die Ansicht, daß bei Verkauf der Ware nach einem Einheitspreise für Stück, Maß oder Gewicht (im Gegensatz zur Verabredung eines Gesamtpreises), auch wenn nicht gerügt ist, nur die tatsächlich gelieferte Menge zu bezahlen sei (Düringer-Hachenburg 3a, b zu § 378; LG. Colmar in Recht 1907 S. 583 Nr. 1227), finden weder durch den Wortlaut des Gesetzes noch dessen Zweck, noch durch die Vorgeschichte und die Begründung des Gesetzes (Rsp. 13 S. 31, 14 S. 379) Unterstützung. Auch ergibt die letztere Ansicht einen auffälligen Unterschied in der Behandlung eines Kaufgeschäftes mit festgesetztem Gesamtpreise und eines solchen mit einem nach einem Einheitssatze bemessenen Preise. Der Sinn des § 378 ist dahin zusammenzufassen, daß durch das Unterlassen der Rüge, wie nach § 377 jeder Einwand gegen die Beschaffenheit der Ware, so nach § 378 jeder Einwand gegen die berechnete Menge der Ware wegfällt. Daher ist weiter unerheblich, was bezüglich der Art der Berechnung dieser Menge etwa üblich oder vereinbart ist. Wie Handelsgebräuche oder Vereinbarungen über die Beschaffenheit der Ware (§ 377) unerheblich sind, wenn die Beschaffenheit nicht bemängelt wird, so sind sie bezüglich der Menge der Ware (§ 378) unerheblich, wenn die Menge unbemängelt bleibt; sie kommen in beiden Richtungen erst im Falle rechtzeitiger Bemängelung für die Frage in Betracht, ob die Bemängelung beachtlich oder unbeachtlich ist. J. M.

q) **Vereinbarung, die Ware schon vor Absendung nach dem überseeischen Ablieferungsort zu untersuchen.**

OLG. Hamburg, VI. ZS. Urteil v. 13. Mai 1911.

Der Kläger hat die zuletzt gelieferten 5000 Rollen nicht nach der Andienung in Hamburg, sondern erst nach ihrer Ankunft in Tientsin untersucht und sofort gerügt. Hierdurch hat er nicht dem § 377 zuwidergehandelt. Jene 5000 Rollen sind auf Grund des ursprünglichen Kaufgeschäftes geliefert und unterstehen daher den für dieses maßgeblichen Bedingungen. Daran hat der zwischen den Parteien abgeschlossene Vergleich nichts geändert. Auch die letzten Rollen waren zur Verschiffung nach Tientsin bestimmt. Der Kaufvertrag bestimmt aber, daß als Ablieferungsort und

Erfüllungsort im Sinne des Gesetzes Tientsin zu gelten habe. Nun hat sich zwar der Kläger aus Vorsicht, d. h. um nicht wiederum eine Zurückweisung der Ware am überseeischen Bestimmungsorte zu gewärtigen, ausbedungen, daß die 5000 Rollen nicht unmittelbar nach Tientsin verschifft werden durften, sondern zunächst nach Hamburg zu senden seien, um hier untersucht werden zu können. Es leuchtet aber ein, daß er damit nicht seine vertraglichen Rechte einschränken, sondern im Gegenteil eine besondere Vergünstigung hat schaffen wollen. Es kommt hinzu, daß diese Vergünstigung sogar im Kaufvertrage vorgesehen war, wo es heißt: Untersuchung und Reklamationsrecht in Hamburg behalten wir uns vor. Da dieser Satz unmittelbar der Klausel über den Ablieferungsort folgt, so kann nicht angenommen werden, daß die Bestimmung Tientsins zum Ablieferungsort im Sinne des Gesetzes für den Fall aufgehoben sein sollte, daß der Käufer das ihm vorbehaltene Recht gebrauchte. Hieraus folgt, daß er bei Prüfung der ihm in Hamburg angedienten Ware nicht zur Befolgung des § 377 verpflichtet war. M. M.

r) **Sorge des Verkäufers für richtige Verstauung der über See zu versendenden Ware.**

OLG. Hamburg, VI. ZS. Urteil v. 14. Februar 1911.

Der Kläger verlangt Schadensersatz, weil die Beklagte als Verkäuferin der über See zu versendenden Zuckersäcke nicht für deren sichere Verstauung während der Seebeförderung gesorgt habe. Sie habe nämlich gewußt, daß die Ware an Deck verladen werden würde, wenn sie nicht bei der Reederei widersprach, da es in England, besonders im Abgangshafen Liverpool Gebrauch sei, derartige Waren an Deck zu verstauen. Auf das Vertragsverhältnis ist, da Hamburg beiderseits als Erfüllungsort angesehen wird, deutsches Recht anzuwenden. Danach hat der Versender nicht für die Art der Verstauung im Schiff zu sorgen, vielmehr ist es Sache des Schiffers, die eingeladenen Güter richtig und ordnungsmäßig zu verstauen (Staub 34, 35 zu § 382). Es dürfen aber nach § 566 Güter auf dem Verdeck ohne Zustimmung des Abladers nicht verladen werden. Letzterer kann und muß sich demgemäß darauf verlassen, daß der Schiffer nicht eigenmächtig an Deck verlädt. Er hat es daher nicht nötig, im Einzelfall die Verladung an Deck zu verbieten. Nach englischem Recht gelten die gleichen Grundsätze, jedoch mit der Maßgabe, daß sich der Ablader Decksladung gefallen lassen muß, wenn sie ortsüblich ist (HansGZ. 1894 Nr. 12). Daß ein solcher Ortsgebrauch in Liverpool für alte Zuckersäcke herrsche, hat der Kläger behauptet, und dies ist auch bei Anwendung des deutschen Rechts von Bedeutung, weil der Ablader mit einem solchen Brauch zu rechnen und in diesem Falle allerdings in seinem Rechtsverhältnis zu dem Empfänger der Waren für deren sichere Unterbringung sorgen mußte. Indessen hat die Handelskammer in Liverpool beauskunftet, daß ein solcher Gebrauch in Liverpool und in England überhaupt nicht besteht. M. M.

s) **Auslegung des dem Verkaufskommissionär gesetzten Preises, wenn inzwischen der Dividendenabschlag eintritt.**

OLG. Hamm, VI. ZS. Urteil v. 29. April 1911.

Der Kläger verlangt Schadensersatz, weil die Beklagte bei der Erfüllung des ihr aufgetragenen Verkaufs von Wertpapieren die erforderliche Sorgfalt außer acht gelassen habe (BGB. § 276). Der Auftrag ging dahin, daß die Beklagte die 10000 Mark Aktien, die sie für den Kläger verwahrte, nicht unter 212 % sofort oder im Laufe des Monats November 1909 verkaufen solle. Ein Vertragsantrag unter Abwesenden ist grundsätzlich in dem Sinne zu verstehen, den er an sich betrachtet nach Treu und Glauben mit Rücksicht auf die Verkehrssitte hat. Wenn der Empfänger ihn so versteht, so ist seine Auffassung maßgebend, nicht aber der abweichende Sinn, den der Antragsteller seinem Antrag beigelegt hat. Es fragt sich daher, wie die Beklagte den Auftrag auffassen mußte, ob sie besonders befugt war, ohne weitere Rückfrage die Aktien am 10. in Berlin zu 208 % verkaufen zu lassen. Das ist hier zu verneinen.

Nach den für die Geschäftsverbindung der Parteien maßgebenden „Bedingungen" werden allerdings die der Beklagten erteilten Aufträge zum An- und Verkauf von Effekten „unter Zugrundelegung der zur Zeit der Ausführung geltenden Bedingungen für die Geschäfte an derjenigen Börse ausgeführt, an welcher die Effekten ge- oder verkauft sind". Auch ist unstreitig, daß, nachdem am 4. November die Generalversammlung der Aktionäre stattgefunden, die Aktien an der Berliner Börse am 5. November, dem Tage der Auftragserteilung, noch einschließlich des Dividendenscheines für 1908/09 gehandelt und notiert wurden und daß kraft Anordnung des Börsenvorstandes erst mit dem 6. November der Dividendenabschlag eintrat. Es entsprach daher dem Gebrauche des Effektenhandels, wenn das Berliner Bankhaus, an das die Beklagte den Verkaufsauftrag des Klägers zum Preise von 212 % weiter gab, mit dem Eintritt der neuen Notierung am 6. November den Kurs um die festgesetzte 5 %ige Dividende ermäßigte und den Verkaufsauftrag mit 207 % weiter vormerkte, worauf dann, als am 10. dieser Preis überschritten wurde, der Auftrag zum Tagespreis von 208 % ausgeführt und verrechnet wurde.

Allein auf die wiedergegebene Bestimmung der Bedingungen darf sich die Beklagte nur bei der Ausführung eines nach Inhalt und Tragweite *zweifelsfreien* Auftrages berufen, nicht aber bei der Entscheidung der Vorfrage, wie ein Auftrag, bei dem über das vom Auftraggeber *Gewollte* Bedenken bestehen konnten und mußten, auszulegen und geschäftlich zu behandeln sei. Hier mußte es von vornherein der Beklagten zweifelhaft sein, wie der Kläger den Verkaufsauftrag verstanden haben wolle. Auch wenn man nicht annimmt, sie habe bei einiger Sorgfalt erkennen müssen, daß der Kläger von der Voraussetzung ausging, der Dividendenabschlag sei mit Ablauf des Tages der Generalversammlung eingetreten, so mußten ihr doch jedenfalls, wenn sie dem Auftrage ihres langjährigen Kunden das erforderliche

Interesse widmete, Zweifel darüber aufstoßen, ob er denn wirklich bei seiner Preisbestimmung die fällige Dividende habe außer Betracht lassen wollen, — Zweifel, die ihr Anlaß hätten geben müssen, bei dem Kläger Rückfrage zu halten, ob sein Auftrag sich mit oder ohne Dividendenschein verstehe. Wenn auch der Kläger kein Neuling im Effektenhandel war, so folgt daraus nicht, daß die Beklagte bei ihm die genaue Kenntnis des Börsengebrauchs darüber hätte voraussetzen dürfen, wie die hier fr. Ultimopapiere in den kritischen Tagen um die Generalversammlung notiert werden und daß sie — anstatt die bestehende Unklarheit zu beseitigen — diese Voraussetzung zur Unterlage ihres Verhaltens hätte machen dürfen. Sie hat somit bei der Behandlung des Verkaufsauftrages fahrlässig gehandelt. Im Einklang mit dieser Auffassung versichert der Sachverständige, daß für die Beklagte eine vorherige Verständigung mit dem Auftraggeber „angebracht" gewesen wäre und auch wohl von den meisten der übrigen Banken, schon um Streitigkeiten zu vermeiden, erfolgt sein würde. Das, was die meisten Banken in einem Falle vorliegender Art getan hätten, eben weil sie es für eine Anforderung der Verkehrsmoral erachteten, ist durch die Verkehrssitte (§ 242 BGB.) geboten.

Mit dem Versehen der Beklagten konkurriert aber ein solches des Klägers, und zwar in doppelter Richtung. Wollte er seine Preisbestimmung ohne Dividende verstanden haben, also mit Dividende nicht 212 sondern 217 % erzielen, so erforderte die geschäftliche Sorgfalt, dies deutlich auszusprechen, also dahin, daß er zu 212 ohne Dividende verkaufen wolle. Es durfte ihm nicht entgehen, daß gerade am Tage nach der Generalversammlung eine jedes Mißverständnis ausschließende klare Angabe dessen, was er wolle, vorsichtshalber geboten war. Hinzu kommt, daß er, wenn er die Preise verfolgte — und das muß doch jeder, der in Wertpapieren spekuliert —, aus dem vom 5. auf den 6. November eingetretenen Preissturze um 5 % im gleichzeitigen Hinblick auf die in den Tagen vorher notierten geringfügigen Schwankungen sich sagen mußte, daß der Dividendenabschlag nicht, wie er vermeinte, mit dem 5. erfolgte, sondern erst am 6. eintrat. Es lag daher für ihn alle Veranlassung vor, zeitig, d. i. am 6. oder in den drei folgenden Tagen brieflich oder telegraphisch seinen Auftrag zu erläutern. Daß er das nicht getan, gereicht ihm zum Vorwurf; doch hat er dadurch weder allein noch vorwiegend den Schaden verursacht, vielmehr war es angemessen, jedem Teile die Hälfte davon aufzubürden. N.t

t) **Spedition.** *α*) **Sorge für gehörige Verzollung.**[1]

OLG. Hamburg, IV. ZS. Urteil v. 22. März 1911.

[1] Die Bestimmung, daß Wasserstandszuschläge in der vereinbarten Fracht einbegriffen sind, ergibt zwar, daß ein Wasserstand, der solche Zuschläge zur Folge hatte, nicht als Behinderung der Schiffahrt gelten sollte, anderseits ist daraus zu entnehmen, daß der Verfrachter nicht gegen ein noch weiteres Sinken des Wassers, das die Gesellschaften zur Einstellung ihres regelmäßigen Schiffsbetriebes nötigte, gesichert, vielmehr der Spediteur gemäß den im Vertrage zitierten Spediteurbedingungen in solchem Falle von seiner Verbindlichkeit frei werden sollte (Urteil desselben ZS. vom 27. Februar 1911).

Das Rechtsverhältnis der Parteien war ein Dienstvertrag, der die Besorgung von Geschäften zum Gegenstande hatte. Der klagende Spediteur hatte deshalb gemäß § 670 BGB., ebenso auch gemäß § 410 HGB. von der Beklagten Erstattung der Auslagen zu fordern, die durch die Besorgung des übernommenen Geschäfts für sie notwendig wurden. Da er die hier streitige Zollstrafe hat bezahlen müssen, ist er berechtigt, ihre Erstattung zu fordern, auch wenn die Beklagte den Verfall der Strafe nicht verschuldet hat. Nur wenn der Kläger selbst durch Vernachlässigung der Pflichten eines ordentlichen Spediteurs die Zollstrafe verwirkt hätte, würde sich hieraus eine Einrede gegen seine Forderung ergeben. Er mußte, da er als Spediteur die Zollabfertigung der Ware übernommen hatte, die russischen Zollgesetze kennen, also auch wissen, daß baumwollene Lumpen nur dann zollfrei in Rußland eingeführt werden können, wenn die Beimischung fremder Stoffe 2 % nicht überschreitet. Die Ware war ihm aber unter der Bezeichnung „baumwollene Lumpen" ohne weiteren Zusatz übersendet worden und man konnte von ihm als Spediteur, wie der Sachverständige erklärt, nicht verlangen, daß er die Unterschiede zwischen den einzelnen Sorten Lumpen und die gewöhnliche Zusammensetzung der hier fraglichen Sorte kannte. Er konnte also der mitgeteilten Bezeichnung nicht entnehmen, daß die Ware möglicherweise fremde Bestandteile in einer 2 % übersteigenden Menge enthalte. Aus den Äußerungen der Beklagten konnte er wohl entnehmen, daß sie noch keine Erfahrungen über die Einführung dieser Ware in Rußland besaß und sich über das Ergebnis der Zollabfertigung nicht sicher war; nicht aber war daraus für ihn zu ersehen, daß über die Richtigkeit der Bezeichnung der Ware als baumwollene Lumpen irgendwelche Zweifel bestehen konnten, und daß er mit einer 2 % übersteigenden Beimischung fremder Bestandteile rechnen mußte. Er konnte deshalb aus dem Briefwechsel auch keinen Anlaß entnehmen, die Ware als Akzidenzien, d. h. als Ware unbekannter Qualität und unbekannten Gewichts zu deklarieren. Diese Art der Deklaration hat natürlich zur Folge, daß die einzelnen Kolli von den Zollbeamten eröffnet und untersucht werden, was bei den hier fraglichen gepreßten Ballen zu erheblichen Schwierigkeiten hätte führen müssen. Es wäre vermutlich unmöglich gewesen, die Ballen im Zollamte gehörig wieder zu schließen und in ihren früheren Zustand zu versetzen. Diese Schwierigkeiten und Kosten zu verursachen, konnte der Kläger sich nur veranlaßt sehen, wenn er es aus triftigen Gründen für notwendig erachten mußte. M. M.

β) **Übernehmerspediteur. Besondere Unkosten.**

OLG. Hamburg, V. ZS. Urteil v. 12. April 1911.

Der § 413 schließt nicht aus, daß der Spediteur, der die Beförderung zu einem Einheitssatz übernahm, solche Auslagen besonders berechnet, die unvorhergesehen aus dem Verhalten des Absenders entstehen oder ihren Grund in einem auf Seite des Versenders liegenden Umstande haben. Letzteres traf hier zu bei den Abweichungen von der Maßaufgabe des Beklagten, welche die Grundlage des Speditionsvertrages bildete. Mithin kann die Extraleichter-Fracht für „Dina“ (300 Mark) und außerdem das an den Kahnschiffer B. ausgezahlte Überliegegeld (180 Mark) besonders erstattet verlangt werden; denn auch das Überliegen des B.schen Kahns war durch jene Unstimmigkeit veranlaßt, ohne die das ganze Quantum ohne Verzögerung in die Hansa hätte übergenommen werden können. Beklagter ist also vom LG. mit Recht in 300 + 180, also 480 Mark nebst Zinsen verurteilt, dagegen ist die Verurteilung in weitere 240 Mark Liegegeld, das in Sylt entstanden sein soll, zu Unrecht geschehen. Der Umstand allein, daß der Kläger mit der Reederei der Hansa 3 freie Löschtage bedungen hatte und diese Löschzeit überschritten hat, kann ihm keinen Erstattungsanspruch gewähren. Er hatte als Spediteur den Transport frei ab Kahn Hamburg bis frei Bord Sylt zu einem Einheitssatz von 5 Mark für den Kubikmeter übernommen. Nach § 413 hatte er hier, wo es sich um einen Transport über See handelt, die Rechtsstellung des Verfrachters. Zwar ist dies nicht ausdrücklich ausgesprochen, vielmehr findet sich in § 413 nur der Ausdruck „Frachtführer“. Wenn aber deshalb in der Literatur angenommen wird, daß bei einem Seetransport der in § 413 ausgedrückte Grundsatz überhaupt keine Anwendung zu finden habe, so ist dieser Ansicht nicht beizutreten; denn nach § 407 umfaßt die Begriffsbestimmung des Spediteurs auch die Übernahme einer Güterversendung durch Verfrachter vom Seeschiffe und nach der Denkschr. zum HGB. hat man unter Abweichung vom früheren Art. 384 durch den jetzigen § 413 im Fall eines bestimmten Übernahmesatzes das Speditionsverhältnis gänzlich den Normen des Auftrags entrücken und allgemein dem Spediteur die Rechtsstellung des Transportunternehmers verleihen wollen. Die hier vertretene Auffassung entspricht auch allein dem praktischen Bedürfnisse, da sonst bei Übernahme eines kombinierten Binnen- und Seetransports bezüglich der Rechte und Pflichten des Spediteurs zweierlei Rechtsnormen gelten würden, was praktisch zu unleidlichen Schwierigkeiten führen könnte. Daß der Klägerin auf Grund der hiesigen Spediteurbedingungen abgeschlossen hat, ändert an der Rechtslage nichts. Allerdings bestimmt § 3 das., daß der Spediteur auch beim Übernahmevertrag nicht als Frachtführer, sondern nur nach § 408 haften solle. Aber damit ist nur ausgesprochen, daß der Spediteur nicht für Versehen der von ihm angenommenen Frachtführer, Verfrachter 2c hafte, er diesbezüglich vielmehr nur für die in § 408 beregte Sorgfalt bei der Wahl dieser Personen verantwortlich sei, während im übrigen an der Rechtsstellung des Spediteurs als Transportunternehmers nichts geändert wird. Der Kläger hatte also die Rechtsstellung eines Verfrachters, und zwar eines Stückgutsverfrachters, denn die Beförderung einer bestimmten Anzahl Hölzer ist ein Stückgutfrachtvertrag im Sinne des § 556 Nr. 2, einerlei ob praktisch dazu ein Fahrzeug ganz oder nur ein Raum darin benutzt wird. Folglich kann der Kläger Liegegeld nur unter der Voraussetzung des § 604⁴ vom Beklagten beanspruchen. „Empfänger“

im Sinne des § 604 war X. auf Sylt, der dem Kläger als Adressat der Sendung bezeichnet und vom Beklagten mit der Löschung — richtiger wohl Abnahme — der Hölzer beauftragt war. Eine Säumnis des Empfängers im Sinne des § 604⁴ setzt voraus, daß der Schiffer löschbereit ist, d. h. daß er den in § 592 bezeichneten Platz eingenommen hat und daß die Löschbereitschaft erklärt ist. Zufälligkeiten, die das Schiff hindern, den ihm in § 592 zugewiesenen Platz einzunehmen, sind zu Lasten des Verfrachters (RG. 17 Nr. 93 S. 94, Schaps 5 zu § 594). [Säumnis des Empfängers hat nicht vorgelegen.] M. M.

γ) Steht dem nach § 413 haftenden Spediteur BinnenSchG. § 4[1] zur Seite? Bewachung von Schuten.

OLG. Hamburg, III. ZS. Urteil v. 27. Mai 1911.

Die Schute Nr. 1 ist in der Zeit von Vorm. 10—12, während sie mit den Kisten des Klägers beladen am Schuppen 42 im Segelschiffhafen vertäut lag, von einem größeren Schiff angerannt und dadurch zum Sinken gebracht. Der Kläger hatte durch seinen Spediteur X., der seine Rechte ihm abgetreten hat, die Beklagte A. beauftragt, die mit dem Dampfer hier eingetroffenen und am Schuppen 42 gelöschten Kisten dort in üblicher Weise zu empfangen, zu verzollen und frachtfrei nach Br. zu versenden. A. hat die Kisten nicht sofort an die Bahn befördert, sondern zunächst in die Schute Nr. 1 überladen lassen. Der Beklagte B., dem diese Schute gehört, sollte im Auftrage der A. die Kisten auf dem Wasserwege vom Schuppen 42 zur Bahn befördern. Da zwischen X. und A. ein bestimmter Satz der Beförderungskosten vereinbart war, hatte A. nach § 413[1] ausschließlich die Rechte und Pflichten eines Frachtführers. Sie haftet dem Kläger für den ihm durch Verlust und Beschädigung des Gutes entstandenen Schaden, wenn sie nicht durch die Sorgfalt eines ordentlichen Frachtführers abgewendet werden konnten (§ 429[1] HGB.; § 58 BSchG.). Sie hat ein Verschulden des Beklagten B. in gleichem Umfange wie eigenes Verschulden zu vertreten (§ 278 BGB.; § 431 HGB.). Den ihr hiernach obliegenden Beweis, daß auch dem B. kein für das Sinken der Schute kausales Verschulden zur Last fällt, hat A. nicht geführt. Zu der Sorgfalt eines ordentlichen Frachtführers gehörte es, daß die in der Schute verstauten Kisten ständig bewacht wurden; daran hat es gefehlt.... B. will dem Kläger nicht persönlich, sondern nur mit Schiff und Fracht nach § 4 BSchG. haften. Darin ist sie im Unrecht. Ob sich der nach § 413[1] haftende Spediteur, der den Transport ganz oder teilweise durch einen Schiffseigner ausführen läßt, überhaupt auf die beschränkte Haftung berufen kann, ist zweifelhaft. Der hiesige IV. ZS. hat die Frage verneint (HansGZ. 1901 S. 305); dem haben sich Ritter S. 648 und Staub 1819 ohne nähere Begründung angeschlossen. Der erkennende Senat trägt Bedenken, dem IV. ZS. beizutreten. Die Frage bedarf aber hier keiner Entscheidung. Die persönliche Haftung der A. ist jedenfalls deshalb begründet, weil ihrem Erfüllungsgehilfen B. ein außerhalb der Führung des Schiffes liegendes eigenes Verschulden zur Last fällt, sofern er die Schute nicht hat bewachen lassen. Nach § 4² BSchG. ist in solchem Falle die Beschränkung der Haftung ausgeschlossen. A. hat das Verschulden des B. wie eigenes zu vertreten.

B. ist nur Unterfrachtführer der A. gewesen; vertragliche Haftung dem Kläger oder dessen Zedenten gegenüber besteht nicht. Er haftet ihnen auch nicht aus unerlaubter Handlung nach § 823¹ BGB. Seine Fahrlässigkeit beruht nur auf einer Verletzung der auf dem Unterfrachtvertrage beruhenden Bewachungspflicht. Auch § 823² findet keine Anwendung. § 22 des Hamburger Hafenges. vom 2. Juni 1897, welcher „in Rücksicht auf die öffentliche Ordnung und Sicherheit im Hafen" vorschreibt, daß alle Seeschiffe und beladenen Flußfahrzeuge mindestens von je einem Wächter bewacht sein müssen, ist kein „den Schutz eines anderen bezweckendes Gesetz", sondern eine lediglich in polizeilichem Interesse erlassene öffentlichrechtliche Norm (HansGZ. 1906 Nr. 93, 1909 Nr. 97, abweichend 1904 Nr. 110), deren Verletzung für sich allein keine privatrechtliche Verantwortlichkeit begründet. Die Klage gegen B. ist daher abzuweisen. M. M.

u) **Lagervertrag oder Miete?**

α) OLG. Breslau, II. ZS. Urteil v. 5. Dezember 1911.

Ein Lagervertrag im Sinne des § 416 liegt nur dann vor, wenn „Lagerung und Aufbewahrung" von Gütern übernommen wird. Wird nur ein Raum für die Unterbringung von Waren zur Verfügung gestellt, die Sorge für die Aufbewahrung aber nicht übernommen, so kommt ein Lagervertrag nicht zustande. Voraussetzung ist also, daß der Besitzer des Lagerraums auch unmittelbarer Besitzer der eingebrachten Waren wird (Staub 7 zu § 416; Burchard, Eisenbahnr. Entsch. 16 S. 188), denn nur wenn ihm die Verfügungsgewalt über das eingelagerte Gut zusteht, rechtfertigt sich seine weitgehende Haftung für dessen Beschädigung oder Verlust. Hier ist dem Kläger ein bestimmter Teil des Lagerraums zur alleinigen Benutzung überlassen gewesen, er hat wenigstens in den letzten Wochen vor dem Brande den Schlüssel für das zu diesem Teile führende Tor in eigener Verwahrung gehabt, und zwar nicht nur zeitweise, sondern dauernd. Er hat die eingelagerten Weiden bearbeitet, sie teilweise verkauft und dafür neue Vorräte eingelagert und alles dies ohne Mitwirkung des Beklagten selbständig erledigt. Es ist also der unmittelbare Besitz an den eingelagerten Weiden nicht auf den Beklagten übergegangen. Ob bei Abschluß des Vertrags 1907 vereinbart worden ist, daß der Beklagte die Waren beaufsichtigen solle, ist deshalb gleichgültig; ebenso ob der Kläger dem Beklagten jede Fortschaffung von Weiden und Einlagerung neuer Vorräte mitteilte. M. r.

β) **Anzeigepflicht des Lagerhalters, der die Ware ausnahmsweise bei Dritten verwahrt.**

OLG. Hamburg, VI. ZS. Urteil v. 23. Mai 1911.

Die Beklagte meint, daß sie, da ihr die Versicherung des Gutes nicht oblag, auch nicht dem Kläger die für die Versicherung erforderlichen Angaben zu machen hatte. Allein die Beklagte weiß, daß die Kaufleute, die bei ihr Waren einlagern, diese zu versichern pflegen. Es entspricht deshalb dem zwischen ihr und ihren Einlagerern bestehenden Vertragsverhältnis, daß sie den Einlagerern Kenntnis von dem Orte gibt, wo die Ware lagert. Wenn es auch Versicherungsverträge gibt, nach denen es auf den Ort, wo die versicherte Ware gelagert wird, nicht ankommt, so bilden diese doch eine Ausnahme und erfordern eine höhere Prämie. Damit, daß der Kläger eine solche Police besaß, durfte deshalb die Beklagte nicht rechnen.

Nun ist die Mitteilung vom Lagerungsort natürlich in solchen Fällen nicht nötig, in denen aus dem Geschäftsverkehr der Parteien sich dieser Ort von selbst ergibt. Sie wird aber sofort notwendig, sobald der Lagerhalter einen anderen Ort für die Lagerung wählt. Das ist hier der Fall. Die Beklagte bestreitet nicht, daß sie meistens die Ware des Klägers auf ihrem Lager, auf das die klägerische Versicherung gestellt war, gelagert hat. Nur bei einer hier und da eingetretenen Überfüllung ihres Lagers hat sie Waren anderweitig untergebracht. Ob der Kläger wußte, daß die Beklagte sich derartig aushilft, ist unerheblich; denn er konnte verlangen, hiervon im einzelnen Falle benachrichtigt zu werden. In Betracht kann nur kommen, ob er gewußt hat, daß die Waren nicht auf dem Lager, sondern Quai 10 lagerten. Denn hätte er dies gewußt und trotzdem seiner Versicherungsgesellschaft nicht angezeigt, so träfe ihn allerdings ein grobes Verschulden. Allein es steht nur fest, daß der klägerische Kutscher zwei Fässer von Quai 10 abholte. Damit steht indessen keineswegs fest, daß der Kläger hierum gewußt hat. An sich steht aber nach dieser Richtung die Kenntnis des Kutschers nicht derjenigen des Klägers gleich. Die Beklagte haftet daher dem Kläger dafür, daß er die Ware nicht unter die Versicherung hat bringen können.

Die vorstehende Rechtsauffassung entspricht der rechtlichen Natur des Lagervertrages. Wenn auch § 692 BGB. hier nicht unmittelbar anwendbar sein mag, so ergibt sich daraus doch der Grundsatz, daß wer für einen andern eine Sache in Verwahrung nimmt, dem andern anzeigen muß, falls er die Sachen an einem andern Orte, als dem vereinbarten, aufbewahrt. Als vereinbart muß hier der regelmäßige Lagerraum der Beklagten gelten. M. M.

v) **Beweislast im Falle des § 459 HGB.**

OLG. Königsberg, I. ZS. Urteil v. 6. Oktober 1911.

Gegen die Vermutung des § 459² ist mangels einer abweichenden Vorschrift der Gegenbeweis nach § 292 ZPO. unbeschränkt statthaft; daher steht dem Gegner der Bahn jederzeit frei, dadurch die Vermutung zu widerlegen und den fraglichen Haftbefreiungsgrund zu beseitigen. Zu diesem Zweck ist jedoch nicht erforderlich, daß er die Ursache des Schadens bestimmt angeben kann; es genügt vielmehr (vgl. RG. 10 S. 109) schon der Nachweis, daß diejenige Gefahr, für die die Bahn nach § 459¹ HGB. und § 77¹ EVerkO. nicht haftet, nach den Umständen des Falles die Ursache des Schadens nicht gewesen sein kann und daher die Vermutung, daß die Wirklichkeit der Möglichkeit entspreche, in dem besondern Falle nicht zutrifft. Wird so der Gegenbeweis geführt, ist also § 459[1] nicht anwendbar, so ist § 456 HGB. und § 75 EVerkO. maßgebend, und der Bahn stehen nur die dort zugelassenen Einreden, die aus allgemeinen, mit dem Transport nicht notwendig zusammenhängenden Gefahren gegen die Haftpflicht hergeleitet werden („nichtbevorrechtigte Haftbefreiungsgründe"), zur Seite. Hieraus ergibt sich aber, daß aus § 459[2] (§ 77[1]) nicht etwa nur (was Senckpiehl, Verkehrsrecht 81, 3, 5, 316; RG. 20 S. 121; JW. 91 S. 297 annehmen) die Pflicht des Vertragsgegners folgt, das Verschulden der Bahn zu beweisen; vielmehr genügt, wenn entweder (§ 459[2]) nachgewiesen wird, daß die besondere Gefahr nicht Ursache des Schadens gewesen ist oder (Abs. 3) daß die Bahn schuldhaft gehandelt hat. Diese Auslegung der erwähnten Befreiungsvorschriften wird nicht nur ihrem Wortlaut und dem Zusammenhange gerecht, sondern entspricht auch allein dem Wesen der Rechtsvermutung im Sinne des § 292 ZPO. und der daraus zu entnehmenden Bedeutung des § 459[2]. In dem erörterten Sinn einer auf doppelte Weise zu beseitigenden Haftbefreiung der Bahn spricht sich im Anschluß an die ältere Literatur und Rechtsprechung (vgl. Hahn 735 § 19; Puchelt-Foertsch 10 zu Art. 424; ROHG. 17 S. 304, 305, 25 S. 172) jetzt die Mehrzahl der Schriftsteller aus (vgl. Makower A. IV, Staub-Könige A. 16, Litthauer-Mosse A. 14, 16 zu § 459; Hertzer, EVerkO. § 77 IIc und 6; Rundnagel, Haftung d. Eisenbahnen § 13[16]). Ebenso hat das RG. 64 S. 169 mit Bezug auf § 459 HGB. und die gleichlautenden Art. 31 IntÜbereink. und § 77 EVerkO. ausgeführt, daß die der Eisenbahn dort gewährte Haftfreiheit nicht nur wegfällt, wenn dem Vertragsgegner der Nachweis eines Verschuldens der Bahn gelingt, sondern auch dann, wenn der Gegner die Vermutung, der Schade sei, sofern er aus der in Betracht kommenden besonderen Gefahr entstanden sein konnte, auch wirklich hieraus entstanden, durch den Beweis zu beseitigen vermag, daß nach den Umständen des Falles der eingetretene Schaden als aus dieser Gefahr entstanden nicht gelten kann. Die Beweispflicht verteilt sich in folgender Weise:

„Die Eisenbahn hat zu beweisen, daß mangelhaft verladen worden ist und daß aus der damit verbundenen Gefahr ein Schaden nach den Umständen des Falles entstehen konnte. Führt sie den Nachweis, dann kann der Verlader Schadensersatz nur fordern, wenn er beweist, daß gerade im vorliegenden Falle etwas anderes als die mangelhafte Verladung den Schaden verursacht hat, bzw., daß die letztere nach Lage der Sache den Schaden nicht verursacht haben kann, oder daß der Schaden durch Verschulden der Eisenbahnbediensteten entstanden ist." PosMSchr.

w) **Haftung der Bahn für Reisegepäck.**

OLG. Hamburg, IV. ZS. Urteil v. 4. November 1910.

Die Beklagte hat das Verschulden aller der Personen zu vertreten, deren sie sich zur Ausführung des Frachtvertrages bedient, also ihrer sämtlichen

Angestellten. Tatsächlich ist das Zurückbleiben des Koffers in Cöln durch Versehen sowohl des Gepäckträgers, der die zu befördernden 7 Stück Gepäck von der Stelle, an der sie aus Paris und Brüssel angekommen waren, abholte, wie auch durch Versehen des Vorarbeiters verursacht worden. Der Gepäckträger, der diese 7 Stück auf 2 Gepäckscheine abzuholen und zur Weiterbeförderung aufzugeben hatte, hat bei der Aufgabe nur 6 Stück anstatt 7 auf die Wage gestellt und der Vorarbeiter, dem die Abfertigung oblag, hat dies übersehen, hat eine Packmeisterkarte über 7 Stück ausgeschrieben und dem Abfertigungsbeamten übergeben, obwohl nur 6 Stück verwogen waren. Dieses Versehen der Angestellten hätte nicht vorkommen können, wenn sie auf die Zahl der abzufertigenden Gepäckstücke überhaupt geachtet hätten. Eine besonders angestrengte Aufmerksamkeit war nicht erforderlich, einfaches Zählen einer geringen Anzahl leicht übersehbarer Gepäckstücke genügte dazu. Das Vorkommnis läßt sich also nur dadurch erklären, daß die beiden Angestellten auf die Zahl der Gepäckstücke, die sie beförderten, in dem fraglichen Augenblick überhaupt nicht geachtet haben, was eine starke Vernachlässigung der im Bahnverkehr gebotenen Sorgfalt und somit grobe Fahrlässigkeit ist. Diese kann durch den starken Andrang, der an der Abfertigungsstelle geherrscht haben mag, vielleicht menschlich erklärt werden, hört dadurch aber nicht auf, eine starke Vernachlässigung der im Verkehr erforderlichen Aufmerksamkeit zu sein, weshalb die Verurteilung aus § 95 EVO. gerechtfertigt ist. M. M.

x) **Pfandbestellung durch den noch als Alleineigentümer des Schiffes eingetragenen Korrespondentreeder.**

OLG. Hamburg, VI. ZS. Urteil v. 29. April 1911.

A. hat, nachdem er den „Vigilant" käuflich erworben hatte, zur Deckung des Kaufpreises Partenbriefe ausgegeben und dadurch eine Reederei begründet, ohne daß es dazu der Konstituierung in einer Versammlung der Beteiligten oder einer ähnlichen Maßregel bedurft hätte (Schaps 9 zu § 489). Unstreitig ist er auch bis 1. Mai 1910 Korrespondentreeder dieser Reederei gewesen. Als solcher war er nicht zur Verpfändung des Schiffes befugt (§ 493^5). Eine Vollmacht dazu ist ihm nicht erteilt, sie ist auch nicht etwa in § 1 der Reedereibedingungen enthalten, nach welchem ihm „die alleinige vollständige Verfügung über das Schiff" zugesprochen wird. Denn diese bezieht sich, wie die nachfolgende Aufzählung der Befugnisse: Beschäftigung, Frachtabschlüsse, Versicherung 2c ergibt, lediglich auf die im § 493^2 dem Korrespondentreeder regelmäßig vom Gesetze gewährten Rechte, nicht auf solche, zu denen es nach Abs. 5 einer besonderen Vollmacht bedarf. Allein A. war zur Pfandbestellung deshalb befugt, weil er damals noch als Alleineigentümer des Schiffes im Schiffsregister eingetragen war. Diese Tatsache muß ihm (vgl. RG. 74 S. 408) nach außen hin eine rechtliche Vollmachtstellung gewähren, die ihm die Verpfändung des Schiffes ermöglicht, wenn auch im inneren Verhältnis seine Verfügungsbefugnisse eingeschränkt sind. Soweit diese Einschränkung nach außen nicht erkennbar ist, können sich die Mitreeder gutgläubigen Dritten gegenüber darauf nicht berufen. Denn wenn auch das Gesetz den Eintragungen des Schiffsregisters nicht wie denjenigen des Grundbuchs öffentlichen Glauben beigelegt hat, so schafft doch die Eintragung des Eigentums im Schiffsregister eine tatsächliche Vermutung für die Richtigkeit des so bekundeten Eigentumsverhältnisses, weil die Eintragung kraft gesetzlichen Zwangs zu erfolgen hat und nicht ohne Untersuchung der Rechtslage durch die Registerbehörde erfolgen kann (Schaps § 3[14]). Verpfändungen, die der als Alleineigentümer eingetragene Korrespondentreeder vorgenommen hat, müssen deshalb als rechtsverbindlich anerkannt werden, sofern der Pfandgläubiger bei der Pfandbestellung in gutem Glauben an die Richtigkeit des Registers war. Hier aber ermangelte diese Gutgläubigkeit der Beklagten. Zwar wollen ihre Teilhaber, besonders K., der diese Angelegenheit bearbeitete, von dem Bestehen einer Reederei nichts gewußt und sich auch nicht als Mitreeder betrachtet, vielmehr in der an sie erfolgten Übertragung dreier Schiffsparten nur eine Sicherheit für die dem A. — für andere Zwecke als zur Verwendung für das Schiff — vorgestreckte Summe gesehen haben, überhaupt wollen sie in der Ausgabe von Parten nur eine obligatorische Unterbeteiligung, nicht aber die Begründung einer Reederei gesehen haben, weil A. dem K. erklärt habe, er könne die Beteiligten jeden Augenblick hinauswerfen. Allein die Inhaber der Beklagten mußten als Kaufleute wissen, welche Bedeutung die Übereignung von Schiffsparten hat, auch ging aus dem Inhalt der ihnen übergebenen Partenbriefe der Eigentumserwerb der ihnen überwiesenen drei Parten wörtlich hervor, wie sich weiter aus dem Briefe (§ 3 der Bedingungen) ergab, daß mehrere Partenbriefe gleicher Art zur Ausgabe gelangten. Daraus mußten sie erkennen, daß A. in Wirklichkeit nicht Alleineigentümer des Schiffes war, und daß seine Behauptung, er könne die Beteiligten jederzeit „hinauswerfen", den tatsächlichen und rechtlichen Verhältnissen widersprach, mögen sie selbst auch willens gewesen sein, die Parten nur sicherheitshalber entgegenzunehmen und sie nach Begleichung ihrer Forderung an A. diesem zurückzugeben. M. M.

y) **Entlastungsbeweis aus § 559² HGB.**

OLG. Hamburg, I. ZS. Urteil v. 24. November 1911.

Daraus, daß der Dampfer, als die Beklagte ihn dem Kläger zur Erfüllung des Frachtvertrages lieferte, nicht in seetüchtigem Stande war, würde nach § 559 noch nicht die Haftung der Beklagten folgen; denn es steht fest, daß der Mangel bei Anwendung der Sorgfalt eines ordentlichen Verfrachters nicht zu entdecken war. Die Sachverständigen, technische Beamte der Seeberufsgenossenschaft, erklären, daß der Dampfer M. für die hier fragliche Reise zur Zeit des Antritts seetüchtig gewesen ist. Die Beklagte ist, als sie den Dampfer lieferte, derselben Ansicht gewesen; handelte es sich doch um ein fast neues, erst vor $1^1/_2$ Jahren gekauftes Schiff, das sich auf den bisherigen Reisen durchaus bewährt hatte. Hat sie über den Wert oder Unwert von Konstruktionen geirrt, die jetzt als Seeuntüchtigkeitsgründe hingestellt werden, über deren Eigenschaft als solche die Sachverständigen aber noch heute verschiedener Ansicht sind, so war dieser Irrtum, der die Ursache der Nichtentdeckung des mangelhaften Zustands darstellt (RG. 67 S. 304), nicht schuldhaft. Strenger als die technischen Beamten der für die Beurteilung der Seetüchtigkeitsfrage besonders berufenen Genossenschaft, die damals sicher das gleiche Gutachten abgegeben hätte wie heute, brauchte die Beklagte nicht zu sein. M. M.

8

a) **Unrichtige Datierung des Wechsels. Klagänderung durch Berufung auf einen Schuldschein.**

OLG. Naumburg, VI. ZS. Urteil v. 28. März 1911.

Der am 28. Januar 1911 fällige gezogene Wechsel gibt als Tag der Ausstellung den 2. November 1911 an. Der Art. 4 Nr. 6 ist zwar nur formeller Natur, der angegebene Ausstellungstag braucht nicht der wirkliche zu sein (RG. 32 S. 115). Die Angabe eines unmöglichen Datums steht aber dem Fehlen der Datierung gleich und macht den Wechsel nach Art. 7 nichtig. Der gezogene Wechsel enthält einen Zahlungsauftrag, dessen Ausführung d. h. die Zahlung nicht früher erfolgen kann, als die Erteilung d. h. die Ausstellung des Wechsels. Daß die unrichtige Angabe auf einem Versehen beruht, ist belanglos, der objektive Inhalt des Wechsels ist der Auslegung zugrunde zu legen (RG. 69 S. 205; Recht 1903 S. 83 Nr. 411). Übrigens läßt sich das richtige Datum nicht ohne weiteres feststellen; der Wechsel ist nicht etwa am 2. November 1910, sondern an einem Tage im Dezember 1910 ausgestellt, an Stelle eines früheren, am 2. November 1910 ausgestellten Wechsels. — Der nichtige Wechsel kann auch nicht auf Grund des § 140 BGB. nach § 363 HGB. oder § 783 BGB. als Anweisung gültig sein. Die Parteien wollten lediglich einen Wechsel, nicht etwa für den Fall seiner Nichtigkeit eine Anweisung schaffen. Das ergibt sich daraus, daß neben dem Wechsel noch ein Schuldschein ausgestellt ist.

Auf diesen Schuldschein kann sich der Kläger nicht stützen. Die gewählte Prozeßart stände dem zwar nicht entgegen. Der Wechselprozeß ist keine besondere Verfahrensart, sondern nur eine Abart des Urkundenprozesses; daher könnte der Kläger ohne die Abstandnahme vom Wechselprozeß zu erklären, den Anspruch aus dem Schuldschein herleiten. Die Berufung auf diesen Schuldschein enthält aber eine Klagänderung, denn der Wechsel ist nicht bloß Beweismittel, sondern Klaggrund. Der Beklagte hat der Klagänderung widersprochen, seine Verteidigung würde auch wesentlich erschwert. Denn durch die Berufung auf die Nichtigkeit des Wechsels konnte er sofort ein obsiegendes Urteil erlangen, während seine Einwendungen gegen den Schuldschein (Wucher) nicht ohne weiteres zur Abweisung der Klage führen würden. Dr. Sch.

b) **Sicherung durch Arrest oder gemäß WO. Art. 29.?**

OLG. Colmar, IV. ZS. Urteil v. 12. Januar 1911.

Der Kläger als Wechselinhaber verlangt Sicherheitsbestellung wegen Unsicherheit des Akzeptanten. Die erste Voraussetzung des Art. 29 ist ein formgültiger Wechsel. Die vorgelegten Wechsel entbehrten zwar in der Form, wie sie in erster Instanz vorgelegen haben, wegen der Nichtausfüllung des zur Bezeichnung des Remittenten bestimmten Raumes eines wesentlichen Erfordernisses (Art. 4 Nr. 3). Sie sind aber im Hinblick darauf, daß der Beklagte die Akzepte auf die nicht völlig ausgefüllten Wechselformulare gesetzt und dem Kläger begeben hatte, als an sich gültige Blankettwechsel anzusehen, die mit der Bestimmung übergeben worden sind, daß sie vollständig ausgefüllt werden. Wenn nun auch die Wechselverbindlichkeit bei solchen Wechseln nicht erst durch die Ausfüllung, sondern schon durch die Blankettingabe entsteht, so muß diese Ausfüllung doch nachgeholt werden, wenn Ansprüche aus dem Wechsel geltend gemacht werden (vgl. Staub-Stranz 7, 11 zu Art. 7; Rehbein 3 zu Art. 7). Nachdem jetzt die Wechsel zulässigerweise (§ 529 ZPO.) ausgefüllt und dem Beklagten nochmals zugestellt worden sind, steht jenes Hindernis der Klage nicht mehr im Wege, da auch die weitere Voraussetzung des Art. 29 — fruchtlose Zwangsvollstreckung in das Vermögen des Akzeptanten nach Ausstellung der Wechsel — vorliegt.

Der Abweisungsgrund des LG., daß der Kläger durch Vollziehung des Arrestes bereits ein Pfandrecht an der Forderung des Beklagten gegen X. erlangt habe, das den Regreßanspruch nach Art. 29 entbehrlich mache, ist nicht stichhaltig. Der Arrest ist eine vorläufige Maßnahme zur Sicherung der künftigen Zwangsvollstreckung, er setzt nicht den Nachweis der Rechtmäßigkeit, sondern nur die Glaubhaftmachung des Anspruchs voraus, er ist anfechtbar durch Widerspruch und kann aufgehoben werden, wenn der Arrestgrund wegfällt. Der Anspruch auf Sicherheit nach Art. 29 aber setzt eine gültige Wechselforderung voraus, er bezweckt eine nötigenfalls durch Urteil festzustellende, endgültige Sicherung und gewährt dem Gläubiger ein Recht, das im Konkurse des Schuldners — zum Unterschied von der Arrestforderung — nicht der Anfechtung unterliegt (vgl. Staub-Stranz 15 Nr. 4 zu Art. 29). Es stehen also zwei nach Voraussetzung, Inhalt und Wirkung verschiedene Sicherungsrechte in Frage, von denen das eine durch das andere nicht ausgeschlossen wird. Der Kläger ist daher berechtigt, trotz des Arrestes auch den vorliegenden Sicherheitsanspruch geltend zu machen, ohne daß die vom LG. aufgeworfene Frage eines Rechtsschutzbedürfnisses einer Prüfung zu unterziehen wäre. Ebensowenig ist es von Belang, ob die Vollstreckung des Urteils möglich oder aussichtslos sein wird. Zu den Streitfragen, ob sich die Sicherheitsleistung nach §§ 232—240 BGB. bestimme, und ob die Klage allgemein auf Sicherstellung oder auf eine bestimmte Art der Sicherheit gerichtet werden müsse (vgl. Staub-Stranz 6 Nr. 4a u. b zu Art. 26; Rehbein 5 zu Art. 25; Dernburg 2 § 272[5]), braucht hier keine Stellung genommen zu werden, da der Kläger jetzt in erster Linie Barhinterlegung beantragt hat. Diese einfachste Form der Sicherheit zu fordern, ist der Kläger jedenfalls ebenso berechtigt, wie der Beklagte gemäß Art. 25[3] befugt wäre, sich durch Hinterlegung zu befreien. Sache des Beklagten wäre es einzuwenden, daß ihm andere genügende Sicherheiten zu Gebote stehen.

Nicht gerechtfertigt ist dagegen der Antrag auf Verurteilung zur Tragung der Arrestkosten. Denn der Arrest hat nicht die Sicherung der Wechselansprüche bezweckt, der Kläger kann daher die Erstattung der Arrestkosten nicht in diesem Wechselprozeß verlangen; auch entbehrt der Antrag der durch § 253 Nr. 2 ZPO. vorgeschriebenen Bestimmtheit. Frdthl.

c) **Wann verjährt ein eigener Wechsel auf Sicht, der die Unterschriften mehrerer Aussteller trägt, den einzelnen Ausstellern gegenüber?**

OLG. Stettin, II. ZS. Urteil v. 6. Juli 1911.

Der Wechsel lautend: „Stettin, den 10. Juli 1906.

Bei Sicht zahle ich für diesen meinen eigenen Wechsel an die A.-Kasse, eingetragene Genossenschaft m. b. H. zu L., Mark zweitausend.

Unterschrift des Kontoinhabers: X.

Unterschrift der Wechselbürgen: 1. M. 2. N."

ist 1907 dem Aussteller X. zur Zahlung vorgelegt und mangels Zahlung protestiert worden. Die A.-Kasse hat im August 1910 gegen M. geklagt, welcher Verjährung einwandte. Dieser Einwand ist unbegründet.

Es handelt sich um einen eigenen Sichtwechsel. Nach Art. 31 muß zwar ein gezogener Sichtwechsel binnen zwei Jahren nach der Ausstellung zur Zahlung vorgelegt werden. Diese Bestimmung bezieht sich aber, wie schon ihr Wortlaut ergibt, nur auf die Regreßansprüche gegen Aussteller und Indossanten, der Anspruch gegen den Akzeptanten ist von einer Vorlegung zur Zahlung nicht abhängig. Vielmehr wird der Wechsel ihm gegenüber spätestens nach zwei Jahren seit der Ausstellung fällig, falls er ihm nicht vorher zur Zahlung vorgelegt worden ist. Bei dem eigenen Wechsel hat der Aussteller die Stellung des Akzeptanten. Infolgedessen hängt auch die Verpflichtung des Ausstellers eines eigenen Sichtwechsels nicht davon ab, daß ihm der Wechsel binnen zwei Jahren vorgelegt wird, vielmehr tritt, falls vorher eine solche Präsentation nicht erfolgt ist, die Fälligkeit des Wechsels nach Ablauf von zwei Jahren seit der Ausstellung ein. Dies ist die herrschende Ansicht, der auch der Senat folgt (vgl. ROHG. 3 S. 186, 11 S. 47; RG. 3 S. 7, 28 S. 104; Rehbein 3 zu Art. 30—35; Staub-Stranz 5 zu Art. 31, 5 zu Art. 98).

Zweifelhaft kann sein, welche Rechtsfolgen sich ergeben, wenn beim gezogenen Sichtwechsel mehrere Akzeptanten oder beim eigenen Sichtwechsel mehrere Aussteller vorhanden sind und der Wechsel nur einigen von ihnen zur Zahlung präsentiert worden ist. Daß an sich mehrere Bezogene und beim eigenen Wechsel mehrere Aussteller vorhanden sein können, ist seit RG. 46 S. 132 anerkannt. Streitig ist jedoch, ob ein solcher Wechsel mehrere Verfalltage haben kann. Nach Art. 4 Nr. 4 kann zwar die Zahlungszeit für die gesamte Geldsumme nur dieselbe sein. Damit sollten aber nur die Ratenwechsel abgelehnt werden, die Wechselsumme sollte eben nicht in verschiedenen Teilen zahlbar sein. Über die Zulässigkeit verschiedener Verfalltage gegenüber mehreren Bezogenen (Ausstellern) eines eigenen Wechsels fehlt eine ausdrückliche Bestimmung. Aus der Natur der Wechselverpflichtung läßt sich jedoch diese Unzulässigkeit nicht herleiten. Im Gegenteil folgt aus der Zulässigkeit mehrerer Bezogener (Aussteller) eines eigenen Wechsels, daß auch eine verschiedene Fälligkeit der einzelnen Verpflichtungen nicht unzulässig sein kann. Wenn sämtliche Akzeptanten an verschiedenen, voneinander weit entfernten Orten wohnen, ist die Vorlegung des Wechsels zur Zahlung an sämtliche Akzeptanten an einem Tage häufig unmöglich. Trotzdem enthält die WechselO. keine einschränkenden Vorschriften für derartige Fälle. Auch der Ausweg erscheint nicht gangbar, anzunehmen, daß die letzte Präsentation für alle Wechselverpflichteten maßgebend sei (so Rehbein 3 zu Art. 30—35), oder daß etwa umgekehrt die Präsentation gegenüber einem Verpflichteten den Wechsel auch allen anderen Verpflichteten gegenüber fällig mache. Beide Annahmen sind aus dem Gesetze nicht zu begründen. Vielmehr handelt es sich um mehrere selbständige und voneinander unabhängige Verpflichtungen. Die Vorlegung des Wechsels zur Zahlung kann daher nur in der Person desjenigen Wechselverpflichteten Wirkung erzeugen, demgegenüber sie erfolgt (vgl. § 425 BGB.).

Hieran vermag auch der Umstand nichts zu ändern, daß hier der Beklagte auf dem Wechsel als Wechselbürge bezeichnet ist. Nach Art. 81 trifft die wechselmäßige Verpflichtung jeden, welcher den Wechsel unterzeichnet hat, „selbst dann, wenn er sich dabei nur als Bürge benannt hat". Die Verpflichtung des Avalisten ist (RG. 40 S. 58) eine eigene, selbständige, kumulative, solidarische Wechselverpflichtung. Allerdings spricht man auch von der formal-akzessorischen Natur der Wechselbürgschaft und erblickt diese im wesentlichen darin, daß der Bürge eine gültig verpflichtende Erstunterschrift voraussetzt und daß die wechselrechtlichen Diligenzakte nur dem Hauptschuldner gegenüber vorzunehmen sind. Derartiges steht aber hier nicht in Frage. Es handelt sich nicht um Regreßansprüche, sondern um die Ansprüche gegen die Aussteller des eigenen Wechsels selbst. Hiernach wurde der Klagewechsel dem Beklagten gegenüber erst fällig, wenn er ihm binnen zwei Jahren nach der Ausstellung zur Zahlung vorgelegt wurde, oder, da dies nicht geschah, nach 2 Jahren seit der Ausstellung des Wechsels, also erst am 10. Juli 1908, so daß die Verjährung erst am 10. Juli 1911 ablief. Dr. Kr.

d) **Hemmt die von dem Mitaussteller eines Bankwechsels erwirkte Prolongation die Verjährung gegen den anderen Aussteller?**

OLG. Rostock, II. ZS. Urteil v. 24. März 1911.

Ende 1904 haben die beiden Beklagten und der Rentner X. einen Gesellschaftsvertrag geschlossen und alsbald zur Beschaffung von Geld für die Gesellschaft der Vereinsbank einen am 5. April 1905 fälligen eigenen Wechsel als Mitaussteller ausgestellt. Nach mehrfachen Verlängerungen, zuletzt am 5. Juni und am 5. Oktober 1907 auf je drei Monate hat X. den Wechsel am

11. Dezember 1907 eingelöst, von der Vereinsbank indossiert erhalten und an den Kläger weiter indossiert. Dieser hat am 1. Oktober 1910 gegen die beiden Beklagten auf Zahlung je $^{1}/_{3}$ der Wechselsumme geklagt. Die Einrede der Verjährung des Wechselrechts ist an sich begründet, da der Wechsel am 5. April 1905 fällig war. Demgegenüber liegt dem Kläger der Beweis ob, daß die Verjährung durch Stundung gehemmt ist. Nach allgemeinen Rechtsgrundsätzen kommt allerdings die einem Wechselschuldner, besonders dem Mitaussteller eines eigenen Wechsels gewährte Stundung den anderen Wechselschuldnern (Mitausstellern) nicht ohne weiteres zugute, so daß die durch Stundung bewirkte Hemmung der Verjährung nur dem Wechselschuldner gegenüber wirkt, der die Stundung erbeten hat. Dies folgt aus § 425 BGB. und aus der Selbständigkeit der Wechselverbindlichkeit jedes einzelnen Wechselschuldners (Grünhut, Wechselrecht 2 S. 555; Frommhold in GoldschmidtZ. 61 S. 355). Es muß aber im einzelnen Falle geprüft werden, ob der Aussteller die Verlängerung (Stundung) nur für sich oder zugleich auch für die anderen Mitaussteller erwirkt hat. Der § 425 BGB. läßt die Möglichkeit offen, daß sich aus dem Schuldverhältnis ein anderes ergibt. Nach der Üblichkeit des Wechselverkehrs mit Banken, die regelmäßig Wechsel nur diskontieren, die mehrere Wechselunterschriften tragen, muß angenommen werden, daß in der Regel die von einem Mitaussteller erwirkte Prolongation auch zugunsten der übrigen Mitaussteller wirken soll. Sonst wäre die Bank in der Lage, gegen die anderen Mitaussteller, die die Stundung nicht erwirkt haben, vorzugehen. Könnten sich diese Aussteller nicht auf die Prolongation berufen, so müßten sie zahlen, wären aber ihrerseits in der Lage, gegen den Mitaussteller, dem die Bank gestundet hatte, vorzugehen. Dadurch würde ein Ergebnis herbeigeführt, daß der Absicht der Beteiligten bei der Vereinbarung der Stundung widerspricht (RG. 45 S. 70; Staub-Stranz 6[3] zu Art. 81, 31b zu Art. 82). RG. 61 S. 182, das das Verhältnis von Akzeptant und Aussteller betrifft, berücksichtigt den bezeichneten Punkt nicht. Soll aber die Stundung eines Bankwechsels regelmäßig auch den anderen Mitausstellern zugute kommen, wenn sie von einem erwirkt wird, so muß jeder Mitaussteller ohne weiteres für ermächtigt gelten, die Stundung auch für die anderen zu bewirken, solange sie nicht diese Ermächtigung eingeschränkt oder widerrufen haben, oder ihrerseits den Wechsel einlösen. Die Beklagten haben aber nur behauptet, es seien 1905 die drei Gesellschafter in Streit geraten; dies reicht jedoch nicht aus, eine Beendigung jener Ermächtigung zu begründen, solange sie nicht erklärten — sei es der Bank, sei es X. gegenüber —, daß sie eine weitere Verlängerung der Wechselschuld nicht wollten, und solange sie nicht für die Einlösung des Wechsels sorgten, mußte angenommen werden, sie seien mit der Stundung einverstanden. J.

e) **Wechselbegebung durch einen nicht Geschäftsfähigen.**

OLG. München, I. ZS. Urteil v. 12. Juli 1910.

Die Frage, ob die Wechselbegebung durch eine nicht geschäftsfähige

Person, z. B. einen wegen Verschwendung Entmündigten den gutgläubigen Erwerb des wechselrechtlichen Anspruchs gegen den Akzeptanten hindert, ist nicht unbestritten, aber zu verneinen. Die Annahme, daß in solcher Rechtslage der gute Glaube des Wechselerwerbers dem Erfordernis eines korrekten Wechselbegebungsvertrags vorgeht, entspricht zunächst dem Geiste des Wechselrechts. Der Akzeptant gibt durch den einseitigen Akt der Skriptur allen künftigen Wechselinhabern gegenüber eine ihn unbedingt verpflichtende Erklärung ab (RG. 14 S. 24, 24 S. 90); auf diese vertraut jeder Erwerber, auch der mittelbare, in erster Reihe, ein Vertrauen, das sich schon durch Art. 3 rechtfertigt. Anlangend ferner den mangelhaften Begebungsvertrag erkennt Stranz (65b zu Art. 82) selbst an, daß das RG. 24 S. 90 gerade bei der Akzepthaftung das Moment des guten Glaubens bevorzugt. Die von Staub u. a. vertretene herrschende Meinung scheint überhaupt davon auszugehen, daß die formell ordnungsmäßige Wechselbegebung, d. h. die Besitzübertragung unter Erfüllung der wechselrechtlichen Förmlichkeiten und im Gewande eines äußerlich legalen Rechtsgeschäfts — im Gegensatz zu dem zufälligen oder illegalen Besitzerwerb des Gläubigers an der Wechselurkunde — im Verein mit dem guten Glauben des Wechselnehmers genügt, um dessen Gläubigerrecht trotz innerer Mängel des Begebungsaktes zu begründen und die verpflichtungsfähigen Beteiligten jener auch wirklich wechselmäßig zu verpflichten. Der gegnerischen Ansicht ist allgemein die Zirkulationstheorie entgegenzuhalten. Gegenüber der speziellen Forderung des Berufungsführers, der Wechselnehmer solle sich seinen Rechtsvorgänger ansehen, ehe er ihm auf Wechsel kreditiert, darf man wohl fragen, wie jener gerade einen entmündigten Verschwender vom geschäftsfähigen Geldsucher unterscheiden soll; der Gesichtspunkt der groben Fahrlässigkeit (Art. 74) scheidet hier doch sicher ganz aus. Aus der kurzen Mitteilung des RGUrteils v. 7. November 1908 in LeipzZ. 1909 S. 58 ist keinenfalls zu folgern, daß das RG. die Vertragstheorie sich angeeignet oder auch nur schärfer als bisher betont habe. Die Formulierung der Leitsätze 1 u. 2 in RG. 53 S. 207 (vgl. auch 55 S. 48), die sich vielfach an die älteren Auflagen Staubs anschließt (vgl. z. B. Art. 36 §§ 18, 24 a. E.), stellt das Verhältnis ebenfalls so dar, daß der Schuldner Einreden der hier fraglichen Art mit Beweis nach Art. 74 vertreten muß. Aus diesem Artikel leitet Staub mit Recht die in § 10[74] in § 25[36] gezogenen Folgen ab. P. n.

f) **Indossierung von Wechseln als Sicherheit.**

OLG. Hamburg, VI. ZS. Urteil v. 4. Mai 1911.

Nach der eigenen Sachdarstellung der Klägerin hat X. ihr die beiden Klagewechsel zur Sicherheit für das erbetene Darlehn von 30 Mark angeboten; sie habe, da X. ihr schon so hohe Summen schuldig geworden, abgelehnt, dann aber doch noch und zwar gegen Empfang der Wechsel das Darlehn gewährt, da X. den Akzeptanten (Beklagten) als eine zahlungsfähige Persönlichkeit geschildert habe, gegen den sie dann ja nachher die Wechsel einklagen könnte; X. habe auch nichts davon gesagt, daß er die

Wechsel zurück haben müsse, falls er die 30 Mark demnächst zurückzahle. Danach will die Klägerin dahin verstanden sein, daß X., den sie als rechtmäßigen Eigentümer der Wechsel habe ansehen müssen und angesehen habe, diese Papiere ihr nicht etwa nur gemäß § 1292 BGB. verpfändet, sondern auch darüber hinaus ihr auf Grund von (Eigentums-)Indossamenten übertragen habe, nämlich zwecks demnächstiger Verrechnung des vom Akzeptanten gezahlten Wechselbetrags auf des X. Schulden bei ihr. Dabei mag zugleich bemerkt werden, daß auch eine Wechselhingabe, die etwa nur gemäß § 1292 BGB., also nur zur Sicherheit für das Darlehn von 30 Mark erfolgt wäre, die Sachlage zu ungunsten der Klägerin noch nicht verändert hätte, vorausgesetzt, daß diese nur sonst gutgläubig die Wechsel von X. erworben, also angenommen hätte, X. sei als Eigentümer zur Verfügung über sie an sich befugt. Denn auch in diesem Falle wäre die Klägerin gegenüber dem Beklagten als Schuldner befugt, die Wechsel ohne Einschränkung geltend zu machen; auf die Tatsache, daß die Wechsel ihr nur als Sicherheit für 30 Mark hätten dienen sollen, würde der Beklagte sich ihr gegenüber nicht berufen können. Das hätte ihr vielmehr nur X. selbst entgegenhalten können. Der durch Indossament legitimierte Pfandgläubiger eines Orderpapieres ist, wie Staub 73 zu § 368 HGB. zutreffend ausführt, „in bezug auf die Zulässigkeit der Einwendungen so zu behandeln, als läge ein Eigentumsindossament vor, den Schuldner geht es nichts an, daß nur ein Pfandindossament vorliegt". (Anders z. B. beim Indossatar zur Einziehung oder auch beim Prokura-Indossament.) Allein nach dem Beweisergebnis hat die Klägerin die Wechsel in Kenntnis davon erworben, daß Beklagter sie dem X. nur zur Diskontierung und zwar gegen bar und nicht durch Verrechnung gegeben habe, X. daher zur Verfügung über die Wechsel, so wie sie geschehen sei, nicht befugt gewesen sei. M. M.

g) **Einrede des Depot- und Kautionswechsels.**

OLG. München, I. ZS. Urteil v. 4. Februar 1911.

Der Wechselklage des Remittenten setzt der Beklagte (Akzeptant) entgegen, daß der Wechsel ein Depot- und Kautionswechsel sei und dem Wechselnehmer keinerlei Anspruch erwachsen sei. Allein die Vereinbarung, daß ein Wechsel zur Sicherstellung dienen soll, schließt für sich allein dessen Weiterbegebung nicht aus. Durch sie wird nicht über die Begebungsfähigkeit des Wechsels verfügt, sondern nur der Zweck bestimmt, dem der Wechsel dienen soll. Für die wechselrechtliche Verpflichtung ist aber allein maßgebend der Inhalt der im Wechsel übernommenen Verbindlichkeit. Darum ist der Kautionsgläubiger berechtigt, sich für sein Guthaben bei Verfall nach Wechselrecht bezahlt zu machen; er kann mangels einer entgegenstehenden Abrede den Wechsel sogleich nach Empfang durch Girierung realisieren, und es liegt ihm bei der Ausklagung des Wechsels auch nicht der Nachweis ob, daß seine Forderung besteht; vielmehr hat umgekehrt der Wechselschuldner die etwaigen Einwendungen, die ihm aus dem dem Wechsel zugrunde liegenden Rechtsgeschäfte zustehen, zu beweisen, daß also aus dem zu sichernden Rechtsverhältnisse für den Gläubiger kein Guthaben entstanden ist noch entstehen wird. Hiernach ist die Einrede des Kautionswechsels keine Einrede aus dem Wechselrecht (ROHG. 6 S. 439, 13 S. 237, 282, 413).

Nun hat der Beklagte ausdrücklich weiter behauptet, es habe bei dem Erwerbe des Wechsels der Wechselaussteller B. mit dem Beklagten vereinbart, daß der Wechsel nicht weiter begeben und gegen den Beklagten nicht geltend gemacht werden dürfe, bevor sie nicht endgültig abgerechnet und sich hierbei eine Forderung zugunsten des B. in Höhe des Wechselbetrags ergeben habe. Diese Vereinbarung beschränkt zwar die Verfügungsbefugnis des Ausstellers über den Wechsel, nicht aber das Recht des an der Abmachung nicht beteiligten Klägers aus dem Wechsel und nur insofern, als der Wechselerwerb des Klägers mit dessen Willen zu dem Zwecke geschehen wäre, den Beklagten der Einrede aus jenem Abkommen zu berauben, würde die Einrede der Arglist entgegengesetzt werden können; zur Begründung der Einrede genügt jedoch nicht schon die Kenntnis des Klägers von jener Abrede im Zeitpunkte der Wechselerwerbung. Jetzt macht der Beklagte weiter geltend, der Aussteller habe mit dem Kläger bei der Wechselbegebung vereinbart, daß der Wechsel nur dann weiter begeben und geltend gemacht werden dürfe, wenn sich für B. eine Forderung in Höhe der Wechselsumme aus dem zwischen B. und dem Beklagten bestandenen Gesellschaftsverhältnisse ergäbe. Danach läge eine Vereinbarung zwischen B. und dem Kläger mit dem gleichen Inhalte vor, wie sie Beklagter zuerst mit B. getroffen haben will. In Berücksichtigung dieser Tatsache und davon ausgehend, daß B. bei der Vereinbarung mit dem Kläger nicht nur im eigenen Interesse, sondern auch in dem des Beklagten und als dessen Vertreter oder doch Geschäftsführer gehandelt hat, könnte man dann dazu gelangen, daß hinsichtlich der Begebung und Geltendmachung des Wechsels der Kläger gleich dem Aussteller dem Beklagten gegenüber vertragsmäßig gebunden, letzterer also zu der Einrede (doli generalis) berechtigt sei (ROHG. 23 S. 337). Sache des Beklagten ist es demnach, die Tatsache der beiden Vereinbarungen zu beweisen; außerdem aber, wie aus dem über das Wesen des Depotwechsels eingangs Gesagten folgt, noch darzutun, daß die Bedingung, von der der Vertrag die Weiterbegebung des Wechsels abhängig gemacht hat, nicht eingetreten ist, daß mithin dem B. keine Forderung in Höhe der Wechselsumme zusteht. P.n.

h) **Muß der Protest feststellen, daß der Protestat nicht anzutreffen gewesen?**

OLG. Marienwerder, I. ZS. Urteil v. 8. Dezember 1910.

Der beklagte Gerichtsvollzieher hat einen Protest aufgenommen und darin vermerkt, daß die Frau des Akzeptanten angetroffen und ohne Erfolg zur Zahlung aufgefordert sei. Dem Protest kann also nicht entnommen werden, daß der Akzeptant nicht anzutreffen gewesen sei; er erweckt vielmehr den Anschein, als wenn der Beklagte als ausreichend erachtet hat, den Wechsel statt dem Akzeptanten selbst dessen Frau vorzulegen. Der Protest war daher nach der älteren Fassung der WechselO. unbedenklich unwirksam. Diese Fassung ist zwar durch das Ges. vom 30. Mai 1908 in den Eingangsworten geändert; die „Begründung" bemerkt jedoch: „Der Art. 88 ist seiner Wortfassung ungeachtet bisher dahin ausgelegt worden, daß nicht jeder Verstoß ohne weiteres den Protest nichtig macht. Um zu vermeiden, daß in Zukunft etwa mit Rücksicht auf die neuere Gesetzessprache eine strengere Auslegung Platz greife, ist die Eingangsformel dahin gefaßt: „in den Protest ist aufzunehmen." Eine abweichende Auffassung ist in den weiteren Verhandlungen nicht zutage getreten. Es sollte also lediglich die bisherige Praxis aufrechterhalten bleiben. Der vom Beklagten aufgenommene Protest kann daher auch jetzt nicht als gültig angesehen werden. W. r.

i) **Scheck: α) Unterbrechung der Verjährung. Vordatierung. Berechnung der Widerrufsfrist.**

OLG. Hamburg, II. ZS. Urteil v. 4. Mai 1911.

Die Parteien haben am 18. März vereinbart, daß der Prozeß 5 Wochen lang ruhen sollte; demgemäß ist im Termine vom 22. März niemand erschienen. Am 27. Juni hat der Beklagte den Kläger auf den Termin vom 8. Juli geladen. Läge die Sache nicht so, daß während der 5 Wochen, für die das Ruhen des Prozesses vereinbart war, die Verjährung nach § 202 BGB. gehemmt war, so wäre die Klagforderung verjährt. Da der Prozeß infolge einer Vereinbarung in Stillstand geriet, so endigt nach § 211 BGB. die durch Klagerhebung herbeigeführte Unterbrechung der Verjährung mit der am 22. März geschehenen letzten Prozeßhandlung des Gerichts. Da die Regreßansprüche gegen den Scheckaussteller, wenn der Scheck in Deutschland zahlbar ist, nach § 20 Scheckges. in 3 Monaten verjähren, so wäre die Klagforderung verjährt, wenn nicht die Verjährung während jener 5 Wochen gehemmt gewesen wäre. Wenn der Kläger, nachdem er seinem Zahlungsverlangen die Gestalt einer gerichtlichen Klage gegeben hatte, mit dem Beklagten vereinbarte, daß während 5 Wochen der Prozeß ruhen solle, so begab er sich damit nicht allein für jene 5 Wochen des Rechts, den Prozeß fortzusetzen, sondern er begab sich damit zugleich auch des Rechts, während jener 5 Wochen die Zahlung von dem Beklagten zu verlangen. Danach war während jener Zeit der Beklagte „vorübergehend zur Verweigerung der Leistung berechtigt" und deshalb nach § 202 BGB. die Verjährung gehemmt. Der Klaganspruch ist also nicht verjährt.

Der vom Beklagten ausgestellte Scheck über 1700 Mark, der das Ausstellungsdatum des 22. Januar trägt, ist vordatiert und vor 22. Januar in den Besitz des Klägers gekommen. Endlich hat noch vor jenem Tage der Beklagte die Bank ersucht, den Scheck nicht auszuzahlen; der Scheck ist darauf nicht ausgezahlt bzw. verrechnet worden. Es ist zu entscheiden, ob der Aussteller rechtswirksam widerrufen konnte. Vordatierte Schecks, d. h. Schecks, welche vor dem auf ihnen angegebenen Ausstellungsdatum in Verkehr gebracht sind, sind gültig. Allerdings erscheint es bedenklich, diese Auffassung durch Verweisung auf die Analogie des Wechsels zu begründen; denn die zehntägige Vorlegungsfrist und der Widerruf des Schecks sind dem Wechselrechte fremd. Die Gültigkeit vordatierter Schecks ergibt sich aber aus § 29 Scheckges. und aus dem Verkehrsbedürfnis. Es ist nicht anzunehmen, daß das Scheckgesetz die auf die Wechselstempelsteuer bezügliche Vorschrift des § 29² für „Schecks, welche vor dem auf ihnen angegebenen Ausstellungstage in Umlauf gesetzt sind", gegeben hätte, wenn es nicht solche vordatierte Schecks als gültig hätte behandeln wollen. Weiter aber müßte es zu einer überaus bedenklichen Unsicherheit im Verkehr führen, wenn vordatierte Schecks als ungültig behandelt würden. Wer nach Eintritt des Ausstellungstages den Scheck erhält, kann nicht erkennen, ob das Datum an dem bezeichneten Tage oder schon früher auf den Scheck gesetzt ist.

Besteht daher kein Zweifel, daß der vordatierte Scheck gültig ist, so muß man auch anerkennen, daß ein Widerruf des Schecks nicht allein innerhalb der zehntägigen Frist nach der Ausstellung, sondern auch innerhalb der Zeit von der wirklichen Ausstellung bis zum nominellen Ausstellungstage unwirksam ist. Sonst würde jeder, der nach Eintritt des auf dem Scheck vermerkten Ausstellungstages den Scheck nimmt, der Gefahr ausgesetzt sein, daß sich später der Scheck als ein vordatierter herausstellen könnte, und daß er, wenn auch an sich gültig, doch nachher vor dem auf dem Scheck vermerkten Ausstellungstage widerrufen und dadurch wertlos geworden sei. Die Zulassung des Widerrufs vordatierter Schecks während der Zeit vor dem auf dem Scheck vermerkten Ausstellungstage würde daher wiederum zu einer schwer erträglichen Unsicherheit im Verkehr führen. Es kann nach alledem nicht angenommen werden, daß der Gesetzgeber solchen Widerruf als zulässig hat angesehen wissen wollen.

Der Beklagte hält endlich den auf Zahlung gerichteten Klagantrag für unzulässig, weil der Scheck den Vermerk „Nur zur Verrechnung" trage. Allein durch diesen quer über die Vorderseite gesetzten Vermerk verbietet nach § 14 der Aussteller, daß der Scheck bar bezahlt werde; der Bezogene darf ihn nur durch Verrechnung einlösen, die als Zahlung im Sinne des Scheckgesetzes gilt. Für die Einlösung durch Verrechnung haftet nach § 15 der Aussteller dem Inhaber. Nimmt auf Grund dieser Haftung der Inhaber seinen Rückgriff, so kann er von dem Aussteller Zahlung verlangen. M. M.

β) **Provision des Bankiers für die Übermittlung des Betrags eines auf ihn gezogenen Schecks.**

OLG. Hamburg, VI. ZS. Urteil v. 30. September 1911.

Der Kläger in Burg hat der Beklagten einen auf die hiesige Beklagte gezogenen Scheck zur Einlösung übersandt und um Zusendung des Geldes nach Burg gebeten. Die Beklagte hat den Auftrag ausgeführt und an Provision $^1/_2$‰ gekürzt. Hierzu war sie berechtigt. Denn der Kläger hat mit dem Ersuchen um Übersendung des Geldes die Dienste der Beklagten als Bankier beansprucht, so daß damit ein Werkvertrag, der eine Geschäftsbesorgung zum Gegenstand hat (§ 675 BGB.), zustande gekommen war. Für diese Dienstleistung durfte sich die Beklagte aber eine Provision berechnen, und zwar auch ohne Verabredung (§ 354 HGB.). Aus den besonderen Umständen des Falles ist nichts anderes zu folgern.

Andere Rechtsbeziehungen als aus dem Werkvertrage waren zwischen den Parteien, die auch nicht etwa sonst bereits in geschäftlichen Beziehungen zueinander gestanden hatten, auf Grund der Tatsache, daß der Kläger in den Besitz des Schecks gelangt war und ihn der Beklagten zur Einlösung vorlegte, überhaupt nicht entstanden. Nach dem Scheckges. kam die Beklagte überhaupt nur als Zahlungsorgan des Scheckkunden in Betracht, von dem der Kläger den Scheck erhalten hatte. Die Beklagte hätte den Scheck dem Kläger gegenüber nicht einmal zur Zahlung „annehmen" können; ein etwa auf den Scheck gesetzter Annahmevermerk hätte nach § 10 als nicht geschrieben zu gelten. Bei Nichteinlösung hätte der Kläger sich daher nur an den Aussteller des Schecks halten können, von dem er ihn erhalten hatte. — Auch aus dem angeblichen Rechte dieses Ausstellers kann der Kläger aber die Provision nicht nachverlangen. Der zwischen dem Aussteller und der Bank abgeschlossene Scheckvertrag berechtigt, wenn nicht Abweichendes besonders vereinbart ist, den Scheckkunden nur dazu, die Einlösung von Schecks, die er im Laufe der Geschäftsverbindung mit seiner Bank auf diese ausstellt, gemäß den §§ 5, 16 an dem gesetzlich geregelten „Zahlungsorte" zu verlangen; dieser war danach hier, wo also der Scheck in den Geschäftsräumen der Beklagten zur Zahlung vorzulegen war. Soweit das Scheckgesetz ferner nichts Besonderes bestimmt, kommen für den Scheckverkehr die Bestimmungen des BGB. über die Anweisung in Betracht (RGKomm. S. 601[3]) und ist für die Barunterlage des Scheckkunden der § 700 BGB. über den besonderen Verwahrungsvertrag maßgebend, der solche vertretbare Sachen zum Gegenstand hat, deren Eigentum auf den Verwahrer übergehen soll. Auch danach wäre aber der Aussteller des Schecks nicht berechtigt gewesen, die Rückgabe an einem anderen Orte, als an dem, wo die Sache aufzubewahren war, hier also in Hamburg, (§ 697 BGB.) zu verlangen, ohne daß der § 270[1] BGB. in Betracht käme. Die Beklagte hatte also eine dahingehende Verpflichtung auch ihrem Scheckkunden gegenüber nicht mit übernommen. Übersandte sie Geld, wie hier, so machte sie damit eine besondere, ihr nicht schon obliegende Leistung.

Der Kläger hat endlich auf eine abweichende Verkehrssitte Bezug genommen. Wenn er insoweit zunächst auf die Geringfügigkeit des Dienstes der Beklagten hingewiesen hat, so ist das ein Umstand, der überhaupt nur für die Höhe der zu fordernden Provision in Betracht kommen kann, die Höhe ist aber gar nicht bemängelt. Sodann kann der Kläger gegenüber dem § 354 HGB. auch nicht verlangen, daß die Beklagte einen entsprechenden abweichenden Handelsbrauch als bestehend nachweise. Denn sie hat einen bis auf weiteres schon im Gesetze begründeten Anspruch auf die Provision; dieser fällt nur dann weg, wenn ein Handelsbrauch entgegenstehen sollte, dessen Nachweis sie vom Kläger verlangen kann. Dieser hat dafür nichts Erhebliches vorgebracht; im Gegenteil nicht bestritten, daß gerade bedeutende Vertretungen und viele Interessenten des Bankierstandes den Standpunkt der Beklagten vertreten, die Provision tatsächlich regelmäßig berechnen und auch dahin zielende Vereinbarungen untereinander getroffen haben. M. M.

9

a) Zusendung der Police als Annahme des Versicherungsantrags. Versicherung für fremde Rechnung.

Kammergericht, IX. ZS. Urteil v. 17. Februar 1911.

Der Versicherungsvertrag ist als abgeschlossen anzusehen, sobald der Versicherer dem Antragsteller mitteilt, daß der Antrag angenommen sei. In den Anträgen ist eine vierwöchige Frist für die Annahme bestimmt gewesen. Eine ausdrückliche Annahme ist jedoch nicht erforderlich, insbesondere liegt in der Zusendung der Versicherungspolice die stillschweigende Annahme des vom Versicherungsnehmer gestellten Antrags.

... Hier liegt ein aufschiebend bedingtes Rechtsgeschäft vor. Bedingung ist, daß das Kraftfahrzeug geliefert wird; mit diesem Zeitpunkte soll der Versicherungsvertrag wirksam werden. Das Fahrzeug ist Mitte Februar 1910 geliefert worden, und zwar auf Grund eines von der Beklagten geschlossenen Kaufs. Von dem Zeitpunkt an, wo das Fahrzeug in Erfüllung jenes Kaufs geliefert ist, tritt an sich die Wirksamkeit des Versicherungsvertrags ein.... Die Behauptung der Beklagten, sie habe von vornherein beabsichtigt, das Fahrzeug für ihren Sohn zu kaufen, beseitigt nicht die durch die Lieferung des Wagens eingetretene Wirksamkeit des Versicherungsvertrags. Ausdrücklich hat die Beklagte in eigenem Namen die Versicherung beantragt und den Kaufvertrag geschlossen. Die für die Dritten erkennbaren Umstände haben einen entgegengesetzten Willen nicht dartun können. Demgegenüber ist das innere Verhältnis der Beklagten zu ihrem Sohne gleichgültig. Die §§ 74 ff. lassen die Versicherung für fremde Rechnung zu. Es war der Beklagten also unbenommen, zu erklären, daß sie für ihre Person keine wirtschaftlichen Interessen habe, und daß ihr Sohn mit dem Kraftfahrzeug einen Erwerb suche. Es wäre dann die Frage an die Gesellschaft herangetreten, ob sie dem Sohne, dem Versicherten, im Gegensatze zu der Beklagten als Versicherungsnehmerin unmittelbare Rechte einräumen sollte. Unterließ die Beklagte aber die Namhaftmachung ihres Sohnes als Versicherten, so gilt sie als die Versicherungsnehmerin für die allein Berechtigte und Verpflichtete, gleichgültig, ob sie sich als solche betrachtet und durch anderweite Abmachungen verpflichtet ist, ihre Rechte einem anderen zu überlassen. Es ist deshalb bedeutungslos, ob sie eine Versicherung für fremde Rechnung wollte oder nicht. Diese Nichterklärung des Willens beseitigt auch keineswegs das Interesse am Vertrage gemäß § 68 des Gesetzes; im Gegenteil wird das Fortbestehen des Interesses gerade dargetan ... M.r.

b) **Anwendung des § 39 VersVG. auf bestehende Versicherungen. Kein Anspruch auf Rechnungslegung.**

OLG. Naumburg, VI. ZS. Urteil v. 3. Februar 1911.

Nach § 2 der Versicherungsbedingungen der Beklagten, einer Lebensversicherungsgesellschaft a. G., sind die Beiträge wöchentlich Sonnabends fällig und pünktlich, ohne Mahnung, spätestens acht Wochen nach dem Fälligkeits-Sonnabend zu entrichten. Der Versicherungsvertrag wird nach § 5 ungültig oder nach dreijähriger Dauer in einen solchen mit beitragsfreier Police und entsprechend niedrigerer Versicherungssumme verwandelt, wenn ein Wochenbeitrag nicht innerhalb der bedingungsgemäßen Frist (§ 2) bezahlt ist. Das kann nicht bedeuten, wenn der Betrag an dem Fälligkeits-Sonnabend nicht bezahlt ist; denn das ist keine Frist, innerhalb deren zu zahlen wäre, sondern ein Termin, an dem zu zahlen wäre. Der § 5 besagt vielmehr, wenn innerhalb der achtwöchigen Respektfrist nicht bezahlt wird, sollen die erwähnten Folgen eintreten. Bis zum Ablauf dieser Frist bleibt also das Versicherungsverhältnis, trotzdem am Fälligkeits-Sonnabend nicht gezahlt ist, unverändert bestehen. Der 45. Wochenbeitrag für 1909, den der Erblasser der Kläger nicht bezahlt hat (ebensowenig wie die folgenden bis zu seinem am 15. Januar 1910 erfolgten Tode), wurde also zwar am 6. November 1909 fällig, die Respektfrist für ihn lief aber gemäß §§ 193, 187, 188 BGB. erst am 3. Januar 1910 ab. Als 1910 das VersVG. in Kraft trat, bestand danach das ursprüngliche Versicherungsverhältnis noch unverändert fort. Nach Art. 4 EG. finden deshalb die neuen §§ 39, 40, 42, 189 Anwendung. Nach § 39 mußte deshalb die Beklagte, wenn sie aus nicht rechtzeitiger Prämienzahlung Rechte gegen den Versicherungsnehmer herleiten wollte, diesem zunächst eine Zahlungsfrist mit Angabe der mit Ablauf der Frist verbundenen Rechtsfolgen bestimmen. Das hat sie nicht getan. Ihre Ansicht, die im § 2 der Bedingungen vorgesehene Frist ersetze die Frist des § 39, ist irrig. § 39 fordert eine erst nach der unpünktlichen Zahlung vom Versicherer besonders bestimmte Frist, diese konnte hier also frühestens am 4. Januar 1910, an dem Tage, an welchem die Prämie nicht mehr rechtzeitig gezahlt werden konnte, gesetzt werden; eine im voraus gesetzte Frist genügt daher nicht. Der Zweck dieser Bestimmung, den Versicherungsnehmer vor dem Eintritt der schweren Folgen des Verlustes oder erheblicher Verminderung seiner Versicherungsansprüche noch einmal eindringlich auf diese Folgen hinzuweisen, würde vereitelt, wenn eine in den Versicherungsbedingungen im voraus bestimmte Frist genügen sollte, auf die die Versicherungsnehmer nicht zu achten pflegen, da sie von vornherein an den Fall unpünktlicher Zahlung nicht denken ...

Der Versicherungsnehmer hat keinen Anspruch auf Rechnungslegung gegen die Gesellschaft, auch wenn die Rechnung seinem Anspruch auf Auszahlung der auf seine Prämien entfallenden Dividende zur Grundlage dienen soll. Die Beklagte ist keine Gesellschaft im Sinne des BGB., sondern nach der V. vom 27. Dezember 1899 (GS. 1900 S. 2) eine juristische Person. Die Bestimmungen des Gesellschaftsrechts, besonders die §§ 713, 721, 740 BGB., sind also nicht anwendbar, sondern die §§ 15 ff. PrivVUntG. Hier sind in den §§ 34 ff. im allgemeinen die Vorschriften über die Aktiengesellschaft für maßgebend erklärt. Ein Aktionär hat aber keinen Anspruch auf Rechnungslegung, sondern nur die Befugnisse aus § 263² HGB. § 263 ist im § 36 des erwähnten Gesetzes nicht als anwendbar aufgeführt, an seine Stelle tritt § 55. Danach kann der Versicherte alljährlich die Mitteilung eines Exemplars des Rechnungsabschlusses und des Jahresberichts vom Versicherer verlangen. Dadurch ist ein weitergehender Anspruch auf Rechnungslegung, der dem Verhältnis zwischen juristischer Person und dem einzelnen Angehörigen nicht entsprechen würde, ausgeschlossen. Da übrigens nach den Versicherungsbedingungen alljährlich der Dividendensatz im Rechenschaftsbericht angegeben wird, kann die Klägerin nötigenfalls mit Hilfe eines Sachverständigen den Betrag der auf sie fallenden Dividende selbst ausrechnen. Dr. Sch.

c) **Klagefrist. Altes oder neues Recht.**

OLG. Marienwerder, II. ZS. Urteil v. 13. Mai 1910.

Die Beklagte hält den Klaganspruch infolge Ablaufs der in § 12 der Bedingungen für die Klagerhebung vorgeschriebenen Dreimonatsfrist für erloschen. Es fragt sich zunächst, ob nicht das VersVG. § 12 nach Art. 4 Nr. 2 EG. angewendet werden muß. Allein bei Inkrafttreten dieses Gesetzes bestand ein Versicherungsverhältnis zwischen der Beklagten und den Klägern nicht mehr; es war durch den Tod des Versicherten erloschen; es bestanden höchstens noch Ansprüche aus dem Versicherungs*vertrage*. Keinenfalls kann angenommen werden, daß der Klaganspruch, wenn er einmal erloschen war, infolge des neuen Gesetzes wieder auflebte. Danach ist das alte Recht anzuwenden.

Es handelt sich hier um eine Ausschlußfrist. Deshalb sind die Bestimmungen über Unterbrechung und Hemmung der Verjährung unanwendbar (RG. 48 S. 164; JW. 1910 S. 244). Die Frist läuft aber nicht, solange Vergleichsverhandlungen schweben (RG. 22 S. 205). Der Anspruch ist auch dann durch Fristablauf nicht erloschen, wenn der Berechtigte ohne seine Schuld die Frist nicht innegehalten hat (JW. 1900 S. 23, 1904 S. 476, 1908 S. 531, 1910 S. 244). Die Verwirkungsklausel ist, wie jede andere Vertragsbestimmung, nach Treu und Glauben auszulegen. Hier handelt es sich um einen längeren Zeitabschnitt, und nach dem Vorbringen der Parteien waren die Kläger sehr wohl in der Lage, rechtzeitig zu klagen. Irgendwelche Umstände, welche die Nichteinhaltung der Frist entschuldigen könnten, sind nicht erkennbar, zumal zur Klage die Ausstellung eines Erbscheins nicht erforderlich war.

Mit dem Abbruch der Vergleichsverhandlungen (15. Mai 1909) hätte daher der Lauf der Frist beginnen können. Nach § 12² der Bedingungen beginnt er, wenn die Gesellschaft den Anspruch nicht anerkennt, mit der Abgabe ihrer Erklärung an den Versicherten. Es handelt sich hier um eine empfangsbedürftige Erklärung, die dem Berechtigten zugegangen sein muß (BGB. § 130). Der Anspruch auf die Versicherungssumme ist eine Nachlaßforderung, die allen Erben gemeinsam zusteht. Aus § 2040¹ BGB. folgt, daß rechtsgeschäftliche Erklärungen, durch die Dritte auf die Gestaltung von zum Nachlaß gehörenden Rechten einwirken, allen Miterben gegenüber abzugeben sind. Die Beklagte mußte also ihren ablehnenden Bescheid sämtlichen Klägern mitteilen, ähnlich wie bei Zustellung eines Urteils; sie hat aber ihre Schreiben nur an den Kläger A. gerichtet. Zwar hatten alle Kläger Kenntnis von jenen Bescheiden erhalten; darauf kann es aber nicht ankommen, besonders wenn man die große Tragweite, die der ablehnenden Erklärung der Beklagten beiwohnte, berücksichtigt. Danach hatte der Lauf der Frist bei Erhebung der Klage überhaupt noch nicht begonnen.[1] Wgr.

d) **Feuerversicherung. Begriff des Deckungsvertrags.**

OLG. Naumburg, II. ZS. Urteil v. 23. Januar 1912.

Nach dem Gutachten ist der Deckungsvertrag ein Vertrag zwischen zwei Feuerversicherungsanstalten mit dem wirtschaftlichen Zweck, das Risiko bei der Versicherung gefährlicher industrieller Unternehmen zu teilen. Er kommt in der Regel dadurch zustande, daß die — möglichst unter Mitteilung der zur Verfügung stehenden, für die Beurteilung des Sachverhältnisses wesentlichen Unterlagen angefragte — zweite Gesellschaft erklärt, daß sie das ihr angebotene Teilrisiko von dem und dem Tage ab zu den ihr kundgegebenen Bedingungen der ersten Gesellschaft übernehme. Ist das geschehen, so ist sie der ersten Gesellschaft gegenüber verpflichtet, im Fall eines Brandes den von ihr übernommenen Teil des Schadens zu tragen, auch wenn die Gefahrenteilung dem Versicherten noch nicht mitgeteilt sein sollte. Diese Haftung bleibt so lange bestehen, bis der zwischen beiden geschlossene Vertrag wieder aufgehoben ist. Ob der zweiten Gesellschaft in jedem Fall oder nur nach Lage des Einzelfalles ein einseitiges Widerrufsrecht zusteht, wenn sie bei näherer Prüfung der Verhältnisse des Versicherungsnehmers das Risiko für sich zu hoch findet, ist hier nicht zu entscheiden. In der Regel erhält nach der bindenden Zusage der zweiten Gesellschaft auch der Versicherungsnehmer eine vorläufige Deckungsbestätigung, worauf die zweite Gesellschaft — durch Vermittlung der ersten als der führenden — im Einklang mit deren Bedingungen mit ihm den Teilversicherungsvertrag abschließt und ihm durch sie ihre Versicherungspolice zustellen läßt. Diese Aushändigung der Deckungsbestätigung sowohl als auch der Police ist aber für die bereits perfekten Vertragsbeziehungen zwischen den beiden Versicherungsgesellschaften belanglos. . . . Schl.

e) **Zahlung einer Prämie „ohne Verzug".**

OLG. Hamburg, VI. ZS. Urteil v. 26. September 1911.

[1] Das RG. hat die Revision am 2. Mai 1911 zurückgewiesen.

Der Beginn der Versicherung des am 2. Mai verunglückten Klägers ist in dem Versicherungsschein auf 28. April festgesetzt, während die Übersendung des Scheins und die Einforderung der ersten Prämie durch einen Boten erst am 29. erfolgt ist. Für solche Fälle bestimmt im Gegensatz zu § 2¹ der Bedingungen, wonach die Verpflichtung der Gesellschaft im allgemeinen erst mit Einlösung der Police durch die erste Prämienzahlung beginnt, der Abs. 2, daß die Versicherung als mit dem vereinbarten, d. i. dem festgesetzten Zeitpunkt in Kraft getreten gilt, wenn die Zahlung der Prämie „ohne Verzug" erfolgt. Die Beklagte meint, daß dieser Ausdruck nichts anderes als „sofort" bedeute und der Kläger deshalb am 29. April die erste Prämie habe zahlen müssen. Allein unter Verzug wird eine Verzögerung über einen bestimmten Zeitpunkt hinaus verstanden; ein Verzug mit einer Handlung liegt daher nicht vor, wenn für sie eine Frist bestimmt ist und diese noch nicht abgelaufen ist. So liegt hier die Sache. Nach § 5¹ der Bedingungen ist die erste Prämie innerhalb zweier Wochen nach Empfang der Zahlungsaufforderung zu entrichten. Zahlte also der Kläger binnen dieser Frist — und das tat er —, so zahlte er rechtzeitig und „ohne Verzug"; er kann sich demnach mit Recht auf § 2² berufen. Es kann sein, daß die Beklagte den Ausdruck „ohne Verzug" gleichbedeutend mit „sofort" hat gebrauchen wollen; aber darauf kann sie sich nicht stützen, da dieser Ausdruck von dem Kläger nicht so, sondern nur in dem wirklichen Sinne des Wortes verstanden zu werden brauchte. Allerdings kann sich bei solcher Auslegung ein Mißverhältnis im Ergebnis herausstellen, je nachdem ob am Tage des festgesetzten Beginns oder am folgenden Tage die Zahlungsaufforderung ergangen sei; allein dieses Mißverhältnis ist dann die Folge jener Bestimmung, nicht ihrer Auslegung. M. M.

f) **Einbruchsversicherung. Ingebrauchsein von Schmucksachen.**

OLG. Hamburg, I. ZS. Zwischenurteil v. 6. März 1911.

Die Beklagte will die durch Einbruch gestohlenen Schmuckgegenstände nicht ersetzen, weil sie sich nicht unter Verschluß befunden hätten. Sie beruft sich hierfür auf § 4 ihrer Bedingungen, lautend: „Wertpapiere ... gelten nur als versichert, solange sie sich unter Verschluß befinden. Für Schmuck-, Gold- und Silbersachen gilt die gleiche Bestimmung, sofern sie nicht im Gebrauche sind." Diese letzten Worte sind jedoch nicht dahin auszulegen, daß die Schmucksachen unverschlossen nur so lange versichert sind, wie sie unmittelbar zu ihrer Zweckbestimmung verwendet werden, vielmehr ist gemeint, daß Schmucksachen, die im regelmäßigen Gebrauch sind, nicht des Verschlusses bedürfen. Hierfür spricht schon der Grund, daß sonst die für Schmucksachen gegebene Ausnahme überhaupt zwecklos wäre; denn die Fortnahme silberner Gabel und Messer, während damit gegessen wird, von Schmuckstücken, während sie am Körper getragen werden, fällt kaum unter den Begriff des Einbruchsdiebstahls, sondern unter den des Raubes. Der freilich denkbare Fall, daß einer schlafenden oder sonst bewußtlosen

Person von einem Einbrecher am Körper befindliche Schmucksachen fortgenommen werden, liegt so weit ab, daß er keine Berücksichtigung verdient; eine Parallele für in Gebrauch befindliche Silbersachen — die in den Bedingungen den Schmucksachen gleich behandelt werden — läßt sich überhaupt nicht ziehen.

Weiter aber ergibt nur diese Auslegung allein einen vernünftigen Sinn. Die Versicherung hat weder den Zweck noch die Absicht, die Verkehrssitte zu ändern; sie hat sich ihr anzupassen. Nach ihr werden aber Silbersachen, die zu jeder Mahlzeit verwendet werden, regelmäßig zwischen den Mahlzeiten nicht unter Verschluß gebracht, goldene Uhren und sonstige Schmucksachen, die täglich getragen werden, während der Nachtzeit oder in sonstigen Zwischenpausen auf den Nachttisch oder Toilettentisch gelegt und nicht verschlossen und doch als „im Gebrauch befindlich" angesehen. Eine Änderung dieser verkehrsüblichen Gepflogenheiten kann § 4[1] unmöglich gewollt haben. Nur die Anschauung des Verkehrs kann der Begriff des „in-Gebrauch-Seins" abgrenzen. Nach ihr aber ist ein regelmäßig getragenes Schmuckstück auch dann noch „im Gebrauch", wenn es einmal vorübergehend abgelegt ist, gleichviel, ob seine Nichtwiederanlegung auf Vergeßlichkeit beruht oder nicht. Dieses Ergebnis rechtfertigt sich auch durch die Erwägung, daß Zweifel, die über die Auslegung von Vertragsbedingungen entstehen, zu Lasten der Beklagten sein müssen. Denn den Grundsätzen von Treu und Glauben entspricht es, daß sorgfältig festgestellte, gedruckte Bedingungen, die der Versicherer vorlegt und und denen der Versicherungsnehmer, wenn er überhaupt abschließen will, nahezu auf Gnade und Ungnade ausgeliefert ist, im Zweifel gegen den Versicherer ausgelegt werden (Marcuse, LeipzZ. 1907 S. 404).

Zurückzuweisen ist endlich die Einrede, daß der Kläger den Einbruchsdiebstahl durch grobes Verschulden herbeigeführt hat. Wenn er am Sonntag nachmittag sein Haus, in dem sich niemand weiter befand, beim Weggange verschloß, so hat er die im Verkehr erforderliche Sorgfalt erfüllt, jedenfalls soweit, daß ihm kein grobes Verschulden zur Last gelegt werden kann; jede einzelne im Gebrauche befindliche Wertsache unter Verschluß zu bringen, hatte er nicht nötig, das entspricht nicht der Verkehrssitte. M. M.

g) Unfallversicherung auf den Todesfall: α) Meldepflicht.

OLG. Hamburg, III. ZS. Urteil v. 11. April 1911.

Nach § 5 der Bedingungen ist der Anspruch auf die Versicherungssumme davon abhängig, daß der Unfall, einerlei welcher Art und welchen Umfanges, sofort, spätestens aber innerhalb 48 Stunden, von denjenigen, die die Summe beanspruchen wollen, in der Hauptexpedition der Beklagten [Zeitung] angemeldet wird. Danach ist der Unfall zu melden, nicht erst der Tod. Das ergibt sich schon aus dem Zwecke der Meldung, die Beklagte unter anderem in den Stand zu setzen, daß sie durch Beschaffung besserer ärztlicher Hilfe oder auf andere Weise die Todesfolge, wenn möglich, noch abwende. So heißt es auch im § 5[2,3], daß die „Anspruchserheber", also die das Unglück Anmeldenden, den Beauftragten der Beklagten jederzeit Zutritt zu dem Verunglückten zu gestatten und nach Kräften für eine sachgemäße Behandlung zu sorgen haben. Im übrigen handelt es sich ja auch um eine Unfallversicherung, und der Versicherungsfall ist der den Tod herbeiführende Unfall, nicht der Tod. Damit ist nicht gesagt, daß dieser Grundsatz auch dann gelten müsse, wenn der Unfall auf einen möglichen Todeserfolg gar nicht hindeute. Man wird als Regel aussprechen dürfen, daß der Unfall anzuzeigen ist, wenn und sobald mit der Möglichkeit gerechnet werden muß, daß er den Tod zur Folge habe (Wallmann, VersichZ. 39 S. 516, 578; Hager-Bruck zu § 182 VersVG.). Hier handelte es sich aber (10. Mai) um ein so schweres Unglück, daß die schlimmsten Befürchtungen sofort gerechtfertigt waren. Die Klägerin ist denn auch schon am 12. Mai in der Filiale der Beklagten gewesen, um den Unfall zu melden; da diese Anmeldung nicht dem § 5 der Bedingungen entsprach, wurde sie dort zur Hauptexpedition verwiesen.

Eine bedingungsgemäße Anmeldung innerhalb 48 Stunden liegt hiernach nicht vor. Der Versicherungsvertrag steht allerdings unter den Grundsätzen von Treu und Glauben und es könnte sich fragen, ob nicht dennoch, etwa aus Billigkeitsgründen, zugunsten der Klägerin entschieden werden müsse. In dieser Beziehung ist der Norm des § 6³ Ges. vom 30. Mai 1908 zu folgen; allein den dort nachgelassenen Beweis, daß die Unterlassung weder auf Vorsatz noch auf grober Fahrlässigkeit beruhe, kann die Klägerin nicht führen, angesichts der Tatsache, daß sie am 12. Mai bei dem Versuche, den Unfall in der Filiale der Beklagten anzumelden, dort ausdrücklich darauf hingewiesen ist, sie müsse sich an die Hauptexpedition wenden. Hier aber ist eine dem § 5 der Bedingungen entsprechende Anmeldung erst am 15. Mai erfolgt. M. M.

β) **Begriff des Unfalls. Beweislast.**

OLG. Nürnberg, I. ZS. Urteil v. 23. Juni 1911.

Der Mann der Klägerin, der Schmiedemeister A., war als Abonnent der N. Zeitschrift bei der Beklagten gegen die Folgen körperlicher tödlicher Unfälle versichert. Am 6. Mai fiel er beim Beschlagen eines Pferdes um und starb nach $1/2$ Stunde. Nach § 3 der Bedingungen gilt als Unfall „jede unfreiwillige und unabhängig von dem Willen des Verletzten erlittene, durch eine plötzliche, äußere, gewaltsame, mechanische Einwirkung hervorgerufene Körperverletzung, die nachgewiesenermaßen den Tod des Verletzten verursacht". Nach § 6 sind jedoch nicht entschädigungspflichtig Todesfälle, veranlaßt oder herbeigeführt durch ... Schlag- und epileptische Unfälle, desgl. Blutungen aus inneren Organen ohne erkennbare äußere Verletzungen. Der § 6 schließt also diejenigen Fälle aus, in denen aus Anlaß krankhafter Vorgänge im Innern des menschlichen Körpers Schlaganfälle oder Blutungen aus inneren Organen zum Tode führen, nicht aber solche Fälle, in denen diese Todesursachen erst durch äußere gewaltsame Einwirkungen auf den Körper ausgelöst worden sind. Hier war aber A. zur Zeit seines Todes völlig gesund und arbeitsfähig. Daher liegt schon von vornherein die Möglichkeit nahe, daß sein Tod mit der unmittelbar vorher gepflogenen Tätigkeit ursächlich zusammenhängt. Diese Möglichkeit steigert sich aber zu hoher Wahrscheinlichkeit, wenn man den Zeugenbeweis mit heranzieht.... Danach fiel A. entweder durch das sich bewegende Pferd oder durch seine eigene auf das Herausziehen des Nagels gerichtete Kraftanstrengung zu Boden, wobei er eine tödliche Verletzung lebenswichtiger innerer Organe erlitt. In beiden Fällen liegt ein „Unfall" vor. Dies liegt im ersten Fall ohne weiteres auf der Hand; denn in der Bewegung des Pferdes, die der Willkür des A. völlig entrückt war, ist offenbar eine plötzliche, äußere, gewaltsame, mechanische Einwirkung zu finden.

Sie ist aber auch im zweiten Falle gegeben; hier beruhte die Verletzung des A. auf dessen körperlicher Überanstrengung, verbunden mit dem unerwarteten Widerstande des Hufnagels, der ein Abgleiten der Zange und das hierdurch herbeigeführte Zubodenfallen bewirkte. Da der Versuch, durch vermehrte Kraftanstrengung das Hindernis wegzuräumen, ein rein instinktiver war, so hatte A. diese Überanstrengung in ihrer Gefährlichkeit nicht erkannt und demgemäß nicht beherrscht; obwohl sie daher an sich eine von ihm gewollte Tätigkeit darstellt, ist sie als äußere, gewaltsame Einwirkung, als ein plötzlich eintretendes Ereignis anzusehen (JW. 1909 S. 427[33]). Ob sich an der Bohle, auf welche A. fiel, Nägel befanden und ob er dadurch eine äußerlich sichtbare Verletzung erlitt, ist ohne Belang, da der ursächliche Zusammenhang zwischen dem Sturze und der tödlichen inneren Verletzung nach menschlicher Erfahrung derart wahrscheinlich ist, daß es Sache der an sich nicht beweispflichtigen Beklagten wäre, den Gegenbeweis zu führen, der Tod des A. sei unabhängig von den geschilderten äußeren Einwirkungen infolge eines Schlaganfalles eingetreten, der auf innere organische Veränderungen in dessen Körper zurückzuführen sei. Sch.

h) **Beweislast für den Wegfall der Erwerbsunfähigkeit.**

OLG. Hamburg, V. ZS. Urteil v. 9. Juni 1911.

Das LG. hält mit den Ärzten L. und M. für erwiesen, daß bei dem Kläger zur Zeit des Urteiles noch eine Erwerbsbehinderung von 15 % infolge des Unfalls vorhanden war. Wenn auch der Senat dieser Entscheidung mit Rücksicht auf das entgegenstehende Gutachten des Dr. B. nicht folgen kann, so ist doch auch der Beweis dafür, daß der Kläger seine volle Erwerbsfähigkeit wiedererlangt hat, nicht erbracht und nicht zu erbringen.... Unter diesen Umständen hängt die Entscheidung allein von der Beweislast, d. h. von der Frage ab, ob der Kläger beweisen muß, daß er infolge des Unfalls noch erwerbsunfähig ist, oder ob die Beklagte zu beweisen hat, daß der Kläger jetzt erwerbsfähig sei. Hierbei handelt es sich nicht um die Entstehung oder Begründung des Anspruchs selbst aus der Police, sondern darum, ob und inwieweit die einmal entstandene Zahlungsverpflichtung der

Versicherungsgesellschaft eingeschränkt oder aufgehoben ist. Daß der Kläger die Entstehung des Anspruchs, d. h. einen unter die Versicherung fallenden Unfall und dessen Folge seine Invalidität zu beweisen hat, ist selbstverständlich. Wenn es in § 13 der Bedingungen heißt, daß der Ansprucherhebende den Eintritt aller Umstände nachzuweisen hat, der die Zahlungsverpflichtung der Gesellschaft bedingen, so bedeutet das nichts anderes, als die allgemeine Beweisregel, daß wer einen Anspruch erhebt, die zu seiner Entstehung erforderlichen Tatsachen beweisen muß. Dagegen braucht er nicht zu beweisen, daß keine Tatsachen vorliegen, die dem Anspruch entgegenstehen oder ihn aufheben. Für solche Tatsachen ist vielmehr der Gegner beweispflichtig.

Den ihm hiernach allein obliegenden Beweis, daß ein durch die Versicherung gedeckter Unfall vorlag und seine Invalidität zur Folge hatte, hat der Kläger geführt. Die Tatsache des Unfalls steht fest; ebenso steht fest, daß der Kläger infolge des Unfalls vorübergehend erwerbsunfähig war; Beklagte hat ihn dieserhalb voll entschädigt. Streitig ist nur, ob auch Invalidität im Sinne des § 12b der Bedingungen vorliegt, d. h. eine teilweise oder gänzliche Erwerbsunfähigkeit, die voraussichtlich für die ganze Lebensdauer des Versicherten fortdauert. Eine solche hat aber die Beklagte selbst am 1. Februar 1909 unzweideutig festgestellt.... Der Kläger hat dieses Schreiben ohne Widerspruch angenommen und dreimal die dort festgestellte Rente ausbezahlt erhalten. Damit ist zwischen den Parteien vertraglich festgestellt, daß dem Kläger auf Grund der Versicherung eine Invaliditätsrente in Höhe von jährlich 613 Mark zukommt, und die Beklagte kann sich der Verpflichtung zur Zahlung dieser Rente nicht einfach mit der Behauptung entziehen, der Kläger sei überhaupt nicht invalide geworden. In Wirklichkeit behauptet sie, die Erwerbsunfähigkeit sei nachträglich weggefallen und der Kläger wieder erwerbsfähig. Damit behauptet sie aber nur, daß ihre am 1. Februar festgestellte Verpflichtung gemäß § 12b der Bedingungen nachträglich weggefallen sei. Das zu beweisen, ist jedoch ihre Sache. Zu dem gleichen Ergebnis kommt man auch auf einem etwas anderen Wege. Die hier vorliegende Versicherung gegen Unfallsfolgen sichert dem Versicherten nicht Ersatz des erlittenen Schadens zu, sondern gewährt ihm eine bestimmte Summe oder Rente, wenn der Unfall eine gänzliche oder teilweise Erwerbsunfähigkeit zur Folge hat. Die Summe oder Rente ist verschieden je nach der Höhe der Versicherungssumme; es ist also eine Summen- oder Personen-, nicht eine Schadensversicherung (vgl. VersVG. § 1² Satz 2). Derartige Versicherungen geben dem Versicherten grundsätzlich das Recht, ohne Rücksicht auf den erlittenen Schaden, die in der Versicherung bestimmte Summe zu fordern. Wenn nun, wie es vielfach geschieht, und so auch hier geschehen ist, in den Versicherungsbedingungen bestimmt wird, daß bei wiedereintretender Erwerbsfähigkeit die Rente ganz oder teilweise wegfallen soll, so stellt sich diese Vorschrift als Ausnahme von dem obigen Grundsatz dar, und derartige Ausnahmen hat derjenige zu beweisen, der sich auf sie beruft (vgl. Rsp. 22 S. 87). M. M.

i) Krankenversicherung: α) zeitliche Beschränkung der Beschäftigung im Sinne des § 1[1] KrVG.

OLG. Marienwerder, II. ZS. Urteil v. 7. März 1911.

Der Kläger hat für einen in seinem Betriebe verletzten Arbeiter, der nicht zur Krankenversicherung angemeldet war, Unterstützungen gezahlt; er will es nicht nach § 50 KrVG., sondern auf Grund des § 12² GewUVG. getan haben und verlangt deshalb Erstattung von der Beklagten, bei der er gegen die Folgen aus diesem § 12² versichert war. Allein den ihm obliegenden Beweis hat er nicht geführt. Zwar konnte der Verletzte, wie ihm selbst bewußt war, jeden Tag entlassen werden; aber tatsächlich ist er auf Grund einer stillschweigenden, mindestens 8 Jahre hindurch geübten Gepflogenheit jahraus jahrein mit in erster Reihe bei den Anstellungen berücksichtigt worden. Er wußte, daß er am nächsten Tage wieder Arbeit bekommen würde, falls solche vorhanden war; er fragte deshalb in der Regel bei dem Kläger nach, ob für ihn Arbeit vorhanden sei, und erst wenn er solche dort nicht fand, sah er sich bei anderen Firmen um und arbeitete auch bei ihnen zeitweilig. Er hob auch den Lohn nicht täglich, sondern mitunter am Wochenschluß ab, der Kläger wußte also, daß er wiederkommen würde, und hob ihm deshalb den Lohn auf. Ein solches Arbeitsverhältnis kann nur dahin aufgefaßt werden, daß der Arbeiter ein für allemal bei dem Kläger beschäftigt werden sollte, falls Arbeit vorlag, und nur wenn nichts für ihn zu tun war, es ihm freistand, sich anderweit zu beschäftigen. Bei dieser Sachlage trug das Arbeitsverhältnis das für § 1 KrVG. eigentümliche Merkmal der Ständigkeit. Es ist mindestens nicht dargetan, daß durch den Arbeitsvertrag die Beschäftigung in einer die Versicherungspflicht ausschließenden Weise beschränkt worden wäre. Ein Ausnahmefall im Sinne der § 1¹ KrVG. liegt also nicht vor; der verletzte Arbeiter ist nach diesem Gesetze versichert gewesen, so daß der Kläger ihm die Unterstützungen nicht auf Grund des § 12² GewVG. geleistet haben kann. H.-g.

β) Entscheidung des Vorstandes einer Krankenkasse über Krankenhausbehandlung. Keine Übertragung der Befugnis.[1]

OLG. Hamburg, III. ZS. Urteil v. 2. Februar 1911.

Während der § 7 nicht die Verwaltungsstelle bestimmt, die die Einweisung in das Krankenhaus behufs freier Kur und Verpflegung aussprechen muß, heißt es in der Satzung § 14, daß an Stelle der im § 6 Ges. bezeichneten Unterstützungen auf Verfügung des Vorstandes freie Kur und Verpflegung in einem von ihm zu bestimmenden Krankenhause tritt. Danach unterliegt es — innerhalb der nach dem Gesetz überhaupt zulässigen Grenzen — nicht dem Ermessen des Kassenarztes, ob er die Überweisung in das Krankenhaus verfügen will. Daraus ergibt sich, daß der Erkrankte seinen Anspruch auf § 6 nicht dadurch verlieren kann, daß er sich weigert, einer von anderer Stelle als dem allein zuständigen Vorstande ausgehenden Einweisung in das

[1] Vom 1. Januar 1913 gilt hierfür der § 184 RVersO.

Krankenhaus nachzukommen. Hier fehlt es an einer solchen Beschlußfassung des Vorstandes. Da es sich nämlich bei den nur allmonatlich stattfindenden regelmäßigen Sitzungen des Vorstandes untunlich erwies, in jedem einzelnen vielleicht eiligen Falle eine Beschlußfassung des Vorstandes herbeizuführen, hat man innerhalb des Vorstandes 1907 einen Beschluß gefaßt, der die Angestellten M. und N. ermächtigt, die Krankenhausüberweisungen zu unterzeichnen. Demgemäß ist auch hier der Sohn des Klägers an das Krankenhaus mit einem dem Vordruck entsprechenden, von M. unterzeichneten Scheine überwiesen worden. Der Beschluß von 1907 geht aber lediglich dahin, daß M. und N. ermächtigt sein sollen, die Überweisungen zu unterzeichnen, und läßt nicht sicher erkennen, daß sie auch darüber beschließen sollen, ob die Überweisung eintreten soll. Wollte man aber mit der Beklagten den Beschluß im letzten Sinne auslegen, so würde er gegenüber dem Inhalte der Satzung ungültig sein. Es mag dahingestellt bleiben, ob der Vorstand die ausdrücklich ihm vorbehaltene Verfügung durch Beschluß seiner Mitglieder seinem Vorsitzenden oder einem seiner Mitglieder übertragen kann, was erheblichen Zweifeln unterliegt. Daß er aber die nach der Satzung seiner Beschlußfassung und seiner Verfügung zugewiesenen, die Rechte der Mitglieder beeinflussenden Maßregeln nicht an beliebige, dem Vorstande nicht angehörige Angestellte der Kasse übertragen kann, bedarf kaum der Ausführung. Denn damit würde dem Vorstande die Möglichkeit gewährt sein, durch seine Beschlußfassung eine Änderung der Satzung herbeizuführen, die nach § 36 Ges. der Generalversammlung vorbehalten bleiben muß und auch im § 53 der Satzung dieser vorbehalten worden ist. M. M.

γ) Auslegung des § 27[1] KrVG. (RVersO. § 313[3] S. 2).

OLG. Breslau, VIII. ZS. Urteil v. 3. Juni 1910.

1. Der in § 27 Satz 1 KrVG. vorgeschriebenen Anzeige an den Kassenvorstand über den Erwerb der freiwilligen Mitgliedschaft wird durch die Anzeige an ein Vorstandsmitglied genügt; denn mangels näherer Bestimmungen des Gesetzes oder der Satzung über die Abgabe von Willenserklärungen dem Vorstande gegenüber sind die Vorschriften des BGB. über Vereine hier entsprechend anzuwenden. Nach § 28[2] genügt aber, daß die Willenserklärung gegenüber einem Mitglied des Vorstandes abgegeben wird.

2. Der § 27 Satz 2 KrVG. stellt die Zahlung der vollen satzungsmäßigen Beiträge zum ersten Fälligkeitstermine der ausdrücklichen Anzeige gleich, sofern der Fälligkeitstermin innerhalb der für die Anzeige vorgeschriebenen Frist liegt. Die Satzung der Beklagten § 9[2] bestimmt dagegen nur, daß die Zahlung jener Beiträge zum ersten Fälligkeitstermine der ausdrücklichen Anzeige gleich stehe. Zu dieser Abweichung, welche die Erhaltung der Mitgliedschaft nach dem Ausscheiden aus versicherungspflichtiger Beschäftigung erleichtert, war die Beklagte befugt, denn die Ortskrankenkassen sind bei der Festsetzung ihrer Satzung nur insoweit beschränkt, als zwingende Vorschriften des Gesetzes entgegenstehen. Als solche sind aber nur diejenigen anzusehen, die

ausdrücklich eine Abweichung verbieten (z. B. §§ 21², 29). Der § 27 enthält kein derartiges Verbot. Die Festsetzung, daß die Zahlung der Beiträge zum ersten Fälligkeitstermine der ausdrücklichen Anzeige nur dann gleichstehe, wenn der Termin innerhalb der einwöchigen Frist liege, ist im Interesse der Kassen gegeben, um ihnen nicht die Übersicht zu erschweren; es steht ihnen nur frei, hiervon Gebrauch zu machen. — Als Zahlung zum ersten Fälligkeitstermin ist es anzusehen, wenn der erste für die Zeit nach dem Ausscheiden des Klägers aus der Zwangsmitgliedschaft fällig gewordene Beitrag an dem Zeitpunkte gezahlt worden ist, an dem er in der für Zwangsmitglieder üblichen Weise durch den Kassenboten von dem Kläger eingezogen worden ist. Die Einholung der Beiträge auch von den freiwilligen Mitgliedern berührt die Rechtsgültigkeit der tatsächlich erfolgten Zahlung nicht; denn § 34 der Satzung, wonach die freiwilligen Mitglieder die Wochenbeiträge selbst zum Fälligkeitstermin einzuzahlen oder kostenlos einzusenden haben, ist nur eine Ordnungsvorschrift, so daß die gleichwohl an den Boten geleistete Zahlung beim Vorliegen der übrigen Erfordernisse die Entstehung der freiwilligen Mitgliedschaft nicht hindert. Die Zahlung ist aber nur dann geeignet, die freiwillige Mitgliedschaft zu begründen, wenn sie den Willen, sich die Mitgliedschaft zu erhalten, zum Ausdruck bringt. Es kann deshalb nur die Zahlung in Betracht kommen, die erkennen läßt, daß das Mitglied als **feiwilliges** Mitglied zahle. Daher muß das aus der Zwangsmitgliedschaft ausgeschiedene Kassenmitglied die Zahlung der Beiträge **selbst** leisten, oder die Beiträge müssen für das Mitglied zufolge seiner Ermächtigung geleistet werden; zahlt dagegen z. B. der **Arbeitgeber** die Beiträge weiter, dann gelten sie bis zur Abmeldung des Mitglieds als Strafbeiträge (§ 52 Ges.) und begründen die freiwillige Mitgliedschaft nicht (vgl. OVG. 51 S. 346). Hier ist die Art der Zahlung der Beiträge nach der Gehaltserhöhung des Klägers nicht abgeändert worden. Dieser hat wie bisher die Beiträge aus der Kasse seines Arbeitgebers mit dessen Ermächtigung entrichtet, es kam also nicht zum Ausdrucke, daß er als freiwilliges Mitglied zahle. Unter diesen Umständen hätte der Kläger, wenn er die freiwillige Mitgliedschaft erlangen wollte, entweder dem den Beitrag in Empfang nehmenden Kassenboten mitteilen müssen, daß sein Einkommen jetzt 2000 Mark überstiegen habe, oder er hätte von der Zahlung des Beitrags dem Vorstande der Beklagten oder einem Vorstandsmitglied eine Mitteilung dieses Inhalts zugehen lassen müssen; denn dann hätte bei der ersten Beitragszahlung kein Zweifel darüber bestanden, daß der Kläger nicht mehr versicherungspflichtig war und als freiwilliges Mitglied den Beitrag zahlte. D.

δ) **Die Frist des § 58² ist keine Notfrist.**[1]

Kammergericht, XI. ZS. Urteil v. 29. November 1910.

Im Vorprozeß hatte das LG. ausgeführt, daß die vierwöchige Frist für

[1] Vom 1. Januar 1913 fällt der Rechtsweg weg; es entscheidet das Versicherungsamt, vgl. RVersO. § 1636 verb. mit § 141.

die Beschreitung des ordentlichen Rechtsweges gegen den Bescheid des Magistrats keine Notfrist und gegen ihre Versäumung die Wiedereinsetzung unzulässig sei. Diese Ausführungen sind völlig zutreffend (Hahn 1905 zu § 58 KrVG. S. 303; Hoffmann 11 zu § 58). In Preußen hat die Landesgesetzgebung die ihr nach § 58[1] a. E. zustehende Befugnis, die Anfechtungsklage dem Verwaltungsstreitverfahren zu überweisen, nicht ausgeübt; der § 112 LVG. vom 30. Juli 1883, wonach gegen Versäumung der Klagefrist im Verwaltungsstreitverfahren die Wiedereinsetzung stattfindet, ist daher auf die Frist zur Beschreitung des ordentlichen Rechtswegs nicht anwendbar. Wenn der beklagte Anwalt demungeachtet zur Einlegung der Berufung riet und dabei annahm, daß auch die im ordentlichen Rechtswege zu erhebende Klage hinsichtlich der Zulässigkeit der Wiedereinsetzung „analog" der Klage im Verwaltungsstreitverfahren zu behandeln sei (eine Analogie, die bei der Unabhängigkeit des reichsgesetzlich geregelten Zivilprozesses von den landesgesetzlichen Normen über das Verwaltungsstreitverfahren ausgeschlossen ist), so mußte er doch den Kläger darauf hinweisen, daß seine Auffassung nicht der herrschenden Meinung entsprach und daß demgemäß die Aussichten der Berufung höchst unsicher waren. Indem er aber das Vorprozeßurteil schlechthin als ungerechtfertigt bezeichnete und die Einlegung der Berufung unbedingt empfahl, handelte er fahrlässig. Er muß daher dem Kläger, der durch den Rat seines Anwalts zur Einlegung der aussichtslosen Berufung bestimmt worden ist, die Kosten der Berufung ersetzen. F.

ε) **Beitrittszwang zur Invaliden-Unterstützungskasse.**

Kammergericht, XIV. ZS. Urteil v. 6. April 1911.

Die klagende Invaliden-Unterstützungskasse der Steindrucker behauptet, daß die in Berlin beschäftigten Beklagten infolge ihres Berufes als Steindrucker ihr als Mitglieder angehören müßten, wenn sie keiner anderen Invaliden-Unterstützungskasse angehörten. Dies sei in § 1 ihres behördlich genehmigten Statuts ausgesprochen. Der Klagantrag, die Beklagten zur Anerkennung ihrer Mitgliedschaft und zur Zahlung ihrer rückständigen und künftigen Beiträge zu verurteilen, ist begründet.

Die Klägerin ist aus einer 1850 begründeten Kasse, die außer der Fürsorge für Invalidität auch noch die Krankenversicherung der Steindrucker bezweckt hatte, hervorgegangen. Für derartige Kassen bestimmt die GewO. vom 17. Januar 1845 § 144, daß den Gesellen die Beibehaltung der zur gegenseitigen Unterstützung vorhandenen besonderen Verbindungen und Kassen gestattet sei, und daß derartige Einrichtungen mit Genehmigung der Regierung unter den von dieser festzusetzenden Bedingungen neu gebildet werden können. Der § 145 dehnt diese Bestimmungen auf Fabrikarbeiter aus, und der § 169[2] ermächtigt die Gemeinden durch Ortsstatut alle am Orte beschäftigten Gesellen zu verpflichten, den in § 144 erwähnten Verbindungen und Kassen beizutreten. Demgemäß hat der hiesige Magistrat das Ortsstatut vom 1. November 1850 erlassen und im § 1 bestimmt, daß alle in

Berlin beschäftigten Gesellen den dortigen Kassen zur gegenseitigen Unterstützung beizutreten haben. Die Kasse der Steindrucker hat darauf ihre Satzung den getroffenen Bestimmungen angepaßt und darin in § 2 festgesetzt, daß jeder in Berlin beschäftigte Steindrucker unter Überreichung eines ärztlichen Zeugnisses ihr beitreten müsse, wenn er keiner anderen Kranken-, Hilfs- oder Sterbekasse angehöre. Die Regierung hat diese Satzung von 1859 genehmigt. Eine weitere Änderung wurde durch das KrVG. v. 1883 §§ 85, 86 Nr. 2 herbeigeführt. Hiernach blieben bei Kassen, die neben den nach diesem Gesetze zulässigen Leistungen noch Invaliden-, Witwen- oder Waisenpensionen gewährten, die bisherige Kasse nur als Krankenkasse bestehen, jedoch war ihrer Vertretung gestattet, eine besondere Pensionskasse mit Beitrittszwang für diejenigen Klassen, die der bisherigen Kasse beitreten mußten, zu errichten. Diese Befugnis hat die Klägerin ausgeübt. Die Satzung der nunmehr selbständigen Klägerin hat der Oberpräsident genehmigt, so daß die Klägerin eine mit Beitrittszwang ausgestattete Kasse der im § 86 Nr. 2 vorgesehenen Art geworden ist. Die Ansicht der Beklagten, daß der Kreis der nach der Satzung von 1859 Beitrittspflichtigen ein anderer gewesen sei als nach der geltenden Satzung, ist unzutreffend. Nach allen drei Satzungen ist jeder in Berlin beschäftigte Steindrucker, der keiner anderen Kasse angehört, zum Beitritt verpflichtet. Dadurch, daß die Satzung von 1859 zum Beitritt ein ärztliches Zeugnis verlangt, wird an der Beitrittspflicht als solcher nichts geändert, denn wie § 2 ausdrücklich hervorhebt, darf keinem der zum Beitritt Verpflichteten der Eintritt versagt werden. Die Beibringung des Zeugnisses ist hiernach lediglich eine Mitgliedschaftspflicht, die in den späteren Satzungen fallen gelassen ist.

An dem Charakter der Klägerin als Zwangskasse ist seit Erlaß des KrVG. nichts geändert worden; insbesondere ist sie auch durch das später erlassene InvVG. nicht berührt, weil darin eine Bestimmung fehlt, die derartige Kassen aufhebt. Aus § 49 das. ist die Aufrechterhaltung des Zwangsrechts allerdings nicht zu folgern; denn er bestimmt nur, daß die auf gesetzlicher Vorschrift beruhende Verpflichtung von Gemeinden und Armenverbänden zur Unterstützung hilfsbedürftiger Personen, sowie sonstige gesetzliche, statutarische oder auf Vertrag beruhende Verpflichtungen zur Fürsorge für alte, kranke, erwerbsunfähige oder hilfsbedürftige Personen unberührt bleiben. Diese Bestimmung, die lediglich die bestehende Fürsorge aufrecht erhält, läßt die Frage offen, ob auch das Zwangsrecht der bestehenden Invaliden-Unterstützungskassen aufrecht erhalten werden soll. Daß der Beitrittszwang zu privaten Versicherungskassen nicht schlechthin mit dem staatlichen Versicherungszwang des InvVG. wegfallen sollte, ist durch § 53 das. aber klar ausgedrückt. Der Fall der Konkurrenz zwischen Privatkassen und Staatsversicherung wird in §§ 52, 53 besonders geregelt, aber nicht im Sinne einer Beseitigung des Beitrittszwanges zu den Kassen, sondern nur einer Erlaubnis zur Herabsetzung der Renten im Einzelfalle, bei entsprechender Herabsetzung der Beträge. Die §§ 52, 53 setzen also das Fortbestehen der Zwangskassen ausdrücklich voraus. Eine derartige Kasse ist die Klägerin. Die statutarische Verpflichtung zum Beitritt bleibt also unberührt.

Ein anderes Ergebnis hat auch nicht in der Absicht des Gesetzes gelegen. Die Komm. hatte einen Antrag [§ 133a] angenommen, wonach für die gemäß § 86 Nr. 2 KrVG. errichteten Pensionskassen mit dem InvVG. der Zwang zum Beitritt, soweit er für die Versicherung gegen Alter und Invalidität besteht, wegfallen sollte. Bei der zweiten Beratung des Reichstags wurden hiergegen Bedenken erhoben und § 133a darauf abgelehnt. Bei der dritten Beratung wurde sodann, um den Beitrittszwang zu erhalten, der neue, jetzige § 53 vorgeschlagen und angenommen. Der Umstand, daß eine Doppelversicherung vorliegend in Frage kommt, kann nicht maßgebend sein, da es sich um die Anwendung zu Recht bestehender Vorschriften handelt.

Der Umfang des Beitrittszwangs ist lediglich aus der Satzung der Klägerin zu entnehmen. Danach ist er kein unbedingter, vielmehr genügt zur Befreiung von ihm die Zugehörigkeit zu einer gleichartigen Kasse, d. h. einer solchen, die den Mitgliedern einen klagbaren Anspruch auf Unterstützungen gewährt. Dies ist in der Satzung zwar nicht ausdrücklich gesagt, folgt aber aus dem sozialen Zweck, der zu den gesetzlichen Vorschriften der GewO. von 1845 und des Ortsstatuts, sowie zur Gründung der klagenden Kasse führte. Im Jahre 1859 gab es außerdem auch noch keine Kassen ohne Rechtsanspruch auf die Versicherungssumme. Diese haben sich vielmehr erst später gebildet. Die Zugehörigkeit der Beklagten zur Reichsdruckerei, zum Deutschen Senefelder Bund oder dem Unterstützungsverein Senefelder befreit die Beklagten daher nicht vom Beitritt zur Klägerin, da sie unstreitig alle nur freiwillige Unterstützungen gewähren.

Die Befreiung vom Beitrittszwange gewährt weiterhin nur der Nachweis der Zugehörigkeit zu einer gleichartigen Kasse. Die Zugehörigkeit der Beklagten zu dem Kreise derjenigen Personen, die der staatlichen Invalidenversicherung unterliegen, befreit sie deshalb nicht vom Beitritte. . . . Fr.

k) **Rechtsverhältnis aus der Anweisung des Genossenschaftsvorstandes an die Postverwaltung zur Auszahlung einer Unfallversicherungsentschädigung.**

OLG. Colmar, II. ZS. Urteil v. 6. Juli 1911.

Die klagende Berufsgenossenschaft hat 1896 die Oberpostdirektion angewiesen, 30 Mark Rente an A. und an B. gegen Beibringung von Lebensbescheinigungen zu zahlen. Obgleich A. längst gestorben war, hat die Post an B. auf Vorzeigung seines Lebenszeugnisses die volle Rente, also 15 Mark zu viel bezahlt. Der gegen den Reichsfiskus erhobene Ersatzanspruch ist begründet.

Zwischen den Parteien liegt kein privatrechtliches Auftragsverhältnis vor, sondern es handelt sich um einen durch das öffentliche Recht (§ 97 GewUVG.) bestimmten Eintritt eines Rechtssubjektes an Stelle eines andern zur Erfüllung der grundsätzlich diesem obliegenden sozial-politischen Leistungspflicht. Aber auch öffentlich-rechtliche Verhältnisse erzeugen Rechte und Verbindlichkeiten, die unter entsprechender Anwendung der Vorschriften des bürgerlichen Rechts zu beurteilen sind, und deren Verletzung zum Schadensersatze nach eben diesen Vorschriften verpflichtet (RG. 65 S. 116). Nur auf ein solches Verschulden kann die Klage gestützt werden. Eine Deliktshaftung kommt nicht in Frage, da die schädigende Handlung nur mit Rücksicht auf das bestehende vertragsähnliche Verhältnis widerrechtlich und schadenbringend ist, und da ferner, soweit das BGB. anwendbar ist, das Vermögen, gegen das sich die Handlung richten würde, als solches nach § 823 nicht geschützt ist. Damit erledigt sich der Einwand, daß die Ansprüche nach § 852 BGB. (Art. 169 EG.) verjährt seien.

Ebensowenig sind bei der Auszahlung der Rente die einzelnen Postbeamten an die Stelle der Klägerin getreten und als deren Beamte tätig geworden. Denn sie haben nie im Dienste der Klägerin gestanden und sie hätten als Beamte der Berufsgenossenschaft nicht Zahlungen aus Mitteln der Post leisten können. Durch die Zahlungsanweisung der Klägerin ist vielmehr ein auftragsähnliches Rechtsverhältnis zwischen den Parteien entstanden, auf das die für den Auftrag geltenden Vorschriften des BGB. entsprechend anzuwenden sind.

Auf die Einwendung des Beklagten, daß er für Verschulden seiner Beamten bei Ausführung der Anweisung nach § 40 AG. z. BGB. nur hilfsweise hafte, ist unbegründet.... In Ausübung der öffentlichen Gewalt ist eine Handlung nur dann bewirkt, wenn sie selbst nicht dem Gebiete des Privatrechts, sondern dem des öffentlichen Rechts, dem der Ausübung von Hoheitsrechten des Staats angehört (RG. 56 S. 84). Es kommt also nicht in Betracht, ob der Beamte auf Grund des öffentlichen Rechts mit der Verrichtung betraut war, sondern ob diese Verrichtung selbst dem öffentlichen Recht angehört. Der staatliche Betrieb der Post enthält aber überhaupt keine Ausübung von Hoheitsrechten (Laband, Staatsrecht S. 348), und jedenfalls gehört die Leistung von Zahlungen durch die Post an Stelle der Berufsgenossenschaft lediglich deren privatrechtlichem Verkehr an. Das ergibt sich schon daraus, daß diese vorschußweisen Zahlungen begrifflich ebensogut von einer privaten Bank wie von dem öffentlichen Institut der Post bewirkt werden können. Die Haftung des Staates für Schaden, den seine Beamten in Ausführung der ihnen übertragenen Verrichtungen im privatrechtlichen Verkehr verursacht haben, regelt sich nach dem BGB., also hier nach § 278, der die unmittelbare Haftung des Staates gegenüber dem Geschädigten ergibt. Es kann sich deshalb nur fragen, ob die Beamten der Post dasjenige Maß von Sorgfalt verletzt haben, das der Beauftragte dem Auftraggeber gegenüber schuldet, und ob allein durch ihre Handlungsweise der Schaden verursacht worden ist. Beides ist zu bejahen.... Frdthl.

l) Leistungen im Fall des § 146^3 LUVG.

α) OLG. Braunschweig, II. ZS. Urteil v. 5. Dezember 1911.

Die Frage, ob § 146³ LUVG. die Haftung des Betriebsunternehmers auf die Leistungen der gesetzlichen Krankenversicherung beschränkt, ist hinsichtlich des Schmerzensgeldes verneint von Staudinger BGB. § 847 Nr. 7; RGSt. 24 S. 82; Seuffert 59 S. 226, Bl. f. RA. 74 S. 251, Rsp. 20 S. 19, dagegen bejaht von RG. 74 S. 27, Seuffert 49 S. 116, 56 S. 197, 64 S. 210, Rsp. 20 S. 18, 17 S. 67. Soweit letztere Entscheidungen darauf gegründet sind, daß das Schmerzensgeld ein einheitlicher nach der Zeitfrist der ersten 13 Wochen und der folgenden Zeit nicht teilbarer Anspruch sei (vgl. auch Rsp. 18 S. 106), sind sie für den vorliegenden Fall nicht heranzuziehen. Entscheidend ist jedoch der Zweck der Vorschrift, die Streitigkeiten wegen der Unfälle zu beseitigen und zu dem Zwecke alle Entschädigungsansprüche der Arbeiter aufzuheben, ihnen jedoch einen Ausgleich in den auf Grund der Versicherungsgesetze zu leistenden Entschädigungen zu gewähren, die den Versicherten mit Sicherheit und ohne Gefährdung durch Prozesse zufließen. Für landwirtschaftliche Arbeiter, die der Krankenversicherung reichsgesetzlich überhaupt nicht und landesgesetzlich nur teilweise unterstellt sind, war eine Ausnahme zu machen, die aber nur soweit zu reichen brauchte und reichen sollte, daß eine Gleichstellung der Arbeiter herbeigeführt wurde. Dieser Zweck hat in dem Wortlaute des Gesetzes insofern Ausdruck gefunden, als die drei Unterausnahmen des § 146³ LUVG. darauf hindeuten; sobald eine den Leistungen des KrVG. mindestens gleich kommende Fürsorge sicher gestellt ist, fällt der Vorbehalt des Abs. 3 für die ersten 13 Wochen weg. Wollte man den Wortlaut des § 146³ nicht in diesem Sinne unter Berücksichtigung des Gesetzeszweckes auslegen, so würden sich Folgerungen ergeben, die als hart und sinnwidrig bezeichnet werden müßten. Derjenige Arbeiter, der nicht der Krankenversicherung unterstellt ist oder wenigstens nicht eine dem KrVG. voll gleichkommende Entschädigung erhält, würde alle nach bürgerlichem Rechte möglichen Entschädigungsansprüche geltend machen, also auch Schmerzensgelder beanspruchen können und sich damit besser stehen, als der der Krankenversicherung unterliegende Arbeiter. Das kann vom Gesetze nicht gewollt sein. Mit dem Urteile des OLG. Colmar vom 18. März 1910 (IV U 41/09) ist demnach anzunehmen, daß § 146³ die Ansprüche nur insoweit vorbehält, als sie die Leistungen der Krankenversicherung nicht übersteigen. H.g.

β) OLG. München, III. ZS. Urteil v. 7. Juni 1911.

Die Ansprüche, die der Kläger aus der fahrlässigen Herbeiführung seines Betriebsunfalls für die ersten 13 Wochen gegen den Betriebsunternehmer verfolgt, sind unbegründet. Ein Anspruch auf Schmerzensgeld ist durch den Vorbehalt des § 146³ LUVG. nicht eingeräumt (gegen die in Seufferts Archiv 1911 S. 12 vertretene Meinung). Bezüglich der übrigen Ansprüche ist der Kläger durch die Gemeindekrankenversicherung abgefunden, der er in seinem Hauptberuf als Maurer angehört und von der er die in den

§§ 6, 7 KrVG. vorgeschriebene Fürsorge erhalten hat. Unter Fürsorge auf Grund statutarischer Bestimmung im Sinne des § 146³ ist auch diese zu verstehen, nicht etwa bloß eine Fürsorge auf Grund statutarischer Ausdehnung des KrVG. auf die landwirtschaftliche Beschäftigung nach § 2 KrVG. Der Zweck des § 146³ ist, daß dem Verletzten auf die Dauer der ersten 13 Wochen die bürgerlich-rechtlichen Entschädigungsansprüche insoweit vorbehalten bleiben, als nicht durch eine landesgesetzliche oder gemeindliche Krankenversicherung eine den §§ 6, 7 KrVG. ꝛc mindestens gleichkommende Fürsorge für den Verletzten getroffen ist; das Gesetz erachtet die von der Krankenversicherung geleistete Fürsorge als eine genügende Entschädigung; es stellt die vorbehaltenen bürgerlich-rechtlichen Ansprüche dieser Fürsorge gleich und will sie nur zur Ergänzung im Falle des Mangels dieser Fürsorge aufrecht erhalten. Es ergibt sich dies auch aus dem Zusammenhalte des § 146 aO. mit § 135 GewUVG.; hier ist die Bestimmung des § 146³ weggelassen, weil die nach dem GewUVG. zu behandelnden Unfälle ohnehin zum weitaus größten Teile solche Personen betreffen, für die während der ersten 13 Wochen durch das KrVG. gesorgt ist, während dies bei den landwirtschaftlichen Arbeitern größtenteils nicht zutrifft und diese dann auf den Ersatz der Heilungskosten durch die Beschäftigungsgemeinde nach § 27 LUVG. angewiesen sind (vgl. Reichstagsverh. 1885/86 6 S. 1191; Gräf, UnfallversGes. S. 386/7; Piloty S. 499; Handbuch der Unfallvers. 1 S. 623; Bay. VerwGH. 25 S. 268). P.n.

m) **Haftung des Unternehmers aus LUVG § 147.**

OLG. Celle, IV. ZS. Urteil v. 4. Oktober 1911.

Der der Klage zugrunde liegende § 147 LUVG. macht u. a. Betriebsunternehmer, die den Unfall vorsätzlich oder fahrlässig unter Außerachtlassung der ihnen beruflich obliegenden Aufmerksamkeit verursacht haben, auch der Genossenschaft für deren Aufwendungen infolge des Unfalls haftbar. Über das Vorhandensein einer solchen Fahrlässigkeit ist ebenso wie im Fall des § 136 GewUVG. nach strafrechtlichen Grundsätzen zu entscheiden (RG. 62 S. 340, 66 S. 248; JW. 1906 S. 403[37], 1908 S. 723[25], 1911 S. 335[41]). Mithin hat ein Betriebsunternehmer aus § 147¹ der Berufsgenossenschaft für deren Aufwendungen nur dann aufzukommen, wenn ein Tatbestand vorliegt, der seine strafgerichtliche Verurteilung rechtfertigen würde. Bei dieser Regelung des Ersatzanspruchs im § 147 ist daher die im § 278 BGB. vorgeschriebene Haftung für Erfüllungsgehilfen ausgeschlossen. Bei dem Bestreiten des Beklagten trifft die Klägerin die Beweislast für ihre Behauptung, jener habe den Unfall durch Fahrlässigkeit mit Außerachtlassung derjenigen Aufmerksamkeit, zu der er vermöge seines Berufs besonders verpflichtet ist, herbeigeführt. O.

n) **Ersatzansprüche der Seeberufsgenossenschaft gegen Beauftragte des Reeders wegen Nichtablieferung eingezogener Beiträge.**

OLG. Celle, IV. ZS. Urteil v. 18. März 1911.

Auf BGB. § 823² kann die Klage deswegen nicht gestützt werden, weil der Ersatzanspruch immer nur demjenigen Beschädigten zustehen würde, zu dessen Schutz das verletzte Gesetz bestimmt ist, der hier allein fr. § 182 InvVG. aber dem Schutz nicht der Versicherungsanstalten, sondern der Versicherten dient. Die Anwendung des § 823 scheitert aber weiter in gleicher Weise wie die des § 826 BGB. daran, daß die Klägerin durch eine Handlung oder Unterlassung der beklagten Buchhalterin kein Schaden zugefügt worden ist. Wie aus §§ 104 ff. der Satzungen hervorgeht, werden die Beiträge von den Reedern für die Schiffsmannschaften nicht durch Einkleben von Beitragsmarken, sondern durch Zahlung der festgesetzten Beiträge an die Versicherungskasse entrichtet. Die Reeder sind befugt, bei der Zahlung der Heuer den von ihnen beschäftigten Personen die Hälfte des Beitrags in der im § 112 der Satzungen näher bezeichneten Weise ähnlich wie nach § 142 InvVG. abzuziehen. Demnach besteht ein Anspruch der Kasse auf Entrichtung von Beiträgen nur gegenüber den Arbeitgebern; die Reeder haben nicht die eingezogenen Beträge als eine für die Versicherungsanstalt in Empfang genommene Leistung an die Kasse abzuführen. Vielmehr üben sie dabei lediglich ein eigenes Recht aus, dürfen den eingezogenen Betrag für sich verwenden und sind nur persönlich verpflichtet, die von ihnen zu erhebenden Beiträge zu entrichten. Dadurch, daß die Beklagte im Namen des Reeders die Beiträge der Versicherten bei Auszahlung der Heuer kürzte, übte sie mithin nur ein Recht des Reeders aus, griff aber in ein Recht der Klägerin nicht ein.

Ebensowenig stellt die Unterlassung der Beitragsentrichtung an die Kasse ungeachtet der erfolgten Einziehung der Beiträge von den Versicherten sich als Schadenszufügung dar. Es mag unerörtert bleiben, ob ein passives Verhalten des Schuldners unter Umständen den Tatbestand einer unerlaubten Handlung oder eines Verstoßes gegen die guten Sitten gegenüber der Klägerin erfüllt haben würde. Denn die Beklagte stand in einem Vertragsverhältnis nur zum Reeder, nicht aber zur Klägerin. Diese konnte daher aus einer Unterlassung der Beitragszahlung einen Anspruch gegen den Reeder, nicht aber gegen die Beklagte erhoben, die ihr zur Beitragsleistung nicht verpflichtet war.

Endlich ist auch aus § 812 BGB. die Klage nicht zu begründen. Es braucht nicht geprüft zu werden, ob die Beklagte durch die Nichtablieferung der Beträge bereichert sein würde. Denn wenn das zuträfe, wäre sie lediglich auf Kosten des Reeders, ihres Auftraggebers, bereichert. Auch hier treffen die Ausführungen zu, daß der Reeder nur sein Recht gebraucht, wenn er die Beiträge von der Mannschaft einzieht oder einziehen läßt, daß er damit aber nicht in die Vermögensrechte der Klägerin eingreift, weil diese einen unmittelbaren Anspruch gegen die Mannschaft nicht hat. Wenn daher die Beklagte in Vertretung des Reeders dessen Forderungen gegen die Versicherten einzog, ohne gleichzeitig seine Schuld bei der Klägerin zu tilgen, so hat sie nicht einen Vermögensgegenstand dieser in ihr Vermögen gebracht.

Es fehlt also an der nach § 812 BGB. erforderlichen, unmittelbar zwischen den Parteien sich vollziehenden Vermögensverschiebung. L.t.

o) **Betriebsunfall eines Beamten. Maßgebendes Gesetz bei der Versetzung in den Ruhestand.**

Bayer. Oberstes Landesgericht, I. ZS. Urteil v. 24. Februar 1911.

Der 1906 wegen eines epileptischen Leidens mit einer jährlichen Pension von 1500 Mark in den dauernden Ruhestand versetzte Werkführer beansprucht, weil sein Leiden die Folge eines Betriebsunfalles vom 3. Juli 1886 sei, auf Grund der Verordn. vom 26. Juni 1894/13. November 1902 eine Pension in der Höhe von $66^2/_3$ % seines Gesamtdiensteinkommens von 2700 Mark, sohin von 1800 Mark. Der Einwand des beklagten bayer. Eisenbahnfiskus, der Unfall habe sich schon vor dem Inkrafttreten der angef. Verordnungen ereignet, ist mit Recht zurückgewiesen. Allerdings fällt der Anspruch auf Unfallfürsorge mit dem Anspruch auf den regelmäßigen Ruhegehalt nicht zusammen; es geht dies schon daraus hervor, daß ersterer besondere Voraussetzungen hat und an eine bestimmte Anmeldungsfrist gebunden ist. Hierdurch wird aber sein Wesen nicht berührt, das nicht in der Leistung eines Schadensersatzes, sondern in der Gewährung eines Ruhegehalts besteht (Gräf 557 Anm. **). Für die Beurteilung eines Ruhegehaltsanspruchs ist aber regelmäßig das Gesetz anzuwenden, das bei der Versetzung des Beamten in den Ruhestand gilt (RG. 63 S. 290). Hieraus kann unbedenklich gefolgert werden, daß ein Unfallfürsorgegesetz zur Ausgleichung von Unfallfolgen herangezogen werden kann, auch wenn sich der Unfall schon vor dem Inkrafttreten des Gesetzes ereignet hat (RG. 60 S. 215, JW. 1904 S. 267).

Allerdings war der Unfall, aus dem der Kläger seinen Anspruch ableitet, unter der Herrschaft des Gesetzes vom 18. Juni 1887 eingetreten. Allein die Tatsache, daß der Beamte in Ausübung des Dienstes in einem reichsgesetzlich der Unfallversicherung unterliegenden Betrieb einen Unfall erlitten hat, bildet nur eine der Voraussetzungen für die Entstehung des Anspruchs. Diese erfordert überdies, daß der Unfall „eine den Anspruch begründende Folge" (§ 8² Ges. vom 18. Juni 1901), nämlich die Aufhebung oder die Beeinträchtigung der Erwerbsfähigkeit nach sich gezogen hat und daß der Beamte, sei es durch die Versetzung in den Ruhestand oder durch Entlassung aus dem Dienst ausscheidet. Der den Entscheidungen des RG. zugrunde gelegte Tatbestand ist sohin nicht wesentlich verschieden von dem vorliegenden. Es handelt sich auch hier nicht darum, die Unfallfürsorge auf einen schon vor ihrer Einführung abgeschlossenen Tatbestand zu erstrecken. Nur das Unfallereignis ist vorausgegangen, die Unfallfolge und das Bedürfnis, für sie zu sorgen, sind erst später eingetreten. In Fällen dieser Art die durch das Ges. v. 15. März 1886 geschaffene Fürsorge zu gewähren, entspricht auch dem Zwecke des Gesetzes, das aus Gründen der Billigkeit den Reichs-, Staats- und Gemeindebeamten „tunlichst" und „sobald als möglich" Ersatz dafür gewähren wollte, daß sie von der Unfallversicherung ausgeschlossen waren (Sten. Ber. 1885 Bd. 4 S. 52, 55 zu § 13). Es wäre unbillig, dem Beamten, der in einem reichsgesetzlich der Unfallversicherung unterliegenden Betriebe verunglückte, den Ersatz und die Fürsorge aus dem Grunde zu versagen, weil sich der Unfall schon vor dem Inkrafttreten der Fürsorgevorschriften ereignet hat. Die Möglichkeit, daß in solchen Fällen schon vor diesem Zeitpunkt ein Anspruch aus dem bürgerl. Rechte, insbesondere aus dem Haftpflichtgesetz entstanden ist, kann zugegeben werden. Die wirtschaftlichen Folgen des Nebeneinanderbestehens mehrerer Ansprüche sind aber im Verhältnisse zu den Nachteilen, die die Ausschließung der Beamten von der Unfallversicherung bewirkt, so geringfügig, daß sie unbedenklich außer Berücksichtigung gelassen werden können. Es fehlt sohin jeder Anhalt für die Annahme, daß der der V. vom 13. November 1902 als einem Pensionsgesetze zukommende Geltungsbereich auf die Unfälle nach ihrem Inkrafttreten beschränkt werden sollte. Th.

10

a) **Klagrecht der Familienstiftung aus § 12.**

OLG. Celle, I. ZS. Urteil v. 19. Mai 1911.

Die Familienstiftung der Familie von X. verlangt vom Beklagten die Ablegung des Namens von X. im privaten, wie geschäftlichen Verkehr. Ihr ist jedoch die Klageberechtigung abzusprechen. Zwar sind juristische Personen als solche vom Namenschutz des § 12 nicht ausgeschlossen; aber nur ihr eigener Name wird geschützt, hier also der Name „Familienstiftung der Familie von X." gegen eine andere Stiftung, die sich den gleichen Namen beilegt. Dadurch aber, daß eine physische Person sich von X. nennt, gebraucht sie im Vergleich mit der Stiftung nicht den gleichen Namen und verletzt nicht deren Namensinteresse. Die Klägerin kann sich auch nicht auf die §§ 2 u. 6 ihrer Satzungen berufen, wonach Zweck der Stiftung die Erhaltung des Glanzes und des Ansehens der Familie von X. nicht nur in materieller, sondern auch in allen ideellen Beziehungen und der Stiftungsvorstand berechtigt ist, sonstige allgemeine Familieninteressen wahrzunehmen. Mit diesen Bestimmungen mag die Ermächtigung haben ausgesprochen sein sollen, für die Familienmitglieder Klagen, wie die vorliegende, zu erheben. Rechtlich würde darin aber nur entweder die Abtretung des Namensschutzanspruches oder die Bevollmächtigung liegen, den Anspruch der einzelnen Familienmitglieder geltend zu machen. Die Abtretung ist nach der Natur des Anspruches nicht zulässig; er ist ein Persönlichkeitsrecht. Die Bevollmächtigung könnte der Familienstiftung nur das Recht gewähren, im Namen der einzelnen Familienmitglieder als deren Vertreterin zu klagen. Das Recht, selbst als Partei aufzutreten hat, sie nicht. Schm.

b) **Wirtschaftlicher Geschäftsbetrieb. Umwandlung eines Berufsvereins in ein Kartell. Vorbehalt von Satzungsänderungen. Verträgliche Anerkennung unwirksamer Vereinsbeschlüsse.**

Kammergericht, XII. ZS. Urteil v. 5. Juli 1911.

Nach der Satzung von 1898 wird der Zweck des Klägers, eines eingetr. Vereins: „die Förderung der wirtschaftlichen und Standesinteressen seiner Mitglieder“ erreicht durch die Läuterung der Formen des geschäftlichen Wettbewerbs und durch die Bekämpfung unbilliger Zumutungen bei Wettbewerben, Verdingungen und in Verträgen. Als Mittel hierzu wurden bezeichnet: Versammlungen, Petitionen, Gutachten, Zeitungsberichte und „sonstige geeignet erscheinende Maßnahmen“. 1903 wurde ein neues Vereinsorgan: die „Anmeldestelle“ geschaffen, deren Tätigkeit die durch die Mitgliederversammlung erlassene Geschäftsordnung näher regelte. Darin wurde die Teilnahme an einem Vergebungsverfahren, besonders die Abgabe von Angeboten zur Ausführung ausgeschriebener Arbeiten, der Leitung des Vereins unterworfen. Den beteiligten Mitgliedern standen 2 Wege offen: Im Verfahren A hatten sie unter Zuziehung eines von der Anmeldestelle ernannten Obmannes sich darüber zu verständigen, wer von ihnen ein ernsthaftes Angebot machen sollte, während die anderen Mitglieder nur Scheinangebote einzureichen hatten. Im Verfahren B stand dagegen jedem Mitgliede die Abgabe eines ernsthaften Angebots frei, doch mußte er den Preis nach näher festgesetzten Grundsätzen bemessen. In beiden Fällen hatte das siegreiche Mitglied eine „Verbandsabgabe“ an den Verein und einen „Ausgleichsbetrag“ an jedes des zurücktretenden oder unterlegenen Mitgliedes zu entrichten. Die Befolgung aller dieser Bestimmungen wurde durch Stellung von Sicherheiten und Androhung von Strafen gesichert. Der Kläger verlangt einen Restbetrag an Verbandsabgaben und Ausgleichsbeträgen. Die Beklagte bemängelt die Rechtsgültigkeit der GeschäftsO., weil sie als Satzungsänderung der Eintragung in das Vereinsregister bedurfte. Aus den Gründen:

Einer Prüfung, ob die Geschäftsordnung die Satzung ändert, bedarf es deshalb, weil in diesem Falle ihre Wirksamkeit von der Eintragung abhängt (§ 71). Ein Verstoß hiergegen hat nicht nur die Unwirksamkeit des Beschlusses gegenüber Dritten, sondern auch im Verhältnisse zu den einzelnen Mitgliedern zur Folge (vgl. Crome, Syst. § 51[42]; Oertmann 1 zu § 71). Zur Satzung gehören nun nicht nur die als „Satzung“ äußerlich zusammengefaßten, sondern alle Vorschriften, die die Verfassung des Vereins betreffen (vgl. RG. 73 S. 192). Inhaltlich liegt eine Verfassungsnorm vor, namentlich in der Angabe über den Zweck des Vereins (§ 57). Hier bezeichnet die GeschäftsO. als ihren durch Einrichtung der Anmeldestelle zu verwirklichenden Zweck die Wahrung der Interessen der Mitglieder im Ausschreibungs- und Vergebungsverfahren; die eben durch die GeschäftsO. ins Leben gerufene Anmeldestelle legt ferner als Mittel zur Erreichung jenes Zwecks den Mitgliedern weitgehende Verpflichtungen auf. Die Bestimmungen der GeschäftsO. sind daher als Satzungsnormen anzusehen.

Weiter handelt es sich hierbei nicht bloß um eine Wiederholung oder weitere Ausführung von Satzungsnormen, sondern um eine Verfassungsänderung. Eine solche ist zweifellos gegeben, wenn der Vereinszweck geändert wird (§ 33[1]). Die Satzung von 1898 bezeichnet zwar als Zweck „Förderung der wirtschaftlichen Interessen". Aber die im Anschlusse daran aufgezählten Mittel zur Verfolgung dieses Zwecks lassen erkennen, daß der Verein bei seiner Gründung einer unmittelbaren Beteiligung am wirtschaftlichen Leben sich enthalten wollte. Nur mittelbar sollte die wirtschaftliche Lage seiner Mitglieder, wie auch des ganzen Berufszweigs, gehoben werden, indem die gesetzgebenden Gewalten und die öffentliche Meinung auf die vorhandenen Mißstände hingewiesen und zugunsten dieses Gewerbes beeinflußt werden sollten. Eine solche Förderung der gemeinschaftlichen Interessen eines bestimmten Berufszweigs fällt nicht aus dem Rahmen der Aufgaben der Idealvereine heraus. Das ist bei der Schaffung des BGB. stets anerkannt worden. In diesem Sinne wird den „Berufsvereinen zur Wahrung der gemeinsamen Interessen von Berufsgenossen" allgemein die Eintragungsfähigkeit zugesprochen. Im Gegensatze zu diesen, auch in der Volkswirtschaftslehre als besondere Unterart der Unternehmerverbände unterschiedenen freien Interessenvereinigungen stehen die Kartelle, Syndikate, Ringe, Trusts 2c, die eine unmittelbare Einwirkung auf die wirtschaftliche Lage der vereinigten Einzelunternehmungen, namentlich durch Hebung ihrer Rentabilität, erstreben (Bossen, Reichsvereinigungsrecht 1909 S. 279; Kleinwächter, Handw. der Staatsw. 6 S. 346). Der Wechsel in der Zugehörigkeit zu der einen oder anderen Gruppe bedingt deshalb eine Änderung des Zweckes. Hier wird eine solche Verwandlung des bisherigen Berufsvereins in ein Kartell durch die in der GeschäftsO. vorgesehenen Maßnahmen bewirkt. Der Zweck des Kartells ist die Beeinflussung der Preisbildung durch verschiedene Mittel, namentlich die Ausschaltung oder Einschränkung des freien Wettbewerbes (Kleinwächter aO.; Baumgarten-Meszlény, Kartelle und Trusts 1906 S. 35, 48). Hiermit ist aber auch das Ziel, das bei der Einrichtung der Anmeldestelle verfolgt wurde, bezeichnet. Die GeschäftsO. führt bei dem Zwecke jener Stelle die Verhütung der Abgabe von Schleudergeboten auf; auch zielen die Verfahren A und B darauf ab, einen angemessenen Gewinn bei der Übernahme von Aufträgen im Vergebensverfahren zu gewährleisten, indem auf die eine oder andere Weise der Wettbewerb der Berufsgenossen beseitigt oder in unschädliche Grenzen gewiesen wird.

Für die Unverbindlichkeit der GeschäftsO. sprechen noch folgende Gründe. Durch die Änderung der Ziele verwandelt sich der bisherige Idealverein in einen solchen, dessen Zweck auf einem wirtschaftlichen Geschäftsbetrieb gerichtet ist. Zwar ist bei der Beratung des BGB. mehrfach darauf hingewiesen worden, daß ein Verein seine Eintragungsfähigkeit noch nicht verliere, wenn er zur Unterstützung seines satzungsmäßigen Zweckes einen wirtschaftlichen Betrieb halte (vgl. auch Jahrbuch 36 S. 146). Anders steht es aber, wenn wie hier der Geschäftsbetrieb zur Hauptsache wird. Das zeigt sich schon in den Mitteln, mit denen der Verein seine Ziele nunmehr anstrebt. Bisher betrug der Jahresbeitrag 50 Mark; dagegen macht jetzt der allein von der Beklagten jährlich zu entrichtende Beitrag 4000 Mark aus. Bei der beträchtlichen Mitgliederzahl übersteigen die Beiträge jedenfalls die Kosten der Unterhaltung der Anmeldestelle erheblich und verschaffen mithin dem Verein einen Vermögenszuwachs, mit dem die früheren bescheidenen Einnahmen nicht verglichen werden können.

Durch die Anmeldestelle wird ferner das Verhältnis des einzelnen Mitgliedes zum Verein durchgreifend geändert. Während nach der Satzung die Mitglieder weitere Pflichten als die Zahlung der Beiträge und die Teilnahme an den Versammlungen nicht haben, unterwirft die GeschäftsO. einen wesentlichen Teil des Geschäftsbetriebes der Mitglieder, nämlich die Angebote auf Lieferungsverträge, der Leitung des Vereins. Die Beobachtung der erlassenen Vorschriften wird durch hohe Strafen und andere Nachteile gesichert. Damit wird die wirtschaftliche Selbständigkeit der Mitglieder erheblich eingeschränkt; es bietet sich auch für den Verein nunmehr ein weites Feld für eine eigene Tätigkeit und für zahlreiche Einwirkungen auf die Privatwirtschaft der Einzelmitglieder dar. Wie umfangreich die neue Tätigkeit ist, ergeben die überreichten Auszüge. Die Bewältigung der dem Verein hieraus erwachsenen Aufgabe erfordert eine eigene dauernde planmäßige Tätigkeit, d. h. einen Geschäftsbetrieb. Dieser ist nun zwar nicht unmittelbar auf die Erzeugung oder Verarbeitung wirtschaftlicher Güter gerichtet; er ist aber dennoch ein wirtschaftlicher, weil er die Erlangung wirtschaftlicher Vorteile für die Mitglieder und die Verhütung von Vermögensbeschädigungen bei den Mitgliedern unmittelbar herbeiführen will (Staudinger V 1, 3 zu § 21; Samter, D.JZ. 1900 S. 311; Hölder, das. 413). Die Mitglieder erlangen durch die Anmeldestelle den Vorteil, daß sie nur Angebote, die einen angemessenen Gewinn verbürgen, abzugeben brauchen, mithin derjenige, der den Zuschlag erhält, ein gewinnbringendes Geschäft abschließt, während die unterliegenden Bewerber durch die Ausgleichsbeträge entschädigt werden, zugleich wird das wirtschaftliche Wohl aller Vereinsmitglieder dadurch gefördert, daß dem Sinken der Preise durch diese Maßnahme vorgebeugt wird und damit eine Entwertung der einzelnen Geschäftsbetriebe hintangehalten wird. Diese Erwägung würde sogar zu der Annahme führen, daß die Wirksamkeit der GeschäftsO. nicht einmal durch die Eintragung ins Vereinsregister erlangt werden könnte. — Wollte man aber einen wirtschaftlichen Geschäftsbetrieb deshalb verneinen, weil er weder auf die Produktion oder den Umsatz wirtschaftlicher Güter, noch auf die Erzielung eigener Einnahmen durch Abschluß vermögensrechtlicher Geschäfte mit Dritten gerichtet ist (Planck, Oertmann zu § 21), so ist eine weitere Änderung der Satzung des Vereins doch darin enthalten, daß den Mitgliedern in der GeschäftsO. neue Leistungen auferlegt werden....

Vergeblich sucht der Kläger die GeschäftsO. als bloße Ausführung des § 1 Nr. 5 der Satzung zu verteidigen. Wenn hier „sonstige geeignet erscheinende Maßnahmen" vorbehalten werden, so können darunter nur solche verstanden werden, die den übrigen gleichartig, also nicht wirtschaftlicher Natur, sind. Hier ist jedoch ein Mittel ganz anderer Art, nämlich eine Einrichtung auf wirtschaftlichem Gebiet, eingeführt worden. Auch ist jener Vorbehalt selbst für unwirksam zu erachten. Denn die Bestimmungen des BGB. über die Vornahme und Verlautbarung von Verfassungsänderungen dürfen nicht dadurch umgangen werden, daß Satzungsänderungen vorbehalten werden. Auch die vorbehaltene Satzungsänderung unterliegt der zwingenden Vorschrift des § 71.

Die Geschäftsordnungen sind mithin wegen Verstoßes gegen § 21 oder § 71 BGB. unverbindlich.

Dieser Unwirksamkeit vermag der Kläger auch nicht durch die Behauptung zu begegnen, daß der Beklagte sich der GeschäftsO. auf Grund eines Sondervertrags unterworfen habe. Sollte sie auch in dem Schreiben vom 1. April eine solche Unterwerfung und nicht lediglich in besonderer Form ihren Beitritt zum Verein erklärt haben, so hat sie sich jedenfalls nicht Verpflichtungen unterwerfen wollen, die den anderen Mitgliedern nicht oblagen. Diese waren aber an die unwirksame GeschäftsO. auch nicht aus dem Gesichtspunkt vertraglicher Unterwerfung gebunden. Denn in der Zustimmung zu einem Vereinsbeschluß liegt nur die Ausübung des Mitgliedsrechts, also eine personenrechtliche, nicht eine schuldrechtliche Erklärung (Staudinger 6 zu § 25). Die Mitglieder erteilen diese Zustimmung nur als unselbständige Bestandteile des Vereins, deren Beteiligung an der Willensbildung des Vereins erfordert wird; keineswegs wollen sie damit eine eigene, sie persönlich verpflichtende Erklärung abgeben. Es handelt sich mithin in beiden Fällen um inhaltlich verschiedene Kundgebungen von verschiedener rechtlicher Tragweite; sie stehen im Verhältnisse des Mehr zum Minderen; die Übernahme der eigenen Verpflichtungen geht weiter als die einer gleichlautenden Verbindlichkeit für den Verein. Es ist aber die Ansicht abzulehnen, daß in der Ausübung des Stimmrechts nebenher noch ein gültiges Angebot oder eine gültige Vertragsannahme liegen könnte. Die gegenteilige Ansicht würde den Zweck des § 71 vereiteln, der die Durchführung der Schranken des Vereinsrechts und eine sachgemäße Offenlegung der inneren Verhältnisse des Vereins sichern will (vgl. Oertmann 1 zu § 71). D.l.

c) **Vertretungsbefugnis des Vorstehers nach Ablauf seiner Wahlzeit. Gutgläubigkeit des Gegners.**

OLG. Marienwerder, II. ZS. Urteil v. 3. März 1911.

Die Beklagte, eine nach dem Ges. über die Bildung von Wassergenossenschaften vom 1. April 1879 begründete öffentliche Genossenschaft, macht mit Recht geltend, daß ihr früherer Vorsteher X. zu der Zeit, wo er mit dem Kläger abschloß, nicht mehr zu ihrer Vertretung befugt gewesen sei. Nach § 12⁵ der im Amtsblatt veröffentlichten Satzung wird ihr Vorstand auf 5 Jahre durch Beschluß der Generalversammlung gewählt. X. ist am 1. August 1901 zum Vorsteher gewählt und als solcher von der Aufsichtsbehörde verpflichtet. Sein Amt und seine Vertretungsbefugnis endigte demnach am 1. August 1906. Weder der Satzung noch dem Ges. von 1879 ist zu entnehmen, daß das Amt des Vorstehers über die ursprünglich vorgesehene Dauer hinaus bis zur Wahl eines neuen Vorstehers bestehen solle. Aus dem § 9 Ges., wonach die Genossenschaft einen Vorstand haben muß, folgt dies nicht; denn er bedeutet nicht, daß die Genossenschaft in jedem Augenblick einen Vorstand haben muß, sondern nur, daß jederzeit verfassungsmäßig die Möglichkeit gegeben sein muß, einen Vorstand zu bestellen (vgl. Planck 2 zu § 26). — Es kann auch nicht angenommen werden, daß das Amt des X. nach Ablauf der Wahlzeit durch stillschweigende Zustimmung der Genossen und der Aufsichtsbehörde verlängert worden sei; denn die Bestellung zum Vorsteher bedarf nach § 12 der Satzung einer besonderen Form, nämlich der Wahl in der Generalversammlung und der Bestätigung durch die Aufsichtsbehörde. Vielmehr ist die Beklagte in der Zeit vom 1. August 1906 bis zu der erst im April 1907 erfolgten Neuwahl ohne Vorstand gewesen. Eine derartige Vertretungslosigkeit kann zwar dem Verkehr Schwierigkeiten bereiten, ist aber rechtlich durchaus möglich. Das erkennt auch RG. 73 S. 237 für den Aufsichtsratsvorsitzenden an, dessen Tätigkeit vorübergehend ausfallen könne, zumal auch tatsächlich nicht zu vermeiden sei, daß ein Vorsitzender z. B. durch Tod oder plötzliche Unfähigkeit fortfallen könne, ohne daß unmittelbar ein anderer an seine Stelle trete.

Der Kläger kann eine Haftung der Beklagten aus Handlungen ihres früheren Vorstehers nicht daraus herleiten, daß er den Mangel der Vertretungsmacht nicht gekannt habe. Das Ges. vom 1. April 1879 enthält keine dem § 29 GenG. vom 20. Mai 1898 entsprechende Vorschrift. Vielmehr ist die Satzung der Beklagten nach § 58 Ges. von 1879 mit den Wirkungen des Ges. vom 10. April 1872 verkündet und hat dadurch die Eigenschaft von Rechtsnormen, von Gesetzen erhalten (vgl. RG. 31 S. 235; Gruchot 53 S. 1084; JW. 1909 S. 117). Der Kläger kann sich demnach mit Unkenntnis der Satzung nicht entschuldigen. Aus der Satzung aber ergibt sich, daß der Vorsteher nur auf 5 Jahre gewählt wird. Den Anfangstermin der Amtszeit des X. mußte der Kläger wie jeder Dritte erfahren, wenn er überhaupt die Legitimation des Vertreters prüfte. Denn als Legitimation dient dem Vorsteher nach § 56 Nr. 8 Ges. von 1879 verb. mit § 13^2 der Satzung das von der Aufsichtsbehörde aufgenommene Verpflichtungsprotokoll, aus dem der Anfang der Amtstätigkeit ersichtlich ist. H. g.

d) **Rechtspersönlichkeit einer gemeinrechtlichen Sparkasse. Hypothekeneintragung auf sie.**

Kammergericht, I. ZS. Beschluß v. 3. Oktober 1911.

Die im gemeinen Recht streitige Frage, ob eine von einer Gemeinde gegründete Anstalt, wenn sie mit selbständiger Verwaltung eingerichtet wurde, schon hierdurch oder erst durch staatliche Verleihung juristische Persönlichkeit erlangte, braucht hier ebensowenig erörtert zu werden, wie die Frage, ob diese Verleihung schon in dem Beschlusse gefunden werden könnte, durch den der Senat, das höchste Regierungsorgan des Staates B., die Satzung der von der Stadt B. eingerichteten Anstalt bestätigt. Denn die Voraussetzung beider Fragen, die Ausstattung der Anstalt mit einer selbständigen Verwaltung, ist nach dem durch Gemeindebeschluß festgestellten, durch Beschluß des Senats bestätigten Ortsstatut nicht gegeben. Die Sparkasse untersteht nach den §§ 4, 5 des Statuts der Leitung und Aufsicht einer sich aus Stadtverordneten und Mitgliedern des Stadtrates zusammensetzenden Kommission. Dieser liegt nach § 8 die Erledigung zahlreicher wichtiger Geschäfte ob. Sie hat unter anderem für die Ausführung der Gesetze und Verfügungen zu sorgen, die die Sparkasse betreffen, die Dienstanweisung für die die Sparkassengeschäfte wahrnehmenden Direktoren und sonstigen Beamten der Sparkasse aufzustellen, jährlich den Voranschlag über die Sparkasse zu entwerfen, über die Anlegung und Kündigung der Gelder zu beschließen, die Jahresrechnung zu prüfen und dem Stadtrate vorzulegen. Hinsichtlich der allgemeinen Befugnisse und der Geschäftsführung der Kommission gelten nach § 6 des Statuts dieselben Bestimmungen, wie für andere städtische Kommissionen, z. B. zur Verwaltung des Schul-, des Armen-, des Finanz- und des Marktwesens, also Kommissionen, deren Verwaltungen zweifellos keine juristische Persönlichkeit zukommt. Weiter ist zur Anstellung, Entlassung und Beurlaubung der Direktoren und sonstigen Beamten, zur Aufnahme von Anleihen, zur Festsetzung des Zinsfußes und zu anderen dergleichen Angelegenheiten der Stadtrat zuständig, während zur Entscheidung besonders wichtiger Angelegenheiten, z. B. des jährlichen Voranschlages für die Sparkasse, der Errichtung von Nebenstellen und der Aufnahme bestimmter Anleihen, sogar ein Gemeindebeschluß erforderlich ist.

Diese Organisation ergibt, daß die Sparkasse nur eine unselbständige Anstalt der Stadt ist. Dies wird bestätigt durch die Bestimmungen über die Verwendung der Geschäftsüberschüsse. Danach wird der nicht zur Auffüllung des Reservefonds bis zu dessen statutenmäßiger Höhe oder infolge eines Gemeindebeschlusses darüber hinaus zur Verwendung gelangende Teil der Überschüsse zur Herstellung gemeinnütziger Gemeindeanstalten oder zur Tilgung der für die Herstellung solcher Anstalten aufgenommenen Anleihen verwandt. Hieraus geht hervor, daß das Vermögen der Sparkasse nur ein getrennt verwalteter Teil des Kommunalvermögens ist. Aus § 2, wonach die Stadtgemeinde für die Verbindlichkeiten der Sparkasse haftet und den Einlegern Kapital und Zinsen gewährleistet, ist nicht zu entnehmen, daß den Gläubigern zwei selbständige Rechtssubjekte, die Sparkasse als Hauptschuldnerin und die Stadtgemeinde als Bürgin gegenüberstehen; es ist damit vielmehr ausgedrückt, daß die Stadt mit ihrem ganzen Vermögen Trägerin der im Betriebe der Sparkassenverwaltung eingegangenen Verbindlichkeiten ist. Der Hinweis der Beschwerde auf die Reichsbank ist verfehlt, weil die juristische Persönlichkeit der Reichsbank einmal auf ausdrücklicher Vorschrift (§ 12 BankG.) beruht und weil ferner das eigenartige, unter einem Sonderrechte stehende Gebilde der Reichsbank nicht zu Schlüssen auf den allgemeinen Rechtszustand verwertet werden kann.

Ist aber die Sparkasse in B. keine juristische Person, so ist sie auch keine mögliche Hypothekengläubigerin. Soll bei der Umschreibung der ihr abgetretenen Hypothek deren Zugehörigkeit zum Sparkassenvermögen kenntlich gemacht werden, so kann dies gemäß § 4² der AVf. vom 20. November 1899 (JMBl. 349) durch einen der Angabe der Stadtgemeinde als Berechtigten in Klammern beizufügenden Zusatz geschehen. Die zahlreichen Eintragungen, die sich in preuß. Grundbüchern auf den Namen nicht rechtsfähiger kommunaler Sparkassen finden, sind allerdings, da die Bezeichnung des Berechtigten in solchem Falle zwar rechtlich unzutreffend ist, der Berechtigte aber doch erkennbar ist, nicht ungültig und bewirken keine Unrichtigkeit des Grundbuchs. Daraus folgt indessen nicht, daß die Beschwerdeführerin eine Eintragung mit der ungenauen, den bestehenden Ordnungsvorschriften (§ 4 Nr. 2 Abs. 2 aO.) widersprechenden Bezeichnung verlangen kann. O.

e) **Haftung einer Stadt wegen Verschuldens ihres Vertreters.**

OLG. Rostock, I. ZS. Urteil v. 8. Juni 1911.

Das Fuhrwerk des Klägers ist abends 9 Uhr auf der landesherrlichen Chaussee in der Nähe der Beklagten in eine Grube geraten, die der Kämmereivorarbeiter X. zusammen mit anderen Arbeitern auf Anordnung der Kämmereiverwaltung der Beklagten aufgeworfen hatte, um eine dort befindliche Rohrbruchstelle der städtischen Wasserleitung auszubessern. Das LG. hat ein Verschulden des verfassungsmäßigen Vertreters der Beklagten verneint, da es nicht zu den dienstlichen Obliegenheiten des die Kämmereiverwaltung führenden Magistratsmitgliedes gehöre, selbst die etwa nötig gewesenen Sicherungsmaßregeln zu treffen, und da im übrigen dem in der Vornahme solcher Arbeiten erfahrenen Vorarbeiter X. die sachgemäße Sicherung des Verkehrs auf der Chaussee hätte überlassen bleiben können. Allein ob es bei größeren Kommunalverwaltungen Sache des Dirigenten ist, in derartigen Fällen sich selbst an Ort und Stelle zu begeben und dort die nötigen Anordnungen zu treffen, kann unerörtert bleiben. Für eine kleine Kommunalverwaltung wie hier ist es als Regel hinzustellen, daß er bei solchen wichtigeren Vorfällen selbst die Oberaufsicht führt und die erforderlichen Anweisungen gibt, wie ja auch tatsächlich der Senator F. sich zur Bruchstelle begeben und dort die Ausbesserung angeordnet hat. Ob er nun befugt war, die unaufschiebbare Arbeit ohne vorherige Benachrichtigung der Chausseeverwaltung oder des Chausseewärters vornehmen zu lassen, mag dahingestellt bleiben. Jedenfalls hat er sich nach seiner eigenen Erklärung darauf beschränkt, die Ausbesserung dem Kämmereischreiber aufzutragen, der seinerseits wiederum den Vorarbeiter beauftragt hat. Irgendwelche Anweisungen über die Maßnahmen zum Schutze der auf der Chaussee verkehrenden Fuhrwerke hat er, ebenso wie auch der Kämmereischreiber, nicht erteilt, vielmehr nur gesagt, daß so lange gearbeitet werden müsse, bis das Rohr ausgewechselt sei. Er hat also bei seiner Anordnung nur die Ausführung der Arbeit, nicht auch Sicherungsmaßregeln, im Auge gehabt. Solche mußten aber, auch abgesehen von dem herrschenden nebeligen Wetter, unter allen Umständen für die Zeit der Dunkelheit getroffen werden, da sich die Bruchstelle auf einer verkehrsreichen Chaussee in der Nähe der Stadt befand und da die Herstellung der Grube, auch wenn sie an der Seite der Chaussee lag, eine sehr große Gefahr für Fuhrwerke darbot, wie der jetzige Unfall zeigt. Auch wenn an sich der Vorarbeiter eine zuverlässige und mit derartigen Arbeiten an sich vertraute Persönlichkeit ist, so war es doch bei dieser erheblichen Störung und Gefährdung des Chausseeverkehrs die Pflicht desjenigen Beamten, welcher die Arbeiten anordnete und die Oberaufsicht darüber führte, es nicht lediglich dem Unterpersonal zu überlassen, ob und welche Schutzmaßnahmen sie treffen wollten. Das muß hier um so mehr gelten, als ein Chausseebeamter nicht benachrichtigt war und also seinerseits nicht Schutzmaßnahmen treffen konnte, und als andererseits es keine besonderen Schwierigkeiten machen konnte, solche entweder in der Art zu bewirken, daß in hinreichender Entfernung von der Grube je ein Warnungsposten aufgestellt wurde oder daß dort feststehende Laternen angebracht wurden, welche anzeigten, daß auf der hinter ihnen befindlichen Strecke eine Gefahr drohe. Darin, daß der Senator F. die Grube auswerfen ließ, ohne gleichzeitig für solche Sicherungsmaßregeln zu sorgen, muß eine Fahrlässigkeit desselben, d. h. eine schuldhafte Außerachtlassung der im Verkehr erforderlichen Sorgfalt, erblickt werden. Die Kämmereiverwaltungen sind aber Deputationen, welche stadtverfassungsmäßig gewisse Zweige der Stadtverwaltung namens des Magistrats fortlaufend leiten. Der Kämmereisenator, und ebenso ein ihn vertretendes Magistratsmitglied, ist ein verfassungsmäßig berufener Vertreter der Stadt. J.n.

f) **Ausschließung eines Vereinsmitglieds. Rechtsmittel.**

Kammergericht, XIV. ZS. Urteil v. 15. Mai 1911.

Der Kläger, Mitglied des eingetragenen Rudervereins, wurde wegen ungehörigen Verhaltens in der Monatsversammlung durch Vorstandsbeschluß ausgeschlossen. Er hat den Beschluß durch Berufung an die Monatsversammlung angefochten. Da diese jedoch bisher nicht entschieden hat, verlangt er die richterliche Feststellung seines Rechts, gegen die Ausschließung an die Monatsversammlung zu appellieren und bis zu ihrer Entscheidung alle Mitgliederrechte auszuüben. Der letztere Anspruch ist unbegründet. Denn nach § 21 der Satzung tritt der Verlust der Mitgliedschaft durch den Beschluß der Vereinsleitung ein. Davon, daß die Berufung an die Monatsversammlung aufschiebende Wirkung hätte, ist nirgends die Rede.

Daß aber eine solche Berufung zulässig sei, hat der Kläger mit Recht aus § 40 der Satzung hergeleitet und darauf den ersten Antrag gestützt. Daß er damit, wie Beklagter meint, nur die Feststellung einer Rechtsfrage erstrebe, ist nicht anzuerkennen. Nicht um eine Rechtsfrage handelt es sich, sondern um die Wirkung eines Rechtssatzes, des § 40 der Satzung auf einen gegebenen Sachverhalt, nämlich den Ausschluß des Klägers durch den Vorstand. Eine Feststellung in dieser Richtung schließt § 256 ZPO. nicht aus. Der Beklagte hält sodann den § 40 für unanwendbar, weil die dort vorgesehene Berufung an die Monatsversammlung nur bei Verhängung von Strafen gegeben sei, unter Strafen aber nur die Geldbußen für Verstöße gegen die Ruder- und Hausordnung, nicht aber der Ausschluß aus dem Vereine zu verstehen seien. Für diese Auslegung ergibt jedoch die Satzung, die allein der Entscheidung zugrunde zu legen ist, keinen Beweis. Daß eine Ausstoßung, zumal wenn sie wie hier ein ungehöriges Verhalten ahnden soll, als „Strafe" erscheint, kann nicht bezweifelt werden. Warum aber die Berufung nur gegen die kleinen Ordnungsstrafen und nicht gegen die schwerste Strafe der Ausschließung gegeben sein sollte, ist nicht einzusehen. Fr.

g) **Rechtsverhältnisse einer künftigen Stiftung.**

Kammergericht, XXII. ZS. Urteil v. 12. Januar 1911.

In dem gemeinschaftlichen Testament der Eheleute A. war eine Familienstiftung, die jedoch erst nach dem Tode beider ins Leben treten sollte, errichtet und mit einzelnen Gegenständen (Rittergut und anzusammelndes Kapital) bedacht worden. Mit Rücksicht auf dies Vermächtnis muß ihr zum Schutz ihrer Interessen fingierte Rechtspersönlichkeit beigelegt werden, ebenso wie eine solche den mit einem Vermächtnis bedachten, noch unerzeugten Nachkommen einer bestimmten Person zuerkannt wird (RG. 65 S. 281). Über die Stiftung als künftige juristische Person konnte eine Pflegschaft angeordnet werden. Darüber, ob ein Fürsorgebedürfnis vorhanden ist, hat das Vormundschaftsgericht nach freiem Ermessen zu befinden; eine Nachprüfung durch das Prozeßgericht ist unzulässig. Der Pfleger ist daher zur Klage befugt. Mit ihr fordert er von der überlebenden Frau A. die Kosten derjenigen einstw. Verfügungen, die er zur Erhaltung der Stiftung gegen ihre (der A.) Maßnahmen hatte beantragen müssen. Allein zur Erstattung dieser der Stiftung als späteren Eigentümerin des Stiftungsvermögens entstandenen Kosten ist die Beklagte als Eigentümerin des späteren Stiftungsvermögens nicht verpflichtet, weil es an einer Vorschrift hierüber fehlt und die §§ 1915, 1835 BGB. nur das Verhältnis des Pflegers zu seinem Pflegebefohlenen behandeln. Auch aus dem Gesichtspunkte des Verschuldens können die Kosten nicht beansprucht werden. Die Stiftung hat als Vermächtnisnehmerin lediglich obligatorische Ansprüche; diese fallen aber nicht unter § 823 BGB. und stehen ihr auch nur gegen die Erben der Beklagten zu. Der vom LG. angezogene § 91 ZPO. ist nur anwendbar, wenn in demselben Verfahren, in welchem die Hauptsache anhängig gemacht wurde, auch über die Kosten entschieden wird. In dieser Beziehung kommen nur die hier ergangenen einstw. Verfügungen in Betracht, die sich jedoch nicht über die Kosten verhalten. Trotzdem bilden sie die gesetzlichen Titel für den Anspruch auf Erstattung der Kosten ihrer Vollziehung (Gruchot 44 S. 202). Dieser

Anspruch kann aber nicht im besonderen Prozesse, sondern nur im Wege des Kostenfestsetzungsverfahrens verfolgt werden. W.t.

h) **Klagerecht auf Bezüge aus einer Stiftung.**

OLG. Breslau, VIII. ZS. Urteil. v. 3. Februar 1911.

Der Kläger, welcher die Vorschule des Realgymnasiums besucht, fordert für die Dauer des Besuchs dieser Anstalt die Zinsen eines von X. 1787 testamentarisch ausgesetzten Stiftungskapitals. Allein das Testament des Stifters gewährt den Zinsgenuß denjenigen durch Männer von X. herstammenden Abkömmlingen, die studieren oder ein Handwerk erlernen wollen und vom Capitulo akzeptiert worden. Hiernach fehlt dem Kläger ein klagbares Recht auf die verfügbaren Stiftungsbezüge. Ein solches hätte er nur dann, wenn der Stifter die Bezugsberechtigung an derart bestimmte Voraussetzungen geknüpft hätte, daß für die Entscheidung der Stiftungsverwaltung über diese Frage kein Raum mehr wäre. Der Stifter hat aber eine solche objektiv und unabänderlich feststehende Voraussetzung für die Bezugsberechtigung überhaupt nicht aufgestellt, sondern den Vorstand der Stiftung berufen, über das Anrecht eines Anwärters nach pflichtmäßigem Ermessen unter Berücksichtigung der tatsächlichen Verhältnisse zu entscheiden (vgl. Seuffert 56 Nr. 216; RGKom. § 85[2]). D.

i) **Rechtliche Natur der Amortisationsfonds.**[1]

OLG. Marienwerder, II. ZS. Urteil v. 23. September 1911.

Bei land(ritter)schaftlichen Kreditanstalten ist der Eigentümer zur Verfügung über den amortisierten Teil des Darlehns vor völliger Tilgung oder der satzungsgemäß zugelassenen Aufrechnung nicht berechtigt. Die Tilgungsquoten werden angesammelt, ohne zur sofortigen Befriedigung der Gläubigerin zu dienen. Das Guthaben am Tilgungsfonds bildet ein Zubehör des Grundstücks und ist im Gegensatz zur Eigentümerhypothek der Verfügungsgewalt des Tilgenden in wesentlichen Punkten entzogen.

Anders verhält es sich bei den übrigen Amortisationshypotheken. Hier übt die Entrichtung von Teilbeiträgen auf den Bestand der Hypothekenforderung dieselbe Wirkung aus, wie jede andere, auf das Kapital geleistete Abzahlung. Danach erwirbt der Eigentümer, soweit er die Forderung tilgt, kraft Gesetzes die Hypothek als Eigentümerhypothek oder, wenn er zugleich der persönliche Schuldner ist und demnach die Forderung erlischt, als Eigentümergrundschuld. Er behält sie selbst dann, wenn das Grundstück freiwillig einem Andern veräußert wird (vgl. PosMSchr. 1909 S. 25, 26). Wgr.

k) **Zubehör: α) eines Schlächtereiladens.**

OLG. Hamburg, IV. ZS. Urteil v. 18. Oktober 1911.

---

[1] Ein als subjektiv persönliches, veräußerliches und vererbliches Recht verliehenes Apothekerprivilegium, das als Zubehör eines Grundstücks im Grundbuch eingetragen war, hat seit 1900 seine Eigenschaft als Zubehör verloren und gilt nicht nach § 96 BGB. als Bestandteil des Grundstücks (ObVerwG. VII. ZS. Urteil v. 6. Juni 1910, Entsch. 57 S. 122; aA. das. 54 S. 23).

Der Kläger, der in seinem Hause eine Schlächterei betrieb, hat sie 1909 dem Beklagten vermietet und ihm zugleich das Schlächtereiinventar unter Eigentumsvorbehalt verkauft. 1910 wurde das Grundstück versteigert, wobei die letzte Hypothek ausfiel. Gegen die Klage auf die Kaufpreisrate wendet der Beklagte ein, daß das Inventar als Zubehör des Hauses dem Ersteher zugefallen sei und deshalb vom Kläger nicht mehr übergeben werden könne. Diese Einrede ist begründet.

Daß das Gebäude, in welchem das Inventar von jeher zur Verwendung kam, im Erdgeschosse zum Betriebe einer Schlächterei dauernd eingerichtet war, hat das LG. ausgeführt. Wenn der Kläger daran festhält, es habe sich der Laden mit seiner bei Schlächtereiläden üblichen Auslegung mit Fliesen und Wandkacheln, sowie seinen zum Aufhängen von Fleisch bestimmten, in den Wänden angebrachten großen Befestigungsbolzen auch zu Verkaufsläden anderer Art und es hätten sich die hinteren Schlachträume mit ihrer speziellen Einteilung auch als Waschraum verwerten lassen, so ist natürlich die Verwendung jedes Raumes zu anderen als seinen eigentlichen Zwecken möglich. Es kommt nur darauf an, ob die neue Verwendung dem durch Einteilung und bauliche Ausstattung dem Gebäude gegebenen Zwecke und seinem hierdurch und besonders auch durch die Zusammengehörigkeit des Ganzen bedingten Nutzungswert entspricht oder als in seiner Zweckbestimmung fremder Notbehelf erscheint.... Die weitere Behauptung, daß das Inventar nur zur vorübergehenden Benutzung eingebracht sei, findet zwar darin, daß der Kläger damals nur Mieter des Grundstücks war, eine gewisse Stütze. Später (1906) ist er jedoch dessen Eigentümer geworden und es fehlt an einem Anhalte dafür, daß er auch jetzt noch die Absicht einer nur vorübergehenden Benutzung in seinem Hause beibehalten hat.

Fraglich kann allerdings sein, ob das Inventar seine Zubehöreigenschaft nicht wieder dadurch verloren hat, daß es 1909 dem Beklagten unter Eigentumsvorbehalt verkauft wurde. Wird dies verneint, so ist es mit der Versteigerung auf den Ersteher übergegangen und kann von dem Verkäufer dem Beklagten nicht verschafft werden. Wird aber die Frage bejaht, so ist es Eigentum des Klägers geblieben und kann der Beklagte gegen Zahlung der Klagsumme Eigentümer werden. Denn die Versteigerung erstreckt sich grundsätzlich nur auf diejenigen Gegenstände, auf die sich die Beschlagnahme des Grundstücks erstreckt. Diese umfaßt nach § 20 ZwVG. diejenigen Gegenstände, auf die sich „die Hypothek erstreckt". Die „Hypothek erstreckt" sich aber nach § 1120 BGB. auf das Zubehör, soweit es in das Eigentum des Grundstückseigentümers gelangt ist, aber natürlich nur auf dasjenige Zubehör, was zur Zeit der Hypothekbestellung Zubehör ist oder später wird, nicht aber auch dasjenige, was es früher mal gewesen ist. Die Beschlagnahme wirkt also hinsichtlich der Gegenstände der Haftung in demselben Umfange, wie eine zu gleicher Zeit neu bestellte Hypothek und kann demgemäß nur diejenigen Gegenstände als Zubehör umfassen, die es noch zur Zeit der Beschlagnahme sind oder später werden, und ebenso die Versteigerung nur derjenigen, die es noch zur Zeit der Beschlagnahme gewesen oder später geworden sind. Die §§ 1121, 1122 BGB. kommen hier nicht in Frage; denn sie betreffen nur das „Freiwerden" von einer schon bestehenden Hypothek und das „Erlöschen" einer solchen.

Aber auch bei der Annahme, daß ihm noch heute das Inventar gehört, kann der Kläger nicht durchdringen, weil sich aus dem vorgetragenen Sachverhalt eine vom Beklagten allerdings nicht direkt geltend gemachte Begründung seines Einwandes ergibt, daß er von seiner Zahlungspflicht infolge des Unvermögens des Klägers zur Beschaffung der Gegenleistung befreit sei. Es steht nämlich fest, daß der Ersteher — der übrigens nicht auch der betreibende Gläubiger war — mit seiner Hypothek von 10000 Mark ausgefallen und inzwischen nicht befriedigt ist. Seine Hypothek ist aber schon 1906 mit dem Eigentumsübergange auf den Kläger entstanden, erstreckte sich also auf das Inventar, weil dieses jedenfalls noch bis 1909 Zubehör geblieben ist. Von dieser Haftung ist es aber bis heute nicht frei geworden. Nach § 1121, also durch Veräußerung, ist es nicht geschehen, da das Inventar weder veräußert, d. h. dinglich übertragen, noch auch vom Grundstück entfernt wurde. Ebensowenig ist ein Freiwerden nach § 1122² durch Aufhebung der Zubehörschaft gegeben, da letztere außerhalb des regelmäßigen Geschäftsbetriebes aufgehoben wurde. Zwar ist nach § 91 ZwVG. die Hypothek des Erstehers, weil nicht aus dem Kaufpreise gedeckt, mit dem Zuschlage erloschen, aber nur wegen derjenigen Gegenstände, auf die sich der Zuschlag erstreckte. Wegen der von der Versteigerung ausgenommenen oder ihr von vornherein nicht unterworfenen, aber von der hypothekarischen Haftung nicht befreiten Gegenstände besteht sie fort (RG. 55 S. 417). Nach §§ 434, 439 hat aber der Verkäufer den Gegenstand frei von Hypotheken zu verschaffen, u. z. auch dann, wenn der Käufer ihr Bestehen beim Vertragschluß kannte. Zur Beseitigung der noch auf dem Inventar haftenden Hypothek des Erstehers ist der Kläger unvermögend, und deshalb trifft der Einwand der Befreiung durch Unmöglichkeit der Gegenleistung zu. M. M.

β) **Automaten und Klaviere einer Gastwirtschaft.**

OLG. Celle, IV. ZS. Urteil v. 26. April 1911.

Der Schokoladenautomat und die automatische Wage sind bewegliche Sachen, die nach ihrer Beschaffenheit dem wirtschaftlichen Zweck der Hauptsache, nämlich der auf dem Grundstück betriebenen Wirtschaft, zu dienen bestimmt sind. Der Meinung des Beklagten, daß sie dem Eigentümer des Grundstücks eine selbständige, vom Wirtschaftsbetrieb unabhängige Nebeneinnahme verschaffen sollten, kann nicht beigetreten werden, weil derartige Gegenstände, in Gastwirtschaften aufgestellt, offensichtlich lediglich im Interesse des Wirtschaftsbetriebes angeschafft werden, nämlich um dem Vergnügen und der Unterhaltung der Gäste zu dienen, Gäste heranzuziehen und dadurch den Besuch der Wirtschaft zu heben. Der Umstand, daß durch die beiden Automaten eine selbständige Nebeneinnahme tatsächlich erzielt wird, steht ihrer Bestimmung zum Dienst des wirtschaftlichen Zweckes des Grundstücks nicht entgegen. Das ihrer Bestimmung entsprechende räumliche Verhältnis war durch die Aufstellung auf dem Hausflur hergestellt. Die Zubehöreigenschaft würde den Gegenständen auch nicht genommen worden sein, wenn erwiesen würde, daß sie bereits seit einem Jahre unbenutzt im Stalle gestanden hätten und die Schlüssel im Besitze des Mandatars M. gewesen seien. Es würde daraus keineswegs folgen, daß den Automaten die Zubehöreigenschaft habe entzogen sein sollen, und deshalb bedarf es keiner Prüfung, ob eine solche Entziehung mit Rechtswirkung gegen den Kläger damals noch möglich gewesen wäre. Daß die Verkehrsauffassung nicht gegen sondern für die Zubehöreigenschaft spreche, hat das LG. mit Recht angenommen. . . .

Für die Zubehöreigenschaft auch des Klaviers spricht allerdings, daß es seinen Platz in der Gaststube hatte, den Gästen zur Verfügung stand und von ihnen auch bald in der Gaststube, bald im Wirtschaftssaal ständig mit Wissen und Willen des Eigentümers D. benutzt wurde. Demgegenüber war zu berücksichtigen, daß D. keinen anderen Platz zur Aufstellung des Klaviers hatte und daß für den Betrieb noch ein anderes Klavier vorhanden war, das er mit der Wirtschaft übernommen hatte und nach mehrjähriger Benutzung durch ein tafelförmiges Klavier für die Zwecke der Wirtschaft ersetzte. Diese Tatsache würde allerdings nicht ausschließen, daß auch das eingeklagte Klavier Zubehör der Wirtschaft sein sollte und geworden war, man wird aber nicht sagen können, daß die Sachlage oder eine Vermutung für eine solche Annahme spräche. Angesichts der Tatsache, daß bereits ein Wirtschaftsklavier vorhanden war und sicher nur ein solches Instrument dem Wirtschaftszweck gedient hatte, erscheint die Behauptung nicht widerlegt, daß D. das eingeklagte Klavier für seinen Privatgebrauch bestimmt und durch die Gäste nur vorübergehend und zeitweise habe benutzen lassen, weil es nun einmal seinen durch die Raumverhältnisse gebotenen Platz in der Gaststube erhalten hatte. Hatte aber D. nicht den Willen, auch dieses Klavier dauernd dem wirtschaftlichen Zwecke des Grundstücks zu widmen, so konnte die tatsächliche Benutzungsweise und der Umstand, daß auch dieses Klavier an sich für die Zwecke der Wirtschaft geeignet war, diesem die Zubehöreigenschaft nicht geben. O.

γ) Verbrauchbare Sachen und Rohstoffe.

Bayer. Oberstes Landesgericht, II. ZS. Urteil v. 24. April 1911.

Bei einem zum gewerblichen Betrieb dauernd eingerichteten Gebäude spricht nach dem § 98 Nr. 1 die Vermutung dafür, daß die zum Betriebe bestimmten Maschinen 2c dem Wirtschaftszwecke des Gebäudes zu dienen bestimmt sind, so daß sie bei einem dieser Bestimmung entsprechenden räumlichen Verhältnisse, sofern die Verkehrsauffassung nicht im Wege steht, als Zubehör des Gebäudes zu erachten sind. Wenn ein zufolge seiner baulichen Beschaffenheit, der Größe, Zahl und Einteilung der einzelnen Räume zu einem Gewerbebetriebe bestimmten Gebäude mit den dafür benötigten

Maschinen und Gerätschaften versehen wird, erscheint es für den gewerblichen Betrieb eingerichtet.[1]

Dem Gewerbebetrieb im weiteren Sinne dient auch die Bureaueinrichtung. Da auch solche Sachen, die nur zur einmaligen Benutzung bestimmt sind, Zubehör sein können, sind auch verbrauchbare Sachen nicht ausgenommen, und zwar um so weniger, als weder § 97 noch § 98 die im § 92 erwähnten Sachen allgemein ausschließt und die im Verbrauche bestehende einmalige Benutzung noch weniger als vorübergehend im Sinne des § 97² erscheint. Das Berufungsgericht konnte daher auch die Vorräte von Heu, Stroh, Hafer und Heizmaterial als Zubehör des Anwesens im Sinne des § 97¹ behandeln. — Auch die Essenzen konnten als Zubehör erklärt werden; denn wenn auch daran festzuhalten ist, daß die im gewerblichen Betriebe hergestellte Ware nie als Zubehör des Anwesens aufzufassen ist (Samml. 5 S. 91), so gilt das doch nicht von den zur Verarbeitung bestimmten Stoffen, solange mit der Verarbeitung noch nicht begonnen ist; auf sie kann § 97 Satz 1 zutreffen, ohne daß zugleich der Satz 2 das. Platz greift.[2] Th.

δ) **Gasmotor zum Betriebe einer Mühle.**

OLG. Rostock, I. ZS. Beschluß v. 19. Oktober 1911.

Für den Beschwerdeführer ist ein Gasmotor mit Zubehör gepfändet. Hiergegen hat der Schuldner, weil der Motor zur Inbewegungsetzung seiner Schrotmühle notwendig und für deren Ausnutzung erforderlich sei, erfolglos Erinnerung erhoben. Auf seine Beschwerde hat das LG. die Pfändung aus § 865² ZPO. für unzulässig erklärt, weil der Schuldner sein Wohngrundstück vor Jahren baulich zu Betrieb einer Mühle eingerichtet und zu ihrem Antrieb im Keller den Motor auf einem gemauerten Fundamente, mit 5 Schrauben befestigt, aufgestellt hat. Die weitere Beschwerde macht geltend, daß der Motor auf einem vom Keller aus hochgeführten Betonfundament stehe, mithin zwar Bestandteil, aber kein wesentlicher Bestandteil sei, weil er eine nach dem Katalog gekaufte Fabrikware darstelle, die jederzeit anderweitig Verwendung finden könne, und daß das Gebäude seiner ursprünglichen Bestimmung als Wohnraum nicht entzogen sei. Diese Ausführungen sind jedoch nicht zutreffend.

Durch die oben beschriebene Verbindung allein hat der Motor seine Selbständigkeit noch nicht verloren, es müßte hinzukommen, daß das Gebäude mit ihm nach der Verkehrsauffassung sich als eine einheitliche Sache darstellte (RG. 67 S. 32). Dagegen sprechen gerade die Gründe, aus denen der Beschwerdeführer die Eigenschaft des Motors als eines wesentlichen

[1] In dem Umstand allein, daß die Türen und Fenster auf den Neubau geschafft worden sind, liegt noch keine Besitzübertragung auf den Bauunternehmer, solange die Türen ꝛc noch der Zupassung bedurften und die Leute des Werkmeisters mit dieser Arbeit auf dem Neubau beschäftigt waren; waren die Leute vom obersten Stockwerke schon in das Erdgeschoß gelangt, wurden sie aber noch immer in die oberen Stockwerke abgerufen, weil die dort angebrachten Türen nicht paßten, so können selbst diese noch nicht als übergeben gelten (RG. 6. April 1911 VII 518/10).

[2] Vgl. dagegen Falkmanns Zwangsvollstr. § 50 S. 614d.

Bestandteils verneint. Wäre aber wirklich das Grundstück mit dem Motor nach der Verkehrsauffassung nur als eine Sache anzusehen, so müßte auch der Motor nicht nur als Bestandteil schlechthin, sondern als wesentlicher Bestandteil gelten, sei es gemäß § 93, sei es gemäß § 94²; würde er selbständige Existenz nicht mehr besitzen, so könnte er auch von dem Gebäude nicht getrennt werden, ohne daß dadurch der übrige Teil des Gebäudes — das als Mühlengebäude eingerichtet ist, wenn es auch außerdem Wohnräume enthält — in seinem Wesen verändert würde, da es ohne Antriebvorrichtung als Mühlengebäude nicht weiter benutzt werden könnte. — Ist aber der Motor durch die Art der Verbindung allein noch kein Teil einer Sacheinheit geworden, weil nach der Verkehrsauffassung eine solche nicht begründet ist, so ist er trotz der Verbindung eine selbständige Sache geblieben und nicht „Bestandteil" schlechthin geworden. Ist er eine selbständige Sache, so unterliegt seine Zubehöreigenschaft nach der Sachlage keinem Bedenken. Da sonach die Pfändung des Motors, wenn er wesentlicher Bestandteil ist, gemäß § 93 BGB., wenn er aber Zubehör ist, gemäß § 865² ZPO. unzulässig wäre, kann die Frage, ob nach der Verkehrsauffassung eine einheitliche Sache vorliegt, offen gelassen werden; es genügt die Darlegung, daß er nicht einfacher Bestandteil ist, um die Unzulässigkeit der Pfändung zu begründen. J.n.

l) **Keine Nichtigkeit des Testaments wegen Umgehung des Art. 6 § 1 preuß. AusfG.**

OLG. Celle, V. ZS. Urteil v. 2. November 1911.

Es besteht kein Rechtssatz, daß der rechtsgeschäftliche Schleichweg stets gegen die guten Sitten verstoße. Zwar erklärt der § 134 ein Rechtsgeschäft, das gegen ein gesetzliches Verbot verstößt, für nichtig, wenn sich nicht aus dem Gesetz ein anderes ergibt. Deshalb ist aber nicht jedes verbietende Gesetz über den durch seine bloße Auslegung zu gewinnenden Sinn hinaus auf die zu seiner Umgehung bestimmten Geschäfte analog anwendbar. Zwar ist in der II. Kommission der Antrag gestellt, daß die Nichtigkeit des § 134 auch solche Geschäfte treffen solle, welche zur Umgehung des Gesetzes abgeschlossen sind, also in anderer Rechtsform den nämlichen oder einen ähnlichen Zweck erreichen wollen, wie den, welchem das Verbotsgesetz entgegentritt. Man hielt es aber für bedenklich, eine besondere Bestimmung aufzunehmen, weil die Entscheidung der Frage des in fraudem legis Handelns von der Auslegung des rechtsgeschäftlichen Tatbestandes und der diesen Tatbestand erfassenden Rechtsnorm abhänge, und sah davon ab, hier in die Auslegungsfreiheit des Richters einzugreifen. Es handelt sich also in jedem einzelnen Fall um eine Auslegungsfrage. Nach Art. 6 § 1 AusfG. bedürfen Schenkungen ꝛc an Korporationen staatlicher Genehmigung, wenn sie Gegenstände von mehr als 5000 Mark Wert betreffen. Daher würde es, wenn der Methodistengemeinde auf indirektem Wege — wie der Kläger meint — durch Gesetzesumgehung der Nachlaß des X. zugewendet würde, dafür bei dem Erfordernis der staatlichen Genehmigung verbleiben müssen. Würde für die Zuwendung, die demnächst der Beklagte der Methodistengemeinde oder einer anderen juristischen Person macht, die staatliche Genehmigung versagt werden, so würde deshalb aber noch nicht das Testament nichtig sein. Vielmehr würde der gesamte Nachlaß nunmehr dem Beklagten verbleiben, da ihm ohne sein Verschulden die Erfüllung der Auflage unmöglich geworden ist. Die Erbeseinsetzung des Beklagten selbst aber würde durch die Unmöglichkeit der Erfüllung der Auflage nicht unwirksam werden. Hieraus geht hervor, daß der Kläger irgendwelche Rechte aus der angeblichen Gesetzesverletzung überhaupt nicht herleiten kann.

Nun scheint der Kläger aber den Einwand in einem ganz anderen Sinne zu meinen: Wäre das frühere Testament nicht beseitigt, so wäre die Traktathausgesellschaft zur Erbin eingesetzt, und wenn diese Zuwendung die staatliche Genehmigung nicht gefunden hätte, wären die gesetzlichen Erben und darunter der Kläger Erben geworden. Indessen war es das gute Recht des Erblassers, ein Testament zu machen, durch das er unter allen Umständen die gesetzlichen Erben von der Erbfolge ausschloß. Darin ist eine Umgehung des Gesetzes sicherlich nicht zu erblicken. Es würde auch unbedenklich sein, wenn er sein Testament in der Absicht geändert hätte, dadurch der Versagung der staatlichen Genehmigung entgegenzuwirken. Wäre er z. B. von dem Gedanken ausgegangen, diese Genehmigung werde versagt werden, falls dann der Nachlaß als Erben mittellosen Verwandten zufallen werde, so war er befugt, dementsprechend ein Testament zu errichten, um der Versagung der Genehmigung vorzubeugen. Soweit die Gesetze der Testierfreiheit keine Schranken gezogen haben, unterliegen sämtliche Anordnungen des Erblassers seiner freien Willkür.

X. hat aber auch den Art. 6 § 1 nicht umgangen. Dieser verbietet nicht, juristische Personen als Erben einzusetzen oder ihnen etwas zuzuwenden; es sieht nur für die eine bestimmte Grenze überschreitenden Zuwendungen an sie staatliche Genehmigung vor. Durch das Testament selbst wird einer juristischen Person eine Zuwendung nicht gemacht. Insoweit ist also staatliche Genehmigung nicht erforderlich. Mittelbar mag X. allerdings staatlicher Genehmigung unterliegende Zuwendungen beabsichtigt haben; denn er schreibt im Testament, daß er darauf vertraue, daß der Beklagte den ihm vermachten Erbteil entsprechend der ihm mündlich erklärten Willensäußerung des Erblassers und zwar zu ausschließlich wohltätigen Zwecken verwenden werde. Danach kann es keinem Zweifel unterliegen, daß, soweit nach diesem mündlich erklärten Willen juristische Personen bedacht sind, demnächst die Bestimmung über die staatliche Genehmigungspflicht in Frage kommen wird. Insoweit ist also der Art. 6 § 1 weder ausgeschlossen noch kann er ausgeschlossen werden. L.t.

m) **Ist dem Schuldner, der entgegen dem Verbote des § 136 zahlt, die Aufrechnung aus § 392 versagt?**

OLG. Hamm, III. ZS. Urteil v. 14. März 1912.

Bei der Beklagten war von 1900 bis 1910 X. als Platzvertreter gegen ein jährliches Gehalt von 1500 Mark und 18 Mark Tagesspesen in Stellung. Diese Ansprüche, soweit sie monatlich 125 Mark übersteigen, hat der Kläger wegen einer gegen X. erstrittenen Forderung von 500 Mark Ende 1908 pfänden und sich überweisen lassen. Gleichwohl hat die Beklagte während des Jahres 1909 die vollen Tagesspesen dem X. gezahlt, obwohl sein wirklicher Aufwand nach der Schätzung des Klägers 10 Mark täglich betrug. Gegen die Klageforderung von 500 Mark rechnet die Beklagte mit einem dem X. 1907 gewährten Darlehn von 10000 Mark auf und drang damit durch. Gründe:

Reisespesen nehmen an dem Vorzug der Unpfändbarkeit der Gehaltsforderung teil und sind daher, ebenso wie das Gehalt, als unpfändbar anzusehen, aber nur insoweit, als sie wirklich Aufwandsvergütung darstellen (Rsp. 6 S. 139, 141, 418). Nach dem Gutachter sind hierfür nicht mehr als 16 Mark täglich anzusetzen, so daß die Beklagte 1909 dem X. 600 Mark mehr gezahlt hat, als sie nach dem Pfändungsbeschlusse zahlen durfte. Der Klaganspruch ist daher an sich begründet. Die Beklagte hat aber gegen X. seit 1907 eine unstreitige Gegenforderung. Diese ist auch längst fällig. Zwar hat die Beklagte mit X. abgemacht, daß sie das Darlehn ihm allmählich am Gehalt abzöge. Dadurch wird aber die Fälligkeit der Forderung nicht zerstört; diese Abrede hatte vielmehr den Charakter nur des Entgegenkommens, nicht aber der rechtlichen Bindung. Eine Forderung, die an sich fällig ist, verliert die Fälligkeit nicht dadurch, daß der Gläubiger aus Entgegenkommen gegen den Schuldner von der Einziehung der ganzen Forderung auf Zeit absieht. Danach war die Beklagte berechtigt, nach § 392 BGB. mit ihrer Gegenforderung aufzurechnen.

Zu prüfen ist jedoch, ob dieses Ergebnis sich etwa durch die Eigenart der Pfändung ändert. Es ist nicht zweifelhaft, daß die Verfügungsbeschränkungen auf Grund der Pfändung und Überweisung unter §§ 135, 136 fallen, also nur zugunsten einer bestimmten Person wirken. Hat somit die Beklagte an X. mehr ausgezahlt als sie nach dem Pfändungsbeschluß durfte, so ist die Rechtsfolge dieser ihr nicht gestatteten Zahlung die, daß zugunsten der geschützten Person, d. i. hier des Klägers, die Verfügung unwirksam ist. Diese ist im übrigen nicht unwirksam. Sie ist wirksam im Verhältnis zwischen der Beklagten und X., der trotz der Pfändung und Überweisung im Rechtssinne der Gläubiger der Forderung ist. Im Verhältnis zu X. also ist die Forderung der Beklagten erloschen, die Zahlung der 600 Mark wirksam. Gegen den Kläger aber als Pfändungsgläubiger ist diese Zahlung unwirksam, d. h. es wird gegenüber dem Kläger so angesehen, als ob überhaupt nichts gezahlt sei. Dem steht auch nicht etwa der § 362 entgegen, der in Fällen wie der vorliegende nicht anwendbar ist. Wie die Motive zu I § 266 mit Recht bemerken, werden durch diese gesetzliche Regelvorschrift „selbstverständlich" die „einschlägigen besonderen Bestimmungen der ZPO. (§ 730) nicht berührt". § 730 ist jetzt § 829, der über die Pfändungsforderung bestimmt.

Ist die Zahlung unwirksam, hat sie also überhaupt keine Wirkung, so kann sie auch nicht die Wirkung haben, daß etwa das Recht der Aufrechnung, das sonst, nämlich nach § 392 dem Drittschuldner zusteht, durch diese Zahlung dem Schuldner genommen wird. Allerdings liegt der Gedanke nahe, daß, wenn der Drittschuldner ungeachtet der Pfändung und Überweisung die Forderung an den Schuldner, d. h. seinen Gläubiger zahlt, infolge der Unwirksamkeit dieser Zahlung (§§ 135, 136) der Drittschuldner an den Pfändungsgläubiger noch einmal zu zahlen hat. Dieser Gedankengang ist auch vollständig zutreffend, wenn der Drittschuldner keine aufrechenbare Forderung gegen den Schuldner hat. In diesem Falle zeigt sich die Reinheit der Unwirksamkeit, wie sie in den §§ 135, 136 vorgeschrieben ist, in vollem Umfange. Infolge der Unwirksamkeit der Zahlung ist es so anzusehen, als sei die Forderung nicht bezahlt, es muß der Drittschuldner in diesem Falle noch einmal an den Pfändungsgläubiger zahlen. Hat aber der Drittschuldner aufrechenbare Forderungen gegen den Schuldner, so ändert sich wegen des § 392, der dem Drittschuldner die Aufrechnung gestattet, dieser Sachverhalt. Es fehlt an einer besonderen Vorschrift und an einem inneren Grunde dafür, daß der § 392 ausgeschaltet werden sollte, wenn der Drittschuldner sich über den Überweisungsbeschluß hinwegsetzt und die Forderung an den Schuldner, d. h. seinen Gläubiger, bezahlt. Man könnte diesen Gedankengang nur durch die Annahme rechtfertigen, daß die Forderung durch die Zahlung an den Gläubiger auch dem Pfändungsgläubiger gegenüber erlischt und für diese an Stelle der Forderung etwa eine Ersatzforderung gleicher Höhe trete. Diese Annahme haben jedoch Motive und Protokolle zu I § 107 und zu den §§ 101, 102 (jetzt §§ 135, 136) ausdrücklich abgelehnt. Ist der Gedanke der Ersatzforderung, wie nicht nur die Materialien des Gesetzes, sondern auch die §§ 135, 136 ausweisen, abgelehnt, so muß man auch in allen Folgerungen bei dem Standpunkt des Gesetzes bleiben.

Wenn die Verfügung, die der Drittschuldner ungeachtet der Überweisung vornimmt, unwirksam ist, so heißt das, daß sie eine Rechtswirkung gegenüber dem Drittgläubiger überhaupt nicht entwickelt, also in keiner Richtung wirksam werden kann, weder zugunsten noch auch zu Lasten des Gläubigers. Gewöhnlich wird es praktisch, daß sie zu Lasten des Gläubigers nicht wirksam wird, und dann eben der Drittschuldner noch einmal zahlen muß. Aber ein Fall wie der vorliegende zeigt, daß auch der Gesichtspunkt bedeutsam werden kann, daß auch zugunsten des Gläubigers die Verfügung keinerlei Wirkung ausübt. Das sind gerade diejenigen Fälle, in denen der Drittschuldner fällige Gegenforderungen zur Zeit der Zustellung des Pfändungsbeschlusses gegen den Schuldner hat. Es wäre ein innerer Widerspruch und man würde zu den §§ 135, 136 in einen unlösbaren Gegensatz treten, wenn man zwar die nicht gestattete Zahlung dem Pfändungsgläubiger gegenüber unwirksam erklärt, andererseits aber sagen wollte, daß sie doch eine sehr bedeutsame Wirkung ausübt, nämlich dem Pfändungsgläubiger gegenüber die

Forderung zum Erlöschen bringt und für ihn eine Ersatzforderung hervorruft. Man kann nicht entgegnen, daß die §§ 135, 136 nur zugunsten des Pfändungsgläubigers die Unwirksamkeit derartiger Verfügungen bestimmen, denn sie regeln die ganze Materie und bestimmen schlechthin die Unwirksamkeit. Somit ergibt sich, daß eine solche infolge der Überweisung verbotene Verfügung dem Dritt(pfändungs)gläubiger zwar nicht schadet, ihm aber auch nichts nützt, daß sie also diejenigen Rechte nicht zerstört, die ohne diese Auszahlung dem Drittschuldner zustehen. Dazu gehört namentlich das Recht der Aufrechnung aus § 392, ein Ergebnis, das durchaus nicht der Billigkeit widerspricht. Denn wenn der Drittschuldner die Schuld nicht an den Schuldner ausgezahlt, sondern auf Grund der Überweisung zurückgehalten hätte, so würde doch der Pfändungsgläubiger keineswegs zu diesem Gelde kommen, denn es würde dann gegen diese Forderung der Drittschuldner ohne Frage gemäß § 392 mit der Gegenforderung, die er an seinen Schuldner hat, gegen den Gläubiger aufrechnen können, dieser würde also nichts bekommen. Es ist nun nicht einzusehen, weshalb diese ungünstige Stellung des Gläubigers, die lediglich auf der Tatsache des Bestehens der Gegenforderung beruht, sich in eine viel günstigere Stellung verwandeln sollte, wenn sich der Drittschuldner über den Überweisungsbeschluß hinwegsetzt und seinem Gläubiger, dem Schuldner, zahlt.

Auch der § 823² steht dem Gläubiger nicht zur Seite. Würde hier ein Schutzgesetz verletzt und der Klaganspruch aus § 823 herzuleiten sein, so würde allerdings der Beklagten die Aufrechnung nicht gestattet sein. Denn gegen eine Forderung aus einer vorsätzlich bewirkten unerlaubten Handlung ist die Aufrechnung verboten. Allein gleichviel ob die §§ 835, 836 ZPO. ein Schutzgesetz darstellen oder nicht, liegt hier ein Verstoß gegen § 823² BGB. gar nicht vor. Denn die Zahlung der Summe ist nicht unerlaubt und wirkt gegen den Schuldner; sie ist nur dem Pfändungsgläubiger gegenüber unwirksam und hat keinen Schaden verursacht; denn eben weil sie unwirksam ist, braucht sich der Pfändungsgläubiger um sie nicht zu kümmern, und ihm gegenüber ist also eine Rechtsveränderung, aus der sich irgendwie die Anwendung des § 823 herleiten ließe, nicht eingetreten. Es könnte vielleicht in einem Falle anders sein, wenn durch die Verausgabung der Geldmittel an den Schuldner der Drittschuldner sich zahlungsunfähig gemacht und so den Pfandgläubiger geschädigt hat. Dieser Fall liegt hier aber nicht vor. Fr.

n) **Verfügungsbeschränkungen nach § 137 BGB.**

OLG. Celle, II. ZS. Urteil v. 3. Juli 1911.

Der Beklagte führt aus, die im § 6 des Vertrags getroffene Abrede, daß zu seinen Gunsten auf dem Grundstück des Klägers eine Verfügungsbeschränkung eingetragen werden solle, sei nichtig; zufolge § 139 sei deswegen der ganze Vertrag nichtig. Der Kläger meint dagegen, er habe alles getan, was ihm nach § 6 obliege, und hat Recht damit, daß dort eine solche Abrede, wie sie der Beklagte hineinlegt, tatsächlich nicht enthalten ist. § 6 sagt mit keinem Wort, es werde vereinbart, daß zugunsten des Beklagten eine Verfügungsbeschränkung eingetragen werden solle, sondern darin ist lediglich die Bewilligung einer solchen Verfügungsbeschränkung samt dem Eintragungsantrag enthalten. Diese Bewilligung ist ein Erfüllungsgeschäft; sie ist eben damit, daß sie zu Protokoll gegeben wurde, erteilt. Will man den § 6 nach der obligatorischen Seite hin ergänzen, so ergibt sich, daß der Kläger nicht nur die Bewilligung erteilt, sondern dadurch, daß er sie erteilt, zugleich die obligatorische Verpflichtung zur Hergabe der Eintragungsbewilligung übernommen hat. Danach aber enthält der § 6 keinerlei nichtige Bestandteile. Die Eintragungsbewilligung ist ebenso gültig wie die vielleicht stillschweigend mitübernommene Verpflichtung zu ihrer Erteilung. — Nichtiges würde der § 6 erst dann enthalten, wenn jene Bewilligung nicht nur dem selbstverständlichen Zweck dienen sollte, eine Verfügungsbeschränkung des Klägers herbeizuführen, sondern wenn die dingliche Einigung über den Eintritt einer solchen Verfügungsbeschränkung und vielleicht auch, wenn die obligatorische Verpflichtung, eine solche Verfügungsbeschränkung herbeizuführen, Inhalt der Bestimmung wäre (§ 137 Satz 1, § 306). Daß dies zuträfe, ist nach dem sprachlichen Inhalt der hier erörterten Vertragsbestimmung nicht anzunehmen. Es versteht sich auch keineswegs von selbst, da der § 6 einen guten Sinn hat, wenn er bedeutet, daß der Kläger die Eintragungsbewilligung nebst Antrag dem Beklagten in die Hand gab und daß es dessen Sache war, ob er daraufhin eine Eintragung bewirken wollte und bewirken konnte. Diese Auffassung wird sogar einigermaßen dadurch unterstützt, daß nach dem Schluß des notariellen Protokolls der Beklagte eine Ausfertigung der Verhandlung, der Kläger aber nur eine einfache Abschrift erhalten sollte. Sehr wohl möglich ist auch, daß die Vereinbarung auf mehr ging, als im § 6 geschrieben steht, daß nämlich die Auslegung des Beklagten zutrifft. Nur versteht sich das nicht von selbst, sondern bedarf der Ableitung aus anderweiten Umständen, die der Beklagte beizubringen hätte. Daran aber fehlt es. • L.t.

o) **Schmiergelder; Anfechtungsrecht des Bestellers.**

α) OLG. Stettin, II. ZS. Urteil v. 27. November 1911.

X. hatte als bauleitender Architekt der Beklagten für deren Neubau, wie ohne weiteres ersichtlich ist, eine besondere Vertrauensstellung. Gleichwohl hat er sich vom Kläger eine „Provision" versprechen lassen. Da diese „Provision" insgeheim einem Angestellten der Gegenpartei dafür versprochen ist, daß er einen Auftrag für seine Dienstherrin zuwenden würde, so bezeichnet die Beklagte diese Art von „Provision" mit Recht nach allgemeinem Sprachgebrauch als Schmiergeld. Es macht keinen Unterschied, ob der Kläger den Preis von 5 Mark, auf Grund dessen später der Vertrag geschlossen wurde, schon gefordert hatte, ehe er noch dem X. die „übliche Provision" zusagte. Denn bis zum Abschlusse des Werklieferungsvertrages bestand jederzeit die Möglichkeit, daß X. im Interesse seiner Dinstherrin einen niedrigeren Preis bei dem Kläger durchsetzte. Es ist ferner keineswegs ausgeschlossen, sondern im Gegenteil naheliegend, daß in dem geforderten Einheitspreise von 5 Mark bereits jene „Provision" für den Fall, daß sie verlangt würde, mit eingerechnet war. Der Umstand, daß der Kläger die „Provision" sofort, als X. sie verlangte, zugesagt hat, spricht dafür. Selbst wenn aber der Preis nicht mehr zu unterbieten gewesen wäre, so wäre damit noch keineswegs jede nachteilige Wirkung für die Beklagte beseitigt gewesen. Die Haupttätigkeit des X., die er als Bauleiter zu leisten hatte, war die Überwachung der Ausführung der Arbeiten. Die Angemessenheit des bewilligten Einheitspreises aber würde der Beklagten nichts genutzt haben, wenn die Ausführung der Arbeiten selbst minderwertig war. Es ist aber nicht zu verkennen, daß X. durch die Zusage der „Provision" zugunsten des Klägers beeinflußt wurde, und es bestand dann die große Gefahr, daß er Arbeiten abgenommen hätte, obwohl er sie als mangelhaft erkannte.... Nach alldem hätte die Beklagte das dringendste Interesse daran gehabt, vor Abschluß des Vertrages zu wissen, daß X. für die Zuwendung der Arbeiten eine „Provision" zugesagt erhalten hatte. Es ist sogar mit Sicherheit anzunehmen, daß die Beklagte, wenn sie dies gewußt hätte, nicht mit dem Kläger abgeschlossen hätte. Jedenfalls stellt sich die geheime Zusicherung einer derartigen „Provision" im Verhältnis des Zusichernden zum Prinzipal des Angestellten als arglistiges Verschweigen dar, das den Prinzipal nach § 123 berechtigt, den Vertrag anzufechten. Es ist also hierzu nicht erforderlich, daß der so zustande gekommene Vertrag auch seinem Inhalte nach für den Prinzipal besonders ungünstig ist, wie dies in dem vom RG. am 26. Oktober 1906 („Recht" 1317 Nr. 3191) entschiedenen Falle zutraf. Der Einwand, daß eine derartige „Provision" in den beteiligten Kreisen als üblich angesehen werde, ist nicht berechtigt. Das Schmiergelderunwesen ist mit den Anschauungen des redlichen Geschäftsverkehrs unvereinbar (vgl. D.JZ. 1909 S. 413; Staub-Könige 46 zu § 49 HGB).... Dr. Kr.

β) Abstimmung eines Gesellschafters nach bestimmten Weisungen.[1]

OLG. Celle, II. ZS. Urteil v. 1. Mai 1911.

Die Frage, ob die Abmachung zwischen dem Beklagten und N. gegen die guten Sitten verstößt, hat das LG. verneint und zutreffend die Unterschiede des vom RG. (69 S. 134) beurteilten und des vorliegenden Tatbestandes hervorgehoben. Das RG. hat keineswegs, wie der Kläger meint, allgemein ausgesprochen, daß eine Verpflichtung, in Gesellschaftsangelegenheiten nach Weisung eines Dritten zu stimmen, den Sittenanschauungen des Volksganzen und eines ehrbaren Kaufmanns widerspreche. In dieser Frage muß vielmehr die Entscheidung je nach Lage des einzelnen Falles verschieden ausfallen. Bei der Abstimmung übt der Gesellschafter in erster Linie ein Recht aus. Wie

[1] Unsittlich ist der Vertrag, durch den allein oder in Verbindung mit anderen Handlungen der Beklagte zur Beseitigung seiner Unterhaltungspflicht sich seines Vermögens entäußert hat; er darf sich auf das absichtlich hergestellte Unvermögen nicht berufen; vgl. Neukamp im Recht 1904 S. 515; RG. 58 S. 356 (OLG. Marienwerder, II. ZS. Urteil v. 27. April 1911). Wgr.

er abstimmt, ist daher zunächst seine Sache. Nach dem Gesellschaftsvertrage ist es zu beurteilen, ob er außerdem verpflichtet ist, den Gesellschaftszweck auch in der Weise zu fördern, daß er bei der Abstimmung sein eigenes Interesse hintansetzt und die Interessen der Gesellschaft fördert (§ 705), so daß er durch Verstoß gegen diese Pflicht sogar nach §§ 276, 708 haftbar gemacht werden könnte. Vornehmlich bei einer solchen Bestimmung des Gesellschaftsvertrages, die nicht ausdrücklich getroffen sein müßte, kann eine Verpflichtung, nach der Weisung eines Dritten zu stimmen, gegen die guten Sitten verstoßen, wenngleich auch in diesem Falle grundsätzlich zu beachten ist, daß Schuldverträge keineswegs schlechthin deswegen unsittlich sind, weil obligatorische Verpflichtungen des einen Teils dadurch beeinträchtigt werden. Hier aber fehlt es an jedem Anhalt dafür, daß die Gesellschafter verbunden sein sollten, das Stimmrecht anders als lediglich nach ihrem Ermessen und ihren Interessen auszuüben. — Auch sonst ist nicht abzusehen, weshalb die getroffene Abrede über die Abstimmung gegen die guten Sitten verstoßen sollte. Es ließe sich einwenden, wenn N. nach Anweisung des Beklagten stimmen würde, so läge darin eine Unaufrichtigkeit in dem Fall, daß jener gegen seine eigene Meinung stimmen müßte und stimmen würde. Doch würde diese Einwendung nicht zutreffen. Denn die Stimmabgabe bedeutet keine Bekundung der Überzeugung davon, was dem Interesse der Gesellschaft am besten dient, weil nicht erwartet werden darf, daß lediglich in diesem Sinne gestimmt werde. Auf keinen Fall freilich dürfte bei der Abstimmung Arglist unterlaufen. Zu arglistiger Abstimmung ist der Gesellschafter N. aber auch nicht verpflichtet, und Arglist läge besonders auch dann nicht vor, wenn N. seine verschiedenen Stimmen in verschiedenem Sinne abgeben würde. Auch würde eine solche zwiespältige Stimmabgabe angesichts des Gegenstandes und der Zwecke des Gesellschaftsvertrages als solche nicht unehrenhaft sein.... L.t.

γ) **Versprechen der Mutter, den Namen ihres Schwängerers zu verschweigen. Tod des Kindes.**

OLG. München, IV. ZS. Urteil v. 10. Mai 1911.

1. Die Klägerin, die ein mit dem Beklagten erzeugtes außereheliches Kind geboren hatte, schloß mit dem Beklagten einen Vertrag, nach welchem sie sofort „200 Mark als Schweigegeld und am 1. Juli 1910 eine einmalige Abfindung von 1500 Mark für ihr Kind" erhielt, doch sollten die 200 Mark zurückgezahlt werden, „falls sie ihre Schweigeverpflichtung beim Amtsgerichte nicht erfüllte". Diesem erklärte sie: „Den Schwängerer will ich nicht nennen, da er sonst, soweit ich ihn kenne, nichts für das Kind zahlen würde und von ihm auch nichts im Zwangswege zu erlangen wäre, während er jetzt freiwillig zahlt; sollte er jedoch seinen Versprechungen nicht nachkommen, werde ich ihn nennen." Die Klage auf 1200 Mark Restabfindung ist begründet.

Die Mutter eines außerehelichen Kindes hat der Regel nach weder diesem noch dem Vormundschaftsgerichte gegenüber die Verpflichtung zur Benennung des Kindesvaters. Ein Vertrag, durch den sie sich dem Kindesvater gegenüber zur Geheimhaltung seines Namens verpflichtet, ist daher an sich nicht sittenwidrig. Anders läge die Sache, wenn dem Kinde durch die Verschweigung die Mittel zu seinem Unterhalt entzogen würden (RGKom. § 1717[1]). Der hier abgeschlossene Vertrag sollte aber die Interessen des Kindes nicht gefährden. Wie aus der beim Vormundschaftsgericht abgegebenen Erklärung zu entnehmen ist, glaubte die Klägerin durch den Vertrag besser für das Wohl ihres Kindes zu sorgen, als wenn sie den Namen des Beklagten offenbare und das Kind auf den Weg der gerichtlichen Beitreibung des Unterhaltes vom Beklagten verweise. Der Vertrag verstößt also deshalb allein, weil er die Geheimhaltung des Namens des Beklagten bezweckte, noch nicht gegen die guten Sitten. Das wäre allerdings anzunehmen, wenn sich die Klägerin verpflichtet hätte, dem Vormundschaftsrichter zu erklären, sie kenne den Vater ihres Kindes nicht. Denn der Vertrag enthielte dann die Verpflichtung zu einer unmoralischen Handlung, zu einer Lüge, welche in jedem Fall verwerflich ist, besonders aber, wenn sie gegenüber einer zur Wahrheitserforschung verpflichteten Behörde vorgebracht wird. Dieses Versprechen müßte sie überdies in den Augen der anständigen Menschen als sittenlose Frau erscheinen lassen und hätte nur den Zweck, dem Beklagten für den Fall der nachträglichen Angabe seines Namens eine Handhabe zu bieten, sie zu verleumden und als unglaubwürdig hinzustellen. Das Gericht kann nicht annehmen, daß sie diese Verpflichtung übernommen hat, obwohl der Beklagte dies behauptet. Er hat Monate hindurch Zahlungen auf Grund des Vertrags an die Klägerin geleistet; er hätte dies zweifellos nicht getan, wenn diese ihre Vertragspflicht unerfüllt gelassen hätte...

2. Die Behauptung des Beklagten, daß eine Abfindung des Kindes mit seinen Unterhaltsansprüchen gegen ihn beabsichtigt war, ist unvereinbar mit der Tatsache, daß der Vertrag die Geheimhaltung des Namens des Beklagten gegenüber dem Vormundschaftsgerichte bezweckte, also auch bezweckte, die Verfolgung der Unterhaltsansprüche des Kindes gegen ihn zu verhindern. Das wußten zweifellos sowohl die Parteien wie ihre Beamten, daß eine Abfindung der Ansprüche des Kindes ohne die Mitwirkung des Vormundes und des Gerichtes unmöglich war und auf dem Wege eines, zwischen den Parteien abgeschlossenen Vertrages nicht erreicht werden konnte. Sie wußten selbstverständlich auch, daß durch die Geheimhaltung des Beklagten die ganze Last des Unterhaltes des Kindes die Klägerin als die Nächstverpflichtete traf. Diese Last sollte ihr wenigstens zum Teil abgenommen werden, indem der Beklagte sich verpflichtete, ihr eine einmalige, von ihr für das Kind zu verwendende Zahlung zu leisten. Er bezweckte allerdings, sich durch Zahlung einer Abfindung von seinen Pflichten gegen das Kind zu befreien; aber er suchte dieses Ziel nicht auf dem geraden Wege, durch einen Vertrag mit den zur Vertretung des Kindes berufenen Organen zu erreichen, sondern auf einem Umwege, der ihm zwar nicht rechtlich, aber tatsächlich die gewünschte Be-

freiung brachte, indem er der Klägerin die Abfindung versprach als Beihilfe zu der im Falle seiner Geheimhaltung auf sie übergehenden Unterhaltslast. Dies ergibt auch der Wortlaut des Vertrages; er könnte nicht „die Gesamtansprüche der Klägerin auf 1700 Mark festsetzen", wenn das Kind, und nicht die Klägerin abgefunden werden sollte. Dem widerspricht auch nicht der Eingang des Vertrages, da die Abfindung mittelbar dem Kinde zugute kommen sollte. Ebenso heißt es dort nicht, daß es sich um eine Abfindung „an", sondern „für das Kind" handelt; bezugsberechtigt sollte also nicht das Kind sein, sondern die Klägerin. Ein solcher Vertrag ist mit dem unter 1 hervorgehenden Vorbehalte gültig und bedarf weder der Mitwirkung des Kindesvormundes, noch der Genehmigung des Vormundschaftsgerichtes.

3. Der Beklagte behauptet endlich, es sei mündlich ausgemacht worden, daß seine Verpflichtung zur Zahlung der Abfindungssumme im Falle des Todes des Kindes wegfallen solle. . . . Danach wäre der Tod nur so lange von Einfluß, als die Abfindung noch rückständig war, da nur von „einem Wegfall", nicht von einer Zurückzahlung die Rede ist. Eine solche Bestimmung wäre widersinnig, denn sie setzte eine Belohnung auf die Zahlungssaumsal des Beklagten. Man kann auch nicht annehmen, daß der 1. Juli 1910 als der Tag, an welchem die 1500 Mark spätestens bezahlt werden mußten, entscheide. Denn diese Bestimmung des Verfalltages ist ein auf die Anregung des klägerischen Anwaltes der Urkunde nachträglich beigefügter Zusatz. Auch läßt sich kein Grund dafür einsehen, weshalb der Tod des Kindes, wenn er nach dem 1. Juli 1910 eintrat, ohne jeden Einfluß sein, dagegen von diesem Zeitpunkt den Wegfall der ganzen Zahlungsverpflichtung des Beklagten bewirken sollte. Der Vertrag war ein gewagter. Der frühzeitige Tod des Kindes brachte der Klägerin einen Gewinn; aber das ist kein Grund, der dem Beklagten zugute kommen könnte. Denn immerhin hat die Klägerin ihr Kind, solange es lebte, unterhalten. P.n.

δ) **Rentenversprechen des Mannes, das die Verteidigung gegen das Scheidungsbegehren beeinflussen soll. Bestätigung.**

OLG. Hamburg, IV. ZS. Urteil v. 18. September 1911.

Der Beklagte hat sowohl vor wie nach der Scheidung zugesagt, er werde für die Klägerin auch noch nach der Ehescheidung sorgen, er behauptet aber, als die Bedingung hinzugefügt zu haben, daß sie fortan anständig lebe. Letzteres ist nicht erwiesen.... Ob gleichwohl auch hier die sittliche Lebensführung als selbstverständliche Willensmeinung beider Vertragsteile gelten müßte, kann auf sich beruhen bleiben. Nimmt man es an, so fällt der Klaganspruch, weil die Klägerin bereits seit 1907 mit X. im Konkubinat lebt; nimmt man es aber nicht an, so ist sie aus folgender Rechtserwägung abzuweisen. Sie hat nämlich auf Befragen des Gerichts ausdrücklich erklärt, der Beklagte habe ihren Geschlechtsverkehr mit V. bereits vor Scheidung der Ehe der Parteien unterstützt und gefördert. Hiernach hätte es, würde die Klägerin im Scheidungsprozesse sich sachgemäß verteidigt haben, nach ihrer eigenen Sachdarstellung gemäß § 1565² zur Scheidung wegen ihres Ehebruchs mit V. nicht kommen können. Nur durch das Rentenversprechen ist sie, wie sie ferner selbst vorträgt, zu ihrem Stillschweigen im Scheidungsprozesse veranlaßt worden. Einen Scheidungsanspruch des Beklagten aus anderem Grunde hat das damals erkennende Gericht nicht für berechtigt erachtet. Durch das Versprechen ist also bewirkt, daß die Ehe geschieden ist. Damit verstieß aber die Erteilung sowohl als die Annahme des Versprechens gegen die guten Sitten. Die vom Gesetze erstrebte Aufrechterhaltung der Ehe ist allein durch dies Versprechen vereitelt worden. An diesem Ergebnis kann dadurch nichts geändert werden, daß Beklagter selbst die Unterstützung und Förderung des ehebrecherischen Verkehrs seiner Frau mit V. bestreitet. Die Klägerin muß es sich gefallen lassen, daß gleichwohl die rechtliche Begründetheit ihres Anspruchs danach beurteilt wird, was sie zu dessen Stütze vorgetragen hat. — Waren aber die vor der Scheidung abgegebenen Versprechen nach § 138¹ nichtig, so können die nachher erfolgten Zusagen, für die keine Rechtsverbindlichkeit des Beklagten vorlag, rechtlich nicht anders als Schenkungsversprechen beurteilt werden. Als solche bedurften sie aber der vorgeschriebenen Form, gerichtlichen (notariellen) Beurkundung, auch wenn sie eine Leibrente betrafen; denn damit sind die Formerfordernisse für die Schenkung nicht beseitigt (§ 761). M. M.

e) **Wann ist ein Wettbewerbsverbot unsittlich?**

OLG. Hamm, X. ZS. Urteil v. 28. Januar 1910.

Der Beklagte hat sich verpflichtet, während der Geschäftsleitung für den Beklagten und auch nach dieser Zeit nicht, d. h. überhaupt nicht als Friseur in T. niederzulassen. Dieses Verbot enthält also eine Beschränkung der persönlichen, speziell der Gewerbefreiheit des Beklagten, der das Gewerbe eines Friseurs betreibt, ist aber für rechtsgültig zu erachten. Der § 74 HGB. ist hier, wo die Parteien nicht in dem Rechtsverhältnisse eines Prinzipals zum Handlungsgehilfen standen, unanwendbar. Gleiches gilt von dem dem § 74 HGB. entsprechenden § 133f GewO. Zu den hier bezeichneten Personen kann der Beklagte, der vorübergehend das Friseurgeschäft des Klägers geleitet hat, selbst dann nicht gerechnet werden, wenn man ihn trotz der Beauftragung mit der „selbständigen" Führung des Friseurgeschäfts für die Dauer jener Tätigkeit lediglich für einen gewerblichen Angestellten des Klägers erachten wollte. Der § 133f gilt aber nach der richtigen Ansicht überhaupt nicht für das Rechtsverhältnis „selbständiger" Gewerbetreibender zueinander. Die Gültigkeit der Konkurrenzbeschränkung ist daher hier nach allgemeinen Rechtsgrundsätzen zu beurteilen und danach zu bejahen. Denn zweifellos hat der Kläger, der für die Dauer seiner mehrmonatlichen Abwesenheit zur Leitung seines Friseurgeschäfts den Beklagten nach T. berief und dadurch dessen Bekanntschaft mit der Kundschaft vermittelte, ein erhebliches berechtigtes Interesse daran, daß nach seiner Rückkehr nach T. dortselbst der Beklagte kein eigenes Friseurgeschäft eröffnete und dahin die alte Kundschaft zog. Andrerseits ist das Verbot zeitlich zwar unbegrenzt, örtlich jedoch lediglich auf die Stadt T. beschränkt, so daß der — zumal nach dem Vertrage der Parteien von einem anderen Orte herbeigerufene — Beklagte sich an jedem anderen Orte Deutschlands, auch in der Nähe von T., als selbständiger Friseur niederlassen kann. Hiernach erscheint die für den Beklagten aus dem Verbot erwachsende Beschränkung seiner wirtschaftlichen Bewegungsfreiheit als keine unbillige und unangemessene. W. d.

ζ) **Verpflichtung des Kassenarztes zur Rückzahlung des gesamten Honorars bei vorzeitiger Kündigung des 5jährigen Vertrags.**

OLG Hamm, X. ZS. Urteil v. 4. April 1911.

Nicht nur nach dem im Ärztestand allgemein herrschenden besonderen Standesgefühl, sondern auch nach der allgemeinen Anschauung aller sittlich denkenden Kreise war es für den Beklagten als Arzt standesunwürdig und gegen Ehre und gute Sitte verstoßend, daß er sich verpflichtete, bei vorzeitiger Kündigung — sogar unbeschadet seiner Schadensersatzpflicht für die Zukunft — das ganze empfangene Honorar zurückzuzahlen, so daß er nicht nur seine, eine höhere Vorbildung erfordernde und dementsprechend in der allgemeinen Meinung bewertete Tätigkeit, die grundsätzlich nur gegen Entgelt ausgeübt zu werden pflegt, ohne jede Vergütung ausgeübt, sondern auch noch die durch das Honorar mitabgegoltenen sehr erheblichen Auslagen selbst zu tragen hatte. Um so unwürdiger war diese Verpflichtung, weil Beklagter die seiner wartenden Verhältnisse so gut wie gar nicht kannte und deshalb nicht wußte, ob die Möglichkeit bestand, seinen Verpflichtungen zur ärztlichen Versorgung der zahlreichen Kassenmitglieder gerecht zu werden, und ob ihm unter Berücksichtigung der von ihm nicht zu übersehenden Auslagen die Praxis eine annehmbare Lebensstellung bieten werde. Trotz dieser Ungewißheit, der er entgegenging, band er sich für 5 Jahre und übernahm das Wagnis, auch wenn seine Erwartungen noch so schwer getäuscht wurden, entweder die 5 Jahre auszuhalten oder Schadensersatz für die Zukunft zu leisten und außerdem für die Vergangenheit — unter Umständen für 4 Jahre — das ganze empfangene Honorar zurückzuzahlen.

Aber nicht nur der Beklagte, sondern auch die Klägerin — eine öffentlichrechtliche, gemeinnützige Ortskrankenkasse, deren Pflicht es ist, ihren Angehörigen in Krankheitsfällen die Hilfe eines Arztes zu sichern, dessen Berufsfreudigkeit nicht so herabgedrückt ist, wie es leicht die Folge solcher unwürdigen und finanziell drückenden Bestimmungen sein kann — hat nach der Anschauung aller ehrbar, billig und gerecht denkenden Kreise durch den Abschluß eines solchen Vertrags gegen die guten Sitten verstoßen. Dies gilt um so mehr, als die Bestimmung auf Verlangen der Kasse aufgenommen ist, um den Beklagten auf jeden Fall von einer Kündigung vor Ablauf von 5 Jahren abzuhalten. Unbedenklich kann auch weiter angenommen werden, daß die Klägerin eine wirtschaftlich schwache Stellung des Beklagten ausgenutzt hat; denn ein Arzt wird ohne zwingendste Gründe nicht auf eine so weitgehende Knebelung seiner wirtschaftlichen Freiheit und Selbstbestimmung eingehen. — Daß eine Vertragsbestimmung, wie sie hier getroffen ist, gegen die guten Sitten verstößt, erkennt grundsätzlich auch das RG. (JW. 1904 S. 481) an, wenn es auch damals einen solchen Verstoß deshalb abgelehnt hat, weil die Kündigung des Dienstverpflichteten (Ingenieurs) nur den Verlust der Provision für ein Jahr, eines gegenüber dem festen Gehalte verhältnismäßig geringen Betrages, zur Folge haben sollte. Hier dagegen gehen die vertragsmäßig festgelegten Folgen offensichtlich viel weiter. H. n.

η) **Wucher bei dem Kauf eines Gebrauchsgegenstandes.**

OLG. Hamburg, IV. ZS. Urteil v. 10. Juni 1910.

Die beklagte Ehefrau, die einen grünen Federhut für 450 Mark gekauft hat, hält das Rechtsgeschäft zunächst für unsittlich, weil ihr Mann über den wahren Preis des Hutes dadurch getäuscht werden sollte, daß der Kläger Warenposten, die sie gar nicht erhalten hatte, in Rechnung stellte. Träfe dies zu, so würden die Parteien, zumal die Beklagte selber, vielleicht nicht korrekt gehandelt haben. Damit wird aber das Rechtsgeschäft als solches noch kein sittlich anstößiges. Ebensowenig greift der Einwand des Wuchers durch. Die Beklagte hat nur behauptet, die Feder habe dem Kläger höchstens 150 Mark und das übrige Material nur einige wenige Mark gekostet. Erwägt man aber, daß bei derartigen Artikeln auch die Fasson hoch bewertet zu werden und der Verdienst des Verkäufers auch im regulären Verkehr sehr hoch zu sein pflegt, so geht aus den Angaben der Beklagten keineswegs hervor, daß es sich um einen in hohem Grade übertriebenen Preis handelt. Vollends fehlt jeder Nachweis für eine Ausbeutung des Leichtsinns der Beklagten. Leichtsinnig könnte sie höchstens dann gehandelt haben, wenn ihre Vermögensverhältnisse ihr nicht die Anschaffung eines so teuren Hutes gestattet hätten. Diese Verhältnisse sind aber nicht offengelegt. M. M.

ϑ) **Wuchereinwand gegen die dingliche Klage.**

Kammergericht, VII. ZS. Urteil v. 25. Oktober 1911.

Der Kläger stellte die persönliche und zugleich die dingliche Klage auf Rückzahlung eines Darlehns ein, das für ihn auf dem Grundstück der Beklagten eingetragen ist. Der Einwand des Wuchers greift auch gegenüber der dinglichen Klage aus der Hypothek durch, und zwar erscheint es unbedenklich, daß bei einem so engen Zusammenhang zwischen dem wucherischen Geschäft und der Begründung des dinglichen Rechts wie hier — danach ist die Hypothek unmittelbar auf die Unterzeichnung des das Schuldanerkenntnis enthaltenden Scheines eingetragen worden — in Ansehung der dinglichen Klage nicht nur die zugrunde liegende Forderung, sondern auch die Entstehung des dinglichen Rechts überhaupt durch die Nichtigkeit des unterliegenden Geschäfts mit getroffen wird. L. n.

ι) **Wucher in Gestalt einer Gewinnbeteiligung.**

Kammergericht, VII. ZS. Urteil v. 21. Februar 1912.

Die Vermögensvorteile, die sich der Kläger hat versprechen lassen, übersteigen den Wert der von ihm der beklagten Ehefrau gemachten Leistung nicht dergestalt, daß sie in auffälligem Mißverhältnis zu der Leistung stehen. Diese bestand in dem der Beklagten voll ausgezahlten Darlehn von 5000 Mark, das nach 10 Jahren rückzahlbar und bis dahin unkündbar war. Als Entgelt sollte der Kläger von je 100 kg Feigenkaffee und Kaffeegewürz, die das von dem Manne der Beklagten betriebene Handelsgeschäft absetzen würde, 5 Mark, mindestens aber 1000 Mark, also 20 % jährlich als Gewinnanteil erhalten. Es ist nicht zu verkennen, daß diese Vergütung an sich reichlich bemessen war. Allein der Kläger hat durch die Hergabe des Darlehns der Beklagten und ihrem Manne, die sich damals in schwierigen Verhältnissen befanden, die Gründung des neuen Geschäfts ermöglicht, das ihnen bei ordnungsmäßiger Geschäftsführung eine genügend sichere Grundlage für ihren Unterhalt und eine dauernde Lebensstellung bieten konnte. Vor allem aber kommt in Betracht, daß das Darlehnsgeschäft für den Kläger recht gewagt war; er mußte mit der Möglichkeit rechnen, daß er weder die Vergütung erhalten noch auch die hergegebene Summe selbst zurückerlangen würde. Der Mann der Beklagten hatte kein Vermögen, dagegen erhebliche Schulden, die zum Teil daher rührten, daß er über seine Verhältnisse gelebt hatte. Eine Gewähr dafür, daß er sich in Zukunft einer verständigeren Geschäfts- und Lebensführung befleißigen würde, bestand nicht. Die Beklagte hatte zwar ein großmütterliches Erbteil, doch stand daran ihrem Vater die lebenslängliche Nutznießung zu. Der Kläger hat denn auch bisher weder einen Gewinnanteil oder Zinsen erhalten noch auf das Darlehn selbst etwas zurückerlangt. Freilich ist das Wertverhältnis der beiderseitigen Leistungen nach der beim Vertragsabschluß vorhandenen Sachlage zu beurteilen; diese nachherige Gestaltung der Dinge rechtfertigt aber einen Rückschluß darauf, daß das Darlehnsgeschäft auch schon zur Zeit seines Abschlusses mit großer Gefahr für den Kläger verbunden war.

Die Beklagte hat sich aber auch in keiner ihre wirtschaftliche Stellung bedrohenden Notlage befunden. Allerdings waren damals sie und ihr Mann in mißlichen Vermögensverhältnissen und mußten nach Mitteln zur Beschaffung ihres Lebensunterhalts suchen. Sie waren auch nicht in der Lage, zur Befriedigung ihres Geldbedürfnisses das Erbteil der Beklagten zu verwerten. Es liegen aber keine hinreichenden Anhaltspunkte dafür vor, daß die Gründung des neuen Geschäfts der einzige Weg zur Beschaffung des Unterhalts war. Es ist nicht ersichtlich, weshalb nicht die Beklagte und ihr Mann, der später ein bekannter Schriftsteller geworden ist, eine sonstige ihren Fähigkeiten entsprechende Stellung zu diesem Zwecke annehmen konnten, zu der sie der Geldmittel des Klägers nicht bedurften. Endlich war zwar die Beklagte für ihre Person in geschäftlichen Dingen unerfahren. Diese Unerfahrenheit wurde aber dadurch völlig behoben, daß ihr ihr Mann mit seinem Rate zur Seite stand; er war in geschäftlichen Angelegenheiten durchaus bewandert und vermochte besonders die Aussichten des neuen Geschäfts mit Sachkenntnis zu beurteilen. Die Beklagte hatte auch keinen Anlaß, Mißtrauen in seine geschäftlichen Maßnahmen zu setzen. L.n.

p) **Bestätigung eines wegen Irrtums angefochtenen Geschäfts. Nachträgliche Entdeckung eines Betrugs.**

OLG. München, II. ZS. Urteil v. 18. Februar 1911.

Der Kläger, der am 1. Februar von dem Beklagten „Goethebriefe" gekauft hat, focht alsbald das Geschäft wegen Irrtums an, weil Goethe die Briefe nicht selbst geschrieben hat. In der Klageschrift vom 1. August macht er arglistige Täuschung geltend.... Für die Frage einer Bestätigung des Kaufs kommt es nicht weiter darauf an, ob am 1. Februar wegen Irrtums oder auch wegen Betrugs angefochten ist. § 142 unterscheidet nicht zwischen den verschiedenen Gründen der Anfechtung, sondern bestimmt allgemein, daß ein angefochtenes anfechtbares Rechtsgeschäft als von Anfang an nichtig anzusehen ist.... Jedenfalls ist hier der Vertrag nach § 141 bestätigt. Das LG. findet die Bestätigung darin, daß der Kläger Anfang Juni die Briefe in der X.-Zeitschrift veröffentlichte. Hierbei ist es allerdings von der Annahme, daß die Anfechtung wegen Betrugs erst in der Klage, sohin nach dieser Veröffentlichung erklärt sei, ausgegangen, ohne die frühere Anfechtung wegen Irrtums zu berücksichtigen. Allein selbst wenn man neben der Wandelung nicht auch noch eine Anfechtung aus § 119 für zulässig hält, weil für die unter § 459 fallenden Fehler eine Rückgängigmachung des Kaufgeschäfts nur in der gesetzlich bestimmten kurzen Frist möglich sein soll, so bleibt doch die Wirkung einer rechtzeitig d. i. ohne schuldhaftes Zögern erklärten Anfechtung wegen Irrtums bestehen. Der Kläger hat aber, wenn überhaupt, unverzüglich noch am Tage des Kaufs diesen angefochten. Erachtet man von diesem dem Kläger günstigsten Standpunkt aus den Kauf als nicht zu Recht bestehend, so ist die Frage zu beantworten, inwieweit die Veröffentlichung der Briefe als eine Bestätigung aufzufassen ist. Hierbei muß wohl davon ausgegangen werden, daß die tatsächlichen Vorgänge zwischen den Vertragsteilen bei Abschluß eines Vertrages durch eine Anfechtung nicht aus der Welt geschafft, sondern nur ihrer rechtlichen Bedeutung entkleidet werden. Wenn daher auch die Bestätigung eines nichtigen Vertrages nach § 141 als erneute Vornahme zu beurteilen ist und die Erfordernisse des Vertrags dadurch erfüllt werden müssen, insbesondere die Willensübereinstimmung der Vertragsteile zum Ausdruck kommen muß, so ist damit nicht sofort eine Wiederholung aller einzelnen früheren Handlungen erforderlich, sondern kann unter Umständen auch außerdem eine Anknüpfung an das früher Geschehene die erforderliche Willensübereinstimmung zutage treten, bei formlosen Geschäften aus schlüssigen Handlungen.

Die fr. Veröffentlichung ist eine Verfügung, die an sich nur dem Eigentümer der Briefe oder dem sonst Berechtigten zusteht, bei anderen aber als widerrechtliche und selbst strafbare Handlung sich darstellt. Der Kläger hat dies nicht beabsichtigt; daher kann die Veröffentlichung nur dahin aufgefaßt werden, daß er bei dem Kaufgeschäfte, trotz der erfolgten Anfechtung, doch wieder stehen bleiben wolle. Bei dieser Sachlage wäre es Sache des Beklagten gewesen, wenn nun er seinerseits nicht mehr den Vertrag aufrecht erhalten wollte, dies zu erklären und allenfalls die Briefe zurückzufordern. Dies hat er nicht getan, vielmehr im Rechtsstreit ausdrücklich die Aufrechthaltung des Vertrags geltend gemacht, wie dies stets sein Wille gewesen ist. Die Veröffentlichung ist allerdings eine einseitige Handlung des Klägers, die nicht notwendig zur Kenntnis des Beklagten gelangte, wenn auch nach seiner Stellung dies anzunehmen ist. Allein zur Bestätigung bedarf es nach ständiger Rechtsprechung keiner dem anderen Teile gegenüber abzugebenden Willenserklärung, vielmehr genügt Offenbarung des Willens, trotz Kenntnis der Anfechtbarkeit, beim Rechtsgeschäfte stehen bleiben zu wollen. Dies ist hier unzweifelhaft gegeben.

Dazu kommt, daß der Kläger am 1. Februar die Goethebriefe dem Beklagten wegen des behaupteten Mangels zurückgegeben, sie aber am nächsten Tage oder bald nachher wieder hat abholen lassen. Hierin liegt unzweifelhaft eine ausdrückliche Erklärung, bei dem Vertrag stehen bleiben zu wollen, oder, wenn angefochten ist, eine Bestätigung im Sinne des § 141. Es kommt daher gar nicht darauf an, was am 1. Februar die Parteien verhandelt haben, ob nur eine Preisminderung oder Anfechtung des Vertrags. Einer erneuten Preisvereinbarung bedurfte es nicht; denn der Kläger wußte, als er die Briefe wieder holen ließ, was Beklagter hierfür verlange.... Pn.

q) **Keine Unkündbarkeit einer Generalvollmacht.**

OLG. Hamburg, V. ZS. Urteil v. 11. Dezember 1911.

Der Grundsatz des § 168, der sich übrigens aus der Natur der Vollmacht von selbst ergibt, führt dazu, daß eine Generalvollmacht, wie sie hier vorliegt, ausnahmslos widerruflich und daß bei ihr ein Verzicht auf Widerruf unzulässig ist. Denn es gibt kein Rechtsverhältnis, daß der einen Partei unwiderruflich gestattet, die andere in allen Angelegenheiten geschäftlicher oder privater Art zu vertreten, für sie beliebig Prozesse anzustrengen und zurückzunehmen, Gelder für sie einzutreiben und darüber zu quittieren. Es würde, weil es die wirtschaftliche Existenz der einen Partei völlig von der anderen Partei abhängig macht, unsittlich sein. Daraus folgt, daß sich der Bevollmächtigte niemals auf ein der Generalvollmacht entsprechendes Rechtsverhältnis berufen kann, und daß daher aus dem letzteren sich auch niemals die Unwiderruflichkeit der Vollmacht herleiten läßt. Beklagter kann auch nicht geltend machen, daß die erteilte Vollmacht, wenigstens in Beziehung auf die Einzelgeschäfte, für die sie erteilt sei, gültig sei. Selbst wenn er ein Recht auf eine solche beschränkte Vollmacht hätte, würde er doch zunächst die viel weitgehendere Generalvollmacht zurückgeben müssen, und er wäre nach § 175 auch nicht zur Zurückhaltung bis zur Erteilung einer beschränkten Vollmacht berechtigt.

Überdies verlangt Kläger die Vollmacht deshalb mit Recht zurück, weil das ihr zugrunde liegende Vertragsverhältnis untergegangen ist. Nach der Darstellung des Beklagten handelt es sich darum, daß der Kläger ihn beauftragte, gewisse Geschäfte für ihn zu erledigen, insbesondere die Forderungen gegen X. und Y. beizutreiben. Nur zu diesem Zwecke sind die Zessionen gegeben. Das läßt der Vertrag dadurch erkennen, daß Beklagter verspricht, die Eingänge auf die Zessionen nach einer Abrechnung auszukehren. Dieser Auftrag kann nach § 671 jederzeit gekündigt werden. Zu dem gleichen Ergebnis kommt man, wenn der Vertrag nicht als Auftrag, sondern als ein besonders gearteter Vertrag, wie der Beklagte es will, aufzufassen ist. Auch dann ist der Kläger zur Kündigung berechtigt. Alle derartigen Verträge, wie der Werk- (§ 649), der Dienst- (§ 623), Gesellschaftsvertrag (§ 723) gestatten die Kündigung und gewähren höchstens eine Kündigungsfrist; diese ist gewiß jetzt, 3 Jahre nach der Kündigung, verstrichen. Aus diesem Erlöschen des Vertragsverhältnisses folgt aber zunächst, daß mit ihm auch die Vollmacht erloschen und daher gemäß § 175 die Vollmachtsurkunde zurückzugeben ist, mag bis dahin auch die Vollmacht unwiderruflich gewesen sein. Es folgt aber daraus weiter, daß der Beklagte zur Rechnungslegung und Auszahlung des aus der Abrechnung sich ergebenden Überschusses verpflichtet ist. Für den Auftrag folgt dieses aus den §§ 666 ff., und wenn man das Rechtsverhältnis nicht als Auftrag auffaßt, so sind die §§ 666 ff. jedenfalls entsprechend anzuwenden, da es sich um Führung von Geschäften des Klägers handelt, über die Beklagter nach Treu und Glauben Rechenschaft schuldig ist. M. M.

r) **Umfang des Versprechens eines Vaters, die Anschaffungen seiner Kinder zu bezahlen.**

OLG. Hamburg, III. ZS. Urteil v. 11. Mai 1911.

Der Beklagte hat 1904 kurz nach dem Tode seiner Frau in dem Geschäft des Klägers erklärt, er werde für alle Anschaffungen seiner beiden Töchter aufkommen und die Sachen bezahlen. Das LG. sieht hierin einen Kreditauftrag. Dem ließe sich entgegenhalten, daß ein Vater, der für Kleideranschaffungen seiner Töchter aufkommen zu wollen erklärt, schwerlich die Absicht haben wird, seine Töchter, zumal die unverheirateten, überhaupt zu Schuldnerinnen zu machen, während der Kreditauftrag, wie die Bürgschaft, der er in seiner Wirkung gleichzuachten ist, ohne einen Dritten als Hauptschuldner nicht gedacht werden kann. Hätte das LG. aber Recht, so stände dem Klaganspruche die Einrede der Vorausklage entgegen, da nichts vorliegt, durch das sie ausgeschlossen würde.

Natürlicher ist es, die Erklärung des Beklagten dahin zu verstehen, daß er sich zum Selbstschuldner machen wollte. Allein in ihr lag nichts, aus dem der Kläger hätte schließen können, daß Beklagter sich nun für alle Zeiten hinsichtlich der Anschaffungen seiner Töchter verpflichten wollte. Die Verhältnisse konnten und mußten sich im Laufe der Jahre ändern. Mehr als 5 Jahre waren verstrichen, als die Töchter die Anschaffungen machten, deren

Bezahlung hier verlangt wird. Die Anschaffungen können auch, schon wegen ihrer ganzen Systemlosigkeit, mindestens als auffallend angesprochen werden. Die Rechnungen hatte der Kläger einem vielleicht bestehenden Brauche gemäß nicht an den Beklagten geschickt, sondern an die Töchter. Da verlangte es nicht bloß die geschäftliche Vorsicht, sondern auch die Verkehrssitte, daß der Kläger sich einmal der Fortdauer des Einverständnisses des Beklagten versicherte. Trotz des § 170 kann unter Umständen eine Ermächtigung, die einem Dritten gegenüber erklärt ist, ihre Kraft auch vor der Anzeige ihres Erlöschens verlieren, wenn nämlich nach verständiger Verkehrsauffassung anzunehmen ist, daß der Vollmachtgeber von vornherein nur für eine den Verhältnissen im Einzelfall entsprechende angemessene Zeit die Ermächtigung hat erteilen wollen und dies dem Erklärungsempfänger klar sein konnte und mußte. So liegt die Sache hier. Hätte Beklagter auch nur von dem Umfange der Anschaffungen, besonders seiner jetzt wegen Verschwendung entmündigten Tochter Kenntnis gehabt, so würde er zweifellos schon deshalb, da die damals 32 Jahre alte Tochter nun ganz auf eigenen Füßen stand und angesichts ihrer Abschichtung über nicht unerhebliches eigenes Vermögen verfügte, Bedenken getragen haben, ihre Anschaffungen weiter zu bezahlen und alles von ihr Gekaufte als von ihm selbst gekauft gelten zu lassen. Unter solchen Umständen konnte daher der Erklärung des Beklagten aus dem Jahre 1904 nach Ablauf von mehr als 5 Jahren rechtsverbindliche Kraft nicht mehr beigemessen werden, und die Klage war deshalb abzuweisen. M. M.

s) **Bedingte Abschlußvollmacht.**

α) OLG. Hamburg, III. ZS. Urteil v. 20. Februar 1911.

X. hat die Genehmigung des für ihn von der Beklagten mit dem Kläger abgeschlossenen Vertrags geweigert. Die Klage auf Schadensersatz aus § 179 ist unbegründet, weil die Beklagte ihre Vertretungsmacht nachgewiesen hat. X. selbst hat, wie er eidlich erklärt, die Beklagte, seine hiesige Vertreterin, telegraphisch ermächtigt, 100 Ballen der gehandelten Sorte zum Preise von 180 Mark und zu den üblichen Bedingungen zu verkaufen. Es sei aber zwischen ihm und der Beklagten „Bedingung gewesen", daß Beklagte ihm innerhalb 24 Stunden nach Empfang seines Offerttelegramms die Annahme des Angebots zu telegraphieren hätte; ein solches Annahmetelegramm habe er nicht erhalten. Danach war die Beklagte befugt, das Geschäft für X. abzuschließen. Es läßt sich nicht sagen, daß X. nur ein festes Angebot habe machen wollen, das der Annahme nicht lediglich gegenüber der Beklagten, sondern gegenüber X. bedurft habe. Wäre die Sache dahin auszulegen, so hätte der Kläger allerdings Recht, weil Beklagte sich dann als zum Abschlusse befugt nicht hätte bezeichnen dürfen. Es kann auch zugegeben werden, daß der von X. gewählten Bezeichnung „Annahmetelegramm" entnommen werden kann, er habe die Beklagte nur zur Übermittlung der klägerischen Annahmeerklärung befugen wollen, nicht aber zu ihrer Entgegennahme. Was er indes im übrigen sagt, ist mit einer solchen Beschränkung der Vollmacht unvereinbar, denn er erklärt ausdrücklich, er habe der Beklagten Verkaufsbefugnis gegeben. Wenn er dann hinzufügt, zwischen ihm und der Beklagten sei Bedingung gewesen, daß sie ihm innerhalb 24 Stunden die Annahme des Angebots telegraphiere, so kann hier von einer Bedingung im Rechtssinne überhaupt nicht gesprochen werden. Eine Abschlußvollmacht kann nicht dadurch bedingt sein, daß ein vom Bevollmächtigten abzusendendes Telegramm über den Abschluß auch ankommt. In Wahrheit liegt dann eben keine Vollmacht zum Abschluß mehr vor, sondern es ist der ganze Geschäftsschluß auf eine dem Vertragschließenden selbst, nicht mehr seinem Vertreter zugehende Erklärung abgestellt. Will man anderseits ein Bedingtsein der Vollmacht durch Absendung eines Benachrichtigungstelegramms begrifflich für möglich halten, so war hier die Bedingung erfüllt; denn die Beklagte hat das Telegramm ohne Verzug abgesendet, es ist nur nicht angekommen. Dem Sachverhalt gerechter wird aber überhaupt die Auslegung, daß die Vollmacht unbedingt war und nur im Verhältnis des X. zur Beklagten die besondere Anweisung nebenher lief, X. sofort vom Abschluß zu benachrichtigen; das berührte jedoch nicht die Vertretungsmacht der Beklagten. M. M.

β) **Wer einen Darlehnsvertrag ohne Vertretungsmacht durch Empfang der Summe abschließt, haftet dem Darlehnsgeber.**

OLG. Rostock, II. ZS. Urteil v. 5. November 1909.

Auf die Ankündigung des Beklagten, daß er mündelsichere Schuldverschreibungen zu begeben habe, meldete sich der Kläger und erfuhr, daß es sich um Schuldverschreibungen des Hospitals in A. handle, die auf den Namen der Darlehnsgeber ausgestellt werden sollten. Er erklärte dem Beklagten, daß er für seine Tochter Anna 2 Schuldverschreibungen haben wolle. Demnächst erhielt er von dem Beklagten gegen Zahlung von 9000 Mark 2 von Bürgermeister X. unterschriebene Schuldverschreibungen, die namens der Hospitalverwaltung für die Tochter ausgestellt waren. Sie waren jedoch ungültig, weil sie nicht von 2 Hospitalprovisoren, die satzungsgemäß das Hospital zusammen mit dem Hospitalinspektor vertreten, mitunterschrieben waren und der Hospitalinspektor X. die Verschreibungen ohne Vertretungsmacht ausgegeben und die Beträge für sich verwendet hat. Der Kläger verlangt Erstattung der 9000 Mark und drang durch. Gründe:

Der Kläger kann seine Ansprüche nicht auf Kauf gründen; denn die Parteien waren darüber einig, daß der Beklagte nicht bereits vorhandene ihm gehörende oder zu seiner Verfügung stehende Verschreibungen veräußern sollte, sondern daß sie erst von der Hospitalverwaltung ausgestellt und dann gegen Zahlung der Valuta durch den Beklagten ausgehändigt werden sollten. Darnach handelte es sich um ein dem Hospital zu gewährendes Darlehn. Der Kläger meint, daß der Beklagte das Darlehnsgeschäft im Namen des Hospitals geschlossen habe, ohne dazu Vollmacht zu haben, während der Beklagte nur als Beauftragter des X. mit dem Kläger wegen des Darlehns verhandelt haben und auch bei dem Geldempfang nur als Bote seines Auftraggebers tätig gewesen sein will. Es mag dahingestellt bleiben, ob der Beklagte schon bei den Vorverhandlungen als Vertreter des Hospitals aufgetreten ist oder lediglich die Rolle eines Vermittlers gespielt hat. Jedenfalls war er bei dem Geldempfang, also bei dem Abschlusse des Darlehnsvertrags als Vertreter des Hospitals tätig. Die Parteien waren darüber einverstanden, daß der Kläger damals das Eigentum und den Besitz des Geldes aufgeben und der Beklagte beides nicht für den Kläger erhalten sollte. Nahm aber der Beklagte für die Hospitalverwaltung das Geld an, so gab er zu erkennen, daß er den Besitz und das Eigentum daran direkt für das Hospital erwerben wollte. Er tauschte also nicht wie ein Vermittler oder Bote fremde Willenserklärungen aus, sondern gab selbst als Stellvertreter seine Willenserklärung namens des Hospitals ab. Nach dem kundgegebenen Willen der Parteien sollte also durch die Geldempfangnahme des Beklagten das Darlehnsgeschäft als Realvertrag zwischen dem Hospital und dem Kläger zum Abschluß gelangen. Demnach hat der Beklagte den Darlehnsvertrag als Vertreter des Hospitals geschlossen. Hieran wird auch dadurch nichts geändert, daß der Beklagte dem Kläger gegen Zahlung der Darlehnssumme die auf den Namen des Hospitals lautenden Schuldverschreibungen mit Empfangsbekenntnissen aushändigte. Vielmehr spricht dies gerade dafür, daß der Realvertrag mit der Übergabe der Darlehnssumme an den Beklagten und nicht erst durch deren Aushändigung an den Darlehnsempfänger geschlossen werden sollte. Der Beklagte hat aber eine rechtsgenügliche Vollmacht, für das Hospital zu handeln, nicht gehabt und haftet deshalb nach § 179[1]. J.n.

t) **Stillschweigende Ermächtigung zu Geschäftsabschlüssen.**

Kammergericht, VII. ZS. Urteil v. 6. März 1912.

Der Kläger fordert von der beklagten Witwe, die unter der Firma A. B. eine Handelsgärtnerei betreibt, den Kaufpreis für Blumenzwiebeln, die ihr Stiefsohn Hans bestellt hat. Die Beklagte kann sich nicht darauf berufen, daß Hans nicht für sie, sondern im eigenen Namen habe bestellen wollen, denn er hat bei der Bestellung das Gegenteil ausgedrückt. Er hat dazu Briefbogen mit dem Aufdruck der Firma verwendet und die Briefe auch nicht mit seinem wahren Namen, sondern mit der Firma unterzeichnet. Die Bestellung muß daher dem Kläger gegenüber als eine im Namen der Beklagten abgegebene Willenserklärung erscheinen (§ 164). Demnach wäre auch ein etwa entgegenstehender innerer Wille des Hans nach § 116 unbeachtlich. Eine eigene Bestellung desselben liegt um so weniger vor, als er gar kein selbständiges Gewerbe betrieb, sondern nur als Angestellter bei der Beklagten tätig war. Anderseits hatte der Kläger den Willen, mit dem Inhaber der bestellenden, ihm schon von früherer Geschäftsverbindung her bekannten Firma abzuschließen. Wer aber im Handelsverkehr mit einem geschäftlichen Betriebe Verträge schließt, will den Inhaber des Betriebes verpflichten. Rechtlich unerheblich würde es sein, wenn ein Vertreter des Inhabers irrtümlich als dieser selbst angesehen würde. Denn dem Vertragsgegner kommt es nicht darauf an, mit einer bestimmten Person, sondern mit der bestimmten Firma abzuschließen. Das Zustandekommen der Willenseinigung zwischen den Parteien könnte darum auch durch einen von der Beklagten behaupteten Irrtum des Klägers über die Stellung des Hans zu der Beklagten nicht in Frage gestellt werden, da der Kläger mit dem Inhaber der Firma abschließen wollte.

Mit dem Einwand, daß Hans nicht berechtigt war, in ihrem Namen zu handeln, ist die Beklagte nicht zu hören. Aus der Benutzung ihres Briefpapiers ist zu ersehen, daß sie ihm mindestens freie Hand gelassen hat, sie in den Angelegenheiten ihres Gärtnereibetriebes zu vertreten. Denn daß er sich dies Papier etwa unberechtigt und gegen ihren Willen verschafft habe, hat die Beklagte nicht behauptet. Läßt aber der Inhaber eines geschäftlichen Betriebes zu, daß jemand Dritten gegenüber als sein Bevollmächtigter auftritt, so ist darin eine stillschweigende Bevollmächtigung zu erblicken (§ 54 HGB). Daß die Beklagte von den Bestellungen nichts wußte, ist gleichfalls rechtlich unerheblich. Denn es ist nicht notwendig zur Gültigkeit eines Geschäfts, das von dem mit allgemeiner Vollmacht versehenen Vertreter abgeschlossen ist, daß der Vertetene von jedem einzelnen Geschäfte Keuntnis erhalte. L.n.

u) **Verjährung:** *α)* **Schadensansprüche aus Lieferung von Waren.**

OLG. Celle, IV. ZS. Urteil v. 14. Juni 1911.

Die kurze Verjährung des § 196 Nr. 1 und Abs. 2 ist auch dann anwendbar, wenn der Anspruch des Verkäufers nicht auf den Kaufpreis, sondern nach § 326 auf Schadensersatz wegen Nichterfüllung geht. Handelt es sich doch bei diesem Anspruch lediglich um einen solchen, welcher auf dem erwähnten Erfüllungsanspruch beruht und an dessen Stelle tritt. Dabei kann es keinen Unterschied machen, wenn wie hier als Schaden nach § 252 der entgangene Gewinn verlangt wird (RG. 61 S. 390; Rsp. 15 S. 320). Daraus folgt aber nicht, daß hier der Beginn der Verjährung für den Schadensanspruch des Klägers wegen Unterlassung der Abnahme von Waren und Zahlung des Preises gerade in denselben Zeitpunkt zu verlegen ist, in welchem der Anspruch auf Erfüllung zu verjähren angefangen hat. Aus einem Vertragsverhältnis können für denselben Gläubiger mehrere Ansprüche hervorgehen. Der Beginn der Verjährung richtet sich dann für jeden einzelnen regelmäßig nach seiner Entstehung. Davon macht eine Ausnahme der § 224; er läßt zugleich mit dem Hauptanspruch auch den Anspruch auf die von ihm abhängigen Nebenleistungen vor Ablauf der besonderen, für sie maßgebenden Verjährung verjähren und führt so die zwischen solchen Ansprüchen bestehende Abhängigkeit auch hinsichtlich der Verjährung durch. Trotz dieser Abhängigkeit hat aber der Gesetzgeber die Aufnahme des § 224 für nötig erachtet. Anders liegt hier die Sache. Der Schaden des Klägers steht zur Erfüllung nicht in dem Verhältnis des Neben- zum Hauptanspruch. Er ist zwar aus ihr hervorgegangen, aber in der Weise, daß sich der Erfüllungsanspruch in ihm umgestaltet hat und von ihm ersetzt wird. Für einen derartigen Schadensanspruch muß es daher bei der Regel des § 198 bewenden, daß seine Entstehung den Beginn der Verjährung bestimmt. Dazu gehört die Möglichkeit der Inanspruchnahme des Schuldners, so jedoch, daß, wo sie von dem bloßen Willen des Gläubigers abhängt, die Verjährung nicht schon mit der Möglichkeit, die Fälligkeit herbeizuführen, zu laufen anfängt; vgl. Staudinger 2, 7 zu § 198.

Abweichend vom LG. läßt sich indes nicht annehmen, daß der Anspruch des Klägers bereits 1905 entstanden ist, in welchem Jahr allerdings sein Anspruch auf Vertragserfüllung entstand. Die Fristsetzung im Schreiben der Beklagten vom 25. Oktober 1905 ist mit einer vertragswidrigen Spezifikation der Waren verbunden gewesen, die den Kläger nicht hatte in Verzug setzen können, und war daher auch für die Beklagte selbst unverbindlich geblieben, ihr Erfüllungsanspruch noch nicht etwa gemäß § 326[1] aufgehoben. Erst dadurch, daß in dem früheren Rechtsstreit der Parteien die Beklagte wegen Nichtlieferung der Waren Schadensansprüche erhob, weigerte sie endgültig die Vertragserfüllung. Damit gab sie dem Kläger zugleich das Recht, an Stelle der rückständigen Vertragserfüllung Schadensersatz zu verlangen. Sein Schadensanspruch fällt mithin frühestens in das Jahr 1906, in welchem der Vorprozeß begonnen hat. L.t.

β) **bei dem Vorliegen der Vermutung des § 344 HGB.**

OLG. Posen, III. ZS. Urteil v. 17. Februar 1911.

Die sämtlichen Rechtsgeschäfte eines Kaufmanns gelten nach § 344[1] HGB. im Zweifel als zum Betriebe seines Handelsgewerbes gehörig, somit auch die zu einem Hausbau abgeschlossenen. Damit wird aber noch nicht ohne weiteres die vierjährige Verjährungsfrist für sie anwendbar. Denn während das HGB. wörtlich sagt: „zum Betriebe ... gehörig", setzt § 196 Nr. 1 voraus, daß die Leistungen „für den Gewerbetrieb" erfolgt sind. Das bedeutet, daß nach dem BGB. der Gegenstand der Leistungen im wesentlichen den Zwecken des Gewerbes zu dienen bestimmt sein muß (Oertmann § 196[2]; JW. 1905 S. 110[1]). In ihrer Verbindung sind die beiden Vorschriften dahin auszulegen: sämtliche Rechtsgeschäfte eines Kaufmanns sollen als in seinem Gewerbebetriebe vorgenommen gelten, die vierjährige Verjährungsfrist soll aber nur auf diejenigen Anwendung finden, die tatsächlich im Interesse des Gewerbes vorgenommen sind. Der Beklagte ist Bildhauer. Das Einrichten eines Miethauses fällt nicht unter sein Gewerbe. Denn das gewerbsmäßige Vermieten von Wohnungen ist nach den Anschauungen des täglichen Lebens kein Gewerbebetrieb. Ein solcher setzt vielmehr Gewinnung, Verarbeitung und Vertrieb von Gegenständen des menschlichen Verkehrs und Bedürfnisses voraus (vgl. Rsp. 12 S. 26; Dernburg, BürgR. 1 § 177[11]). E.l.

γ) **Leistungen für den Bau eines Hausmaklers. Anerkenntnis. Arglist.**[1]

OLG. Hamburg, II. ZS. Urteil v. 23. September 1911.

Der Kläger hat 1907 zu den Bauten des Beklagten (Hausmaklers) Arbeiten geliefert und macht gegen den Einwand der Verjährung geltend,

[1] Die Arglist muß bis zum Ablauf der Verjährungsfrist dauern (RG. 8. Nov. 1907 VII 62/07).

daß Beklagter 1909 den Klaganspruch „dem Grunde nach" dadurch anerkannt habe, daß er häufig erklärt habe: er wolle die Rechnungen durchprüfen lassen, ob sie in Ordnung seien und er sie so bezahlen könne. Solche Äußerungen würden keine Anerkennung des Anspruchs im Sinne des § 208 darstellen, denn aus ihnen würde sich nur eine Geneigtheit ergeben, die Rechnung zu begleichen, wenn sie richtig sein sollte. Das ist keine Anerkennung des Anspruchs, denn es blieb Raum dafür, daß Beklagter zu dem Ergebnis kam, gar nichts zu schulden. Selbst wenn man auch für den § 208 mit einer Anerkennung des Anspruchs dem Grunde nach operieren darf (Seuffert 66 Nr. 157), so ist das doch hier deshalb ausgeschlossen, weil es sich nicht um einen Anspruch, sondern um sehr zahlreiche verschiedenartige Ansprüche handelt, auf die teilweise Zahlungen erfolgt sind. Aus der fraglichen Äußerung des Beklagten würde jedenfalls nicht zu entnehmen sein, daß er alle Ansprüche des Klägers für dem Grunde nach gerechtfertigt halte, so daß schon deshalb völlig dahinstehen würde, welche einzelnen Ansprüche Beklagter dem Grunde nach anerkannt hätte.

Weiter meint der Kläger, daß seine Leistungen für den Gewerbebetrieb des Schuldners erfolgt seien. Da es sich, wie die Fassung des § 196 Nr. 1 zeigt, bei der vierjährigen Verjährung um eine Ausnahme handelt, so liegt die Beweislast dafür dem Kläger ob. Es handelt sich um Arbeiten eines Maurermeisters an einem (oder zwei aneinander grenzenden) Häusern. Der Kläger hat nur vorgebracht, daß der Beklagte mit Grundstücken handle. Allein diese Behauptung in solcher Allgemeinheit genügt nicht, wofür auf die eingehenden Ausführungen (Rsp. 12 S. 26) verwiesen wird (vgl. auch RG. 74 Nr. 39, wo nur gesagt ist, daß es nicht grundsätzlich ausgeschlossen ist, den Eigentümer eines Miethauses als Gewerbetreibenden anzusehen).

Endlich hat der Kläger noch unter Hinweis auf RG. 57 S. 376 dem Beklagten Arglist vorgeworfen, weil er durch sein Verhalten den Kläger veranlaßt habe, den Anspruch nicht eher gerichtlich geltend zu machen. Allein Ende 1908 hatte der Kläger einen Zahlungsbefehl erwirkt, wogegen Beklagter Widerspruch erhoben hatte. Wenn dann der Beklagte wohl 15 bis 20 mal den Kläger vertröstet haben soll, er werde die Rechnungen nachprüfen lassen, ob er sie so bezahlen könne, so ist nicht anzunehmen, daß so allgemeine Redensarten, zumal wo sie auf viele Mahnungen immer nur in gleicher Weise wiederholt worden sein sollen, den Kläger veranlaßt haben, die schon eingeleitete Rechtsverfolgung einzustellen. Die Umstände sprechen vielmehr dafür, daß der Kläger mit Überlegung oder aus Nachlässigkeit, sich um die Geltendmachung seiner (vermeintlichen) Ansprüche gegen den Schuldner, der weitere Aufträge gab und diese beglich, nicht gekümmert hat. M. M.

δ) Ersatzanspruch gegen unterhaltspflichtige Verwandte.

OLG. Posen, III. ZS. Urteil v. 10. Oktober 1911.

Die durch Urteil von 1896 geschiedene geisteskranke Frau K. wird seitdem vom klagenden Ortsarmenverband unterhalten. Der Mann K. ist im Mai 1910 gestorben und von der Beklagten, seiner Schwester, beerbt worden. Der Kläger verlangt von ihr Erstattung der von ihm gezahlten Pflegekosten für die Zeit von Mai 1910 an rückwärts. Die Beklagte hält den Anspruch gemäß § 30a UWG. vom 30. Mai 1908 durch Ablauf von 2 Jahren für verjährt. Allein, da es sich um einen Anspruch gegen einen Dritten im Sinne des UWG. handelt, findet die zweijährige Verjährung des § 30a keine Anwendung. Aus § 61 daselbst ergibt sich, daß durch dieses Gesetz Rechte und Verbindlichkeiten nur zwischen den zur Gewährung öffentlicher Unterstützung verpflichteten Verbänden begründet werden, und daß die auf anderen Titeln beruhenden Verbindlichkeiten Dritter zur Unterstützung Hilfsbedürftiger sowie die Verbindlichkeiten Dritter zur Erstattung der von Armenverbänden aufgewendeten Unterstützungen vom Gesetz als ihm nicht unterstehend ausgeschieden werden. Für die letzteren Verbindlichkeiten bleibt das allgemeine bürgerliche Recht maßgebend. Geltend gemacht wird hier der auf Grund gesetzlicher Zession gemäß § 62 UWG. auf den Kläger übergegangene Unterhaltsanspruch der unterstützten Frau K., der gegen den nach § 1583 BGB. und für die Zeit vor 1900 nach § 759 ALR. II 1 unterhaltspflichtigen Erblasser der Beklagten erwachsen ist. Dieser Anspruch unterliegt aber nach § 197 BGB. und, soweit er bereits vor dem 1. Januar 1900 entstanden war, gemäß Art. 169ff. EG. der vierjährigen Verjährung. Demnach ist der Klaganspruch, soweit er nach dem 1. Januar 1907 entstanden ist, nicht verjährt. Dr.

ε) **Ersatzansprüche der Mutter wegen Verpflegung ihres unehelichen Kindes.**

OLG. München, I. ZS. Urteil v. 19. Januar 1912.

Die Klägerin, die ihr uneheliches Kind von seiner Geburt (1. Mai 1896) bis 1904 unterhalten hat, fordert von dessen Vater Erstattung ihrer Aufwendungen. Der Beklagte wendet Verjährung ein. Diese Einrede ist für die seit 1. Januar 1900 bestrittenen Aufwendungen begründet. Wie der Anspruch des Kindes gegen den unehelichen Vater auf Rückstände von Unterhaltsbeiträgen, unterliegt auch der gemäß § 1709² der Mutter zustehende Anspruch der kurzen (vierjährigen) Verjährung des § 197. Diese beginnt mit dem Schlusse des Kalenderjahres, an welchem die betr. Unterhaltsrente fällig geworden ist (Staudinger 6 zu § 196). Die letzte Vierteljahrsrente von 15 Mark für das Kind ist fällig geworden am 1. Mai 1904 (vgl. Staudinger 2 zu § 1710); ihre Verjährung begann also am 1. Januar 1905 und war gleich der Verjährung der seit 1. Januar 1900 fällig gewordenen früheren Vierteljahrsrenten bei Erhebung der Klage (1. März 1909) bereits vollendet.

Anders verhält es sich mit den vor 1900 gemachten Aufwendungen. Nach dem hierfür gemäß EG. Art. 170 maßgebend gebliebenen bay. Landrecht I 4 § 7 Z. 13 steht der Klägerin die actio neg. contr. zu, die der regelmäßigen Verjährung von 30 Jahren unterliegt (IV 13 § 2 Z. 8, II 1 § 11 Ziff. 2). Eine dem § 1709² entsprechende Vorschrift ist sowohl dem bay. LR. als dem subsidiär anzuwendenden gemeinen Recht unbekannt. Mit Unrecht beruft sich der Beklagte auf Art. 169[1] EG. Die Verjährungszeit für Ansprüche aus Geschäftsführung beträgt auch nach § 195 BGB. 30 Jahre (Staudinger 6 vor § 677; RG. 69 S. 429). Nach Art. 169[2] Satz 1 wird allerdings, wenn die Verjährungszeit nach dem BGB. kürzer ist als nach früherem Rechte, die kürzere Frist von dem Inkrafttreten des BGB. an berechnet und nach RG. 56 S. 254 ist, wenn an die Stelle eines nach älterem Recht begründeten Anspruchs ein solcher nach neuem Recht getreten ist, nur zu fragen, ob der bisherige Anspruch den konkreten Umständen nach auch gemäß dem Rechte des BGB. begründet sein würde. Allein auch wenn man dieser Ansicht beitritt, ist Art. 169 hier unanwendbar. Die Erhebung eines Anspruchs aus Geschäftsführung oder Bereicherung auf Grund des gleichen Tatbestands, der dem § 1709[2] BGB. zugrunde liegt, muß als ausgeschlossen betrachtet werden, da gerade die mit der Erhebung solcher Ansprüche verbundenen Schwierigkeiten und Weitwendigkeiten im Interesse der den Unterhalt an Stelle des Verpflichteten gewährenden Verwandten des Kindes vermieden werden sollten (Prot. 6 S. 301). Nach neuem Recht steht also der Mutter, die den Unterhalt an Stelle des unehelichen Vaters geleistet hat, aus dieser Tatsache lediglich der Anspruch aus § 1709[2], nicht auch der Anspruch aus Geschäftsführung (oder Bereicherung) zu; der nach früherem Recht begründete Anspruch wäre also nach BGB. nicht begründet, womit die Anwendbarkeit des Art. 169 EG. fällt. P. n.

v) **Klage auf Teilleistungen, Unterbrechung oder Hemmung der Verjährung.**

OLG. Darmstadt, I. ZS. Urteil v. 30. Juni 1911.

Eine Berufsgenossenschaft hatte die kraft Gesetzes auf sie übergegangenen Ansprüche eines Geschädigten nur mit einem Teil eingeklagt und der gegen die Klagerweiterung eingewandten Verjährung erfolglos Unterbrechung und Hemmung entgegengesetzt. Gründe:

Die Unterbrechung der Verjährung tritt bei nur teilweiser Geltendmachung eines Anspruchs nur insoweit ein, als Rechtshängigkeit entsteht. Dies gilt auch dann, wenn die Teilbeträge nach Natur und Inhalt die Feststellung des ganzen Anspruchs erforderlich macht. Nur dann wird eine Ausnahme anerkannt, wenn nach der Fassung der Urteilsformel eines aus § 304 ZPO. ergangenen Urteils in Verbindung mit den Gründen klar ist, daß der Richter den Klaganspruch als einen einheitlichen aufgefaßt hat. Damit wird aber lediglich die Regel dahin bestätigt, daß Rechtshängigkeit und Unterbrechung der Verjährung nur so weit reichen, als das Rechtsverhältnis der richterlichen Feststellung und Entscheidung unterbreitet ist; deshalb wird auch (vgl. WarnErg. 1908 S. 124) die Unterbrechung nicht angenommen, wenn wie hier die Klage nur die im Antrage bezeichnete Teilsumme fordert.

Unbegründet ist die weitere Behauptung, daß Hemmung der Verjährung deshalb vorliege, weil Beklagter infolge unverschuldeter Unkenntnis über die

Person des Forderungsberechtigten nicht in Verzug komme und die Leistung verweigern dürfe, ohne daß die Klägerin zur Erhebung einer Feststellungsklage verpflichtet sei, und ohne daß Beklagter hinterlegen müsse. Kraft Gesetzes geht der Anspruch auf die Berufsgenossenschaft unbedingt über (RG. 60 S. 200). Mag auch die Möglichkeit bestehen, auf Grund dieses Übergangs nur einen bedingten Anspruch der Klägerin als gegeben anzusehen (RG. 61 S. 167), so greifen doch die allgemeinen Bestimmungen über Verjährung, die dann vielleicht in Betracht kommen könnten, hier nicht Platz, denn der Beginn der Verjährung ist nach § 8 des Haftpflichtges. absolut auf den Tag des Unfalls festgelegt, und nur der Anspruch des Geschädigten ist es, den die Klägerin geltend macht. Aber auch die so laufende Verjährungsfrist war nicht gehemmt. Die Hemmungsgründe sind erschöpfend aufgezählt und decken den hier vorliegenden Sachverhalt nicht. Die Klägerin hatte die Möglichkeit der Feststellungsklage, die kein subsidiäres Rechtsmittel ist (Seuffert 54 Nr. 136) und deren Nichterhebung nicht die Verhängung eines Rechtsnachteils zur Folge hat, sondern nur bewirkt, daß ein mit der Erhebung verbundener rechtlicher Erfolg nicht eintritt. Anderseits war der Beklagte nicht zur Leistungsverweigerung befugt. Macht er von einem etwa gegebenen Hinterlegungsrecht keinen Gebrauch, so bleibt ihm lediglich übrig, im Falle der Klage die Aktivlegitimation des Gegners zu bestreiten, so daß auch aus diesem Grunde eine Hemmung der Verjährungsfrist nicht entnommen werden kann (RG. 70 S. 90). Wg.

w) **Fallen Baupolizeiordnungen unter § 134.**

OLG. Braunschweig, II. ZS. Urteil v. 11. April 1911.

Der Beklagte hat sich verpflichtet, den auf seinem Grundstücke vorhandenen Kanal, wie früher, bestehen zu lassen. Diese Verpflichtung verstößt aber gegen § 40 der BauO., wonach die Anlage von Sickergruben untersagt ist und vorhandene Anlagen der Art beseitigt werden müssen. Um eine solche Anlage handelt es sich hier. Die Abwässer aus dem klägerischen Wohnhause wurden in der auf dem Grundstück befindlichen Grube gesammelt und von dort durch den Kanal über das Grundstück des Beklagten hinweg auf ein fremdes Grundstück geleitet und dort dem Untergrunde zugeführt. Diese Anlage und dieses Entwässerungsverfahren ist nach der BauO. verboten und daher die Übernahme der Verpflichtung, die Anlage bestehen zu lassen, nichtig. Der Ansicht des OLG. Königsberg (Seuffert 61 S. 148), daß Baupolizeiordnungen nicht zu den in § 134 gedachten Verbotsgesetzen zu rechnen seien, ist in dieser Allgemeinheit nicht beizutreten. Allerdings fallen nicht alle Verbote der Baupolizei unter § 134, z. B. nicht solche, die lediglich bezwecken, die Interessen des Nachbargrundstücks zu wahren. Ob sich aus einem gesetzlichen Verbot ein anderer Zweck ergibt als der, Rechtsgeschäfte entsprechenden Inhalts unmöglich zu machen, ist durch Auslegung und unter Berücksichtigung des gesetzgeberischen Grundes zu ermitteln (RGKomm. § 134[3]). Hier ist das Verbot zur Aufrechterhaltung der öffentlichen Ordnung notwendig. Anlagen der fraglichen Art würden die Grundstücke in ekelerregender Weise verunreinigen und für die Allgemeinheit in gesundheitlicher Beziehung Gefahr bringen. Der Zweck des Verbotes, solche Übelstände zu vermeiden, ergibt, daß Rechtsgeschäfte, die dagegen verstoßen, nichtig sind. Der Kläger kann daher nicht Erfüllung der fraglichen Verpflichtung und nicht Schadensersatz wegen Nichterfüllung verlangen. Das negative Vertragsinteresse, das der Kläger möglicherweise nach § 309 unter den im § 307 gedachten Voraussetzungen verlangen könnte, ist nicht geltend gemacht. Dazu gehörte vor allem die Behauptung, daß die Vertragsbestimmung gegen ein gesetzliches Verbot verstößt, was der Kläger bestreitet. H.

x) **Schenkungen an eine Konkubine. Voraussetzungen des Verlöbnisses.**

Kammergericht, VIII. ZS. Urteil v. 14. März 1912.

Der verheiratete Kläger unterhielt 9 Jahre ein ehebrecherisches Verhältnis mit der Beklagten bis sie sich anderweit verheiratete. Er fordert die Herausgabe der Wertpapiere, die er ihr zur Sicherstellung ihrer Zukunft unter der ausdrücklichen Bedingung geschenkt haben will, daß sie keinen anderen heirate. Hilfsweise stützt er sich auf § 1301, weil er mit der Beklagten verlobt gewesen sei. Die Klage ist unbegründet.

Auch wenn sich die Parteien gegenseitig die Ehe versprochen hätten, so würde doch zwischen ihnen kein Verlöbnis im Rechtssinne zustande gekommen sein. Denn dieser eigenartige, familienrechtliche Vertrag schafft eine der Ehe verwandte, wenn auch nur beschränkte Lebensgemeinschaft zwischen den Verlobten, und ist daher nicht zwischen Personen denkbar, von denen mindestens die eine bereits durch das Band der Ehe zu festerer Lebensgemeinschaft mit einer dritten verbunden ist. Die unmittelbare Möglichkeit der Eheschließung unter den Verlobten ist allerdings nicht unbedingte Voraussetzung der Gültigkeit eines Verlöbnisses, so daß sich trotz des Vorliegens aufschiebender Ehehindernisse die davon Betroffenen wirksam verloben können (vgl. Rsp. 4 S. 352; **Dernburg** 4 § 7). Indessen widerspricht es dem sittlichen Bewußtsein der Allgemeinheit, wenn ein verheirateter Mann, selbst wenn die Scheidung seiner Ehe in Aussicht steht, ein Verlöbnis eingeht; dieses steht außerhalb der Schranken der staatlichen Rechtsordnung und ist vor dem Gesetze nichtig.

Auch der Schenkungsvertrag, auf den sich der Kläger ferner stützt, verstößt wider die guten Sitten. Mag es für ihn sittliche Pflicht gewesen sein, die Beklagte vor der Not des Lebens zu schützen, so bleibt doch die Tatsache bestehen, daß er sie nur beschenkt hat, nachdem und weil sie mit ihm in ehebrecherischen Verkehr getreten war. Jene Zuwendungen waren also nichts anderes als Ehebruchslohn, wenn sie auch nicht zum Vergeuden, sondern vorsorglich zur Sicherung ihrer Zukunft gegeben waren. Das Eingreifen eines solchen verständigen Motivs bei Handlungen, die sich auf dem Boden eines unsittlichen Verhältnisses abspielen, kann den ihnen anklebenden Makel der

Sittenwidrigkeit nicht nehmen. Die Schenkungen wären daher nichtig. Der Kläger kann aber nach § 817 Satz 2 das Geschenkte nicht zurückfordern, weil ihm der gleiche Verstoß gegen die guten Sitten zur Last fällt wie der Empfängerin.

Wären aber auch die Schenkungen als sittenwidrig nicht anzusehen, so ist es doch jedenfalls die ihnen angeblich beigefügte, auflösende Bedingung. Es läßt sich nichts dagegen erinnern, wenn einer bedürftigen unverheirateten Frau Mittel zu ihrem Unterhalte gewährt werden unter der Bedingung, daß diese Unterstützung nach ihrer Verheiratung als nicht mehr notwendig wegfallen soll. Unsittlich ist aber eine derartige Bedingung dann, wenn sie nach den Umständen des Falles für den Entschluß, sich zu verheiraten, eine Strafe und im entgegengesetzten Fall eine Belohnung bezweckt und dadurch eine unbillige Beschränkung der Freiheit der bedachten Person in der Gestaltung ihres Lebens anstrebt. Dies ist hier der Fall. Fr.

y) **Besondere Mitteilung der Vollmacht an Dritte.**

OLG. Braunschweig, II. ZS. Urteil v. 28. November 1911.

Vor dem Kläger als Notare hat der Beklagte mit der Firma X. einen Vertrag verlautbart, durch den er mit der Parzellierung seines Grundbesitzes gegen hohe Provision die X. beauftragte und zugleich ermächtigte, „die erforderlichen Kaufverträge mit Dritten in ihrem Namen abzuschließen, und alles zu tun, was zur Abwicklung und Erfüllung der Kaufgeschäfte erforderlich ist". X. hat dann auf Grund dieser Vollmacht mit den zur Durchführung des Auftrags erforderlichen Rechtsgeschäften den Kläger beauftragt, der dafür seine Gebühren und Auslagen fordert. Die Klage ist begründet.

War der Parzellierungsvertrag wegen Wuchers nichtig, so war es auch der damit verbundene Bevollmächtigungsvertrag; X. würde dann durch Erteilung von Aufträgen an den Kläger gemäß § 179 nur sich selbst, nicht den Beklagten verpflichtet haben. Eine Ausnahme haben zugunsten eines gutgläubigen Dritten die §§ 171, 172 getroffen: Sie sollten ihn nach § 173 trotz Nichtigkeit der Vollmacht so stellen, als ob sie gültig wäre, wenn er bei Vornahme des Rechtsgeschäfts nicht deren Unwirksamkeit kannte oder hätte kennen müssen (RG. 69 S. 234; Jehle, Vollmacht 39; Holländer, gewillkürte Stellv. 69, 76; Rosenberg, Stellv. 586). Ob hier die Voraussetzungen des § 171 gegeben sind, mag zweifelhaft sein. Er setzt eine besondere Kundgabe der Bevollmächtigung durch den Vollmachtgeber an einen Dritten voraus. Daß der instrumentierende Notar im Verhältnis zu Vollmachtgeber und Bevollmächtigten „Dritter" ist oder doch sein kann, ist allerdings unbedenklich. Fraglich ist nur, ob die bloße Tatsache der Verlautbarung der Vollmacht durch die Vertragschließenden vor dem Notar eine „besondere" Mitteilung enthält. Teilweise wird für die Kundgebung ein von der Bevollmächtigung verschiedenes Rechtsgeschäft erfordert (Goldberger, Verkehr mit Nichtbevollm. 1908 S. 39), teilweise hält man es dagegen für genügend, wenn der Bevollmächtigungsvertrag bloß in Gegenwart eines anderen abgeschlossen wird (Seelen, bürg. Arch. 28 S. 51; Staudinger 4 I zu § 171 N. 4²). Einer Entscheidung dieser Frage bedarf es jedoch nicht; denn nach § 172 genügt, wenn der Vollmachtgeber dem Vertreter eine Vollmachtsurkunde ausgehändigt hat und der Vertreter sie dem Dritten vorlegt. Die bloße Bezugnahme auf eine zwar vorhandene, aber dem Dritten niemals zu Gesicht gekommene Urkunde genügt nicht (RG. 56 S. 66, Dresden Recht 1907 S. 445). Hat aber der Dritte, wie hier, die Urkunden gesehen und dadurch von ihrem Inhalte Kenntnis genommen, so ist die Bezugnahme auf sie nicht ausgeschlossen (Staudinger, aO. N. 5²; Planck § 172¹). Allerdings ist auch die Ansicht vertreten, daß die Vollmacht bei jedem einzelnen Rechtsgeschäfte wieder vorgelegt werden müsse (Goldberger 59; Hupka, Vollmacht 171). Allein dem widerstreitet der Wortlaut, bes. der Abs. 2, wonach die Vertretungsmacht so lange fortdauern soll, bis die Urkunde zurückgegeben oder für kraftlos erklärt wird. Auch die Motive 239 führen aus, daß die Wirkung der einmal dem Dritten vorgelegten Urkunde nur durch ausdrücklichen Widerruf erlösche. Dieser Auslegung, die allein den Bedürfnissen des praktischen Lebens gerecht wird, folgen denn auch die meisten Schriftsteller (Staudinger, Planck, RGKomm., Düringer HGB. 2 S. 356⁴⁵). Auf den Fortbestand der Vollmacht durfte Kläger hier aber um so mehr vertrauen, als sie bis zum 1. April 1909 unwiderruflich sein sollte und die Rechtsakte bereits 1908 vorgenommen worden sind. Der Kläger braucht auch nur zu beweisen, daß ihm die Urkunde vorgelegen hat, nicht noch außerdem, daß sie dem Bevollmächtigten ausgehändigt war; das Gegenteil hätte Beklagter behaupten und beweisen müssen (Seeler, aO. 41; Düringer Nr. 46). Das ist nicht geschehen. Ebensowenig ist bewiesen, daß der Kläger die Nichtigkeit des Vertrages wegen Wuchers und damit auch die Nichtigkeit der Vollmacht bei der nötigen Aufmerksamkeit habe erkennen müssen (§ 173). Wenn wirklich in subjektiver Beziehung der Verdacht bestehen möchte, daß X. die Unerfahrenheit des Beklagten habe ausbeuten wollen, so liegt doch kein Anhalt dafür vor, daß der Kläger als Notar dies bei der nötigen Sorgfalt hätte erkennen müssen. H.g.

11

a) Vertrag über Leistungen ohne Vermögenswert (Ort und Art der Bestattung). Stillschweigender Vertragsschluß.

OLG. Posen, III. ZS. Urteil v. 3. März 1911.

Das BGB. schweigt davon, daß lediglich Vermögenswerte Gegenstand eines Vertrags sein können. Folglich können auch über ideale, immaterielle Leistungen bindende Verträge geschlossen werden. Nur soweit es gegen die guten Sitten verstößt, sich hinsichtlich sittlicher oder Anstandspflichten rechtlich zu binden, ist ein Vertrag unzulässig (vgl. Rehbein 2 S. 12; Planck 2 Vorbem. S. 6). Hier liegt solches nicht vor. Wenn auch der Mann zunächst über den Ort der Bestattung seiner Frau zu entscheiden hat, so haben ihre Verwandten doch auch ein Interesse daran, und somit hängt die Entscheidung nur von der Frage ab, ob die Parteien wenigstens durch stillschweigende Handlungen sich gegenseitig verpflichtet haben, die Leiche der Frau des Beklagten in dem vom Kläger auf seine Kosten zu erbauenden Mausoleum endgültig beizusetzen. Dies war aber zu bejahen. Der Beklagte hat einen andern Grund für die vorläufige Beisetzung der Leiche im Gewölbe der Gemeinde nicht vorgebracht. Daraus ist zu schließen, daß die Leiche eben nur zum Zwecke späterer Überführung in das zu erbauende Mausoleum dort vorläufig beigesetzt worden ist. Der Beklagte hat die Inschrift: A. und S. (die Anfangsbuchstaben der beiderseitigen Familiennamen) bei seinen Verhandlungen mit der Baufirma über die Entwürfe unstreitig gebilligt, in seinem Briefe bemerkt, daß der eine Entwurf „unserm" Geschmack nicht entspreche, und daß Beklagter einem andern Entwurf entgegensehe. Das alles sind Handlungen, die auf Grund der Erfahrungen des Lebens als Ausdruck rechtsgeschäftlichen Willens, als Erklärungsmittel gebraucht werden und anzusehen sind (Danz, Auslegung von Rechtsgeschäften 84[3]). Daß der Beklagte die Pläne der Baufirma dem Kläger dann übermittelt hat; ist ebenfalls unbestritten. Somit ist der fragliche Vertrag zwischen den Parteien mindestens durch stillschweigende, d. h. sich aus den Umständen ergebende Willenserklärungen zustande gekommen. E. l.

b) **Darf der Verletzte die Operation ablehnen?**

OLG. Naumburg, II. ZS. Urteil v. 17. Juni 1910.

Zwar ist jeder Verletzte dem Verletzenden gegenüber verpflichtet, die ihm zu Gebote stehenden Mittel zu ergreifen, um die schädlichen Folgen abzuwenden. Ein operativer Eingriff könnte der Klägerin aber nur dann zugemutet werden, wenn der Erfolg gewährleistet wäre und wenn sie selbst zu der Überzeugung gelangen mußte, daß ein solcher Eingriff gefahrlos ist. Hier hat aber weder kurz nach dem Unfall, noch nach der neuerlichen Untersuchung der behandelnde Arzt die Operation als gefahrlos und erfolgreich hingestellt, vielmehr der Klägerin geraten, falls sie sich der Operation unterziehen wolle, zuvor ihr Haus zu bestellen. Unter diesen Umständen ist die Ablehnung der Operation berechtigt. Schl.

c) **Rechnungslegung:** *α*) **eines Kassenbeamten.**

OLG. Celle, IV. ZS. Urteil v. 23. September 1911.

Der § 259 greift selbstverständlich nur dann Platz, wenn sich nicht aus dem zwischen den Beteiligten bestehenden Rechtsverhältnis etwas anderes ergibt. Das ist hier der Fall. Denn derartige Angestellte wie der Beklagte legen ihre Rechenschaft dadurch ab, daß sie den für sie bestehenden Dienstvorschriften gemäß ihre Bücher und Listen führen. Eine Pflicht, außerdem eine dem § 259 entsprechende Zusammenstellung mitzuteilen, kann nicht anerkannt werden; sie würde auch zu praktisch ganz unhaltbaren Folgen führen. Daß der Beklagte im allgemeinen seiner ihm danach obliegenden Rechenschaftspflicht nachgekommen ist, kann übrigens nicht bezweifelt werden. Die mangelhafte und unvollständige Führung der Bücher und Listen vermag erst recht nicht den ganz allgemein auf Rechnungslegung gerichteten Klaganspruch zu begründen. L. t.

β) des Patentverletzers.

OLG. Hamburg, II. ZS. Urteil v. 24. Oktober 1911.

... In Anlehnung an die Grundsätze über die Geschäftsführung hat die Rechtsprechung (RG. 70 Nr. 65) sich auf den Standpunkt gestellt, daß der Patentverletzer über den von ihm erzielten Gewinn Rechnung legen müsse, da der Berechtigte sonst den ihm gebührenden Gewinn des Patentverletzers nicht beziffern kann. Nachdem einmal die Rechtsentwicklung so weit gegangen ist, kann es nicht von Bedeutung sein, ob der Patentberechtigte schlechthin Ersatz seines Schadens oder Herausgabe des vom Patentverletzer widerrechtlich gezogenen Gewinns als einen ihm zu ersetzenden Schaden begehrt. In beiden Fällen handelt es sich immer um Schadensersatz wegen Patentverletzung, wobei der Schaden nur nach verschiedenen Methoden berechnet war, auch der Übergang von einer Berechnungsart zur andern nicht ausgeschlossen ist. Auch bei der Rechnungslegung über seinen Gewinn wird der Patentverletzer alle seine patentverletzenden Geschäfte, sollten sie auch nach seiner Behauptung ihm keinen Gewinn verschafft haben, darlegen müssen; denn dies wird regelmäßig erforderlich sein, um beurteilen zu können, ob der Patentverletzer Gewinn erzielt hat oder nicht. Diese Rechnungslegung erscheint daher als eine aus der Patentverletzung entstandene allgemeine Verpflichtung des Verletzters, deren Erfüllung der Patentinhaber zur Vorbereitung der Aufstellung seiner Schadensberechnung beanspruchen kann. Die oben getroffene Feststellung, daß der Beklagte in der Zeit von 1906 bis 1907 dauernd ein Futter hat herstellen lassen, bei dem offenbar durchweg Torf im Sinne des Patents verwandt ist, reicht aus zur tatsächlichen Begründung des Anspruchs auf Rechnungslegung, auch für die Zeit nach 1907 bis zu dem Zeitpunkt, in welchem das Recht des Klägers ein Ende nahm, weil nichts dafür vorliegt, daß der Beklagte sein Verfahren geändert hat, vielmehr die Umstände dafür sprechen, daß er sein Verfahren, dessen Berechtigung er noch jetzt behauptet, dauernd fortgesetzt hat. M. M.

d) **Wo sind Heizstoffe für Wohnhäuser zu bezahlen?**

Kammergericht, VII. ZS. Urteil v. 25. November 1911.

Der Kläger, der hier eine Kohlen- und Holzhandlung betreibt, hat Koks und Holz dem in Leipzig wohnhaften Beklagten für die Sammelheizung seiner hiesigen Häuser verkauft und geliefert. Die Klage auf den Kaufpreis ist hier erhoben. Der Einwand der örtlichen Unzuständigkeit ist begründet. Nach § 269 hat der Schuldner an seinem Wohnsitz zu leisten, es sei denn ein Ort für die Leistung besonders bestimmt oder aus den Umständen zu entnehmen. Aus dem Umstande, daß die Heizstoffe für hiesige Häuser bestimmt waren, kann nur gefolgert werden, daß der Kaufgegenstand hier zu leisten war, nicht aber, daß Erfüllungsort für die Bezahlung des Kaufpreises ebenfalls hier sein sollte. Der Beklagte war nach § 270 verpflichtet, den Kaufpreis auf seine Kosten und Gefahr dem Kläger hierher zu übermitteln, allein dadurch sind die Vorschriften über den Leistungsort nach § 270³ nicht berührt worden. Anders läge die Sache, wenn der Beklagte schon früher Heizstoffe vom Kläger bezogen und durch seinen Hausverwalter hier bezahlt hätte; dies ist aber nicht behauptet. Die besonderen Bestimmungen über eine gewerbliche Niederlassung oder die Bewirtschaftung eines Landguts (§ 269² BGB., § 21 ZPO.) können auf städtische Häuser keine Anwendung finden. L.n.

e) **Fälligkeit, Mahnung, Verzug, Veranlassung zur Klage.**[1]

OLG. Nürnberg, II. ZS. Beschluß v. 7. Februar 1911.

Das LG. hat zutreffend angenommen, daß sich der Beklagte im Einspruchsverfahren auf § 93 ZPO. berufen durfte. Im Vergleichsprotokoll vom 1. Juli ist dem Beklagten eine Zeit zur Bestellung der Hypothek nicht bestimmt. Nach § 271 BGB. hatte er deshalb seiner Verpflichtung hierzu sofort nachzukommen. Allein in allen Fällen, in denen die Zeit der Leistung nicht nach dem Kalender bestimmt ist, also sowohl wenn die Zeit der Leistung aus den Umständen zu entnehmen als auch wenn sofort zu leisten ist, kommt der Schuldner erst durch die Mahnung in Verzug (Staudinger 5 zu § 271). Hier ist aber die Klage am 30. Juli ohne weitere an den Beklagten gerichtete Aufforderung zugestellt worden, am selben Tage hat er schon die Hypothek bestellt, er hat auch sonst keinen Anlaß zu der Annahme gegeben, daß er seine Verpflichtung nicht anerkennen oder das Recht des Klägers gefährden wolle; ein Mahnbrief hätte bei ihm dieselbe Wirkung wie die Klagezustellung gehabt. Der Kläger hatte daher keinen Anlaß, sofort mit der Klage vorzugehen. B—r.

f) **Verzug bei Mitwirkungspflicht des Gläubigers.**[2]

OLG. Stuttgart, II. ZS. Urteil v. 21. November 1911.

Die Beklagte hat dem Kläger Druckarbeiten unter der Bedingung, daß diese bis Ende 1909 fertiggestellt seien, übertragen und sich verpflichtet, das Manuskript bis 15. November 1909 zu liefern. Da sie es vollständig erst am 20. Dezember 1909 ablieferte, wurden die Druckarbeiten erst am 22. Februar 1910 beendet. Die Beklagte hat eine Gegenforderung auf Schadensersatz erhoben, weil durch die spätere Ablieferung des Manuskriptes sich der dem Kläger nach dem Kalender bestimmte Ablieferungstermin ent-

[1] Die Zustellung einer Rechnung enthält keine Mahnung, wohl aber ihre Übersendung „mit der Bitte, wegen Erstattung des Wertes das Weitere zu veranlassen". Eines Nachweises der Höhe der Forderung bedarf es nicht, vielmehr hat sich der Schuldner über die Richtigkeit der Forderung Gewißheit zu verschaffen (OLG. I. ZS. Urteil v. 6. Februar 1903, Entsch. 43 S. 193).

[2] Ist die Frist, auf deren Innehaltung eine Vertragsstrafe gesetzt war, ohne Verschulden des Werkmeisters — es war ihm die Baustelle 1 Monat zu spät überliefert worden — versäumt, so verlängert sich jene Frist nicht ohne weiteres um diesen Monat, vielmehr hat der Gläubiger, der die Strafe fordert, zu beweisen, daß er nach Wegfall des Hindernisses den Gegner **gemahnt** und dieser trotzdem seine Arbeiten nicht innerhalb einer als **sachgemäß** zu erachtenden Frist beendet habe (RG. 29. Mai 1908 VII 368/07).

sprechend hinausgeschoben habe, aber nicht eingehalten worden sei. Es ist jedoch ein Verzug des Klägers nicht anzuerkennen. Es kann zunächst sich fragen, ob, wenn ein Werk zu einem nach dem Kalender bestimmten Zeitpunkt abzuliefern ist, die Fertigstellung aber durch den Besteller verzögert wird, sich die Ablieferungsfrist einfach um den Zeitraum verlängert, während dessen der Besteller das Werk verzögert hat, und ob dann die neue Lieferungszeit ebenfalls ein Kalendertermin im Sinne des § 284 [2] ist oder nicht; vgl. RG. 19. Januar 1910 in Sörgels Rsp. § 284 Nr. 6, wo ersteres bejaht, letzteres aber verneint ist. Dieser Ansicht kann nicht beigetreten werden. Es ist nirgends bestimmt und auch nicht aus allgemeinen Grundsätzen abzuleiten, daß sich bei einer derartigen Verzögerung durch den Gläubiger die Leistungsfrist des Schuldners um den entsprechenden Zeitraum verlängert. Das Gesetz bestimmt vielmehr nur, und zwar ausdrücklich, daß der Schuldner so lange nicht in Verzug kommt, als er an der Leistung durch einen Umstand gehindert wird, den er nicht zu vertreten hat (§ 285). Wie lange dies der Fall ist, ist jeweils nach den obwaltenden Umständen zu beurteilen; es kann dieser Zeitraum länger oder kürzer sein, als die ursprünglich bestimmte Lieferfrist.

Hieraus ergibt sich von selbst, daß bei der neuen Lieferungszeit nicht mehr von einem Kalendertermin im Sinne des § 284 [2] die Rede sein kann. Planck (7, 7b zu § 284) und Staudinger (1 zu § 285, I 2c zu § 284) lassen bei einer notwendigen Mitwirkung des Gläubigers den Schuldner so lange nicht in Verzug kommen, als der Gläubiger seine Handlung nicht vorgenommen habe; wenn aber der Gläubiger das Seinige getan habe, hafte der Schuldner für die Zukunft von dem Zeitpunkt an, in welchem er das Unterbleiben zu vertreten habe, ohne daß es einer Mahnung bedürfe, wenn eine solche schon vorher erfolgt sei, oder wenn eine Zeit nach dem Kalender bestimmt sei. Auch dieser Ansicht vermag sich der Senat nicht anzuschließen. Vielmehr erscheint nach dem Wortlaut und Sinn des Gesetzes folgender Standpunkt gerechtfertigt: Nimmt der Gläubiger die ihm obliegende Mitwirkung zur Leistung des Schuldners nicht rechtzeitig vor, so wird der dem Schuldner gesetzte Leistungstermin hinfällig und der Schuldner kommt mit dessen Eintritt nicht in Verzug, sofern ihm die Leistung infolge der Nichtmitwirkung des Gläubigers, also eines Umstandes, den er nicht zu vertreten hat, unmöglich geworden ist (§ 285). Er kommt auch in Zukunft insolange nicht in Verzug, als er nach diesem Termin die Leistung nach Lage der Umstände ohne sein Verschulden nicht bewirken kann. Es muß ihm eine angemessene Frist zur Herstellung des Werks vergönnt werden. Vorher ist seine Leistung nicht fällig. Mit dem Zeitpunkt, in welchem er dann ohne schuldhaftes Zögern die Leistung bewirken kann, wird diese erst fällig. Der ursprünglich bestimmte Kalendertermin ist wirkungslos geworden, wie eine vor Eintritt der Fälligkeit geschehene Mahnung wirkungslos ist. Es bedarf also in solchem Falle nach Eintritt der Fälligkeit einer Mahnung, um den Verzug des Schuldners herbeizuführen oder es muß ein neuer Kalendertermin festgesetzt sein, der in der Zeit nach Eintritt der Fälligkeit liegt.... Dr. H.

g) **Zinsen von widerrechtlich eingezogenen Zinsen.**

Kammergericht, XIV. ZS. Urteil v. 11. Januar 1912.

Der Beklagte hatte unberechtigt die Zinsen einer Hypothek eingezogen, die der Klägerin gebührten. Das LG. verurteilte ihn zur Erstattung der eingezogenen Summe, wies aber den Anspruch auf Verzugszinsen seit der Klagerhebung (§ 284) ab, weil nach § 289 von Zinsen Verzugszinsen nicht zu entrichten seien. Allein der Beklagte schuldete der Klägerin keine Zinsen von einem ihm überlassenen Kapital, sondern hat eine zu Unrecht der Klägerin entzogene Summe zu erstatten; für diese Erstattung ist belanglos, daß er die Summe als die von einem Dritten geschuldeten Zinsen erhielt. Fr.

h) **Bestellung des Fuhrwerks für sich und andre.**

α) OLG. Breslau, VIII. ZS. Urteil v. 20. Februar 1912.

Das LG. erachtet ein Vertragsverhältnis zwischen dem Kläger und dem Beklagten für vorliegend. Allein nach der Beweisaufnahme hat A. für den 3. Oktober einen Einspänner bestellt. A. ist also der alleinige Besteller gewesen. Wenn A. dann noch den Kläger und B. in den Einspänner mitgenommen hat, so ist dadurch noch kein Vertragsverhältnis zwischen diesen beiden Fahrgästen und dem Beklagten zustande gekommen, zumal dieser bei der Abfahrt des Wagens nicht zugegen war, also von der Mitfahrt des Klägers und des B. nichts wußte. Daraus, daß der Sohn des Beklagten gegen die Mitfahrt dieser beiden Personen nichts eingewendet hat, läßt sich keinesfalls ein zwingender Schluß dahin rechtfertigen, daß der Sohn in Vertretung seines Vaters mit diesen Fahrgästen rechtsgültig für seinen Vater kontrahiert hat, zumal der Sohn erst 15 Jahre alt war, also gar nicht seinen Vater mangels einer ausdrücklichen Ermächtigung rechtsverbindlich vertreten konnte. [Rsp. 23 S. 45.] M. r.

β) **Vertragschluß im Namen ungenannter Dritter.**

OLG. Dresden, VII ZS. Urteil v. 16. Januar 1912.

Der Vertragsabschluß, der in der Person des Bestellers zunächst noch nicht spezialisiert war, indem der Agent X. nur erkennbar ausgedrückt hatte, daß er im Namen einer anderen Firma bestelle, ohne diese sofort namhaft zu machen, erhielt die nötige Bestimmtheit mindestens mit der Erklärung des X. an die Angestellten des Klägers, die bereits bei den der Bestellung vorausgegangenen Verhandlungen für den Kläger dem X. gegenüber getreten waren, daß der Beklagte die ganze Anlage ausführe. Das war nach den begleitenden Umständen dahin zu verstehen, der Beklagte liefere auch die Rohrleitung zu dieser, und wenn X. die letztere bei dem Kläger bestellt habe, so habe er das im Namen des Beklagten getan. Irgend ein rechtliches Bedenken steht einer solchen erst nachträglichen Namhaftmachung der einen Vertragspartei durch den für sie abschließenden Vertreter nicht entgegen. Hier drückte das Schweigen des Klägers nach Namhaftmachung des Beklagten als des Bestellers in Verbindung mit der Ausführung der Leitung dem X. gegenüber genügend deutlich aus, daß er mit den Eintritt des Beklagten in das Vertragsverhältnis als des Hintermanns und Auftraggebers des X. einverstanden sei. In welcher Weise der Kläger die Bestellung zunächst gebucht hatte, erscheint ebensowenig maßgebend für die Frage nach der Person der ihm gegenüberstehenden Vertragspartei, wie der Umstand, daß er seine Rechnungen zunächst dem X. selbst zugesendet hat. War in den Büchern X. als Besteller eingetragen, so bedeutete das nur, daß er mangels Namhaftmachung der durch ihn vertretenen Firma einstweilen aufgeführt werde. Die nachträgliche Unsicherheit des Klägers über die Person, die ihm aus der Lieferung der Rohrleitung hafte, wie solche in dem Wechsel der Adressaten der Rechnungen und namentlich auch in der Erklärung an X. hervortrat, sich an ihn als die Person zu halten, die die Bestellung bewirkt hatte, hindert nicht, die Sachlage so zu beurteilen, wie sie sich bei natürlicher Auffassung für die Beteiligten darstellen mußte. M. z.

i) **Kauf- oder Mäklervertrag?**

α) OLG. Posen, IV. ZS. Urteil v. 30. November 1911.

Der Kläger Güteragent A. hat mit dem Beklagten B. 1910 schriftlich vereinbart: „B. übertrug seine Besitzung von etwa 48 Morgen zum Verkauf für 18000 Mark, einen Mehrerlös nimmt A., wofür er sämtliche Kosten ... tragen muß. Stellt sich die Besitzung größer heraus, so wird zwischen ihnen zur Hälfte geteilt.“ Hierauf hat der Beklagte durch Vermittlung des Klägers sein Grundstück, das nur 46 Morgen groß war, für 19260 Mark verkauft. Der Kläger beansprucht den 18000 Mark übersteigenden Betrag von 1260 Mark, wurde aber abgewiesen. Gründe:

Der Vertrag läßt klar erkennen, daß nicht, wie der Kläger und das LG. annehmen, ein Mäklervertrag, sondern ein Kauf vorliegt. Der Beklagte hat sein Grundstück dem Kläger zur freien Verfügung überlassen, und der Kläger ihm hierfür 18000 Mark bar zu zahlen. Die Urkunde spricht freilich von einer Übertragung „zum Verkaufe“. Aber hiermit ist nur ausgedrückt, daß der Kläger die Grundstücke zum Weiterverkaufen, und zwar, was aus anderen Umständen hervorgeht, zum Weiterverkauf in Parzellen erwerben wollte. Es sind also Beweggründe und Zweck des Ankaufes angegeben. Diese Angabe ist vielleicht nicht ohne jede Bedeutung für die Fälligkeit des vom Kläger zu zahlenden Kaufpreises, für die Kennzeichnung des Vertrags ist sie bedeutungslos, führt besonders nicht zu der Annahme eines Vollmachts-, Dienst- oder Mäklervertrags. Hier ist unzweideutig ein Kaufvertrag beurkundet, also gar nicht versucht worden, den wirtschaftlichen Erfolg eines Kaufes durch äußere Verkleidung der Vertragsbestimmungen, durch Einkleidung in die äußere Form einer Vollmacht mit Unwiderruflichkeit und Bindung des Bevollmächtigten zu erreichen. Es bedurfte deshalb nach § 313 der gerichtlichen (notariellen) Beurkundung.

Zu demselben Ergebnis würde man gelangen, wenn man in der Urkunde keine Bindung des Klägers, sondern nur eine solche des Beklagten fände; denn schon die Bindung des Eigentümers ohne Bindung des Gegners genügt für den Formzwang (RG. 50 S. 163). Eine Bindung des Beklagten ist aber ohne jeden Zweifel anzunehmen, sie geht außer aus der Urkunde noch aus dem Brief des Klägers hervor, besonders aus dem Ausdruck „ich werde Sie ... freilassen." Auch eine Konversion nach § 140 BGB. führt nicht zur Aufrechterhaltung des Vertrags. Hierzu ist allerdings nicht erforderlich, daß die Parteien eventuell ein anderes Rechtsgeschäft gewollt haben, es genügt vielmehr, daß sie, wenn sie an die Nichtigkeit des abgeschlossenen Geschäfts gedacht, das andere Rechtsgeschäft gewollt hätten. Die Frage ist daher hier so zu stellen: „Wenn die Parteien daran gedacht hätten, daß der Vertrag nach § 313 nichtig sein könnte, würden sie alsdann einen Mäklervertrag gewollt haben?" Dies ist zu verneinen. Zwischen Kauf- und Mäklervertrag besteht auch für den Fall, daß der Käufer ein Güteragent ist und die Grundstücke nur zum alsbaldigen Weiterverkauf im ganzen oder in Parzellen kauft, insofern ein ganz erheblicher wirtschaftlicher Unterschied, als beim Kauf beide Parteien gebunden sind, während beim Mäklervertrag weder der Auftraggeber zum Verkauf noch der Mäkler zur Beschaffung eines Käufers verpflichtet ist. Konversion ist aber immer oder wenigstens für die Regel nur anzunehmen, wenn beide Rechtsgeschäfte denselben wirtschaftlichen Erfolg haben (Planck 4 § 140). — Ähnliches gilt für das Verhältnis zwischen Kauf- und Dienstvertrag sowie zwischen Kauf und anderen Verträgen, an die man hier denken könnte. Die Annahme eines Auftrags nutzt dem Kläger nichts, da ein Auftrag unentgeltlich auszuführen ist, und die Vollmacht als solche hat Bedeutung nur nach außen. Dr.

β) **Mündliche Vereinbarungen neben notariellem Grundstückskauf.**
OLG Naumburg, II. ZS. Urteil v. 16. Februar 1912.

Die Parteien haben notariell einen Grundstückskauf beurkundet und sind dabei über zwei Punkte einig gewesen, an die sich die Beklagten (Verkäufer) auch heute noch für gebunden halten, nämlich ihre Verpflichtung, die Straßenherstellungskosten von 9000 Mark zu tragen und mit ihrer Restkaufgeldhypothek zum Teile hinter eine Baugeldhypothek zurückzutreten. Da unstreitig diese mündlichen Vereinbarungen fortbestehen sollten, ist die Vermutung der Vollständigkeit der Urkunde entkräftet und es ist ohne Belang, ob die Parteien die Aufnahme in die Urkunde lediglich vergessen oder vor dem Notar ausdrücklich vereinbart haben, weil sie sie als nicht zu dem Kaufvertrag als solchem gehörig betrachtet haben. Eine Beweiserhebung hierüber erübrigt sich; vielmehr genügt die Tatsache der Nichtbeurkundung dieser Vereinbarungen und der Willensübereinstimmung über ihre Fortgeltung, um die Nichtigkeit des ganzen Vertrags daraus zu folgern, da sie wesentliche Bestandteile des Kaufgeschäfts enthalten.... Sie betreffen nicht, wie Beklagte meinen, nur eine spätere Verwertung des gekauften Grundstücks; vielmehr ist der Zweck, zu dem das Grundstück gekauft werden sollte, nämlich seine Bebauung, für den Inhalt des Vertrags derart wesentlich gewesen, daß der Umfang der Leistungen sowohl der Verkäufer wie auch des Käufers dadurch unmittelbar beeinflußt worden sind. Die Nebenabreden sind auch nicht deshalb wirksam, weil die Parteien einig waren, daß kein innerer Zusammenhang zwischen ihnen und dem Kaufgeschäft bestehe. Denn dies ist — hier jedenfalls — nach dem objektiven Inhalte der Abreden zu beurteilen. Ein tatsächlich bestehender Zusammenhang zwischen Leistung und Gegenleistung kann durch einen Irrtum der Parteien über dessen Tragweite nicht beseitigt werden. Wenn die Parteien auch im allgemeinen Herr ihrer Abmachungen sind, so können sie doch nicht zur Umgehung der Formvorschriften vereinbaren, daß eine Bestimmung, die tatsächlich ein Essentiale berührt, den Charakter eines solchen nicht haben soll. Ihr Wille ist nur für die Feststellung des Inhaltes ihrer Vereinbarungen maßgebend, nicht aber für deren rechtliche Beurteilung.... Schl.

γ) Bestätigung eines wegen Arglist angefochtenen Hauskaufs.

OLG. Naumburg, II. ZS. Urteil v. 13. Februar 1912.

Der Kläger hat am 1. März 1911 den am 1. Juli 1910 geschlossenen und durch Auflassung alsbald erfüllten Hauskauf wegen Täuschung über Schwamm angefochten. Danach würde, wenn die Täuschung bewiesen wird und anzunehmen ist, daß Beklagter durch sie zum Abschluß bestimmt wurde, der Vertrag von vornherein nichtig und der Kläger nicht berechtigt sein, daraus Rechte herzuleiten. Der Vertrag würde nur durch beiderseitige Bestätigung wieder gültig geworden sein und diese hätte der Formvorschrift des § 313 entsprechen müssen, weil es sich um den Verkauf eines Grundstücks handelt. Die Ansicht Dernburgs[1] § 118 VI, daß „aus Zweckmäßigkeitsgründen" die formlose Zurücknahme der Anfechtungserklärung unter Zustimmung des Gegners als rechtsverbindlich anzuerkennen sei, findet im Gesetz keine Grundlage. Ob eine solche Zurücknahme vorliegt, kann also dahingestellt bleiben. Die beiderseitige formlose Bestätigung des Vertrages (die Dernburg jener Zurücknahme gleichsetzt) würde jedenfalls eine vollkommene Willensübereinstimmung über die beiderseitigen Rechte und Verpflichtungen aus dem Vertrage enthalten müssen. Der Kläger hat hier aber am 21. März 1911 die Rechtsbeständigkeit des Kaufs zwar anerkannt, indes Minderung beansprucht, die der Beklagte am 27. März zurückgewiesen hat. Der Kläger ist also nicht berechtigt, unter Aufrechterhaltung des Anfechtungsgrundes Minderung oder Schadensersatz zu fordern, sondern er hätte nur die Ansprüche aus der einmal geltend gemachten Nichtigkeit verfolgen können (RG. 74 S. 1, 61 S. 264).

Der Kläger kann sich auch nicht darauf berufen, daß infolge der angeblichen Täuschung zwar nicht der ganze Vertrag, aber doch der die Gewährleistung der Verkäufer beschränkende § 5 des Vertrages nichtig sei (§ 476). Eine Täuschung über wesentliche Eigenschaften des Vertragsgegenstandes ist in der Regel für den Abschluß des ganzen Vertrages und nicht nur für den

Ausschluß der Gewährleistung bestimmend. Davon ist auch hier auszugehen, wie ja der Kläger selbst den ganzen Vertrag anfocht; er hat nichts dafür beigebracht, daß er, wenn er die Täuschung erkannt hätte, sich dadurch nicht vom Ankauf hätte abhalten lassen, daß er vielmehr nur dem § 5 nicht zugestimmt hätte. Es kann dieser Schluß besonders aus der Abmachung im § 5, etwa auftretender Schwamm solle der Verkäufer eben nur beseitigen, nicht gezogen werden, weil man mit einer arglistigen Täuschung damals nicht rechnete. Der Kläger muß daher die Anfechtung des ganzen Vertrages mit ihren Folgen gegen sich gelten lassen. Schl.

k) **Inhalt des Schadensersatzanspruchs wegen arglistiger Täuschung beim Vertragsschlusse.**

OLG. Rostock, II. ZS. Urteil v. 24. Januar 1912.

Die Parteien hatten die Herstellung eines Jahrbuchs verabredet und bestimmt, daß der beklagte Herausgeber bei der — alsbald erfolgten — Auflösung des Vertrags den stehenden Maschinensatz gegen Zahlung von 1 Mark fürs Kilogramm erwerben dürfe. Der Beklagte will zur Einwilligung in diese Bestimmung durch die wissentlich falsche Erklärung des Klägers, 1 Mark sei der Tages-Metalldurchschnittspreis, veranlaßt worden sein. Er hat die Auslieferung des Satzes gegen Zahlung des wirklichen Durchschnittspreises von je 38 Pf. vergeblich gefordert und begehrt als Schaden den Mehrpreis, den er für die Herstellung eines neuen Satzes hat zahlen müssen; er verlangt mithin so gestellt zu werden, wie er stehen würde, wenn ihm das Recht zum Erwerb für 38 Pf. eingeräumt worden wäre. Dieser Standpunkt ist jedoch nicht zutreffend. Wenn das RG. dem Verletzten den Unterschied zwischen dem infolge der Täuschung ausbedungenen Preise und demjenigen, den er ohne die Täuschung bewilligt hätte, als Schadensersatz zuspricht, ohne die Prüfung für notwendig zu erachten, ob der Gegner zu dem geringeren Preise abgeschlossen hätte, so hat es sich dabei um arglistige Täuschung über Eigenschaften der gekauften Sache gehandelt (RG. 66 S. 338, JW. 1910 S. 934[4], 1911 S. 213[8]). So wenig aber JW. 1910 S. 934 den Selbstkostenpreis des Verkäufers als eine Eigenschaft der Sache angesehen hat, so wenig kann der Durchschnittspreis so aufgefaßt werden. Das Verlangen des Beklagten wäre daher nur dann berechtigt, falls festgestellt werden könnte, daß ihm ohne die behauptete Täuschung das Recht zum Erwerb des Satzes für 38 Pf. eingeräumt wäre, daß sich also auch der Kläger mit einem geringeren Preise als 1 Mark einverstanden erklärt hätte. Für das letztere liegt aber nichts vor. Unerheblich ist, ob es im Verkehr zwischen Drucker und Verfasser üblich ist, bei Auflösung des Vertrags den stehenden Satz zu dem jeweils bestehenden durchschnittlichen Metallwert des Satzmaterials zu überlassen. Denn hieraus müßte noch nicht notwendig geschlossen werden, daß auch hier der Kläger bei der im voraus getroffenen Regelung sich darauf eingelassen, oder daß er es gerade unter Zugrundelegung des vom Beklagten jetzt genannten Preises und bei Aufrechterhaltung des übrigen Inhaltes des Vertrags getan hätte. Der Gutachter hat aber auch das Bestehen jener Üblichkeit verneint und den Preis von 1 Mark als angemessen bezeichnet. J. n.

l) **Verpflichtung zu unmöglichen Leistungen. § 426 BGB. gilt nicht für das Verhältnis des Wechselgläubigers zu Wechselschuldnern.**

OLG. Hamburg, II. ZS. Urteil v. 13. Februar 1912.

... Die Beklagte hat sich bereit erklärt, dem Kläger nach Begleichung ihrer Ansprüche die Sicherheiten zu übertragen, welche sie von ihren Wechselschuldnern M. und N. erhalten hatte. Der Kläger hat darauf gezahlt, weshalb die Beklagte nunmehr zu leisten hat, sofern nicht der Umstand sie befreit, daß sie sich zu einer unmöglichen Leistung verpflichtet hat. Das ist aber anzunehmen. Dadurch, daß der Kläger die Wechselverbindlichkeiten des Gemeinschuldners gegen die Beklagte getilgt hat, sind die übrigen Wechselverpflichteten, besonders M. und N., gegenüber der Beklagten befreit worden. Damit sind die Pfandrechte, die ihr für M. und N. bestellt waren, erloschen. Sie ist deshalb nicht imstande, solche Pfandrechte auf den Kläger zu übertragen. Allerdings befinden sich noch in ihren Händen Schuldschein und Versicherungspolice und die Hypothek steht noch für sie eingetragen, aber sie hat sich nicht verpflichtet, Urkunden über fremde Rechte unter allen Umständen an den Kläger herauszugeben, sondern Sicherheiten, d. h. materielle Rechte, die nach dem Inhalt der getroffenen Abmachung an den Kläger nicht übertragen werden konnten. Das Ergebnis wäre ein anderes, wenn dem Kläger der § 426 zur Seite stände, wenn also die von ihm für den Gemeinschuldner an die Beklagte geleisteten Zahlungen auf die Wechsel zur Folge gehabt hätten, daß die Forderungen der Beklagten gegen M. und N. und damit die dafür bestellten Sicherheiten (§§ 401, 412) auf den Gemeinschuldner übergegangen wären. Der § 426 ist aber auf das Verhältnis des Wechselgläubigers einerseits und der Indossanten und des Akzeptanten andererseits unanwendbar (Oertmann § 426; Königsberg Seuffert 64 Nr. 186). M. M.

m) **Verpflichtung zur Entnahme seines Bedarfs fällt unter § 315.**

OLG. Braunschweig, I. ZS. Urteil v. 27. Oktober 1911.

Die Parteien haben sich nach Erhebung der Klage dahin verglichen, daß der Beklagte die Klagforderung von 80 Mark nicht bar zahlt, vielmehr wird dieser Betrag in der Weise beglichen, daß die Klägerin in Höhe dieses Betrags nach und nach ihrem Bedarfe gemäß Waren aus dem Viktualiengeschäfte des Beklagten entnimmt. Nach Abschluß des Vergleichs hat die Klägerin aufs neue geladen, weil der Vergleich wegen Unbestimmtheit des Vergleichsgegenstandes nichtig sei. Allein daß die Waren, deren Lieferung als Vertragserfüllung die Klägerin verlangen kann, nicht von vorn herein im einzelnen vertragsmäßig fest bestimmt sind, steht der Gültigkeit nicht entgegen. Die nötige Bestimmtheit über Gegenstand, Art und Menge der zu liefernden Waren und über die dafür anzurechnenden Preise kann durch die näheren Erklärungen der Klägerin hergestellt werden. Einer neuen Willenseinigung der Parteien bedarf es dazu nicht. Die Klägerin hat nicht nach Willkür, sondern nach billigem Ermessen zu bestimmen (§ 315[1]). Die Anhaltspunkte und Grenzen, innerhalb deren sie die Unbestimmtheit zu ergänzen hat, ergeben sich aus den Umständen, besonders daraus, daß die Waren für Haushaltszwecke aus einem Viktualiengeschäfte zu den dort üblichen Preisen bis zur Höhe von 80 Mark zu entnehmen sind. Das Urteil (BraunschwZ. 3 S. 74) trifft bei dem anders gearteten Sachverhalt hier nicht zu; vgl. dagegen das. 19 S. 219. Der Einwand der Klägerin, daß sie jetzt einen eigenen Haushalt nicht mehr führe, ist unerheblich; selbst wenn dadurch die Leistung des Beklagten unmöglich geworden wäre, so würde das nur seine Befreiung von der Leistung (§ 275[1]), nicht aber die Ungültigkeit des Vergleichs zur Folge haben. Eine Unmöglichkeit der Leistung liegt aber nicht vor. Die Klägerin kann ihr Forderungsrecht — selbst oder durch Abtretung — geltend machen, auch wenn sie die Waren nicht für ihren eigenen Haushalt verwenden kann. Hg.

n) **Anwendung des § 320 auf Werkverträge.**

Kammergericht, VII. ZS. Urteil v. 18. November 1911.

Der Kläger hat eine Anlage laut Kostenanschlag und Zeichnung, also eine nicht vertretbare Sache geliefert; mithin liegt ein Werklieferungsvertrag im Sinne des § 651 vor. Der Beklagte macht Gegenforderungen geltend und verweigert die Bezahlung bis zur gebrauchsfähigen ordnungsmäßigen Herstellung der Anlage. Diese Weigerung ist dahin zu verstehen, daß er Nichterfüllung des Vertrags nach § 320 einwendet. Diese Einrede ist beim Werkvertrag, also auch beim Werklieferungsvertrag, auch nach der Abnahme des Werks, jedenfalls so lange zulässig, als nicht der Anspruch auf Beseitigung des Mangels nach § 638 verjährt ist. Sie konnte aber nicht zur Abweisung der Klage, sondern nur zur Verurteilung Zug um Zug gegen Beseitigung der festgestellten Mängel führen (§ 322). L.n.

o) **Kündigung eines Vertrages wegen wichtigen Grundes in der Person des Kündigenden.**

OLG. Posen, IV. ZS. Urteil v. 15. Januar 1912.

Der Kläger hatte den Vertrieb seines Bieres für die Stadt B. dem Beklagten übertragen und ihm für die Dauer des Vertrages 2 Fuhrwerke überlassen. Als 1910 der Umsatz des Bieres in B. ganz erheblich zurückging, hat der Kläger den Vertrag fristlos gekündigt und sofortige Rückgabe der Fuhrwerke verlangt. Der Beklagte hat dies verweigert, weil ihm unter Androhung des Rücktritts eine Frist zur Steigerung des Bierumsatzes hätte gesetzt werden müssen. Allein diese unter Hinweis auf RG. 67 S. 101 ausgesprochene Ansicht trifft hier nicht zu, denn es handelt sich hier nicht um die im § 326 behandelte Frage, welche Rechtsbehelfe dem vertragstreuen Teile gegenüber dem mit der Erfüllung des Vertrags im Verzuge befindlichen anderen Teile zustehen, sondern um die rechtlich verschiedene Frage, ob ein Vertrag aus einem wichtigen Grunde gekündigt werden kann. Dieses Recht ist dem Kläger in jedem Fall aus dem erheblichen Rückgang des Bierumsatzes zu gewähren. Dabei ist es gleichgültig, ob sich der Bierumsatz deshalb so verringert hat, weil, wie der Kläger behauptet, der Beklagte um den Absatz des Bieres nicht genug bemüht gewesen sei, oder weil, wie der Beklagte anführt, das Bier des Klägers 1910 schlechter gewesen sei als 1909; denn einmal braucht der wichtige Kündigungsgrund nicht in der Person des anderen Teiles zu liegen und weiter ist auch eine sofortige Kündigung stets aus solchen wichtigen Gründen zulässig, die sich in der Person des Kündigenden ereignen. Dr.

m) **Fristsetzung nach § 326. Sind Waggonlieferungen vereinbart, so kann Lieferung in Fuhren abgelehnt werden.**

α) OLG. Hamm, VI. ZS. Urteil v. 21. Oktober 1911.

Der Kläger hat der Beklagten 200 Doppelwagen Zement verkauft und für 1000 Mark geliefert. Gegen diesen Kaufpreis rechnet die Beklagte mit Gegenforderungen auf, die sie damit begründet, daß der Kläger eine Reihe Bestellungen nicht ausgeführt und Lieferungen in Fuhren verweigert habe. Die Beklagte wurde verurteilt. Gründe:

... Dieser Vortrag der Beklagten ergibt unzweideutig, daß sie nicht Erfüllung und Schadensersatz wegen verspäteter Erfüllung verlangt, vielmehr unter Abstandnahme von Vertragserfüllung die Erstattung des ihr durch die Nichterfüllung entstandenen Schadens beansprucht. Ist das aber der Fall, so war sie zur Erhaltung ihres Rechts auf den Weg des § 326[1] angewiesen; sie hatte dem Kläger eine angemessene Frist zu bestimmen, nach deren Ablauf sie die Abnahme der Lieferung ablehne. Durch diese Sondervorschrift wird für einen gegenseitigen Vertrag, wie er hier vorliegt, die Anwendung der allgemeinen Regeln über die Folgen des Schuldnerverzugs, besonders der § 286 ausgeschlossen; der Schadensanspruch wegen Nichterfüllung ist an die mit der bezeichneten Erklärung verbundene Bestimmung einer angemessenen Nachfrist verknüpft und findet nicht statt, wenn wie hier die Nachfristsetzung unterblieb (RG. 70 S. 130). Die Beklagte meint zwar, daß die Vertragserfüllung infolge des Verzugs des Klägers für sie kein Interesse gehabt habe. Allein die hier gehandelte Ware stellt nicht einen Saison- oder Modeartikel oder eine andere Ware mit einem ihrer Natur nach begrenzten Verwendungszwecke dar, ist vielmehr eine Lager- und Marktware, und das eigene Vorbringen der Beklagten läßt ersehen, daß sie, auch wenn einzelne ihrer Abnehmer eine Bestellung widerriefen, doch für Zement stets eine naheliegende Verkaufsmöglichkeit behielt.

Auch die zweite Gruppe der Gegenforderungen ist unbegründet. Der Abschluß lautete auf 200 Doppelwaggon, besagt aber nicht, ob die Ware in Doppel- oder einfachen Waggons oder in welchen sonstigen Mengen abzunehmen war. Aus dem Fehlen einer ausdrücklichen Bestimmung hierüber folgt aber nicht, daß der Kläger jede geringe Menge, deren die Beklagte für ihre Ortskundschaft benötigte, zu liefern hatte. Ein Kleinverkauf ist im Versandbetrieb störend und verursacht im Vergleich zu einer Waggonlieferung wesentlich mehr Arbeit und Zeitverlust. Aus diesem Grunde und mit Rücksicht auf die Höhe des Abschlusses war nach der Handelssitte (§ 346 HGB.) der Kläger für berechtigt zu erachten, die Abnahme in Mengen von mindestens 1 Waggon oder 100 Sack — sei es, daß der Waggon vom Werk abrollte, oder daß sein Inhalt ohne Teilung auf einmal durch Fuhrwerk fortgeschafft wurde — zu verlangen und die Lieferung von Zement in geringeren Mengen ohne Preisaufschlag als nicht handelsüblich abzulehnen. Hat der Kläger eine Zeitlang der Beklagten, wenn diese kleinere durch ihr Fuhrwerk abzuholende Mengen beanspruchte, solche ohne Preisaufschlag herausgegeben, so kann sie aus diesem Entgegenkommen Rechte nicht herleiten und es ist nicht zu beanstanden, wenn sich der Kläger schließlich weigerte, für die Folgezeit Zement in Mengen unter 1 Waggon ohne angemessene Preiserhöhung abzugeben. N.t.

β) **Keine Schadensforderung beim „Rücktritt".**

OLG. Braunschweig, I. ZS. Urteil v. 6. Mai 1910.

Der Kläger hat nach teilweiser Erfüllung des Bohrvertrags erklärt, die Arbeiten nur unter gewissen Bedingungen fortsetzen zu wollen. Die Beklagte hat widersprochen und eine Nachfrist nach § 326 gesetzt. Der Kläger begehrt die Anerkennung, zur Vertragserfüllung nicht verpflichtet zu sein. Gründe:

Weil hier der Vertragsverletzung des Klägers sogar eine Fristsetzung nachgefolgt ist, konnte die Beklagte Schadensersatz wegen Nichterfüllung verlangen oder vom Vertrage zurücktreten. Sie konnte diese Rechte bezüglich des ganzen Vertrags ausüben, weil die teilweise Erfüllung für sie kein Interesse hatte; denn der vom Kläger ausgeführte Teil des Bohrlochs ist unbestritten wertlos. Die Beklagte hat im Laufe des Rechtsstreits durch ihren Anwalt dem Kläger erklärt, sie sei zum Rücktritt berechtigt, übe jetzt dieses Recht aus und verlange Rückzahlung ihrer Zahlungen. Wenn hierin das Verlangen von Schadensersatz zu finden wäre, würde der gleichzeitig erklärte Rücktritt nicht im technischen Sinne zu verstehen sein (JW. 1907 S. 386 [3]). Vielmehr könnte man darin den bloßen Hinweis darauf erblicken, daß der Vertrag infolge des Verhaltens des Klägers nicht zur Erfüllung gelange und daß der Schadensanspruch der Beklagten an Stelle der ursprünglichen Vertragspflichten beider Parteien getreten sei (vgl. dazu RG. 50 S. 262, 66 S. 67). Indessen hat die Beklagte nicht einmal angedeutet, daß sie die Rückzahlung ihrer Zahlungen als Ersatz ihres Schadens verlange. Im Gegenteil weist der Ausdruck „Rückzahlung" auf die beim Rücktritt im technischen Sinne eintretende Rückgewähr der empfangenen Leistungen (§§ 327, 346) hin. Freilich mag die Beklagte den innern Willen gehabt haben, ihre Leistungen zurückzuempfangen, dem Kläger aber nichts zurückzugewähren. Das würde aber die Annahme eines Rücktritts im technischen Sinne nicht ausschließen, sondern sich als Rechtsirrtum über seine Folgen auffassen lassen. Daß die Beklagte in solchem Irrtum befangen ist, geht daraus hervor, daß sie noch jetzt ihren Anspruch auf Rückzahlung aus den Regeln über den

Rücktritt folgert. Gerade diese nachträgliche Äußerung spricht wesentlich dafür, daß die Beklagte infolge jenes Irrtums im Beweggrunde den Rücktritt im technischen Sinne hat erklären und mit dem Verlangen der Rückzahlung die vermeintliche Folge dieser Erklärung hat ausdrücken wollen. Hierfür spricht ferner der Umstand, daß die Erklärung vom Anwalt abgegeben ist, welcher weiß, daß der Rücktritt eine technische Bedeutung hat. Dieser Anwalt hat auch das Schreiben vom 1. Oktober 1907 verfaßt, wo er am Schluß darauf hinweist, daß die Beklagte nach fruchtlosem Ablauf der Frist den Kläger wegen des erlittenen Schadens haftbar machen oder vom Vertrage zurücktreten könne. Er versteht also unter „Rücktritt" nicht den bei der Schadensforderung eintretenden Wegfall der Vertragserfüllung, sondern weiß, daß seine Partei bei diesem Wegfall die Wahl zwischen Schadensersatz und Rücktritt hatte. Als er dann unter Überreichung einer Abschrift dieses Schreibens erklärte, seine Partei übe jetzt dieses (Rücktritts-)Recht aus, kann er nur den Rücktritt im Gegensatz zur Schadensforderung gemeint haben. So hat auch das LG. die Erklärung aufgefaßt, auch ausdrücklich hervorgehoben, daß im Fall des Rücktritts die Parteien einander die empfangenen Leistungen Zug um Zug zurückzugewähren haben, und über den Grund des Widerklaganspruches vorab entschieden, weil diese gegenseitigen Verpflichtungen noch gar nicht geklärt seien. Hätte die Beklagte Schadensersatz wegen Nichterfüllung wählen wollen, so würde sie sich gegen diese Ausführungen verwahrt haben. Das hat sie aber nicht getan; erst nachdem auch der Kläger Rückgewähr seiner Leistungen verlangt und dadurch der Beklagten die Nachteile ihrer Wahl klar vorgeführt hatte, hat sie versucht, ihre Erklärung als Wahl des Schadensersatzes auszulegen, aber selbst dies nur für den Fall, daß der Anspruch auf Rückzahlung nicht aus den Regeln über den Rücktritt folgen sollte. Danach hat sich die Beklagte für den Rücktritt vom Vertrage entschieden. An diese Wahl ist sie gebunden, sie kann nicht zur Schadensforderung übergehen....

Wenn der Rücktritt erfolgt, haben die Parteien einander die empfangenen Leistungen zurückzugewähren (§ 346). Das LG. hat, weil diese Verpflichtungen noch nicht geklärt seien, nur über den Grund der Widerklage entschieden. Das war prozessualisch unzulässig, weil sich der Kläger darauf beschränkt hatte, Abweisung der Widerklage zu beantragen, mithin der Betrag des Widerklaganspruchs nicht streitig war (§ 304 ZPO.). Da der Kläger mit seinem Rückgewähranspruch nicht hervorgetreten war, hätte er einfach nach der Widerklage verurteilt werden müssen. Jetzt hat auch er Rückgewähr seiner Leistungen verlangt, und zwar hat er eine Geldforderung erhoben. Diese ist begründet. Da seine Leistungen unstreitig nicht in Natur zurückgewährt werden können, ist § 346 S. 2 unmittelbar oder doch entsprechend anwendbar (**Dernburg** 2 § 109 I 1; **Planck** und **Oertmann** § 346 BGB). Danach ist dem Kläger die im Vertrag in Geld bestimmte Gegenleistung zu entrichten. Die gegenseitigen Verpflichtungen sind also völlig geklärt, dem

Kläger müßte von der Beklagten genau derselbe Geldbetrag gezahlt werden wie umgekehrt, und zwar müßte die gegenseitige Zahlung desselben Betrags Zug um Zug erfolgen (§ 348 BGB). Da dies töricht wäre, vollzieht sich die gegenseitige Rückgewähr in solchen Fällen bei freiwilliger Ausführung wirtschaftlich in Form der Aufrechnung, rechtlich bleibt es aber bei der Zahlung Zug um Zug (vgl. für den gleichwertigen Fall des Zurückbehaltungsrechts RG. im Recht 1908 II Nr. 2135; Dernburg aO. § 59 III; Rehbein 2 S. 361; Oertmann[2] 4[3] zu § 273 BGB.; Goldschmidt, bürg. Arch. 15 S. 171; Lippmann, Jherings Jahrb. 43 S. 541[110]. Auch der Richter braucht trotz des in § 348 enthaltenen Hinweises auf § 322 nicht auf Zahlung Zug um Zug zu erkennen. Die Erwirkung und die Vollstreckung eines solchen Urteils wären nicht nur töricht, sondern verstießen auch wegen der dadurch verursachten Belästigungen und Kosten gegen Treu und Glauben. Der Beklagten steht deshalb die Einrede der Arglist entgegen (RG. 66 S. 71; vgl. auch JW. 1904 S. 89[7]), welche im Gegensatz zu der hier nicht vorliegenden Aufrechnung auch in der Berufungsinstanz ohne Einwilligung der Gegnerin noch zulässig ist. Sie hat die Wirkung, daß die Widerklage abzuweisen ist. . . . H. g.

γ) **Rücktritt oder Forderung von Schadensersatz.**

OLG. Hamburg, V. ZS. Urteil v. 24. November 1911.

Der Beklagte meint, daß die Kläger durch ihre Schreiben vom 10. und 15. Oktober vom Vertrage zurückgetreten seien und deshalb nicht mehr Schadensersatz wegen Nichterfüllung verlangen könnten. Allein die Kläger haben nicht schon in ihrem ersten Schreiben das ihnen gemäß § 326 nach erfolglosem Ablauf der Frist zustehende Wahlrecht endgültig ausgeübt. Sie sprechen darin von Annullieren des Vertrages, legen dieses Wort aber sofort selbst dahin aus, daß es bedeuten solle, sie würden eine spätere Auflassung nicht mehr anerkennen und eine spätere Zahlung des Kaufpreises nicht mehr annehmen; sie würden vielmehr über das Grundstück definitiv anderweitig verfügen, den Beklagten selbstverständlich aber für allen Schaden verantwortlich machen. Dieses Schreiben kann nicht gut anders verstanden werden, als daß die Kläger nach Ablauf der Frist Annahme der Leistung ablehnen und sich vorbehalten, Schadensersatz wegen Nichterfüllung verlangen zu wollen. Eine endgültige Wahl zwischen Rücktritt und Schadensersatz ist aber damit noch nicht erklärt. Dafür spricht der Brief vom 15. Oktober, der unmittelbar nach Ablauf der Frist geschrieben ist und offensichtlich den Zweck hat, nunmehr das Wahlrecht auszuüben. Es ist jedoch zuzugeben, daß dieser Brief es an der erforderlichen Klarheit fehlen läßt. Es heißt darin zunächst: die Kläger „sind von dem mit Ihnen geschlossenen Kaufvertrag unter Vorbehalt aller Schadensansprüche zurückgetreten", und dann fügt der klägerische Bevollmächtigte als Schreiber des Briefes hinzu: „der Vorsicht halber wiederhole ich diese Rücktrittserklärung". Auf den ersten Blick konnte man annehmen, daß hiernach die Kläger vom Vertrage zurückgetreten sind. Aber bekanntlich wird in Laienkreisen unter Rücktritt, Annullierung unter Vorbehalt von Schadensansprüchen nichts anders verstanden, als das Verlangen von Schadensersatz. Allerdings hat den Brief ein Jurist geschrieben, von dem man etwas größere Klarheit wohl erwarten könnte. Aber bei genauerer Betrachtung ergibt sich doch, daß seine Erklärung auch nur dahin ging, Schadensersatz verlangen zu wollen; denn zunächst erklärt er: er wiederhole diese Rücktrittserklärung, und er verweist damit auf die unmittelbar vorhergehende Erklärung der Kläger, unter Vorbehalt allen Schadens zurücktreten zu wollen. Weiter verweist der zweite Brief ausdrücklich auf den ersten Brief und dieser ließ klar genug erkennen, daß die Kläger nach erfolglosem Ablauf der Frist Schadensersatz wegen Nichterfüllung verlangen würden. Jedenfalls läßt sich aus den Briefen sicherlich auch nicht schließen, daß die Kläger zurückgetreten sind, und es ist dann eben die Frage, ob Rücktritt oder Erhebung des Schadensanspruches vorliegt, noch offen geblieben. Ist das aber richtig, so stand es den Klägern frei, noch im Prozesse das Wahlrecht auszuüben. Das haben sie nun im letzteren Sinne getan. Mit der Feststellung, daß die Kläger nicht zurückgetreten sind, sondern Schadensersatz wegen Nichterfüllung verlangen, erledigt sich der eventuelle Klaggrund auf Ersatz der geforderten Auslagen als Verwendungen gemäß § 347, ein Klaggrund, dem übrigens die Einrede der Klagänderung entgegensteht.

Die Entscheidung hängt also davon ab, ob die Kläger den verauslagten Stempel und die Immobilienabgabe als denjenigen Schaden ersetzt verlangen können, der ihnen durch die Nichterfüllung des Vertrages erwachsen ist. Die Kläger hatten hierfür weiter nichts vorgetragen, als daß sie in Erwartung der Erfüllung diese Auslagen gemacht hätten, die sich infolge der Nichterfüllung des Beklagten als nutzlos erwiesen. Allein die Tatsache, daß der vertragstreue Teil Auslagen in Erwartung der Erfüllung gehabt hat, beweist noch keineswegs, daß er durch die Nichterfüllung geschädigt ist. Es kann vielmehr die Nichterfüllung für ihn auch von Vorteil gewesen sein, so z. B. wenn die Kläger das Grundstück zu billig verkauft gehabt hätten oder der Wert des Grundstücks nach dem Verkauf erheblich gestiegen wäre. Übersteigt nämlich der Wert des Grundstücks oder die Wertsteigerung den Kaufpreis um einen Betrag, der höher ist als die Auslagen, dann läßt sich nicht sagen, daß die Kläger infolge der Nichterfüllung trotz ihrer Auslagen geschädigt sind. Es muß eben zur Feststellung des Schadens die Gesamtlage des Vermögens der vertragstreuen Partei in Betracht gezogen werden, so wie sie sich nach der Nichterfüllung gestellt hat, und so wie sie gewesen wäre, wenn der andere Teil erfüllt hätte. Erst dieser Vergleich entscheidet, ob eine Schädigung der vertragstreuen Partei vorliegt oder nicht. Jetzt haben aber die Kläger noch vorgetragen, daß der Wert des Grundstücks keineswegs ein höherer gewesen sei, als der Kaufpreis, und daß sie tatsächlich in der Gesamtlage ihres Vermögens um den Betrag ihrer Auslagen geschädigt seien; diese Begründung genügt. Beklagter meint zwar, in diesen Behauptungen liege eine Klagänderung. Das ist aber nicht der Fall, denn der Klaggrund: Nichterfüllung des Kaufvertrags trotz gesetzter Nachfrist bleibt derselbe. Es wird lediglich der Schaden anders substantiiert, als bisher und das stellt sich als eine Ergänzung oder Berichtigung der tatsächlichen Anführungen dar. M. M.

q) **Vertrag auf Leistung an Dritte: α) Anfechtung durch die Gläubiger des Versprechensempfängers.**[1]

OLG. Braunschweig, I. ZS. Urteil v. 24. November 1911.

Die Bierbrauerei X. hat den A. (Vater des Klägers) als Reiseinspektor gegen ein Jahresgehalt von 1500 Mark nebst Reisespesen angenommen. In einem zweiten Vertrage ist ihm eine Vergütung von 25 Pf. für jedes Hektoliter des durch seine Vermittlung abgesetzten Bieres versprochen; darunter befindet sich als „Nachtrag" die Bestimmung: „A. verzichtet auf den Bezug der vorstehenden Gratifikation zugunsten seines Sohnes (Klägers)." Dieser von dem Direktor der Brauerei und von A. unterschriebene Nachtrag ist nicht — gegenüber dem Gratifikationsvertrage — als ein selbständiges, zeitlich später getroffenes Übereinkommen aufzufassen, sondern die Erklärungen der Vertragschließenden stellen sich als ein einheitliches Ganzes dar, das in innerem Zusammenhange auszulegen ist. Nach den unbestrittenen Behauptungen des Beklagten, der wegen einer Forderung gegen A. die Reisespesen gepfändet hat, ist zur Zeit des Übereinkommens A. von seinen Gläubigern hart bedrängt gewesen; er hat auch den Offenbarungseid geleistet. Wenn er unter diesen Umständen das einzige Befriedigungsmittel, die Reisespesen, seinem Sohne zuwandte, so tat er das offenbar in der Absicht, es dem Zugriffe seiner Gläubiger zu entziehen, mochte er daneben auch — wie er behauptet — beabsichtigt haben, seinem Sohne die zum zweijährigfreiwilligen Militärdienste erforderlichen Mittel zu verschaffen. Jenen Zweck, den auch die mit der Vermögenslage des A. ohne Zweifel bekannte Brauerei nicht verkannt hat, konnte nur dann erreicht werden, wenn A. die Gratifikation nicht für sich erwarb, sondern wenn durch Übereinkommen mit der Brauerei die Rechte auf diesen Teil des Dienstlohnes unmittelbar für einen Dritten, den Sohn, begründet wurden. Diesen rechtlichen Inhalt hat in der Tat der Gratifikationsvertrag nebst Nachtrag. In ihrem Zusammenhange bilden sie einen Vertrag zugunsten eines Dritten. Hiergegen spricht nicht der Wortlaut des Nachtrages. In der Erklärung des A., er verzichte zugunsten seines Sohnes, hat der aus den Umständen erkennbare Vertragswille einen nicht ganz zutreffenden Ausdruck gefunden. Der Wille ist nicht dahin gegangen, daß A. ein

[1] Obiger Entscheidung kann nicht zugestimmt werden. Mit dem Satze, daß der Schuldner nicht gezwungen werden könne, für seine Gläubiger zu arbeiten, ist hier, wo er tatsächlich gearbeitet hat, nichts anzufangen. Ebenso versagt der Hinweis auf das (überdies recht anfechtbare) Urteil (RG. 69 S. 60), weil es nur das Verhältnis zwischen Gläubiger und Dienstherrn betraf. Hier dagegen ist gegen den Dritten geklagt. Für ihn kommt aber in Betracht, daß das Entgelt für die Dienste nach § 611 BGB. dem Schuldner gebührt. Es bedarf deshalb einer besonderen Abrede, wenn einem Dritten gezahlt werden soll; erst durch jene Abrede scheidet die Lohnforderung aus dem Vermögen des Schuldners. D. H.

bestehendes Vermögensrecht aufgebe. Er hat die Vergütung gar nicht zunächst für sich erwerben und als Bestandteil seines Vermögens auf seinen Sohn übertragen wollen, sondern nach der Absicht der Vertragschließenden hat der Sohn unmittelbar mit dem Abschluß des Vertrages das durch die Tätigkeit des Vaters suspensiv bedingte Recht auf Zahlung der Vergütung erworben. Hat aber der Gratifikationsanspruch niemals zu dem Vermögen des A. gehört, so kann er auch nicht durch eine anfechtbare Handlung seinem Vermögen entzogen sein. Nach § 7 des Anfechtungsgesetzes kann nur eine Rückgewähr dessen beansprucht werden, was durch die anfechtbare Handlung aus dem Vermögen des Schuldners veräußert, weggegeben oder aufgegeben ist. Eine solche Verminderung in dem Vermögensstande des A. ist durch die Zuwendung der Gratifikation an den Sohn nicht bewirkt. Zwar ist die Gratifikation dem Sohn versprochen als Gegenleistung für die Erfolge, die A. durch die Entwicklung seiner Tätigkeit im Interesse der Brauerei erzielen würde. Aber durch diese Tätigkeit ist seinem Vermögen nichts entzogen. Auch haben die Gläubiger keinen Anspruch darauf, daß A. den Wert seiner Arbeitskraft in einer Weise erwerbe, durch die sie in die Lage versetzt werden, sich Befriedigung zu verschaffen. Die Gläubiger können überhaupt nicht verlangen, daß der Schuldner zu ihren Gunsten produktiv tätig werde (RG. 69 S. 60). Der Einwand der Beklagten, daß der „Nachtrag" simuliert sei, ist nicht begründet, da ein ernstlich gemeinter Vertrag zugunsten des Klägers geschlossen ist. H.g.

β) **Aussteuerversicherungsvertrag. Verfügungsrecht des Versicherungsnehmers oder des Versicherten?**

OLG. Cöln, VII. ZS. Urteil v. 18. Mai 1911.

Die vom Beklagten 1884 in Altona abgeschlossene Aussteuerversicherung ist ein Vertrag mit dem Versprechen der Leistung an die Klägerin und nach den Grundsätzen des gemeinen Rechts zu beurteilen. Die Parteien streiten darüber, ob der Klägerin aus dem Vertrage sofort oder wenigstens mit Erreichung des 18. Lebensjahres ein unwiderrufliches Recht auf die Leistung erwuchs, oder ob der Beklagte zur selbständigen Aufhebung des Rechts befugt war. Das gemeine Recht ist dazu gelangt, entgeltliche Verträge auf Leistung an Dritte, also auch Versicherungsverträge zugunsten Dritter, mit der Wirkung zuzulassen, daß der Dritte ein unmittelbares Forderungsrecht erwarb. Allein es war lediglich nach dem Parteiwillen beim Vertragsschlusse zu beurteilen, ob das Forderungsrecht des Dritten sofort oder erst nach einer gewissen Frist oder bei einer bestimmten Gestaltung der Verhältnisse entstehen sollte (Windscheid-Kipp §§ 316, 316a). Unzweifelhaft ist der Versicherungsnehmer regelmäßig von der Absicht der Fürsorge für den Dritten geleitet. Daher entspricht es sicherlich seinem Willen, daß der Dritte ein unmittelbares Forderungsrecht erwerben soll. Das hat auch das BGB. § 330 als gesetzliche Auslegungsregel bestimmt. Eine andere Frage aber ist, wann dies unmittelbare Recht des Begünstigten entstehen, und ob es besonders der rechtsgeschäftlichen Verfügungsmacht des Versicherungsnehmers vollständig entzogen sein soll. Für diese Frage ist bedeutungsvoll, daß letzterer regelmäßig eine langjährige Prämienzahlungspflicht übernimmt. Schon dies rechtfertigt den Schluß, daß er sich die Verfügungsbefugnis über den im Versicherungsfalle zu leistenden Gegenwert vorbehalten will, um so mehr dann, wenn seiner Fürsorge eine rechtliche Verpflichtung gegen den Begünstigten nicht zugrunde liegt. Die gleichen Erwägungen sind bei den §§ 331 BGB. und 166 VersVG. leitend gewesen, die gleichfalls auf dem mutmaßlichen Willen des Versicherungsnehmers fußen und daher auch für das frühere Recht verwendbar sind. Gerade bei der hier vorliegenden Aussteuerversicherung wird aber ebenso wie bei der Militärdienstversicherung der Wille des Versicherungsnehmers in erster Linie darauf gerichtet sein, ein gewisses Kapital anzusammeln, um bei dem Eintritte des versicherten Ereignisses für die mit ihm verbundenen außergewöhnlichen Ausgaben gerüstet zu sein. Vor allen Dingen will er dann selbst die Verfügung über das Versicherungskapital in der Hand behalten. Daß der Beklagte abweichendes gewollt hat, ist nicht anzunehmen. Die Klägerin war zwar das erstgeborene Kind des Beklagten, aus diesem Umstande kann aber durchaus noch nicht geschlossen werden, daß Beklagter ihr das Recht aus der Aussteuerversicherung unwiderruflich zuwenden wollte. Ihr war also nichts weiter als eine Anwartschaft auf die Versicherungssumme eingeräumt, die erst dann zum unwiderruflichen Rechte wurde, wenn der Beklagte es ihr ausdrücklich einräumte. Er war somit berechtigt, die Versicherungssumme für sich selbst einzuziehen. B.r.

γ) Versprechen, die Kinder des Dienstleistenden zu bedenken.

OLG. Braunschweig, II. ZS. Urteil v. 21. November 1911.

Der Kläger stützt sich auf das Versprechen der Beklagten, für seine seit 17 Jahren geleisteten Dienste seine Töchter letztwillig zu bedenken. Ein solches formloses Versprechen wäre aber nach § 2302 nichtig (Ob. LG. München Recht 1909 Nr. 2444, D. JZ. 1910 S. 888), auch wenn es vor 1900 gegeben sein sollte (RG. 75 S. 35). Deshalb haben weder die Töchter des Klägers ein Recht darauf, von der Beklagten letztwillig bedacht zu werden, noch der Kläger selbst nach § 335 ein entsprechendes Recht zugunsten seiner Töchter. Folglich kann er auch keinen Anspruch darauf haben, feststellen zu lassen, daß dieses Recht bestehe. Immerhin würde die Abrede nicht rechtlich bedeutungslos sein. Nur würde sie keinen gegenseitig verpflichtenden Vertrag enthalten, auch nicht einen solchen, der die Beklagte irgendwie zu letztwilligen Verfügungen zwang, sondern eine dem Kläger einseitig verpflichtende Vereinbarung, wonach dieser der Beklagten die Arbeiten zwar unentgeltlich, aber in der zum Inhalt des Vertrags gemachten Erwartung einer demnächstigen, seine Töchter bedenkenden Verfügung zu leisten sich verpflichtet hätte. Es ergibt sich hieraus, daß er gegen die Erben der Beklagten eine Kondiktion sowohl nach gemeinem Rechte, wie nach dem BGB. haben würde, wenn sich bei dem Tode der Beklagten herausstellen würde, daß er sich in seiner Erwartung getäuscht sah (BraunschwZ. 21 S. 110, 58 S. 152;

Urteil vom 21. Juli 1911, 2 V 41/10). Zurzeit steht dies aber noch nicht fest. Denn wenn die Beklagte auch ihr Versprechen nicht erfüllen zu wollen erklärt hat, so bleibt doch die Möglichkeit bis zu ihrem Tode bestehen, daß sie ihren Sinn wieder ändert. Eine ganz andere Frage ist die, ob nicht der Kläger angesichts der jetzigen Stellungnahme der Beklagten ein großes Interesse an der alsbaldigen Feststellung haben würde, daß die Abrede tatsächlich so getroffen ist, wie er behauptet, denn damit würde er sich möglicherweise die Beweisgrundlage für die spätere Bereicherungsklage sichern. Allein ein solcher Anspruch ist nicht erhoben. H.g.

r) **Vertragsstrafe: α) Versprechen durch Bestätigung des Auftrags. Vorbehaltserklärung.**

OLG. Hamburg, VI. ZS. Urteil v. 13. Januar 1910.

Die Beklagte hat schriftlich bei dem Kläger einen Ruderrahmen bestellt und dazu bemerkt: „Der Rahmen ist garantiert bis zum 1. Mai zu liefern, widrigenfalls für jeden Tag verspäteter Ablieferung eine Strafe von 50 Mark abgezogen wird." Der Kläger erwiderte: „Wir haben uns den Liefertermin bis 1. Mai vorgemerkt und werden für pünktliche Lieferung sorgen." Da es nach Treu und Glauben Pflicht des Klägers gewesen wäre, dem auf das Strafversprechen bezüglichen Inhalt des insoweit als Bestätigung sich darstellenden Bestellschreibens zu widersprechen, sofern er mit dem Inhalte nicht einverstanden war, so gilt sein Schweigen als Zustimmung, die in jenem Schreiben bezeichnete Vertragsstrafe als versprochen. Daß der Kläger in seinen allgemeinen Geschäftsbedingungen „ausdrücklich die Vergütung von Verzugsstrafen ablehnt", kann an diesem Ergebnis nichts ändern; die allgemeine Geschäftsbedingung ist eben hier durch die besondere, sie ausschließende ersetzt.

Es kann sich deshalb nur darum handeln, ob die Beklagte, als sie die Erfüllung annahm, sich das Recht, die Strafe zu verlangen, vorbehalten hat. Der Vorbehalt kann, wie im Zweifel jede andere Willenserklärung, stillschweigend abgegeben werden; es ist nur nötig, daß er „in einer dem Schuldner erkennbaren Weise ausgedrückt wird" (RG. 61 S. 67). Das würde hier schon dann geschehen sein, wenn Beklagte dem X. erklärt hätte, sie mache den Kläger für die verzögerte Lieferung oder für den dadurch entstandenen Schaden verantwortlich. Da im Verkehre die Bedeutung des Strafversprechens in der Hauptsache mit Recht in der Eigenschaft dieser Abrede als eines beweiserleichternden Schadensersatzversprechens erblickt wird, so kann kein Zweifel daran bestehen, daß der Kläger in einem Vorbehalt des bezeichneten Inhalts gerade den Vorbehalt des Strafanspruchs hätte erblicken müssen.... X. war auch ermächtigt, für den Kläger die Vorbehaltserklärung entgegenzunehmen. Denn er war (ohne Handlungsgehilfe zu sein) ständig damit betraut, für das klägerische Handelsgewerbe Geschäfte zu vermitteln; er war also Agent des Klägers und als solcher gemäß § 86² HGB. befugt, Erklärungen entgegenzunehmen, die durch die Erfüllung des zwischen den Parteien geschlossenen Vertrags veranlaßt waren (Ritter, § 55³ HGB.). M.M.

β) Umgehung des Wettbewerbsverbots durch Veranlassung (Unterstützung) fremden Gewerbebetriebs?

OLG. Rostock, I. ZS. Urteil v. 12. Mai 1911.

Nach dem Wortlaut des Vertrags ist die Strafe verwirkt, wenn der Beklagte in N. und der nächsten Umgegend eine Bäckerei in eigenem oder fremdem Namen betreibt. Auf Strafversprechen sind zwar die allgemeinen Auslegungsgrundsätze anzuwenden, insbesondere ist einer unmittelbaren Verletzung eines durch eine Strafe verschärften Verbotes ein auf dessen Umgehung gerichtetes Verhalten gleichzustellen (Staudinger 6 zu § 339; JW. 1904 S. 197[4], 1910 S. 279[2]). Daraus folgt aber nicht, daß jede Handlungsweise, durch die die Partei gegen Treu und Glauben verstößt, unter die Strafbestimmung zu bringen ist; läßt sie sich nicht als durch die Strafe betroffen ansehen, so mag der Verletzte einen Schadenanspruch auf die allgemeinen Vorschriften, besonders den § 826, gründen. Hier ist der Beklagte in der Bäckerei seines Schwagers tätig gewesen. Er hat ferner seine persönlichen Beziehungen zu seinen früheren Kunden benutzt, um sie seinem Schwager zuzuführen. Endlich hat er diesen zur Eröffnung der Bäckerei veranlaßt, um das Verbot zu umgehen. Alle diese Tatsachen reichen nicht aus, um die Strafe als verwirkt anzusehen. Es erhellt nicht, daß durch den Vertrag dem Beklagten die Tätigkeit als Gehilfe in fremdem Geschäft hat untersagt werden sollen. Auch die Ausnutzung seiner persönlichen Beziehungen zum Nachteil des Klägers und zum Vorteil seines Schwagers, sowie die Einwirkung auf diesen zwecks Begründung des Konkurrenzgeschäfts lassen sich, auch in Verbindung mit der Gehilfentätigkeit nicht unter den Begriff des Betreibens eines Geschäfts unter eigenem oder fremdem Namen bringen. Eine Umgehung des Verbotes liegt ebenfalls nicht vor; denn jene Tatsachen begründen nicht die Annahme, daß das Verhalten des Beklagten den wirtschaftlichen Erfolg, den das Verbot verhindern wollte, herbeizuführen bezweckte. Das Verbot trifft nicht etwa jedes Verhalten, das im praktischen Ergebnisse das Geschäft des Klägers in gleicher Richtung, wie der Betrieb eines Konkurrenzgeschäftes zu schädigen geeignet ist. Zwar läßt sich nicht verkennen, daß jemand einem Konkurrenzverbot auch dadurch zuwiderhandeln kann, daß er durch Veranstaltungen Dritter, die er hervorruft und unterstützt, eine Konkurrenz betätigt. Voraussetzung dabei ist aber, daß diese Veranstaltung nach dem Sinne des Verbots dem eigenen Konkurrenzbetriebe gleichzustellen ist, wenn z. B. der Vater durch den Sohn oder der Mann durch die Frau oder eine Firma durch eine Aktiengesellschaft, von der sie den überwiegenden Kapitalanteil besitzt, das Konkurrenzgeschäft betreiben läßt (D.JZ. 1902 S. 509[63]; vgl. JW. 1910 S. 279[2], wo ebenfalls auf die enge wirtschaftliche Beziehung, wie sie zwischen Ehegatten besteht, ausschlaggebendes Gewicht gelegt wird). Eine derartige nahe wirtschaftliche Beziehung besteht aber im allgemeinen zwischen Schwägern nicht, und Umstände, aus denen hier anderes zu entnehmen wäre, sind nicht geltend gemacht. Ebensowenig läßt sich nach den festgestellten Tatsachen sagen, daß der Beklagte das Geschäft durch seinen Schwager betreiben lasse. J.n.

γ) **Mehrere Offerten als eine oder mehrere Vertragsverletzungen?**

OLG. Hamburg, IV. ZS. Urteil v. 24. April 1911.

Beklagter beruft sich darauf, daß, nachdem er durch das Urteil vom 30. Mai 1910 bereits zu einer Vertragsstrafe von 500 Mark verurteilt sei, er wegen der hier fraglichen 3 Fälle nicht noch einmal verurteilt werden könne, da sie und die jenem Urteile zugrunde liegende Offertenübersendung vom 25. Oktober 1909 nur einen Fall des Zuwiderhandelns gegen die Verpflichtung der Nr. 3 des Auseinandersetzungsvertrages darstelle. Das LG. meint, der Begriff der fortgesetzten Handlung sei dem Zivilrechte fremd. Allein es fragt sich, ob bei einer Auslegung der Nr. 3 gemäß § 157 BGB. die 4 Angebote an X. 4 Zuwiderhandlungen gegen die vertragliche Verpflichtung, jeden Geschäftsverkehr mit Inlandsvertretern der bisherigen offenen Handelsgesellschaft zu unterlassen, oder nur eine darstellen. Für letztere Auslegung spricht nur, daß der Angebotsempfänger dieselbe Person war, und daß auch nicht etwa zwischen die einzelnen Angebote Bestellungen dieses Empfängers fallen. Erwägt man aber, daß es sich nicht um die wiederholte Übersendung desselben Angebots handelte, sondern daß die Angebote sowohl bezüglich der angestellten Artikel als auch der Preise untereinander verschieden waren, daß sie ferner zeitlich nicht in kürzesten Zwischenräumen einander folgen, sondern sich über die Dauer eines halben Jahres erstrecken, so erscheint, zumal angesichts des Wortlautes des Vertrags „alles bei einer Strafe von 500 Mark für jeden Fall der Zuwiderhandlung", doch nur die Auslegung des Klägers billigenswert. Hinzu kommt, daß in Nr. 4, die dem Beklagten, Angebote im Namen von Levante-Firmen zu machen, bei einer Vertragsstrafe von 5000 Mark für jeden Einzelfall verbietet, zweifellos jedes einzelne Angebot, auch wenn die mehreren Angebote an denselben Empfänger gehen, eine selbständige Zuwiderhandlung darstellt und daß nichts dafür vorliegt, daß die Parteien den „jeden Fall" der Nr. 3 und den „jeden Einzelfall" der Nr. 4 verschieden beurteilt wissen wollten. M. M.

δ) **Herabsetzung. Berücksichtigung des Verschuldens.**

OLG. Hamburg, VI. ZS. Urteil v. 16. Mai 1911.

Wenn der Kläger (Zirkusdirektor) zu erkennen gegeben hätte, daß er auf alle Fälle nach der Genesung des Beklagten A. den Antritt beider Beklagten erwarte, wäre dem A. die Möglichkeit genommen worden, sich über die Sach- und Rechtslage leichthin wegzusetzen. Daß er sich tatsächlich um den Kläger und den mit diesem abgeschlossenen Vertrag nicht gekümmert hat, bleibt also zwar ein Verschulden; als ein besonders grobes aber kann es nicht angesehen werden, und auch eine solche Erwägung rechtfertigt die Herabsetzung der vereinbarten Privatstrafe (vgl. Planck 2c zu § 343). M. M.

s) **Aufrechnung:** α) **Ungleichartigkeit der Gegenforderung. Replik der unerlaubten Handlung.**

OLG. Dresden, II. ZS. Urteil v. 20. Januar 1911.

Die Aufrechnungseinrede fällt wegen der Ungleichartigkeit des Gegenstandes der von der Beklagten geschuldeten und der angeblich dem Kläger obliegenden Leistung. Der Gegenstand der letzteren ist Geld, der Klaganspruch dagegen richtet sich auf Einwilligung in die Geldauszahlung eines Dritten. Zudem ist die Sachlage noch gerade so zu beurteilen wie zur Zeit der Klagerhebung. Damals forderte der Kläger mit Recht auf Grund Eigentums die Herausgabe von 10 bestimmten Kassenscheinen. An ihre Stelle trat später die Schuld der Staatskasse für das Prozeßverhältnis (§ 104 Sächs. G. v. 15. Juni 1900). Die Rechtslage wurde dadurch für den Kläger nicht günstiger als zuvor. Auch wenn angenommen wird, daß die Beklagte einige Tausend Mark eingebracht habe, auch zu deren Rückforderung und namentlich zur Aufrechnung damit gegenüber einer gewöhnlichen Geldforderung berechtigt gewesen wäre, so ist ihr Aufrechnungseinwand also zurückzuweisen. Hiergegen würde die klägerische Replik der vorsätzlichen unerlaubten Handlung gegenüber dieser Einrede versagen. Solange mit der Möglichkeit gerechnet werden muß, daß die Beklagte tatsächlich ein gewisses Einbringen in Gestalt von Bankforderungen besaß und einen Teil der Kassenscheine als Erlös dieser Forderungen übergeben erhielt, kann gegenwärtig wider sie nicht festgestellt werden, daß sie insoweit behilflich gewesen sei, Vermögensstücke des Gemeinschuldners zu verheimlichen oder beiseite zu schaffen. Die für die Eigentumsklage verwertbaren Rechtsvermutungen greifen bei Ansprüchen aus unerlaubter Handlung nicht durch. Dr. v. F.

β) **gegen die Kosten des schwebenden Rechtsstreits.**

OLG. Hamburg, VI. ZS. Urteil v. 4. Mai 1911.

Unstreitig ist die klägerische Forderung nach dem Erlaß des erstinstanzlichen Urteils dadurch jedenfalls fällig geworden, daß der Beklagte nunmehr Eigentümer des Trennstücks geworden ist. Da er sich trotzdem weigert, den fälligen Betrag von 500 Mark wegen ihm angeblich zustehender Gegenforderungen zu bezahlen, kann es dahingestellt bleiben, ob er schon auf Grund des der ersten Instanz vorliegenden Materials hätte verurteilt werden müssen. Vielmehr kommt es darauf an, ob er seine Gegenforderungen mit Recht der Klagforderung entgegensetzt. In dieser Beziehung gestattet der bisher festgestellte Tatbestand nur eine teilweise Entscheidung. Der Beklagte ist nämlich nicht berechtigt, in diesem Prozesse mit seiner etwaigen Prozeßkostenforderung aufzurechnen. Diese Forderung besteht, soweit sie sich auf die Kosten der zweiten Instanz bezieht, überhaupt noch nicht. Soweit sie auf die Kosten der ersten Instanz bezogen wird, ist sie dadurch bedingt, daß die Entscheidung in dieser Instanz aufrechterhalten wird. Es handelt sich also nicht um eine Leistung, welche der Beklagte schon jetzt fordern kann. Damit ist die Aufrechnung nach § 387 gegenüber dem Kläger A. ausgeschlossen. Im Konkurse wird nun freilich nach § 54 KonkO. die Aufrechnung dadurch nicht ausgeschlossen, daß die eine der aufzurechnenden Forderungen bedingt ist. Aber hier muß die Aufrechnung gegenüber dem Kläger B. [Konkursverwalter] schon am § 55 Nr. 2 KonkO. scheitern. Denn die klägerische Forderung bestand vor der Konkurseröffnung, während die Prozeßkostenforderung unter allen Umständen erst nach der Konkurseröffnung entstanden ist. M. M.

t) **Selbsthilfeverkauf nach § 383 BGB.**

OLG. München, IV. ZS. Urteil v. 29. März 1911.

Nach dem Verwahrungsvertrage hatte der Beklagte die für seinen Sohn gekauften Möbel von dem Kläger (Verkäufer) am 1. Mai abzunehmen und zu bezahlen. Da er dieser Verpflichtung nicht nachkam, ließ der Kläger die Möbel nach vorgängiger Androhung durch einen Auktionator versteigern und klagt auf den Restkaufpreis. Beklagter rechnet mit dem Schadensersatzanspruch auf, den er sich zuschreibt, weil der Kläger außerstande ist, die ihm zur Aufbewahrung übergebenen Möbel zurückzugewähren. Dieser Anspruch setzt voraus, daß der Selbsthilfeverkauf unzulässig oder wegen Verletzung der für ihn bestehenden Vorschriften unwirksam ist.

Daß der Kläger zur öffentlichen Versteigerung der Möbel berechtigt war, ergibt sich aus §§ 372, 383. Durch den Verwahrungsvertrag entstand für den Beklagten das Recht, die Möbel nach Beendigung des Vertrags zurückzunehmen. Indem er zu diesem Zeitpunkt keine Anstalten traf, die Möbel trotz Aufforderung in Empfang zu nehmen, verletzte er keine ihm obliegende Vertragspflicht, sondern geriet in Annahme-, also in Gläubigerverzug. Da die Möbel nicht zur Hinterlegung geeignet waren, war der Kläger berechtigt, sie öffentlich versteigern zu lassen. Gemäß § 383³ mußte er die Versteigerung durch einen Gerichtsvollzieher, einen anderen zur Versteigerung befugten Beamten oder durch einen öffentlich angestellten Versteigerer vornehmen lassen. Diese Vorschrift ist nicht beachtet, da der Auktionator, der die Versteigerung besorgte, kein öffentlich angestellter Versteigerer ist. Die Folge ist, daß die Versteigerung nicht die in § 383¹ bestimmten Wirkungen hat. Der Verkauf der Möbel ist dem Beklagten gegenüber nicht rechtswirksam, die Verpflichtung des Klägers zur Zurückgabe der Möbel besteht daher noch fort. Der Beklagte kann, da der Kläger infolge der Versteigerung zur Erfüllung dieser Verpflichtung außerstande ist, Schadensersatz verlangen. Die Einwendung des Klägers, daß die Versteigerung keinen höheren Erlös ergeben hätte, wenn sie durch einen Gerichtsvollzieher vorgenommen worden wäre, daß also der Beklagte nicht geschädigt worden sei, trifft nicht die Sache. Der Kläger war zur Versteigerung der Möbel berechtigt, nicht verpflichtet; wollte er die ihm vom Gesetz eingeräumte Befugnis ausüben, so mußte er sich an die vom Gesetz dafür gegebenen Vorschriften halten. Die Folge ihrer Nichtbeachtung ist nicht die, daß Schadensersatz wegen Verletzung dieser Vorschriften zu leisten ist. Eine dem § 1243² entsprechende Vorschrift enthält der § 383 nicht; die Folge besteht vielmehr darin, daß der Versteigerung die Wirkung des § 383¹ versagt wird. Der Kläger meint allerdings, daß er nach § 300 während des Annahmeverzugs des Beklagten nur grobe Fahrlässigkeit zu vertreten habe, während in der Wahl des Auktionators nur ein leichtes Verschulden liege. Allein indem der Gesetzgeber bei Gläubigerverzug dem Schuldner die Versteigerung der von ihm zu leistenden, zur Hinterlegung nicht geeigneten beweglichen Sachen gestattet, gibt er eine in das Recht des Gläubigers tief eingreifende Ausnahmevorschrift. Um eine Benachteiligung des Gläubigers möglichst zu verhüten, hat das Gesetz für die Versteigerung eine Reihe von Schutzvorschriften erlassen, von denen es jede für wichtig und wesentlich erachtet hat. Es kann daher die Außerachtlassung irgend einer dieser Vorschriften nicht als ein leichtes Verschulden erachtet werden, ebensowenig die Unkenntnis derselben. P.n.

u) **Verhältnis zwischen Zessionar und Zedenten.**

α) Kammergericht, VII. ZS. Urteil v. 16. März 1912.

Bei Übertragung von Vermögensrechten muß, ähnlich wie im Falle des § 364², der übereinstimmende Wille der Beteiligten dahin gehen, daß dadurch der übertragende Schuldner befreit sein soll. Ohne diesen Willen gibt die Übertragung dem Gläubiger das Recht, sich aus dem übertragenen Rechte zu befriedigen, aber nicht die Befriedigung selbst. Die Vermutung spricht jedenfalls dafür, daß Vermögenswerte, die zu der Befriedigung wegen einer Forderung abgetreten werden, erfüllungshalber, aber nicht an Erfüllungsstatt übereignet werden. Bei Hingabe erfüllungshalber ist der Gläubiger verpflichtet, aus dem abgetretenen Rechte seine Befriedigung „mit verkehrsüblicher Sorgfalt" zu suchen (RG. 65 S. 81). Es bleibt ihm aber unbenommen, wenn die abgetretene Forderung aus irgend einem Grunde nicht einziehbar ist, seine Forderung aus dem ursprünglichen Schuldverhältnisse geltend zu machen. Hierbei genügt es, daß die Zahlung nicht eingegangen ist (Rsp. 18 S. 65). L.n.

β) **Bestimmtheit der Abtretungserklärung.**

Kammergericht, XXIV. ZS. Urteil v. 23. Dezember 1911.

Zur Gültigkeit einer Abtretung ist nach allgemeinen Grundsätzen eine genügende Bestimmtheit des Gegenstandes der Übertragung erforderlich. Die Forderung selbst muß derart individualisiert sein, daß wenigstens bestimmbar ist, was die Zession in sich begreifen soll. Dies ist hier nicht möglich. Allerdings läßt die Abtretungsurkunde keinen Zweifel darüber zu, welche Forderungen an sich als abgetreten gelten sollen: es sind dies die Mietforderungen, welche dem Eigentümer bezüglich der in der Urkunde näher bezeichneten Wohnungen bereits erwachsen sind oder, soweit die Wohnungen unvermietet sind, noch entstehen werden. Soweit die Wohnungen unvermietet sind, ist eine bestimmte Summe als Betrag des Mietwerts, soweit die Wohnungen aber bereits vermietet sind, die vertragsmäßig zu zahlende Miete eingesetzt. Eine Zusammenrechnung der eingesetzten Summen ergibt einen jährlichen Mietsertrag von über 20000 Mark. Wenn „von diesen Mieterträgnissen die Abtretung bis zum Höchstbetrage von 10000 Mark" erteilt wird, so bleibt unklar und unbestimmt, bis zu welchem Betrage die einzelnen Mietforderungen als abgetreten zu erachten sind. Der ganze Jahresbetrag der einzelnen Mietforderungen kann nicht als abgetreten gelten, weil die eingesetzten Jahresbeträge über 20000 Mark gehen, während doch nur eine Abtretung bis zum Höchstbetrage von 10000 Mark beabsichtigt ist. Über eine teilweise Abtretung der einzelnen Mieten auf einen bestimmbaren Zeitraum hin ist aber nichts gesagt.

Hierzu kommt, daß der Kläger anscheinend die obligatorische Verpflichtung übernommen hat, von den ihm abgetretenen Mieten auch die laufenden Grundstücksunkosten zu decken. Hierbei ist zuzugeben, daß die Rechtswirksamkeit der Abtretung der Mieten unabhängig von der gleichzeitig übernommenen Verpflichtung des Zessionars, aus den abgetretenen Mieten die Unkosten des Hauses zu decken, zu beurteilen ist. Es kann also aus der Unbestimmtheit der laufenden Grundstücksunkosten nichts für die Unwirksamkeit der Abtretung entnommen werden, wenn die Deckung dieser Unkosten lediglich Gegenstand einer obligatorischen Verpflichtung ist, also mit dem eigentlichen Zessionsakte nichts zu tun hat. In der Urkunde heißt es aber, „daß die Mietserträgnisse so lange an A. abgetreten sind, als bis er nach Abzug derjenigen Beträge, die er zur Deckung der laufenden Grundstücksunkosten verwendet, für seine eigenen Forderungen 10000 Mark erhalten hat". Hieraus und aus dem ferneren Umstande, daß dem Kläger auch Einziehungsbefugnis erteilt ist, muß gefolgert werden, daß ihm die Mieten nur soweit abgetreten sein sollen, als sich nach Deckung der Grundstücksunkosten ein Überschuß ergibt. Hierdurch wird aber die oben hervorgehobene Unbestimmtheit und Unbestimmbarkeit der Abtretung noch vergrößert. Unter den laufenden Grundstücksunkosten verstand der Zedent „Zinsen der eingetragenen Hypotheken, die öffentlichen Lasten und diejenigen Beträge, die zur Erhaltung des Grundstücks notwendig sind". Zugegeben, daß die Hypothekenzinsen und die öffentlichen Lasten zur Zeit der Abtretungserklärung bestimmbar waren, so blieb doch eine völlige Unbestimmtheit und Unbestimmbarkeit der Höhe derjenigen Beträge, die zur Erhaltung des Grundstücks notwendig sind. Denn es kann von vornherein niemals gesagt werden, wie hoch sich die zur Erhaltung des Grundstücks notwendigen Beträge beziffern werden; sie wechseln der Natur der Sache nach von Jahr zu Jahr, sind auch vielfach von dem Ermessen der über die Notwendigkeit entscheidenden Person abhängig. Von den Mietserträgen des Hauses soll demnach ein der Höhe nach nicht bestimmbarer Betrag abgehen und erst bezüglich des Restes erfolgt eine Abtretung, die nicht erkennen läßt, inwieweit von ihr die einzelnen Mietsforderungen ergriffen werden. Eine Zession mit einem derartigen Inhalt entbehrt der für ihre Wirksamkeit erforderlichen Bestimmtheit. B.n.

Dazu: Kammergericht, XIV. ZS. Urteil v. 21. September 1911.

Die schriftliche Abtretung des A. vom 2. Juni konnte dem Zessionar B. Mietforderungen an Mieter des Hauses Nr. 6 für sich allein nicht übertragen, da sie völlig der erforderlichen Bestimmtheit in der Bezeichnung der etwa abzutretenden Forderungen entbehrt. Die Erklärung spricht von einem abgetretenen Teilbetrage von Mietforderungen, ohne diese selbst nach Höhe und Person der Schuldner näher zu kennzeichnen. Es fehlt mithin jede Möglichkeit festzustellen, gegen welche Mieter die Teilforderung eigentlich gerichtet sein soll; eine wirksame Abtretung irgend einer Forderung liegt nicht vor.

Der Kläger hat nun jetzt vorgebracht, A. habe alle Mieten für August und September abgetreten, vorbehaltlich der Rückerstattung der über 1800 Mark hinaus eingehenden Mietsbeträge. Der Wortlaut der Urkunde läßt sich mit dieser Auslegung nicht vereinigen; indessen kann es auf diese schriftliche Erklärung nicht ankommen, wenn daneben eine umfassende mündliche Abtretung aller August- und Septembermieten verabredet worden wäre. Die Behauptungen des Klägers sind jedoch nicht geeignet, eine derartige Abtretung zu belegen. Denn danach hat A. unter entsprechender Mitteilung an ihre Mieter dem B. für die August- und Septembermieten lediglich einen Einziehungsauftrag erteilt, mit der gleichzeitigen Ermächtigung, aus den eingehenden Mietsummen die von A. dem B. anscheinend geschuldeten 1800 Mark in den zwei Raten von 600 und 1200 Mark zu entnehmen, während der Rest an A. abzuliefern war. Diese Abmachung betraf also bezüglich der 1800 Mark nur das innere Verhältnis des A. und des B., nach außen hin, den Mietern gegenüber, wurde B. zum beauftragten Zahlungsempfänger aller Mieten, ohne daß in den Mietsverhältnissen die Person des Gläubigers wechselte; nur im inneren Verhältnis verzichtete A. gegenüber dem B. auf sein Gläubigerrecht in Höhe des Mietenteils von 1800 Mark. Kann sich sonach der Kläger auf eine wirksame Abtretung nicht berufen, so fällt seine Klage auf Auszahlung der infolge der Pfändung des Beklagten hinterlegten Mieten. Fr.

γ) **Abtretung zur Einziehung oder zur Sicherung. Wegfall der Legitimation.**

OLG. Hamburg, VI. ZS. Urteil v. 28. Januar 1911.

Das RG. (53 S. 417) hat in dem Fall einer Abtretung zu Einziehungszwecken dahin erkannt, daß, nachdem der Zedent den Einziehungsauftrag und die Abtretung widerrufen habe, auch der Schuldner sich darauf, und zwar trotz des § 409 [1], berufen könne, jedenfalls dann, wenn er damit nicht das Recht des Zedenten, sondern eigenes Recht und eigenes Interesse verfolge. Der Senat sieht aber jenen Unterschied zwischen der Einziehung und der Abtretung „zur Sicherung", insbesondere auch der Hypothek zu diesem Zwecke nicht für erheblich an. Mit der Erledigung der gesicherten Forderung entbehrt auch die Legitimation des Zessionars der materiellen Grundlage und besteht nur noch formell. Auch der Hypothekenschuldner setzt sich der Gefahr aus, nochmals an den Zedenten bezahlen zu müssen, wenn er in Kenntnis von der Rückzedierungspflicht des Zessionars gegenüber dem Zedenten an den ersteren zahlt (§ 893). Die Legitimation des Hypothekengläubigers gemäß § 1155 verb. mit §§ 942, 943 dient ebenso wie der § 409 zum Schutze des gutgläubigen Schuldners (vgl. auch Staudinger § 1154 VI). M. M.

Dazu: Kammergericht, XXIV. ZS. Urteil v. 9. Dezember 1911.

In der Literatur ist mehrfach die Ansicht vertreten, daß auch bei einer Einziehungsabtretung die Forderung aus dem Vermögen des Gläubigers in das des Zessionars übergeht. Allein der Wille der Parteien pflegt keineswegs dahin zu gehen, daß dem „Zessionar" die freie Verfügung über die Forderung übertragen werden soll; beabsichtigt pflegt nur zu sein, daß der „Zessionar" die Forderung im eigenen Namen einziehe oder einklage. Nach innen wird so ein Auftragsverhältnis, nach außen eine Vollmachtserteilung hergestellt. Die Forderung verbleibt bei dem Gläubiger (vgl. RG. 53 S. 416, LeipzZ. 1908 S. 454). Die Übertragung ist demnach im Grunde keine Rechtsabtretung, sondern nur eine Vollmachtserteilung im Gewande der Abtretung, und man wird dem Willen der Parteien nicht gerecht, wenn man den Schwerpunkt darauf legt, daß dem Wortlaute nach eine Abtretung vorliegt. Dann kann aber auch der Schuldner dem Inkassozessionar gegenüber keine Rechte daraus herleiten, daß die Forderung noch im Besitze des Zedenten geblieben sei, wie er auch umgekehrt dem die Forderung einklagenden Gläubiger jedenfalls dann keine Einwendung aus der Tatsache der Inkassozession entgegensetzen kann, wenn der Zessionar selbst dem Schuldner erklärt, daß ihm die Inkassozession gekündigt worden sei und er selbst keine Rechte bezüglich dieser Forderung habe. Einer Rückübertragung an den Gläubiger, wie sie der Beklagte verlangt, bedurfte es nicht, eine solche kann überhaupt nach der rechtlichen Natur der Inkassozession nicht in Frage kommen. B. n.

δ) **Auslegung eines eine Abtretung betreffenden Telegramms.**

OLG. Hamburg, I. ZS. Urteil v. 3. Februar 1911.

Der Beklagte hat am 7. Februar an den RA. W. gedrahtet: „Zediere Ihnen Kostenforderung Arrestverfahren." Für dieses Telegramm muß der völlig klare Wortlaut entscheidend sein. Er entsprach dem von hier aus am 4. Februar an den Beklagten gerichteten Telegramm: „Zedieret Müller Kostenforderung Arrestverfahren", und die Fassung dieses letzteren Telegramms war, wie sich aus der Aussage des RA. W. ergibt, zwischen ihm und M. überlegt, also mit Vorbedacht gewählt. Bei dieser Sachlage ist anzunehmen, daß das Wort „Arrestverfahren" absichtlich aufgenommen, und daß es nach dem Willen der Beteiligten auch so gemeint gewesen ist, wie es lautet: daß nämlich die Kostenforderung aus dem Arrestverfahren abgetreten werden sollte. Ob Dr. W. und M. bei Abfassung und Absendung ihrer Depesche mehr beabsichtigt haben, als der Wortlaut besagt, ist ohne Belang. Es liegt auch nicht der geringste Anhalt dafür vor, daß der Beklagte bei Absendung seiner Depesche habe wissen können, der Depesche vom 4. Februar sei eine über ihren Wortlaut hinausgehende Bedeutung beigemessen, und daß ihm dementsprechend die Absicht beigewohnt haben könne, mehr abzutreten, als seine eigene Depesche klar ausdrückte, nämlich die Kosten des Arrestverfahrens.

Ob etwa jetzt der Beklagte und M. darüber einig sind, daß durch das Telegramm vom 7. Februar die Abtretung der gesamten Kostenansprüche der Beklagten gegen die Klägerin habe erklärt werden sollen, kommt für das Rechtsverhältnis zwischen den Parteien nicht in Betracht. Für dieses muß maßgebend sein, was nach dem Wortlaut des Telegramms als abgetreten angesehen werden kann. M. M.

ε) **Abtretung der Ansprüche des Verkäufers aus einem Kaufvertrag.**

Kammergericht, VII. ZS. Urteil v. 6. Januar 1912.

Der Beklagte hat seine Fabrik mit der Firma an X. verkauft und verabredet, daß die ausstehenden Forderungen sein Eigentum bleiben, der Käufer jedoch sie ohne Entschädigung einzuziehen habe. X. hat seine Ansprüche aus dem Vertrage auf den Kläger übertragen, der die Abgabe der zur Umschreibung der Firma auf den Kläger erforderlichen Registererklärungen verlangt. Der Beklagte macht geltend, daß X. die Rechte aus dem Vertrage nicht habe abtreten können. Allein da Beklagter und X. nicht vereinbart haben, daß die durch den Vertrag für X. entstandenen Rechte nicht übertragbar sein sollten, auch § 400 nicht in Betracht kommt, so würde die Abtretung nach § 399 nur dann ausgeschlossen sein, wenn sich die Verpflichtung des Beklagten durch die Leistung an einen Dritten sachlich ändern würde. Das ist nicht der Fall. Wenn Beklagter, um darzutun, daß die Leistung ein besonderes Verhältnis zu der Person des Gläubigers voraussetze, darauf hinweist, daß der Käufer X. verpflichtet worden sei, die Außenstände nach Anweisungen des Verkäufers einzuziehen, so steht ihm der Umstand entgegen, daß es sich hier um eine Nebenverpflichtung handelt, die den wesentlichen Inhalt des Vertrages nicht berührte. L. n.

ζ) **Ist der befriedigte Zessionar zur Rückgabe des Schuldscheins verpflichtet?**

OLG. München, III. ZS. Urteil v. 3. Februar 1912.

Der Kläger verlangt von dem Beklagten, Zessionar des Kaufpreises, Rückgabe des Schuldscheins oder öffentlich beglaubigtes Anerkenntnis, daß die Schuld bezahlt sei. Der Beklagte wendet ein, er habe den Schuldschein nicht erhalten und nicht im Besitze. Nachdem der Zedent dies bestätigt hatte, wurde er zur Erteilung des Anerkenntnisses verurteilt. Seine Berufung ist unbegründet.

Der Anspruch aus § 371 ist ein persönlicher aus der Erfüllung, nicht aus dem Schuldverhältnisse (Rehbein 17 zu § 362—371), er richtet sich also gegen den Gläubiger, dem gegenüber erfüllt wird. Hat der frühere Gläubiger seine Forderung abgetreten, ohne den Schuldschein zu übergeben, so ist nunmehr Gläubiger allein der Neueingetretene; dieser letztere ist also passiv legitimiert. Der Zedent, der den Schuldschein zurückbehalten hat, ist aus dem Schuldverhältnis ausgeschieden, ihm gegenüber wurde nicht erfüllt, er ist also ein „Dritter". Die Streitfrage, ob der Anspruch auch gegen diesen Dritten zusteht, was der RGKomm. verneint, ist hier nicht zu entscheiden. Der § 371 bezweckt den Schutz des Schuldners gegen Mißbrauch des Schuldscheins, ein solcher Mißbrauch ist um so leichter möglich, je öfter die Schuld abgetreten wurde, je mehr Gläubiger also der Reihe nach vorhanden waren. Der letzte Gläubiger, dem gegenüber erfüllt wurde, kann den Schuldner nicht mit der Erklärung abspeisen, „ich habe den Schuldschein nicht erhalten, halte dich an den, der ihn hat", dann wäre der Schuldner gezwungen, die mehreren früheren Gläubiger der Reihe nach in Anspruch zu nehmen, möglicherweise, ohne zu seinem Ziele zu kommen. Der befriedigte Gläubiger aber hat gegenüber seinem Vormann den Anspruch aus § 402, daß dieser ihm die in seinem Besitz befindlichen Urkunden, die zum Beweis der Forderung dienen, aushändigt, er kann sich also in den Besitz des Scheins setzen, wenn er nur will. Aus dem Wortlant des § 371 folgt, daß der Schuldner Rückgabe des von ihm früher hingegebenen Scheins verlangen kann, wenn es weiter heißt: Behauptet der Gläubiger, zur Rückgabe außerstande zu sein, so ist auch hier das Wort „Rückgabe" vom Standpunkt des Schuldners aus zu betrachten, und man darf nicht sagen, der Gläubiger, der den Schein nie besessen hat, kann ihn nicht „zurückgeben". Hier war unbestritten ein Schuldschein ausgestellt, dieser schien nach der Aussage des Zedenten verloren gegangen zu sein. Der Beklagte war also zur Rückgabe außerstande, darum war einerlei, ob diese seine Behauptung begründet ist und ob er die Unmöglichkeit der Rückgabe verschuldet hat oder nicht, der Kläger berechtigt, das öffentlich beglaubigte Anerkenntnis zu verlangen, daß die Schuld erloschen sei (Schollmeyer N. 2). Dessen weigerte sich der Beklagte, darum wurde er mit Recht dazu verurteilt, er allein hat Kenntnis von der geschehenen Zahlung. Jetzt, nach Rückgabe des inzwischen gefundenen Schuldscheins, ist diese Verurteilung gegenstandslos, der Klaganspruch ist befriedigt, das war er aber noch nicht zur Zeit der Klagezustellung, die Klage war also damals begründet.

P.n.

ϑ) Der Bereicherungsanspruch kein „Nebenrecht" des § 401[1].

Kammergericht, XXIV. ZS. Urteil v. 6. Dezember 1911.

Die Beklagte hatte bei der Zwangsversteigerung ihre an letzter Stelle stehende Hypothek erhalten. Im Range vor ihr stand für A. eine Rente eingetragen, die nach Behauptung des Klägers zufolge eines Versehens des Versteigerungsrichters gelöscht wurde, ohne daß die auf sie entfallende Ablösungssumme zur Hebung gelangte. Der Kläger hatte aber für die Erfüllung der Verpflichtungen des Eigentümers aus dem Rentenvertrage die selbstschuldnerische Bürgschaft übernommen und mußte deshalb die Ablösungssumme an A. zahlen. Er verlangt nunmehr vom Beklagten die Erstattung gemäß § 812, wurde aber abgewiesen. Gründe:

Durch die Befriedigung des A. hat allerdings der Kläger die dieser gegen den Hauptschuldner zustehenden Rechte gemäß § 774 kraft Gesetzes erworben. Nach §§ 412, 401 gehen auch die für diese Forderung bestehenden Nebenrechte auf den Bürgen über, wobei es ohne Bedeutung ist, ob die

Nebenrechte erst nach der Übernahme der Bürgschaft hinzugetreten sind. Aus der Entstehungsgeschichte des § 401 ist auch zu folgern, daß zu diesen Nebenrechten nicht nur die in § 401[1] ausdrücklich genannten, sondern auch andere zur Verstärkung der Forderung dienende Rechte des bisherigen Gläubigers zu rechnen sind, z. B. gegen einen Dritten, der durch einen zugunsten des Gläubigers geschlossenen Erfüllungsübernahmevertrag neben dem ursprünglichen Schuldner als Gesamtschuldner in das Schuldverhältnis eingetreten ist (RG. 65 S. 169). Zu diesen Nebenrechten gehört aber nicht der Beeinträchtigungsanspruch, der einen selbständigen Anspruch bildet und zum Ausgleich einer ungerechtfertigten Vermögensverschiebung dient. L. n.

η) **Anerkennung der Schuld gegenüber dem Zessionar. — Anweisung zur Zahlung.**

OLG. Hamburg, IV. ZS. Urteil v. 14. Februar 1912.

Bei der Zession einer Forderung aus einem gegenseitigen Vertrage steht an sich dem Zessionar nach Maßgabe des § 404 die Einrede des nicht erfüllten Vertrages auch dann entgegen, wenn der Zedent erst nach der Abtretung mit seiner Gegenleistung in Verzug kommt. Der Schuldner verliert aber gleichwie alle anderen Einwendungen aus § 404 so auch diese Einrede dann, wenn er nach der Abtretung durch Vertrag mit dem Zessionar nicht lediglich die Rechtsgültigkeit des Zessionsaktes, sondern seine Schuld an ihn anerkannt hat. Hier hat M., der Übernehmer der Zimmerarbeiten für den Neubau des Beklagten, dem Kläger aus seiner Forderung für diese Arbeiten 2000 Mark abgetreten und gleichzeitig den Beklagten angewiesen, je 1000 Mark bei Dachdichtigkeit und Putzfertigkeit des Neubaus zu zahlen, während Beklagter die Zession anerkennt und sich verpflichtet, die 2000 Mark in den angeführten Raten an den Kläger voll und ungekürzt in bar zu zahlen. Diese Erklärung verträgt nach ihrem klaren Wortlaut keine andere Auslegung, als daß die Verbindlichkeit des Beklagten gegenüber dem Kläger unabhängig davon, ob M. gegen den Beklagten vertragstreu sein würde, gestellt werden sollte. Das würde schon aus der unbeschränkten Übernahme der Zahlungspflicht im Hinblick auf die Leistungen des M. hervorgehen, es wird aber vollends durch die Worte „voll und ungekürzt" klargestellt, die nach ihrem Zusammenhang keinen anderen Sinn haben können, als daß Kürzungen wegen Unvollständigkeit und Mangelhaftigkeit des M. nicht sollten erfolgen dürfen. Ob sich Beklagter dem Kläger oder dem M. gegenüber verpflichtet hat, läßt die Urkunde nicht klar erkennen. In letzterem Falle handelt es sich um das Versprechen der Leistung an einen Dritten mit der Wirkung, daß der Dritte (Kläger) unmittelbar das Recht, die Leistung zu fordern, erwerben sollte. Der Beweggrund, aus dem Beklagter die Verbindlichkeit auf sich genommen hat, ist an sich gleichgültig, übrigens unschwer darin zu finden, daß der zahlungsunfähige M. in anderer Weise keinen Kredit für das zum Bau nötige Holz zu finden vermochte. Hiernach war der Beklagte nach dem Klagantrage zu verurteilen, ohne daß dazu Stellung zu nehmen wäre, ob in seiner Erklärung auch eine Anweisung i. S. der §§ 783 ff. liegt. Übrigens wäre auch diese Frage abweichend vom LG. zu bejahen gewesen. Zunächst bietet es keine Schwierigkeit, daß durch die Abtretung der Zedent die Forderung endgültig verliert, während bei der Anweisung sie beim Assignanten verbleibt, und die Überweisung von ihm bis zur Annahme auch jederzeit widerrufen werden kann. Das berührt zwar das innere Rechtsverhältnis zwischen Zedenten und Zessionar einerseits, Assignanten und Assignatar anderseits. Von ihm ist aber der Begriff der Anweisung unabhängig. Sie ist lediglich das Mittel, um aus einem Grund und zu einem Zwecke, die außerhalb ihrer selbst liegen, eine Leistung, nämlich ihre Annahme und Honorierung durch den Assignaten, herbeizuführen. Im übrigen liegen aber alle Begriffsmerkmale der Anweisung vor. Die Schriftlichkeit, die Aushändigung der Urkunde an den Assignatar, die Aufforderung zur Leistung an den Assignaten und die Aufforderung zur Leistung von Geld. Der Umstand, daß aus der Urkunde das innere Rechtsverhältnis zwischen Assignanten und Assignatar zu ersehen ist, schließt eine Anweisung ebensowenig aus, wie die Offenbarung des materiellen Rechtsverhältnisses zwischen Assignanten und Assignaten. Nur soviel ist richtig, daß aus der Hervorhebung zumal des letzteren Rechtsverhältnisses entnommen werden kann, daß die Erlangung eines von den Rechtsbeziehungen zwischen Assignat und Assignatar unabhängigen Schuldversprechens des letzteren gar nicht gewollt war. Daß das aber hier nicht zutrifft, vielmehr diese Rechtsbeziehungen völlig außer Betracht bleiben sollten, und daß sich ebensowenig aus dem Inhalte der Annahmeerklärung des Beklagten solche Einschränkung ergibt, ist oben dargelegt. M. M.

v) **Haftung des Ladenbesitzers für Unfälle seiner Kunden.**

α) OLG. Cöln, VII. ZS. Urteil v. 27. Juni 1911.

Der Kläger ist in dem Geschäftshause der Beklagten, wo er einkaufen wollte, ausgeglitten und dadurch verletzt worden. Seine Schadensklage ist unbegründet. Er behauptet, daß es zu den Vertragspflichten der Beklagten gehört habe, für eine verkehrssichere Anlage und Unterhaltung ihrer Verkaufsräume zu sorgen. Allein es besteht kein allgemeiner Rechtssatz, daß wer in Geschäftsräumen ein Gewerbe betreibt, kraft Vertrags dem kaufenden Publikum für eine die Sicherheit nicht gefährdende Beschaffenheit der Räume einzustehen habe. Auch aus dem Wesen des Kaufs läßt sich ein solcher Satz nicht herleiten. Denn nach § 433 bestehen die wesentlichen Verpflichtungen des Verkäufers nur darin, daß er dem Käufer die erkauften Sachen zu übergeben und das Eigentum daran zu verschaffen hat. Eine vertragliche Haftung kann aber, selbst wenn eine allgemeine Pflicht für den Verkäufer bestehen sollte, für die Sicherheit der seine Geschäftsräume betretenden Käufer zu sorgen, im Falle schuldhafter Schadenszufügung nur dann und auch nur insoweit angenommen werden, als Vertragsbedingungen vorhanden sind, die sich gerade auf die Benutzung des Raumes erstrecken, in dem das schädigende Ereignis eingetreten ist (so auch JW. 1910 S. 807[19]). Anderseits liegt aber jedem, der in seinen Räumen einen Verkehr für andere eröffnet, die Pflicht ob, für die verkehrssichere Beschaffenheit seiner dem öffentlichen Verkehr gewidmeten Räumlichkeiten zu sorgen. Das folgt aus dem allgemeinen Grundsatze, daß jeder für die Beschädigungen durch seine Sachen insoweit aufzukommen hat, als er diese bei billiger Rücksichtnahme auf die Interessen des anderen hätte verhüten müssen und bei Anwendung der im Verkehr erforderlichen Sorgfalt verhütet hätte (RG. 54 S. 53). Diese Pflicht trifft auch den Ladenbesitzer, der durch sein gewerbliches Unternehmen das Publikum zum Betreten seiner Geschäftsräume auffordert. Demnach finden diese Grundsätze hier Anwendung. [RG. 78 S. 239.]

Die Beklagte hat aber die im Verkehr erforderliche Sorgfalt nicht außer acht gelassen. Nach § 276 entscheiden die Anforderungen des Verkehrs darüber, welches Maß von Umsicht und Sorgfalt zur Verhütung eines Schadens aufgewendet werden muß, jedoch mit einer zweifachen Beschränkung. Einmal sind die Gefahren zu dulden, die der Verkehr unabweislich mit sich bringt, sodann dürfen die durch einen normalen Verkehr gewonnenen Erfahrungen dem einzelnen die Grundlage geben für sein Urteil über die Gefährlichkeit oder die Zulässigkeit seiner Einrichtungen (JW. 1904 S. 356[7]).

Der Kläger sieht schon darin eine Fahrlässigkeit der Beklagten, daß sie den Parkettboden bohnen und dadurch einen glatten Fußbodenbelag schaffen ließ, weil in ihrem Kaufhause das gewöhnliche Publikum verkehre, dem ein glatter Fußboden ungewohnt sei. Es ist jedoch heute allgemein üblich, in Räumen, in denen ein großer Personenverkehr herrscht, einen möglichst glatten Fußbodenbelag anzubringen, sowohl aus gesundheitlichen wie aus wirtschaftlichen Gründen. Denn er verhindert das Einnisten der Krankheitskeime schon allein deshalb, weil er leicht zu reinigen ist und er nützt sich auch nicht so leicht ab, wie ein gewöhnlicher gedielter Boden. Von allen Belägen hat sich bisher mit am besten der Parkettboden bewährt, ohne daß er, was hier wichtig ist, die Glätte der anderen fugenlosen Belagsarten aufweist. Der Kläger erblickt auch eine Fahrlässigkeit nicht schon in dem bloßen Vorhandensein des Parkettbodens, sondern darin, daß er gebohnt und dadurch geglättet ist. Das Bohnen ist aber, wie der Sachverständige bekundet, allgemein üblich und zur Erhaltung des Belags auch zweckmäßig, eine Ansicht, der sich das Gericht aus eigener Sachkunde anschließt. Daß durch das Bohnen eine gewisse Glätte hervorgerufen wird, ist nicht zu vermeiden, solange es kein gleichwertiges Ersatzmittel gibt, das diesen Nachteil nicht teilt. Auch der Ausführung des Klägers, daß das große Publikum, wie es bei der Beklagten verkehre, nicht an einen glatten Fußbodenbelag gewöhnt sei, kann nicht beigetreten werden. Ebenso glatt, besonders bei Regenwetter, ist der Asphaltbelag der Straßen, der Linoleumbelag der Bureaus und der Steinfliesenbelag in Kirchen und auf Bahnhöfen, Beläge, auf denen zu verkehren das große Publikum seit Jahren gezwungen ist und an deren Glätte es sich schon längst gewöhnt hat. Zwar gleitet noch mancher auf diesen Belägen aus; niemand wird aber daraus den verantwortlichen Stellen einen Vorwurf machen. Das sind eben Gefahren, die der Verkehr unabweislich mit sich bringt. Ebensowenig kann man eine Fahrlässigkeit der Beklagten darin erblicken, daß sie dem Parkettboden durch Bohnen eine gewisse Glätte verliehen hat, die Beklagte durfte aber damit rechnen, daß das Publikum an glatten Belag gewöhnt sei. Dr. B.r.

β) OLG. Colmar, III. ZS. Urteil v. 5. Dezember 1911.

Die beklagte Aktiengesellschaft in Zürich ist als Inhaberin des hiesigen Warenhauses verpflichtet, dafür zu sorgen, daß in ihren dem Verkehr geöffneten Geschäftsräumen keine Einrichtungen bestehen, durch welche die dort sich aufhaltenden Personen zu Schaden kommen können. Mag sie auch bei der Auswahl des mit der Leitung des Warenhauses beauftragten Geschäftsführers die im Verkehr erforderliche Sorgfalt beobachtet haben, so blieb ihr doch eine allgemeine Aufsichtspflicht, der gegenüber sie sich durch den in § 831 zugelassenen Beweis nicht entlasten kann. Sie gibt zu, daß die in Rede stehende als gefährlich anzusehende Einrichtung schon zu der Zeit bestanden hat, als sie das Warenhaus von X. übernommen hat. Daß, wie sie behauptet, nur ihr Geschäftsführer jene Einrichtung gekannt habe, nicht aber auch ihre sämtlich in der Schweiz wohnhaften satzungsmäßigen Vertreter (zu denen der Geschäftsführer nicht gehört), ist unerheblich. Jene Aufsichtspflicht schloß die Verpflichtung für die Beklagte bzw. ihre satzungsmäßigen Vertreter in sich, bei der Übernahme des Warenhauses sich über seinen Zustand zu unterrichten. Bei gehöriger Erfüllung dieser Verpflichtung hätte ihnen die gerügte Einrichtung nicht entgehen können; deren Gefährlichkeit hätten sie bei einiger Aufmerksamkeit erkennen und beseitigen müssen. Die Knappheit des Zwischenraums zwischen der Übernahme des Warenhauses durch die Beklagte (1. Mai) und dem Unfall des Klägers (13. Mai) gereicht ihr nicht zur Entschuldigung. Denn sie hätte sich, wenn nicht vor, so doch jedenfalls unmittelbar nach der Übernahme sei es durch ihre gesetzlichen Vertreter, sei es durch sachverständige Mittelspersonen darüber vergewissern müssen, ob durch die im Warenhause bisher bestandenen Einrichtungen die Sicherheit des in ihm verkehrenden Publikums gewährleistet wird. Darin, daß sie die gerade zur Zeit der Übernahme dringend gebotene Untersuchung verabsäumt und diejenige Schutzvorrichtung, die sich schon dabei als notwendig herausgestellt haben würde und die erst nach dem Unfalle von ihr getroffen worden, nicht schon damals hat anbringen lassen, besteht ihre schuldhafte, für den Unfall kausale Unvorsichtigkeit. Frdthl.

12

a) **Form der Vollmachten zum Erwerb von Grundstücken.**

Kammergericht, VII. ZS. Urteil v. 3. Februar 1911.

Die privatschriftliche Urkunde vom 1. November 1910 zerfällt in zwei Teile: Zunächst macht die Beklagte dem Kläger das Angebot, sein Grundstück zum Preise von X Mark zu kaufen. Sodann erteilt sie dem X. unwiderrufliche Vollmacht, dieses Kaufangebot in ihrem Namen notariell zu erklären. Keine der Erklärungen bedurfte der Form des § 313. Nach dem Angebot übernimmt nur die Beklagte die Verpflichtung zum Kauf und damit zum Erwerbe des Grundstücks; dagegen verpflichtet sich der Kläger nicht zum Verkauf. § 313 betrifft aber nur die auf Übertragung von Grundeigentum gerichteten Verträge, nicht aber solche, die nur den Erwerb dieses Eigentums zum Gegenstande haben (JW. 1905 S. 126, WarnErg. 1908 S. 23). Ebenso ist eine Vollmacht, auch wenn sie auf den Erwerb oder die Veräußerung von Grundeigentum gerichtet ist, grundsätzlich an keine Form gebunden (§ 167²). Nur dann unterliegt sie dem § 313, wenn sie schon die Veräußerung selbst enthält, das Veräußerungsgeschäft also nur in die äußere Form der Vollmacht gekleidet ist (RG. 76 S. 182; Warn. 1911 S. 393). Diese Voraussetzung liegt hier nicht vor. Denn die Vollmacht betrifft, ebenso wie der 1. Teil der Urkunde überhaupt, nur das Kaufangebot, also nur eine Verpflichtung der Beklagten zum Erwerb, nicht die Verpflichtung des Klägers zur Übertragung des Eigentums. Wenn nach dem Inhalte der Vollmacht das Kaufangebot notariell beurkundet werden sollte, so folgt auch daraus nach § 167² nicht die Notwendigkeit der gleichen Form für die Vollmacht selbst. L. n.

b) **Verpflichtungen des Verkäufers:** *α*) **„frei Schiffsseite".**

OLG. Hamburg, VI. ZS. Urteil v. 24. Oktober 1911.

Der Schadensanspruch der Beklagten scheitert schon an dem Umstande, daß ein Verzug des Klägers in der Lieferung des Zuckers nicht gegeben ist. Mit Unrecht stellt die Beklagte an die Lieferungspflicht des Verkäufers bei einer Lieferung „frei Schiffsseite" weitergehende Anforderungen, als der Kläger sie erfüllt hat. Er hatte nur den Zucker an das Schiff heran zu liefern, aber nicht dafür zu sorgen, daß das Schiff den Zucker aufnehme und mitnehme. Dies war Sache der Beklagten, die das Schiff bestimmte und auch selbst dafür gesorgt hatte, daß für den Zucker ein besonderer Raum reserviert wurde. Wenn der Schiffsmakler, mit dem die Beklagte hierüber verhandelt hatte, unterlassen hatte, dem Stauervizen des Schiffes die erforderlichen Anweisungen zu erteilen, so trifft daran den Kläger keine Schuld, der das Seinige tat, indem er sich fortlaufend bei dem Stauervizen erkundigte, ob der Zucker an Bord gebracht werden könne. Einer Vernehmung von Sachverständigen hierüber bedarf es nicht, da sich der Umfang der Verpflichtungen eines Verkäufers mit der Klausel „frei Schiffsseite" zu liefern, aus dem Wortlaut der Klausel ergibt, da besonders dasjenige, was sich auf die Aufnahme des Zuckers in das Schiff bezieht, einen Teil der vom Käufer zu bewirkenden Abnahme, nicht aber einen Teil der Lieferung des Verkäufers bildet. M. M.

β) **bei Bestellung „eichener" Möbel.**

OLG. München, IV. ZS. Urteil v. 18. Oktober 1911.

Der Kläger hat eichene Möbel bestellt, aber eichen fournierte erhalten.

Er ficht deshalb den Vertrag wegen Irrtums an und verlangt Rückzahlung des Kaufpreises. Er wurde jedoch abgewiesen. Gründe:

Möbel, die im Handel und Verkehr als Eichenholzmöbel oder eichene Möbel bezeichnet werden, stellen, wie gerichtsbekannt ist, Möbelfabrikanten und Möbelschreiner bereits seit längerer Zeit, ebenso wie Möbel aus anderen Hölzern, wie Nußbaum, Kirschbaum, Mahagoni, Palisander, in der Regel fourniert her. Dies ist in weiten Kreisen des Publikums bekannt. Unter eichenen Möbeln werden nicht nur von den Möbelfabrikanten (händlern), sondern allgemein eichenfournierte Möbel verstanden. Bei diesem allgemeinen Sprachgebrauch besteht für die Möbelfabrikanten (Händler) kein Anlaß den Besteller eichener Möbel ausdrücklich darauf hinzuweisen, daß ihm eichenfornierte Möbel geliefert werden. Sie können damit rechnen, daß dem Käufer die regelmäßige Herstellungsweise der eichenen Möbel bekannt ist und er sich der Bezeichnung eichene Möbel in dem ihr nach dem allgemeinen Sprachgebrauch zukommenden Bedeutung bedient. Wer massiv eichene Möbel haben will, muß dies dem Händler oder Fabrikanten gegenüber zum Ausdruck bringen. Er kann mit Rücksicht auf den allgemeinen Sprachgebrauch nicht erwarten, daß der Händler oder Fabrikant unter eichenen Möbeln massiv eichene versteht.

Die Willenserklärung des Klägers — Bestellung von eichenen Möbeln nach Besichtigung derselben — war klar und bestimmt und unter den gegebenen Umständen mehrfacher Deutung nicht fähig. Sie konnte von der Verkäuferin nach Treu und Glauben mit Rücksicht auf den allgemeinen Sprachgebrauch nicht anders verstanden werden und wurde nicht anders verstanden, als dahin, daß der Kläger eichenfournierte Möbel geliefert erhalten wollte. Die Beklagte war mit der unzweifelhaften Vertragserklärung des Klägers einverstanden. Es liegt daher ein gültiger Vertrag und kein versteckter Dissens vor. Die Anfechtung wegen Irrtums ist nur dann begründet, wenn der Kläger die Erklärung bei Kenntnis der Sachlage und bei verständiger Würdigung des Falles nicht abgegeben hätte. In dieser Richtung hat er nichts geltend gemacht, insbesondere nicht dargelegt, aus welchen Gründen er gerade massiveichene Möbel haben wollte. Wie gerichtsbekannt ist, sind eichenfournierte Möbel besser, haltbarer und widerstandfähiger gegen die Einwirkungen der Luftverhältnisse auf das Holz, als massiv eichene. Der Kläger würde, wenn er nicht besondere Gründe hatte, gerade massiv eichene Möbel zu bekommen, unverständig gehandelt haben, wenn er nach Aufklärung durch die Beklagte darauf bestanden hätte, massiv eichene Möbel geliefert zu erhalten. Jedenfalls ist nicht dargetan, daß er, wenn er erkannt hätte, daß unter eichenen Möbeln eichenfournierte verstanden werden, und daß die von ihm bestellten Möbel tatsächlich eichenfournierte sind, seine Erklärung, nämlich die Bestellung eichener Möbel, bei verständiger Würdigung des Falles nicht abgegeben hätte. Mit der nackten Behauptung, Kläger habe ausschließlich massiv eichene Möbel erhalten wollen, ist nichts getan. P.n.

c) **Haftung des Verkäufers aus § 434 BGB.**

α) Kammergericht, VII. ZS. Urteil v. 6. März 1912.

Die Beklagte hat dem Kläger ihr Grundstück verkauft, an dem der Nachbar aus § 142—144 ALR. I 8 ein Fensterrecht beansprucht. Die Klage auf Befreiung von diesem Fensterrecht ist unbegründet. Das Fensterrecht stellt gegenüber dem Grundstück des Klägers ein Legalservitut dar (Eccius, Privatrecht 3 S. 178[37]; Gruchot 24 S. 67; Staudinger IV B 2b zu § 903; RG. 44 S. 312, 46 S. 269). Zwar unterscheidet es sich von anderen nachbarrechtlichen Beschränkungen dadurch, daß für seine Wirksamkeit das 10jährige Vorhandensein der Fenster vorausgesetzt wird. Es widerspricht aber dem Wesen einer Legalservitut nicht, wenn ihre Wirksamkeit von dem Vorhandensein gewisser tatsächlicher Umstände oder der Dauer eines bestimmten Zustandes während einer gewissen Zeit abhängig gemacht ist. Für die Freiheit von solchen Belastungen braucht aber der Verkäufer mangels besonderer Abrede dem Käufer nicht einzustehen. Zwar bestimmt der § 434 allgemein, daß der Verkäufer die Sache frei von allen Rechten Dritter zu verschaffen hat. Aber das Gesetz selbst nimmt hiervon zunächst die öffentlichen Lasten, die zur Eintragung in das Grundbuch nicht geeignet sind, aus, beschränkt demnach den § 434 auf privatrechtliche Ansprüche Dritter. Dazu können allerdings an sich auch Ansprüche aus dem Fensterrecht gerechnet werden. Indessen werden unter den Rechten Dritter, gegen die der § 434 den Käufer schützen will, immer nur solche Rechte verstanden, die auf einem besonderen Titel beruhen, nicht dagegen Rechte, die wie das Fensterrecht aus allgemeinen, auf Gesetz beruhenden Einschränkungen des Eigentums hergeleitet werden und die deshalb jeden Eigentümer allein aus seinem Eigentume heraus verpflichten. Die weit überwiegende Meinung nimmt denn auch Legalservituten vom § 434 aus (Staudinger, Oertmann zu § 434). L.n.

β) OLG. Hamburg, VI. ZS. Urteil v. 30. September 1911.

Nach § 434 hatten die Beklagten das Grundstück dem Kläger nach dem Gesetze auch frei von den fraglichen Überfahrtsrechten zu verschaffen. Als sie den Kauf über die Hofstelle abschlossen, bestanden die [nach dem Kauf und vor der Auflassung eingetragenen] Überfahrtsrechte allerdings nicht. Der Inhalt des Vertrags spricht aber für den Willen der Parteien, daß der Hof frei von solchen Rechten verkauft werden sollte. Denn im § 1 wird „das Grundstück nebst allem Zubehör und Gerechtigkeiten, aber auch mit allen darauf ruhenden Staats-, Gemeinde- und Deichlasten" verkauft, während andere auf dem Grundstücke lastende private Gerechtigkeiten nicht erwähnt sind. Deshalb ist die Klage auf Schadensersatz wegen Nichterfüllung nach §§ 440, 325, 326 zunächst begründet.

Mit der Eintragung der Überfahrtsrechte haben sich die Verkäufer durch ihre eigene Handlungsweise in die Unmöglichkeit versetzt, das Grundstück vertragsmäßig lastenfrei zu liefern (§ 325). Sie sind auch durch den Vorprozeß wegen Löschung der vertragswidrig eingetragenen Überfahrtsrechte in Verzug gesetzt. Dagegen bedurfte es keiner Setzung einer Nachfrist gemäß § 326, weil außer Zweifel stand, daß die Beklagten die Beseitigung der Überfahrtsrechte nicht vornehmen wollten, und auch die Erfüllung dieser Verpflichtung infolge des Verzugs des Beklagten für den Kläger keine Interesse mehr hatte. Allerdings hat der Kläger das Grundstück behalten und beansprucht nur wegen der Belastung bzw. wegen des Verzugs der Beklagten in deren Beseitigung Schadensersatz. Dieser Anspruch ist aber auch sowohl gemäß § 325 wie auch nach § 326 möglich (Planck; RGKomm. 2 zu § 440; JW. 1908 S. 35[9]; D. JZ. 1907 S. 366; SächsAnn. 27 S. 278).

Hieran vermag der Umstand nichts zu ändern, daß der Kläger zwischen dem Vertragsschlusse und der Auflassung das Bestehen der Überfahrtsrechte erfahren hat. Denn in der vorbehaltlosen Mitwirkung bei der Auflassung ist noch kein Verzicht auf die Beseitigung der Überfahrtsrechte zu finden, weil der lediglich von Sachmängeln handelnde § 464 weder unmittelbar noch entsprechend auf Mängel im Recht angewandt werden kann. Die Auflassung aber war gemäß §§ 873, 925 lediglich eine Voraussetzung für die Übertragung des Grundstückeigentums, das der Kläger erwerben wollte und sollte. Trotz der Auflassung und der Eigentumsübertragung blieb deshalb die den Beklagten als Verkäufern nach § 434 obliegende Verpflichtung bestehen, dem Kläger das Grundstück frei von den fraglichen Rechten zu verschaffen (Planck 2, 4e zu § 440). Noch weniger als die persönliche Kenntnis des Klägers konnte endlich die bei der Auflassung bestehende Kenntnis des Bevollmächtigten X. dem Rechte des Klägers aus § 434 Eintrag tun. X. war nicht etwa allgemein zu der Vertretung des Klägers ermächtigt. Vielmehr war die im Kaufvertrag erteilte Vollmacht dahin beschränkt, daß er die zur Auflassung erforderlichen Erklärungen vor dem Grundbuchamte abgeben sollte. Zu einem Verzicht auf irgendwelche Rechte des Klägers aus dem Kaufvertrage war er demnach nicht ermächtigt. M. M.

γ) OLG. Marienwerder, I. ZS. Urteil v. 11. Mai 1911.

Die Domänenbankrenten gehen als privatrechtliche Lasten nicht von selbst auf den Käufer über, es sei denn, daß er beim Vertragsschluß ihr Bestehen gekannt hat. Das LG. folgert eine solche Kenntnis daraus, daß er jahrelang die Renten bezahlt hat. Allein hieraus ergibt sich doch noch nichts für seine Kenntnis in dem allein maßgeblichen Zeitpunkt des Vertragsabschlusses. Der Kläger kann sehr wohl deshalb nicht schon früher mit Ansprüchen hervorgetreten sein, weil er die aus dem Kauf sich ergebende Rechtslage verkannte und rechtsirrig annahm, die Beklagten hätten ihm für die Rentenfreiheit nicht einzustehen. Die Beklagten führen jetzt noch aus, daß die Beweislast sich geändert habe, daß nämlich der Kläger seine Nichtkenntnis von dem Bestehen der Renten zur Zeit des Vertragsschlusses zu beweisen habe. Sie begründen dies damit, daß er die Auflassung 1907 in Kenntnis der Rentenpflicht ohne Vorbehalt entgegengenommen, damit die ihm als Erfüllung angebotene Auflassung als Erfüllung angenommen habe und nun nach 3 Jahren diese Erfüllung als unvollständig bemängele. Zunächst ist es jedoch unerheblich, daß seit der Auflassung bereits mehrere Jahre verflossen sind. Wäre die Ansicht der Beklagten richtig, so träfe den Kläger die Beweislast für seine Nichtkenntnis auch dann, wenn er die Auflassung in Kenntnis der Rentenpflicht schon bald, etwa gleich am Tage nach dem Vertragsabschlusse entgegengenommen hätte. Es ist aber klar, daß in solchem Falle sich an der Beweislast (Planck § 439) nichts ändern würde. Eine Vorschrift des § 464 besteht nicht für die Gewährleistung wegen Rechtsmängel. Die vorbehaltlose Annahme entzieht dem Käufer nicht seine Ansprüche wegen Rechtsmängel, kann aber auch auf die Beweislast nicht von Einfluß sein. Jedenfalls würde der Kläger auch nach § 365 nichts anderes zu beweisen haben, als was er bei Bestreiten der Beklagten gemäß § 442 zu beweisen haben würde, nämlich, daß die an ihn erfolgte Leistung unvollständig, d. h. daß eben die verkauften Grundstücke mit den Renten belastet seien. Zum Beweise der unvollständigen Leistung der Beklagten kann dagegen niemals auch der Nachweis irgendwelcher Kenntnis oder Nichtkenntnis des Klägers gehören. Wr.

d) **Baubeschränkungen infolge Fluchtlinie sowie der örtlichen BauO. als öffentliche Lasten des § 436.**

OLG. Celle, IV. ZS. Urteil v. 1. Juli 1911.

Der Kläger kaufte von der Beklagten 1907 ein Grundstück mit einem Schuppen, den er zu einer Reitbahn benutzen wollte. Er macht sie verantwortlich, weil 1906 eine den Schuppen durchschneidende Baufluchtlinie festgesetzt sei und weil die 1890 für den Schuppen widerruflich erteilte Baugenehmigung 1909 widerrufen sei. Die Klage ist unbegründet. Mit Recht sieht das LG. die Beschränkung der Bebauungsfähigkeit, soweit sie ihren Grund in dem Bestehen einer das Grundstück durchschneidenden Baufluchtlinie hat, als eine öffentliche Last an. Dies folgt aus den Art. 1, 2 preuß. AG. zum ZwVG., nach denen zu den öffentlichen Lasten auch die auf einem nicht privatrechtlichen Titel beruhenden, auf dem Grundstück nach Gesetz oder Verfassung haftenden Leistungen gehören, und aus der Begründung dieses Ges., welche hervorhebt, daß auch Leistungen, welche in einem Unterlassen bestehen, besonders Beschränkungen bezüglich der Bebauung oder Benutzung die infolge Ortsstatuts auf dem Grundstück haften, unter den Begriff der gemeinen Lasten fallen. Die Praxis hat denn auch einem Grundstück infolge der Bestimmung einer Baufluchtlinie anhaftende Beschränkung allgemein als eine öffentliche Last des § 436 behandelt (Planck, Staudiger zu § 436; JW. 1907 S. 478).

Die weiteren Beschränkungen der Benutzbarkeit des Grundstücks hat das LG. als Sachmängel bewertet, weil es sich um obrigkeitliche Anordnungen über die Ausführung von Bauarbeiten auf dem Grundstücke im Interesse der allgemeinen Sicherheit, nicht aber um das dem Privatrechtsgebiet angehörende Recht eines Dritten handle. Dieser Ausführung war nicht beizutreten. Nach den Baupolizeiakten kamen für die 1890 erteilte Baugenehmigung die §§ 17,

23 der damals geltenden BauO. in Betracht, nach welcher Nebengebäude in der Regel in den Hintergrund gesetzt werden mußten und Bretterverschalungen für Häuser an Straßenseiten unzulässig waren. Für die 1909 nachgesuchte Genehmigung des Erweiterungsbaues der Reitbahn waren die Vorschriften der neuen BauO. von 1908 über das erforderliche Maß von Licht und Luft der für den Aufenthalt von Menschen bestimmten Räume, über Abstand der Gebäude von Nachbargrenzen und untereinander und über die Beschaffenheit der Wände von Bauten je nach ihrer Zweckbestimmung und dem Umfang des Gebäudes maßgebend. Es handelte sich demnach allerdings bei dem Inhalt der Baugenehmigung um polizeiliche Anordnungen im Interesse der allgemeinen Sicherheit, aber nicht um spezielle Eingriffe der Polizeibehörde aus Anlaß der besonderen Beschaffenheit eines bestimmten Gebäudes, sondern um Erteilung einer Befreiung von den an sich nach der BauO. für sämtliche Grundstücke bestehenden Beschränkungen, also nicht um Auferlegung einer Beschränkung durch einen besonderen Verwaltungsakt, sondern um Befreiung von gesetzlich bereits bestehenden oder doch um Milderung solcher Beschränkungen. Es ist nicht einzusehen, aus welchem Grunde solche dem Grundstück anhaftende Beschränkungen anders zu beurteilen sein sollten, wie die auf das Bestehen einer Baufluchtlinie zurückzuführenden Beschränkungen. Daß für die Einreihung der letzteren unter die öffentlichen Lasten der Umstand entscheidend wäre, daß bei ihnen in der Gemeinde ein Dritter vorhanden ist, der ein der öffentlichen Last entsprechendes Recht gegen den Verpflichteten geltend machen könnte, ist weder aus der Stellung des § 436 im Gesetz noch aus der Begriffsbestimmung des AG. zum ZwVG. ersichtlich; die Begründung spricht ganz allgemein von ortsstatutarischen Bau- und Nutzungsbeschränkungen. Der entscheidende Grund für die besondere Behandlung der dem Grundstück anhaftenden öffentlichen Lasten ist vielmehr einmal darin zu suchen, daß es sich um Beschränkungen des Verfügungsrechts im öffentlichen Interesse handelt, ferner aber darin, daß es sich um solche öffentlich-rechtliche Beschränkungen in der Bebauung und Benutzung handelt, die infolge Ortsstatuts auf sämtlichen Grundstücken des Bezirks haften, im Gegensatz zu solchen Beschränkungen, welche infolge der besonderen Beschaffenheit des Grundstücks oder Gebäudes durch besondere behördliche Anordnung erst für den Einzelfall begründet werden (vgl. Gruchot 36 S. 974; Staudinger § 436 N. 1a; RGKomm. § 434; JW. 1909 S. 132[3]). Für allgemein nach Ortsstatut bestehende Baubeschränkungen auf öffentlich-rechtlicher Grundlage treffen die Gründe zu, welche für die besondere Vorschrift des § 436 mitbestimmend waren, daß nämlich die Kenntnis des Vorhandenseins solcher öffentlichen Lasten in der Regel vorauszusetzen sei; sie gelten aber in gleichem Maße wie für Baufluchtlinienbeschränkungen auch für andere ortsstatutarisch festgelegte Beschränkungen der hier vorliegenden Art. Es fehlt deshalb an einem ausreichenden Grund dafür, Beschränkungen, welche auf der Festlegung einer Baufluchtlinie beruhen, als öffentliche Lasten, ortsstatutarische Beschränkungen

der Bebauungsart aber als nicht unter die öffentlichen Lasten fallende Sachmängel zu behandeln. O.

e) **Verkauf eines Anwesens mit einem Sichelschlagrechte. Zusicherung an Eigenschaften?**

OLG. München, III. ZS. Urteil v. 12. Oktober 1911.

Mit dem Anwesen wurden „die Wasserstreu- und Sichelschlagrechte in der Wils von der A.-Mühle bis zum Einbruch des Altwassers in die Wils bei B.“ verkauft. Diese Rechte sind nicht untrennbar mit den Anwesen verbunden, zu deren Nutzen sie dienen, sondern selbständige Rechte, die ganz oder teilweise verkauft werden können, wie die früheren Kaufverträge beweisen. Der Kläger behauptet, auf einem Teil der bezeichneten Strecke stehe das Recht nicht ihm, sondern dem X. zu. Das ist kein Qualitäts- oder Quantitätsmangel tatsächlicher oder rechtlicher Natur, der dem verkauften Anwesen selbst anhaftet, sondern der Mangel eines selbständigen mitverkauften Rechts, also kein Sachmangel des § 459 ¹ (Staudinger § 459 Ia). Zugesicherte Rechte sind nicht Eigenschaften der verkauften Sache, das Erträgnis davon ist nicht ein Erträgnis des Anwesens selbst, sondern das eines damit kraft besonderen Rechtsaktes verbundenen selbständigen Nebenrechts. Der Verkauf eines solchen der Ausübung nach übertragbaren dinglichen Rechts an fremder Sache ist nach § 437 zu beurteilen (RG. 56 S. 253). Der Kläger macht die Haftung des Beklagten nach § 437 geltend, weil das mitverkaufte Recht nicht den rechtlichen Bestand habe, wie im Kaufvertrag angegeben, angeblich stehe auf einem großen Teil der bezeichneten Strecke das Recht einem anderen zu, er behauptet also, es sei ihm nicht das Recht verschafft worden, das er erwerben wollte. Nach § 439 hat der Verkäufer einen Mangel am Rechte nicht zu vertreten, wenn wie hier der Käufer den Mangel beim Abschluß des Kaufes kennt.... Ln.

f) **Kauf unter Eigentumsvorbehalt:** *α*) **Gefahrübergang.**

OLG. Colmar, I. ZS. Urteil v. 22. März 1912.

Der Kläger hat sich das Eigentum an dem dem Beklagten verkauften Pferde bis zur Zahlung des Kaufpreises vorbehalten. Nach § 455 ist demnach das Eigentum nur mit der aufschiebenden Bedingung vollständiger Zahlung des Kaufpreises übergegangen. Da aber das Pferd vorher verendete, fragt es sich, wer die Gefahr des Untergangs zu tragen hat. Der Senat ist bisher (Rsp. 8 S. 445; ElsLZ. 1909 S. 545, 1910 S. 485) davon ausgegangen, daß für den Gefahrübergang nach § 446 die Übergabe maßgebend sei; unter dieser könne aber nur die Besitzeinräumung gemeint sein, weil im § 433 die Übergabe der Sache und die Verschaffung des Eigentums als zwei verschiedene Verpflichtungen des Verkäufers nebeneinander gestellt seien; außerdem entspräche es mehr der Billigkeit, bei einem solchen Vertrag, bei dem sich der Verkäufer des Besitzes der Sache in endgültiger Absicht zugunsten des Käufers entäußert habe, ersterem noch die Weitertragung der Gefahr des zufälligen Untergangs aufzuerlegen. Dagegen geht die überwiegende Meinung davon aus, daß bis zur Eigentumsverschaffung der Verkäufer noch nicht vollständig erfüllt habe; unter der „Übergabe“ des § 446 sei die Erfüllung im Sinne des § 433 zu verstehen, so daß die Besitzübertragung allein nicht ausreiche; denn entsprechend dem allgemeinen Grundsatze des § 323 lasse der § 446 die Gefahr der Übergabe auf den Käufer nur übergehen, weil und wenn diese Übergabe die Erfüllung des Kaufvertrags enthalte; da aber beim Verkaufe die Verschaffung des Eigentums zur Vertragserfüllung gehöre, sei beim Vorbehalt des Eigentums der Vertrag durch die bloße Besitzeinräumung noch nicht erfüllt. Es wird ferner darauf hingewiesen, daß dem Käufer durch die Übertragung des Besitzes der Sache die rechtliche Verfügungsmacht über diese noch nicht zufalle, so daß er nicht in der Lage sei, die Gefahr von sich abzuwälzen, daß aber der Verkäufer den Eigentumsvorbehalt in seinem Interesse beigefügt habe, und daß es mit ungleichem Maße messen heiße, wenn er nicht als Ausgleich auch die mindergünstigen Wirkungen dieses Vorbehaltes auf sich nehmen müsse. Ob dieser Lehre in allen Punkten beizupflichten ist, kann unerörtert bleiben. Jedenfalls ist ihr darin beizutreten, daß unter der „Übergabe“ des § 433 und demgemäß auch des § 446 eine solche zu verstehen ist, die wegen der dem Verkäufer obliegenden Übertragung des Eigentums dem Käufer Eigenbesitz verschaffen soll. Beim Verkauf unter Eigentumsvorbehalt bleibt dagegen der mittelbare Besitz beim Verkäufer; der Käufer besitzt die Kaufsache nicht zu eigen, sondern nur als Verwahrer für den Verkäufer (RG. 64 S. 336, 69 S. 197); in der Überlassung der Kaufsache liegt somit noch keine Übergabe nach §§ 433, 446, so daß mangels gegenteiliger Vereinbarung, die allerdings statthaft wäre (vgl. Mot. 2 S. 324), auch der Gefahrübergang auf den Käufer noch nicht eintritt. Frdthl.

β) OLG. Celle, IV. ZS. Urteil v. 27. September 1911.

Die Entscheidung der Frage hängt davon ab, ob man durch den Eigentumsvorbehalt nicht nur die Übertragung des Eigentums sondern auch den Kaufvertrag als suspensiv bedingt ansehen will, dergestalt, daß auch die Übergabe der verkauften Sache nur unter einer Bedingung erfolgte [so RGKomm. § 455 7]. Der § 455 bestimmt indes die Wirkung des Eigentumsvorbehalts ausdrücklich dahin, daß nur die Übertragung des Eigentums unter der aufschiebenden Bedingung vollständiger Zahlung des Kaufpreises stattfinde, und die Annahme, daß auch der Kaufvertrag selbst suspensiv bedingt wäre, findet in dem Wortlaut keinen Rückhalt. Daraus, daß dem Verkäufer ein Rücktrittsrecht eingeräumt ist, wenn die der Erfüllung seiner Obliegenheiten gesetzte Bedingung dadurch, daß der Käufer in Zahlungsverzug gerät, auszufallen droht, könnte man eher das Gegenteil folgern. Da es ferner unbillig erscheinen muß, wenn der Käufer, der die tatsächliche Herrschaft über die Sache ausübt und sie wie ein Eigentümer nutzt, auch besser als der Verkäufer in der Lage ist, sie zu schützen, die Gefahr des zufälligen Untergangs nicht zu tragen hat, und es besonders den Verkäufer in ganz ungerechtfertigter Weise belasten würde, wenn er bis zur Vollzahlung des Preises und zu dem dadurch erst bewirkten Übergange der Gefahr gemäß § 459 für die Mängel der Sache haften sollte, so ist der Auffassung, welche den Kaufvertrag als unbedingt abgeschlossen, die Übergabe als unbedingt erfolgt ansieht, der Vorzug zu geben. L. t.

γ) **eines Wirtschaftbeilasses i. V. mit Bierlieferung.**

OLG. Hamburg, V. ZS. Urteil v. 15. Juni 1910.

Die Parteien mögen wirtschaftlich nichts anderes bezweckt haben, als was in gleichen Verhältnissen oft dadurch erreicht wird, daß die das Bier liefernde Brauerei dem Schankwirt ein Darlehn gibt. Aber diese allgemeine wirtschaftliche Tendenz entscheidet nicht, sondern der Inhalt des Vertrags, der im Einzelfalle zu dem beabsichtigten Zweck geschlossen wird. In § 1 wird hier bedungen, daß der Wirt das Inventar, dessen er sofort bedurfte, zunächst geliehen erhalten solle, in § 2 wird der Kauf dieses Inventars vereinbart, dergestalt, daß der Preis von 1500 Mark in wöchentlichen Abzahlungen von 15 Mark, beginnend etwa ein Vierteljahr nach Datum des Vertrags, berichtigt werden solle. Das ist ein typisches Abzahlungsgeschäft und der Umstand, daß es eine große Brauerei mit einem Schankwirt in engster Verbindung mit einem Bierlieferungsvertrag abgeschlossen hat, ist kein Grund, das Gesetz, das den Käufer vor unbilligen Härten einer solchen Vereinbarung schützt, nicht anzuwenden. In § 7 des Vertrags ist dem Verkäufer ein Rücktrittsrecht bedungen und da die Klägerin das verkaufte Inventar wieder an sich genommen hat, ist sie nach § 5 des Ges. vom Vertrage zurückgetreten. Sie kann die Bezahlung des bedungenen Preises nicht mehr beanspruchen und ist deshalb abzuweisen. M. M.

δ) **einer Kraftdroschke mit der polizeilichen Nummer.**

Kammergericht, XXI. ZS. Urteil v. 16. Januar 1912.

Der Kläger hatte 1907 unter Eigentumsvorbehalt zwei Motordroschken 1 und 2 für 13500 Mark dem B. verkauft und hat noch 2900 Mark zu fordern. Als 1910 der Käufer in Konkurs geriet, verkaufte der Beklagte (Konkursverwalter) die beiden Wagen, welche die Nr. I A 96 und Nr. 98 erhalten hatten, und hinterlegte von dem Erlöse 2900 Mark, deren Auszahlung der Kläger verlangt. Der Beklagte trägt vor: Der Gemeinschuldner habe die Nummer 98 für 4000 Mark bereits verkauft gehabt, die andere Droschke sei, weil betriebsunfähig, nur 200 Mark wert. Die Nummern, die die Droschken zur Zeit der Konkurseröffnung gehabt hatten, seien Eigentum des Gemeinschuldners gewesen, weil er auf sie die beiden Wagen habe eintragen lassen. Infolge der Nummernsperre hätten lediglich die Nummern einen beträchtlichen Wert, dagegen seien die beiden Wagen selbst nur minderwertig und zur Zeit der Konkurseröffnung nicht mehr als 400 Mark wert gewesen. Der Beklagte wurde verurteilt. Gründe:

Nach dem Vertrage hat der Kläger nicht etwa nur zwei Wagen verkauft, die erst dadurch zu Droschken wurden, daß sie polizeilich als solche registriert und mit Nummern versehen wurden, sondern zwei Droschken, die bereits konzessioniert waren und daher Nummern führten. Der ausbedungene Eigentumsvorbehalt erstreckte sich daher nicht nur auf die Wagenkörper, sondern auch auf die Berechtigungen, die mit dem Besitze numerierter Droschken verknüpft waren, oder, wie die Parteien sagen, auf „die Nummern" der Droschken. Aus der polizeilichen Auskunft ergibt sich, daß später eine Numerierung stattgefunden hat. Ob die Nummern, die die Droschken später erhielten, von der Polizei neu bestimmt worden sind, oder ob der Gemeinschuldner schon zwei andere Wagen unter diesen Nummern im Betrieb hatte und die vom Kläger gelieferten Droschken dann diese Nummern erhalten haben, ist gleichgültig. Wurden mit Genehmigung oder auf Veranlassung der Polizei die Nummern der verkauften Wagen verändert, so traten die neuen Nummern an die Stelle der alten, da die Nummer keiner bestimmten Person oder Firma, sondern einem bestimmten, als Droschke polizeilich zugelassenen Wagen zugeteilt wird, und das werterhöhende Moment lediglich auf der Tatsache beruht, daß die Droschke eine Nummer führt, also zu der geschlossenen Zahl zugelassener Droschken gehört. Diese Änderung der Nummern kam sonach dem Eigentümer der Droschke zugute, nicht anders, als wenn der Besitzer den Wagen verbesserte, ihn mit neuer Ausstattung oder neuem Anstrich 2c versehen ließ.

Wenn dem Gemeinschuldner zuvor das Recht zustand, seine alten Wagen unter diesen Nummern zu führen, so hat er auf dieses Recht mit dem Augenblick verzichtet, wo er die Nummern auf die Droschken des Klägers übertragen ließ. Gleichgültig ist auch, ob die Nummernsperre erst nach dem Vertragsschlusse eingeführt worden ist. Der Umstand, daß die Wagen als konzessionierte mit Nummern versehen waren, hatte auch zur Zeit des Vertrags bereits einen gewissen Wert; wurde durch die Nummernsperre dieser Wert später erhöht, so kam auch dieser Vorteil lediglich dem Eigentümer der numerierten Droschke, also dem Kläger zugute. Die Wertsteigerung hat an dem rechtlichen Charakter „der Nummer" als solcher nichts geändert.

Der Beklagte beruft sich nun darauf, daß der Gemeinschuldner bereits vor der Konkurseröffnung eine der Nummern ohne den Wagen an einen andern veräußert habe, er, der Beklagte, diesen Vermögenswert also in der Masse nicht mehr vorgefunden habe. Hiergegen spricht der eigene Brief des Beklagten.... Es kann aber dies, sowie die Frage, ob sich der Kläger dem Beklagten gegenüber auf eine etwaige Unverbindlichkeit der Veräußerung der Nummern berufen kann, unerörtert bleiben. Unstreitig hat der Beklagte selbst noch aus dem Verkauf dessen, was nach seiner Angabe in der Masse verblieben war, eine Summe erzielt, aus der er den Streitbetrag hinterlegen konnte. Dieser gebührt auf Grund des Eigentumsvorbehalts dem Kläger als Aussonderungsberechtigten (§ 46 KO.), gleichgültig, ob er aus dem Verkaufe der Wagen nebst einer oder nebst beiden „Nummern" herrührte. Dr. P.

ε) **eines Handelsgeschäfts im ganzen.**

Kammergericht, VII. ZS. Urteil v. 6. Dezember 1911.

Das Sondergesetz über die Abzahlungsgeschäfte vom 16. Mai 1894 ist gegen Auswüchse auf gewissen engbegrenzten Gebieten des gewerblichen Verkehrs erlassen und findet auf den Verkauf eines Handelsgeschäfts im ganzen keine Anwendung. Es ist, wie die §§ 1 und 8 zeigen, auf den Verkauf einzelner beweglicher Sachen, deren körperliche Übergabe möglich ist, berechnet. Ein Handelsgeschäft ist aber keine bewegliche Sache, sondern ein Inbegriff von Sachen und unkörperlichen Werten, wobei diese letzteren, wie besonders die Kundschaft, eine nicht geringe Rolle spielen (vgl. RG. 67 S. 384). Daß der Kaufpreis voll auf den Beilaß und das Warenlager, also auf bewegliche Gegenstände, verteilt ist, kann nicht etwa die Auffassung rechtfertigen, als sei damit auch der Kreis der unter den Kaufvertrag fallenden Gegenstände auf diese beiden namhaft gemachten Gattungen beschränkt. Nach § 1 des Vertrags kann kein Zweifel darüber bestehen, daß das Handelsgeschäft als Ganzes verkauft werden sollte; Gegenstand des Verkaufs bleiben also auch die übrigen in einem Handelsgeschäft verkörperten Werte. L.n.

g) **Haftung für den Reichsstempel im Innenverhältnisse der Vertragschließenden.**

OLG. Breslau, VI. ZS. Urteil v. 27. März 1912.

Der Kläger hat dem beklagten Reichsfiskus 1903 ein Grundstück verkauft und 1910 aufgelassen. Die Parteien streiten darüber, wie sie untereinander für die Reichsabgabe haften. Der nach Tarif 11d und § 90 RStempelG. vom 15. Juli 1909 für die Auflassung zu entrichtende Reichsstempel konnte nach § 83 das. sowohl vom Kläger wie auch vom Beklagten erhoben werden, da hiernach alle Teilnehmer an einem stempelpflichtigen Rechtsgeschäft für die Stempelabgabe, und zwar als Gesamtschuldner haften. Der Kläger hat also, indem er die ganze Stempelabgabe zahlte, gemäß § 426 BGB. den Anspruch auf Erstattung der Hälfte erworben, falls nicht der Beklagte nachweist, daß eine abweichende Regelung rechtsgeschäftlich vereinbart oder durch das Gesetz bestimmt ist. Dieser Nachweis ist nicht nur nicht erbracht, sondern es hat sogar der Vertrag bestimmt, daß die streitigen Stempelkosten von jeder Partei zur Hälfte zu tragen sind. Denn der § 14[1]: „Die Stempelkosten dieses Vertrags tragen die Parteien zur Hälfte", hat auch Anwendung auf die Stempelkosten der Auflassung. Wenn diese auch nicht Stempelkosten des Vertrags selbst, also Vertragskosten im engsten Sinne darstellen, so sind sie doch durch die Erfüllung des Vertrags entstanden, und es ist anzunehmen, daß auch diese zu den „Stempelkosten des Vertrags" gehören, zumal im § 14[2] auch die Gerichtskosten als Teil der Vertragskosten behandelt werden. Hier können aber Gerichtskosten durch den Abschluß des Vertrags selbst nicht entstanden sein; daher können auch hier nur die Gerichtskosten der Auflassung gemeint sein. Daß der Reichsstempel zur Zeit des Vertragsschlusses noch nicht eingeführt war, steht dieser Auslegung nicht entgegen; denn es ist anzunehmen, daß die Kostenfrage hat endgültig und erschöpfend geregelt werden sollen und daß sich diese Regelung auch auf die den Parteien nicht bekannten Kosten erstrecken sollte. Demnach muß der § 14[1] auch auf die nachträglich eingeführten Stempelkosten der Auflassung bezogen werden (vgl. RG. im Recht 1911 Nr. 704).

Demgegenüber ist es unerheblich, daß im Anschluß an diese Vertragsbestimmung gesagt ist, daß die den Beklagten treffende Hälfte der Stempelkosten außer Ansatz bleibe, während dies für den nachträglich eingeführten Reichsstempel nicht zutrifft. Mag auch der Beklagte den Vertrag, wie geschehen, formuliert haben, um von jeder Kostenpflicht frei zu sein, so geht doch aus dem Vertrage nicht hervor, daß diese Absicht auf beiden Seiten bestanden hat und zum Vertragsinhalt gemacht worden ist. Wollte sich der Beklagte unbedingt vor der Tragung irgendwelcher Kosten sichern wollen, so hätte er dies im Vertrage klar ausdrücken müssen. M.r.

b) **Gewährleistung: *α*) bei Übertragung des Meistgebots.**

Kammergericht, VII. ZS. Urteil v. 16. Dezember 1911.

Die Auffassung des LG., daß der Beklagte nicht aus der Gewährleistung hafte, weil nach § 56 Satz 3 ZwVG. ein solcher Anspruch nicht besteht, ist nicht zutreffend. Dadurch, daß jenes Gesetz dem Ersteher keinen Gewährleistungsanspruch einräumt, ist keineswegs gesagt, daß er auch dem Erwerber der Rechte aus dem Meistgebot nicht seinem Vertragsgenossen gegenüber zusteht. Er läßt sich an sich auch wohl begründen, mag man das Rechtsgeschäft als einen Kauf über das Grundstück auffassen, bei dem der Verkäufer seine Verpflichtung zur Verschaffung des Eigentums durch Abtretung der Rechte aus dem Meistgebot erfüllt, oder diese Rechte selbst für den Gegenstand des Vertrags halten, dessen vereinbarter Zweck der Erwerb des Grundstücks ist (vgl. RG. D.JZ. 1909 S. 1441). L.n.

***β*) wesentliche Verschlechterung der Kaufsache.**

Kammergericht, XXIV. ZS. Urteil v. 5. April 1911.

Der Kläger, der wandeln will, hat nach der Übernahme des Grundstücks den Asphaltbelag des Hofes beseitigt und einen Hofgarten mit Rasenbeeten, sowie Wege mit Fliesenbelag eingerichtet. Bei dieser Anlage ist übersehen worden, daß, als die beiden Seitenflügel des Gebäudes errichtet wurden, die Wände gegen das Eindringen von Feuchtigkeit durch Anbringung von Isolierungen oder sonst in geeigneter Weise nicht geschützt worden sind, so daß nunmehr alles Regen-, Schneeschmelz- und Besprengungswasser in das als Gartenland gelockerte Erdreich eindringen und sich den Kellermauern der angrenzenden Gebäude mitteilen muß. Nach der Ansicht des Sachverständigen ist dadurch ein Zustand geschaffen, der zur dauernden Schädigung des Gebäudes führen muß. Die Beklagten folgern hieraus, daß der Kläger durch die Anlage des Hofgartens eine wesentliche Verschlechterung des Grundstücks verschuldet und dadurch gemäß §§ 467, 351 sein Wandlungsrecht verloren habe. Allein die Anlegung des Hofgartens an Stelle des rissig gewordenen Asphaltbelags war schon vor der Übergabe vorgesehen und bedeutet an sich eine Verbesserung, da dadurch das Aussehen des Hofes verschönt wird und Mietlustige leichter geneigt sind, eine zu ebener Erde belegene Hofwohnung zu beziehen. Wenn aber die Verschlechterung lediglich darin besteht, daß durch das gelockerte Erdreich Feuchtigkeit den Kellerwänden zugeführt wird, so läßt sich diesem Mangel durch die Beseitigung der Beete ohne besondere Schwierigkeit abhelfen, und deshalb hat das Grundstück als solches durch die Anlage des Hofgartens in seinem Wesen keine nicht zu beseitigende Verschlechterung erfahren; der Tatbestand des § 351 ist hiernach nicht gegeben. B.n.

γ) **Einrede der Wandlung neben dem Rücktritt.[1] Übergabe beim Versendungskauf.**

Kammergericht, VII. ZS. Urteil v. 1. Juli 1911.

Der Kläger fordert 1019 Mark aus dem Verkauf einer Bindemähmaschine. Der Beklagte wendet Rücktritt und zugleich Wandlung ein. Die rechtliche Zulässigkeit dieser Verteidigung unterliegt hier keinem Bedenken. Die Gewährsansprüche hängen nach §§ 446, 459, 462 für den Regelfall von der Übergabe der Kaufsache ab. Zu einer Übergabe ist es hier allerdings nicht gekommen; die Maschine ist dem Beklagten übersandt und von ihm zunächst in Empfang genommen worden. Diese Empfangnahme stellt weiter nichts dar als den rein tatsächlichen Vorgang der Ablieferung, nicht den Rechtsakt der Übergabe. Denn beim Versendungskaufe kann die Ware nicht schon als dem Käufer übergeben mit dem Augenblicke gelten, wo er sie von der Beförderungsperson in Empfang nimmt. Vielmehr steht ihm das Recht zu, die Sache zunächst zu untersuchen und, falls sie vertragswidrig ist, zurückzuweisen und so die Übergabe zu vereiteln. Insbesondere ist eine landwirtschaftliche Maschine von verwickelter Zusammensetzung erst dann zu übergeben, wenn sie in Tätigkeit an Ort und Stelle vorgeführt wird. Erst diese Vorführung stellt auf seiten des Verkäufers das erforderliche Angebot seiner Leistung und damit die Erfüllung seiner Übergabeverpflichtung dar, und der Käufer kann die nachteiligen Folgen, die mit der Übergabe für ihn verknüpft sind, dadurch abwenden, daß er die Annahme der mangelhaften Maschine verweigert. Der Beklagte hat aber unstreitig die Maschine nicht als Erfüllung angenommen.

Trotzdem hiernach die Kaufsache nicht übergeben ist, stehen dem Käufer jedoch die Gewährsansprüche in dem Falle bereits vorher zu, wenn es sich um einen Versendungskauf handelt. Denn dann geht die Gefahr nach § 447 mit der Auslieferung an die Beförderungsperson auf den Käufer über, mithin entstehen in diesem Augenblicke bereits seine Gewährsansprüche, und der Käufer, der die gesandte Ware als vertragswidrig zurückweist, hat die Rechte des § 462. Anderseits ist es dem Beklagten nicht verwehrt, sich der Rechte des § 326 zu bedienen. Denn solange der Verkäufer die Sache noch nicht übergeben und damit die ihm nach § 433 obliegende Erfüllungshandlung be-

[1] Gewährleistung wegen Mängel einer noch nicht angenommenen Sache: JW. 1912 S. 461.

wirkt hat, stehen dem Käufer die allgemeinen Rechte aus gegenseitigen Verträgen, bes. aus § 326 zu (Staudinger I B. 3 zu § 440; Staub, HGB § 374 N. 42; Düringer, HGB. 3 S. 140). Dieser Grundsatz gilt nicht nur für den Fall der Nichtlieferung, sondern auch für den der Lieferung einer mangelhaften Sache. Denn eine Lieferung, die der Käufer wegen Mängel zurückweisen muß und zurückgewiesen hat, steht wirtschaftlich einer Nichtlieferung gleich (vgl. Staudinger aO.; Düringer aO. S. 81—83). L.n.

i) **Täuschung über Umstände, die keine Eigenschaft der Kaufsache darstellen.**

α) Kammergericht, VII. ZS. Urteil v. 2. Dezember 1911.

Der Kläger, der vom Beklagten ein Grundstück gekauft hat, behauptet, dabei über die Zahlungsfähigkeit eines Mieters R., welcher die Fabrikräume auf mehrere Jahre gemietet hat, getäuscht worden zu sein. Die Klage auf Schadensersatz (Minderung des Kaufpreises) ist unbegründet. Allerdings gehört der Mietsertrag eines Grundstücks zu dessen Eigenschaften im Sinne des § 459. Hierbei ist aber nur an den objektiven Mietswert zu denken und hierfür ist die Zahlungsfähigkeit des jeweiligen Mieters naturgemäß ohne jede Bedeutung, also in keinem Falle als eine Eigenschaft des Grundstücks oder auch nur für die Beurteilung des Mietsertrags, insofern dieser als Eigenschaft des Grundstücks aufgefaßt wird, als erheblich anzusehen.

Es wäre an sich denkbar, daß eine Vorspiegelung des bisherigen Eigentümers, auch wenn sie nicht eine Eigenschaft des Grundstücks betrifft, den Erwerber berechtigen könnte, Ersatz des Schadens nach §§ 823, 826 zu verlangen. Sein Interesse würde, wenn der betrogene Käufer nicht den Vertrag anfechten, sondern dabei stehen bleiben will, danach zu bemessen sein, wieviel er an Kaufpreis weniger bewilligt hätte (RG. 63 S. 111, 66 S. 337). Allein um in dieser Weise den Schaden zu begründen, hätte der Kläger zugleich darlegen müssen, daß die Parteien bereit gewesen wären, zu dem geringeren Preise das Veräußerungsgeschäft abzuschließen (JW. 1910 S. 934[4]). Sein eigenes Vorbringen spricht aber dagegen, daß er ohne die Täuschung sich zum Erwerbe des Grundstücks verstanden hätte. Denn die völlige Vermögenslosigkeit des Mieters R. könnte den Kläger eher zu dem Entschluß geführt haben, von dem Erwerbe ganz abzusehen, als zu demjenigen, einen geringeren Kaufpreis zu bewilligen. Ohne den Nachweis, daß sich die Beteiligten bei Kenntnis der wahren Sachlage zum Erwerb und zur Veräußerung des Grundstücks für einen geringeren Preis verstanden hätten, kann der Kläger den Vertrag nur anfechten, nicht aber dabei stehen bleiben und Schadensersatz fordern. L.n.

β) OLG. Posen, II. ZS. Urteil v. 12. März 1912.

Der Kläger, der das Haus der Beklagten für 62000 Mark erworben hat, behauptet, der Kaufpreis sei auf Grund der Angaben der Beklagten über die Einnahmen aus dem Grundstück und die zu entrichtenden Abgaben bestimmt worden; dabei hätten sie, um die Erträge des Hauses günstiger erscheinen zu lassen, den Wasserzins zu niedrig angegeben und müßten deshalb den Kaufpreis entsprechend mindern. Allein der Wasserzins für ein Grundstück ist ohne Einfluß auf dessen Wertschätzung, denn er steht in keinerlei Beziehung zu dem Grundstücke selbst und dessen Werte. Er richtet sich vielmehr nach der Zahl und den Bedürfnissen der einzelnen Mieter des Hauses, ist also durchaus veränderlich und kann daher auch keine Grundlage für die Bemessung des Wertes des Hauses bilden. — Es könnte sich nur fragen, ob der Anspruch nicht aus § 826 begründet ist. Allerdings könnte der Kläger in diesem Falle nicht lediglich Preisminderung als Schadensersatz verlangen, sondern er müßte den Anspruch anderweitig nach § 823 begründen. Dafür aber, daß der beklagte Mann — nur gegen diesen könnte sich der Anspruch richten — vorsätzlich den Kläger dadurch geschädigt hat, daß er den von ihm entrichteten Wasserzins unrichtig angegeben hat, ist nichts erbracht. Dr.

k) **Begriff: „Annahme", „Vorbehalt" im § 464 BGB.**

OLG. Posen, IV. ZS. Urteil v. 2. Dezember 1910.

Unter „Annahme" des § 464 ist dasselbe zu verstehen, was in § 363 mit Abnahme als Erfüllung, in § 341³ als Annahme der Erfüllung und in § 640² als Annahme bezeichnet ist, nämlich die körperliche Hinnahme des als Leistung aus dem Vertrag Angebotenen, bei der der Gläubiger ausdrücklich oder stillschweigend zu erkennen gibt, daß er die Leistung als eine der Hauptsache nach dem Vertrag entsprechende Erfüllung anerkenne. Daß er diese als eine tadellose angenommen hat, ist nicht nötig. Nun behauptet die beklagte Firma zwar, der eine ihrer Inhaber A. habe die Gerste nicht als Erfüllung angenommen; denn er habe sofort bei der Ablieferung erklärt, er wolle die Gerste wohl auf Lager nehmen, aber nur zur Verfügung des Klägers, nicht als Erfüllung, da sie dumpfig und stinkend sei; auch der andere Inhaber B. habe gleich nach der Ablieferung geäußert, er hätte die Gerste überhaupt nicht abgenommen, da sie dumpfig und stinkend sei. Gleichwohl ist in der Annahme der Gerste durch die Beklagte, auch wenn diese Behauptungen zutreffend sind, eine Annahme i. S. des § 464 zu erblicken; denn die Beklagte hat die Gerste später weiter verkauft. Sie hat also zum mindesten durch diesen Weiterverkauf zu erkennen gegeben, daß sie die, wenn auch nicht tadellose, Gerste dennoch in der Hauptsache als dem Vertrag entsprechend anerkenne. Sie hat mithin die Gerste i. S. des § 464 angenommen und kann daher wegen der ihr damals bekannten beiden Mängel Minderung nur dann beanspruchen, wenn sie sich diese Ansprüche bei der Annahme vorbehalten hat.

Ein solcher Vorbehalt ist aber nicht erklärt. Der Vorbehalt des § 464 ist nämlich eine einseitige empfangsbedürftige Willenserklärung des Käufers, die nach der bestimmten Vorschrift des § 464 gegenüber dem Verkäufer oder seinem zum Empfange der Willensäußerung legitimierten Stellvertreter abgegeben werden muß (vgl. Staudinger, Oertmann, BGB. zu § 464). Laufburschen, Rollkutschern oder gewöhnlichen Dienstboten, denen die Ablieferung der Kaufsache lediglich als eine rein körperliche Hantierung obliegt, fehlt eine solche Legitimation in der Regel (Staudinger, Oertmann aO.). Hier will der Gesellschafter A. bei der Annahme dem Sohne des Klägers, der die Beförderung der Gerste vom Kläger zur Beklagten leitete, gesagt haben, daß die Gerste dumpfig und stinkig sei. In dieser Äußerung ist jedoch ein Vorbehalt des § 464 nicht zu erblicken, weil der Sohn des Klägers nicht als ein zum Empfange der Willenserklärung legitimierter Stellvertreter war, sondern lediglich den Transport der Gerste zu leiten hatte.... E.l.

l) **Notwendige Verwendungen neben der Wandlung.**

a) Kammergericht, XXIV. ZS. Urteil v. 14. Oktober 1911.

... Die geforderten 20000 Mark betreffen zur Hälfte Kosten der Schwammbeseitigung, zur Hälfte sonstige Verwendungen auf das Grundstück. Daß derartige Ansprüche, soweit es sich um notwendige Verwendungen handelt, zusammen mit der Wandlungsklage, also auch in deren Gerichtsstand (§ 29 ZPO., RG. 55 S. 111), geltend gemacht werden können, ist unbedenklich. — Im übrigen folgt aus der Verweisung in § 467 auf § 347 Satz 2, daß der Ersatz der Verwendungen sich nach den Vorschriften bestimmt, die zwischen dem Eigentümer und dem Besitzer von dem Eintritte der Rechtshängigkeit des Eigentumsanspruchs an gelten. In dieser Beziehung regelt § 994², wenn der Besitzer nach dem Eintritt der Rechtshängigkeit notwendige Verwendungen macht, die Ersatzpflicht des Eigentümers nach den Vorschriften über die Geschäftsführung, d. h. nach § 683 kann der Geschäftsführer (Wandelnde) wie ein Beauftragter Ersatz seiner Aufwendungen verlangen, soweit die Übernahme der Geschäftsführung dem wirklichen oder mutmaßlichen Willen des Geschäftsherrn (Verkäufers) entspricht. Der Beauftragte kann aber nach § 670 Ersatz fordern für Aufwendungen, die er den Umständen nach für erforderlich halten darf. Aus diesem Zusammenhange folgt, daß der Wandelnde nur Ersatz der notwendigen Verwendungen verlangen darf, und zwar auch nur dann, wenn er von dem Standpunkte des wirklichen oder mutmaßlichen Willens des Verkäufers die Aufwendungen den Umständen nach für erforderlich halten durfte. Diese Regelung entspricht auch allein dem Interesse des zur Zurücknahme der Kaufsache verpflichteten Verkäufers, da ihm nicht zugemutet werden kann, dem wandelnden Käufer mehr an Aufwendungen zu erstatten, als er selbst zu leisten willens oder imstande gewesen wäre, und der Käufer muß daher, sobald er sich zur Wandlung entschlossen hat, seine Aufwendungen auf das im Sinne des Verkäufers Notwendigste einschränken oder gewärtigen, daß er seine Mehraufwendungen von dem Verkäufer nicht aus dem Gesichtspunkte der Gewährleistung erstattet erhält.

Von diesem Gesichtspunkt aus kann der Kläger die Schwammbeseitigungskosten nur in Höhe von 7000 Mark verlangen, da er die Notwendigkeit der Aufwendung höherer Kosten nicht dargetan hat. Denn wenn auch seine auf den Vorschlag des Sachverständigen W. vorgenommenen Arbeiten derart gründlich sein mögen, daß sie jede Möglichkeit eines Wiederauflebens des Schwammes ausschließen, so mußte er doch, nachdem er sich zur Wandlung entschlossen hatte, auf dem vermutlichen Willen der Beklagten Rücksicht nehmen und sich fragen, ob auch sie zur Aufwendung so hoher Kosten bereit oder in der Lage sein würden. Er hätte daher vornehmlich auch ihre nicht günstigen Vermögensverhältnisse in Betracht ziehen oder sie mindestens um ihr Einverständnis mit den getroffenen Maßnahmen fragen müssen. Nach dem Gutachten hätte aber vorläufig zur Beseitigung der unmittelbaren Schwammschäden ein Aufwand von 7000 Mark genügt; der Kläger hätte dem Beklagten überlassen können, weitere Aufwendungen zu machen, wenn sie dies für sachgemäß hielten. B.n.

β) OLG. Rostock, II. ZS. Urteil v. 9. November 1911.

Nachdem der Kläger wegen Schwamms gewandelt und sich der Beklagte damit einverstanden erklärt hat, ist die Wandlung vollzogen (§ 465). Auch ist die Rückgabe des Grundstücks von der einen Seite, die Rückzahlung des Kaufpreises und die Erstattung einzelner Verwendungen von der anderen Seite zugestanden und die gegenseitige Abrechnung wegen Verwaltungskosten und Nutzungen erfolgt. Streitig ist nur der Anspruch des Klägers auf Erstattung der von ihm für die bauliche Umgestaltung des Grundstücks unstreitig aufgewendeten Kosten von 2000 Mark.... Diese Kosten fallen unter den Begriff der auf das Grundstück gemachten Verwendung, für die der § 347 gilt. Aus der dort vorgeschriebenen Gleichstellung des Rücktritts (Wandlungsberechtigten) mit dem Besitzer einer Sache, gegen den die Eigentumsklage erhoben ist, ergibt sich, daß er bei allen Verfügungen, die er in der Zwischenzeit über den Gegenstand des Vertrags trifft, berücksichtigen muß, daß er eventuell in die Rechte des anderen Teils eingreift und daß dieser, wenn infolge des Rücktritts die Sache herausgegeben wird, keineswegs alle Verfügungen der Zwischenzeit anzuerkennen hat; vielmehr kann, wie der Besitzer, der nach der Rechtshängigkeit des Eigentumsanspruchs Verwendungen auf die Sache macht, auch der wandelnde Käufer Erstattung nur für notwendige Verwendungen und auch für diese nur als Geschäftsführer, also bloß insoweit fordern, als die Verwendungen im Interesse und mit Rücksicht auf den wirklichen oder mutmaßlichen Willen des anderen Teiles geschehen sind. Da der Kläger selbst angibt, daß er durch die baulichen Veranstaltungen das Grundstück für die Zwecke des von ihm betriebenen Viehhandels hergerichtet habe, die Einrichtungen also keineswegs für jeden Hausbesitzer, sondern nur für einen verhältnismäßig geringen Kreis von Gewerbetreibenden benutzbar sind, so können die dazu verwendeten Kosten nicht als notwendige Verwendungen, geschweige denn als im Interesse des Verkäufers liegende Verwendungen angesehen werden. Für andere als solche Verwendungen kann aber nach den Grundsätzen der Wandlung Ersatz nicht gefordert werden (Staudinger zu § 467 III B 3a; RGKomm. § 467 [2]). Gegen diese aus der ausdrücklichen Vorschrift des § 467 sich ergebende Folgerung kann auf bloße Billigkeitsrücksichten, die vielleicht einen weitergehenden Schutz des Käufers verlangen mögen, kein Gewicht gelegt werden. Zutreffend weist Dernburg (2 § 186 III 3) darauf hin, daß § 467 namentlich bezüglich solcher Verwendungen, die der Käufer macht bevor er das Vorhandensein des Mangels kennt, freilich nicht ausreicht, daß aber auch das Gesetz den Käufer nicht auf die Wandlung beschränkt und daß der hervorgehobene Umstand ihn in vielen Fällen zweckmäßig veranlassen wird, statt der Wandlung die ihm wahlweise freigestellte Preisminderung zu gebrauchen.

Nun hat der Kläger erklärt, daß er die Verwendungen, soweit sie nicht auf Grund der Wandlung verlangt werden können, aus der ungerechtfertigten Bereicherung beanspruche. Gegen den Einwand der Klagänderung kann vielleicht gesagt werden, daß die Erklärung, der Kläger verlange Wandlung, ihm noch die Heranziehung anderer rechtlicher Gesichtspunkte freilasse, die mit dem der Wandlung zugrunde liegenden Tatbestande der Rückgängigmachung des Kaufvertrags vereinbar sind. Aber es ist rechtsirrtümlich anzunehmen, daß der eigenartige Tatbestand der Wandlung noch Raum lasse für die Grundsätze der Bereicherung. An sich hätte die gesetzliche Bestimmung, daß der Vertrag rückgängig gemacht wird, die Regelung zugelassen, daß beide Teile einander schlechthin zurückgewähren, was durch den Vertrag aus dem Vermögen des einen Teiles in das des anderen übergegangen ist. Aber diesen Weg hat das Gesetz abgelehnt. Es hat statt dessen besonders geordnete Verpflichtungen der beiden Parteien gesetzt und etwaige Vorteile, welche der eine oder der andere Teil nach der besonderen Gestaltung des einzelnen Falles auf Grund dieser Bestimmungen erlangt, sind, da sie der gesetzlichen Ordnung entsprechen, nicht ohne rechtlichen Grund erlangt (Dernburg 2 § 109 V). J. n.

m) **Angabe des Flächeninhalts des Grundstücks als Beschreibung oder als Zusicherung.**

α) OLG. Colmar, I. ZS. Urteil v. 27. Oktober 1911.

Zum Begriff der Zusicherung gehört, daß sie als Vertragsbedingung vom Käufer gefordert und vom Verkäufer zugestanden wird, daß also der Verkäufer erklärt, für die von ihm angegebene Größe des Grundstücks einstehen zu wollen (JW. 1905 S. 530); stillschweigend kann eine solche Zusicherung nicht begründet werden (Staudinger II 1 zu § 459). Hier hat die Beklagte nicht erklärt, daß sie für die angegebene Größe einstehen wolle, vielmehr auf Befragen des Klägers geäußert, sie kenne die Größe nicht. In den Vertrag ist sogar aufgenommen, daß das Grundstück „ohne Gewähr für die Flächengröße“ übergehe. Allerdings hat der Notar die Tragweite dieser Bestimmung durch seine Erläuterungen erheblich eingeschränkt. Immerhin bleibt die Tatsache bestehen, daß die Beklagte die Größe von 4,73 Ar nicht als Vertragsbedingung zugestanden hat. Endlich spricht der ganze Zusammenhang, in welchem von der Größe des Grundstücks im Kaufvertrage die Rede ist, dafür, daß der Flächeninhalt nur zur näheren Beziehung des Grundstücks angegeben ist. In der Urkunde ist nicht gesagt, daß die Villa eine Größe von 4,73 Ar habe, sondern daß unter der Bezeichnung „Flur C

Nr. 893/2 4 Ar 73 qm..." im Eigentumsbuch eingetragen sei. Auf die gesetzliche Haftung des Verkäufers (§ 459[1]) kann die Klage gleichfalls nicht gestützt werden, da überhaupt kein sachlicher Mangel vorliegt. Der Käufer hat diejenige Fläche erhalten, die er beim Vertragsschluß erwerben wollte. Die Grenzen des Grundstücks sind unverändert geblieben; sein Umfang ist nicht vermindert, sein Wert und seine Tauglichkeit ist nicht beeinträchtigt worden. Es handelt sich nicht um einen Mangel des Grundstücks, sondern nur um einen Mangel in seiner Beschreibung, also um einen Mangel der Urkunde, der allerdings auf die Preisberechnung des Käufers Einfluß haben konnte. Auf solche Fälle findet der § 459 keine Anwendung.

Hätte dagegen die Beklagte den wirklichen Flächeninhalt gekannt, so müßte allerdings angenommen werden, daß sie arglistig verschwiegen habe und daß zwischen dieser Arglist und der Höhe des Kaufpreises ein ursprünglicher Zusammenhang bestehe. Auch bei bebauten Grundstücken bildet die Größe der Bodenfläche einen wesentlichen Faktor für die Preisberechnung. Daß der Kläger auf diese Größe Wert gelegt hat, ergibt sich aus den Fragen, die er an die Beklagte und an den Notar gerichtet hat. Er hätte, wenn er erfahren hätte, daß die Villa eine geringere Fläche hatte als im Eigentumsbuch angegeben war, diesen Umstand zweifellos benutzt, um den Kaufpreis herabzudrücken. Offenbar hätte die Beklagte ein solches Vorgehen des Klägers auch befürchtet, da sie sonst keinen vernünftigen Grund gehabt hätte, das wirkliche Flächenmaß vor ihm zu verheimlichen.... Frdthl.

β) OLG. Naumburg, II. ZS. Urteil v. 20. Oktober 1911.

A. hat an B. zwei Grundstücke verkauft und dabei für ihre Größe die Gewähr ausgeschlossen. Die Größe ist in Übereinstimmung mit dem Grundbuch auf insgesamt 1 Hektar, der Kaufpreis auf 1000 Mark für 25 Ar angegeben und demgemäß der Gesamtkaufpreis auf 4000 Mark berechnet. Nach der Auflassung hat sich herausgestellt, daß die Flächen insgesamt 1,25 Hektar groß sind. Der Kläger verlangt mit Recht 1000 Mark für die überschießenden 25 Ar. Da bisher nur die grundbuchmäßige Fläche von 1 Hektar bezahlt ist, so bleibt die restliche Fläche von 0,25 Hektar ungedeckt. Der Zahlung des auf diese 25 Ar entfallenden Kaufpreises kann sich der Beklagte durch Hinweis auf den Vertrag nicht entziehen, wonach für die Größe der Flächen keine Gewähr geleistet wird. Denn diese Bestimmung soll nur den Verkäufer gegen Ansprüche des Käufers schützen, wenn sich herausstellen sollte, daß die Parzellen kleiner sind als 1 Hektar, für den umgekehrten, hier eingetretenen Fall soll sie aber den Käufer vor dem Anspruch auf Zahlung des Kaufpreises für ein sich herausstellendes Mehr nicht sichern. Hierfür ist maßgebend, daß der Kaufpreis auf je 1000 Mark für 95 Ar beziffert ist. Schl.

n) **Beweislast nach § 494, wenn dem Käufer die Probe übergeben ist.**

OLG. Braunschweig, II. ZS. Urteil v. 12. Dezember 1912.

Der Beklagte hat die nach Probe gekauften Futtererbsen wegen angeblicher Probewidrigkeit zur Verfügung gestellt. Das LG. hat die Klage auf den Kaufpreis abgewiesen, da dem Beklagten die Probe nur zu seiner endgültigen Entschließung, nicht zur Aufbewahrung ausgehändigt und der danach dem Kläger obliegende Beweis der Probemäßigkeit mißlungen sei. Die Berufung ist begründet. Ein Kauf nach Probe bürdet dem Verkäufer keineswegs unter allen Umständen die Beweislast der Probemäßigkeit auf, sondern nur in dem Falle, daß der Käufer die Ware überhaupt nicht angenommen hat (Staub § 377 A. 128; Brand § 373 A. 4b). Hat er sie als — wenn auch nur im allgemeinen dem Vertrage entsprechend — Erfüllung angenommen, so muß er die Probewidrigkeit beweisen (§ 363 BGB). Ob hier die Ware abgeliefert, oder noch nicht angenommen war, ist streitig, bedarf indessen keiner Entscheidung, da hier den Beklagten die Beweislast der Probewidrigkeit auch dann trifft, wenn er die Ware vor deren Annahme abgelehnt haben sollte. Denn aus dem Umstande, daß dem Beklagten die Probe ausgehändigt wurde, folgt, daß er sie aufzubewahren hatte. Allerdings bezweckte das Muster, dem Beklagten die endgültige Entschließung zu ermöglichen. Aber die Übersendung der Probe hatte nicht nur diesen Zweck. Schon im allgemeinen wird man davon ausgehen müssen, daß der Käufer eine Probe, die ihm bei oder gar nach Abschluß des Kaufs übergeben wird, zum Beweis aufzuheben hat (RG. Recht 1905 S. 106; Seuffert 51 S. 123). Ganz besonders aber wird man eine solche Vertragsabsicht der Parteien unterstellen müssen, wenn es sich um den Verkauf von Feldfrüchten oder anderen Naturerzeugnissen handelt. Denn wenn es für den Verkäufer von Fabrikwaren, die in größeren Mengen aus dem gleichen Stoffe hergestellt werden, meist leicht sein wird, von den nach Muster verkauften Waren selbst eine Probe zur Beweisführung zurückzubehalten, so stößt doch die Möglichkeit, sich in gleicher Weise den Beweis bei Feld- und Gartenfrüchten zu sichern, auf die größten Schwierigkeiten. Der Verkäufer wäre in solchen Fällen gezwungen, immer gleichzeitig zwei Proben zu ziehen, diese vor Absendung der einen Probe genau auf ihre Gleichheit begutachten zu lassen und sich dann durch zuverlässige Zeugen den Nachweis dieser Tatsache zu sichern. Aber selbst dann würde der Ausschluß von Meinungsverschiedenheiten nicht gewiß sein. Überläßt deshalb bei derartigen Verkäufen der Lieferant die Probe dem Abnehmer, so muß nach Treu und Glauben angenommen werden, daß letzterer die Probe auch aufzuheben habe, damit durch sie bei demnächstigen Meinungsverschiedenheiten über die Probemäßigkeit der Beweis erbracht werden kann (Staub, Exk. zu § 382 A. 9; Ritter § 377 [3]). Dieser Beweis ist aber dem Beklagten mißlungen. Denn der Sachverständige sagt, daß die vorhandene Probe zu klein sei, um danach mit Sicherheit die Frage der Probemäßigkeit beurteilen zu können. Ob der Kläger dem Beklagten, wie letzterer behauptet, von vornherein eine zu kleine Probe gegeben hat oder ob sie sich erst beim Beklagten vermindert hat, ist gleichgültig. Denn in ersterem Falle durfte Beklagter die Probe gar nicht annehmen, wenn sie ihn von vornherein der Sicherheit des demnächstigen, ihm obliegenden Nachweises der Mangelhaftigkeit beraubte. H. g.

o) **Kauf auf Probe. Wandlung.**

OLG. Hamburg, II. ZS. Urteil v. 11. November 1911.

Nach dem Vertrage hat die Beklagte den Kaufpreis bei Übernahme des Kraftwagens zu zahlen, die erfolgen soll, sobald sie gesehen habe, daß der Wagen gut fährt. Gegen die Klage auf den Restkaufpreis bringt die Beklagte vor, daß jene Bedingung nicht erfüllt sei. Dem ist das LG. mit Recht entgegengetreten. Es handelt sich hier nicht nur um ein Geschäft, auf das die §§ 459, 496 entsprechend anzuwenden sind, sondern um einen Kauf auf Probe überhaupt. Nach Nr. 1 des Abkommens wird der Beklagten der Wagen eine Woche zur Verfügung gestellt; „sie will ihn alsdann mit verschiedenen Lasten prüfen und sehen, ob er gut fährt". Diese Vereinbarung, in Verbindung mit der Bedingung, „sobald wir gesehen haben, daß der Wagen gut fährt", beweist, daß ein Kauf auf Probe gemeint war. Die Bedingung bedeutet nicht ein objektives Moment, von dessen Eintritt das Unbedingtwerden des Vertrags abhängen soll, ist vielmehr ein subjektives Moment: die Beklagte behält sich allein die Entscheidung vor, ob der Wagen gut laufe oder nicht; es soll demnach in ihr eigenes Ermessen, in ihr Belieben gestellt werden, ob sie den Wagen billigen will. Das ist ein Kauf auf Probe nach § 495. Da der Wagen zur Prüfung vom 3. bis 10. April der Beklagten übergeben war, ist davon auszugehen, daß sie in dieser Frist zu erklären hatte, ob sie den Kaufgegenstand billige und daher insoweit den Vertrag als einen endgültigen Kauf gelten lassen wolle, ohne daß es einer ausdrücklichen Erklärung der Billigung bedurfte; ihr Schweigen beim Ablauf jener Frist gilt nach § 496 Satz 2 als Billigung.

... Kann sich somit die Beklagte nicht darauf berufen, daß die Bedingung der Übernahme und Zahlung nicht erfüllt sei, so versagt auch die Einrede der Wandlung. Es mag dahingestellt bleiben, ob, nachdem die Beklagte sich nach Ablauf der Probezeit entschlossen hatte, den Wagen zu behalten, sie ihre Mängeleinwendungen überhaupt nicht mehr oder doch nur in einem auf heimliche Mängel beschränkten Umfang geltend zu machen berechtigt ist. Der § 459 enthält dispositives Recht, er kann durch Parteivereinbarung, auch stillschweigende, beschränkt werden So liegt es hier. Der Wagen war, was der Käuferin bekannt war, bereits mehrere Jahre alt. Der Kläger hatte ihn seinerseits erworben, ihn mit beträchtlichen Aufwendungen wieder in Stand gesetzt und ihn an die Beklagte für 2000 Mark verkauft. Der Kauf eines derartig gebrauchten Kraftwagens, dessen Verwendung naturgemäß den Unvollkommenheiten einer noch in der Entwicklung begriffenen Technik ausgesetzt ist, schließt als stillschweigende Vertragsabrede in sich, daß die Anforderungen an seine Brauchbarkeit nicht die gleichen sein dürfen wie die, welche an einen neueren und daher den bedeutenden Fortschritten der Technik angepaßten Wagen gestellt werden dürfen. Es sind daher gewisse

Unzuträglichkeiten und aus der Abnutzung einer gebrauchten Sache sich ergebenden Folgen mit in Kauf zu nehmen. Die Sache liegt hier keineswegs so, als ob der Wagen überhaupt nicht den Anforderungen des Vertragszweckes entsprochen habe und er daher unbrauchbar gewesen sei. Einen brauchbaren, betriebsfähigen Wagen konnte die Beklagte immerhin verlangen. Der Wagen ist aber nach dem Gutachten an sich brauchbar und betriebsfähig gewesen. Die Unzuträglichkeiten, die sich nach der Beweisaufnahme herausgestellt haben, sind leicht regulierbar gewesen, aber keine wesentlichen Funktionsstörungen.... M. M.

p) **Vorbehalt des Wiederkaufsrechts für den Fall der Veräußerung an einen Andersgläubigen.**

Kammergericht, I. ZS. Beschluß v. 1. April 1912.

Gleichzeitig mit der Eigentumsübertragung beantragte der Notar eine Vormerkung zur Erhaltung des Rechts auf Rückübertragung zum Vorteil des A. für den Fall, daß die Ankäufer das Grundstück an einen Nichtkatholiken veräußern. Die Vorinstanzen halten die Vormerkung wegen des Schlußsatzes für nicht eintragungsfähig. Die weitere Beschwerde ist begründet. Ob ein Rechtsgeschäft gegen die guten Sitten verstößt, ist nach dem aus der Zusammenfassung von Inhalt, Motiv und Zweck zu entnehmenden Gesamtcharakter des Geschäfts zu beurteilen. Hierbei ist der Maßstab für den Begriff der guten Sitten in erster Linie aus dem herrschenden Volksbewußtsein, dem Anstandsgefühl aller billig und gerecht Denkenden zu entnehmen, also zu prüfen, ob mit einem bestimmten Rechtsgeschäft das gesunde Rechtsempfinden des Volkes im Einklang steht (RG. 56 S. 231, 63 S. 350, 48 S. 124, 75 S. 123, 77 S. 421). Unter Anwendung dieser Grundsätze ist in der fraglichen Vereinbarung eine Unsittlichkeit nicht zu erblicken. Sowohl der Inhalt wie auch das Motiv und der Zweck der Vereinbarung lassen erkennen, daß die Verkäufer lediglich ideale Bestrebungen verfolgen, wenn sie den Grundbesitz nicht in die Hände Andersgläubiger als Katholiken übergehen lassen wollen. Denn diese Bestrebungen hängen mit der Religion und den religiösen Vorstellungen der Verkäufer zusammen. Daß das, was der Religion, wenigstens einer Religion der Kulturstaaten gemäß ist, nicht unter den Begriff der Unsittlichkeit fällt, bedarf keiner Ausführung. Das gleiche gilt aber auch von den auf Grund des religiösen Bekenntnisses bei dem Einzelmenschen entstandenen religiösen Anschauungen. Auch sie können, ohne den Hinzutritt besonderer Umstände nicht als unsittlich angesehen werden. Insbesondere kann der Zweck einer Vereinbarung wie der hier fraglichen nicht etwa deshalb zu einem unsittlichen werden, weil vom Standpunkt desjenigen, der derartig strengen religiösen Anschauungen nicht huldigt oder diese nicht auf das wirtschaftliche Gebiet überträgt, eine solche Abrede als auf religiösem Fanatismus oder, wie der Grundbuchrichter ausgeführt hat, auf konfessioneller Unduldsamkeit beruhend erachtet werden könnte. Denn eine derartige tadelnde Bezeichnung bringt lediglich eine subjektive Überzeugung des Tadelnden und einer Anzahl Gleichgesinnter zum Ausdruck, entspricht aber nicht dem Anstandsgefühl aller billig und gerecht Denkenden. Eine Anzahl von Personen, denen ein billiges und gerechtes Denken unmöglich abgesprochen werden kann, wird vielmehr die Auffassung der Beschwerdeführer teilen. Ebensowenig ist in der Abrede eine Geringschätzung der anderen Konfessionen auf wirtschaftlichem Gebiete zu erblicken. Denn es entspringt einem natürlichen und berechtigten Gefühl des Einzelmenschen, die von ihm bekannte Religion hoch zu halten und höher als die religiösen Anschauungen anderer Konfessionen zu schätzen. Dadurch aber, daß diese Anschauung auf das wirtschaftliche Leben übertragen wird, wird nicht notwendig eine Geringschätzung der Andersgläubigen an den Tag gelegt. Es ist im Wirtschaftsleben nichts Seltenes, daß wirtschaftliche Gesichtspunkte mit idealen, besonders religiösen Anschauungen verquickt werden, ohne daß der Sittenanschauung des Volkes dadurch widersprochen würde. So findet sich bei Familienfideikommissen, bei Stiftungen und bei ähnlichen Vermögensmassen öfter die Bestimmung, daß die Einkünfte aus ihnen nur solchen Personen zugewendet werden dürfen, die mit dem Stifter die gleiche Religion teilen. Wo solche Anschauungen von bestimmten Kreisen des Volkes vertreten werden, ist es die Pflicht der Rechtsordnung, ihnen Rechnung zu tragen. Keineswegs aber darf sie ihnen deswegen die Anerkennung versagen, weil sie von Volksgenossen, die anderer Anschauung huldigen, nicht gebilligt werden. So hat denn auch RG. 77 S. 419 eine von einem Nationalpolen dem Käufer seines Gutes auferlegte Verpflichtung, das Gut weder an einen Deutschen noch an die Ansiedelungskommission zu verkaufen, als nicht sittenwidrig angesehen. Das Urteil hat allerdings auch ausgesprochen, daß eine Vereinbarung der fraglichen Art dann gegen die guten Sitten wäre, wenn sich in ihr eine unsittliche Gesinnung betätigte. Ebenso müßte hier ein Verstoß gegen § 138 angenommen werden, wenn die Vereinbarung nicht zur Verfolgung religiöser Bestrebungen, sondern zu einem anderen und zwar einem unsittlichen Zwecke getroffen worden wäre. Hierfür liegt aber kein Anhalt vor.

Endlich verstößt die Vereinbarung gegen kein Verbotsgesetz. Der Art. 12 Satz 2 preuß. VerfUrk. und auch das Ges. vom 3. Juli 1869 gehen zwar von dem Grundsatze der Gleichberechtigung der Konfessionen aus; sie stehen jedoch einem Wiederkaufsrecht der fraglichen Art nicht entgegen. Denn sie betreffen nur die Freiheit des religiösen Bekenntnisses und den Genuß der bürgerlichen und staatsbürgerlichen Rechte, regeln also die öffentlich-rechtlichen Verhältnisse der Staatsbürger in ihrer Beziehung zum Staat und dürfen daher nicht auf die privatrechtlichen Beziehungen der einzelnen Staatsbürger zueinander ausgedehnt werden. Diese Beziehungen unterstehen vielmehr dem Grundsatze der Vertragsfreiheit. Wenn das LG. von Überhandnehmen derartiger Vereinbarungen eine Spaltung des Staatsgebietes in konfessionelle Teile befürchtet, so könnte ein solcher Erfolg nur durch ein mit dinglicher Wirkung ausgestattetes Verbot der Veräußerung an Andersgläubige erzielt werden; ein solches Verbot ist aber gemäß § 137 BGB. unzulässig. Opp.

13

a) Ist bei Tonnenpacht das Flaschenbier mitzurechnen?

OLG. Nürnberg, I. ZS. Urteil v. 27. Januar 1911.

Nach dem Vertrage beträgt der Mietzins „am Hektoliterausschank 2 Mark". Flaschenbier wird nun aber nach Flaschen, nicht nach Hektolitern berechnet, jedenfalls aber nicht ausgeschänkt, sondern verschleißt. Die Auslegung des Vertrags nach seinem für jedermann verständlichen Wortlaut ergibt also das Gegenteil dessen, was der Beklagte — der den Mietzins auch vom Flaschenbier verlangt hatte — behauptet. Sie widerspricht aber auch nicht den im Verkehr herrschenden Gewohnheiten. Nach Aussage des Sachverständigen zieht die angesehene A.-Brauerei, die einen sehr großen Umsatz hat, nur Faßbier in Rechnung. Eine allgemeine Übung besteht nicht, wie der Sachverständige sagte. Der Senat kam in anderen Prozessen gleichfalls zu einem dem Kläger günstigen Ergebnisse. Hier kommt dazu, daß dieser bei den monatlichen Abrechnungen immer nur von dem Faßbier Pachtzins tatsächlich bezahlt hat. Schm.

b) Bedeutung der Schankerlaubnis für Mieträume.

OLG. Naumburg, V. ZS. Urteil v. 25. September 1911.

Die verklagte Brauerei weigert die Zahlung des Mietzinses, weil nach einjähriger Dauer des Vertrages einem neuen Untermieter die Schankerlaubnis wegen Verneinung der Bedürfnisfrage verweigert wurde. Sie stützt sich auf § 2: „Dieser Vertrag hat nur dann Gültigkeit, wenn der Stadtausschuß den Schankbetrieb erlaubt. Vom Tage der Erlaubnis ab läuft erst die Verpflichtung zur Zahlung des Mietzinses. Dem Vermieter ist bekannt, daß die Mieterin den Betrieb Dritten übertragen wird." Der Wortlaut ergibt jedoch klar, daß durch diese Bedingung nur der Beginn der Wirksamkeit des Vertrages bis zur Erteilung der Erlaubnis aufgeschoben werden sollte; deshalb kann das, was die Beklagte sich etwa dabei gedacht und in andern Fällen ausdrücklich ausbedungen hat, nicht zur Auslegung verwertet werden. Hätten die Parteien eine auflösende Bedingung vereinbaren wollen, so hätten sie sagen müssen: „Der Vertrag hat nur so lange Gültigkeit, als die Erlaubnis erteilt ist. Nur so lange als die Erlaubnis erteilt ist, läuft die Verpflichtung zur Zahlung des Mietzinses." Allerdings könnte eine solche auflösende Bedingung auch stillschweigend Vertragswille der Parteien geworden sein, weil sie etwas Sachverständliches enthielt. Das ist jedoch hier nicht der Fall. Das Interesse der Beklagten an einer solchen Bestimmung liegt zwar auf der Hand, der Kläger hat aber das entgegengesetzte Interesse. Er hat sich zwar der aufschiebenden Bedingung der Erteilung der Erlaubnis unterworfen. Ob diese Bedingung eintrat, mußte sich aber bald entscheiden. Dagegen bestand die Gefahr, daß er bei Eintritt der auflösenden Bedingung seine Räume plötzlich leer stehen haben würde, während der ganzen 5 jährigen Dauer des Vertrages und konnte ihm jederzeit mitten im Vierteljahr die Vorteile einer langdauernden Vermietung nehmen. Anderseits war die Beklagte gegen die Gefahr, infolge Verweigerung der Erlaubnis jahrelang Mietzins bezahlen zu müssen, durch die weitere Abrede geschützt, daß sie, nicht aber der Kläger nach Ablauf des 2. Mietjahres kündigen konnte. Auf die §§ 537, 538, 542 kann die Beklagte ihre Weigerung ebenfalls nicht stützen; vgl. Rsp. 20 S. 104, 21 S. 198. Dr. Sch.

c) **Wem liegt das jährliche Weißen der Druckereiräume ob?**

Kammergericht, XX. ZS. Urteil v. 26. September 1911.

Der Kläger hat der Beklagten Räume zur Benutzung als Fabrik vermietet, wobei ihm bekannt war, daß die Beklagte darin ihre Druckerei in vollem Umfange betreiben wollte. Daraus folgt aber noch nicht die Berechtigung der Gegenforderung [Auslagen für das Weißen der Wände]. Der Vermieter hat zwar dafür einzustehen, daß Fabrikräume den allgemeinen polizeilichen Bestimmungen entsprechen, an deren Einhaltung die Behörde die Genehmigung zum Fabrikbetriebe zu knüpfen berechtigt ist. Aber um solche Vorschriften handelt es sich hier nicht. Die Mieträume sind unstreitig der Beklagten so überlassen, daß deren Druckerei darin betrieben werden kann, und sie waren auch 1909 so beschaffen, daß sie den allgemeinen Anforderungen an Fabrikräume genügten. Die Beklagte hat ihre Druckerei jahrelang unbeanstandet darin betrieben. Die Räume waren also zu diesem Gewerbebetriebe, d. h. zum vertragsmäßigen Gebrauche, im allgemeinen geeignet. Die Vorschrift, die nach dem Gutachten des Gewerbeinspektors das Weißen derjenigen Mieträume nötig machte, in denen das Setzen von Lettern oder die Herstellung von solchen oder von Stereotypplatten vorgenommen wurde, gehört aber nicht zu den polizeilichen Anordnungen, welche die allgemeine Benutzbarkeit der Räume zum Druckereibetriebe betreffen, sie fordert vielmehr auf Grund der besonderen Art eines Teiles dieses Betriebes spezielle, nur durch dessen Besonderheit im Interesse der Gesundheit der darin beschäftigten Personen als notwendig erkannte Einrichtungen und Maßnahmen. Sie hat also nicht die allgemeine Benutzbarkeit der Mieträume zum Gewerbebetriebe zum Gegenstande, sondern die besondere Art dieses Betriebes selbst, sie regelt dessen Handhabung, die Modalitäten, unter denen er nur fortgesetzt werden darf, indem sie dem Mieter gewisse Auflagen macht.

Die Frage, ob auch die Erfüllung solcher Auflagen dem Vermieter auf Grund seiner Pflicht zur Gewährung des vertragsmäßigen Zustandes der Mieträume obliegen, kann nur nach Maßgabe des besonderen Falles entschieden werden (Mittelstein, Miete 145; Niendorff, Mietrecht[8] 92; Rsp. 12 S. 72) und ist hier zu verneinen. Der Mietvertrag enthält nichts darüber, für welchen Betrieb die Räume vermietet wurden. Das deutet schon darauf hin, daß, mag auch dem Vermieter bekannt gewesen sein, daß es sich um eine Druckerei handle, die Parteien doch diese Bestimmung der

Räume absichtlich nicht in den Vertrag aufgenommen, nicht zum Vertragsinhalt gemacht haben. Sie haben etwaige, durch die besondere Art dieses Betriebes erforderte Einrichtungen nicht dem Vermieter zur Last legen wollen. Dafür spricht weiter der § 3, in welchem der Vermieter zur Aufstellung und Einmauerung eines Dampfkessels verpflichtet wird, also zur Gewährung einer zum Fabrikbetriebe nötigen Einrichtung. Hätten dem Vermieter außerdem noch andere, durch diesen Betrieb bedingte besondere Einrichtungen oder Ausbesserungen der Räume auferlegt werden sollen, so wäre dies unzweifelhaft ebenfalls im Vertrag erwähnt worden. Das gilt auch von dem jährlichen Weißen der Räume um so mehr, als es zur Zeit des Vertragsschlusses bereits durch Nr. I 4 der Bek. des Reichskanzlers vom 31. Juli 1897 vorgeschrieben war, was der Beklagten nicht unbekannt, dem Vermieter aber kaum bekannt sein konnte. Hat die Beklagte es sich nicht ausdrücklich ausbedungen, so kann sie daher die Vornahme dieser Arbeit auf Grund des Vertrages vom Kläger nicht fordern.

Auch nach dem Gesetze ist er dazu nicht verpflichtet. Er hat allerdings die Räume so instand zu halten, daß sie zum vertragsmäßigen Gebrauche geeignet sind. Es handelt sich aber um Fabrikräume, an deren Beschaffenheit nicht die gleichen Anforderungen gestellt werden können wie an Wohnräume. Der von der Beklagten betonte Umstand, daß Wände und Decken nicht mehr sauber und weiß waren, sondern ein dunkles Aussehen hatten, machte die Räume daher noch nicht ungeeignet zum vertragsmäßigen Gebrauche. Ebenso nicht die vom Sachverständigen gerügte „unhygienische Natur" aller Räume, das Gutachten läßt jeden Anhalt dafür vermissen, daß dieser Zustand derart war, daß die Räume zum Druckereibetriebe nicht mehr geeignet waren. Im übrigen gilt auch hier das eben Gesagte: Die Auslegung des Vertrages führt dazu, eine, über das Gewöhnliche, bei jedem Fabrikbetriebe nötige Maß hinausgehende Unterhaltspflicht des Klägers zu verneinen. Nach dem Gutachten ist aber offenbar die nach drei Jahren schon eingetretene Unsauberkeit und unhygienische Beschaffenheit der Wände lediglich durch die besondere Art des Fabrikbetriebes verursacht. Das Weißen war auch nicht zur Erhaltung der Räume notwendig, daher steht der Beklagten auch aus § 547 kein Anspruch auf Ersatz der dafür verauslagten Kosten zu. H. r.

d) Überlassung der Theaterreklame. Vorzeitige Kündigung.

OLG. Naumburg, VI. ZS. Urteil v. 16. Dezember 1910.

Pacht findet nicht nur an körperlichen Sachen, die einen Ertrag abwerfen können, statt, sondern liegt auch dann vor, wenn die Ausnutzung eines Rechts, das einen Ertrag abwirft, gegen Entgelt überlassen wird. Der Beklagte hätte als Inhaber des Theaters die Theaterreklame bestehend in der Vorführung von Reklamelichtbildern und Aufnahme von Anzeigen in die Programme auf eigene Rechnung betreiben und sich dadurch eine erhebliche Einnahme verschaffen können; indem er die Ausnutzung dieser Erwerbsmöglichkeit durch Einräumung des Rechts zur Ausübung der Theaterreklame gegen Zahlung von 6500 Mark und Lieferung der Programme dem Kläger überließ, hat er ihm ein nutzbares Recht verpachtet. Er kann sich also auf die §§ 554, 581[2] berufen und dieses Kündigungsrecht ungeachtet der Abtretung des Pachtzinsanspruchs ausüben; denn er stand nach der Abtretung ebensogut wie vorher dem Kläger als Verpächter gegenüber.

Zu demselben Ergebnis gelangt man, wenn man einen gegenseitigen Vertrag eigener Art annimmt. Für die Prüfung aus § 326 kommt dann die Besonderheit in Frage, daß der Beklagte den Anspruch auf die Geldvergütung abgetreten hat. Diese Abtretung betraf nur eins von den für den Beklagten begründeten Rechten, das Recht auf die Vorführung der Lichtbilder und auf Lieferung der Programme hatte er behalten; er war außerdem in Ansehung aller für den Kläger begründeten Rechte der Verpflichtete geblieben. Trotzdem könnte zweifelhaft sein, ob er die durch § 326 gewährten Rechte ohne Zustimmung des neuen Gläubigers hätte ausüben können. Dieser hat aber eingewilligt, so daß Beklagter schon im Hinblick auf § 185 die Rechte aus § 326 ausüben darf. Es kommt keineswegs darauf an, daß die Erklärungen auch im Namen des neuen Gläubigers abgegeben werden. Dr. Sch.

e) **Mängel der Heizungsanlage. Verzug des Vermieters. Verschulden des Mieters.**

α) OLG. Braunschweig, I. ZS. Urteil v. 27. Oktober 1911.

Der Kläger, der den 2. Stock nebst Dampfheizung gemietet hatte, ließ, als im November die Heizung versagte und der im Keller stehende Kessel sich als schadhaft erwies, diesen durch eine hiesige Firma herausnehmen und einen neuen an die Stelle setzen. Er verlangt die dafür bezahlten 650 Mark vom Beklagten als dem Vermieter ersetzt. Das LG. hat die Klage mit Recht abgewiesen.

1. Dem LG. ist darin beizupflichten, daß der Beklagte mit der Abstellung des Kesselschadens in Verzug geraten ist. Er hatte vom Kläger am 19. November erfahren, daß der Ofen der Heizung seit einigen Tagen überhaupt nicht in Gang zu bringen sei und war zugleich aufgefordert worden, umgehend zu entscheiden, was mit der Heizung werden solle. Er hat nun freilich noch am selben Tage an X. in Hannover wegen Entsendung eines Monteurs geschrieben, dieser ist aber erst am 24. zur Besichtigung des Heizkessels hier eingetroffen. Der Aufenthalt in einer ungeheizten Wohnung ist in der kalten Jahreszeit für längere Zeit unerträglich. Der Mieter einer herrschaftlichen Wohnung kann daher verlangen, daß Störungen, welche das Heizen unmöglich machen, so schnell als irgend möglich beseitigt werden. Wollte Beklagter die Ausbesserung durch eine auswärtige Firma vornehmen lassen, so mußte er dafür sorgen, daß dadurch keine Verzögerung entstand. Er hätte deshalb telephonisch oder telegraphisch dem X. die Sache so dringlich machen müssen, daß X. noch an demselben Tage einen Monteur entsandte, die sonst erforderlichen Maßregeln traf und die Ausbesserung sodann schleunigst durchführte. Die Meinung des Beklagten, der Kläger habe ihn um Beschleunigung be-

sonders bitten müssen, wenn er es so eilig gehabt habe, ist unzutreffend; denn es ergab sich ohne weiteres aus den Umständen, daß die Reparatur die größte Eile hatte. Wenn der Kläger 24 Stunden wartete, bevor er hier Auftrag zur Aufstellung des neuen Kessels gab, so war diese Frist als angemessen im Sinne des § 6 des Mitvertrages anzusehen; Kläger war daher nach § 538² an sich berechtigt, den Mangel an der Heizungsanlage selbst beseitigen zu lassen.

2. Die Ersatzpflicht des Beklagten hängt aber weiter davon ab, daß der erst nach Abschluß des Mietvertrages entstandene Mangel nicht vom Kläger verschuldet ist. Zu seinen Vertragspflichten gehört die pflegliche Behandlung (Obhut) der Mietsache und er haftet nach § 278 auch für ein Verschulden derjenigen Personen, deren er sich zur Erfüllung dieser Obhutspflicht bedient. Hier bestand der Schaden am Heizkessel darin, daß mehrere Glieder angeschmolzen und undicht waren, so daß das in den Kessel gegossene Wasser sofort wieder herauslief und die Heizung deshalb unmöglich war. Nach dem Gutachten ist das Ausglühen des Kessels dadurch verursacht, daß er wiederholt und längere Zeit hindurch ohne genügenden Wassergehalt unter Feuer stand. Da der Kessel unter normalen Verhältnissen nur alle 8—14 Tage mit Wasser gespeist zu werden braucht, so ist es in der Regel leicht, für genügenden Wasserstand zu sorgen. Wie die Dienstmagd, welche die Heizung besorgt hat, bekundet, hat das Wasserstandsglas schon mehrere Wochen vor dem völligen Versagen der Heizung nicht ordentlich funktioniert, so daß sie nicht habe sehen können, wieviel Wasser im Kessel jeweils vorhanden war. Es kann aber dahingestellt bleiben, ob gerade der mangelhafte Zustand jenes Glases zur Entstehung des Schadens mitgewirkt hat.... Sobald der Kessel durch das erstmalige Ausglühen ein kleines Leck erhalten hatte, mußte natürlich das Wasser heraussickern, ein häufiges Nachfüllen von Wasser war nötig und die Kontrolle war dadurch sehr erschwert. Bei aufmerksamer Beobachtung konnte dieser Zustand aber schon in seinem Anfangsstadium der Dienstmagd nicht entgehen und sie hätte ihn ihrer Herrschaft mitteilen müssen. Worin im einzelnen die Fehler in der Bedienung des Kessels bestanden haben, braucht nicht näher untersucht zu werden. Soviel ist jedenfalls erwiesen, daß die Heizanlage wiederholt und längere Zeit hindurch ordnungswidrig benutzt ist. Der Kläger hat nun nicht damit seiner Obhutspflicht genügt, daß er seine Dienstmagd, um nach der Heizung zu sehen, alle zwei Stunden in den Keller schickte; denn er mußte sie gelegentlich überwachen und selbst nach der Feuerung sehen, zumal wenn sich Unregelmäßigkeiten zeigten. Nun hat er aber selbst mit der Bedienung der Heizung nicht Bescheid gewußt und daher auch seiner Dienstmagd keine genügenden Anweisungen erteilen können. Dafür ist er verantwortlich zu machen; denn es war seine Pflicht, nach den für die Behandlung einer solchen Heizanlage geltenden allgemein anerkannten Regeln sich zu erkundigen. Er kann sich auch nicht darauf berufen, daß die Niederdruckdampfheizung für einen einzelnen Stock mit Aufstellung des Kessels im

Keller unzweckmäßig und eine Warmwasserheizung, welche weniger Bedienung erfordere, vorzuziehen sei; denn er hat den Zustand der Heizungseinrichtung bei dem Vertragsschlusse gekannt (§ 539). H.g.

β) OLG. Hamburg, I. ZS. Urteil v. 7. Februar 1912.

Auch wenn die Heizungsanlage in den Mieträumen 1909 deshalb durch Frost gelitten hat, weil die Beklagte sie zeitweise unbenutzt ließ, kann der Kläger doch hieraus den eingeklagten Schaden nicht verlangen. Denn diese Nichtbenutzung ist nicht hinter seinem Rücken eingetreten. Da er in der rechten Erdgeschoßhälfte seines Hauses Gastwirtschaft betrieb und von hier aus den Bierausschank im Kinotheater der Beklagten besorgte, kann ihm das Aufhören ihres Betriebes auch nicht entgangen sein. Bei dieser Sachlage war es seine Sache, die Beklagte auf die der Heizungsanlage im Falle von Frost drohende Gefahr und die dagegen zu treffenden Vorkehrungen aufmerksam zu machen. Der Hauswirt muß die Anlagen im Miethaus und die zu ihrer Erhaltung erforderlichen Maßnahmen am besten kennen. Der Mieter kann deshalb erwarten, darauf hingewiesen zu werden, wenn eine bestimmte, vor den Augen des Hauswirts sich vollziehende Benutzung oder Nichtbenutzung der Mietsache, die dem Mieter nicht ohne weiteres erkennbare Gefahr von Schäden mit sich bringt. Der Kläger hat aber der Beklagten nichts davon gesagt, daß die Heizungsanlage der Gefahr, durch Einfrieren beschädigt zu werden, ausgesetzt war, wenn Beklagte das Lokal leer stehen ließ. Als eine solche Mitteilung kann insbesondere nicht die Bemerkung des Klägers aus dem Herbst 1908 gelten, daß die Heizungsanlage, wenn Beklagte sich einen Ofen setzen lasse, gleichwohl zu ihrer Verfügung und Verantwortung stehe. Daraus konnte Beklagte nicht entnehmen, daß die Heizungsanlage bei einem etwaigen Leerstehen der Räume, was damals noch gar nicht in Frage kam, einfrieren könne. Darauf hätte der Kläger später, als Beklagte die Benutzung der Räume aufgab, hinweisen müssen. M. M.

f) **Pacht eines Sees. Wegfall einer wesentlichen Nutzung.**

OLG. Stettin, V. ZS. Urteil v. 26. Juli 1911.

Die Streitteile hatten auf die Zeit von 1907—1919 einen Pachtvertrag über den Fang von Fischen und Krebsen in einem See und die Grasnutzung an ihm geschlossen; der Pachtzins betrug anfänglich 1400 Mark, ist dann aber auf 800 Mark herabgesetzt. Am 1. Oktober 1909 hat der Kläger unter der Behauptung, daß der See im August 1909 von Krebsen infolge einer Krankheit völlig entvölkert und somit zu einem sehr beträchtlichen Teile ertraglos geworden sei, die Pacht aufgegeben und beantragt, den Pachtvertrag als vom 1. Oktober 1909 ab aufgehoben zu erklären oder den Pachtzins auf 400 Mark herabzusetzen. Der Beklagte wendet ein: das Absterben der Krebse sei dadurch hervorgerufen, daß der Kläger erkrankte und verwesende Krebse ins Wasser geworfen habe. Auch ohne die Krebserei sei der Fischfang 800 Mark Pacht wert; vom 1. Dezember 1910 ab habe er den See für 1000 Mark jährlich auf 10 Jahre verpachtet. Während der ersten 5 Jahre dürfe allerdings der neue Pächter keine Krebse fangen, er habe aber von da ab bis zum 1. April 1911 schon für 1500 Mark Fische verkauft. Wenn der Kläger nichts gefangen habe, so liege das an der eigenen Ungeschicklichkeit und der seiner Gehilfen, die keine Fischer gewesen seien. Die Klage ist begründet. Denn dem Kläger stehen die Rechte aus §§ 542, 581 zu, sobald ihm die Nutzung des verpachteten Sees zu einem wesentlichen Teil entzogen wurde. Er darf den Verlust nur nicht selbst verschuldet haben; aber in dieser Hinsicht hat der dafür beweispflichtige Beklagte nichts erbracht. Der Kläger hat dieses Recht sofortigen Aufrufs der Pacht, auch ohne daß eine besondere Abrede der Abschließenden darauf gegangen wäre. In tatsächlicher Beziehung ist erwiesen, daß der Krebsfang, um dessen Einbuße es sich handelt, ein wesentlicher Bestandteil des dem Kläger zu gewährenden Nutzens war. Damit stimmt der Inhalt des schriftlichen Vertrages überein und ebenso die Auffassung des mit den einschlagenden Verhältnissen näher bekannten Sachverständigen. Dieser schätzt den Pachtwert des Sees, bei einer Pachtsumme auch von nur 800 Mark, als auf $^1/_2$ oder $^1/_3$ herabgesetzt. Es kommt deshalb auch nicht in Betracht, ob ein reichlicher und lohnender Fischereibetrieb dem Kläger nach dem gänzlichen Absterben der Krebse übrig blieb und ob wirklich, wie der Beklagte behauptet, zu dem Ertrage des Sees die Leistung eines Deputates im Jahreswerte von 300 Mark hinzutrat. Denn hätte auch wirklich mit 800 Mark der Kläger eine sehr vorteilhafte Pacht durch Bezug an Fischen und an Deputat, trotz des Absterbens der Krebse, behalten, so war ihm doch immer eine wesentliche Einnahmequelle aus der Krebserei genommen, für die der Verpächter gleichfalls und trotzdem aufzukommen hatte. Auch dem Mieter einer sehr wohlfeil abgegebenen Wohnung würden die Rechte aus § 542 BGB. zustehen, wenn ihm deren Räume in erheblicher Weise entzogen würden, selbst unter Umständen, wo die verbliebenen Räume noch als billig zu vergüten angesehen werden müßten. Müßte der Kläger als Pächter auch Ertragsschwankungen, wie sie immer vorkommen können, auf sich nehmen, so doch nicht den gänzlichen Wegfall jenes wichtigen Teils seiner Pachtnutzung auf lange Jahre hin.

Der Kläger hatte dann auch das Recht des sofortigen Aufrufs, ohne zu einer Fristsetzung noch gehalten zu sein. Der Sachverständige schätzt die Zeit bis zur Wiederherstellung einer ordentlichen Besetzung des Sees mit Krebsen auf 15—20 Jahre. Aber selbst wenn sie — bemessen nach der vom Beklagten mit seinem neuen Pächter verabredeten Schonzeit — nur reichlich 5 Jahre betrüge, so wäre § 542[1] Satz 3 (Wegfall einer Fristsetzung) anwendbar. Schn.

g) **Kündigung wegen nicht rechtzeitiger Fertigstellung der vermieteten Abortanlage. Schadensersatzansprüche.**

OLG. München, III. ZS. Urteil v. 15. Januar 1912.

Die beklagte Fluggesellschaft, die für 1910 und die folgenden Jahre die Veranstaltung von Schauflügen und insbesondere von Flugwochen beabsichtigte und auf dem Flugplatze Zuschauerplätze errichtete, hat dem Kläger gegen einen Zins von 800 Mark den Betrieb der dabei herzustellenden Bedürfnisanstalten überlassen und deren Erträge verpachtet. Da jedoch bei der Eröffnung des Flugplatzes (22. Mai) jene Anlagen noch in unfertigem Zustande waren, kündigte er am 24. Mai wegen Nichteinräumung des vertragsmäßigen Gebrauchs den Pachtvertrag und stellte am 27., weil auch damals die Anlage sehr mangelhaft und nicht gebrauchsfähig war, den Betrieb endgültig ein und gab der Beklagten die Schlüssel zurück. Die Klage auf Rückzahlung des Pachtzinses und auf Schadensersatz ist begründet.

Die Beweisaufnahme hat ergeben, daß die Abortanlagen bei Beginn der ersten Flugwoche noch in äußerst unfertigem Zustand und erst einige Tage nach Schluß jener Woche benutzbar waren. Die erste Flugwoche sollte aber die erste Hauptveranstaltung des neuen Unternehmens sein und bei ihr wurde ein besonders großer Menschenzulauf erwartet. Daß zu ihrem Beginn die Abortanlagen benutzbar sein mußten, ist nach dem Sinne des Vertrags selbstverständlich. Deshalb ist anzunehmen, daß der Kläger am 27. Mai ohne weiteres den Vertrag fristlos kündigen durfte. Im Laufe des Pachtjahres sollten nur wenige derartige Flugwochen stattfinden; in ihnen hätte der Kläger seinen Hauptverdienst finden müssen. Sonst kamen für seinen Verdienst nur noch einige Sonn- und Feiertage für Veranstaltungen auf dem Flugplatz in Betracht. Da es sich nur um eine beschränkte Reihe von Tagen handelte, während deren er erheblichere Erträgnisse aus der Pachtsache haben konnte, und gerade bei den ersten Veranstaltungen, solange die Neuheit des Unternehmens besonders zahlreiche Zuschauer anlockte, ansehnliche Erträge zu erwarten waren, so war nach dem Sinne des Vertrags zu verlangen, daß pünktlich mit Beginn der ersten Hauptveranstaltung die Anlage vollendet und benutzbar sein mußte. Diese war einfach und ohne große Kosten herzustellen und es ist nicht einzusehen, warum der Kläger auf ein Versprechen, daß sie bis zu einer bestimmten Zeit fertig würde, sich nicht hätte verlassen dürfen. Die Beklagte kann sich wegen der Verzögerung dieser Bauanlage, hinsichtlich der sie anderen Personen gegenüber bestimmte rechtliche Verpflichtungen eingegangen hat, nicht darauf berufen, es handle sich um ein großes neues Unternehmen. Am 27. Mai brauchte der Kläger, nachdem ihm die ersten 6 Tage, die an sich als besonders ertragsreich hätten gelten müssen, infolge der mangelhaften Beschaffenheit der Pachtsache für den Verdienst im wesentlichen verloren gegangen waren, keine weitere Frist zur Abhilfe mehr zu setzen. Er durfte vielmehr, da ihm der vertragsmäßige Gebrauch nicht gewährt wurde, nach §§ 581, 542 den Vertrag sofort kündigen, und zwar den ganzen Vertrag; denn es handelte sich um einen einheitlichen Pachtgegenstand, die gesamte Abortanlage auf dem Flugplatz, und dem Kläger konnte nicht zugemutet werden, bezüglich des einen oder anderen weniger mangelhaft hergestellten und mit geringeren Schwierigkeiten benutzbaren Aborts etwa den Betrieb weiterzuführen und den Vertrag einhalten zu müssen. Daneben kann er auch Schadensersatz gemäß § 538 wegen Nichterfüllung jedenfalls dann verlangen, wenn die Mängel der Pachtsache auf einem Umstand beruhen, den der Verpächter zu vertreten hat. P.n.

h) **Setzung einer angemessenen Nachfrist nach § 542.**

Kammergericht, XIV. ZS. Urteil v. 15. Januar 1912.

Unstreitig war die vom 1. April ab dem Kläger vermietete Wohnung verwohnt und verwanzt, also mit einem Fehler behaftet, den der beklagte Vermieter ohne Rücksicht darauf, ob er Wanzenfreiheit zugesichert hat oder nicht, beseitigen muß. Nach § 542 hatte er aber nur dann ein Recht zur fristlosen Kündigung, wenn der Beklagte eine angemessene Frist zur Gewährung des vertragsmäßigen Gebrauchs fruchtlos verstreichen ließ. Der Kläger hat zwar eine Frist zum 3. April bestimmt, sie war aber nicht angemessen. Nach dem Ges. vom 30. Juni 1834 und nach der PolV. vom 26. März 1870 hat der Mieter einer Dreizimmerwohnung in Berlin eine Räumungsfrist bis zum zweiten Vierteljahrstage. Da der 2. April ein Sonntag war, hat der Vormieter des Klägers die Wohnung nach denselben Vorschriften erst bis zum 3. April mittags 12 Uhr geräumt. Die Beklagte konnte deshalb erst am 3. April mit der Ausbesserung der Wohnung und der Beseitigung der Wanzen beginnen und selbstverständlich an demselben Tage noch nicht damit fertig sein. Die Arbeiten sind, wie der Kläger selbst vorträgt, am 3. oder 4. April, also unverzüglich begonnen worden. Wenn sie bis zum 10. April gedauert haben, so liegt darin keineswegs eine übermäßig lange Verhinderung. Der Kläger hatte eine reparaturbedürftige bis zum Beginne seines Vertrages anderweit vermietete Wohnung gemietet, und mußte damit rechnen, daß die Ausbesserungen während der Dauer seines Vertrages ausgeführt wurden, weil eine andere Zeit dafür nicht vorhanden war. Wenn die Verwalterfrau dem Kläger gesagt hat, der Vormieter würde die Wohnung zum 15. März räumen, so hat damit die Beklagte noch nicht die Verpflichtung übernommen, dafür zu sorgen, daß es auch wirklich geschieht.

Selbst wenn es richtig wäre, daß eine stark verwanzte Wohnung die Gesundheit gefährdet, so ist doch dem Kläger niemals zugemutet worden, sich dieser Gefahr auszusetzen. In demselben Zeitpunkt, mit dem er das Recht zur Benutzung erlangte, begannen schon die Ausbesserungen und die Arbeiten zur Beseitigung der Wanzen. Der § 544 ist daher unanwendbar. Fr.

i) **Zur Auslegung des § 546 BGB. bei Pachtverträgen.**

Kammergericht, XIV. ZS. Urteil v. 16. Oktober 1911.

Die Parteien streiten darüber, ob die vom Kreisausschuß dem Gutsbezirk auferlegten Beiträge zu der vom Kreise für die Kleinbahn M—N übernommenen Zinsgarantie der Kläger (als Pächter) oder der Beklagte als Verpächter und Gutseigentümer zu tragen hat. Der Pachtvertrag von 1908 bestimmt in § 5:

Sämtliche von den Pachtländereien zu entrichtenden Steuern, Lasten und Abgaben, Feuer- und Hagelversicherung trägt der Pächter; ihm liegt die Unterhaltung der Wege und die Armenpflege ob. Dagegen hat der Verpächter Beiträge zu den Kosten und

Leistungen zum Neubau von Chausseen und Eisenbahnen allein und unmittelbar zu berichtigen. Der Pächter muß sich die Anlage solcher Wege gefallen lassen.

Unter die vom Verpächter zu tragenden Leistungen zum Neubau von Eisenbahnen fallen die eingeklagten Beträge nicht, da bei Abschluß des Pachtvertrags die Kleinbahn schon fertiggestellt war. Es fragt sich daher, ob sie nach dem Willen der Parteien zu den vom Pächter zu entrichtenden Steuern, Lasten und Abgaben zu rechnen sind. Nach § 13 KreisO. konnte der Kreistag bei Kreiseinrichtungen, die in besonders hervorragendem Maße einzelnen Kreisteilen zugute kamen, für die Angehörigen dieser Kreisteile eine nach Quoten der Kreisabgaben zu bemessende Mehrbelastung eintreten lassen. Nach § 7 des Kreis- und Provinzialabgabengeſ. vom 23. April 1906 sind jedoch zur Aufbringung der direkten Kreissteuern nicht mehr die einzelnen Kreisangehörigen, sondern die Gemeinden und Gutsbezirke verpflichtet. Die nach § 10 das. zugelassene Mehrbelastung einzelner Kreisteile ist jetzt ebenfalls nicht mehr von den Kreisangehörigen, sondern von den Gemeinden und Gutsbezirken zu tragen. Es handelt sich also jetzt bei den eingeklagten Beträgen um Kreissteuern, die dem Gutsbezirk auferlegt und an sich vom Gutsherrn zu tragen sind. Dieser ist zwar zu der Abwälzung der Lasten des Gutsbezirks auf dessen Bewohner regelmäßig nicht befugt. Das schließt aber nicht aus, daß er durch privatrechtlichen Vertrag den Pächter zu ihrer Tragung verpflichtet. Dem Wortlaute nach können die hier fr. Beträge allerdings nicht mehr als von den Ländereien zu entrichtende Steuern ꝛc angesehen werden, da sie als Kreissteuern den Gutsbezirken abgefordert werden. Die Parteien haben aber unstreitig davon, daß die Kreissteuern jetzt vom Gutsbezirke, nicht von den Kreisangehörigen aufzubringen sind, nichts gewußt. Die sonstigen Bestimmungen des Vertrags lassen auch erkennen, daß sie nach Möglichkeit alle laufenden Lasten, welche der Verpächter als Gutsherr hätte tragen müssen, wie die Unterhaltung der Wege und die Armenpflege, vom Pächter haben getragen werden sollen; deshalb hat der § 5 des Vertrags zu bedeuten, daß der Pächter alle den Verpächter treffenden laufenden Lasten, möge er sie als Eigentümer oder als Gutsherr aufzubringen haben, tragen muß und daß der Verpächter nur diejenigen Lasten behält, welche zu besonderen, den Wert des Gutes über die Pachtzeit hinaus steigernden Neubauten dienen. Danach hat die jetzt streitigen Beträge der Pächter zu tragen. Fr.

k) **Miete eines Kartoffelkellers. Schaden aus der Naßfäule der Kartoffeln.**

OLG. Colmar, II. ZS. Urteil v. 22. Februar 1912.

Der Kläger verlangt einerseits Schadensersatz in Geld für Gefährdung seiner Gesundheit, anderseits Wiederherstellung des früheren Zustandes des Kellers und Beseitigung der Pilze und des Gestanks. In letzter Hinsicht war die Klage darauf gestützt: der Keller sei nicht benutzbar, weil sich darin infolge des Verfaulens der Kartoffeln Gärungs- und Fäulnispilze gebildet hätten, die nicht mehr zu vertreiben seien; auch sei der Gestank noch nicht aus dem Keller gewichen. Daß dem Kläger infolge der Naßfäule der Kartoffeln dadurch ein Schaden entstanden ist, daß der Boden und auch Teile der Wände des Kellers stark mit dem aus der Zersetzung stammenden, mit Keimen geschwängerten Saft der Kartoffeln getränkt worden sind, ist bewiesen. Für diese Verschlimmerung der Mietsache muß der Beklagte aufkommen, wenn er sie durch eine Vertragswidrigkeit in deren Gebrauch herbeigeführt hat (§ 548). Dadurch nämlich, daß die Parteien dem Keller die Bestimmung als Aufbewahrungsort großer Mengen Kartoffeln gegeben haben, ist nicht ausgeschlossen, daß der Beklagte vertragswidrig gehandelt hat, wenn er für die Lagerung so beträchtlicher Mengen die zur Sicherheit der Hausbewohner gebotenen Maßregeln verabsäumte. Nun ist der beklagte Militärlieferant Kaufmann. Das Mieten des Kellers war auf seiner Seite ein Handelsgeschäft. Er hatte daher bei Benutzung des Kellers für die Sorgfalt eines ordentlichen Kaufmanns einzustehen (§ 347 HGB.). Da nun nach der Aussage seines Buchhalters „erfahrungsmäßig stets ein erheblicher Prozentsatz der für den Winter gelagerten Kartoffeln faul wird", hätte er nicht unterlassen dürfen, dem Umsichgreifen der Fäule und den dadurch für den Keller drohenden Folgen vorzubeugen. Dafür, die erforderliche Sorgfalt angewendet zu haben, ist er beweispflichtig (Düringer 2 S. 335[12]; Ritter, HGB. S. 449; RGKomm. § 823[5]).... Einen Beweis für seine Schuldlosigkeit hat aber der Beklagte nicht geliefert; er muß daher für den Schaden des Klägers aufkommen und er hätte zur Naturalrestitution (§ 249 BGB.) verurteilt werden müssen, wenn er nicht zwischen der Rechtshängigkeit der Klage und der Schlußverhandlung die vom Kläger gerügten Mißstände beseitigt hätte.

Anders verhält es sich mit der Geldforderung des Klägers. Gleichviel ob sie unter dem Gesichtspunkt des Vertrags oder einer unerlaubten Handlung betrachtet wird, jedenfalls wäre sie erst dann begründet, wenn feststände, daß der Kläger oder seine Angehörigen Schaden an der Gesundheit erlitten haben. Nun sieht das LG. „ohne daß ein strikter Beweis zu verlangen wäre" für selbstverständlich an, daß durch den sich infolge der Kartoffelfäule im Hause des Klägers verbreitenden unerträglichen Gestank „das Allgemeinbefinden des Klägers in der empfindlichsten Weise gestört worden ist". Allein es handelt sich hier nicht darum, ob er eine bezügliche Behauptung bewiesen, sondern zunächst darum, ob er sie vorgebracht hat. Die Klageschrift besagt aber nur, daß „der Aufenthalt in seiner Wohnung mit direkter Gefahr für die Gesundheit verbunden sei". Auch nachdem in dem Gutachten des Kreisarztes ausdrücklich hervorgehoben worden, daß eine direkte Gefährdung ausgeschlossen, die Möglichkeit einer indirekten Gefährdung aber zwar vorhanden, jedoch von individuellen Verhältnissen und Angewöhnungen abhänge, hat der Kläger nicht einmal behauptet, daß sich bei ihm oder seinen Angehörigen die vom Sachverständigen bezeichneten Erscheinungen (Übelkeit, Brechneigung oder ähnliches) bemerkbar gemacht haben. Behauptet vom Kläger und auch bewiesen bleibt also bloß seine Belästigung durch den Gestank. Dies ist kein Vermögensschaden; für diesen aber könnte nach § 253 Entschädigung in Geld nur dann gefordert werden, wenn einer der wenigen vom Gesetz bestimmten Fälle hier vorläge. Auch der § 847 kommt nicht in Betracht, weil die Voraussetzung einer Verletzung der Gesundheit des Klägers (§ 823) fehlt. Frdthl.

l) **Schadensanspruch des Schiffseigners gegen den Untermieter wegen ungeeigneter Beladung.**

OLG. Hamburg, II. ZS. Urteil v. 15. Juni 1911.

Der klagende Schiffseigner hat mit der Transport-Genossenschaft einen Vertrag geschlossen, wie sie solche formularmäßig mit ihren Genossen schließt. Im § 1 ist gesagt, daß der Schiffseigner sein Fahrzeug, dessen Führung er selbst übernimmt, der Genossenschaft vermietet. Daß es sich um Miete, nicht um ein Frachtverhältnis handelt, beweist der ganze Inhalt des Formulars... Die allgemeine Verweisung des § 3 auf Verfrachtungsbedingungen ist schon dadurch erklärlich, daß die Genossenschaft nach § 15 über die Wahl der zu verladenden Güter, die Fracht 2c allein entscheidet, und daß die §§ 18 ff. zahlreiche Vorschriften enthalten, nach denen sich der Schiffseigner bei der Ausführung der ihm aufgegebenen Transporte zu richten und zu verhalten hat. In Übereinstimmung mit der Auffassung des Rechtsverhältnisses als einer Miete steht es, daß die Genossenschaft sich laut § 27 ausbedungen hat, den ihr von den Mitgliedern „zur Verfügung gestellten Schiffspark" zu „vermieten", und daß sie dabei „nachrichtlich bemerkt", daß sie gegenwärtig diesen Kahnraum einschließlich des klägerischen Schiffes vertraglich an die Beklagte „vermietet hat". Sie hat demgemäß auch den Kahn des Klägers an die Beklagte vermietet, d. h. genauer untervermietet. Der Kläger steht hiernach nur mit der Genossenschaft in einem Mietverhältnis, nicht auch mit der Beklagten, welche Untermieter der Genossenschaft ist. Abweichend hiervon hat das LG. ein Vertragsverhältnis zwischen den Schiffseignern und der Beklagten daraus gefolgert, daß die Genossenschaft eine Erklärung der Schiffer beizubringen hat, wonach diese an den Vertrag gebunden seien „als wenn sie den Vertrag mit der Beklagten direkt abgeschlossen hätten". Das hat die Genossenschaft ausweislich ihrer Verträge den Schiffseignern auferlegt. Daraus aber, daß sie sich derartig der Beklagten gegenüber verpflichtet hat und dann in den Mietverträgen, die sie mit den Schiffern schließt, darauf hinweist, daß „der Inhalt" der von ihr abgeschlossenen Untermietverträge „für den Schiffseigner ebenso verbindlich ist, als wenn nicht die Genossenschaft, sondern der Schiffseigner die Verträge direkt abgeschlossen hätte", folgt nur, daß der Schiffseigner solchen Verträgen im weitesten Umfange unterworfen ist und vielleicht von der Beklagten wegen Verletzung der Verträge unmittelbar belangt werden kann, nicht aber, daß er die Beklagte belangen könne, wie wenn er ihr sein Schiff vermietet hätte. Der Kläger kann daher von der Beklagten den Ersatz des Schadens daraus, daß ihre Leute bei der Beladung den Kahnboden beschädigten, aus einem vertraglichen Recht nur soweit beanspruchen, als der Genossenschaft ein Anspruch aus dem Untermietvertrage zusteht, den sie ihm unstreitig abgetreten hat. Ein solcher Schaden ist der Genossenschaft erwachsen, mag sie auch nicht Eigentümer, sondern nur der Mieter des beschädigten Kahns sein. Denn selbst wenn die Beklagte damit zu hören wäre, daß ihr Vertragsgegner nicht der Eigentümer sei und deshalb nicht sein, sondern fremdes Eigentum beschädigt sei, so würde doch die Genossenschaft nach § 549² ein Verschulden der Beklagten zu vertreten und deshalb, da sie den Schaden dem Eigentümer ersetzen müsse, ihn ihrerseits erlitten haben, daher auch ihren Ersatzanspruch gegen die Beklagte an Dritte abtreten können.

Da die Beklagte den Kahn zur Befrachtung gemietet hatte, so ist es ihre Sache darzulegen, weshalb sie für den Schaden, den der Kahn während dieser Zeit erlitten hat, nicht aufzukommen brauche. Allerdings befand sich der Kläger an Bord seines Kahns, er hatte ihn aber seiner Mieterin zur Verfügung gestellt und sich verpflichtet, für den eingetretenen Fall des Weitervermietens „sich den dienstlichen Anordnungen der Beamten der zur Genossenschaft im Vertragsverhältnis stehenden anderen Gesellschaften in gleicher Weise zu fügen, wie den dienstlichen Anordnungen der Genossenschaftsbeamten." Der Kläger befand sich daher nicht als Verfügungsberechtigter auf seinem Kahn, sondern als ein Bediensteter, der den Anweisungen der Beklagten nachzukommen hatte. Durch die Bestimmung der Vertrages: „Für die Sicherheit des Fahrzeuges und der Ladung hat jedoch der Schiffsführer selbst zu sorgen", sind dem Schiffseigner gegenüber der Beklagten nur Pflichten auferlegt, nicht Rechte gegeben. Er soll, obwohl nur Bediensteter der Beklagten, doch, soweit ihre Anordnungen nicht entgegenstehen, selbständig auf Schiff und Ladung Obacht geben, was namentlich für die Dauer der Reise von Bedeutung sein wird. Wenn, wie hier, bei der Beladung durch Leute der Beklagten der Kahn beschädigt wird, so kann nur eine Mitschuld des Schiffseigners in Frage kommen, weil er nicht gewarnt oder eingegriffen hat. Die Beklagte bleibt aber im übrigen für das Tun ihrer Angestellten ihrem Vertragsgegner (aus dessen Recht der Schiffseigner hier klagt) verantwortlich, wenn sie nicht darzulegen vermag, daß ihre Leute bei solcher Ausübung des vertragsmäßigen Gebrauchs der (unter-)gemieteten Sache kein Verschulden trifft (BGB. § 278; vgl. Hamburg Rsp. 22 S. 190). M. M.

m) **Eintritt in einen Mietvertrag oder Übernahme der Mietschuld. Rechte des Mietbürgen.**

OLG. Hamburg, V. ZS. Urteil v. 24. April 1911.

Der Kläger hatte von den beiden Beklagten A. und B. Zahlung von 900 Mark, und zwar von A. als Mieter, von B. als Bürgen verlangt und behauptet, A. sei in den Mietvertrag des B. an dessen Stelle als Mieter eingetreten, während B. die Bürgschaft für den richtigen Eingang der Miete übernommen habe. Diese Klagbegründung hat er später fallen lassen, er hat sie in der Replik als unrichtig bezeichnet, und er hat auch jetzt erklärt, daß er sie nicht aufrecht erhalte und statt dessen behauptet, daß B. der Mieter geblieben sei, daß sich dagegen A. schriftlich Ende 1909 für die Verbindlichkeiten des B. kumulativ mitverpflichtet habe. Daß hierin eine Klagänderung und nicht nur eine Ergänzung oder Berichtigung der Klagtatsachen liegt, hat das LG. mit Recht angenommen. Das LG. hat die abgeänderte Klage nicht zugelassen, weil die Verteidigung des Beklagten wesentlich erschwert sei. Allein der Kläger hat seine neuen Behauptungen bereits vor dem ersten Termin durch Schriftsatz den Beklagten mitgeteilt, diese haben aber weder in erster noch in zweiter Instanz irgend etwas dafür vorgetragen, inwiefern die Verteidigung ihnen durch die abgeänderte Klage erschwert werde; alles, was sie gegen die ursprüngliche Klage vorbringen, richtet sich auch gegen die neue. Diese geht dahin, daß B. Mieter geblieben sei, A. sich nur kumulativ für die Miete mitverpflichtet habe. Tatsächlich bekennt auch A. in dem Schriftstück, daß er die Miete an den üblichen Quartalstagen für Rechnung des B. pünklich zahlen werde und daß „ja nur für die Mietzahlung" B. sowohl als auch er hafte. Nach Treu und Glauben läßt sich diese Erklärung des A. nicht anders verstehen, als dahin, daß B. Schuldner des Mietvertrages, d. h. Mieter bleibt, während A. sich für die Mietschuld als mithaftend erklärt. Ob man diese Mithaftung des A. als Bürgschaft, als kumulative Schuldübernahme oder als Versprechen, eine fremde Schuld zu zahlen, auffassen will, ist hier gleichgültig, da für alle Fälle die schriftliche Form gewahrt ist. Die Beklagten bleiben trotzdem dabei, daß vor Unterzeichnung der Urkunde ein Vertrag abgeschlossen sei, inhalts dessen A. an Stelle des B. treten solle. Hierfür tragen sie nur vor: A. und B. seien sich darüber einig geworden, daß A. in den Mietvertrag eintreten solle. Das mag sein; dadurch wird aber A. dem Kläger gegenüber noch nicht Mieter. In einen Mietvertrag mit seinen Rechten und Pflichten dergestalt eintreten, daß der neue Mieter in ein unmittelbares Vertragsverhältnis mit dem Vermieter tritt, ist nur durch einen Vertrag mit dem Vermieter möglich. Daß ein solcher mit dem Kläger selbst geschlossen ist, behaupten Beklagte nicht, sie behaupten nur, daß der Verwalter nichts dagegen gehabt habe, wenn A. die Wohnung übernehme, nur habe er B. nicht entlassen wollen; darauf sei dann die Urkunde ausgestellt. Wenn dieses richtig ist, so zeigte das eben, ganz abgesehen von der Vertretungsbefugnis des H., daß auch H. keineswegs einen neuen Mietvertrag mit A. schließen wollte, daß er vielmehr nur nichts dagegen hatte, wenn A. die Wohnung übernahm, und das konnte A. z. B. als Untermieter des B., ohne daß die rechtlichen Beziehungen zwischen Kläger und B. berührt wurden.

Ist aber B. Mieter der Wohnung geblieben und A. lediglich Bürge oder Mitschuldner der Miete kraft besonderen Zahlungsanspruches oder einer Schuldübernahme, dann konnte A. nicht, wie er es am 1. April tat, von dem Kläger verlangen, daß dieser dem A. die Wohnung einräumte. Der Bürge ist keineswegs befugt, alle Rechte des Hauptschuldners gegen den Gläubiger geltend zu machen, vielmehr sind seine Rechte nur beschränkt, vgl. § 768 flg.; insbesondere ist ihm das Recht versagt, Wandlung zu beansprüchen, Rücktritt zu erklären ꝛc. Was von der Bürgschaft gilt, muß auch von der Übernahme einer fremden Schuld gelten, die wirtschaftlich den gleichen Zweck hat. Es kann derartigen akzessorisch verpflichteten Personen nicht das Recht zuerkannt werden, durch einseitige Erklärungen den Bestand der Schuld zu beeinflussen. Insbesondere wird man bei Mietverhältnissen solchen Verpflichteten nicht das Recht der Kündigung gewähren können, und dieses Recht ist es allein, das der Beklagte A. auf Grund des § 542 beansprucht. Mindestens aber hätte Beklagter am 1. April nicht die Einräumung der Wohnung für sich, sondern nur für B. verlangen müssen. Daran ändert auch der Umstand nichts, daß an der Wohnung B. kein Interesse mehr hatte, sondern angeblich nur A. allein.

In erster Instanz hatte A. noch behauptet, ihm seien die Rechte aus dem Mietvertrage von B. abgetreten. Die Möglichkeit einer solchen Übertragung kann dahingestellt bleiben. Auch dann, wenn sie zulässig ist, war die Fristsetzung vom 1. April ohne Wirkung. Denn es ist nicht behauptet, daß B. dem Kläger die Abtretung schriftlich angezeigt hat oder daß A. dem Kläger eine Urkunde über die Abtretung vorgelegt hat. Ohne eine dieser beiden Voraussetzungen war aber Kläger nach § 410 nicht zur Leistung verpflichtet. M. M.

n) **Kann der Vermieter eine angemessene Frist zur Erkundigung über den Untermieter beanspruchen?**

OLG. Dresden, II. ZS. Urteil v. 26. April 1911.

Selbst wenn dem Beklagten (Vermieter) das im § 549 vorgesehene Versagungsrecht zustand, mußte ihm eine Frist von 3 bis 4 Tagen gewährt werden, damit er über die Zahlungsfähigkeit und die persönlichen Verhältnisse eines vorgeschlagenen neuen Mieters und über dessen Hausstandsangehörige Ermittlungen anstellen und sich daraufhin über die Erteilung der Erlaubnis schlüssig machen konnte. Telephonisch eingezogene Auskünfte werden in der Regel nicht die nötige Sicherheit bieten, um eine derartige, immerhin wichtige und folgenschwere Entscheidung darauf zu gründen, weil der telephonisch Angerufene weniger Zeit als der brieflich Angegangene zur Überlegung hat und nicht immer sicher darüber sein kann, wer seine Mitteilung in Empfang nimmt, und daher in seiner Auskunft unwillkürlich zurückhaltend sein wird. In der Regel wird der Vermieter Erkundigungen in dem bisher vom Dritten bewohnten Haus anstellen; insbesondere wird er nach der Verkehrssitte die Dienste einer Auskunftei dazu beanspruchen. Zu alledem bedarf er einer mehrtägigen Frist.

Diese Frist durfte nicht zu kurz bemessen werden. Es handelte sich um die Wohnung in einem Hause in bevorzugter Wohnungslage von L., in das der Beklagte nur einwandfreie Personen als Mieter aufnehmen durfte, wenn er sich nicht Kündigungen von anderen Mietern und damit wirtschaftlichen Nachteilen aussetzen wollte. Auch war die Entscheidung deshalb folgenschwer, weil er den Abmieter, wenn er einmal die Genehmigung erteilt, auf Grund des mit dem Kläger geschlossenen Vertrags zwei Jahre lang nicht wieder los wurde. . . .

Der Kläger schlug den Mieter X. am 14. April nachmittags vor und verlangte, der Beklagte solle sich über ihn noch im Laufe desselben Nachmittags entscheiden. Die hierauf bezüglichen telephonischen Gespräche der Parteien wie überhaupt das Verhalten der Beklagten an jenem Nachmittage müssen unter dem Gesichtspunkte gewürdigt werden, daß sich der Beklagte einer unberechtigten Zumutung des Klägers gegenüber befand, die er ohne weiteres hätte ablehnen dürfen. Wenn er das nicht tat, sondern sich dazu verstand, sofort telephonisch Auskünfte über X. herbeizuziehen, so brachte er damit nur zum Ausdrucke, daß er dem Kläger entgegenkommen und sich ihm gefällig zeigen wollte. Von seinem Rechte, sich über die Erteilung der Genehmigung erst nach Verlauf einer auskömmlichen Erkundigungsfrist zu entschließen, ging er damit nicht ab. Wenn er daher am 14. nachmittags die Verhandlung damit abschloß, daß er sich bereit erklärte, den X. mit vierteljähriger Kündigung hereinzunehmen, so lag darin lediglich ein Vermittlungsvorschlag. Der Kläger, der dem Beklagten die erforderliche ausreichende Erkundigungsfrist, weil er seinerseits von X. gedrängt wurde, nicht gewähren konnte und deshalb zu gewärtigen hatte, daß ihm die Genehmigung des vorgeschlagenen Mieters schon aus diesem Grunde versagt werde, sollte durch den Vorschlag des Beklagten die Möglichkeit gewinnen, die Verhandlung mit X. nicht ohne weiteres abbrechen zu müssen. Wenn der Beklagte das Ansuchen, von dem Verlangen vierteljähriger Kündigung abzugehen, abgelehnt hat mit dem Bemerken, jedes Wort sei vergeblich, er mache das zur Bedingung seiner Genehmigung, so waren diese Äußerungen nach der ganzen Sachlage so gemeint und zu verstehen, daß er in der Schnelligkeit, mit der seine Entschließung begehrt wurde, zu weiteren Zugeständnissen nicht bereit sei, daß er sich eine überstürzte Genehmigung nicht abringen lassen wolle. Damit ist dem Vorwurfe, daß die Bedingung vertragswidrig gewesen sei, der Boden entzogen. Paßte die Bedingung dem Kläger nicht, so lehnte er den Vorschlag ab und mußte sich mit der berechtigten Versagung der zu kurzfristig geforderten Genehmigung abfinden. . . . Ann.

o) **Miete gegen halbjährige Kündigung auf 3 Jahre, nach deren Ablauf halbjährige Kündigung eintritt.**

OLG. Nürnberg, I. ZS. Beschluß v. 17. Februar 1911.

Durch schriftlichen Vertrag hat der Kläger Räume gegen halbjährige Kündigung vom 1. Juli 1907 ab gemietet. Am Schluß des Vertrags heißt es: „Die Mietdauer wird auf 3 Jahre festgesetzt; nachher tritt halbjährige Kündigung ein.“ Am 10. Januar 1910 erklärte der Kläger, daß er das Mietverhältnis über die 3 Jahre hinaus nicht verlängere, und klagte, da der Beklagte hierauf nicht einging, auf Feststellung, daß das Mietverhältnis am 1. Juli 1910 endige. Die Klage ist unbegründet. Hätten die Parteien als Mindestdauer einen Zeitraum von mindestens $3^1/_2$ Jahren festsetzen wollen, so würden sie als geschäftsgewandte Personen recht wohl imstande gewesen sein, diesem ihren Willen den gehörigen schriftlichen Ausdruck zu geben. Im Mietvertrag geht den die Einzelheiten regelnden 16 Paragraphen voran die ausdrückliche Festsetzung einer halbjährigen Kündigung. Daß dieser Vertragsteil wohlerwogen, gewollt und nicht etwa nur versehentlich im Formular stehen gelassen wurde, ist daraus zu entnehmen, daß die daneben stehenden, wahlweise in Betracht kommenden, vierteljährlichen, monatlichen und wöchentlichen Fristen für die Kündigung sorgfältig gestrichen sind. Die im Eingang bedungene halbjährige Kündigung konnte sich daher nur auf die Zeit vor Ablauf der drei ersten Jahre beziehen und besagt nichts anderes, als daß der Kläger, wenn er, sein Vertragsrecht gebrauchend, am 1. Juli 1910 ausziehen wollte, dies dem Beklagten durch Kündigung innerhalb der ersten 3 Werktage des Januar 1910 bekannt geben mußte. Schm.

p) **Bedeutung des Handschlags für den Vertragsschluß. Zur Anwendung des § 566 Satz 2.**

α) OLG. Colmar, I. ZS. Urteil v. 7. Juli 1911.

Unter Hinweis auf §§ 535 S. 2 und 566 S. 2 begehrt der Kläger Zahlung des Mietzinses mit der Behauptung, daß er am 2. Januar mündlich einen Mietvertrag auf 3 Jahre mit dem Beklagten abgeschlossen habe. Dieser macht aber geltend, daß er, selbst wenn man den vom Kläger behaupteten Vorgang als erwiesen unterstelle, durch Handschlag nur die vom Kläger vorgeschlagenen Bedingungen und dessen einseitige Bindung angenommen und bestätigt, sich aber selbst nicht gebunden, also keinesfalls einen festen Mietvertrag abgeschlossen habe. Es entspricht jedoch nicht den Gepflogenheiten des täglichen Lebens, daß bei Verhandlungen über zweiseitige Verträge mittels Handschlags lediglich einseitig bindende Vorschläge entgegengenommen werden. Die Bekräftigung einer Verhandlung durch Handschlag soll vielmehr in der Regel außer Zweifel stellen, daß ein zweiseitiger Vertrag endgültig zustande gekommen ist....

Der Beklagte verneint sodann die Anwendbarkeit des § 566 S. 2, da hier feststehe, daß die Parteien nur einen dreijährigen Mietvertrag oder gar keinen, keinesfalls aber einen Vertrag auf unbestimmte Zeit schließen wollten. Der Sachverhalt rechtfertigt indessen nicht den Schluß, daß beide Parteien oder auch nur eine von ihnen den Abschluß eines Mietvertrags auf unbestimmte Zeit überhaupt nicht gewollt hätten. Für den Kläger steht dies schon nach seinen eigenen Erklärungen fest. Aber auch für den Beklagten gilt das gleiche. Mit dessen Erklärung, daß ihm nur mit einem langfristigen Vertrag gedient sei, ist noch nicht gesagt, daß er, wenn der Kläger auf dies Verlangen nicht eingegangen wäre, nicht auch einen kürzeren Vertrag oder auf unbestimmte Zeit abgeschlossen hätte. Vielmehr ist anzunehmen, daß er sich auf jeden annehmbaren Vertrag eingelassen haben würde, wenn er nicht später einen anderen Laden gefunden hätte, wie auch besonders daraus zu schließen ist, daß er sich bezüglich des Nebenraumes zum Ladenlokal auf den

Abschluß eines Mietvertrags von unbestimmter Dauer eingelassen hat. Jedenfalls geht aus der Beweisaufnahme nicht eine Absicht der Parteien hervor, daß am 2. Januar entweder nur auf 3 Jahre oder gar nicht gemietet werden sollte. Der Wille, den Satz 2 § 566 auszuschließen, ist also nicht zum Ausdruck gekommen. Frdthl.

β) **Mündliche Abänderungen bei vereinbarter Schriftform.**[1]

OLG. Braunschweig, I. ZS. Urteil v. 27. Oktober 1911.

Der Kläger hat an die Beklagten laut schriftlichen Vertrags vom 4. März 1910 das 1. Stockwerk auf die Zeit vom 1. Juli 1910 bis Ende 1911 für jährlich 1600 Mark vermietet. Er behauptet, sofort nach dem schriftlichen Vertragsschluß verabredet zu haben, daß, wenn er die Wohnung anderweit vermiete, der Mietvertrag für das damals von ihm benutzte Erdgeschoß bei einem Zinse von 1500 Mark gelten solle. Da er jene Wohnung anderweit zum 1. April 1910 vermietet hat, verlangt er die Feststellung, daß der am 4. März 1910 geschlossene Mietvertrag, wonach die Beklagten das Erdgeschoß für 1500 Mark gemietet hätten, zu Recht bestehe. Er wurde abgewiesen. Gründe:

Die Behauptungen des Klägers lassen nur die Auffassung zu, daß durch die mündlichen Beredungen der schriftliche Vertrag nicht sogleich wieder aufgehoben und an dessen Stelle ein anderer Mietvertrag mündlich abgeschlossen ist, sondern daß der schriftliche Vertrag nur eine Abänderung erfahren hat: an Stelle des dort bezeichneten 1. Stockes sollten die Räume des Erdgeschosses treten. An den Abmachungen über die Mietzeit und die Kündigung, an den formularmäßigen Bestimmungen über die Pflichten des Vermieters und des Mieters sollte nichts geändert werden. Nach dem Mietvertrag § 20 haben aber „später getroffene Vereinbarungen zu gegenwärtigem Vertrage nur dann Wirkung, wenn solche schriftlich getroffen sind". Hatten sich aber die Parteien dahin geeinigt, daß Vereinbarungen zum Vertrage der schriftlichen Form bedurften, so konnte eine Abänderung des Vertrages wirksam nur vereinbart werden, wenn der Form genügt wurde. Diese Folgerung, die sich mit Notwendigkeit aus § 20 ergibt, kann nicht mit der Erwägung beseitigt werden, daß die Parteien, indem sie über eine Vertragsänderung mündlich übereinkamen, damit zugleich sich — stillschweigend — einverstanden erklärt hätten, daß es zu einer Vertragsänderung nicht mehr der Schriftform bedürfen solle. Denn auch dieses Einverständnis enthielt eine Änderung des schriftlichen Mietvertrags, nämlich eine Beseitigung des § 20. Der vertragsmäßige Verzicht auf die vertragsmäßige Schriftform bedurfte aber als Änderung des Vertrags infolge der vorgängigen bindenden Parteifestsetzung zu seiner Gültigkeit ebensowohl der Schriftform, wie dies jede andere Änderung bedurfte. Erst wenn die Parteien den § 20 zuvor schriftlich aufgehoben hätten, wozu ein von ihnen unterschriebener Vermerk im Mietvertrage genügte, hätten sie mündliche Abänderungen des Vertrags wirksam treffen können. H.g.

[1] Vgl. dagegen Niendorff 1912 § 15 S. 82 nebst Zit.

q) **Versetzung nach einem andern Ort (BGB. § 570). Abberufung vom Amt.**

OLG. Hamburg, V. ZS. Urteil v. 1. Dezember 1911.

Es kann dem Kläger [italienischer Konsul] nicht darin beigetreten werden, daß er nach § 2 des Mietvertrages auch zur Kündigung auf den 1. Januar 1911 berechtigt gewesen sei, wenn er ohne Versetzung an einen anderen Ort vom Dienst abberufen wurde. Der § 2 gibt dem Kläger im Anschluß an § 570 BGB. nur das Recht der vorzeitigen Kündigung „für den Fall der Versetzung an einen anderen Ort", und diese Bestimmung hat ihren guten Grund darin, daß es dem Beamten infolge seiner Versetzung an einen anderen Ort in der Regel unmöglich gemacht wird, die Wohnung weiter als Mieter zu benutzen. Ganz anders liegt es aber, wenn ein Beamter pensioniert oder, was auf dasselbe hinausläuft, von seinem Amt ohne Anweisung eines anderen Wohnsitzes abberufen wird. In solchem Fall ist der Beamte aus dienstlichen Gründen nicht gehindert, in der Wohnung wohnen zu bleiben. Daß, wie der Kläger behauptet, im italienischen Recht Versetzung an einen anderen Ort mit Versetzung in den Ruhestand gleichbedeutend ist, kommt nicht in Betracht. Denn der zwischen den Parteien in Hamburg in deutscher Sprache und in Anlehnung an das BGB. geschlossene Mietvertrag ist zweifellos nach deutschem Rechte zu beurteilen. Der Kläger hat aber weiter behauptet, er sei nicht lediglich von seinem Amt abberufen, sondern er sei gleichzeitig angewiesen, sich zur weiteren dienstlichen Verwendung nach Rom zu begeben. Dann war er allerdings dienstlich gezwungen, seine Wohnung nach Rom zu verlegen, und das genügt, eine Versetzung an einen anderen Ort anzunehmen. Wie lange sein Aufenthalt in Rom dauerte, ob er bald nachher in Ruhestand trat oder weiter in Rom oder an einem anderen Ort dienstlich beschäftigt wurde, ist gleichgültig. Daß er aber in diesem Sinne zurückberufen ist, läßt sich aus der Auskunft nicht erkennen. M. M.

r) **Pacht: α) Überlassung eines Ackers zur Kiesausbeutung.**

OLG. München, III. ZS. Urteil v. 22. Juni 1911.

Der Kläger hat das Anwesen des X. erworben. X. hatte vorher mit dem Bürgermeister der Gemeinde einen nachträglich vom Gemeindeausschuß genehmigten Vertrag dahin geschlossen, daß er gegen eine einmalige Entschädigung von 330 Mark der Gemeinde einen Acker zur Kiesgewinnung auf so lange abtrete, bis der Acker ausgebeutet sei. Der Kläger bestreitet, in diesen Vertrag eingetreten zu sein, und verlangt Feststellung dahin, daß der Vertrag für ihn unverbindlich sei. Die Klage ist unbegründet.

Eine beschränkte persönliche Dienstbarkeit wurde nicht begründet. An und für sich wäre die Bestellung einer solchen rechtlich zulässig gewesen, allein die Parteien wollten nicht die Belastung des Ackers mit dem zeitlich unbegrenzten Rechte der Gemeinde, den Kiesbedarf zu entnehmen; man übertrug vielmehr der Gemeinde den Besitz am ganzen Grundstücke zu dem Zwecke, den Kies, eine Frucht des Ackers, bis zur vollständigen Ausbeutung daraus wegzunehmen. Dann endete das Recht der Gemeinde von selbst. Man wollte nicht ein dingliches Recht bestellen, sondern den Eigentümer vertraglich binden, der Gemeinde den Kies zu überlassen, darum übertrug man der Gemeinde den Besitz in weitgehendster Weise, so daß man sogar dem G. die „Nutznießung" an einem Teile des Ackers überließ und ihm ein Fahrtrecht darüber bestellte; §§ 1090, 873 finden also keine Anwendung. Dieser Auffassung waren auch die Gemeinde und ihre Berater, darum unterblieb die notarielle Beurkundung, die man vorher vorsichtshalber gewünscht hatte; der Eintrag im Grundbuch war nie beabsichtigt.

Diese Besitzübertragung weist gerade auf ein Pachtverhältnis hin. Mit seinem Wesen ist es vereinbar, den Berechtigten auf eine bestimmte Art der Ausbeute und des Gebrauchs am Grundstücke zu beschränken. Die Kiesgewinnung schloß auf der Fläche, auf der sie stattfand, jede andere Art der Benutzung aus. Bloß für einen Teil blieb dem X. der „Nutzgenuß" und ein Fahrtrecht, — im übrigen gewährte man der Gemeinde vollständig freie Hand zur Kiesausbeutung. Eine derart allgemeine Verfügungsgewalt spricht für die Absicht, ein Pachtverhältnis einzugehen (Staudinger 4a zu § 581). Wenn auch in der Regel ein fortlaufender Pachtzins gezahlt wird, so steht nichts im Wege, ihn in einer einmaligen Leistung bestehen zu lassen. Hier wurde das Grundstück zur vollständigen Kiesausbeutung überlassen, darum war es einfacher, einen festen einmaligen Pachtzins zu vereinbaren. Sonst hätte man jede einzelne Fuhre nachzählen oder bei einem jährlichen Pachtzins gewärtigen müssen, daß infolge rascher Ausbeute der Pachtzins zu gering werde. Auch die Pachtzeit ist genügend deutlich bestimmt: Die Gemeinde soll das Grundstück so lange besitzen, als Kies darin enthalten ist, ist die Ausbeute vollendet, endet der Pacht. Diese Ausbeute muß nach billigem Ermessen betrieben und darf nicht ohne Grund ungebührlich verzögert werden. So hat sich auch die Gemeinde verhalten, die während der Besitzzeit des Klägers 100 Fuhren Kies entnahm. Die Rechtsprechung hat derartige Verträge überwiegend als Pachtverträge aufgefaßt. Insbesondere liegen keine Umstände vor, die für einen Kaufvertrag sprechen. Nicht der Kies wurde an die Gemeinde verkauft, damit er alsbald herausgeschafft werde, es wurde vielmehr der Acker so lange abgetreten, bis der Kies gewonnen ist, diese Kiesgewinnung sollte sich auf einen verhältnismäßig langen Zeitraum erstrecken und sich nach dem Bedürfnisse der Gemeinde richten.

In den Vertrag ist der Kläger nicht nur nach §§ 581 S. 2, 571 BGB eingetreten; sondern auch durch Übernahme. Vor der notariellen Beurkundung des Kaufvertrags wurde er über den Vertrag belehrt, es wurde ihm gesagt, das Grundstück gehöre ihm, wenn der Kies weggefahren sei, damit war er zufrieden, er wollte nicht einmal den Acker sehen. Bei dem darauf folgenden Vertragsschluß machte er hierwegen keinen Vorhalt, er war also damit einverstanden, diese Verpflichtung des G. zu übernehmen. Darum muß er sich gefallen lassen, daß die Gemeinde die Kiesausbeute vertragsmäßig fortsetzt, das erlassene Verbot verstößt gegen Treu und Glauben im Verkehr (§ 157). Pn.

β) **Haftung für gehörige Einfriedigung der Weide.**

OLG. Celle, IV. ZS. Urteil v. 11. März 1911.

Nach dem unstreitigen Sachverhalt ist anzunehmen, daß durch die Zulassung eines Viehbesitzers zur Benutzung der Weidefläche zwischen ihm und der beklagten Stadtgemeinde ein Vertrag dahin geschlossen wurde, daß die Beklagte gegen Zahlung des festgesetzten Weidegeldes die Weidefläche in einem zur bestimmungsmäßigen Benutzung für unbeaufsichtigtes Vieh geeigneten Zustande zu erhalten hatte. Dies folgt besonders daraus, daß sie die Einfriedigung hergerichtet hat, daß es deren dauernder Instandhaltung bedurfte, ohne daß trotz der großen Anzahl und Verschiedenartigkeit der Beteiligung der Weideberechtigten eine Regelung darüber erfolgte, wie und in welchem Umfange die Berechtigten etwa zur Erhaltung der Einfriedigung heranzuziehen seien. Durch die Gestattung der Benutzung der Weide hatte hiernach auch der Kläger einen vertraglichen Anspruch auf Erhaltung der Weidefläche in einem solchen Zustande, daß das Vieh Tag und Nacht unbeaufsichtigt dort belassen werden konnte, ohne anderen Gefahren ausgesetzt zu sein als denjenigen, welche eine umschlossene Weidefläche ihrer Natur nach mit sich bringt. Dadurch, daß die Beklagte auf einem Teil des Weideplatzes Bauten errichten ließ, erwuchs ihr namentlich die neue Pflicht, die hieraus dem Vieh drohenden Gefahren zu beseitigen.... Die hiernach gebotene ordnungsmäßige Absperrung des Bauplatzes hatte jedoch lediglich die Bedeutung, dem weidenden Vieh Gefahren fernzuhalten, welche sich aus der Benutzung des Platzes als Bauplatz nach den Erfahrungen des Lebens ergaben. Für Gefahren, welche nicht in diesen Rahmen fielen, konnte die Beklagte demnach nicht schon deshalb verantwortlich sein, weil die Absperrung mangelhaft gewesen war. Um ein Ereignis, welches sich nicht aus der Benutzung des Platzes als Bauplatz ergab, handelte es sich aber hier. Der Sack mit Mehl, dessen Genuß den Tod des Pferdes des Klägers herbeigeführt haben soll, war zum Füttern der Pferde des Fuhrunternehmers B. bestimmt. Diese wurden dazu benutzt, die zur Aufschüttung des Bauplatzes erforderlichen Fuhren zu leisten. Während der Ruhezeit bei Tag und Nacht blieben die Pferde gleich denjenigen der anderen Weideberechtigten auf der angrenzenden Weide. Die Benutzung der Pferde B.s zu Erdarbeiten auf dem Bauplatz für sich allein kann indes nicht dazu führen, die Heranschaffung von Futter für sie und dessen offenes Stehenbleiben als ein mit der Bauplatzeigenschaft zusammenhängendes Vorkommnis darzustellen. Die Heranschaffung von Futter auf den Weideplatz hätte ebensogut für dort weidende Pferde erfolgen können, welche an irgend einem anderen Ort benutzt wurden. Der umsichtigste Schutz gegen alle aus den Bauarbeiten entstehenden Gefahren konnte also Gefahren dieser Art nicht verhindern.

Hätte aber auch die Aufstellung des Sackes Mehl mit der Benutzung des Platzes als Bauplatz im Zusammenhang gestanden, so wäre dieser doch nur außergewöhnlich lose. Nach den Erfahrungen eines gesunden Verkehrs brauchte die Beklagte nicht anzunehmen, daß Futter auch dann noch auf den Platz gebracht werden würde, nachdem ihn Arbeitsleute und Pferde verlassen hatten und die abschließbaren Räume geschlossen waren, vor allem aber auch nicht, daß das nach dem Arbeitsschluß hingeschaffte Futter unverwahrt und jedermann zugänglich auf dem Platz zurückbleiben werde.... Ist auch bei der Voraussehbarkeit des Schadens nicht die Feststellung erforderlich, daß der Schuldner gerade von der tatsächlichen Art und Gestaltung des Schadens eine genaue Vorstellung habe gewinnen können, so wird man doch immer verlangen müssen, daß das den Schaden herbeiführende Ereignis wenigstens im allgemeinen in den Rahmen derjenigen Vorgänge fällt, welche bei Anwendung der gewöhnlichen Aufmerksamkeit vorauszusehen waren. L.t.

γ) **Umfang des Pfandrechts des Verpächters.**

Kammergericht, XVII. ZS. Urteil v. 16. Dezember 1911.

Während der Pächter noch auf dem Rittergut wirtschaftete, ließ der Beklagte mehrere Kühe, die er ihm unter Eigentumsvorbehalt verkauft hatte, sowie ein Kalb zu sich nach Hause treiben. Der Verpächter, der noch Pachtzins zu fordern hat, verlangt Herausgabe der Viehstücke oder Werterſatz. Allein der auf §§ 581², 561², 559 gegründete Klaganspruch setzt voraus, daß die Kühe und das Kalb zur Zeit ihrer Fortschaffung eingebrachte Sachen des Pächters gewesen sind und in dessen Eigentum gestanden haben. Eine Vermutung, daß die vom Pächter eingebrachten Sachen ohne weiteres als dem Pächter gehörig zu gelten haben, hat das Gesetz nicht aufgestellt, und die Eigentumsvermutung aus § 1006, die gemäß § 1227 auch entsprechende Geltung für den Pfandbesitzer hat, gilt nicht für das Verhältnis zwischen Pfandgläubiger und Eigentümer (Rsp. 10 S. 127; Bl. f. RA. 71 S. 15). Hier ist erwiesen, daß die Kühe im Eigentum des Beklagten verblieben sind; das Kalb ist von einer der Kühe im Dezember 1909 geworfen worden. Der Beklagte war Eigentümer des Kalbes gemäß § 953 geworden, da keine der Ausnahmen der §§ 954 bis 957 in Betracht kommt, besonders auch nicht § 956, weil der Beklagte als Eigentümer des Muttertieres dem Pächter gerade nicht die Aneignung des Kalbes gestattet, sondern ihm das Kalb fortgenommen hat. Dr. W.t.

s) **Jagdpacht:** α) **Rechtsweg wegen Ausschließung vom Mitbieten?**

Kammergericht, XIV. ZS. Urteil v. 26. Februar 1912.

Zu dem Termin, in welchem die Gemeindejagd Schm. durch den Vorsteher der Jagdgenossenschaft öffentlich meistbietend neu verpachtet wurde, war auch der Kläger erschienen, aber mit der Begründung, er habe Jagdfrevel begangen, unter Hinweis auf § 15 der Pachtbedingungen nicht zugelassen. Er klagt gegen die Jagdgenossenschaft mit der Behauptung, daß er zu Unrecht vom Bieten ausgeschlossen worden sei, auf Feststellung der Nichtigkeit des mit X. geschlossenen Pachtvertrages. Für diese Klage fehlt jedoch ein Rechtsschutzbedürfnis.

Der Jagdvorsteher hatte die Jagd öffentlich meistbietend zu verpachten, u. z. nach den Pachtbedingungen. Sind diese nicht innegehalten, ist also hier der Kläger zu Unrecht vom Mitbieten ausgeschlossen, so liegt eine Ordnungswidrigkeit vor. Man könnte davon denken, daß die §§ 21 ff. der Tagesordnung verletzt sind, weil die Öffentlichkeit der Versteigerung nicht gewahrt ist. Das würde dahin führen, daß der Vertrag mit X. nach § 24 das. nichtig ist. Allein der ausgeschlossene Bieter kann diese Nichtigkeit nicht geltend machen. Bei der Zwangsversteigerung von Grundstücken ist allerdings dem Bieter ein Beschwerderecht gegen den Zuschlag gegeben; das ist aber eine Ausnahme, die nicht ausgedehnt werden darf. Im BGB. als auch im preuß. Jagdrecht fehlt es aber an einer Vorschrift, auf die der Kläger einen Anspruch gründen könnte. Das OLG. Cöln (Recht 1912 S. 452) hat angenommen, daß der einzelne Jagdgenosse nicht gegen die Jagdgenossenschaft auf Feststellung dahin klagen könne, daß der vom Jagdvorsteher abgeschlossene Jagdpachtvertrag nichtig sei; denn er habe an dieser Feststellung kein rechtliches Interesse, da ein ihm günstiges Urteil seine Rechtslage in keiner Weise verbessern würde. In jenem Urteile wird ein Recht des Jagdgenossen, von der Jagdgenossenschaft zu verlangen, daß diese die Nichtigkeit des Vertrages im Verwaltungsstreitverfahren gegen den Jagdpächter geltend mache, ausdrücklich verneint. Alles Vorstehende muß um so mehr von einem bloßen Bieter gelten, der kein Jagdgenosse des Beklagten ist.

Der Bieter hat nur das Recht, wenn er sich für zu Unrecht ausgeschlossen hält, sich an die Jagdaufsichtsbehörde zu wenden, hier an den zuständigen Landrat. Dieser könnte Veranlassung nehmen, den Jagdvorsteher aufzufordern, die Erhebung der Nichtigkeitsklage im Verwaltnngsstreitverfahren zu erheben. Auch ein Beschwerderecht gegen den ablehnenden Bescheid der Jagdaufsichtsbehörde würde man dem Bieter zusprechen müssen. Damit sind aber die Befugnisse des Bieters erschöpft. Er ist nicht berechtigt, von den ordentlichen Gerichten einen Ausspruch der hier vorliegenden Art zu verlangen, damit die Jagdaufsichtsbehörde vielleicht Anlaß nehmen könnte, die Nichtigkeitsklage im Verwaltungsstreitverfahren herbeizuführen. Die Urteile der ordentlichen Gerichte können nicht ausschließlich zu dem Zwecke erwirkt werden, um als Material für die Entschließungen der Verwaltungsbehörden zu dienen. Hier kommt hinzu, daß die Aufsichtsbehörde die Nichtigkeitsklage nicht veranlassen wird. Der Bezirksausschuß hat die Nichtigkeitsklage verschiedener Jagdgenossen abgewiesen, weil der Kläger einen Jagdfrevel dadurch begangen habe, daß er in der Schonzeit eine Ricke geschossen habe. An dieses Urteil wird die Aufsichtsbehörde sich gebunden erachten und die Frage nicht noch einmal der Prüfung der Verwaltungsgerichte unterbreiten. Würde aber schließlich auch eine „Nichtigkeitsklage erhoben werden und auch von Erfolg begleitet sein", so hätte dann eine neue Verpachtung auf Grund der bisherigen, bereits festgestellten Bedingungen zu erfolgen. Nach diesen hat aber nicht der Meistbietende ein absolutes Recht auf die Erteilung des

Zuschlages, vielmehr hat der Jagdvorsteher „unter den Meistbietenden die Wahl". Unter den Meistbietenden sind nicht diejenigen zu verstehen, welche dasselbe höchste Gebot abgeben, sondern diejenigen, welche die höchsten Gebote (sie können verschieden sein) abgeben. Wie weit der Kreis dieser Personen geht, braucht hier nicht erörtert zu werden, der Jagdvorsteher hat jedenfalls die Wahl unter mehr als drei Personen; daß er dem Kläger den Zuschlag erteilen würde, ist nach Lage der Sache wohl ausgeschlossen. Bei der Verpachtung soll das Interesse der Jagdgenossenschaft maßgebend sein (§ 21 JagdO.). Der höchste Pachtzins ist hierbei aber nicht immer ausschlaggebend, es können auch andere Umstände bestimmend wirken, z. B. pflegliche Behandlung der Jagd (AusfAnw. vom 29. Juli 1907 Nr. 16). Der Jagdvorsteher könnte also einer anderen Person als dem Kläger zuschlagen, ohne von seinem Ermessen einen unrichtigen Gebrauch zu machen. Gleichgültig erscheint, ob der Pächter X. die Nichtigkeit des Pachtvertrages anerkannt hat. Die Klage würde auch nicht zulässig sein, wenn man das Vorbringen des Klägers dahin auslegen wollte, X. wolle auf sein Recht aus dem Vertrage verzichten, wenn ihm ein gerichtliches Urteil vorgelegt würde, nach welchem der Kläger im Recht ist. Die Rechtshandlung des X. würde für die Beklagte nicht in Betracht kommen, diese braucht daraus keinen Anlaß zu einer Neuverpachtung der Jagd zu entnehmen. Fr.

β) **Übertragung ohne Genehmigung. Tod des Pächters.**

OLG. München, III. ZS. Urteil v. 16. November 1911.

B., der die Gemeindejagd D. von 1908—1918 für 75 Mark gepachtet hatte, schloß dann mit dem Kläger einen schriftlichen Vertrag, wonach er diesen als Mitpächter annahm. Letzterer mußte den jährlichen Pachtschilling zu 75 Mark an B. entrichten und außerdem eine einmalige Entschädigung von 500 Mark zahlen. Ende 1909 starb B., worauf die Gemeinde D. die Jagd anderweitig verpachtete. Kläger verlangte von den Erben des B. teilweise Rückzahlung des Pachtzinses sowie der Entschädigung und siegte ob. Gründe:

Die Jagdpacht auf einen anderen als den Jagdpächter kann nach Art. 12 des b. Jagdges. nur mit Bewilligung der Gemeinde übertragen werden, die hier nicht erteilt wurde. Der Gemeinde gegenüber war daher der Vertrag ungültig; unter den Vertragschließenden äußerte er aber Rechtswirkung, sie waren daran gebunden. B. mußte alles tun, um dem Kläger die ungehinderte Jagdausübung zu sichern und die Übertragung der Jagd auf den Kläger nachsuchen (Ensch. des Ob. LG. 7 S. 100). Etwaige Ansprüche und Gegenansprüche müssen nach den Grundsätzen der Bereicherung ausgeglichen werden. Der Kläger hat den Beklagten eine Frist von 8 Tagen gesetzt, innerhalb deren sie bewirken sollten, daß er die Jagd ausüben dürfe, widrigenfalls er vom Vertrage zurücktrete. Die Beklagten sind diesem Verlangen nicht nachgekommen; sie konnten dies auch nicht, da der Pachtvertrag abläuft mit dem Tode des Pächters; vgl. Pollwein, Jagdges. 7. Aufl. S. 80, dessen Gründe vollständig zu billigen sind. . . .

Nach § 323 verloren die Beklagten den Anspruch auf die Gegenleistung, weil aber nur eine teilweise Unmöglichkeit der Leistung eintrat (bis zum Tode des B. hatte der Kläger die Jagd ausgeübt), mindert sich die Gegenleistung entsprechend. Die nicht geschuldete Gegenleistung ist bewirkt, sie kann auf Grund der Bereicherung zurückgefordert werden.... Die Beklagten haben durch die Leistung des Klägers an B. einen Teil der gezahlten Entschädigung ohne rechtlichen Grund auf Kosten des Klägers erlangt ... die Gegenleistung ist entsprechend herabzumindern.... P.n.

t) **Zusicherung einer Eigenschaft beim Lizenzvertrage.**[1]

OLG. Naumburg, I. ZS. Urteil v. 31. Januar 1912.

Der Kläger verlangt den Rest eines Preises, der im Lizenzvertrage für die Überlassung des Vertriebes einer zur Füllung von Luftschläuchen bestimmten Masse vereinbart ist. Der Beklagte wendet mit Recht ein, daß die beim Vertragsschluß gemachten Zusicherungen unrichtig sind. Da Lizenzverträge nach den Grundsätzen über die Pacht zu beurteilen sind, so finden gemäß § 580[2] die Vorschriften über die Miete entsprechende Anwendung. Der hiernach anwendbare § 537 gibt dem Pächter das Recht, den Pachtzins für die Zeit zu verweigern, in welcher eine zugesicherte Eigenschaft fehlt, d. h. eine an sich dem Vertragsgegenstande nicht selbstverständlich anhaftende besondere Eigenschaft, deren Vorhandensein vom Verpächter ausdrücklich zugesichert ist und im Vertrauen auf deren Vorliegen der Pächter den Vertrag abgeschlossen hat, in Wahrheit nicht vorhanden ist. Gegenstand der Pacht ist hier das Recht, die Füllungen von Luftschläuchen mit einer besonderen Masse vorzunehmen und daraus Nutzen zu ziehen. Die Tatsache, daß mit 7 kg dieser Masse sechs Fahrradschläuche gefüllt werden können und die Ausbeutung der Erfindung dieser Masse einen Gewinn von 200 % bringt, ist eine Eigenschaft dieses Rechts auf Ausbeute, und zwar eine *besondere* Eigenschaft dieses Rechts. Der Kläger hat diese Eigenschaft ausdrücklich an der Hand einer während der Vertragsverhandlungen aufgestellten Berechnung zugesichert. Im Vertrauen hierauf hat der Beklagte den Vertrag abgeschlossen. Weiter hat die Eigenschaft einen wichtigen Punkt, wenn nicht den wesentlichen Inhalt des ganzen Vertrages gebildet. Nicht etwa ist die Berechnung des Gewinnes als ein außerhalb des Vertragsinhalts stehendes Moment anzusehen, das, wie das LG. angenommen hat, ohne den Kläger zu berühren, den Beklagten bestimmt hat, den Vertrag abzuschließen, und das dem Beklagten, falls sich die Berechnung als falsch erweist, kein Recht zur Zahlungsverweigerung gibt. Dies könnte nur dann angenommen werden, wenn der Beklagte sich *selbst* den Gewinn berechnet und auf Grund dieser nur beiläufig zum Gegenstand der Verhandlung gemachten Berechnung die Lizenz erworben hätte. Ist aber dieser innere Grund, wie hier, Hauptgegenstand der Vertragsverhandlungen

[1] Unter einer „Lizenz" wird im Rechtsverkehr regelmäßig die Übertragung eines durch Patent oder anderweitig geschützten Rechts verstanden (OLG. Hamburg, V. ZS. Urteil v. 22. Februar 1911).

geworden, und hat sogar der Kläger ausdrücklich zugesichert, daß die den inneren Grund stützenden Tatsachen vorliegen, so muß das Nichtvorhandensein dieser Tatsachen auch ihm gegenüber zum Schutze des auf die Zusicherung vertauenden Erwerbers von Wirkung sein. Schl.

u) **Verteilung der Schullasten des verpachteten Rittergutes.**

OLG. Breslau, VI. ZS. Urteil v. 20. März 1912.

Der Kläger hatte sein Rittergut, das einen selbständigen, zu einem Gesamtschulverbande gehörigen Gutsbezirk bildet, mit der Bestimmung dem Beklagten verpachtet, daß dieser alle das Gut betreffenden Schullasten zu tragen habe. Bei der Verteilung der Schullasten des Verbandes auf die ihn bildenden Kommunalverbände spielt das persönliche Einkommen des Klägers aus der Verpachtung des Rittergutes eine Rolle, weil es bei der Kreisbesteuerung und infolgedessen auch bei der Verteilung der Schullasten unter die Verbandsmitglieder berücksichtigt wird (§ 9 Volksschulunterhaltungsges. v. 26. Juli 1906). Innerhalb des Gutsbezirkes hat eine Unterverteilung der Schullasten stattgefunden (§ 8); der Beklagte will den dabei auf das persönliche Einkommen des Klägers aus der Verpachtung des Rittergutes entfallenden Betrag oder wenigstens den Betrag nicht tragen, um den sich die den Gutsbezirk treffenden Schullasten durch die Rolle erhöhen, die das Einkommen des Klägers aus der Verpachtung gemäß § 9 spielt. Nur der letztere Standpunkt wurde gebilligt. Gründe:

1. Nach dem Ges. werden die Schullasten des Gesamtschulverbandes von den drei beteiligten Kommunalverbänden gemeinsam, und der auf den Gutsbezirk fallende Teil nach § 8[1] vom „Gutsbesitzer" getragen. Die Schullast betrifft also den Gutsbesitzer als solchen, als Besitzer der Gutsherrschaft und Vorsteher des kommunalen Gutsbezirkes; sie ist durch den Besitz der Gutsherrschaft — die hier mit dem „Pachtgut" identisch ist — veranlaßt. Unter den das Pachtgut betreffenden Lasten müssen nicht nur die auf dem Pachtgut ruhenden (die Reallasten), sondern auch die durch dessen Besitz veranlaßten verstanden werden. Daher fallen die Schullasten, als durch den Besitz des Gutes veranlaßt, grundsätzlich dem Beklagten zur Last.

2. Während früher der auf den Gutsbesitzer fallende Teil der Schullasten ein durch Observanz fest bestimmter Teil der gesamten Schullasten war, werden diese jetzt nach § 9 Ges. zur Hälfte nach dem Verhältnis der Kinderzahl, zur Hälfte nach dem Verhältnis des Steuersolls auf die beiden Gemeinden und den Gutsbezirk in jedem Jahre neu verteilt. In dem Steuersoll des letzteren ist aber die Einkommensteuer des Klägers für das Einkommen aus dem Gute mitenthalten. Diese Steuer ist nicht als eine das Gut betreffende Last zu erachten; denn der Kläger leistet sie nicht als Eigentümer des Gutes, sondern weil er aus dem Gut ein Pachtzinseinkommen bezieht. Demnach ist auch der vom Gutsbezirk aufzubringende Teil der Schullasten insoweit keine das Gut betreffende Last, als er auf diese Einkommensteuer anteilig entfällt. Also hat der Beklagte die Schullasten des

Gutsbezirkes insoweit nicht zu tragen. Die gegenteilige Auffassung hätte zur Folge, daß er für den von ihm an den Kläger gezahlten Pachtzins auch noch Steuern zahlen und die auf diesen Steuern beruhenden Lasten tragen müßte.

3. An diesem Verhältnis der Parteien zueinander wird dadurch nichts geändert, daß auf Antrag des Klägers gemäß § 8² Ges. eine Unterverteilung dahin herbeigeführt worden ist, daß der auf den Gutsbezirk entfallende Teil der Schullasten auf alle im Gutsbezirke wohnenden Steuerpflichtigen in der Form von Zuschlägen zu Einkommen- und Realsteuern verteilt ist. Denn dadurch sollte dem Beklagten nur die Möglichkeit gegeben werden, die im Gutsbezirk wohnenden Steuerpflichtigen zur Tragung der Schullasten heranzuziehen. Er sollte zwar besser, nicht aber der Kläger schlechter gestellt werden. Im Verhältnis zwischen den Parteien sollte durch die vom Kläger beantragte Unterverteilung nichts geändert werden; sie hing lediglich von dem Antrage des Klägers ab und ist gemäß § 8³ auf seinen Antrag wieder aufzuheben. Daher hat der Beklagte sowohl die in Form von Realsteuern als auch die in Form von Einkommensteuern zufolge der Unterverteilung vom Kläger erforderten Schullasten zu tragen, aber immer nur insoweit, als diese Steuern nicht auf Beträge zurückzuführen sind, die bei der Verteilung der einen Hälfte der Schullasten auf die den Gesamtschulverband bildenden Kommunalverbände nach dem Steuersoll auf die Einkommensteuer des Klägers für sein Einkommen aus dem Pachtgute anteilig entfallen. M. r.

v) Darlehn oder Kauf einer einzutragenden Hypothek?

α) OLG. Rostock, II. ZS. Urteil v. 19. April 1911.

Das LG. beurteilt das Vorbringen der Parteien dahin, daß die Klagbehauptung, es sei dem Beklagten ein Darlehn gegeben, für widerlegt gelten müsse und daß die Parteien einen Kauf über eine neu einzutragende Grundschuld abgeschlossen hätten. Dafür spricht jedoch nicht der Umstand, daß die Parteien seit Jahren in der Weise in Geschäftsverbindung gestanden haben, daß der Kläger Grundschulden auf den Grundstücken des Beklagten zu übernehmen pflegte. Denn der Beklagte ist nicht ein Hypothekenmakler oder Inhaber eines Kreditinstituts, der Wertpapiere in Geld umsetzt, sondern ein Bauunternehmer, und die Grundschulden, die der Kläger von ihm erwarb, waren ausschließlich solche, die auf den von ihm zu bebauenden oder bebauten Grundstücken ruhten. Bauunternehmer pflegen aber nicht einen Effekthandel mit den Grundstückswerten zu treiben, sondern sie suchen Geld unter Darbietung von Realsicherheit. Wie dies sich von selbst ergäbe, wenn die aus der Hingabe des Geldes entstehende Forderung durch Begründung einer Hypothek gesichert worden wäre, so ist dem Rechtsgeschäft auch der gleiche Charakter beizulegen, wenn die Sicherheit entsprechend der hier üblicheren Form des Realkredits durch Eintragung einer Grundschuld gewährt wird. Nur insofern besteht ein Unterschied, als eine persönliche Forderung nach Eintragung der Grundschuld und endgültiger Erledigung des Geschäfts durch

Übereignung des Grundschuldbriefs nach der Absicht der Parteien regelmäßig nicht mehr bestehen wird.

Würdigt man das Parteivorbringen im Zusammenhange, so ergibt sich: Der Kläger wollte 2000 Mark verzinslich gegen Realsicherheit anlegen und hat dem Beklagten, dem in seinem Gewerbe Geld als Betriebsmittel willkommen war, Anfang 1908 versprochen, ihm 2000 Mark gegen eine in der Priorität von 40000 Mark stehende Grundschuld hinzugeben, wenn das Haus, mit dessen Bebauung Beklagter damals erst beginnen wollte, im Rohbau fertig sein werde. In beiderseitigem Einverständnis hat der Kläger die 2000 Mark bis zu diesem Zeitpunkt bei der Bank auf Kontokorrent belegt, damit er sie in jenem Zeitpunkt sofort zur Verfügung hatte. Im August vereinbarten dann beide, obwohl jener Zeitpunkt noch nicht gekommen war, zur Vermeidung von Zinsverlust, daß Beklagter die 2000 Mark schon jetzt erhalten, in der Zwischenzeit aber als Sicherheit eine ihm zustehende Restkaufgeldforderung abtreten sollte. Aus diesem Sachverhalt geht hervor, daß der Kläger die 2000 Mark zunächst bereit hielt, um eine ihren Wert durch die Bautätigkeit des Beklagten in einem späteren Zeitpunkt erlangende Grundschuldforderung zu erwerben, dann aber sie ihm vorzeitig hingab und bis zu jenem Zeitpunkt kreditierte. Ein solches Kreditgeschäft stellt sich mangels abweichender Beredungen als Darlehn mit der Nebenberedung dar, daß, wenn der Bau auf dem Grundstück das in Aussicht genommene Stadium erreicht, beide Parteien die Umwandlung des Darlehns in eine Grundschuld zu verlangen berechtigt sind. Hierfür spricht auch die Tatsache, daß der Beklagte die 2000 Mark schon von 1908 an mit 5% — unter Abrechnung der vereinnahmten Kontokorrentzinsen, solange das Geld auf der Bank lag — zu verzinsen hatte.

Hiernach ist die Klage mit Recht auf ein Darlehn gestützt, ohne daß es darauf ankommt, ob bei Auszahlung der 2000 Mark an den Beklagten unter den Parteien Worte gesprochen sind, die den Willen, ein Darlehn zu geben und zu nehmen, unmittelbar ausdrücken. Der Beklagte ist aber trotzdem zur Rückzahlung der 2000 Mark nicht verpflichtet, wenn er zu einem Zeitpunkt, wo er die Umwandlung des Darlehns in eine Grundschuld verlangen konnte, dies Verlangen geltend gemacht hat. Unstreitig hat der Kläger den Grundschuldbrief erhalten, als das Haus im Rohbau fertig war (30. September). Die Parteien streiten aber darüber, ob er ihn schon zu diesem Zeitpunkt zu übernehmen hatte oder erst dann, wenn das Grundstück einen Wert von 40000 Mark darstellte. Letzteres will der Kläger bei der Hingabe des Geldes ausdrücklich vereinbart haben. Da Anfang 1908 vereinbart war, daß Beklagter das Geld gegen Hingabe des Grundschuldbriefes erhalten sollte, sobald das Haus im Rohbau fertig sei, so trifft den Kläger die Beweislast für seine Behauptung; denn er leitet aus der späteren Verhandlung eine weitgehende Abänderung des bestehenden Vertragsverhältnisses zu seinen Gunsten her. J.n.

β) **Bedeutung der Umwandlung in ein Darlehn.**

OLG. Rostock, I. ZS. Urteil v. 13. Juli 1911.

Gemäß § 607² haben die Parteien in § 4 bestimmt: „der Käufer der Grundstücke [Beklagter] gibt in Anrechnung auf den Kaufpreis Hypotheken zum Gesamtbetrage von 16000 Mark in Zahlung; da sie teilweise für eine Schuld des Käufers bei der M.-Bank von 3000 Mark und bei der N.-Bank von 5750 Mark verpfändet sind und der Verkäufer diese Schulden übernehmen soll, ist er wegen dieser 8750 Mark zu sichern, u. z. in der Weise, daß er 250 Mark bar zuzahlt und dafür 9000 Mark vom Käufer zu fordern hat, der „sich für diese 9000 Mark als Darlehnsschuldner bekennt". Die Klage auf den Restkaufpreis ist zurzeit unbegründet.

Bei einer Vereinbarung aus § 607² können die Parteien beabsichtigen, daß das der Schuld zugrunde liegende Rechtsverhältnis abgetan und durch das Anerkenntnis einer bestimmten Schuldsumme ersetzt sein soll und nunmehr nur die Rechtswirkungen eines einseitigen Vertrags eintreten sollen. Es ist aber auch sehr wohl möglich, daß das frühere Rechtsverhältnis nach wie vor die Grundlage des Anspruchs bilden soll, der nur hinsichtlich gewisser Wirkungen, namentlich Kündigung und Verzinsung, den Grundsätzen des Darlehns unterliegen soll. Für eine solche schwächere Wirkung spricht meistens eine tatsächliche Vermutung, wie denn die Motive 2 S. 312 hervorheben, daß diese Vorschrift keineswegs darüber bestimmt, ob und inwiefern der Schuldner mit Einwendungen aus dem früheren Rechtsverhältnis sich zu schützen vermag. Hier, wo die Vereinbarung geradezu einen Teil des unter den Parteien abgeschlossenen Kaufs bildet und ausdrücklich dargelegt wird, daß und weshalb die als Darlehn zu betrachtende Summe nur einen Faktor in der Begleichung des Kaufpreises bilden soll, ist eine Loslösung dieser Schuld von ihrem Grunde nicht beabsichtigt, so daß der Schuldner den Zusammenhang seiner Verbindlichkeit mit den übrigen Bestimmungen des Kaufvertrags geltend machen darf. In diesem Zusammenhange setzt aber die Schuld eine Gegenleistung des Gläubigers voraus, nämlich, abgesehen von den übrigen Verbindlichkeiten des Verkäufers, mindestens — außer der unstreitigen Zuzahlung von 250 Mark — die Übernahme der Bankverbindlichkeiten von 8570 Mark durch den Verkäufer. Da dieser jedenfalls die Schuld bei der Bank nicht übernommen hat, hat das LG. die Klage wenigstens zum Betrage von 3000 Mark abgewiesen. Mit Unrecht aber nimmt es an, daß der Kläger seiner Verpflichtung, „die Schuld von 5750 Mark bei der N.-Bank als Selbstschuldner zu übernehmen", dadurch genügt hat, daß diese Banken ihn als Schuldner angenommen und den Beklagten als Schuldner entlassen haben. Das LG. begründet dies damit, es sei unannehmbar, daß der Kläger, der die lombardierten Hypotheken in Zahlung auf den Kaufpreis angenommen habe, dem Beklagten für die Sicherheit dieser in Zahlung gegebenen Hypotheken einstehen solle. Es will damit sagen, daß irgendwelche Nachteile daraus, daß das den Hypotheken zugrunde liegende Schuldverhältnis aufgerollt wird, vom Beklagten getragen werden müssen, da er diese Hypotheken in Zahlung gegeben habe und es für ihn gleichgültig sei, ob die Bank sie auf Grund ihres Pfandrechts verwerte oder ob der Kläger als Erwerber der Hypotheken demnächst darüber verfüge; das einzige beachtliche Interesse, das der Beklagte an dem § 4 des Vertrags habe, bestehe darin, daß die Bank ihn nicht als persönlichen Schuldner unmittelbar beanspruchen könne, und hierfür habe der Kläger gesorgt. Aber diese Auffassung wird der Sachlage nicht gerecht. Bei dem Abschluß eines Grundstückskaufs ist es meistens in hohem Maße von Bedeutung, ob der Käufer den Kaufpreis bar zu zahlen hat oder ob er ihm in irgend einer Form kreditiert wird. Für die Auslegung des § 4 kann daher das bloß rechnerische Ergebnis nicht maßgebend sein, daß — einerlei ob der Kläger die Schuld bei der Bank materiell tilgt oder nur formell übernimmt — der Beklagte die hinterlegten Hypotheken veräußert und außerdem 8750 Mark schuldet. Vielmehr ist der wirtschaftliche Zweck der Vereinbarung maßgebend und der geht dahin, daß der Käufer nicht genötigt werden solle, sofort bar zu zahlen. Wird aber die Bank nicht befriedigt, so wird sie alsbald zur Verwertung der Hinterlagen schreiten, und da für diese, wie Beklagter unwidersprochen behauptet, seine Frau haftet, so tritt im wirtschaftlichen Ergebnis doch sofort die Notwendigkeit an ihn heran, für die Begleichung der Schuld zu sorgen, während der Beklagte, wenn der Kläger die Schuld bei der Bank tatsächlich abbürdete, bis auf weiteres befristet war und hoffen durfte, später bei günstigeren Kreditverhältnissen Deckung zu schaffen, wenn die in Zahlung gegebenen Hypotheken oder die im § 4 übernommene „Darlehnsschuld" durch Kündigung fällig werden sollten. Eine nicht am buchstäblichen Ausdruck haftende Auslegung führt daher zu dem Ergebnis: der Kläger war verpflichtet, die Schuld bei den Banken nicht bloß formell zu übernehmen, sondern auch materiell zu tilgen, so daß er wider Treu und Glauben verstößt, wenn er ohne jedes materielle Opfer die Rechte aus § 4 für sich beansprucht. Bei dieser Sachlage braucht nicht erörtert zu werden, ob schon die streitlose Nichterfüllung der verheißenen Übernahme der Schuld bei der M.-Bank dem Beklagten auch über 3000 Mark hinaus die Einrede des nicht erfüllten Vertrags gegen die Ansprüche des Verkäufers gewährt, da jedenfalls auch die Schuld bei der N.-Bank nicht in der Weise übernommen ist, wie sie dem Vertrag entsprach. J.-n.

14

a) Recht des Schauspielers auf Beschäftigung.

OLG. Hamm, X. ZS. Urteil v. 3. November 1911.

Das BGB. hat in den Bestimmungen über den Dienstvertrag eine Verpflichtung des Dienstberechtigten zur Annahme der Dienste oder ein Recht des Verpflichteten auf tatsächliche Leistung der Dienste nicht aufgenommen (vgl. Gruchot 47 S. 400) und auch in anderen Bestimmungen findet die Annahme eines solchen Rechts keine Stütze. Wenn das RG. aO. bemerkt,

„die Frage, ob dem Bediensteten im übrigen ein Recht auf Erfüllung oder ein Entschädigungsanspruch zustehe, werde durch die Verneinung seines Rechts auf Annahme seiner Dienste nicht berührt", und wenn Staudinger (VI zu § 611) seiner Ansicht, daß ein Anspruch auf Annahme seiner Dienste nicht bestehe, hinzufügt: „Selbstverständlich aber wird dadurch die weitere Frage nicht berührt, ob und inwieweit den Verpflichteten solchen Falles ein Entschädigungsanspruch zusteht; denn wenn der Berechtigte eine Leistung ablehnt, muß er auch die rechtlichen Folgen seines Handelns tragen," so können diese unklaren Bemerkungen nur dahin verstanden werden, daß der Anspruch auf die vertragsmäßige Vergütung in Bar- oder anderen Leistungen und auf Schadensersatz wegen deren Nichtgewährung unberührt bleibt. Ein lediglich auf Nichtannahme der Dienste (z. B. wegen Verschlechterung der Aussichten weiteren Fortkommens) gestützter Schadensanspruch würde nur auf Verletzung einer Vertragspflicht zur Annahme der Dienste gegründet werden können und entbehrt daher der rechtlichen Stütze, wenn eine solche Vertragspflicht verneint wird.

Zu Gunsten der Schauspieler ist freilich versucht worden, ein Recht auf Beschäftigung mit dem besonderen Interesse zu begründen, das der Schauspieler daran habe, Übung zu behalten, sich fortzubilden und sich einen Namen zu machen (vgl. D.JZ. 1909 S. 458, 625; 1911 S. 52; Recht 1909 S. 357, 437; Planck 5a zu § 611). Diesem Versuch ist entgegenzuhalten, daß dasselbe Interesse in nicht geringerem Grade zahlreiche andere Berufsarten haben und daß ihm bei dem Berufe des Schauspielers insbesondere (vgl. Kohler, D.JZ. 1911 S. 54) das Interesse der Theaterleitung gegenübersteht, zur möglichst vollkommenen Erfüllung ihrer künstlerischen Aufgabe in der Auswahl der zu einer Aufführung zuzuziehenden Personen völlig frei zu sein. Aber auch wenn man für den Schauspieler jenes Interesse in besonders hohem Maß anerkennen wollte, so kann dies doch nicht zur Annahme eines Rechts auf Beschäftigung führen. Ein dem Gesetze unbekanntes Recht bekommt durch ein solches Interesse allein keine gesetzliche Grundlage, und als selbstverständlichen Inhalt des Engagementsvertrages kann man lediglich wegen des Interesses des Schauspielers das Recht auf Beschäftigung aus dem Grunde nicht gelten lassen, weil die andere Partei, die Leiter der Theater, sich entschieden sträuben, es anzuerkennen. Wenn der Schauspieler ein Recht auf Beschäftigung haben will, so muß er es vereinbaren, daß ihm dies wegen seiner regelmäßig schwächeren wirtschaftlichen Lage meistens nicht möglich sein wird, soll nicht verkannt werden, kann aber nicht dahin führen, ohne Vereinbarung das Recht anzuerkennen, sondern nur für den Gesetzgeber ein Grund sein, bei einer künftigen gesetzlichen Regelung des Theaterrechts dem Schauspieler als dem wirtschaftlich schwächeren Teile besonderen gesetzlichen Schutz zu gewähren. H.

b) **Zur Auslegung des Formulars des Deutschen Bühnenvereins.**

OLG. Hamburg, IV. ZS. Urteil v. 13. Oktober 1911.

Der für das Jahr 1910/11 geschlossene Vertrag, ebenso wie der vorhergehende Jahresvertrag, sind auf Formularen des Deutschen Bühnenvereins geschlossen. Diese zerfallen in zwei Abschnitte: Teil A enthält lauter wirkliche Vertragsbestimmungen, die unter Verwendung des Formulars zwischen den Parteien vereinbart sind. Der Teil B enthält nicht nur formularmäßige Vertragsabreden, sondern auch Vorschriften, deren Einhaltung der Bühnenverein seinen Mitgliedern, den Theaterdirektoren, zur Pflicht machen will und durch die die Vertragsfreiheit der Mitglieder in bestimmten Richtungen eingeschränkt werden soll. So bestimmt z. B. § 10, daß ein jeder Vertrag auf bestimmte Zeitdauer zu lauten hat und daß Abreden, durch die der Bühnenleitung das Recht kurzfristiger Kündigung eingeräumt wird, keine Gültigkeit haben sollen, wenn nicht den Mitgliedern ein gleiches Kündigungsrecht gewährt wird. Eine Vorschrift gleicher Art ist der § 16, auf den sich die Beklagten (Theaterdirektoren) wegen der Entlassung des Klägers berufen. Es heißt daselbst: „Bezieht das Solomitglied in der Zeit, in der das Theater alljährlich geschlossen ist, von der Bühnenleitung vertragsmäßig kein Einkommen, so kann es während dieser Zeit an der freien Verwertung seiner Berufstätigkeit an auswärtigen Bühnen nicht gehindert werden." Es ist hier also eine Norm gesetzt, durch die der Bühnenverein seinen Mitgliedern eine unbillige Vertragsabrede untersagt. Da es sich um eine ausschließlich zum Schutze der Schauspieler aufgenommene Bestimmung handelt, wäre es allerdings den Beklagten nicht verboten gewesen, eine Bestimmung aufzunehmen, die dem Kläger das Auftreten an hiesigen Bühnen auch während der Theaterferien untersagte. Keineswegs ist ein solches Verbot im § 16 enthalten; auch in den übrigen Teilen des Vertrags findet es sich nicht. Der § 3 des Abschnittes B verbietet allerdings den Mitgliedern schlechthin, sich bei irgend einer nicht von der Bühnenleitung veranstalteten öffentlichen Aufführung in Ausübung ihrer Kunsttätigkeit zu beteiligen. Aber schon der Zusammenhang, in welchem diese Bestimmung steht, ergibt, daß hierbei nur an die Theaterzeit, nicht an die Ferien, gedacht ist. Anderenfalls würde dieser § 3 auch gegen die Norm des § 16 verstoßen, weil er auch das Auftreten an auswärtigen Bühnen schlechthin verbietet. Der sorgfältig ausgearbeitete Vertrag würde also einen inneren Widerspruch enthalten. Endlich haben die Beklagten den § 3 auch augenscheinlich auf die Zeit des Theaterschlusses gar nicht beziehen wollen, denn sonst hätten sie sich bei Entlassung des Klägers sicherlich in erster Linie auf diese Vorschrift berufen, während sie tatsächlich damals nur den von ihnen falsch ausgelegten § 16 angeführt haben. Die Klage auf die Vergütung für 8 Monate ist also begründet.... M. M.

c) **Haftung des Notars für erteilten Rat.**[1]

OLG. Hamburg, VI. ZS. Urteil v. 11. Februar 1911.

Beklagter ist Notar und wurde vom Kläger bei Gelegenheit eines notariellen Berufsgeschäfts, der Aufnahme und Beglaubigung einer Abtretungs-

[1] Bei einem Hypothekenerwerb auf Grund gefälschten Briefes: Warn. Erg. 1912 S. 281.

urkunde, um Rat und Auskunft in einer Angelegenheit gebeten, die mit diesem Geschäft unmittelbar zusammenhing. Der Kläger, der dem X. eine große Summe Geldes leihen sollte, wollte sich über die Kreditwürdigkeit des Entleihers vergewissern und bat um Auskunft, ob die Sache nach den von X. vorgelegten Ausweispapieren [über eine ihm angefallene Erbschaft] einwandfrei sei. Hierauf hat Beklagter einen Rat erteilt. Dadurch wurde zwischen beiden ein Vertrag auf Erteilung einer Auskunft geschlossen (RG. 52 S. 366), die zu erstatten der Notar gemäß § 6[4] hamb. NotariatsO. mit Rücksicht auf die vorzunehmende Beglaubigung befugt und daher mit Sorgfalt zu geben verpflichtet war. Erteilte er nun eine unrichtige Auskunft und machte er sich dabei einer Fahrlässigkeit schuldig, was der Fall gewesen wäre, wenn er ohne hinreichende Prüfung der Sache und Rechtslage, besonders hinsichtlich der Echtheit der vorgelegten Papiere, diese für echt und die Sache für einwandfrei erklärt haben würde, so muß er (§ 276) für den daraus entstandenen Schaden haften. M. M.

d) **Hausverwalter und Hauswart. Vertragsverhältnis zur Frau des Hauswarts. Fürsorge für den Fahrstuhl.**

OLG. Hamburg, VI. ZS. Urteil v. 20. April 1911.

Nach der Beweisaufnahme hat der Hausverwalter X. durch seine Fahrlässigkeit den Unfall der Klägerin (Frau des Hauswarts A.) verschuldet. Nicht allein, daß er trotz der ihm als Verwalter obliegenden sachkundigen Fürsorge für die Fahrstuhlanlage verabsäumt hat, diese in regelmäßigen Zwischenräumen von 2 oder 4 Wochen untersuchen zu lassen; er hat auch die Anzeige des A. von der ordnungswidrigen Beschaffenheit der Türverschlüsse so wenig beachtet, daß er auf die Meldung, der Monteur der Fabrik sei verreist, die Angelegenheit auf sich beruhen ließ.

Für das Verschulden des X. haftet aber der Beklagte nach § 278. Es ist zwar richtig und entspricht der Erfahrung, daß der Hauseigentümer bei Anstellung eines Hauswarts auch auf den Beistand der Frau desselben rechnet und daher auf ihre Tüchtigkeit und sonstigen Eigenschaften Wert legt. Aber hier ist doch der Sachverhalt besonders geartet. Hier hat der Beklagte nach der ersten Besprechung mit dem Mann der Klägerin die Verhandlungen mit dieser fortgesetzt. Es sind dabei die einzelnen von ihr zu beschaffenden Leistungen genau durchgesprochen und festgesetzt und das ursprünglich angebotene Gehalt gerade mit Rücksicht auf die Tätigkeit der Frau erhöht worden. Unter diesen Umständen müssen beide Eheleute für den Hauswartsdienst angenommen gelten, und der Beklagte kann nicht einwenden, daß er seine abweichende Auffassung später durch Vorlage eines Vertragsentwurfs bekundet habe, der nur den Mann der Klägerin betraf. Daß übrigens von vornherein Schriftlichkeit des Vertrags beredet war, kann er nicht behaupten.

Die Sorge für die Erhaltung des Fahrstuhls in ordnungsmäßiger Beschaffenheit war Vertragspflicht. Sie entsprang einmal dem § 618. Der Fahrstuhl ist eine Vorrichtung, die die Klägerin vertretungsweise zu bedienen hatte. Es wird mit Unrecht geltend gemacht, daß der Unfall bei einer außerdienstlichen Verrichtung eingetreten ist. Die Nichte der Klägerin, welche nach Ablauf der Geschäftszeit die Kontorräume gereinigt hatte, mußte, da sie keinen Hausschlüssel besaß, hinausgelassen werden. Daß sich die Klägerin dieser Dienstleistung unterzog, entsprach ihrer Pflicht, und daß sie bei dieser Gelegenheit den Aufzug benutzte, war ihr Recht. Sie wohnte im 6. Stock, und die Fahrstuhlanlage, die im Einverständnis des Hausverwalters X. zu dieser vorgerückten Abendstunde nicht abgestellt war, stand naturgemäß auch der Klägerin zur Benutzung frei. Es kommt aber hinzu, daß eine der Gegenleistungen des Beklagten für die Hauswartsdienste die Gewährung von Wohnung war. Zur Wohnung aber gehörte, wie für die übrigen Mieter, so auch für die Eheleute A. die Fahrstuhlbenutzung. Beklagter hatte somit auch aus diesem Grunde für die ordnungsmäßige Verfassung des Aufzuges bzw. der Türverschlüsse zu sorgen.

Übrigens würde Beklagter nicht minder aus §§ 823, 831 haften. Will man nicht schon seine Verpflichtung, für eine regelmäßige häufigere Prüfung und Instandsetzung zu sorgen, aus der Tatsache folgern, daß ihm die Beschaffung des Fahrstuhls und die Leitung der Anlage oblag, so muß doch jedenfalls angenommen werden, daß er bei Auswahl seines Hausverwalters nicht die erforderliche Sorgfalt angewandt hat. Im allgemeinen allerdings ist gegen die Person des X. nichts einzuwenden. Dagegen steht fest, daß er mit Fahrstuhlanlagen bisher nichts zu tun gehabt hatte und deren Einrichtung im einzelnen nicht kannte. Wenn Beklagter nun einem Manne die Verwaltung eines Hauses übergab, mit der eine so empfindliche und gefährliche Anlage verbunden war, wie sie dieser Fahrstuhl darstellt, so war X. so lange eine ungeeignete Person, als ihm nicht so vollständige Anweisungen erteilt wurden, daß eine Unbekanntschaft mit technischen Fehlern und Gefahren der Anlage ausgeschlossen erschien. Diese Anweisungen zu erteilen, hat Beklagter fahrlässig unterlassen. Es genügte nicht, daß er ihm auftrug, sich an die Fabrik zu wenden, falls etwas mit dem Fahrstuhle nicht in Ordnung sein sollte. Ebensowenig durfte er die Erklärung des Betriebs einer gelegentlichen Unterweisung durch den Monteur überlassen. Dafür, daß dieser alles zeigte und sagte, worauf es ankam, bestand keine Gewähr und dies um so weniger, als die vollständige Unterweisung über die fernere Behandlung der Anlage durch den Eigentümer oder Verwalter gar nicht verlangt worden ist. M. M.

e) **Verpflichtung des Dienstberechtigten nach § 618.**

α) OLG. Naumburg, II. ZS. Urteil v. 5. Dezember 1911.

Nach § 618 sind auch die Zugänge zu Räumen, die der Dienstverpflichtete aufsuchen muß, so einzurichten und zu unterhalten, daß er vor Unfällen tunlichst geschützt wird. Der Beklagte mußte also dafür sorgen, daß der Weg zur Waschküche durch den Garten bei Winterglätte mit Sand, Asche &c bestreut wurde. Die Klägerin als Dienstverpflichtete hat zu beweisen, daß diese Sicherungsmaßregel zur Zeit des Unfalls nicht oder jedenfalls nicht ordnungsmäßig getroffen war. War danach die Stelle des Weges, wo die Klägerin fiel, infolge Eisbildung glatt, so mußte der Beklagte beweisen, daß er diese vertragswidrige Beschaffenheit des Zugangs nicht verschuldet hat. Dabei haftet er für ein Verschulden seines Hausdieners nach § 278 wie für sein eigenes. Schl.

β) OLG. Braunschweig, II. ZS. Urteil v. 30. Januar 1912.

Der Beklagte hat für seine Gastwirtschaft ein Gehölz von der Herzogl. Kammer hinzugepachtet und darin wie in früheren Jahren so auch 1909 die abgängig gewordenen Äste der Bäume zur Sicherung seiner dort verkehrenden Gäste durch den Kläger (Zimmermann) aussägen lassen, der dabei zu Schaden gekommen ist. Die Klage auf dessen Ersatz ist unbegründet.

Läge ein forstwirtschaftlicher Betriebsunfall vor, so würde Beklagter nach § 146 UnfVG. nur haften, wenn er wegen vorsätzlicher Herbeiführung des Unfalls strafrechtlich verurteilt worden wäre. Das Vorliegen eines Betriebsunfalles wird auch keineswegs schon durch die bloß vorübergehende Beschäftigung des Verletzten im Betriebe ausgeschlossen (Woedtke, UnfVG. § 1 N. 9, 11; Gruchot 51 S. 1115; JW. 1907 S. 155) und auch ein Pächter kann als Betriebsunternehmer gelten (Rasp-Meinel, UnfVG. § 1 N. 3³), falls das Absägen der Äste nicht lediglich dem Restaurations-, sondern auch dem Forstwirtschaftsbetriebe des Pächters diente (aO. S. 67). Allein einer Entscheidung dieser Frage bedarf es nicht, da das Schiedsgericht einen Betriebsunfall hier rechtskräftig verneint hat und daran die ordentlichen Gerichte gebunden sind (RG. 55 S. 387, 60 S. 36, 71 S. 3; JW. 1910 S. 194). Der Kläger kann also seinen Anspruch auf die ausschließlich behauptete Fahrlässigkeit des Beklagten stützen. Der Gesichtspunkt des § 823 kommt dabei aber nicht ohne weiteres in Frage. Denn die Verletzung eines Schutzgesetzes liegt nicht vor, und das lediglich passive Verhalten des Beklagten beim Unfall kann ihn nur dann verantwortlich machen, wenn er vertraglich mitzuwirken und dabei die nötige Vorsicht unterlassen hätte. Als ein solcher Vertrag ist aber die Abrede zwischen dem Beklagten und dem Forstmeister H., wonach ersterer erklärte, für alle Unfälle aufkommen zu wollen, nicht zu erachten. Denn diese Abrede bezweckte offenbar nur, die etwaige Haftpflicht der vom Forstmeister vertretenen Herzogl. Kammer für Unfälle auf den Beklagten abzuwälzen. Dagegen hat damit nach Absicht der Vertragschließenden kein Vertrag zugunsten Dritter abgeschlossen werden sollen, wonach dem Kläger ein selbständiges Klagrecht gemäß § 325¹ erwachsen wäre. Ebensowenig kann sich der Kläger auf die bestrittene Erklärung des Beklagten berufen: „Wenn etwas passiere, so wäre Kläger versichert." Was Beklagter damit gemeint haben könnte, ist nicht recht klar. Anscheinend hat er in dem Irrtume gestanden, der Kläger sei kraft Gesetzes gegen Unfälle versichert; jedenfalls ist durch die Erklärung kein Garantievertrag zustande gekommen, der den Beklagten verpflichtete, den Kläger so zu stellen, als wenn dieser versichert gewesen wäre. Letzterer kann sich deshalb nur auf § 618 stützen, da er unzweifelhaft einen Dienstvertrag mit dem Beklagten abgeschlossen hatte. Hiernach hatte Beklagter die Vorrichtungen und Gerätschaften zum Absägen der Äste so einzurichten und die Dienstleistungen, die unter seiner Anordnung oder seiner Leitung vorzunehmen waren, so zu regeln, daß der Kläger gegen Gefahr für Leben und Gesundheit so weit geschützt war, als die Natur der Dienstleistung es gestattete. Es ist indessen nicht erwiesen, daß der Beklagte bei der ihm hiernach obliegenden Verpflichtung die verkehrsübliche Vorsicht außer acht gelassen hat. Nach dem Gutachten war der Kläger als Zimmermann zu solcher Arbeit an sich durchaus geeignet; ebenso war die Leine, die Beklagter ihm zur Arbeit gab, genügend und sachgemäß. Wenn der Sachverständige weiter meint, daß auch einem Zimmermann bei der Gefährlichkeit der Arbeit für jeden einzelnen Ast Anweisung erteilt werden müsse, wo er abzuschneiden und die Leine anzubinden habe, so mag das im allgemeinen richtig sein. Der Beklagte als Laie hatte aber selbst keine Sachkenntnis und konnte auch bei größter Vorsicht nicht auf den Gedanken verfallen, daß die Zimmerleute, die sich in früheren Jahren bewährt hatten, gewandt, tüchtig und an sich geeignet waren, noch einer besonderen Anweisung und Beaufsichtigung durch einen Sachkundigen bedurften. Anders wäre es gewesen, wenn ihn der Forstmeister auf die besondere Gefahr und Schwierigkeit des Absägens und die Notwendigkeit einer solchen Beaufsichtigung hingewiesen hätte. H.g.

γ) **Anwendung auf Werk- und dienstähnliche Verträge.**

OLG. Naumburg, II. ZS. Urteil v. 10. Oktober 1911.

Der § 618 steht zwar unter den Sonderbestimmungen des Dienstvertrags und es kann zweifelhaft erscheinen, ob der Vertrag der Parteien sich als reiner Dienstvertrag darstellt. Allein auch auf solche Verträge, die ihrem wesentlichen Inhalte nach dem Dienstvertrag verwandt sind, ist der § 618 anzuwenden. Sein sozialpolitischer Gedanke und Zweck ist, Arbeiter, die in Räumen oder mit Werkzeugen des Arbeitgebers Dienste oder Arbeiten leisten, gegen die aus der mangelhaften Beschaffung der Räume, Vorrichtungen ꝛc sich ergebenden Gefahren möglichst zu schützen. Auch dem Unternehmer eines Werkes wird man den Schutz des § 618 nicht versagen, wenn er Vorrichtungen des Bestellers zu benutzen vertraglich verpflichtet ist und sich insoweit teilweise der Selbständigkeit und des Rechts, eigene Verfügungen und Vorkehrungen zu treffen, begeben hat. Diese Erwägungen treffen für den Kläger zu. Er hatte sich der Stadt gegenüber verpflichtet, mehrere Fuhren Sand aus der städtischen Sandgrube zu holen und nach der Xstraße zu fahren; er mußte also als Arbeitsort teilweise die Sandgrube, ferner den Zufuhrweg, der als Vorrichtung im Sinne des Gesetzes anzusprechen ist, benutzen und hatte somit, gleichviel, ob man Dienst-, Werk- oder einen zwischen beiden stehenden eigenartigen Arbeitsvertrag annimmt, das vertragliche Recht, zu verlangen, daß seine Gegenkontrahentin für eine gefahrlose Benutzungsmöglichkeit der Grube und des Zugangs zu ihr sorgte. Der Einwand des

Beklagten, daß der Kläger dadurch auf den Schutz des § 618 stillschweigend verzichtet habe, daß er in Kenntnis der örtlichen Verhältnisse den Vertrag vorbehaltlos eingegangen sei, ist verfehlt. Ein derartiger Verzicht ist unzulässig, da § 618 seinem Wortlaut und seinem Zwecke nach eine zwingende Vorschrift ist. Schl.

δ) **Verletzung des § 618. Kein Schmerzensgeld.**

OLG. Hamburg, V. ZS. Urteil v. 28. April 1911.

Dem LG. ist darin beizutreten, daß der Beklagte den § 618 verletzt hat. Freilich ist es bedenklich, zu sagen, daß der Zustand des Hauses, an sich betrachtet, infolge der Oberlichtanlage, so wie sie bestand, schon ein gefährlicher war. Es wäre zu weit gegangen, hier anzunehmen, daß der Erbauer des Hauses einen gefährlichen Zustand geschaffen, und die Baupolizei diesen unbeachtet gelassen habe. Allerdings mag im Laufe der Jahre das Glas des Oberlichtes, durch das die Klägerin gestürzt ist, durch Schmutz und Ruß unkenntlich geworden und der Zustand dadurch gefährlicher geworden sein, aber auch darauf kommt es nicht wesentlich an. Entscheidend ist vielmehr der Umstand, daß der Raum, in welchem sich die Anlage befindet, in dem Hauswesen des Beklagten regelmäßig benutzt wurde und trotzdem keine Maßregeln getroffen sind, die dadurch drohende Gefahr abzuwenden. Es ist zu beachten, daß nach dem Augenscheinsprotokoll der Raum, in dem sich das Oberlicht befindet, von Außenwänden des Hauses des Beklagten und des Nachbarhauses gebildet wird, und daß fast der ganze Raum von den beiden Oberlichtern ausgefüllt wird; nur schmale Gänge bleiben übrig. Ein solcher Raum ist an sich nicht dazu bestimmt, im Hauswesen mit benutzt zu werden. Daß er vermittelst einer Tür, so wie solche auf einen Balkon hinauszuführen pflegen, mit den Innenräumen des Hauses verbunden ist, ändert daran nichts. Diese Verbindungstür ist wegen der Reinigung des Oberlichtes erforderlich. Wurde nun dieser Raum regelmäßig zur Verwahrung des Ascheeimers benutzt, so verstieß es nunmehr gegen die im Verkehr erforderliche Sorgfalt, wenn nicht Schutzmaßregeln getroffen wurden oder dafür gesorgt wurde, daß neu eintretende Dienstboten sofort mit Zuverlässigkeit über die Beschaffenheit des Zustandes unterrichtet wurden. Die Frage, ob, wenn eine solche vertragliche Verletzung objektiv vorliegt, es nunmehr Sache des Verletzenden ist, sich zu entschuldigen oder ob der Geschädigte auch subjektives Verschulden des Gegners nachweisen muß, kann hier auf sich beruhen bleiben. Das subjektive Verschulden des Beklagten ist hier darin zu finden, daß er die Gefährlichkeit des durch die Benutzung des Raums geschaffenen Zustandes nicht abstellte, oder daß er die Gefährlichkeit nicht erkannte, obgleich er sie hätte erkennen können und müssen. Soweit der Beklagte persönlich in diesen Beziehungen etwa in Unkenntnis gewesen sein sollte, haftet er gemäß § 278 für diejenigen Personen, welche die Leitung seines Hauswesens haben und darin tätig sind, besonders auch für seine Frau und das damalige Mitmädchen der Klägerin.

Dagegen liegt hier nicht zugleich eine unerlaubte Handlung des Beklagten vor, auf die der Anspruch auf Schmerzensgeld gestützt werden könnte.... Wer allerdings in der Nähe des Hauseingangs oder sonst an einem Orte, wo Lieferanten, Boten, fremde Personen leicht Zutritt haben, einen gefährlichen Zustand schafft oder duldet, hat dafür nach § 823¹ aufzukommen. Hier handelt es sich jedoch um einen Raum, der als ein abgelegener bezeichnet werden muß. Man kann ihn nicht einmal unmittelbar vom Korridor betreten, sondern muß erst einen kleinen Vorraum durchschreiten. In dem Raum, wo das Oberlicht sich befindet, hatte auch niemand etwas zu tun, als das Dienstmädchen, das den Ascheeimer dort hinstellte und wieder fortholte. Irgend eine Gefahr für andere Personen war also bei regelmäßigem Verlauf der Dinge nicht vorhanden [WarnErg. 1912 Nr. 250].

Der Schadensanspruch unterliegt aber einer Ermäßigung nach § 254. Dabei ist weniger Gewicht zu legen, daß die Klägerin bei dem Betreten des Raums erkannte, daß das Oberlicht aus Glas bestand, aber dies Glas für haltbar gehalten haben will, als darauf, daß sie in dem ihr noch ganz unbekannten Hause allzu unvorsichtig sich bewegt hat. Es mag das in löblichem Diensteifer bei Antritt ihres neuen Dienstes geschehen sein, eine Unvorsichtigkeit bleibt es trotzdem. Sie hatte auch nach Lage der Umstände keine Veranlassung, das Oberlicht zu betreten, das ihr zudem als eine Erhöhung mit etwas geneigter Oberfläche, wenn sie dergleichen nicht kannte, als etwas Besonderes auffallen mußte. Das Mitmädchen hatte ihr nach ihrer Aussage gesagt, der Eimer gehöre rechts neben die Tür in den Raum, wo das Oberlicht liegt. Hätte die Klägerin diese Anordnung genau beachtet und danach gehandelt, so würde sie das Oberlicht gar nicht betreten haben. Daß sie statt dessen ohne Anlaß darüber wegschritt, ist schuldhaft. Bei der Abwägung des Verschuldens beider Teile und der überwiegenden Verursachung des Schadens gemäß § 254 ist aber zu berücksichtigen, daß die Hauptursache die Beschaffenheit und Art der Benutzung des gefährlichen Raums gewesen ist, während die Klägerin in dem fremden Haus und dem neuen Dienst in begreiflicher Erregtheit leicht einem Irrtum in ihren Hantierungen und ihren Beobachtungen unterliegen konnte. Danach sind ihr nur $^3/_4$ des ihr sonst zukommenden Schadensersatzes zugesprochen. M. M.

f) Entlassung eines Angestellten: *α*) wegen grober Dienstverfehlungen nach Ermessen der Behörde.

OLG. Hamburg, II. ZS. Urteil v. 24. Oktober 1911.

Der Kläger ist als Gefängnisbeamter mit dreimonatiger Kündigung, „vorbehältlich früherer Entlassung wegen grober Dienstverfehlungen nach Ermessen der Behörde" angestellt worden. Seine vorgesetzte Behörde ist zu der Überzeugung gelangt, daß der Kläger sich einer groben Dienstverfehlung schuldig gemacht habe, und hat ihn daraufhin sofort entlassen. Er hält diese Entlassung für unberechtigt und verlangt Zahlung von Lohn und Entschädigung. Allein angesichts jenes Vorbehalts ist hier die Frage, ob der Kläger sich grober Dienstverfehlungen schuldig gemacht habe, überhaupt keiner Nachprüfung der Gerichte zugänglich.

Nach den in Deutschland herrschenden ethischen Anschauungen widerstreitet es nicht im entferntesten den guten Sitten, wenn der Staat bei der Anstellung zur Bedingung macht, den Angestellten entlassen zu dürfen, wenn dieser nach dem Ermessen der Staatsbehörde sich einer groben Dienstverfehlung schuldig gemacht habe. Darin, daß der Staat von einem Angestellten verlangt, daß dieser sich mit Bezug auf das Vorliegen einer Dienstverfehlung dem Ermessen seiner Behörde unterwerfe, kann nichts ein Sittengesetz Verletzendes gefunden werden. Daher konnte der Beklagte bei der Anstellung des Klägers ausbedingen, daß dieser sich die Entlassung gefallen lassen müsse, wenn die Behörde nach ihrem Ermessen überzeugt sei, daß er sich grober Dienstverfehlung schuldig gemacht habe. Daraus ergibt sich nicht etwa, daß er nunmehr mit Bezug auf seine Entlassung freier Willkür seiner Vorgesetzten preisgegeben sei. Die Vorschrift ist vielmehr dahin zu verstehen, daß er von dem billigen Ermessen der Behörde abhängig sein soll. Daher ist es einem unter solchen Bedingungen Angestellten unbenommen, den Schutz der ordentlichen Gerichte mit der Begründung anzurufen, daß ihm gegenüber tatsächlich nicht pflichtmäßiges Ermessen auf Grund ernsthafter Überlegung, sondern frivole Unbilligkeit oder grundlose Willkür zur Geltung gebracht worden sei. Derartiges hat der Kläger in keiner Weise behauptet.

Bei solcher Sachlage war nach der Auffassung des erkennenden Gerichts im vorliegenden Falle die Nachprüfung der Frage, ob der Kläger sich grober Dienstverfehlung schuldig gemacht habe, den ordentlichen Gerichten entzogen. Das Ermessen der Behörde war für den Kläger bindend. Die Entlassung des Klägers ist als zu Recht erfolgt anzusehen. M. M.

β) Geschlechtliche Erkrankung als selbstverschuldete Krankheit; überseeische Verhältnisse.

OLG. Hamburg, VI. ZS. Urteil v. 24. Januar 1911.

Der auf 3 Jahre geschlossene Anstellungsvertrag § 3 Nr. 4 führt diejenigen Umstände besonders auf, die bei vertragswidrigem Verhalten des Klägers in gesundheitlicher Beziehung und bei einer infolgedessen eingetretenen, als „selbstverschuldet" bezeichneten „Dienstuntauglichkeit" seine vorzeitige Entlassung sollten begründen können, und zwar unter a) die Nichtbeachtung der gesundheitlichen Vorschriften, z. B. zur Verhütung der Malaria und unter b) die Verheimlichung einer bereits einmal überstandenen geschlechtlichen Erkrankung beim Vertragschluß. Nach § 6 sollte bei vorzeitiger Beendigung des Vertrags der Kläger außer den Kosten der Rückreise die infolge Krankheiten entstehenden Kosten ganz allgemein — hier also die durch seine ärztliche Behandlung im Regierungshospital erwachsenen Wohn- und Arztkosten — dann selbst tragen, wenn die Krankheit von ihm selbst verschuldet sei. Danach war die Vertragsabsicht, daß nur in jenen ausdrücklich angeführten, besonders gearteten Fällen, in denen infolge Erkrankung die Dienstuntauglichkeit des Klägers etwa eintreten würde (§ 3 Nr. 4), Gründe für eine Kündigung auf sofort für die Beklagte gegeben sein sollten.

Das bedeutete also in Ansehung einer vom Kläger erst während seiner Anstellung in Kamerun erworbenen Geschlechtskrankheit — und zwar bei Nichtvorliegen der besonderen Voraussetzung der Nr. 4b —, daß sie keinen Grund für eine vorzeitige Entlassung des Klägers abgeben sollte, wie denn die infolge einer gleichwohl deshalb erfolgten Entlassung des Klägers entstehenden Kosten einer vorzeitigen Rückreise des Klägers die Beklagte ebenfalls treffen müssen. — In einem Falle solcher, nicht unter § 3 Nr. 4 fallenden Erkrankung des Klägers sollten dagegen die durch sie verursachten Kosten ganz allgemein (und zu ihnen würden auch die hier noch streitigen 405 Mark gehören, da sie nach Angabe des Klägers selbst durch eine so verursachte Erkrankung erwachsen sind) ihn dann wieder treffen, wenn die Erkrankung als eine „selbstverschuldete" im Sinne des Anstellungsvertrages zu bezeichnen wäre. — Andernfalls sollten sie der Beklagten zur Last fallen.

Das LG. hat nun die so, d. h. erst während seines Aufenthalts in Kamerun erworbene und angeblich in keiner Beziehung zu einer früheren gleichen Erkrankung stehende geschlechtliche Erkrankung des Klägers als eine „selbstverschuldete" mit Recht bezeichnet. Denn es können für die Beantwortung der Frage, nämlich, ob die durch außerehelichen Geschlechtsverkehr verursachte Erkrankung des Angestellten allgemein als eine „selbstverschuldete" zu bezeichnen ist, wobei hier noch in Betracht kommt, daß der Kläger nicht kaufmännischer sondern gewerblicher Angestellter der Beklagten gewesen ist, andere Grundsätze nicht maßgebend sein, als sie auch sonst schon immer Anerkennung gefunden haben und zwar insbesondere für das Anstellungsverhältnis der Handlungsgehilfen. Die Folgen des außerehelichen Beischlafes sind aber gemäß § 63 HGB. als vom Handlungsgehilfen selbst verschuldet regelmäßig angesehen worden (Staub 2 zu § 63 HGB.). M. M.

g) **Annahme des Weihnachtsgeschenks trotz Kündigungsabsicht. Gegenaufrechnung als Klagerweiterung.**

OLG. Dresden, VII. ZS. Urteil v. 26. September 1911.

Wer einem Angestellten ein Weihnachtsgeschenk gewährt, tut dies im Zweifel als Lohn für die bereits geleisteten Dienste, wennschon regelmäßig der Gedanke mitwirken wird, die Zufriedenheit und damit die weiteren Dienste des Angestellten sich zu erhalten. Er übernimmt, soweit er keinen gegenteiligen Willen erkennbar ausdrückt, die Gefahr, daß seine Erwartung, sich die Dienste des Angestellten auf längere Zeit noch zu erhalten, nicht in Erfüllung gehen sollte. Ein Verstoß gegen Treu und Glauben kann, von besonderen Umständen abgesehen, dem Angestellten nicht schon deshalb vorgeworfen werden, weil er das Geschenk entgegennimmt, ohne seine bereits vorhandene Kündigungsabsicht zu äußern. Ob eine andere Beurteilung geboten wäre, wenn das Weihnachtsgeschenk außergewöhnlich hoch bemessen oder unter Umständen gegeben worden wäre, wo es an sich nicht üblich ist, kann hier unerörtert bleiben....

Daß gegen die vom Kläger verwirkte Vertragsstrafe von 100 Mark, die das

LG. als aufrechnungsfähig berücksichtigt hat, eine Gegenaufrechnung mit einem Anspruch des Klägers auf eine vom Beklagten verwirkte Vertragsstrafe ausgeschlossen ist, bedarf keiner näheren Ausführung. Wenn jedoch der Kläger sich in der ersten Instanz in einer, auf die Vornahme einer solchen Gegenaufrechnung hindeutenden Weise ausgedrückt hat, so durfte darin eine bloß unzutreffende Fassung der Geltendmachung des Anspruchs erblickt werden; es erhellte aus dem Vorbringen genügend deutlich sein Wille, den Anspruch in den Rechtsstreit einzuführen, nämlich trotz der zugunsten des Beklagten zu kürzenden 100 Mark seine Forderung in der bisherigen Höhe wegen der auch zu seinen Gunsten verwirkten Strafe aufrecht zu erhalten, m. a. W. seine Klage auf die ihm gebührende Strafe zu erstrecken. In diesem Sinne dürfte auch der Ausspruch des LG. verstanden werden, daß die Ansprüche beider Parteien auf je 100 Mark Vertragsstrafe sich ausglichen. Unter diesen Umständen kann jedenfalls in der im Berufungsverfahren abgegebenen Erklärung des Klägers, die Klage auf die 100 Mark Vertragsstrafe zu erstrecken, keine unzulässige Klagänderung erblickt werden. M. z.

b) **Werkvertrag:** *α*) **Annahme eines Ziegelmeisters.**

OLG. Braunschweig, II. ZS. Urteil v. 2. Januar 1912.

Der als Ziegelmeister angenommene Kläger ist vorzeitig entlassen und verlangt den Rest der Vergütung und Schadensersatz. Der Vertrag der Parteien ist nicht, wie das LG. annimmt, ein Dienst-, sondern ein Werkvertrag. Der Vertrag sagt nicht, daß der Kläger zur Leistung von Diensten angestellt ist, sondern daß er die Herstellung einer bestimmten Menge Steine und Ziegel übernimmt. Er ist also zur Erzielung eines bestimmten Erfolges verpflichtet, für den er eine Vergütung nach der Stückzahl erhalten soll. Ein besonderes Unterscheidungsmerkmal des Werkvertrags gegenüber dem Dienstvertrag ist die Tragung der Gefahr. Hier soll der Kläger die Herstellung auf eigene Rechnung besorgen: er bekommt die Vergütung nur nach und auf Grund der Abnahme der Steine; diese hat er aufzustapeln, sie werden sortiert und für die bis Freitag Mittag 12 Uhr abgenommene Menge der fertig gebrannten Ware bezahlt. Er trägt demnach die Gefahr der Herstellung, da er verpflichtet ist, gute Steine herzustellen, mangelhafte Herstellung sogar als Grund zur Vertragsauflösung bezeichnet ist und er demgemäß nur wirklich abgelieferte und gut hergestellte Ware bezahlt bekommt. Er stellt die nötigen Arbeiter, wenngleich dem Beklagten ein gewisses Maß von Einwirkung hierbei gewährleistet ist, indem der Kläger lästige Arbeiter auf Wunsch sofort entlassen muß. Die Bezahlung der Arbeiter und der gesetzlichen Beiträge für Kranken- und Invalidenversicherung liegt lediglich dem Kläger ob; der Beklagte trägt nur durch Stellung von Schlafräumen dazu bei. Auch in dieser Beziehung ist der Kläger selbständig. Es liegt demnach Werkvertrag vor (RG. 72 S. 281). Die fristlose Kündigung des Werkvertrags steht jederzeit frei; sie hat aber zur Folge, daß der Unternehmer den Anspruch auf die Gegenleistung für das ganze Werk behält, wie wenn er das ganze Werk hergestellt hätte (§ 649 BGB.; Seuffert 62 S. 226). Ob dabei Ersparnisse angerechnet werden können, ist Sache des Einwandes des Bestellers.

Durch Vertrag der Parteien können abweichende Bestimmungen getroffen werden, da § 649 nur nachgiebiges Recht aufstellt. So hat auch der vorliegende Vertrag in § 18 für Fälle vorzeitiger Vertragsauflösung einen billigeren Tarif der Bezahlung aufgestellt. Der § 18 führt jedoch nur zwei solcher Fälle an: falls der Kläger nicht genügende Mengen Ware herstellt, falls er trotz wiederholter Rügen minderwertige Ware liefert, soll sofortige Entlassung eintreten können. Ob einer diese Fälle gegeben ist, kann dahingestellt bleiben. Nach dem Sinne und Zwecke des § 18 ist anzunehmen, daß er nicht auf die dort ausdrücklich bezeichneten Fälle beschränkt ist. Zwar könnte der Wortlaut: „In solchem Falle plötzlicher Entlassung übernimmt der Beklagte alle fertig gebrannte Ware zum vereinbarten Preise und ungebrannte Ware zu je 3 Mark für 1000", dafür sprechen, wenn in dem Worte „solchem Falle" die Rückbeziehung auf die vorher bezeichneten Fälle im Sinne einer Beschränkung auf diese gefunden werden könnte. Das ist jedoch nicht gemeint. Der Wortlaut „solchem" darf nicht gepreßt werden. Zudem heißt es nicht „in solchen Fällen", sondern in solchem Falle; die Einzahl deutet auf Verallgemeinerung hin. Vor allem spricht der Zweck des § 18 dafür. § 18 soll offensichtlich den Beklagten für Fälle sichern, in denen ihm durch die Arbeit seines Ziegelmeisters ein Schaden erwächst. Die geringere Bezahlung soll neben der Berücksichtigung der geringeren Gegenleistung des Ziegelmeisters den Schaden, der dem Beklagten durch die in § 18 gekennzeichneten Mängel der Arbeitsleistung erwächst, durch Aufstellung eines billigeren Tarifs ausgleichen. Solcher Fälle, bei denen dieser Grundgedanke wirksam wird, lassen sich aber mehrere denken, und es ist nicht einzusehen, weshalb die Folgen in derartigen Fällen nach den Vertragsabsichten nicht die gleichen sein sollten. Deshalb muß auch angenommen werden, daß es auch den Absichten des Klägers entsprochen hat, sich auf eine derartige Vertragsbestimmung einzulassen. Nach diesem Sinne des Vertrages ist nur zu prüfen, ob ein wichtiger Grund zur sofortigen Vertragsauflösung gegeben ist. Dafür, daß die Parteien ganz allgemein und ohne die Voraussetzung des wichtigen Grundes die Folgen des § 18 haben gelten lassen wollen, spricht nichts. Ist aber hiervon auszugehen, dann ist die vorzeitige Entlassung des Klägers gerechtfertigt, weil er sich gegen den Vertreter des Beklagten ganz unbotmäßig benommen hat.... H. g.

β) Ansprüche aus Mängeln. Rücktritt.

OLG. Darmstadt, I. ZS. Urteil v. 1. November 1911.

Der Kläger, der die versprochene Vergütung fordert, hat das Werk rechtzeitig, jedoch mangelhaft geliefert. Der Besteller macht Nichterfüllung des Vertrages und Rücktritt geltend. Allein wer Nichterfüllung einwenden will, muß selbst bei dem Vertrag stehen bleiben. Bei einer endgültigen Ablehnung der Gegenleistung hat er dagegen seinen Einreden eine derartige Gestalt zu geben, daß auf Grund derselben endgültig das Rechtsverhältnis geregelt werden kann (RG. 58 S. 173, 69 S. 381). Ein Rücktritt nach § 636 war hier ausgeschlossen, da das Werk, wenn auch mangelhaft, rechtzeitig hergestellt war. Ebensowenig liegt ein Fixgeschäft des § 361 vor. Es kann sich also nur fragen, ob ein Rücktritt auf Grund der allgemeinen oder besonderen Rechtsbehelfe erfolgen konnte. Bei dem Vorliegen von Mängeln kann der Besteller ihre Beseitigung nach §§ 633, 634 verlangen; dagegen darf er nach § 634 nur dann wandeln, wenn der Mangel den Wert oder die Tauglichkeit des Werks nicht bloß unerheblich mindert. Ob hier ein Recht zur Wandlung gegeben war, bedarf keiner Entscheidung, da der Beklagte nicht Wandlung begehrt hat, sondern einseitig vom Vertrage zurückgetreten ist, ohne eine Frist zur Mängelbeseitigung nach § 634 bestimmt zu haben. Deshalb kommt lediglich das Rücktrittsrecht nach §§ 326, 327 in Frage, das (RG. 50 S. 138) noch im Prozeß der eine Prozeßbevollmächtigte dem andern gegenüber erklären kann. Eine Abnahmepflicht bestand nicht für den Beklagten, da auch unerhebliche Mängel, die jedenfalls vorlagen, diese Pflicht ausschließen (JW. 1907 S. 744). Wollte er aber bei dem Verzug seines Vertragsgegners, der innerhalb der vereinbarten Frist nicht erfüllt hatte, nach § 326 zurücktreten, so hatte er auch hier eine angemessene Frist zur Bewirkung der Leistung zu bestimmen. Allerdings ist diese Bestimmung dann nicht erforderlich, wenn der andere Teil die Erfüllung bereits ernstlich verweigert hat und in dem Bestreiten der die Nachbesserungspflicht begründenden Tatsachen kann eine solche Erklärung des Unternehmers gefunden werden (RG. 64 S. 296). Bei der Frage, ob eine Erfüllungsweigerung vorliegt, die den Eintritt der Folgen des § 326 ohne Setzung einer Nachfrist rechtfertigt, ist aber ein strenger Maßstab anzulegen (RG. 66 S. 420). Eine Fristbestimmung war deshalb hier sowohl im Sinne des § 634 als auch nach § 326 erforderlich. W. g.

γ) **Abkommen auf Abänderung bestimmter Teile der bemängelten Maschine.**

OLG. Dresden, VII. ZS. Urteil v. 29. September 1911.

Das LG. hat das Protokoll, durch das sich der Kläger verpflichtete, die Lünettenbacken der von ihm gelieferten, nicht funktionierenden Wellendrehbank durch glasharte Backen zu ersetzen, zu eng ausgelegt. Wenn eine Maschine angeblich das nicht leistet, was sie nach dem Lieferungsvertrag leisten soll und wenn auf die entsprechende Rüge des Käufers vereinbart wird, daß der Lieferant gewisse Maßnahmen und Änderungen an der Kaufsache noch vorzunehmen hat, so bedeutet ein solches Abkommen im Zweifel, daß durch diese Maßnahmen die vertragsmäßige Leistungsfähigkeit herbeigeführt werden, der Lieferant also durch ihre Vornahme von seiner Haftung aus dem Kaufvertrag und für die Mängel der gelieferten Sache nur unter der Voraussetzung befreit werden solle, daß wirklich jene Maßnahmen zu diesem Zwecke genügen. Gewiß ist es denkbar und möglich, daß der Käufer nicht bloß den

Grund für die mangelhafte Leistung in einem bestimmten Umstande zu finden glaubt, sondern auch von der Richtigkeit seiner Ansicht, durch eine bestimmte Maßnahme werde die Leistungsfähigkeit erreicht werden, so überzeugt ist, daß er sich mit der Zusicherung von ihrer Vornahme zufrieden gibt und die Gefahr, daß trotzdem die Leistungsfähigkeit nicht erreicht werde, auf sich nimmt. Nur ist das im Handelsverkehr etwas so Außergewöhnliches, daß ein entsprechender Wille deutlich ausgedrückt sein muß. Regelmäßig will der Käufer, der das mangelhafte Arbeiten der Maschine rügt und deshalb die Ersetzung oder Verbesserung bestimmter Teile fordert, damit nichts anderes sagen, als daß er die Herstellung der vertragsmäßigen Leistungsfähigkeit verlange und daß seiner Meinung nach diese durch die gewünschte Verbesserung zu erreichen sei. Der Lieferant kann daraus in der Regel nicht schon folgern, daß der Käufer lediglich die vorgeschlagene Abänderung beanspruchen, sich aber mit der Maschine zufrieden geben wolle, auch wenn sie trotz dieser nicht funktioniere. Denn das Interesse und das Vertragsrecht des Käufers geht ausschließlich darauf, daß die Leistungsfähigkeit der Maschine herbeigeführt werde, der Weg, auf dem dies erreicht wird, kann ihm gleichgültig sein. Soweit er einen solchen angibt, hat das nur die Bedeutung eines Rates oder Vorschlags, dessen Befolgung, von einem arglistigen Verhalten des Käufers abgesehen, auf die Gefahr des Lieferanten insofern geht, als der Käufer bei dem Mißglücken des Versuches seine Rechte aus der Mangelhaftigkeit der Ware nicht verliert. M. z.

δ) **Schadensersatz wegen Lieferung einer fehlerhaften Heizanlage, die wieder entfernt werden mußte.**

OLG. Hamburg, IV. ZS. Urteil v. 15. Juni 1911.

Gefordert werden: 1. Die der Beklagten für Herstellung der Heizanlage gezahlten 1200 Mark; 2. die für Maurerarbeiten zu jener Anlage bezahlten 300 Mark; 3. 150 Mark Ausbesserungskosten, die wegen der von der Beklagten verweigerten Ausbesserung an X. gezahlt sind. Verlangt werden diese Beträge als Schadensersatz, eventuell wegen Wandlung des Vertrages nach §§ 635, 634. Ob die Ansprüche 1., 2. unter dem Gesichtspunkte des Erfüllungsinteresses des § 635, was an sich schon aus dem Garantieversprechen der Beklagten der Kläger zu verlangen berechtigt wäre, sich rechtlich begründen lassen, kann auf sich beruhen bleiben. Denn jedenfalls ist die erste Forderung aus der Wandlung, die zweite und dritte aus § 276 ff. wegen vertraglichen Verschuldens der Beklagten begründet, so daß dem Besteller ein Anspruch neben und nicht nur, wie der Anspruch auf das Erfüllungsinteresse aus § 635 anstatt des Wandlungsanspruches zusteht. Allerdings wäre unter dem Gesichtspunkte der Wandlung der Kläger an sich die empfangene Leistung, d. h. die Heizungsanlage, zurückzugewähren verpflichtet. Nach dem Gutachten hätte aber die Entfernung der Anlage aus den klägerischen Geschäftsräumen, die der Beklagten selbst obgelegen hätte, ebensoviel Kosten verursacht, wie für die herausgenommenen Stücke

Heizröhren, Heizschlange 2c) als Alteisen zu erzielen gewesen wäre. Beklagte stände sich also ohne Angebot der noch nicht demontierten Anlage genau so gut wie wenn von ihr nur die Leistung, welche sie empfangen hat, d. h. die Vergütung von 1200 Mark, zurückgefordert würde. Das Verschulden der Beklagten besteht nach dem Gutachten darin, daß sie unter den gegebenen Verhältnissen, unter welchen es nicht möglich war, den Heizofen tiefer als die Rohrleitungen zu verlegen, überhaupt die Herstellung des Werkes unternahm, ohne den Kläger darauf hingewiesen zu haben, daß die Heizung nicht gehörig funktionieren konnte, sodann aber beruht es auf der völlig fehlerhaften Installation auch bei vorliegender Unmöglichkeit zur Tieferlegung des Ofens. Beklagte hatte also sowohl beim Abschluß als bei der Ausführung des Vertrages fahrlässig gehandelt, und nicht nur der aus dieser, sondern auch der aus jener Fahrlässigkeit (vgl. Leonhard, Verschulden beim Vertragsschlusse 1910) erwachsene Schaden kann neben dem Anspruch aus der Wandlung verlangt werden. Ohne dieses doppelte Verschulden aber hätte der Kläger sowohl die Kosten, die sie für die Maurerarbeiten aufgewendet, als auch die an X. bezahlten Ausbesserungen erspart. Die letzteren können dem Kläger auch nicht deshalb abgesprochen werden, weil er vor ihrer Vornahme hätte einsehen müssen, sie führten doch nicht zum Ziele. Ihm als Laien könnte eine solche Einsicht, zu der der Sachverständige erst nach genauester Prüfung gelangt ist, nicht zugemutet werden. Beide Ausgaben waren unstreitig an sich nötig und angemessen. Aus demselben Gesichtspunkt ist auch der mit der Widerklage für Ausbesserungen geforderte Betrag von 200 Mark unbegründet. Waren die Parteien vorher übereingekommen, daß sie nicht unter die Garantie fallen sollten, so wäre an sich zwar ein Zahlungsanspruch begründet, der Kläger würde aber die Summe, die er zahlen müßte, unter dem Gesichtspunkte des Schadensersatzes wegen schuldhafter Vertragsverletzung zurückfordern und mithin, da er sie noch nicht gezahlt hat, auch zurückbehalten können.

Wenn Beklagte jetzt geltend macht, der Kläger müsse sich den Nutzungswert der Anlage während dreier Jahre anrechnen lassen, so steht dem der § 529³ ZPO. nicht entgegen. Beklagte rechnet nicht mit einer Gegenforderung auf, sondern sie bestreitet, daß ihrem Gegner der Schaden, dessen Erstattung er fordert, zur vollen Höhe entstanden sei. Was der Kläger erspart haben könnte, ist folgendes: 1. Brauchte er die Öfen, die ihm jetzt unbestritten zur Heizung der Geschäftsräume dienen, wenn anders sie nicht schon von Anfang an vorhanden waren, 3 Jahre später, als es ohne die Heizungsanlage erforderlich gewesen wäre, zu setzen, er brauchte also das hierzu erforderliche Anlagekapital 3 Jahre später auszugeben, 2. die Öfen wurden 3 Jahre weniger abgenutzt, 3. er brauchte während dreier Jahre nur die für die Bedienung der Sammelheizung erforderlichen Kokes, andernfalls hätte sie Kohlen für die Öfen gebraucht. Die Ersparnis zu 1. bestände in den Zinsen auf die Anlagesumme, die nach den zu heizenden Räumen nur wenige hundert Mark betragen haben könnte. Die Ersparnis zu 2. ist äußerst geringfügig, denn Öfen nutzen sich in den ersten 3 Jahren ihres Gebrauches überhaupt nicht nennenswert ab. Daß aber zu 3. der Kläger einen Mehrverbrauch gehabt hätte, erscheint angesichts des Gutachtens ausgeschlossen; danach erforderte die Sammelheizung einen sehr großen Heizungsaufwand, viel mehr als eine richtig arbeitende Heizung, damit überhaupt nur eine erträgliche Wärme hergestellt wurde. Im Gegenteil trägt das Gericht kein Bedenken auszusprechen, daß dieser Kokesverbrauch dem Kläger jedenfalls um so viel mehr als die Kohlen für normal heizende Öfen gekostet hat, als die Ersparnis zu 2. und — vorausgesetzt, daß er die Öfen überhaupt erst nachträglich gesetzt hat — auch die zu 1. betragen hat. M. M.

ε) **Zum Begriff der Abnahme eines Werks.**

Kammergericht, VII. ZS. Urteil v. 6. März 1912.

Unter Abnahme ist die Annahme als Erfüllung, nämlich die zur Hinnahme des Werks hinzutretende Erklärung, daß man das Werk als der Hauptsache nach dem Vertrage entsprechend annahm, zu verstehen (JW. 1908 S. 234). Diese Erklärung kann auch stillschweigend erfolgen und ist hier darin zu erblicken, daß der Kläger, nachdem das Gebäude zu dem vertraglichen Termine (1. Oktober) fertig gestellt und am 28. September polizeilich abgenommen worden war, alsbald mit der Vermietung der Wohnungen begonnen und am 15. Dezember für den Beklagten dessen Restforderung aus dem Bauvertrage hat eintragen lassen. Spätestens mit letzterem Tag ist der Bau abgenommen. L. n.

ι) **Sicherungshypothek für den Betrag, der für Mängel der Arbeiten noch längere Zeit haften soll.**[1]

Kammergericht, XIV. ZS. Urteil v. 13. November 1911.

Der Beklagte hatte 1911 für den Neubau des Klägers die Zimmerarbeiten ausgeführt. Wegen ihrer Bezahlung war vereinbart, daß 1000 Mark als Sicherheit für etwaige Mängel der Arbeiten auf 2 Jahre haften sollten. Wegen dieser 1000 Mark ließ Beklagter eine Sicherungshypothek eintragen, deren Löschung der Kläger verlangt, weil sonst die vereinbarte Haftung der 1000 Mark für etwaige Mängel der Arbeiten vereitelt würde. Die Klage ist unbegründet. Der Sicherungsanspruch des Beklagten setzt nach § 648 eine Forderung für geleistete Bauarbeiten voraus. Diese sind geleistet und unstreitig im Betrage von 1000 Mark noch unbezahlt. Die Auffassung des Klägers, daß eine Forderung gleichwohl bisher nicht entstanden sei, vielmehr infolge der Abrede über die Haftung jenes Betrages erst nach Ablauf der Haftungszeit entstehen könne, ist unrichtig. Die Forderung ist, wie im Regelfalle, so auch hier durch die Leistung der Arbeiten entstanden. Ungewiß ist

[1] Hat der Werkmeister nach ausdrücklicher Vereinbarung über den Rest des Werklohns ein Dreimonatsakzept des Bestellers anzunehmen und erhalten, so hat er insoweit auf eine weitere Sicherung durch die gesetzliche Werkmeisterhypothek verzichtet (Kammergericht, V. ZS. Urteil v. 9. Dezember 1911).

nur, ob und in welchem Umfange sie bestehen bleiben oder später erlöschen wird. Die Abrede soll nur mit Rücksicht auch diese Ungewißheit bis zu deren Beseitigung die Einziehung der Forderung zu ungunsten des Klägers hinausschieben. Sie enthält also lediglich eine Stundung der bereits entstandenen Forderung und steht der Geltendmachung des Anspruchs aus § 648 nicht entgegen, da hierfür die Fälligkeit der Forderung nicht notwendig ist.

Auch ein vertraglicher Ausschluß des Sicherungsanspruchs kann nicht aus der Vereinbarung gefolgert werden. Diese schließt das Fortbestehen der Sicherungshypothek nicht aus. Die Sicherheit des Klägers wird durch die Eintragung für den Beklagten nicht gefährdet, da der Kläger alle seine Einwendungen und Gegenrechte auch gegenüber der Sicherungshypothek, und nicht nur gegen den Beklagten, sondern gegen jeden Erwerber der Forderung geltend machen kann. Dagegen würde dem Beklagten — ohne berechtigten Vorteil für den Kläger — bei Verneinung des Sicherungsanspruches unter Umständen die Möglichkeit genommen werden, seine Forderung zu verwirklichen für den Fall, daß bis zum Ablauf der Haftungszeit Gegenansprüche nicht entstanden sind. Fr.

k) **Mäklervertrag:** *α*) **„Anstellen für bestimmte Zeit".**

Kammergericht, XIV. ZS. Urteil v. 2. Oktober 1911.

Der Beklagte hat am 24. März dem Kläger unter dem Versprechen von 2% Provision ein Grundstück für 150000 Mark bis zum 15. April 1910 angestellt und hinzugefügt, daß nach dieser Zeit die Pläne wieder in seinem Besitze sein müssen. Am 10. April schrieb er ihm, er habe erfahren, daß die Wertzuwachssteuer erheblich sei; deshalb könne er nicht unter 155000 Mark verkaufen und es könne aus „unserm" Verkauf nichts werden. Trotzdem schrieb der Kläger am 13. April, er habe seinen Kauflustigen bewogen, das Angebot vom 24. März anzunehmen und er bitte, das Weitere zu veranlassen. Der Beklagte hat aber nichts veranlaßt und das Grundstück nicht verkauft. Gleichwohl glaubt der Kläger einen Anspruch auf Vergütung oder Schadensersatz zu haben, weil der Beklagte verpflichtet gewesen sei, das Grundstück an den ihm innerhalb der gestellten Frist zugeführten Käufer zu verkaufen. Allein ein Anspruch auf Provision ist nicht entstanden, weil kein Vertrag durch den Nachweis oder die Vermittlung des Klägers zustande gekommen ist. Aus dem Wesen des Mäklervertrags ergibt sich das allgemein anerkannte Recht des Auftraggebers, bis zum Vertragsschluß den Auftrag zu widerrufen. Dieses Recht kann durch Vertrag ausgeschlossen werden; und es fragt sich, ob dies hier mit den Worten: „bis zum 15. April anstellen" geschehen sei. Planck (§ 652 IV 3b) spricht von „fest an die Hand geben" und „Alleinverkauf übertragen" und sagt, das sei regelmäßig dahin zu verstehen, daß der Auftraggeber in der bestimmten Zeit nicht anders, als durch Vermittlung des Mäklers verkaufen darf, aber es könne auch anders gemeint sein. Ohne die letztere Einschränkung sprechen sich RG. (JW. 1905 S. 339) und Staub (Exk. zu HGB. § 92[17]) im gleichen Sinn aus. Immer aber handelt es sich dabei um die Ausdrücke „fest an die Hand geben“ und „den Alleinverkauf sichern (übertragen)“. Der Ausdruck „anstellen“ besagt offenbar viel weniger; er bedeutet weiter nichts, als „den Verkauf (nicht den Alleinverkauf) übertragen“. Daran ändert auch die Beifügung der Zeitgrenze nichts. Sie wird ausreichend mit dem Bestreben des Auftraggebers gerechtfertigt, den Mäkler zu einer beschleunigten Tätigkeit anzuspornen. Daneben kann auf den Wunsch des Mäklers Rücksicht genommen sein, sich gegen die Erfolglosigkeit seiner Tätigkeit zu sichern, braucht es aber nicht. Eine solche Absicht ist hier in keiner Weise nachgewiesen. Ein sachverständiges Gutachten über die verkehrsübliche Auslegung des Wortes „anstellen“ ist nicht erforderlich. Die Verkehrssitte kann nicht so weit gehen, daß sie den Worten einen Sinn unterlegt, den sie nach dem allgemeinen Sprachgebrauch nicht haben.

Wollte man aber auch der Auslegung des Klägers dahin folgen, daß der Auftraggeber bis 15. April an den vom Mäkler zugeführten Käufer verkaufen oder die Provision auch ohne Verkauf zahlen müsse, so läge ein Vertrag vor, durch den sich der Auftraggeber dem Mäkler bedingt verpflichtet, einem Dritten das Grundstück zu veräußern. Diese Verpflichtung bedarf der Form des § 313 (RG. 50 S. 165) und ist hier, wo die Form nicht gewahrt ist, nichtig. Daraus folgt, daß auch die für den Fall der Nichterfüllung des Versprechens getroffene Vereinbarung einer Vertragsstrafe (Zahlung der Provision auch ohne Verkauf) gemäß § 344 unwirksam ist. Will man aber in der Abrede das Versprechen einer Vertragsstrafe nicht finden und die Klageforderung nur als den gesetzlichen Anspruch auf Schadensersatz wegen Nichterfüllung des Vertrages ansehen, so ist doch dieser nicht erfüllte Vertrag eben wieder die Verpflichtung des Beklagten, das Grundstück an den vom Kläger zugeführten Käufer zu verkaufen. Nur diese Verpflichtung hat er nicht erfüllt und sie ist wegen Formmangels nichtig. Der Beklagte kann nicht deshalb ersatzpflichtig sein, weil er einen nichtigen Vertrag nicht erfüllt hat. Fr.

β) Versprechen einer Provision für den Fall des Verkaufes.

OLG. Rostock, II. ZS. Urteil v. 24. November 1911.

Der Kläger hat den Beklagten, der sein Rittergut A. zu verkaufen beabsichtigte, in einer zu diesem Zwecke nachgesuchten Unterredung den X. als geeigneten Käufer namhaft gemacht. Der Beklagte hat darauf folgenden Schein unterschrieben: „Wenn ich mein Rittergut A. an X. verkaufe, zahle ich dem Kläger eine Provision von 2 % der ganzen Kaufsumme in bar aus, und zwar gleich nach der ersten größeren Anzahlung.“ X. hat demnächst das Gut gekauft, Beklagter verweigert aber mit Recht die Zahlung des Mäklerlohnes.

Der Schein enthält seinem Wortlaut nach ein bedingtes Zahlungsversprechen, das von einer Leistung des Klägers unabhängig ist, so daß daraus gefolgert werden könnte, die Zahlungspflicht des Beklagten hat lediglich an den Eintritt einer äußeren Tatsache, den Abschluß eines Verkaufs zwischen dem Beklagten und X., gebunden sein sollen. Mit Recht lehnt das LG. jedoch diese Auffassung ab. Die Bezeichnung der zu zahlenden Summe als „Provision“, ihre Bestimmung auf einen Prozentsatz des Kaufgelds und der Inhalt der Verhandlung, bei der der Schein ausgestellt ist, lassen keinen Zweifel darüber zu, daß der Kläger, der zum Beklagten gekommen war, um ihm seine Dienste als gewerbsmäßiger Gütermäkler beim Verkauf des Gutes anzubieten, die 2% als Mäklergebühr erhalten sollte. Ist aber dies der Fall, so ergibt sich von selbst, daß das Zustandekommen des Kaufs nicht als äußeres Ereignis, auf das der Eintritt der gewollten Wirkung von den Parteien abgestellt ist, sondern nur als Erfolg einer Tätigkeit des Mäklers die Zahlungspflicht entstehen läßt. Das entspricht auch der eigenen Auffassung des Klägers. Denn er fordert die Summe dafür, daß er dem Beklagten den Käufer benannt habe, also als Vergütung für seine Mäklertätigkeit. Allerdings betont er, daß ihm die Provision zugesagt sei, auch wenn X. ohne Vermittlung oder ohne *seine* Vermittlung kaufen werde. Aber diese Abmachung hat sich angeschlossen an seine Erklärung: „Geben Sie mir nur eine genaue Aufstellung von A., ich werde das Gut dem X. anstellen und die Beschreibung einsenden.“ Das Versprechen war also an die Voraussetzung gebunden, daß er für die Herbeiführung des Abschlusses tätig sein werde.

Trotz vorstehender Auslegung des Scheins hat das LG. den Kläger deshalb abgewiesen, weil er nicht dargetan habe, daß er den X. zu dem Handel geneigt gemacht oder in irgend einer anderen Weise den Abschluß vermittelt habe. Allein die lohnbegründende Tätigkeit des Mäklers braucht keineswegs in der Vermittlung des Geschäfts zu bestehen, vielmehr genügt, auf das Wesen des Mäklervertrages gesehen, auch schon die für den Abschluß des Geschäfts kausale Nachweisung des Käufers. Hier kann aber bei dem Wortlaut des Scheins keine weitergehende Leistung des Klägers als bedungen gelten. Es wäre Sache des Beklagten, darzulegen, daß er bei den Verhandlungen über die Ausstellung des Scheins ausdrücklich gefordert habe, daß der Kläger noch eine wirkliche Vermittlungstätigkeit entfalte. Davon ist aber in seiner Sachdarstellung nichts zu finden, sondern er folgert nur die Berechtigung, ein solches Handeln des Klägers zu begehren, aus der Tatsache, daß er einen Mäklerauftrag erteilt habe. Ferner hat nicht der Kläger zur Begründung seines Anspruchs auch nachzuweisen, daß der Verkauf an X. ursächlich auf eine Mäklertätigkeit des Klägers zurückzuführen sei. Denn einmal ist von dem Mäkler, wenn vorliegt, daß er denjenigen Käufer, mit dem der Handel zustande gekommen ist, nachgewiesen hat und daß in der Folgezeit der Kauf abgeschlossen ist, ohne daß etwa die Länge der Zwischenzeit einen Zusammenhang beider Tatsachen ausschließt, ein weiterer Beweis für die Ursächlichkeit seines Verhaltens regelmäßig nicht zu verlangen, sondern es ist Sache des Auftraggebers, das Gegenteil darzutun

(JW. 1902 B. 282; Staudinger, § 652 III 5e). Sodann spricht für diese Verteilung der Beweislast auch die Erwägung, daß der Kläger dem Beklagten bei Abgabe des Provisionsversprechens den X. als Käufer bereits namhaft gemacht hatte, und daß deshalb im Schein X. bereits als diejenige Person, mit der nach Erwartung der Parteien der Kauf zustande kommen werde, genannt und nur der Abschluß des Kaufs, nicht aber eine Mitwirkung des Klägers dazu als Vorbedingung für die Zahlungspflicht hingestellt wurde. Danach muß angenommen werden, daß der Beklagte, wenn der Handel mit X. perfekt wurde, einen Nachweis, daß des Klägers Tätigkeit dafür ursächlich gewesen sei, von diesem nicht verlangen wollte. Daher liegt dem Beklagten der Beweis ob, daß die durch Nachweisung des Käufers oder in sonstiger Weise vom Kläger entfaltete Mäklertätigkeit für das Zustandekommen des Verkaufs bedeutungslos war. Dieser Beweis ist geführt.... J.n.

γ) **Vermittlung eines hypothekarischen Darlehns.**

OLG. Hamburg, V. ZS. Urteil v. 29. Juni 1911.

Wenn hier auch die Provision dafür versprochen war, daß die Beklagte durch die Vermittlung der vier Makler „eine Schließung auf den Neubau erhalte", so kann dies doch nicht so aufgefaßt werden, als ob schon durch das Zustandekommen des Vertrags über die Hingabe des Darlehns der Lohn verdient sein sollte. Daß solches die Absicht der einen Maklervertrag schließenden Beteiligten sein kann, ist zuzugeben. Regelmäßig wird aber die Absicht des Vertragschließenden in solchen Fällen sein, daß die Gebühr erst für das Zustandekommen des Darlehnsvertrags selbst verdient sein solle, also erst dann, wenn das Darlehn gegeben wird (RG. 39 S. 231, auch Recht 1908 Nr. 2920). Hier spricht nichts gegen das Vorliegen des Regelfalls, im Gegenteil ist die Nachtragsbestimmung, daß die Provision am Tage der Auszahlung der Posten Zug um Zug an die Makler auszuzahlen sei, ein deutlicher Fingerzeig dafür, daß die Auszahlung der Darlehnsgelder das Entscheidende war. Freilich könnte daran gedacht werden, daß hiermit nur die Zeit der Fälligkeit der Vermittlergebühr habe festgesetzt werden sollen. Denn die Eheleute Sch. waren mittellos und gar nicht in der Lage, die Provision zu bezahlen, bevor sie die Darlehnsgelder erhielten. Allein um so weniger hatte es einen Zweck, sich von ihnen etwas versprechen zu lassen, was sie vor Auszahlung der Hypothekengelder nicht entrichten konnten. Daß eine Verkehrssitte hier bestehe dahin, daß in Fällen, wie dieser ist, der Mäklerlohn schon durch den Darlehnsvorvertrag als verdient gelte, ist nicht behauptet und dem Gerichte nicht bekannt. M. M.

δ) **Verwirkung des Lohns nach § 654. Arglist des Mäklers.**

OLG. Hamburg, VI. ZS. Urteil v. 1. April 1911.

1. Die Beklagte wendet ein, daß der Kläger dem Inhalte des Mäklervertrages zuwider auch für den anderen Teil, den Käufer X., tätig gewesen sei und daher nach § 654 den Mäklerlohn verwirkt habe. Allerdings hat X. dem Kläger eine Vergütung für den Fall, daß er das Gut des Beklagten

für 130000 Mark bekäme, versprochen und der Kläger der Beklagten dieses Gebot überbracht mit dem Bemerken, daß X. nicht mehr geben wolle. Diese Tätigkeit war jedoch, wenngleich die Beklagte ausdrücklich befürwortet hatte, daß der Kläger nur ihr Makler und nicht auch der der Gegenseite sein dürfe, dem Inhalte des Vertrages nicht zuwider. Denn die Vermittlerpflicht des Klägers brachte es begrifflich mit sich, das ihm vom Käufer für die Beklagte gemachte Angebot diesem zu überbringen, mochte ihm auch für den Fall, daß er dazu den Kauf abschloß, vom Käufer eine Vergütung versprochen sein oder nicht. Daß aber der Kläger dafür dann zugunsten des X. seine besondere Tätigkeit eingesetzt hätte (vgl. JW. 1885 S. 163[27]), ist nicht erwiesen; jedenfalls ist es X. nicht geglückt, das Gut zu dem Preise von 130000 Mark zu kaufen, und jene Tätigkeit des Klägers ist, wenn sie sich tatsächlich zugunsten des X. geäußert haben sollte, unter allen Umständen wirkungslos geblieben. X. hat vielmehr 140000 Mark bieten müssen, um die Beklagte schließlich zum Verkaufe zu bringen. Daß bei der tatsächlichen Vermittlung des Geschäftes zu diesem Preise der Kläger dem Inhalte des Vertrages zuwider auch für X. tätig gewesen sei, ist nicht behauptet.

2. Die Beklagte wendet ein, daß der Kläger ihr Umstände verheimlicht habe, die sie zur Ablehnung des Geschäftes bestimmt hätten, wenn sie sie vorher gekannt hätte. Diese Auffassung hat das LG. zu der Annahme geführt, daß der Kläger die Mäklergebühr nicht verdient habe, weil er seinerseits den Vertrag nicht erfüllt habe; denn die Leistung des Maklers bestehe nicht darin, daß er „auf jede mögliche Weise den Vertrag zum Abschluß zu bringen versuche, sondern er müsse dabei stets die Interessen seines Auftraggebers im Auge haben"; er sei „nach Treu und Glauben verpflichtet, auf alle ihm bekannten Umstände hinzuweisen, deren Kenntnis möglicherweise für den Auftraggeber wichtig sein könne". Ob dieser Grundsatz im allgemeinen nicht zu weit geht (vgl. Oertmann 1d zu § 652), kann dahingestellt bleiben. Hier trifft er jedenfalls zu. Der Kläger hat nämlich die Beklagte veranlaßt, Hypotheken in Höhe von 10800 Mark auf den Kaufpreis von 140000 Mark zu übernehmen, und ihr unbestritten verschwiegen, daß er zwei der Hypotheken (von 3300 und 1500 Mark), die die Beklagte zum vollen Nennwert auf den Kaufpreis übernahm, erst kurz vorher dem X. zu erheblich niedrigerem Preise (500 und 300 Mark) verschafft hatte. Dieses Verfahren erscheint um so bedenklicher, als der Kläger selbst diese Hypothekengeschäfte mit X. mit eigenem Nutzen zu einer Zeit gemacht hat, während er die Kaufverhandlungen zwischen X. und der Beklagten vermittelte. Denn er war bereits im Juni mit dem Verkaufe beauftragt, verkaufte die Hypotheken an X. Ende August und ließ sie Anfang Oktober zum Nennwerte von der Beklagten übernehmen. Diese hat auch unbestritten den Sachverhalt erst nach dem Vertragsabschluß erfahren. Der Kläger meint allerdings, die Beklagte habe eine Woche Zeit gehabt, sich nach der Güte der Hypotheken zu erkundigen. Darum aber handelt es sich bei diesem Einwande des nicht erfüllten Vertrags oder der arglistigen

Täuschung überhaupt nicht. Vielmehr hat der Auftraggeber, ganz abgesehen von einem etwa erlittenen Schaden, das Recht, die Gegenleistung deswegen zu verweigern, weil der Makler das — zwar zustande gebrachte — Geschäft nur durch Täuschung seines Auftraggebers vermittelt hat. Bei arglistiger Verschweigung der Zahlungsfähigkeit des anderen Kontrahenten ist dies fast allgemein anerkannt. Es kann in solchem Falle nicht, wie Seuffert 64 Nr. 128 ausführt, durchaus unbillig erscheinen, daß der Auftraggeber, soweit er gar nicht geschädigt wurde, von der Mäklergebühr frei wäre. Ein arglistiger Erwerb ist vielmehr immer unbillig und eine ungerechtfertigte Bereicherung. Diesen Standpunkt scheint auch das Urteil v. 4. Febr. 1909 (HansGZ. S. 147) zu vertreten. Es liegt nun kein Grund vor, die Einrede in anderen Fällen der Treuverletzung des Maklers auszuschließen, wenn sie Umstände betrifft, die den unterrichteten Auftraggeber von dem Vertragschluß ganz oder unter den vereinbarten Bedingungen abgehalten haben würden (vgl. Staudinger, Vorb. 6 u. II c zu § 652; RG. „Recht" 1907 S. 1401 Nr. 3489, KG. Rsp. 2 S. 119b; Seuffert 56 Nr. 148; Stuttgart „Recht" 1906 S. 935; Colmar Rsp. 12 S. 87, Bolze 4 Nr. 647). Auch in neuester Zeit hat das RG. an dieser Auffassung, sogar bei schuldhafter Verletzung der Treupflicht durch Unterlassung der Mitteilung des Vorhandenseins von Hausschwamm festgehalten (JW. 1910 S. 284[16]). Solche Umstände liegen aber in der Verschweigung jener kurz vorhergegangenen Geschäfte über die beiden Hypotheken insofern vor, als anzunehmen ist, daß die Beklagte in Kenntnis davon, sie nicht zu vollem Werte in Zahlung genommen haben, und der Vertragsabschluß unter dieser Bedingung nicht zustande gekommen sein würde. M. M.

l) **Wettbewerb für ein Denkmal. Kein Recht auf Ausführung des besten Entwurfs.**

OLG. Hamburg, IV. ZS. Urteil v. 24. März 1911.

Wenn sich der Kläger auf eine Verpflichtung des beklagten Vereins beruft, unter den eingereichten Entwürfen zu dem geplanten Denkmal den besten zur Ausführung zu bestimmen, so hätte er ein dahingehendes Versprechen der Vereinsvertreter nachweisen müssen. Ein solches läßt sich aber noch nicht damit dartun, daß sowohl die an den Wettbewerbungen sich beteiligenden Künstler wie auch der Vorstand des Beklagten der Ansicht gewesen seien, daß der beste Entwurf zur Ausführung bestimmt werden würde; dabei handelte es sich nur um nicht bindende Erwartungen. Ebensowenig läßt sich eine Zusage ohne weiteres aus den Umständen entnehmen. Für das Gegenteil spricht sogar die Vermutung, da die Vertreter des Beklagten nicht wissen konnten, ob unter den Entwürfen etwas Passendes sein würde, und für die Ausführung des Denkmals es schwerlich auf den Zufall ankommen lassen wollten.

Damit, daß jede Zusage fehlt, fällt nicht bloß der Gesichtspunkt eines besonderen Vertrags zwischen den Parteien, sondern auch der Gesichtspunkt einer Auslobung im Sinne des § 661. Übrigens fehlt es in letzter Beziehung auch an einer **öffentlichen** Bekanntmachung. Eine solche liegt noch nicht in den Berichten von Zeitungen über die Sitzungen des Beklagten, in denen die Denkmalsangelegenheit besprochen und der Erlaß einer Aufforderung an die Architekten B.s beschlossen wurde. Denn einmal handelt es sich dabei um einen für den Beklagten unverbindlichen Bericht und ferner war es danach Sache des Vorstandes, in welcher Weise und in welchem Umfang er diese Aufforderung erlassen wollte. Als der Vorstand sich dann unter der Hand an bestimmte Architekten wandte, hat sich der Kläger darum bemüht, ebenfalls zum Wettbewerb zugelassen zu werden; er war also selbst der Auffassung, daß der Kreis der Bewerber ein geschlossener sein solle.

Mit Recht geht daher das LG. davon aus, daß es sich bei den „Ausschreiben" des Beklagten lediglich um private Ersuchen des Beklagten um Einreichung von Angeboten handelte, ohne Bindung, eine davon anzunehmen und ausführen zu lassen. Dann stand es aber dem Verein besonders bei dem letzten Ausschreiben frei, die sämtlichen rechtzeitig eingereichten Entwürfe abzulehnen und einen Entwurf zur Ausführung zu bestimmen, der zu spät eingereicht war und auch sonst den im Ausschreiben gestellten Bedingungen nicht entsprach. Wäre irgend ein Preis versprochen, etwa die Zusage der Ausführung des besten Entwurfs erteilt, so wäre das allerdings nicht zulässig, der Beklagte vielmehr gebunden gewesen, nur diejenigen Entwürfe bei der Zuteilung des Preises zu berücksichtigen, die den gestellten Bedingungen entsprachen. So aber braucht der Beklagte den Kläger lediglich an dem Wettbewerb teilnehmen zu lassen, d. h. seine Angebote zu prüfen; das ist geschehen. Ein Verstoß gegen Treu und Glauben könnte bei seiner Zurückweisung nur dann in Frage kommen, wenn die Vertreter des Beklagten schon vor dem Einreichungstermine sich für eine andere Art der Ausführung entschieden oder zu einem schon damals vorliegenden Entwurf sich entschlossen, davon aber den Bewerbern keine Mitteilung gemacht hätten. M. M.

m) **Auftrag zum Kauf von Aktien. Übernahme einer Sperrverpflichtung bei Ausführung des Auftrags.**

OLG. München, IV. ZS. Urteil v. 18. Oktober 1911.

Die Beklagte hat mit Brief vom 11. Mai den Kläger beauftragt, für sie alte Aktien der Kreditanstalt zu kaufen, wenn er es trotz des Kurses von 165½ noch für ratsam halte. Der Kläger hat auf Grund dieses Auftrags sofort sechs auf 1 Jahr gesperrte Aktien zum Kurse von 166 gekauft und verlangt Erstattung der hierauf gemachten Aufwendungen. Die Beklagte wendet Überschreitung des Auftrags ein, weil der Kläger einen zu hohen Kurs bewilligt und gesperrte statt freie Aktien gekauft habe. Allein in ersterer Beziehung liegt überhaupt keine Abweichung vor. Denn wenn die Beklagte schreibt: „Hältst du für ratsam trotz des Kurses von 165½ jetzt noch alte zu kaufen ..., so mache dieses Geschäft," so ist damit nicht gesagt, daß der Kläger zu einem höheren Kurs als 165½ nicht kaufen dürfe. Aber selbst wenn man den Auftrag so auffassen wollte, so wäre die Abweichung so geringfügig, daß der Kläger nach vernünftigem Ermessen annehmen konnte, die Beklagte werde sie billigen. Diese nebensächliche Überschreitung des Auftrags, wenn eine solche überhaupt vorläge, gibt der Beklagten kein Recht, die Ausführung des Geschäfts als auftragswidrig zurückzuweisen.

Anlangend den zweiten Punkt, liegt auf der Hand, daß die für den Börsenverkehr gesperrten Aktien gegenüber frei verkäuflichen wirtschaftlich minderwertig sind. Das erhellt auch daraus, daß der Käufer mit der Sperrverpflichtung die Haftung für den durch eine Zuwiderhandlung den Interessenten entstehenden Schaden übernimmt (Recht 1910 S. 17). Wer daher schlechthin den Auftrag erhält, Aktien zu kaufen, ist nicht ohne weiteres ermächtigt, gesperrte Aktien zu kaufen, die vom börsenmäßigen Verkehr ausgenommen sind und deren Besitz an so lästige und weitgehende Verpflichtungen geknüpft ist. Ob die gesperrten Aktien zur Zeit des Kaufes im Kurse hinter den freien Aktien standen oder nicht, darauf kommt nichts an. Die Beschränkung, die der Käufer sich hinsichtlich der Veräußerung der Papiere gefallen lassen muß und die damit verbundene Haftung allein ist es schon, was solche Aktien gegenüber freien minderwertig erscheinen läßt. Ebenso belanglos ist, zu welchem Kurse seinerzeit die Zertifikate mit einer 10jährigen Sperre gehandelt wurden. Wenn also die Ermächtigung zum Ankaufe *gesperrter* Aktien nicht schon im Auftrage des Beklagten lag, kann dieser es ablehnen, den vom Kläger besorgten Ankauf der sechs Aktien für sich gelten zu lassen. Der Unterschied zwischen freien und gesperrten Aktien ist für den Besitzer so erheblich, daß der mit Börsengeschäften vertraute Kläger nicht annehmen konnte und durfte, daß die Beklagte bei Kenntnis der Sachlage die Abweichung billigen würde. Der Kläger war verpflichtet, vor dem Ankauf mitzuteilen, daß nur gesperrte Aktien zu haben sind, und hatte die Entschließung der Beklagten abzuwarten (§ 665). Mit dem Aufschub war Gefahr nicht verbunden. Denn die Mitteilung wie Rückantwort hätten ohne Aufschub für die Abwicklung des Geschäfts auf telephonischem oder telegraphischem Wege in kürzester Zeit besorgt werden können. Nun behauptet aber der Kläger, daß die Ermächtigung zum Ankaufe gesperrter Aktien in dem Auftrage bereits enthalten war. Er hat dies zu beweisen und folgert es daraus, daß der Brief vom 11. Mai Bezug auf frühere Besprechungen nimmt: „wie früher besprochen". Er habe nämlich einige Wochen vor 11. Mai der Beklagten mitgeteilt, die alten Aktien würden mit einer Bonifikation von 3 % abgegeben und man könne sich durch den Ankauf solcher Aktien das Bezugsrecht auf neue Aktien sichern. Hieraus ergebe sich mit logischer Notwendigkeit, daß Beklagte wußte, daß es sich *nur* um *gesperrte* Aktien handeln konnte und daß ihr Auftrag daher sich auf solche Aktien bezogen habe. Denn die Bonifikation sei ja eben das Entgelt für die Sperrverpflichtung gewesen und anderseits habe sich derjenige, welcher alte Aktien kaufte, um sich den Bezug neuer zu sichern, sagen müssen, daß er die Aktien bis zur Ausgabe der neuen nicht weggeben dürfe. Beide Folgerungen sind falsch. Daß die Bonifikation tatsächlich das Entgelt für die

Sperre der Aktien war, mag richtig sein. Die Beklagte aber konnte das, wenn es ihr nicht mitgeteilt wurde, nicht wissen; sie konnte recht wohl den Grund für die Gewährung der Bonifikation anderswo sehen, z. B. in den Beziehungen des Klägers zu der Kreditanstalt, vor allem aber darin, daß der Kläger, wie Beklagte wußte, beabsichtigte, einen größeren Posten (100) Aktien zu erwerben. Wenn Beklagte naturgemäß die alten Aktien nicht verkaufen durfte, bis die neuen ausgegeben waren, wollte sie sich durch den Besitz alter zum Erwerb neuer ausweisen, so ist das etwas ganz anderes, als wenn sie sich durch eine Sperrverpflichtung rechtlich binden sollte, die Papiere auf ein Jahr von der Börse fernzuhalten mit der Folge, für den Zuwiderhandlungsfall schadensersatzpflichtig zu werden (Recht 1910 S. 17). Wenn sie sich auch das erstere sagen mußte, brauchte sie noch nicht an das letztere zu denken. Anders verhält es sich, wenn bei der Besprechung der Kläger auch mitgeteilt hat, daß die alten Aktien einer Sperre von 1 Jahr unterworfen waren. Dann ist zweifellos der Auftrag, Aktien wie früher besprochen, zu kaufen, so gemeint gewesen, daß eben solche auf 1 Jahr gesperrte Aktien gekauft werden sollten. P.n.

n) **Der Auftraggeber kann als Erbe des Beauftragten auch von dessen Substituten Rechnungslegung verlangen.**

OLG. Naumburg, II. ZS. Urteil v. 14. Februar 1911.

Die Mutter des Klägers wurde nach dem Tod ihres Mannes (1890) Vormünderin der beiden Kinder. Sie hat sich 1892 mit dem Beklagten wieder verheiratet, nachdem das Vatererbe der Kinder festgestellt worden war. Der Kläger hat die Verwaltung des Vatererbes auch nach seiner Großjährigkeit der Mutter gelassen. Diese ist 1903 gestorben und von den beiden Kindern und dem Beklagten beerbt worden. Der Kläger hat Rechnungslegung über sein Vatererbe für die Zeit nach Volljährigkeit auf Grund der Behauptung verlangt, daß Beklagter die Verwaltung im Auftrage der Mutter geführt habe. Dieser Anspruch ist selbst dann begründet, wenn davon ausgegangen wird, daß nach Eintritt der Großjährigkeit die Mutter des Klägers die Vermögensverwaltung fortgeführt habe. Denn dann würde einerseits dem Kläger ein Anspruch auf Rechnungslegung gegen seine Mutter und, bei Nichterledigung zu Lebzeiten, besonders bei Fortsetzung der Verwaltung bis zum Tode, gegen ihren Nachlaß erwachsen sein. Anderseits würde der Anspruch der Mutter gegen den Beklagten auf Rechenschaft über die in ihrem Auftrage besorgten Geschäfte, sofern er nicht, was nicht bewiesen, zu Lebzeiten der Mutter befriedigt wäre, in deren Nachlaß gefallen sein. Alsdann würde er freilich zunächst nur den Erben der Mutter gemeinschaftlich (zur gesamten Hand) zugestanden haben. Kraft Individualrechts hätte ihn aber der Kläger auch allein geltend machen können, freilich an sich bis zur Teilung des Nachlasses nur mit dem Antrag auf Leistung an die Erbengemeinschaft. Auf die Miterbenbeteiligung des Beklagten könnte es aber, weil er der Schuldner des Anspruchs ist, nicht ankommen. Auch würde es die besondere Natur des Anspruchs, an dem nur der Kläger ein Aktivinteresse hat, rechtfertigen, diesen allein als den Gläubiger gelten zu lassen. Jedenfalls seit der Teilung des mütterlichen Nachlasses, bei der seiner gar nicht gedacht ist, muß der Anspruch, auch in betreff der Legitimation zur Annahme der Leistung im Verhältnisse des Klägers zu seiner Schwester als der allein in Betracht kommenden weiteren Miterbin für stillschweigend dem Kläger überwiesen gelten. Dem gegenüber kann sich der Beklagte auf etwaige Quittungserklärungen des Klägers zu den Nachlaßteilungsakten deshalb nicht berufen, weil der Rechenschaftsanspruch gar nicht Gegenstand jenes Verfahrens gewesen ist. Schl.

o) **Klage auf Herausgabe hingegebener Wertpapiere. Darlegungspflicht. Beweislast.**

α) OLG. Colmar, I. ZS. Urteil v. 20. Oktober 1911.

Geklagt ist aus Auftrag (§ 667) auf Rückgabe eines Wertpapiers, also nicht dinglich, sondern lediglich aus diesem Schuldverhältnis. Die Beklagte wendet hiergegen Schenkung ein. Hiernach ist die bloße Tatsache, daß der Kläger am 1. Oktober 1908 der Beklagten das Wertpapier übergeben hat, nicht genügend, um ihn zu dessen Rückforderung als berechtigt erscheinen zu lassen; dazu ist vielmehr erforderlich, daß das Papier in einer die Beklagte zur Rückgabe verpflichtenden Weise hingegeben wurde. Der Kläger hat nun die Rückgabepflicht darauf gegründet, daß Beklagte es mit dem Auftrage, es auszuwechseln, empfangen und gemäß § 667 zurückzugeben habe. Der Kläger hat ihr nachzuweisen, daß sie das Papier mit dem erwähnten Auftrag empfangen hat. Daß der Beklagte den Beweis der Schenkung erboten hat, ist nur insofern von Bedeutung, als jener Beweis den Auftrag ausschließen würde, anderseits der Nachweis, daß nicht geschenkt worden ist, das behauptete Auftragsverhältnis wahrscheinlicher zu machen geeignet wäre. Nur zur Entkräftung des etwaigen Beweises des Auftrags würde es auf den von der Beklagten zu führenden Nachweis der Schenkung ankommen (vgl. Betzinger, Beweislast, S. 66). Frdthl.

β) OLG. Braunschweig, II. ZS. Urteil v. 6. November 1911.

Die Parteien sind Erben des 1905 verstorbenen A. Die im Nachlasse gefundenen Wertpapiere hat der Beklagte zu 1 veräußert und den Erlös von 3000 Mark an sämtliche 6 Erben verteilt. Der Kläger beansprucht aber den ganzen Erlös, weil der Erblasser ihm 1900 einen oder mehrere Pfandbriefe über 3000 Mark zu Eigentum übertragen und übergeben, aber wieder in Verwahrung genommen, verwaltet und die Zinsen übermittelt habe. Die Beklagten bestreiten, daß der Erblasser überhaupt Wertpapiere zur Verwahrung erhalten habe; eventuell habe er sie bereits bei Lebzeiten an den Kläger zurückgegeben. In dieser eventuellen Behauptung findet das LG. den von den Beklagten zu erweisenden E i n w a n d der Rückgewähr des streitigen Depositums und hat deshalb auf Eide der Beklagten über die Rückgabe an den Kläger sowie über den Verkauf von Wertpapieren erkannt. Allein die Beklagten behaupten gar nicht, daß die Wertpapiere, die der Kläger in Verwahrung gegeben haben will, ihm vom Erblasser zurückgegeben seien; sie gestehen vielmehr zu, daß diese Wertpapiere bei dem Tode des Erblassers noch in dessen Besitze gewesen und versilbert sind. Das eventuelle Vorbringen ist also nichts weiter als ein (motiviertes) Leugnen des Klaggrundes: Sie bestreiten, daß die versilberten Wertpapiere vom Kläger in Verwahrung gegeben seien. Wird nachgewiesen, daß der Erblasser andere Wertpapiere an den Kläger zurückgegeben hat, so wird dadurch die Klagbehauptung nur mehr oder weniger entkräftet. Neben dieser kann aber nicht ein gegen sie sprechenden Beweisanzeichen (die Rückgabe anderer Wertpapiere) zum Gegenstande eines Eidesbeweises gemacht werden. Soweit der den Beklagten auferlegte Eid die Rückgabe eines Wertpapieres über 3000 Mark oder eines entsprechenden Geldbetrages zum Inhalt hat (erster Satz), ist er zu streichen.

Aber auch der zweite Satz dieses Eides, daß die Beklagten nicht nach dem Tode des Erblassers einen von diesem für den Kläger aufbewahrten Pfandbrief über 3000 Mark an sich genommen und verkauft und den Erlös unter sich geteilt haben, kann nicht bestehen bleiben. Denn fest steht, daß die Beklagten so mit den im Nachlasse vorgefundenen Wertpapieren verfahren sind. Fraglich ist nur, ob gerade diese Wertpapiere der Kläger dem Erblasser in Verwahrung gegeben hat. Diese allein wesentliche Tatsache ist durch die Beweisaufnahme nicht dargetan. H.g.

p) **Begriff der Geschäftsbesorgung im Sinne von § 675.**

α) OLG. Dresden, IV. ZS. Beschluß v. 2. Mai 1911.

Im September 1910 verpflichtete sich der Beklagte dem Gärtner A. gegenüber, 250000 Blumenzwiebeln verschiedener Sorten gegen eine Vergütung von 5 M. für 1000 Stück sachgemäß abzutreiben, d. h. einzusetzen und zum Blühen zu bringen. Im November geriet A. in Konkurs und der Verwalter klagte auf Erfüllung des Vertrags. Nachdem sich die Hauptsache erledigt hatte, legte das LG. die Kosten dem Kläger auf, weil der Vertrag als eine Geschäftsbesorgung nach § 23 KO. durch die Konkurseröffnung erloschen sei. Die sofortige Beschwerde ist nach § 99³ ZPO. zulässig, aber unbegründet. Über den Begriff der Geschäftsbesorgung herrscht Streit. Da das Gesetz für Dienst- oder Werkverträge, die eine Geschäftsbesorgung zum Gegenstande haben, im § 675 besondere Bestimmungen aufstellt, so geht es zweifellos davon aus, daß nicht jeder Werk- oder Dienstvertrag unter § 675 fallen soll. Andererseits spricht es nicht von der Besorgung eines Rechtsgeschäfts, so daß § 675 BGB., § 23² KO. nicht auf die Fälle beschränkt werden können, wo die Vornahme von Rechtsgeschäften oder rechtsgeschäftsähnlichen Handlungen in Frage kommt. Das LG. nimmt daher zutreffend an, daß unter Geschäftsbesorgung auch tatsächliche Verrichtungen fallen, und daß es den Anschauungen des Lebens zu entnehmen sein wird, welche Verrichtungen aus dem Begriffe der Geschäftsbesorgung auszuscheiden sind.

Hier sind die Dienste des Beklagten in Anspruch genommen worden, um Blumenzwiebeln verschiedener Sorten sachgemäß abzutreiben. Dazu gehört — auch nach der Darstellung des Klägers — **ein Treibhaus.** Der Gemeinschuldner ist wohl Gärtner und Blumenhändler, betrieb aber keine Gärtnerei, konnte also das Geschäft des Abtreibens nicht selbst besorgen. Wenn er in seinem wirtschaftlichen Interesse dieses Geschäft demgemäß dem Beklagten übertrug, so entspricht es den Anschauungen des Lebens und dem gewöhnlichen Sprachgebrauche, wenn angenommen wird, daß der Beklagte verpflichtet worden sei, ein ihm vom Gemeinschuldner übertragenes Geschäft für diesen zu besorgen, mag es im übrigen nach **Lotmar** (Arbeitsvertrag 1 S. 274) auch ungebräuchlich sein, von Geschäftsbesorgung zu reden, wo bloß gewerbliche Arbeit im Sinne der Nationalökonomie verrichtet wird. Ob die für das „Abtreiben" notwendigen Arbeiten von Gärtnergehilfen und Lehrlingen besorgt werden können, ist unerheblich. Denn jedenfalls mußte Beklagter die Arbeiten nach den Erfahrungen eines ordentlichen Gärtners anleiten, überwachen und beaufsichtigen, so daß damit die Selbständigkeit seiner Tätigkeit gewahrt blieb. Ann.

β) **Erfüllungsort bei Parzellierungsvollmachtsverträgen.**

OLG. Marienwerder, I. ZS. Urteil v. 14. März 1912.

Das Rechtsverhältnis der Parteien betrifft eine entgeltliche Geschäftsbesorgung, und die hier streitige Verpflichtung zur Herauszahlung des vertraglich zu beschaffenden Kaufpreises fällt unter § 667. Hieraus folgt, daß als Leistungsort der Ort anzusehen ist, wo der Beklagte von den Abnehmern der Parzellen die Kaufpreise zu erhalten hat. Das ist aber der Ort des belegenen Grundstücks. Hier die Grundsätze des Kaufs anzuwenden und deshalb als Leistungsort den Ort des zu zahlenden Kaufpreises anzunehmen, ist nicht angängig, da das Schwergewicht beim Parzellierungsvertrage in der vom Parzellanten zu entwickelnden Tätigkeit, also in der Beschaffung von Käufern und in der Regulierung der Hypothekenverhältnisse, liegt. W.

q) **Raterteilung. Vorliegen eines Vertragsverhältnisses.**

OLG. Rostock, II. ZS. Urteil v. 20. Juni 1911.

1. Der Beklagte, Besitzer einer großen Anzahl von A. Shares, machte, als ein Kursrückgang erfolgte, in den Zeitungen bekannt, daß er rate, die Shares zu behalten. Am 26. August fragte der einige Shares besitzende Kläger brieflich an, ob Beklagter geneigt sei, ihn und zwei seiner Bekannten in der Art zu unterstützen, daß er ihnen die Shares zum Erwerbspreis abnehme, bei dem ständigen Kursrückgang sei es ihnen nicht möglich, sie zu behalten, trotzdem sie die Überzeugung hätten, der Kurs werde sich in absehbarer Zeit bedeutend heben. Eventuell werde um eine Äußerung gebeten, in welcher anderen Weise Beklagter die durch seine Zeitungsanzeige zugesagte Unterstützung zu betätigen bereit sei. Beklagter erwiderte am 27. August telegraphisch: „Rate dringend, Besitz zu halten, da Kurse steigen werden und als Anlagepapier zu empfehlen. Falls Sie Depot nur halten können durch weitere Einzahlungen, ersuche um Drahtbescheid, wieviel Sie eingezahlt haben und wieviel noch nötig ist, um zu halten." Der Kläger erwiderte:

„Depot ohne Einzahlung nicht halten. Verlust 5000, daher Einschuß von 3000 notwendig. Auf Wunsch Sicherheit durch Hypothek.“ Am 28. August erwiderte der Kläger, daß er erstaunt sei über das generöse Verhalten des Beklagten, der ihm lediglich auf Brief und Depesche hin 3000 Mark zur Verfügung stelle, wofür er seinen Dank ausspreche. Er könne jetzt mit gutem Gewissen seiner Bankkundschaft die Shares empfehlen und biete die Eintragung einer Hypothek an. Am 3. September schrieb jedoch der Kläger, daß der erneute Kursrückgang ihn beunruhige, und daß er eventuell doch verkaufen müsse; ob Beklagter Momente für die erhoffte Kurssteigerung anführen könne. Beklagter drahtete: „Rate Besitz festzuhalten, bis beglaubigte Funde vorliegen; dann einen Teil verkaufen, den andern zu bezahlen. Bitte anderen dasselbe zu raten.“ Im Verlaufe des weiteren Briefwechsels schrieb der Kläger am 14. Oktober, er persönlich werde seinen Besitz durchhalten, bis Beklagter selber zum Verkauf des einen Teils rate, sein Vertrauen zu ihm sei durch andere Einflüsse nicht erschüttert.

Der Kläger hat nun behauptet, daß er Anfang August 400 Shares und später von seinen Bekannten weitere 100 Shares käuflich erworben habe. Beklagter habe zur Vermeidung eines weiteren Kursrückganges ein Interesse daran gehabt, daß der Kläger sich seiner Shares nicht entäußere. Durch den im Telegramm vom 27. August erteilten Rat sei Kläger zum Beklagten in ein rechtsgeschäftliches Verhältnis getreten, auch sei dessen beratende Tätigkeit Bestandteil des Darlehnsvertrages geworden, und es habe sich zwischen ihnen eine Geschäftsverbindung entwickelt. Beklagter habe unrichtige Behauptungen über den Wert der Shares fahrlässig aufgestellt und dadurch den Kläger vom rechtzeitigen Verkauf abgehalten. Die Klage auf Schadensersatz ist unbegründet.

Nach § 676 ist die Erteilung eines Rates kein Rechtsgeschäft, sondern eine für den Fall der Unrichtigkeit des Rates der Regel nach eine Haftpflicht nicht begründete Gefälligkeit (Brückner, Recht 1903 S. 245). Die Tatsache der Ratserteilung allein begründet kein Vertragsverhältnis, eine Haftung des Ratgebers ist, abgesehen von dem Falle der unerlaubten Handlung, nur dann gegeben, wenn sie auf Grund eines besonderen Vertragsverhältnisses erfolgt. Ein solches ist nur dann anzunehmen, wenn für den den Rat Erteilenden die ausdrücklich oder stillschweigend übernommene Verpflichtung besteht, in beratender Weise tätig zu werden oder für den erteilten Rat einzustehen, sei es, daß diese Verpflichtung durch einen besonderen, hierauf abzielenden Vertrag übernommen ist, sei es, daß sie sich als eine Nebenverpflichtung aus den sonst zwischen den Parteien vorhandenen Beziehungen ergibt. Hier fehlt es an solchem Vertragsverhältnis. Daraus, daß Beklagter zunächst in den Zeitungen und dann besonders dem Kläger wiederholt riet, mit Rücksicht auf eine zu erwartende Kurssteigerung die Shares zurzeit zu behalten und also noch nicht zu veräußern, kann an sich nicht auf einen im Zweifelsfalle nicht zu vermutenden Willen des Ratgebers geschlossen werden, eine Verpflichtung nach den erwähnten Richtungen hin zu übernehmen. Ob er bei der Ratserteilung nur durch das Motiv geleitet wurde, mit Rücksicht auf seine Veröffentlichungen dem Kläger nur in dessen Interesse zu raten, oder ob er zugleich beabsichtigte, den Kläger und dessen Bekannte zu veranlassen, ihre Shares nicht auf den Markt zu werfen und bei der Kundschaft der Bank, der der Kläger angehörte, gleichfalls in diesem Sinne zu wirken, hat mit Sicherheit nicht festgestellt werden können. Es würde aber auch ohne Bedeutung sein, daß etwa Beklagter in solcher Weise durch die Ratserteilung zugleich eigene Interessen verfolgte, da auch hieraus für einen Willen, sich in der vorerwähnten Weise zu verpflichten, ausreichende Anhaltspunkte nicht zu entnehmen sein würden. Auch kann nicht angenommen werden, daß der Kläger das Verhalten des Beklagten dahin verstehen konnte und verstanden hat, daß er ihm nicht lediglich, gleichviel aus welchen Beweggründen, durch Mitteilung dessen, was er über die Shares wußte und meinte, gefällig sein, sondern daß er darüber hinaus in vertragliche Beziehungen zu ihm treten wollte. Jedenfalls liegt die Annahme näher, vgl. namentlich den Brief des Klägers vom 28. August, daß der Kläger der Ansicht war, aus der Ratserteilung nicht Rechte gegen den Beklagten zu erwerben, sondern ihm nur zum Dank für seine Bemühungen verpflichtet zu sein. Insbesondere ist es nicht von Belang, ob der Kläger, wie er im jetzigen Prozesse behauptet, mit der im Briefe vom 26. August erbetenen „Unterstützung“ nicht eine pekuniäre, sondern eine intellektuelle Unterstützung durch Rat erzielt hatte, und ob Beklagter dies auch erkannt hat; denn hieraus folgt keine Einigung dahin, daß der Kläger an den Rat des Beklagten gebunden oder letzterer zur Beratung des ersteren verpflichtet sein sollte.

Auch dadurch, daß Beklagter unaufgefordert dem Kläger „3000 Mark gegen 4% Zinsen“ sandte, ist das Verhältnis der Parteien kein anderes geworden. Beklagter gab dies Darlehn lediglich auf die Mitteilung des Klägers vom 27. August hin, daß dieser zur Haltung des Depots 3000 Mark bedürfe und Sicherheit durch Hypothek anbiete. Wenn demnach zwar der Wunsch des Klägers, das Depot zu halten, das Darlehn veranlaßte, so machte Beklagter ihm doch nicht zur Pflicht, das Depot zu halten. Vielmehr blieb der Kläger auch nachher Herr seiner Entschließung darüber, ob er die Shares behalten oder veräußern wollte (vgl. den Brief vom 3. September: der Kursrückgang beunruhige ihn, er müsse eventuell doch verkaufen), und es konnte sich aus einer Veräußerung für ihn nur die Verpflichtung zur Rückzahlung der 3000 Mark ergeben.

Wenn sich ferner der Kläger in dem über das Darlehn erteilten Schuldschein aus eigenem Antriebe zur Zurückzahlung verpflichtete, sobald die Shares einen Kurs von 35 erreichen würden, so setzte er sich dadurch eine vom Beklagten gar nicht geforderte Bestimmung der Fälligkeit der Rückzahlung. Wenn anderseits Beklagter hiergegen nichts erinnerte und dadurch sich mit jenem Inhalte einverstanden erklärt haben mag, so sollte mit diesem Satz offenbar doch nur gesagt sein, daß Beklagter bei einem Kurse von 35 die

Rückzahlung fordern könne, aber es nicht ausgeschlossen sein, daß der Kläger die 3000 Mark schon früher zurückgab. Es blieb also dem Kläger trotz dieser Fälligkeitsbestimmung nach wie vor das Beschließungsrecht darüber, ob und wann er die Shares verkaufen wollte. Daraus, daß beim Verkaufe das Darlehn rückzahlbar wurde und daß das Beratungsverhältnis dann jedenfalls endete, folgt aber auch nicht, daß bis zu diesem Zeitpunkt er den Kläger zu beraten hatte. Vielmehr ist, in Ermangelung greifbarer Anhaltspunkte für das Gegenteil, anzunehmen, daß ebenso wie für den Kläger so auch für Beklagten die vertragsmäßige Bindung sich nur auf das Darlehnsverhältnis bezog, und daß daneben nicht selbständig oder in Verbindung damit für den einen oder anderen Teil Rechte oder Pflichten aus dem Beratungsverhältnis entstehen sollten.

Endlich hat nicht zwischen den Parteien eine den Beklagten zum Einstehen für den Rat verpflichtende Geschäftsverbindung bestanden, d. h. ein zufälliges Nebeneinanderstehen von Geschäften, bei welchem „durch die häufige geschäftliche Berührung und die Erkenntnis, daß es für beide Teile nur vorteilhaft sein kann, einander entgegenzukommen, sich ein Vertrauensverhältnis herausbildet, in welchem die Wahrung von Treue und Glauben in erhöhtem Maße und in weiterem Umfange, als im Verkehr zwischen fremden Personen, zur notwendigen Übung wird" (RG. 27 S. 121, Seuffert 66 Nr. 5). Denn es liegt nichts weiter vor, als daß die Parteien als Besitzer von Shares die gleichen Interessen hatten und dieserhalb Briefe miteinander gewechselt haben, deren Inhalt wesentlich darin bestand, daß Beklagter dem Kläger auf dessen Wunsch Ansichten und Ratschläge äußerte, und aus Anlaß dieses Briefwechsels eine Summe darlieh. Also nur ein einmaliges Darlehnsgeschäft und außerdem ein Frage- und Antwortverkehr über die Güte der Shares ist gegeben; damit aber ist der Begriff der Geschäftsverbindung im vorgenannten Sinne nicht erfüllt. J.n.

r) **Werbereisen als Geschäftsführung?**

OLG. Dresden, VII. ZS. Urteil v. 21. April 1911.

Ähnlich wie derjenige, der zur Förderung der Wahl eines von seiner Partei oder von einem ihrem Interesse dienenden Verein für den Reichstag oder für einen Landtag aufgestellten Kandidaten Schritte tut und Aufwendungen macht, besonders Werbereisen unternimmt, dabei im Zweifel nicht ein fremdes Unternehmen unterstützen will und deshalb ohne eine entsprechende Abmachung die Kosten der Wahlagitation nicht von dem Vereine ersetzt verlangen kann (JW. 1908 S. 37[11]), so ist auch dann, wenn ein Gewerbetreibender besonderes Interesse an dem Zustandekommen eines gewerblichen Schutzvereins oder der Zuführung von Mitgliedern zu ihm nimmt und zur Herbeiführung dieses Zweckes von freien Stücken, ohne Auftrag des Vereins oder der Gründer Werbereisen unternimmt, davon auszugehen, daß er nicht die Geschäfte eines anderen führen, sondern in Verfolgung seines eigenen Interesses tätig werden wolle. M.z.

8) **Schließt die fehlgeschlagene Erwartung, vom Erblasser bedacht zu werden, den Ersatzanspruch wegen der Unterhaltsleistungen aus?**

OLG. Cöln, VII. ZS. Beschluß v. 21. September 1911.

Der Kläger kann für die dem Erblasser der Beklagten gewährte Verpflegung Ersatz fordern. Allerdings läßt sich ein gültiger Vertragsschluß zwischen dem Kläger und dem Erblasser nicht nachweisen. Wenn eine Vertragseinigung zwischen ihnen überhaupt angenommen werden kann, so würde sie dahin zustandegekommen sein, daß der Kläger dem Erblasser Verpflegung und Unterhalt gewähren, dieser dagegen den Kläger dafür letztwillig bedenken solle. Das aber würde nur in der Form eines Erb- oder Vermächtnisvertrags angängig gewesen sein (§ 2278); diese Form (§ 2276) jedoch ist nicht gewahrt worden. Wohl aber ist der Klaganspruch aus auftragloser Geschäftsführung zu begründen: Der Kläger hat jahrelang den Unterhalt gewährt. Die Unterhaltsgewährung erschöpft sich nun rechtlich nicht in der bloßen Hingabe von Vermögenswerten; vielmehr kommt der Zweck der Unterhaltsleistungen in Betracht; der Zweck nämlich der Fürsorge für den Unterhaltsempfänger. Dieser Zweck ist es, der der Gesamtheit der Unterhaltsreichungen die Eigenart einer Geschäftsbesorgung aufprägt. Der den Unterhalt Gewährende nimmt eine Fürsorgetätigkeit wahr, die ohne sein Eingreifen Sache des Unterhaltsempfängers sein würde und nach dem natürlichen Selbsterhaltungstrieb auch sein müßte. Das ist auch, wie der § 685² unzweideutig erkennen läßt, der Standpunkt des Gesetzes. Hier wird die Unterhaltsgewährung, die Eltern und Voreltern ihren Abkömmlingen, oder diese jenen leisten, als Geschäftsführung behandelt. Hier hat zweifellos die Unterhaltsgewährung dem Willen des Erblassers entsprochen. Er hat sie jahrelang entgegengenommen. Deshalb aber kann der Kläger nach § 683 Ersatz seiner Aufwendungen wie ein Beauftragter fordern. Er könnte es nach § 685¹ nur dann nicht, wenn der Kläger nicht die Absicht hatte, Ersatz zu verlangen. Der Nachweis fehlender Ersatzabsicht aber liegt der Beklagten ob. Sie weist zunächst darauf hin, daß der Kläger den Unterhalt lediglich in der Erwartung gewährt habe, letztwillig bedacht zu werden. Aber daraus folgt noch keineswegs, daß er nicht die Absicht des Ersatzverlangens gehabt hätte. Es folgt vielmehr daraus nur, daß der Kläger auf die Geltendmachung der Ersatzansprüche aus § 683 verzichtet haben würde, falls ihm durch eine letztwillige Zuwendung eine entsprechende und angemessene Entschädigung zuteil geworden wäre. Es würde sogar in der Annahme einer solchen Zuwendung ein stillschweigender Verzicht auf eine Entschädigung gemäß § 683 zu erblicken gewesen sein. Im Vorprozesse ist aber festgestellt worden, daß das ursprünglich der Ehefrau des Klägers zugedachte Vermächtnis von 4000 Mark nicht zu Recht besteht. So ist die von vornherein vorhanden gewesene Absicht des Ersatzverlangens bestehen geblieben.

Sodann macht die Beklagte geltend, der Kläger habe, nachdem sich der Erblasser in Unfrieden von ihm getrennt, mehrere Jahre verstreichen lassen, ehe er mit seinen Ersatzansprüchen hervorgetreten sei. Auch daraus folgt durchaus noch nicht, daß die Absicht des Ersatzverlangens überhaupt nicht bestanden habe. Der Kläger hatte die Verfügung des Erblassers, die der Frau des Klägers 4000 M. als Vermächtnis überwies, in der Hand. Er glaubte, daß es der Erblasser dabei bewenden lassen werde, und hatte dieserhalb von der Verfolgung seiner Ersatzansprüche einstweilen Abstand genommen. Es ist bezeichnend, daß ja auch die Klage des Vorprozesses von der Geltendmachung des Ersatzanspruches für die Unterhaltsgewährung abgesehen, vielmehr die vermeintlichen Rechte aus der Vermächtniszuwendung von 1905 verfolgt hatte....

Endlich ist der Einwand der Verjährung unbegründet. Der § 196[12] kann keine Anwendung finden, weil hier nur Forderungen solcher Personen in Frage stehen, die gewerbsmäßig Personen zur Verpflegung oder Erziehung aufnehmen (RG. 60 S. 341). Ebensowenig kann die vierjährige Verjährungsfrist des § 197 in Betracht kommen. B.r

t) **Haftung des Gastwirts für einen nicht dem Gast, sondern dem Eigentümer der Sache entstandenen Schaden.**

OLG. Cöln, VII. ZS. Urteil v. 3. Oktober 1911.

Die Verkäufer A., die mit Wagen und Pferd des Klägers über Land ziehen und für ihn seine Wollwaren gegen Provision verkaufen, nahmen bei dem beklagten Gastwirt Nachtquartier und stellten auch Wagen und Pferd bei ihm ein. In der Nacht geriet der Wagen in Brand und wurde mit seinem ganzen Inhalt vernichtet. Der Kläger begehrt als Zessionar der A. Ersatz des entstandenen Schadens. Die Klage stützt sich auf § 701. Zur Geltendmachung dieses Anspruchs ist nur der Gast befugt, gleichgültig, ob er Eigentümer der Sachen ist oder nicht. Der Eigentümer als solcher hat keinen Ersatzanspruch. Der Gast kann ihm aber den ihm zustehenden Anspruch abtreten. Eine andere Frage ist es, ob der Gast, dem die eingebrachten Sachen nicht gehört haben, nur den ihm persönlich entstandenen Schaden geltend machen kann oder ob er auch Ersatz des dem Eigentümer erwachsenen Schadens in eigenem Namen verlangen kann. Sie ist zu prüfen, da unstreitig Wagen, Pferd und Waren dem Kläger, nicht den Brüdern A. gehört haben und es zweifelhaft ist, ob diese dem Kläger wegen des Brandes des Wagens ersatzpflichtig sind. Einen allgemeinen Satz des Inhaltes, daß jemand in eigenem Namen Ersatz des einem andern entstandenen Schadens verlangen kann, gibt es im BGB. nicht Vielmehr kann regelmäßig der Berechtigte nur Ersatz des eigenen Schadens verlangen. Dies würde bei § 701 dazu führen, daß unter Umständen der Wirt trotz seiner vom Gesetz gewollten strengen Haftung keinen Schaden ersetzen müßte, wenn nämlich ein Schaden nur dem Eigentümer der Sachen, nicht aber dem Gast entstanden ist und dieser auch nicht von dem Eigentümer wegen des Verlustes ersatzpflichtig gemacht werden kann. Demgegenüber ist darauf hinzuweisen, daß es Fälle gibt, in denen dem Kontrahenten das Recht zuzugestehen ist, das Interesse des Dritten im eigenen Namen geltend zu machen. Insbesondere kann in dem Auftrage die Ermächtigung des im eigenen Namen kontrahierenden Beauftragten liegen, das Interesse des Auftraggebers als eigenes zu verfolgen (vgl. Rehbein, BGB. 2 S. 56). Diese Ansicht wendet Weyer (Seuffert, Blätter f. RA. 67 S. 367) gerade mit Bezug auf § 701 an, und ihm hat sich Hamburg (Rsp. 18 S. 24) angeschlossen. Für das Handelsrecht hat, wie Staub zu § 392[3] sagt, die Rechtsprechung ganz allgemein, nicht nur im Verhältnis des Kommissionärs zum Dritten, den Satz aufgestellt, daß der Beauftragte, der im eigenen Namen, aber für fremde Rechnung abgeschlossen hat, bei Bruch des Vertrags durch seinen Gegner von diesem Schadensersatz nicht nur so verlangen kann, wie er ihm persönlich, sondern wie er seinem Auftraggeber zusteht (vgl. auch RG. 58 S. 42, 62 S. 334). Dieser Grundsatz muß auch hier Anwendung finden, mögen die Brüder A. als Kommissionäre des Klägers oder lediglich als seine Beauftragte anzusehen sein; zumal Beklagter als Wirt Kaufmann ist und sich gemäß § 345 HGB. die Anwendung der handelsrechtlichen Rechtsprechung gefallen lassen muß. Die Brüder A. sind daher auch zur Geltendmachung des Schadens befugt und konnten diesen Anspruch dem Kläger abtreten.

Die Voraussetzungen des § 701 sind im übrigen gegeben. Der Beklagte ist Gastwirt, die Brüder A. sind in dem Betriebe des Gewerbes aufgenommen. Endlich sind die Waren und der Wagen als „eingebrachte“ Sachen anzusehen. Unstreitig hat der Beklagte eine Stunde nach der Ankunft der A., also schon um 8 Uhr abends, den Wagen gesehen, ohne, wie er selbst zugibt, mit jenen darüber zu sprechen. Dadurch hat er die Unterbringung in den Schuppen gebilligt; wenn er diesen nicht als geeigneten Ort ansah, hätte er dies, nachdem er den Wagen dort gesehen hatte, sagen müssen. Er gibt auch selbst zu, daß dieser Ort für einen leeren Wagen geeignet sein möge. Aber auch die im Wagen befindlichen Waren sind als eingebracht anzusehen. Denn der Beklagte konnte nicht im Zweifel darüber sein, daß die A. nicht mit einem leeren Wagen über Land fuhren. Wenn er Bedenken hatte, einen beladenen Wagen auf der Wiese stehen zu lassen, so hätte er sich hierüber bei A. vergewissern müssen. Da er dies nicht getan hat, sind infolge seines Schweigens Wagen und Waren als an dem für sie bestimmten Ort untergebracht anzusehen und daher „eingebracht“.

Der Beklagte wendet ein, den A. sei ein mitwirkendes Verschulden beizumessen, weil sie ihn nicht auf den besonders hohen Wert der Waren aufmerksam gemacht hätten. Der § 254 findet, wie unbestritten ist, auch bei § 701 Anwendung. Die A. waren daher verpflichtet, ihn auf den ungewöhnlich hohen Wert der im Wagen untergebrachten Sachen und dadurch auf die Gefahr eines ungewöhnlich hohen Schadens aufmerksam zu machen. Wenn der Beklagte sich auch sagen mußte, daß sich Waren im Wagen befanden, so konnte er doch nicht annehmen, daß sie einen so hohen Wert hätten. Der Beklagte ist ein kleiner Wirt in einem unbedeutenden Landort und auf die Beherbergung von Gästen mit Fuhrwerken nur notdürftig eingerichtet. Er rechnet daher nicht damit, daß die bei ihm übernachtenden Fuhrleute wertvolle Waren einbringen. Dagegen mußten sich die A., die den verhältnismäßig sehr hohen Wert der von ihnen eingebrachten Waren kannten, sagen, daß der Schuppen, wo sie ihren Wagen unterstellten, sehr wenig Sicherheit bot. Sie haben auch dem Beklagten gegenüber Bedenken bezüglich des Standortes geäußert, aber den Beklagten über den wertvollen Inhalt nicht aufgeklärt. Wenn Beklagter ihnen erklärt haben sollte, „Laßt den Wagen nur ruhig unter dem Schuppen stehen, da haben schon andere gestanden wie der", so hat er diese Erklärung in Unkenntnis des wertvollen Inhalts des Wagens abgegeben und daher nicht die ganze Gefahr für einen Schaden, dessen Höhe er nach den ganzen Verhältnissen weder kannte noch kennen mußte, übernommen. Dadurch, daß die A. ihn auf die Gefahr eines den Umständen nach ungewöhnlich hohen Schadens nicht aufmerksam machten, haben sie durch eigenes Verschulden den Schaden mitverursacht. Es erscheint angemessen, bei Vergleichung dieses Verschuldens mit der vom Wirt zu vertretenden Betriebsgefahr, den Beklagten nur für die Hälfte des Schadens ersatzpflichtig zu machen.

Die Ansicht des Beklagten, daß der Verdienst, der infolge des Stillstehens des Pferdes den A. entgangen ist, sie aus § 701 keinen Ersatz verlangen können, ist nicht zutreffend. Es ist grundsätzlich der ganze Schaden zu ersetzen; hierzu gehört nach § 252 auch der entgangene Gewinn, so daß der Ersatzanspruch für den Verdienstausfall gerechtfertigt ist. Auch liegt ein Schaden darin, daß das Pferd arbeitslos im Stalle stand und gefüttert werden mußte. B.r.

u) **Gesellschaft: α) Güterzertrümmerung. Anspruch auf Rechnungslegung.**

OLG. München, III. ZS. Urteil v. 21. Dezember 1911.

Die Parteien haben die Durchführung der Zertrümmerung des vom Beklagten zu erwerbenden A.schen Anwesens auf gemeinschaftliche Rechnung unter Verpflichtung zur Teilung von Gewinn und Verlust vereinbart; die Zertrümmerung wurde nach 4 Wochen vollendet. Die Vereinbarung wegen „gemeinschaftlicher Zertrümmerung" allein genügt zur Annahme eines Gesellsellschaftsvertrags. Ja nach Lage des Falles können allerdings ähnliche Verträge zu Zweifeln hinsichtlich ihrer rechtlichen Beurteilung Anlaß geben, insbesondere kann vielfach die Abgrenzung vom Dienst-, Werk- oder Mäklervertrage oder dem partiarischen Rechtsgeschäfte schwierig sein (JW. 1903 S. 17[34], Seuffert 61 Nr. 105, Rsp. 13 S. 395, Gruchot 49 S. 619, Crome, part. Rechtsgesch. 146, 336, 223, Staudinger § 705 III B). Allein hier liegen die Voraussetzungen des § 705 zweifelsfrei vor. Die Vertragsteile haben sich zur Erreichung eines gemeinschaftlichen Zweckes, der Zertrümmerung des Anwesens, verbunden unter der Verpflichtung, beiderseits hierzu mitzuwirken und unter der Verpflichtung des Beklagten zur Beschaffung der Geldmittel und zur Geschäftsführung. Wurden beim Abkommen auch die Interessen der A.schen Kinder berücksichtigt, so ging doch zunächst die

Absicht der Parteien auf Durchführung der Zertrümmerung unter möglichst vorteilhafter Verwertung der Grundstücke; der angestrebte Zweck blieb also trotzdem „gemeinsam"; in Wirklichkeit sollten gemeinschaftliche Interessen gefördert werden; die Berücksichtigung der A.schen Kinder war das Motiv für den Abschluß des Vertrags. Für den Begriff des Gesellschaftsvertrags ist gleichgültig, ob der Gewinn ganz oder teilweise endgültig dritten Personen zufließen soll oder nicht (Staudinger aO. IV 2e).

Der Einwand, daß der Kläger gar nichts für die Veräußerung des Anwesens getan hat, ist zunächst unerheblich. Denn für die rechtliche Beurteilung des Vertrags kommt nichts darauf an, ob und welche Dienste der Kläger tatsächlich geleistet hat, vielmehr kann nur von Bedeutung sein, ob er sich zu Diensten verpflichtet hat. Nach Lage des Falles kann unerörtert bleiben, ob ein Vertrag, in welchem sich der eine Teil lediglich an dem Gewinne und Verluste des vom anderen vollständig selbständig vorgenommenen oder vorzunehmenden Geschäfts beteiligen will, noch unter § 705 fällt (vgl. WarnErg. 1908 Nr. 306, Seuffert 61 Nr. 107, Rsp. 13 S. 396) oder als ein partiarisches Rechtsgeschäft zu gelten hat; denn hier ist ein völlig selbständiges Zertrümmerungsgeschäft des Beklagten unter Beteiligung des Klägers an Gewinn und Verlust, aber ohne Mitwirkung bei Abwicklung des Geschäfts nicht vereinbart. Nach § 716 war der Kläger auf Grund des Vertrags zur Kontrolle der Geschäfte des Beklagten berechtigt; wenn er dieses Recht tatsächlich nicht ausgeübt hat, so ändert dies nichts an der Sache.

Dem Anspruch auf Rechnungsstellung endlich kann Nichterfüllung des Vertrags nicht entgegengehalten werden, außer es wird nachgewiesen, daß die Rechnungslegung auch des Klägers erforderlich ist (JW. 1900 S. 841); diese Ausnahme ist nicht behauptet. Da die Gesellschaft infolge vollständiger Abwicklung des Geschäfts aufgelöst ist, kann nach § 721 der Kläger von dem Beklagten, der Geschäftsführer war (vgl. Seuffert 48 S. 183), Rechnungslegung und Verteilung des Gewinnes und Verlustes verlangen. Pn.

β) Rechtsverhältnisse der mehreren Urheber eines Buches.

Kammergericht, XIV. ZS. Urteil v. 23. November 1911.

Der Erblasser der Beklagten A. hatte unter Mitwirkung der beiden Kläger beabsichtigt, ein Lesebuch im Verlage des X. herauszugeben. Der hierüber 1905 aufgesetzte Vertrag ist, wie es im Eingang heißt, von A. allein mit dem Verlage geschlossen, nach dem Schlußsatz aber auch von den Klägern „als von beiden Vertragschließenden durch Unterschriften als rechtsverbindlich anerkannt worden". Danach lautet der Titel „X.sches Lesebuch unter Mitwirkung der Kläger herausgegeben von A." und erhält A. $^1/_2$ und jeder Kläger $^1/_4$ des Honorars. Als 1908 das Buch im ersten Entwurf fertiggestellt war und gedruckt vorlag, starb A. Die Kläger betrieben darauf allein die Herausgabe weiter, indem sie den Entwurf den beteiligten Behörden zur Begutachtung vorlegten, die von ihnen gewünschten Änderungen vornahmen, und das Buch im Buchhandel erscheinen ließen. Sie behaupten, daß es sich infolge dieser Umarbeitungen als ein ganz neues selbständiges Werk darstelle und daß deshalb ihnen allein das Urheberrecht daran zustehe. Die Klage auf diese Feststellung ist jedoch unbegründet.

Für das Rechtsverhältnis der Verfasser zum Verleger kommt der Vertrag von 1905 in Betracht, den alle drei Verfasser abgeschlossen haben. Hiernach standen sie bezüglich ihrer Verpflichtungen gemäß § 431 als Gesamtschuldner dem Verleger gegenüber, bezüglich der Vergütung war ein jeder zur Geltendmachung seines Bruchteils berechtigt (§ 420). Diese Rechtsbeziehungen werden dadurch, daß nach dem Tode des einen Autors noch Umarbeitungen des ersten Entwurfs notwendig wurden, nicht berührt, da schon nach allgemeinen Grundsätzen der §§ 425, 426 und auch nach den hier sinngemäß anzuwendenden §§ 3, 5, 10 des Vertrags die verbleibenden Autoren die erforderlichen Änderungen allein vorzunehmen haben; das Honorar der Erben A. ist nach dem Vertrage (§ 10) nur dann zu kürzen, wenn der Verlag einen neuen Mitarbeiter hinzuzieht. Durch den Tod des A. wurde der Vertrag nicht aufgehoben. Es traten vielmehr die Bestimmungen des § 10 ein. Dieser spricht zunächst allerdings nur von dem Falle, daß einer der Autoren stirbt oder durch Krankheit verhindert ist, Umarbeitungen infolge der Verfügung der Behörden oder des Rückgangs des Absatzes bei den folgenden Auflagen persönlich vorzunehmen. Es kann aber, besonders da der alte Vertrag bestehen blieb und die geistige Arbeit des A. vermerkt ist, keinem Bedenken unterliegen, daß § 10 auch den hier vorliegenden Fall, daß ein Verfasser schon vor der ersten Auflage stirbt, trifft und diese Auslegung dem Parteiwillen entsprach. Im Verhältnis zueinander bildeten bezüglich der Rechte, die sich aus der Herstellung des ersten Entwurfs ergaben, die drei Verfasser, da das Werk im wesentlichen aus untrennbaren Arbeiten mehrerer (den gemeinschaftlich ausgewählten und zusammengestellten Lesestücken) besteht, gemäß § 6 Ges. vom 19. Juni 1901 eine Gemeinschaft nach Bruchteilen (§ 741). Da zwischen den Klägern und A. andere Vereinbarungen nicht getroffen sind, als die aus dem Verlagsvertrag ersichtlichen, so enthält dieser mittelbar auch eine Regelung des Verhältnisses zwischen den Urhebern. Es wurde deshalb auch unter ihnen durch den Tod des A. die Gemeinschaft nicht aufgelöst, vielmehr trat auch hier der § 10 des Vertrags in Kraft: die Erben des A. traten in das Rechtsverhältnis ein und es bleibt auch im Innenverhältnis bei der Regelung der Anteile gemäß § 6, selbst wenn sich auch infolge der von den Klägern später allein vorgenommenen Änderungen die tatsächliche Mitarbeit des Erblassers an dem schließlich erschienenen Lesebuch auf einen noch so geringen Anteil belaufen sollte. Überdies ergibt sich aber auch aus dem Vertrag, daß die in Abänderung des § 742 getroffene Regelung des A.schen Anteils nicht so sehr auf seiner Arbeitsleistung als vielmehr auf seinem in Schulkreisen bekannten Namen beruht, der eine leichtere und schnellere Einführung des Lesebuchs ermöglichte.

Selbst wenn aber den Klägern an dem nunmehr erschienenen Lesebuch das alleinige Urheberrecht zustände, könnten doch die Beklagten, die an Stelle ihres Erblassers in den Verlagsvertrag eingetreten sind, verlangen, daß das Titelblatt in der seiner Zeit von drei Verfassern mit dem Verleger festgelegten Form erscheint. Überdies ist aber auch schon nach dem eigenen Sachvortrag der Kläger ihre Behauptung widerlegt, daß sie allein das Urheberrecht an dem jetzt erschienenen Lesebuch hätten. Denn nach ihrem eigenen Vortrag sind von dem ersten in gemeinsamer Tätigkeit zusammengestellten Entwurf von 1168 Seiten 205 gestrichen und dafür 344 neue Seiten hinzugekommen. Demnach sind also in dem jetzigen Lesebuch allein 950 Seiten des ersten Entwurfs enthalten, an deren Zusammenstellung der Erblasser den Hauptanteil und die Leitung hatte. Weiter ist darin eine Reihe von Aufsätzen enthalten, deren Verfasser A. ist, für die ihm also auch das Urheberrecht zusteht. Schon hieraus folgt, daß der erste Entwurf seine grundlegende Bedeutung nicht verloren hat und dem Erblasser und seinen Erben auch an dem umgearbeiteten Lesebuch das Miturheberrecht zusteht. Das ergibt sich aber auch aus dem eigenen Vortrag der Kläger. Sie selbst führen aus, daß der Verlagsvertrag von 1905 dem Verleger gegenüber auch bezüglich des schließlich geschaffenen Werkes fortbestehe und streiten sich mit den Beklagten um den aus diesem Vertrage erwachsenen Honoraranspruch. Ein solcher ist aber nur dann erwachsen, wenn das Werk, das der Vertrag vorsieht, dem Verleger geliefert ist. Wäre es ein anderes, so könnten aus diesem Vertrage keine Ansprüche erhoben werden, weil er nicht erfüllt ist. Die Kläger könnten, wenn nicht das im Verlagsvertrage vorgesehene, sondern ein ganz anderes Werk geliefert worden wäre, gegen den Verleger nur Ansprüche auf Grund eines neuen Vertrags, der nicht geschlossen ist, oder aus der Bereicherung erheben. Ihr Standpunkt, daß dies tatsächlich gelieferte Werk den Verleger zu den Leistungen des Verlagsvertrags von 1905 verpflichtet, bedingt also auch die Annahme, daß das tatsächlich gelieferte Werk das im Verlagsvertrage vorgesehene ist. Durch diese Lieferung ist dann der in § 6 vorgesehene Honoraranspruch erwachsen, also für den Erblasser der Beklagten $^1/_2$, für jeden der Kläger $^1/_4$.

Der Verlagsvertrag läßt erkennen, daß der Erblasser und die Kläger sich zur Erreichung eines gemeinsamen Zweckes, der Herstellung und Herausgabe des Lesebuchs, durch Beiträge in Gestalt dreier Leistungen gegenseitig verpflichtet haben. Sie sind also miteinander eine Gesellschaft eingegangen (§ 705, 706³). Die Bestimmung der Honoraranteile im Verlagsvertrage gilt offenbar auch als die Regelung der Gewinnbeteiligung im Gesellschaftsverhältnisse (§ 722). Der Umfang der als Beitrag jeden Gesellschafters zu leistenden Dienste ist nicht bestimmt, der Gewinnanteil, d. h. der Teil des Honorars nach der im § 6 auch für die Gesellschaft geltenden Regel, hängt also nicht von dem Umfange der tatsächlich geleisteten Dienste ab. Mangels Beschränkung der in Diensten zu leistenden Beiträge kann kein Teil der geleisteten Dienste als eine über die Beitragspflicht hinausgehende Aufwendung gelten, für die die Kläger von der Gesellschaft Ersatz beanspruchen könnten. Was für die Auseinandersetzung nach § 733 gilt, daß nämlich für Einlagen, die in der Leistung von Diensten bestanden, kein Ersatz verlangt werden kann, muß mangels entgegenstehender Bestimmungen des Gesellschaftsvertrags auch für die Dauer der Gesellschaft gelten (vgl. Staub HGB. 6 zu § 110). Sieht also der § 10 die Fortdauer der Gesellschaft auch nach dem Tode eines der Gesellschafter vor, so sind die übrigen nicht wegen ihrer Dienstleistungen zum Ausschlusse oder zur Beschränkung der in das Gesellschaftsverhältnis eingerückten Erben im Gewinnanteile berechtigt. Fr.

γ) **Darlehnsaufnahme des Geschäftsführers bei Gesellschaften.**

Kammergericht, XIV. ZS. Urteil v. 6. November 1911.

Die Parteien waren Gesellschafter einer Verwertungsgesellschaft des bürgerlichen Rechts, deren alleiniger Geschäftsführer A. war. Diesem hat der Kläger 1000 Mark für die Gesellschaft dargeliehen und er fordert ihre Rückzahlung von den 3 Mitgesellschaftern als Gesamtschuldnern, denn sie seien zur Zahlung nicht nur aus dem Gesellschaftsvermögen, sondern auch persönlich in ganzer Höhe verpflichtet. Dieser Auffassung kann nicht beigetreten werden.

Der mit Vertretungsmacht ausgestattete Geschäftsführer war allerdings zu der für die Gesellschaftszwecke notwendigen Darlehnsaufnahme nach § 713 befugt. Allein dabei hat er nur das Gesellschaftsvermögen, d. h. die Gesellschafter zwar persönlich, jedoch nur in ihrer Zusammenfassung, also nur mit ihren Anteilen am Gesellschaftsvermögen verpflichten wollen. Nach § 714 ist der Geschäftsführer im Zweifel auch ermächtigt, die Gesellschafter Dritten gegenüber zu vertreten. Er könnte also auch, wenn keine besonderen Verabredungen entgegenstehen, die Gesellschafter zur Rückzahlung eines von einem Dritten aufgenommenen Darlehns auch über das Gesellschaftsvermögen hinaus verpflichten. Aber der Kläger ist kein Dritter, sondern selbst Gesellschafter. Irrig ist seine Meinung, der Geschäftsführer habe durch das Darlehen nur die andern Gesellschafter, nicht auch ihn selbst, zur Rückzahlung verpflichtet. Das Darlehen ist nicht für die anderen einzelnen Gesellschafter, sondern für die ganze Gesellschaft, zu der auch der Kläger gehört, aufgenommen. Der dargeliehene Betrag ist im Interesse der Gesellschaft verwendet und damit auch dem Kläger zugute gekommen. Daraus folgt, daß er ebenso, wie seine Mitgesellschafter, zur Rückzahlung aus dem Gesellschaftsvermögen verpflichtet ist und es trifft nicht zu, daß er jetzt von dem Beklagten oder einem anderen Gesellschafter das Ganze aus ihrem Privatvermögen verlangen und diesen mit seinem Ausgleichungsanspruch aus § 426 auf die spätere Auseinandersetzung verweisen könnte. Er kann vielmehr, solange die Gesellschaft besteht, nur Zahlung aus dem Gesellschaftsvermögen verlangen. Der Geschäftsführer konnte ihm gegenüber nicht gemäß §§ 714, 427 eine gesamtschuldnerische Haftung der übrigen Gesellschafter mit ihrem Privatvermögen begründen, weil die Übertragung der Geschäftsführung regelmäßig nicht auch die Ermächtigung enthält, die einzelnen Gesellschafter unter sich gegeneinander zu vertreten und er sonst damit eine Erhöhung der Beiträge dieser anderen Gesellschafter verfügt haben würde. Zu einer solchen Erhöhung sind sie aber nach § 707 nicht verpflichtet. In dem Rahmen der Vertretungsbefugnis des Geschäftsführers liegt eine solche Verfügung auch nicht im Zweifel, weil der Kläger kein Dritter ist. Daß sie ihm besonders übertragen wäre, ist nicht behauptet. Fr.

δ) **Auskunftpflicht der Gesellschafter gegeneinander.**

OLG. Hamburg, VI. ZS. Urteil v. 11. Oktober 1911.

Die Beklagten waren als Mitgesellschafter verpflichtet, dem Kläger über den Stand der Gesellschaftsverhältnisse Auskunft zu erteilen. Allerdings gewährt der § 716 den Gesellschaftern ausdrücklich nur das Recht, sich von den Angelegenheiten der Gesellschaft persönlich zu unterrichten, die Papiere einzusehen und sich aus ihnen eine Übersicht über den Stand des Gesellschaftsvermögens anzufertigen. In der Regel wird deshalb im gewöhnlichen Geschäftsbetrieb der Geschäftsführer von dem einzelnen Gesellschafter nicht dazu angehalten werden können, ihm besonders eine Auskunft über den Stand der Gesellschaftsverhältnisse zu erteilen, er ist dazu nur allen Mitgliedern gegenüber verpflichtet (Planck zu § 716). Anders muß aber hier die Sache liegen, wo ein Geschäftsbetrieb der Gesellschaft erst im Werden begriffen, dessen Beginn noch von der Vornahme wissenschaftlicher Untersuchung abhängig und demgemäß ein Geschäftsführer noch nicht bestellt war. Hier muß in Anbetracht, daß nach § 713 die Rechte und Verpflichtungen der geschäftsführenden Gesellschafter — als welche nach § 709 alle gelten — sich nach den für den Auftrag geltenden Vorschriften bestimmen, gemäß § 666 eine Verpflichtung, über den Stand der Sache Auskunft zu erteilen, für und gegen alle Gesellschafter anerkannt werden. Natürlich kann von jedem eine Auskunft nur so weit verlangt werden, als er mit den Geschäften befaßt und in ihnen tätig gewesen ist oder darum weiß. Eine derartige Auskunft hat der Beklagte A. bereits vor Klagerhebung dahin abgegeben, daß ihm von etwaigen Einnahmen des Konsortiums nichts bekannt, und daß er ebensowenig über die Tätigkeit des Konsortiums unterrichtet sei; er habe nur gehört, daß weitere Versuche mit dem Präparat gemacht würden; im übrigen könne er weder Abrechnung noch Bericht geben, da er nicht auf dem Laufenden gehalten werde. Diese Auskunft war nach Lage der Sache genügend, eine weitere konnte der Kläger von ihm nicht verlangen; seine darauf gerichtete Klage ist somit unbegründet.

Dahingegen haben die übrigen Beklagten ihre Auskunftspflicht bisher bestritten und erst jetzt eine Auskunft dahin gegeben, daß sie seit dem Eintritte des Klägers in die Gesellschaft für diese keinerlei Tätigkeit entfaltet und keinerlei Gelder gezogen haben. Sie haben damit dem Klagantrage genügt und deshalb kommt es auf die von ihnen eventuell erhobene Zurückbehaltungseinrede nicht mehr an. Der Hauptanspruch ist somit erledigt, so daß nur über die Kosten zu entscheiden ist. M. M.

e) Ausschluß eines Gesellschafters wegen unwahren Verhaltens vor Abschluß des Gesellschaftsvertrags.

OLG. Hamburg, VI. ZS. Urteil v. 10. Juni 1911.

Grundsätzlich kann man zugeben, daß ein systematisch unwahres Verhalten eines Gesellschafters vor Abschluß der Gesellschaft, auch wenn es nur einem Dritten gegenüber vorgekommen ist (JW. 1893 S. 542), geeignet sein kann, das Vertrauen des anderen Gesellschafters, wenn er hinterher davon erfährt, derart zu erschüttern, daß ein gedeihliches Zusammenwirken ausgeschlossen erscheint. Man wird ihm das Recht auf Auflösung der Gesellschaft auch dann nicht grundsätzlich absprechen können, wenn er allein die Geschäftsführung hat oder doch der andere nicht geschäftsführender Teilhaber ist. Denn es lassen sich Fälle denken, wo eine derartige Charaktereigenschaft, wenn sie sich auch bei einem Zusammenarbeiten nicht geltend machen kann, doch in den Kreisen der Geschäftsfreunde auf das ganze Geschäft der Firma und den Gesellschafter auch ein bedenkliches Licht wirft, der sich mit einem solchen Charakter in ein Gesellschaftsverhältnis überhaupt einläßt. Aber für solche grundsätzliche Möglichkeiten ist hier nicht der tatsächliche Boden gegeben.... M. M.

ζ) Gelegenheitsgesellschaft. Einseitiger Verkauf der Ware durch einen Gesellschafter in öffentlicher Versteigerung.

OLG. Hamburg, VI. ZS. Urteil v. 27. Mai 1911.

Die Frage, ob die Klägerin A. & B. ohne ihren früheren Teilhaber B. zur Klage berechtigt war, bedarf keiner Erörterung. Denn die Klägerin durfte das für gemeinsame Rechnung der Parteien angekaufte und zu verwertende [beschädigte] Getreide nicht wider den Willen des Beklagten in öffentlicher Versteigerung losschlagen. Es kann dabei dahingestellt bleiben, ob und wann sie die auf die Durchführung eines einzigen Geschäfts gerichtete Gesellschaft rechtswirksam kündigen konnte (Planck, Staudinger, RGKomm. zu § 723). Denn die Berechtigung, das Geschäft in einer dem Willen des Beklagten zuwiderlaufenden Weise abzuwickeln, bestand auch bei wirksamer Kündigung nicht. Weder hatte der Gesellschaftsvertrag eine öffentliche Versteigerung zugelassen, noch hat Beklagter später ihr zugestimmt. Die Klägerin selbst muß einräumen, daß Beklagter sich nur mit einer „internen" Versteigerung unter den Beteiligten einverstanden erklärt hat. Die Gesellschafter der Firma A.&B. wollten sich infolge Ausscheidens des B. mit diesem auseinandersetzen. Dementsprechend sah der § 10 des Auseinandersetzungsvertrags vor, daß mangels anderweitiger Einigung das am 30. April noch nicht verkaufte Getreide unter den Parteien, d. h. unter den Gesellschaftern, meistbietend versteigert werden sollte. Eine Übernahme des auf ihn fallenden Teiles des Getreides in Natur hatte der Beklagte ausdrücklich mit der Begründung abgelehnt, daß er keine Mittel zur Bezahlung dieses Teiles flüssig habe. Es konnte daher für die Klägerin völlig unmißverständlich nur eine Versteigerung unter den Gesellschaftern, sowie die Fortsetzung des Kontometageschäfts sei es mit einem oder mehreren Erstehern in Frage kommen.

Die weitergehende Folgerung, daß die tatsächlich stattgehabte öffentliche Versteigerung der internen deshalb gleichwertig sei, weil auch bei der ersteren so gut wie ausschließlich Teilhaber der Gesellschaft die Ware erworben hätten, ist verfehlt. Die Versteigerung unter den Gesellschaftern der Firma konnte naturgemäß das Rechnungsverhältnis zwischen dieser und dem Beklagten nicht berühren. Es handelte sich lediglich darum, zu welchen Beträgen die Firma einerseits, der ausscheidende Gesellschafter anderseits an dem Getreide weiter beteiligt sein sollte. Insbesondere war für die spätere Abrechnung mit dem Beklagten nach wie vor der ursprüngliche Einkaufspreis zugrunde zu legen. Dagegen entschied natürlich eine öffentliche Versteigerung endgültig über das Schicksal des Kontometageschäfts. Der hier erzielte Erlös wurde auch für die Auseinandersetzung mit dem Beklagten maßgeblich. Daß etwa die Klägerin durch die Verhältnisse im Innern der Gesellschaft genötigt gewesen wäre, zur öffentlichen Versteigerung zu schreiten, und Beklagter sich diesem Notstande hätte fügen müssen, kann nicht anerkannt werden. Die Auseinandersetzung mit B. hätte auch auf anderem Wege bewerkstelligt werden können; schlimmstenfalls wäre dieses Geschäft offen zu lassen und einer späteren Abrechnung vorzubehalten gewesen.

Ebenso unzutreffend ist der Standpunkt der Klägerin, daß sie über das Getreide als ihre Gesellschaftseinlage nach Belieben hätte verfügen können. Wäre diese auf § 763² gestützte Auffassung richtig, so bleibt es unverständlich, mit welchem Rechte sie den Beklagten an einem aus dem Verkaufe i h r e r Ware entstandenen Verluste beteiligen will. In Wahrheit würde das Getreide, wenn es überhaupt als Einlage zu erachten wäre, nach § 706² gemeinschaftliches Eigentum der Gesellschafter geworden sein, so daß eine darauf bezügliche Rechtshandlung nur mit Einwilligung aller Beteiligten erfolgen durfte (§ 730²). Das Getreide war aber überhaupt keine Einlage der Klägerin. Die Gesellschaft der Parteien hatte den An- und Verkauf des Getreides zum Gegenstand. Der Ankauf gehörte daher zu den für gemeinsame Rechnung vorzunehmenden Geschäften. Ob die Klägerin den Ankauf aus eigenen Mitteln zu besorgen hatte und ihn im eigenen Namen vornahm, ist gleichgültig. Ausschlaggebend ist, daß sie die Ware für gemeinsame Rechnung zu erwerben hatte. Wenn daher von einer Einlage geredet werden kann, so ist als solche höchstens der Geldbetrag anzusehen, den die Klägerin für den Erwerb aufzuwenden hatte. Keinesfalls kann sie sich nachträglich auf den Standpunkt stellen, daß sie an dem Getreide das ausschließliche Eigentum erworben habe.

Die Klägerin macht ferner geltend, daß sie nicht genötigt gewesen sei, das Getreide monatelang unverkauft liegen zu lassen und daß die öffentliche Versteigerung ein Gebot kaufmännischer Klugheit gewesen sei. Der erste Gesichtspunkt findet in dem Vertrage keine Grundlage. Es mag sein, daß die Parteien gehofft haben, das beabsichtigte Geschäft bald abzuwickeln. Vereinbart ist aber weder ein bestimmter Zeitpunkt, noch überhaupt eine schleunige, alsbaldige Veräußerung. Selbstverständlich hing der Verlauf eines solchen

Geschäfts von den Umständen ab. Der richtige Zeitpunkt für die Abstoßung des Getreides konnte schnell eintreten. Es war aber auch ebensogut möglich, daß er unverhältnismäßig lange auf sich warten ließ. — Im übrigen hat das LG. ausgeführt, daß selbst bei Gefahr im Verzuge und jedenfalls auch dann, wenn die Geschäftsführung sich als zur Erreichung des Gesellschaftszwecks als notwendig oder förderlich erweise, diese dennoch zu unterbleiben habe, falls ein Gesellschafter widerspreche. Dieser Grundsatz muß im allgemeinen als richtig anerkannt werden. Seine Grenze wird er verständigerweise da haben, wo die Unterlassung der Handlung geradezu unsinnig oder für die Gesellschaft verderblich wäre. Dem Einwande, daß die Mitwirkung oder Genehmigung versagt sei, würde gemäß § 157 entgegengehalten werden können, daß der Widerspruch wider Treu und Glauben verstoße. Es dürfen in solchem Falle die übrigen Gesellschafter auch nicht auf den Klageweg verwiesen werden. Gerade dadurch würde der Schaden eintreten, und die einzige Möglichkeit die spätere Geltendmachung von Ersatzansprüchen sein. Eine solche Behandlung des Gesellschaftsverhältnisses wäre geradezu verkehrswidrig. Hier hat sich aber die Klägerin auf die Behauptung beschränkt, daß die öffentliche Versteigerung am 24. Mai ein Gebot kaufmännischer Klugheit gewesen und diese Tatsache durch die Marktlage bis Ende Juni bestätigt worden sei. Nun mag unerörtert bleiben, ob nicht gerade für die hier fragliche Ware, nämlich beschädigtes Getreide, die öffentliche Versteigerung ein besonders ungeeignetes Veräußerungsmittel sein mußte, und ob nicht die Marktpreise für g e s u n d e s Getreide hier ohne maßgebliche Bedeutung sind. Keinesfalls hat die Klägerin behauptet, daß ein Verkauf unter der Hand zu Verlust ausschließenden Preisen unmöglich war, oder daß diese Unmöglichkeit auch bei l ä n g e r e m Zuwarten, besonders in den späteren Monaten nach Juni, bestand oder als bestehend anzusehen war. Daß Aussicht auf eine spätere Veräußerung des Getreides unter der Hand vorhanden war, wird durch die Briefe des Beklagten und sein vor der Versteigerung gemeinsam mit B. gemachtes Erbieten, die Ware binnen 3 Wochen unterzubringen, glaubhaft gemacht. Die Klägerin hat aber nicht behauptet, daß diese Aussichten der tatsächlichen Unterlagen entbehrten. M. M.

v) **Wann liegt eine gemeinschaftliche Angelegenheit im Sinne des Ges. v. 2. April 1887 § 1 vor?**

OLG. Marienwerder, I. ZS. Urteil v. 28. September 1911.

Es klagt eine Gesamtheit der an einem bestimmten Wege Beteiligten, der der Kreisausschuß den X. als besonderen Vertreter auf Grund des Ges. vom 2. April 1887 und des § 50 der Westpreuß. WegeO. v. 27. September 1905 bestellt hat. Die Klägerin hat diesen Beschluß nicht vorgelegt. Wenn auch das Gericht nicht nachzuprüfen hat, in welcher Weise ein solcher Beschluß zustande gekommen ist, so hat es doch zu prüfen, ob die Voraussetzungen vorliegen, unter denen nach dem Gesetz die Gesamtheit durch einen Vertreter klagen kann, ob also nach § 1 Ges. v. 1887 die Beklagten, die selbst Beteiligte der Gesamtheit sind, dieser gegenüber doch als „Dritte" gelten können. An sich ist es wohl möglich, daß das einzelne Mitglied einer Genossenschaft dieser als Dritter gegenübertreten kann. Es kann z. B. mit der Gemeinschaft ein Rechtsgeschäft abschließen oder einen ihr gehörenden Gegenstand für sich allein beanspruchen. Solche Verhältnisse können auch dann dazu führen, daß die Gemeinschaft dem einzelnen Mitgliede als Dritten im Prozesse gegenübertritt.

Hier haben aber die Beklagten nicht etwa eigenmächtig je ein Stück des der Gesamtheit gehörenden Landes in Besitz genommen. Vielmehr besteht der Weg, der nicht im Auseinandersetzungsverfahren festgelegt, sondern schon vor den für das Dorf G. maßgebenden Rezessen vorhanden war, in seiner gegenwärtigen Lage seit 1904. Damals hat der Landmesser K. eine Vermessung vorgenommen und dann mit den zugezogenen Beteiligten die Lage und die Grenzen des Weges so festgelegt, wie sie zurzeit noch sind. Die damals zugezogenen Interessenten, die sich also vertraglich über die Abgrenzung geeinigt haben (und zwar, da es sich nicht etwa um eine Veräußerung im Sinne des § 313 BGB. handelte, formell gültig), sind dieselben Personen, die die Gesamtheit der Beteiligten an dem fraglichen Wege bilden und denen für diesen Rechtsstreit X. als Vertreter bestellt ist. Es handelt sich also jetzt lediglich darum, daß eine 1904 von der Gesamtheit der Beteiligten übereinstimmend getroffene Regelung einer gemeinschaftlichen Angelegenheit (des Weges) nachträglich von einem mit der damaligen Abmachung nicht mehr zufriedenen Teile derselben Gesamtheit umgestoßen werden soll. Zu einem solchen Zweck kann aber nach dem Gesetz von 1887 der besondere Vertreter nicht bestellt werden, zumal die Beklagten lediglich den 1904 beschlossenen Zustand aufrecht erhalten wollen und deshalb der Gesamtheit gegenüber keineswegs Sonderrechte beanspruchen. Wgr.

w) **Klage des Gewinners unmittelbar gegen das mit dem Vertrieb der Lose betraute Bankhaus. Ausschlußurteil bezüglich des Gewinnloses genügt zu jener Klage.**

OLG. Nürnberg, I. ZS. Urteil v. 6. Oktober 1911.

Die Kirchenverwaltung veranstaltete 1908 eine Geldlotterie und übertrug dem beklagten Bankhaus den kommissionsweisen Vertrieb der Lose unter der Verpflichtung, alle bei der Durchführung der Lotterie entstehenden Arbeiten und Kosten zu übernehmen und zu besorgen. Auf den Losen war u. a. aufgedruckt: „Die Gewinne zahlt die Beklagte ... nur gegen Rückgabe der Gewinnlose aus. Aus Gewinnlosen, die innerhalb 6 Monaten nach dem 3. Ziehungstage nicht vorgezeigt und geltend gemacht sind, kann keinerlei Anspruch mehr erhoben werden." Der Kläger, der das mit dem Hauptgewinn gezogene Los besessen haben will, beantragte dessen Aufgebot und erwirkte ein Zahlungsverbot an die Kirchenverwaltung und an die Beklagte. Das Amtsgericht erließ sodann am 1. Oktober 1910 Ausschlußurteil, das das Los für kraftlos erklärte. Das Los wurde zur Auszahlung nicht vorgezeigt. Die Klage auf den Gewinn, den die Beklagte nach den Vereinbarungen über die nicht abgehobenen Gewinne für sich behielt, ist begründet.

Die Beklagte bestreitet ihre Passivlegitimation, weil sie in kein Schuldverhältnis zu dem Kläger getreten sei. Diese Annahme ist unrichtig. Schuldnerin der Gewinne ist zweifellos die Kirchenstiftung geworden; denn sie ist die Unternehmerin der Lotterie und auf den Losen als solche bezeichnet. Die Beklagte aber hat nur die Erfüllung der gegen die Unternehmerin entstehenden Forderungen aus den Losen übernommen. Nach § 329 wäre hiernach im Zweifel die Beklagte in kein unmittelbares Schuldverhältnis zu den Losbesitzern getreten. Allein diese Auslegungsregel muß hier versagen, da die Vertragschließenden Abweichendes vereinbart haben. Nach dem Vertrage hat die Beklagte alle mit Durchführung der Lotterie verbundenen Kosten und Lasten übernommen. Die Kirchenverwaltung sollte also in keiner anderen Weise mit den Geschäften befaßt werden, als daß sie mit der Beklagten über deren vertragsmäßige Provision abzurechnen hatte. Daß aber die Beklagte nach dem Willen der Beteiligten dabei auch die entstehenden Streitigkeiten mit Losbesitzern auf ihre Rechnung und Kosten zu übernehmen hatte, geht aus den Erklärungen hervor, die nachträglich von beiden Seiten abgegeben wurden. ... Als Entgelt erhielt sie die nicht erhobenen Gewinne. Bei gegenteiliger Auffassung wäre die Kirchenverwaltung gezwungen, Rechtsstreite zu führen über Gewinne, die in der Beklagten Vermögen fallen, wenn der Rechtsstreit mit Abweisung der Klage endet. Aus dem Vertrage ist aber zu ersehen, daß sie bestrebt war, alle geschäftlichen Besorgungen möglichst von sich fernzuhalten und daß die Beklagte zur Übernahme aller dieser geschäftlichen Erledigungen bereit war.

Diese zwischen der Kirchenverwaltung und der Beklagten getroffene Vereinbarung war zwar für den Kläger nicht bindend, er hat aber dadurch, daß er gegen die Beklagte klagte, zu erkennen gegeben, daß er die aus der Vereinbarung entstehenden Folgen auch für sich beanspruchen wolle. Dagegen kann nicht eingewendet werden, daß der Vertrag nur zwischen der Kirchenstiftung und der Beklagten Recht schaffe, der Kläger daraus aber keinerlei Rechte ableiten könne, weil seine Forderung zur Zeit des Vertragsabschlusses noch nicht bestand und nicht einmal mit der Ausgabe der Lose begonnen, ja diese noch nicht hergestellt waren. Zur Zeit der Vertragsschließung stand vielmehr fest, daß bei Durchführung der Lotterie Gewinne erzielt und Gläubiger aus den Gewinnlosen entstehen werden; die Person dieser Gläubiger war allerdings noch unbestimmt. Allein es unterliegt keinem Bedenken, daß zugunsten dieser Gläubiger die Beklagte die Auszahlung der Gewinne mit der Wirkung übernehmen konnte, daß sie selbst die hierbei entstehenden Rechtsstreite auf ihre Rechnung und Kosten führen werde. Wie sich ein Dritter dafür hätte verbürgen können, daß die Gewinne ausgezahlt werden und die Gewinner dann an den Hauptgläubiger (die Unternehmerin) oder den Dritten sich halten konnten, so muß hier, wo die Beklagte die Schuld der Kirchenstiftung zur Erfüllung in der Weise übernahm, daß sie selbst dafür Schuldnerin werden wollte, dem Kläger ihre unmittelbare Klagebefugnis gegen sie zustehen....

Der Kläger ist auch zur Erhebung der Klage berechtigt. Er hat ein Ausschlußurteil erwirkt, dieses besteht zu Recht, gleichgültig, ob es zulässig war oder nicht; es ist nicht angefochten worden und hat die Rechtskraft erlangt. Auf Grund dieses Urteils kann nach § 1018 ZPO. und § 800 BGB. der Kläger nicht nur den Anspruch aus der Urkunde geltend machen, er konnte sogar die Ausfertigung eines neuen Loses verlangen, das die Nummer des Kraftloserklärten zu tragen hätte.

Die Beklagte kann hiergegen nicht vorbringen, daß die Unternehmerin mit den Worten: „Die Auszahlung erfolgt nur gegen Rückgabe der Gewinnlose" das Aufgebotsverfahren überhaupt ausschließen wollte. Nach § 799 BGB. konnte sie allerdings solches bestimmen; dies hätte aber in anderen Worten geschehen müssen. Obige Worte können um so weniger als ein Ausschluß des Aufgebotsverfahrens verstanden werden, als auch § 797 BGB. bestimmt, daß der Aussteller nur gegen Aushändigung der Schuldverschreibung zur Leistung verpflichtet ist, gleichwohl aber in § 799ff. das Aufgebotsverfahren zuläßt. Ein abweichender Handelsgebrauch würde nur dann vorliegen, wenn nicht nur die Bankhäuser, die die Lotterielose zum Vertriebe übernehmen, sondern auch die Loskäufer das Aufgebotsverfahren für ausgeschlossen erachten würden. Letzteres ist aber nicht der Fall.

Endlich schließt die Schlußbestimmung über die Vorzeigung der Lose innerhalb 6 Monaten nicht den Anspruch des Klägers aus. Den gegenteiligen Ausführungen Rönnbergs (GoldschmidtZ. 70 S. 219) konnte nicht beigetreten werden. Die Lose, wie sie die Kirchenstiftung ausgab, sind Inhaberpapiere; sie unter § 808 zu stellen, ist dadurch ausgeschlossen, daß sie den Gläubiger nicht benennen. Aber auch unter § 807 fallen sie nicht, denn sie lassen nicht, wie diese Verpflichtungszeichen, den Gegenstand der Leistung nur unvollkommen erkennen und es handelt sich bei ihnen nicht nur um verhältnismäßig geringfügige, nicht in Geld bestehende Leistungen (Motive 2 S. 721). In den Losen wird vielmehr dem Inhaber die Zahlung eines durch die Verlosung festzustellenden Geldgewinnes von nicht unerheblicher Höhe versprochen. Daß nur der Inhaber berechtigt sein soll, einen Gewinn abzuheben, ergibt sich aus der Bestimmung, daß nur gegen Rückgabe des Loses der Gewinn gezahlt wird. Demnach hat bis zur Ziehung der Inhaber des Loses einen bedingten Anspruch gegen die Unternehmerin auf Zahlung, die Bedingung ist, daß bei der Ziehung das Los mit einem Gewinn herauskommt. Nach der Ziehung ist der Anspruch der Inhaber der Gewinnlose ein unbedingter. Ferner ist die nach § 795 BGB. zur Ausgabe von Inhaberpapieren erforderliche staatliche Genehmigung unbestritten erfolgt.

Sind hiernach die Lose Inhaberpapiere, so ist das Aufgebot zulässig, da es nicht ausgeschlossen ist. In dem Verfahren ist Zahlungssperre verfügt worden. Nach § 802 BGB. wird dadurch der Beginn und Lauf der Vorlegungsfrist und Verjährung zugunsten des Antragstellers gehemmt. Es bedarf keiner Entscheidung, ob die Frist auch als Vorlagefrist im Sinne des § 801 BGB. anzusehen ist und ob durch die Zahlungssperre die Vorlagefrist gehemmt wurde. Zweifellos ist nämlich die Frist zugleich als Verjährungsfrist gemeint und zu verstehen. Nun dürfen nach § 225 die Vertragschließenden die Verjährungsfrist abkürzen; nach § 799 kann ferner das Aufgebot ausgeschlossen, also auch nur in beschränktem Maße für zulässig erklärt werden. Es scheint demnach der Schluß berechtigt zu sein, den Rönnberg zieht, daß durch die Fristbestimmung eine Abkürzung der gewöhnlichen 30 jährigen Verjährung und zugleich eine Einschränkung des Aufgebotsverfahrens gegeben ist. Letztere würde dahin gehen, daß die Kraftloserklärung nur mit der Maßgabe zulässig sein soll, daß der Zahlungssperre die Wirkung des § 802 versagt sein soll. Gleichwohl ist diese Anschauung irrig.

Das Aufgebotsverfahren ist nach dem Inhalte der Lose zulässig; die Unternehmerin hat also dem Loskäufer die Möglichkeit eingeräumt, dadurch die Kraftloserklärung eines Loses zu erwirken. Sie muß dabei voraussetzen, daß dieses Verfahren erst dann eingeleitet wird, wenn feststeht, daß das Los einen Gewinn trägt; denn vor der Gewinnziehung wird niemand der Kosten halber das Verfahren einleiten wollen. Gleichwohl soll für die Lose eine Verjährungsfrist bestimmt sein, die es unmöglich macht, das Verfahren vor ihrem Ablaufe durchzuführen und gleichwohl soll der Zahlungssperre nach § 802 die Wirksamkeit versagt sein. Die Unternehmerin würde bei dieser Willensauslegung mit einer Hand nehmen, was sie mit der anderen gibt; das verstößt gegen § 157 BGB. Sie hätte auch die Ausschließung des § 802 für den Ablauf der Verjährungsfrist von 6 Monaten in den Verlosungsbedingungen deutlich erklären müssen und nicht bloß sich darauf berufen dürfen, daß durch eine langwierige, schwierige Rechtsauslegung der Loskäufer zu dieser Ansicht ohnehin hätte kommen müssen. Der Loskäufer, der mit dem Verluste des Loses überhaupt rechnet, darf vielmehr davon ausgehen, daß, wenn schon das gesetzliche Recht des Aufgebots nicht ausgeschlossen werden, es auch in einer Weise eingeräumt werden wollte, die nach dem gewöhnlichen Verlauf der Dinge es möglich macht, nach Erwirkung des Ausschlußurteils auch den Gewinn zu erheben. Daß auch die Unternehmerin von dieser Ansicht ausging, darauf deutet ihre nachträgliche Erklärung . . . hin. Sch. II.

x) **Einwand aus § 764 BGB. gegenüber einem Börsentermingeschäft in nicht zugelassenen Waren.**

OLG. Hamburg, I. ZS. Urteil v. 26. Februar 1912.

Es handelt sich um ein Börsentermingeschäft in Kupfer, einer Ware, die zur Zeit des Abschlusses unstreitig noch nicht zum Börsenterminhandel in Hamburg zugelassen war. Es verstieß anderseits nicht gegen ein durch das Börsenges. oder durch den Bundesrat erlassenes Verbot. Nach § 52 das.

ist es also „nur nach Maßgabe der §§ 53—56 wirksam". Das bedeutet nicht, daß es unter allen Umständen wirksam sei, sofern die §§ 53—56 nicht entgegenstehen; vielmehr greifen neben diesen „börsenprivatrechtlichen" Bestimmungen auch die allgemeinen Vorschriften des BGB. und HGB. Platz, soweit nicht das Börsengesetz selbst Ausnahmen schafft. Eine solche Ausnahme bildet der § 58, daß gegen Ansprüche aus Börsentermingeschäften in zugelassenen Waren derjenige, für den das Geschäft nach §§ 53, 54, 57 verbindlich ist, einen Einwand aus §§ 762, 764 BGB. nicht erheben kann, eine Bestimmung, aus der sich ohne weiteres die Zulässigkeit jenes Einwands gegen Ansprüche aus Börsentermingeschäften in nicht zugelassenen Waren ergibt. Der hiernach zulässige Einwand aus § 764, dessen Voraussetzungen von Amts wegen zu berücksichtigen sind, ist auch begründet. Das LG. hebt zutreffend als schlüssige Umstände, die für den Spielcharakter des Geschäfts sprechen, hervor, daß der Beklagte nach der amtlichen Auskunft ein Handwerker mit kleinem Geschäftsbetrieb und beschränkten Mitteln ist und einen Posten von 50 Tonnen Kupfer im Preise von über 60000 Mark weder in seinem Geschäft verwenden noch bezahlen kann . . . M. M.

γ) **Bürgschaft: α) Bezeichnung der Bürgschaftsforderung. Sittenwidrigkeit einer zu weitgehenden Bürgschaft?**

Kammergericht, VII. ZS. Urteil v. 30. März 1912.

Die Beklagte hat für „sämtliche" Verbindlichkeiten, die ihrem Manne gegenüber dem Kläger entstehen würden, die selbstschuldnerische Bürgschaft übernommen. Das LG. hält sie für unbestimmt und deshalb für nichtig. Allein es handelt sich um eine nach § 765² zulässige Bürgschaftsleistung für künftige Verbindlichkeiten und zwar für „sämtliche", die der Mann der Beklagten mit dem Kläger eingeht. Mit aller Klarheit ist hier ausgedrückt, daß für alle Verbindlichkeiten, die zwischen dem Kläger als Gläubiger und dem Manne als Hauptschuldner künftig entstehen würden, die Bürgschaft gilt.

Wenn das LG. weiter meint, die Bürgschaft für alle künftigen Verbindlichkeiten überschreite das Maß der zulässigen Einschränkung der persönlichen und wirtschaftlichen Freiheit, so stellt es damit eine Behauptung auf, deren Richtigkeit zu beweisen gewesen wäre. Übernahme der Bürgschaft für alle künftigen Verbindlichkeiten des Hauptschuldners ist durchaus zulässig. Es müßten besondere Umstände hinzutreten, um eine derartige Erklärung zu einer sittenwidrigen zu machen. Solche Umstände sind nicht ersichtlich. L.n.

β) **Form und Umfang der Bürgschaft.**

OLG. Breslau, V. ZS. Urteil v. 19. Februar 1912.

Der Kläger unterzeichnete und girierte einen vom beklagten Mann akzeptierten Wechsel. Gleichzeitig stellten beide beklagten Eheleute ihm folgende Erklärung aus: „Für die meinem Manne girierten 1200 Mark leiste ich Bürgschaft. Anna B. Ich genehmige die Unterschrift. Jo. B."

Der Wechsel wurde mehrfach prolongiert und schließlich, weil der Beklagte zahlungsunfähig geworden war, vom Kläger eingelöst. Auf Erstattung des Gezahlten verklagt, verteidigt sich die beklagte Frau zunächst damit, daß in der Erklärung der Name des Gläubigers nicht genannt sei. Allein daraus, daß die Urkunde auf die vom Kläger auf den Mann gezogenen Wechsel über 1200 Mark Bezug nimmt, und von dem Kläger ausgehändigt worden ist, sowie daraus, daß die Person des Gläubigers aus der Urkunde unter den Parteien selbst feststeht, ist die Person des Klägers als Bürgschaftsgläubiger zu entnehmen. Damit ist dem Erfordernisse der schriftlichen Erteilung der Bürgschaftserklärung genügt[1] (vgl. RG. 63 S. 144, 62 S. 382).

Auch der Einwand, daß die Bürgschaft sich nur auf den Wechselanspruch aus den 1902 girierten 1200 Mark beziehe, geht fehl. Weder der Wortlaut noch der Inhalt der Erklärung lassen diese Behauptung gerechtfertigt erscheinen. In Anwendung des § 133 kann diese Erklärung nur dahin ausgelegt werden, daß die Beklagte für die Verbindlichkeiten ihres Mannes gegenüber dem Kläger einstehen wolle, die aus der Ausstellung des Wechsels entstehen würden. Aus der Nichteinlösung des Wechsels durch den Akzeptanten und der Einlösung durch den Kläger ist ein Regreßanspruch gegen den Hauptschuldner aus dem Wechsel wie aus §§ 670, 812 entstanden (vgl. Staub WO. 82[22]). Für die Erfüllung dieses Anspruchs schlechthin einzustehen, hat sich die Beklagte durch die Bürgschaftserklärung verpflichtet. Hätte sie nur die Wechselschuld sichern wollen, dann wäre es natürlich gewesen, daß sie den Wechsel als Bürge mit unterzeichnet hätte. Die Worte „für die girierten 1200 Mark" beschränken die Bürgschaft nicht auf die wechselmäßige Schuld, sondern dienen nur zur näheren Bezeichnung der durch die Bürgschaft gesicherten Verbindlichkeit. Es ist nicht anzuerkennen, daß die Beklagten zwischen der rein wechselmäßigen und materiellrechtlichen Verpflichtung haben unterscheiden wollen.

Daß endlich der Kläger durch die wiederholte Verlängerung gegen die ihm im Verhältnisse zur Beklagten obliegende Diligenzpflicht verstoßen hätte, ist ohne weiteres nicht ersichtlich. Eine unzulässige Erweiterung der Verpflichtung des Bürgen (§ 767) kann in der bewilligten Stundung zunächst nicht erblickt werden; vielmehr liegt hierin nur ein Entgegenkommen des Klägers, der schon früher seine Ansprüche geltend zu machen berechtigt gewesen wäre. Es ist auch nicht recht wahrscheinlich, daß die Frau von der schlechten Vermögenslage ihres Mannes und von der Stundung des Klägers keine Kenntnis gehabt hat. Aber selbst wenn dies zutreffen sollte, dann würde die vom Kläger verschuldete Nichteinlösung des Wechsels die Beklagte nicht von ihrer Bürgschaftspflicht befreien, sondern ihr nur einen Schadenanspruch gewähren, den sie aber nicht vorgebracht hat. M.r.

[1] So kann aus der konkreten Bezeichnung der Schuld mit Grund und Betrag nach Maßgabe der sonst ermittelten Umstände die Person des Gläubigers erkannt werden, wenn zwischen diesem Gläubiger und dem Hauptschuldner zurzeit nur eine Schuld besteht. Freilich muß stets unter Zuhilfenahme dieser anderen Umstände der konkrete rechtsgeschäftliche Inhalt der Verpflichtung aus der Urkunde selbst hervorgehen (OLG. Naumburg, II. ZS. Urteil v. 17. Oktober 1911). Schl.

Wortregister.

Verfaßt vom Staatsanwaltschaftsrat Dr. Rindfleisch in Celle.

(Die Zahlen bedeuten die Seiten.)

Nachträge.

Bd. 18. S. 16. Vgl. dagegen RG. 10. Mai 1911 V 403/10.
„ 20. S. 271β. Vgl. RG. 76 S. 226.
„ 21. S. 134a. Revision ist am 8. Mai 1911 zurückgewiesen (RG. 76 S. 253).
„ 21. S. 219g. Aufgehoben am 24. Mai 1911 (RG. 77 S. 34).
„ 21. S. 389q. Revision ist am 6. Mai 1911 zurückgewiesen (RG. 76 S. 244).
„ 22. S. 317a zu 2. Vgl. RG. 76 S. 361.
„ 23. S. 122f. Revision am 2. Oktober 1911 zurückgewiesen. V 117/11.
„ 23. S. 294. Aufgehoben am 29. September 1911 (RG. 77 S. 77).
„ 23. S. 311l. Vgl. RG. 77 S. 106.

Berichtigungen.

Vierundzwanzigster Band.

S. 10 Z. 11 v. o. statt „als richtig anzusehen" lies: „als nichtig anzusehen".
S. 13 Z. 13 v. o. statt „da gleichzeitig" lies: „die gleichzeitig".
S. 76 Z. 39 v. o. statt „nur nicht das" lies: „nur über das".
S. 88 Z. 38 v. o. statt „der dieser" lies: „da dieser".
S. 96 Z. 41 v. o. statt „daß dieser richtig sei" lies: „daß dieser nichtig sei".
S. 112 Z. 8 v. o. statt „Nach § 2 FrGG." lies: „Nach § 12 FrGG.".
S. 119 Z. 19 v. o. statt „Firmenmehrheit" lies: „Firmenwahrheit".
S. 132 Überschrift statt „HGB. § 182 lies: „HGB. § 189".
S. 133 Z. 37 v. o. statt „der Bestätigung der Gesellschaft" lies: „der Betätigung der Gesellschaft".
S. 136 Z. 42 v. o. statt „§§ 146—147 FrGG." lies: „§§ 146—147 HGB.".
S. 140 Uberschrift statt „FGB." lies: „HGB.".
S. 142 Z. 34 v. o. statt „kraft seiner großen" lies: „kraft seines großen".
S. 161 Z. 12 v. o. statt „der Liquidation" lies: „der Liquidatoren".
S. 162 Z. 7 v. o. statt „§§ 136^1, 148 FrGG." lies: „§§ 146^1, 148 FrGG.".
S. 193 Z. 31 v. o. statt „Qualitätsmängeln" lies: „Quantitätsmängeln".
S. 195 Überschrift }
S. 196 Überschrift } statt „HGB. § 382" lies: „HGB. § 383".
S. 202 Z. 42 v. o. statt „§ 77 EVerkO." lies: „§ 86 EVerkO.".
S. 203 Überschrift statt „EVerkO. § 95" lies: „EVerkO. § 36".
S. 203 Z. 4 v. o. statt „§ 75" lies: „§ 84".
S. 203 Z. 8 v. o. statt „(§ 77)" lies: „(§ 86)".

S. 203 Z. 24 v. o. statt „§ 77" lies: „§ 86".
S. 204 Z. 21 v. o. statt „§ 95 EVO." lies: „§ 36 EVO.".
S. 208 Überschrift statt „Art. 31. 84" lies: „Art. 31. 81".
S. 211 " statt „Art. 34" lies: „Art. 74".
S. 212 " statt „Art. 84" lies: „Art. 82".

S. 248	"	
S. 249	"	statt „Personenrecht" lies: „Sachen".
S. 250	"	
S. 251	"	
S. 252	"	
S. 253	"	
S. 254	"	statt „Personenrecht" lies: „Rechtsgeschäfte".
S. 255	"	
S. 256	"	
S. 257	"	

S. 285 " statt „BGB. §§ 289. 309" lies: „BGB. §§ 289. 305".
S. 291 Z. 20 v. o. statt „§ 651" lies: „§ 631".
S. 305 Z. 26 v. o. statt „(Rsp. 18 S. 65)" lies: „(Rsp. 18 S. 60)".

S. 359	Überschrift	
S. 360	"	
S. 361	"	statt „§ 580 ff." lies: „§ 581 ff.".
S. 362	"	
S. 363	"	

S. 360 Z. 4 v. o. statt „davon denken" lies: „daran denken".
S. 362 Z. 16 v. o. statt „§ 580^2" lies: „§ 581^2".
S. 390 Überschrift statt „§ 664" lies: „§ 665".
S. 391 Überschrift statt „§ 644" lies: „§ 665".

Neue Fassung der durch Gesetz zur Einschränkung der Verfügungen über Miet- und Pachtzinsforderungen geänderten Vorschriften.

(Gültig seit 20. Juni 1915.)

ZwVG. § 57. Ist das Grundstück einem Mieter oder Pächter überlassen, so finden die Vorschriften der §§ 571, 572, des § 573 Satz 1 und der §§ 574, 575 BGB. nach Maßgabe der §§ 57a und 57b entsprechende Anwendung.

§ 57a. Der Ersteher ist berechtigt, das Miet- oder Pachtverhältnis unter Einhaltung der gesetzlichen Frist zu kündigen. Die Kündigung ist ausgeschlossen, wenn sie nicht für den ersten Termin erfolgt, für den sie zulässig ist.

§ 57b (**neu**). Soweit nach den Vorschriften des § 573 Satz 1 und der §§ 574, 575 BGB. für die Wirkung von Verfügungen und Rechtsgeschäften über den Miet- oder Pachtzins der Übergang des Eigentums in Betracht kommt, ist an dessen Stelle die Beschlagnahme des Grundstücks maßgebend. Ist dem Mieter oder Pächter der Beschluß, durch den die Zwangsversteigerung angeordnet wird, zugestellt, so gilt mit der Zustellung die Beschlagnahme als dem Mieter oder Pächter bekannt; die Zustellung erfolgt auf Antrag des Gläubigers an die von ihm bezeichneten Personen. In dem Beschluß soll der Mieter oder Pächter über die Rechtsfolgen der Beschlagnahme hinsichtlich der Zahlung des Miet- oder Pachtzinses belehrt werden. Das Gericht hat auf Antrag des Gläubigers zur Feststellung der Mieter und Pächter eines Grundstücks Ermittelungen zu veranlassen; es kann damit einen Gerichtsvollzieher oder einen sonstigen Beamten beauftragen, auch die zuständige örtliche Behörde um Mitteilung der ihr bekannten Mieter und Pächter ersuchen.

Der Beschlagnahme zum Zwecke der Zwangsversteigerung steht die Beschlagnahme zum Zwecke der Zwangsverwaltung gleich, wenn sie bis zum Zuschlag fortgedauert hat. Ist dem Mieter oder Pächter der Beschluß, durch den ihm verboten wird, an den Schuldner zu zahlen, zugestellt, so gilt mit der Zustellung die Beschlagnahme als dem Mieter oder Pächter bekannt.

Auf Verfügungen und Rechtsgeschäfte des Zwangsverwalters finden diese Vorschriften keine Anwendung.

§ 183. Im Falle der Vermietung oder Verpachtung des Grundstücks finden die in den §§ 57a und 57b vorgesehenen Maßgaben keine Anwendung.

BGB. § 573. Eine Verfügung, die der Vermieter vor dem Übergange des Eigentums über den auf die Zeit der Berechtigung des Erwerbers entfallenden Mietzins getroffen hat, ist insoweit wirksam, als sie sich auf den Mietzins für das zur Zeit des Überganges des Eigentums laufende Kalendervierteljahr bezieht; erfolgt der Übergang des Eigentums innerhalb des letzten halben Monats eines Kalendervierteljahrs, so ist die Verfügung auch insoweit wirksam, als sie sich auf den Mietzins für das folgende Kalendervierteljahr bezieht. Eine Verfügung über den Mietzins für eine spätere Zeit muß der Erwerber gegen sich gelten lassen, wenn er sie zur Zeit des Überganges des Eigentums kennt.

§ 574. Ein Rechtsgeschäft, das zwischen dem Mieter und dem Vermieter in Ansehung der Mietzinsforderung vorgenommen wird, insbesondere die Entrichtung des Mietzinses, ist dem Erwerber gegenüber wirksam, soweit es sich nicht auf den Mietzins für eine spätere Zeit als das Kalendervierteljahr bezieht, in welchem der Mieter von dem Übergange des Eigentums Kenntnis erlangt; erlangt der Mieter die Kenntnis innerhalb des letzten halben Monats eines Kalendervierteljahrs, so ist das Rechtsgeschäft auch insoweit wirksam, als es sich auf den Mietzins für das folgende Kalendervierteljahr bezieht. Ein Rechtsgeschäft, das nach dem Übergange des Eigentums vorgenommen wird, ist jedoch unwirksam, wenn der Mieter bei der Vornahme des Rechtsgeschäfts von dem Übergange des Eigentums Kenntnis hat.

§ 1123. Ist das Grundstück vermietet oder verpachtet, so erstreckt sich die Hypothek auf die Miet- oder Pachtzinsforderung.

Soweit die Forderung fällig ist, wird sie mit dem Ablauf eines Jahres nach dem Eintritte der Fälligkeit von der Haftung frei, wenn nicht vorher die Beschlagnahme zugunsten des Hypothekengläubigers erfolgt. Ist der Miet- oder Pachtzins im voraus zu entrichten, so erstreckt sich die Befreiung nicht auf den Miet- oder Pachtzins für eine spätere Zeit als das zur Zeit der Beschlagnahme laufende Kalendervierteljahr; erfolgt die Beschlagnahme innerhalb des letzten halben Monats eines Kalendervierteljahrs, so erstreckt sich die Befreiung auch auf den Miet- oder Pachtzins für das folgende Kalendervierteljahr.

§ 1124. Wird der Miet- oder Pachtzins eingezogen, bevor er zugunsten des Hypothekengläubigers in Beschlag genommen worden ist, oder wird vor der Beschlagnahme in anderer Weise über ihn verfügt, so ist die Verfügung dem Hypothekengläubiger gegenüber wirksam. Besteht die Verfügung in der Übertragung der Forderung auf einen Dritten, so erlischt die Haftung der Forderung; erlangt ein Dritter ein Recht an der Forderung, so geht es der Hypothek im Range vor.

Die Verfügung ist dem Hypothekengläubiger gegenüber unwirksam, soweit sie sich auf den Miet- oder Pachtzins für eine spätere Zeit als das zur Zeit der Beschlagnahme laufende Kalendervierteljahr bezieht; erfolgt die Beschlagnahme innerhalb des letzten halben Monats eines Kalendervierteljahrs, so ist die Verfügung jedoch insoweit wirksam, als sie sich auf den Miet- oder Pachtzins für das folgende Kalendervierteljahr bezieht.

Der Übertragung der Forderung auf einen Dritten steht es gleich, wenn das Grundstück ohne die Forderung veräußert wird.

KonkO. § 21. Hatte der Gemeinschuldner einen von ihm vermieteten oder verpachteten Gegenstand dem Mieter oder dem Pächter vor der Eröffnung des Verfahrens überlassen, so ist der Miet- oder Pachtvertrag auch der Konkursmasse gegenüber wirksam.

Im Falle der Vermietung oder der Verpachtung eines Grundstücks, sowie im Falle der Vermietung von Wohnräumen oder anderen Räumen ist jedoch eine Verfügung, die der Gemeinschuldner vor der Eröffnung des Verfahrens über den auf die spätere Zeit entfallenden Miet- oder Pachtzins getroffen hat, insbesondere die Einziehung des Miet- oder Pachtzinses, der Konkursmasse gegenüber nur insoweit wirksam, als sich die Verfügung auf den Miet- oder Pachtzins für das zur Zeit der Eröffnung des Verfahrens laufende Kalendervierteljahr bezieht; erfolgt die Konkurseröffnung innerhalb des letzten halben Monats eines Kalendervierteljahrs, so ist die Verfügung auch insoweit wirksam, als sie sich auf den Miet- oder Pachtzins für das folgende Kalendervierteljahr bezieht. Soweit die Entrichtung des Miet- oder Pachtzinses der Konkursmasse gegenüber wirksam ist, kann der Mieter oder der Pächter gegen die Miet- oder Pachtzinsforderung der Konkursmasse eine ihm gegen den Gemeinschuldner zustehende Forderung aufrechnen.

Eine von dem Konkursverwalter vorgenommene freiwillige Veräußerung des von dem Gemeinschuldner vermieteten oder verpachteten Grundstücks wirkt, sofern das Grundstück dem Mieter oder dem Pächter vor der Eröffnung des Verfahrens überlassen war, auf das Miet- oder Pachtverhältnis wie eine Zwangsversteigerung. Die Vorschriften des § 57b ZwVG. bleiben jedoch außer Betracht.

FSC
www.fsc.org
MIX
Papier | Fördert gute Waldnutzung
FSC® C083411

Kolibri 360 GmbH
Ferdinand-Jühlke-Straße 7
99095 Erfurt, Deutschland
produktsicherheit@kolibri360.de